本书由人文在线出版基金资助出版

姚磊 著

先秦戎族研究

WUHAN UNIVERSITY PRESS
武汉大学出版社

图书在版编目（CIP）数据

先秦戎族研究/姚磊著．—武汉：武汉大学出版社，2016.8
（历史学研究丛书）
ISBN 978-7-307-18368-1

Ⅰ．先…　Ⅱ．姚…　Ⅲ．古代民族—少数民族—研究—中国—先秦时代　Ⅳ．K289

中国版本图书馆 CIP 数据核字（2016）第 181772 号

责任编辑：王爱平　　黄　琼

出版发行：**武汉大学出版社**　（430072　武昌　珞珈山）
　　　　　（电子邮件：cbs22@whu.edu.cn　网址：www.wdp.com.cn）
印刷：北京市媛明印刷厂
开本：720×1000　1/16　印张：28.25　字数：472 千字　插页：1
版次：2016 年 8 月第 1 版　　2016 年 8 月第 1 次印刷
ISBN 978-7-307-18368-1　定价：78.00 元

戎族通史及戎族学体系初议

——《先秦戎族研究》小序

雷紫翰

一

戎族，是一个古老的民族称谓，或专名或泛称，或确指或类别，因时因地所指不一。因此，戎族所承载的历史文化内涵颇为丰富，值得用心探究。

在风云变幻的历史舞台上，戎族曾经主要活动于西部和北疆，间或也有中部甚至南部的山地少数族群以"戎"相称。被称为戎族者，与华夏，与羌、狄、匈奴、蛮、夷、胡、氐等诸多古代民族之间，具有各种纵横联系，或共存或征战，或传承或交融，留下了不少印迹。在不同时期、不同地域，戎族的历史印迹深浅轻重不一，斑驳交错复杂，然而均属于中华文明形成和传承过程中的影响因素之一，绝不可忽视。

以往，学术界时有对戎族的讨论，或与两个、多个相关民族一起考察，或仅梳理某个戎族支系，或谈论戎族与某时期中原王朝的关系等，然而全面、系统考察戎族历史文化的专门著作，一直付之阙如。今兹有庆，即将付梓面世的《先秦戎族研究》，可谓填补了此项空白。

作者姚磊君年轻有为，不畏艰巨，自2011年秋至2014年夏，几乎摒弃一切纷扰，不舍昼夜，寒暑假也未歇工，三年如一日，集中时间和精力，专攻戎族史，终于修成正果。所著《先秦戎族研究》，在资料搜集方面用功殊勤，全面检索与先秦史关系密切的诸子书、现存传世文献、甲骨金文简帛等出土文献、字书辞书韵书，将其中与戎族相关的资料，不论巨细，竭尽发掘，并分类归纳整理。进而梳理诸戎支系称谓、分布、族属等历史信息，同时针对戎族历史文化至关重要的十个问题予以初步考辨。客观而言，该书既有史料整理方面的筚路蓝缕之功，也时有问题研讨所得之新见。

据不完全统计，《先秦戎族研究》参考古今相关图书约 500 多部、各类论文 430 多篇，涉猎德、俄、法、日、美、英、意大利、以色列、加拿大等外文资料共计 99 种；全书随文页下注竟达 2700 多处。一册在手，读者能够瞬间获得如此之多的古今中外专题学术信息，实属难得。除了资料十分翔实，作者还采用多种方式对所得论据进行深加工，细心制作诸子典籍所见戎一览表、甲骨文戎字字义考释表、先秦戎族考古文化一览表、戎族墓葬信息表、戎族墓葬分布图、戎族活动频率图、先秦戎族大事年表等 40 多幅图表，在正文或附录中与读者分享，既能省却读者的翻检核查之劳顿，又为有志于探讨戎族历史文化者进一步开展研究，无疑提供了十分便利的条件。

二

多民族共创中华的社会史、民族史观念，已成共识。中华文明，是有史以来繁衍生息在这块土地上的各民族共同缔造的多元一体文化。因此，在高度重视现存各民族对中华文明发展之贡献的同时，不应该遗忘，更不应该轻视，在不同的历史阶段逐步融合了的那些古老民族，对中华文明的演进曾经产生过的各种作用及其影响。

戎族在中国古代历史上存在时间比较长，活动地域相当广，从先秦到三国时期一直比较活跃。针对与戎族多有交集的羌、狄、氐、匈奴等民族，不仅早已有专题研究成果问世，而且陆续出现了比较系统的专史，有的堪称鸿篇巨制。可是专门梳理戎族发生、发展、融合之轨迹，并全面揭示其历史文化全貌的《戎族史》，为何迟迟未见出现？

举目瞭望，冉光荣、李绍明、周锡银于 1985 年付梓《羌族史》，2010 年耿少将又出版了《羌族通史》；匈奴史研究更是成果斐然，海外有刘学铫著《匈奴史论》，中国内地先有林干的《匈奴通史》《匈奴史料汇编》等系列成果扛旗，后有诸如武沐《匈奴史研究》等专题论述结集收获。此外，马长寿的《氐与羌》，何光岳的《氐羌源流史》，孙功达的《氐族研究》，段连勤的《北狄族与中山国》，等等，亦属陆续涌现的此类学术成就。面对这一境况，不禁要问：难道戎族历史文化不值得予以专题研究？戎族不应该拥有其专史？我们有理由相信，在民族历史文化之学术研究如此繁荣的新时代氛围下，消除戎族史独冷的这种局面，不应该为期太远。

戎族虽消失已久，然而只要详细搜集各种传世文献和出土文献中的有关资料，加上从相关的地方史志中追寻戎族及其后裔曾经留下的蛛丝马迹，就可以互证补充正史对戎族的记载过于简略之失。同时，从相关的考古发现中留心甄别、探讨，以期发现与戎族历史文化有关的直接证据。在充分占有史料和科学继承前贤已有相关学术成果的基础上，立足文化人类学的广阔视野，采用多重证据法，完成一部如实勾勒其历史文化全貌的戎族通史，应该是大有可能的。

人所共知，万事开头难。《先秦戎族研究》，围绕早期戎族史，披荆斩棘，做了许多清理地基和铺路搭桥等"基建"工作。以此为肇端，学界同仁携手发力，尽快促成《先秦戎族史》《秦汉戎族史》《魏晋戎族史》《隋唐以来戎族涵义演变史》等相继面世，逐步构建一部实事求是的戎族通史之学术理想，就会变成现实。

<h2 style="text-align:center">三</h2>

从先秦至 20 世纪初期，戎族主要是对非华夏民族的代称之一，其次对于不友好的异族，即将来犯或正在入侵、交战的外族，往往也以"戎"相称。概括来看，有时确指某个具体民族，有时统言某类异族、外族和敌对者。因此，将戎族发生、发展、演变、融合的历史文化信息，予以全面、系统、深入地解剖研究，对于考察华夷夷夏融合史、中国古代民族关系史、中华文明发展演变史，均堪称是一个内涵丰富、视角独特的典型案例。

单为治史而治史，往往难以升华。在编写戎族通史的同时，应该力求拥有高瞻远瞩的学术战略眼光，集思广益，逐步着手构建"戎族学"。信史乃学术体系之根基和依据，学术体系乃历史研究之升华与导引。戎族史与戎族学接踵构建，可以彼此支撑和引领，相互促进和提升，这一学术创新之举，必将开拓史学和文化人类学之一全新局面，借此获得全新的科研经验和启示。

那么，戎族学应该包含哪些内容、如何才能稳扎稳打地构建起戎族学体系？围绕这个问题，经过较长时间的思考，姑且形成了如下几点纲要性的刍议：

（一）戎族概念演变研究

循名责实，是治史立学之起点。

在中国历史上，戎族这个概念的内涵和外延，因时因地而异，不可一概而论。因此需要回归历史语境，借助于古文字学、音韵学、语义学、历史语言学、文化语言学的理论和方法，分别研究不同时代、不同地域的"戎族"

所指及其演变轨迹，逐步攻克《先秦时期的戎族概念》《秦汉时期的戎族概念》《魏晋时期的戎族概念》《隋唐以来的戎族观念》等循名责实的系列难题，为构建戎族史和戎族学而奠定扎实的科学基点。

（二）戎族史料集成

巧妇难为无米之炊，做任何事都得提前预备材料。造房子，需要预先备足建材；烹饪美食，需要预先备好食材。同理，编著戎族通史、构建戎族学，均需提前收集充足的史料。

首先，需要通过全面搜集、细致甄别，分门别类地编辑《戎族史料集成》，大体可包括：与戎族有关的传世文献，与戎族有关的出土文献，与戎族有关的文物及考古发现，与戎族有关的神话、传说与民俗遗存等。

其次，还应该收集、编辑《戎族研究成果集成》。将中国内地和海外学者研究戎族历史文化所取得的所有学术成果，分专题予以汇编。

《戎族史料集成》和《戎族研究成果集成》，可谓是构建戎族通史和戎族学的原始资料与经验实录。

（三）戎族学术史总结

知己知彼，百战不殆。学术史回顾和总结，就是治史立学的知己知彼之道。

《先秦戎族研究》绪论中对学界已有研究成果的述评，我和姚磊合作的《近百年戎族特征及称谓研究综论》一文，均属于对相关学术史的总结和评论。

要想顺利构建戎族史和戎族学，在汇编《戎族史料集成》和《戎族研究成果集成》的基础之上，还应该：纵向地了解古人在不同的时代、不同的情境下是如何看待戎族历史文化的？近现代人是如何探究戎族历史文化的？同时，横向地考察不同地域、不同阶层的人们对待戎族历史文化的态度？中国内地和海外学者在戎族历史文化领域所采用的研究方法和所取得的成果，有哪些值得关注的异同点和可借鉴之处？

只有全面、客观地了解戎族史研究的时代特点、地域特点及其总体轨迹，详尽熟知和科学评判戎族史研究的专题成就，及时把握中外戎族史研究领域的最新学术动态及其发展趋势，才能在构建戎族史和戎族学的过程中，扬长避短，少走弯路，捷足正道。

（四）戎族族源探索

如果族源不明，这个民族的大多数历史文化内涵就成了无源之水、无本之木，难免会出现世系传承无据、信仰混乱、族群凝聚力不足等危机。

对于戎族的族源，古今中外论及者众说纷纭。因此尚需从古文字学、文献学、考古学、历史语言学、民族学、人种学等角度发掘证据，分头探索，及时交流，综合考辨，争取得出令人信服的见解。

　　同时，还应该细心甄别、筛选与戎族相关度最高的传世文物以及考古发现的器物和生物遗存，为科学鉴定提供优质检材。对相关器物的原材料、制作工艺、造型及纹饰类型、用途及传承脉络等，逐一进行特征归纳和类型分析，力求找到有助于考辨戎族族源的实物证据，有助于判断戎族历史文化属性及其时代特征的标准器物。对与戎族相关度最高的生物遗存，利用各种科技手段测定其年代、属性、用途、生存条件、基因遗传等信息，以便为进一步探索戎族族源、认识戎族文化内涵、甄别戎族历史文化遗存等工作积累科学依据。

　　（五）戎族特征及其分支研究

　　首先，戎族既然是一个在历史上活跃时间颇长的民族，必然有其区别于其他民族的若干特征。

　　截至目前，中外研究者从相关的古文献中分别归纳出的戎族特征，归纳起来主要有戎处西部、戎非华夏、戎非顺族、文化后进、尚武好战、以牧为业、分布地域广且具有流动性等。其实，上述所谓戎族的特征，在与戎族同时代的其他非中原民族身上同样可以发现，显然不具有特定性，不能作为足以反映戎族特征的要素。

　　关于戎族的主要特征，必须得从相关文献记载和考古遗存所保留的微量信息中重新钩沉、梳理。概括而言，大致可以从身体、文化、社会、科技等几个方面，留意归纳发现戎族有别于其他民族的主要特征。身体特征，大体包括其体质、相貌、肤色、毛发形态等方面的特点；文化特征，大体包括其饮食、服饰、信仰、语言文字、艺术、竞技等方面的特点；社会特征，大体包括社会组织结构及其运行方式、婚丧嫁娶规则、墓葬形制、与外族的交往方式等方面的特点；科技特征，大体包括所使用器物的制作工艺、主要工具制作和使用方式、主要产业及其生产经营方式、各种建筑方式、交通运输方式、信息传递方式等方面体现出的特点。

　　其次，在比较客观地把握戎族的基本特征以后，就应该据此深入探讨戎族的渊源流变，逐一考察在不同历史阶段出现的戎族分支。对散布于各地、强弱不一、自称或被冠以"戎"名的所有相关族群之称谓由来、时空分布、实际族属、聚散分合、消长存亡等，分别予以细致探究，力求使戎族发展演变史更加充实、丰满、可信。

（六）戎族社会、经济、文化状况研究

戎族的社会结构及其组织运行方式的发展、演变，戎族的经济要素及其生活方式的发展、演变，戎族文化内涵的发展、演变，无疑是戎族历史的主要内容。

戎族的主体族群与冠以"戎"名的那些衍生分支，在社会、经济、文化等方面具有哪些因缘和异同之处？戎族在兴起、繁盛和衰落等不同阶段，其社会、经济、文化要素的传承和变化，有哪些值得思考的因果关系？戎族对中原、对西部、对北疆的发展，分别产生过何等程度的影响？

对于这些重大问题的逐层探讨，能够让人们对戎族历史文化面貌的认识和理解，逐步走向态度客观、视角全面、主次分明、轮廓更加清晰。

（七）戎族与中国古代各民族的关系研究

无法否认，在中国古代早期和中期历史舞台上，戎族相当活跃。与其同台共舞或具有各种交集的民族甚多，其中华夏、羌、氐、狄、匈奴等与戎族的关联最深。戎族与华夏、羌、氐、狄、匈奴的各种关系，对中原王朝的盛衰，对华夷夷夏观念，对多元文化的碰撞、交流、融合等，或制动，或相宜，或互补，或促进，其影响既不可小觑，也不可主观臆断，应该予以客观梳理、公允评判，从中汲取共存的经验，积累双赢或多赢的智慧。

（八）戎族与丝绸之路各相关民族的关系研究

在定居习俗和农耕文化未占主导地位之前，族群迁徙庶几是常态。

被多数研究者认为居处于西部和北疆、以牧为业、分布地域广且具有流动性的戎族，生息于荒凉沙漠与农业区域之间，跟随畜群追逐水草而游走，在反复迁徙过程中，难免与丝绸之路沿线各民族发生各种关系，或共处，或征战，或相互交融，各自为丝绸之路多元文化的积淀发挥了程度不等的作用。

（九）戎族历史文化遗产研究

借助于相关文献、文物、考古遗址、神话传说、民俗等形态，而留存下来的与戎族有关的物质文化和非物质文化，均属于戎族历史文化遗产。

毫无疑问，戎族历史文化遗产传留至今，已成为中华历史文化遗产的内涵之一。对戎族历史文化遗产的甄别、抢救、保护和研究，就是对中华文化遗产的丰富和补益。

（十）戎族学概论

为了促进戎族历史文化研究的长足发展，显著提升其学术理论水平；为了促进戎族历史文化研究的国际交流，为文化人类学领域提供一个富有中国特色的典型案例和主动对话平台，戎族学体系的构建十分必要。

首先，需要厘定相关的重要概念，明确戎族学的研究对象、学科属性及其作用和地位，揭示戎族学与相关学科的关系，总结戎族学需要借鉴和引进的学术理论和科研方法。

其次，从戎族概念演变考察、戎族史料分类甄别、戎族学术史回顾入手，夯实戎族学的地基。

再次，通过对戎族族源、戎族特征、戎族分支、戎族社会经济文化状况、戎族与其他相关民族的关系等诸多视角的专题论述，逐步展开对该学科主体内涵的研究。

最后，深入探究并揭示戎族兴衰的因果、多民族分合聚散的规律、民族交流融合的启示，同时总结有效甄别、积极抢救和科学利用戎族历史文化遗产的方式、方法等，力求将戎族学的这些基本宗旨贯彻落实于字里行间，以引领戎族史与戎族学茁壮成长，使之成为辉映学坛之双璧。

最后稍作回想，就会发现：其实《先秦戎族研究》业已捷足先登，率先为构建戎族通史和戎族学鸣锣开道。即使其中尚存些许有待于修订、增益之处，作为探路者也在所难免。然而平心而论，其开拓之功谁能与之匹敌？至于其勤奋之精神，更是值得我们疾步去学习！

雷紫翰

2015 年 7 月 30 日
于兰州大学衡山堂

目 录

图表索引

绪　论

第一节　选题目的与意义

戎族在先秦时期地位重要，对于整个先秦史研究而言，可谓牵一发而动全身。体现在政治、思想、边疆开发、民族关系等领域。

第一，在政治上，戎族灭亡西周使得平王东迁，继而开启春秋战国新的历史进程，此外，还对晋国霸业的奠立起着重要作用，间接促进了秦人立国和秦国的壮大。

西戎攻灭西周史事，各家论述较多不再多述，以戎对晋、秦的作用为例，亦能凸显戎族的重要。

唐叔是晋国的开创者，所封之地在夏虚。夏虚之地，异族聚集。《国语·晋语二》载晋国的形势是"戎、狄之民实环之"。[①] 实力上的差异，使得晋人不得不与戎人妥协以求共存，拉拢以求安稳。《左传》鲁昭公十五年载："晋居深山，戎狄之与邻，而远于王室。王灵不及，拜戎不暇。"[②] 拜，服也。暇，闲也。"拜戎不暇"者，谓晋人对戎族之顺从。为了同戎族和睦共处，晋人与戎人也时常婚姻，如晋献公娶大戎狐姬生重耳，娶小戎子生夷吾，娶骊戎女生奚齐。在晋国的外交关系中，晋文公之前，晋对戎往往是"防戎"而不"御戎"，晋献公征伐一世，"晋灭诸夏十余国，灭戎狄却只有骊戎而已。"[③]

---

① 上海师范大学古籍整理组校点：《国语》，上海：上海古籍出版社，1978年，第301页。
② 杨伯峻：《春秋左传注》，北京：中华书局，1981年，第1371页。
③ 李孟存、常金仓：《晋国史纲要》，太原：山西人民出版社，1988年，第256页。

尊重戎族，顺从戎族，换来了晋国和平稳定的外部环境，为晋国霸业的形成创造了有利条件。晋人魏绛分析得更为透彻："和戎有五利焉：戎狄荐居，贵货易土，土可贾焉，一也。边鄙不耸，民狎其野，穑人成功，二也。戎狄事晋，四邻振动，诸侯威怀，三也。以德绥戎，师徒不勤，甲兵不顿，四也。鉴于后羿，而用德度，远至迩安，五也。君其图之！"[①]

戎族辅助晋国，积极参与晋的争霸战争。

《左传》襄公十四年载："我诸戎除翦其荆棘，驱其狐狸豺狼，以为先君不侵不叛之臣，至于今不贰。昔文公与秦伐郑，秦人窃与郑盟，而舍戍焉，于是乎有殽之师。晋御其上，戎亢其下，秦师不复，我诸戎实然。譬如捕鹿，晋人角之，诸戎掎之，与晋踣之，戎何以不免？自是以来，晋之百役，与我诸戎相继于时，以从执政，犹殽志也。岂敢离逖？"[②]清华简《系年》载："令尹子玉遂率郑、卫、陈、蔡及群蛮夷之师以交文公，文公率秦、齐、宋及群戎之师以败楚师于城濮，遂朝周襄王于衡雍，献楚俘馘，盟诸侯于践土。"[③]

秦人立国原因便是"戎乱"。《史记·秦本纪》载："周避犬戎难，东徙雒邑，襄公以兵送周平王。平王封襄公为诸侯，赐之岐以西之地。曰：'戎无道，侵夺我岐、丰之地，秦能攻逐戎，即有其地。'与誓，封爵之。襄公于是始国，与诸侯通使聘享之礼。"[④]"戎乱"使得平王东迁，秦人由此立国。此外，秦国的壮大也是源于吞并戎族疆土。《史记·秦本纪》载："十年，伐邽、冀戎，初县之……三十七年，秦用由余谋伐戎王，益国十二，开地千里，遂霸西戎。"[⑤]

第二，在思想上，戎族对"尊王攘夷""夷夏之防"等观念的形成起过关键作用。

华夏诸国感受到戎狄的威胁，由此兴起了"华夏意识"，也即早期的民族意识：号召华夏一体，联合应对戎狄威胁。此举推动"尊王攘夷"以及"夷夏之防"等观念的形成。

华夏一体的思想在春秋时期尤为明显，而正是戎狄的威胁才促使这一思

---

① 杨伯峻：《春秋左传注》，北京：中华书局，1981年，第939页。
② 杨伯峻：《春秋左传注》，北京：中华书局，1981年，第1005、1006、1007页。
③ 李学勤主编：《清华大学藏战国竹简（贰）》，上海：中西书局，2011年，第153页。
④ （西汉）司马迁：《史记》，北京：中华书局，1959年，第178、179页。
⑤ （西汉）司马迁：《史记》，北京：中华书局，1959年，第182、194页。

想的形成。管仲认为："戎狄豺狼，不可厌也。诸夏亲暱，不可弃也。"① 明确打出了华夏亲情牌，为此齐国"救邢存卫""北伐山戎"。孔子对管仲高度评价，认为："管仲相桓公，霸诸侯，一匡天下，民到于今受其赐。微管仲，吾其被发左衽矣。"②晋人魏绛也曾认为："戎，禽兽也。获戎、失华，无乃不可乎！"③ 由此可看到戎族在"尊王攘夷"以及"夷夏之防"中的关键作用。

第三，在开发疆土上，戎族做出了积极的贡献，并形成了自己独特的文明形态。

《左传》襄公十四年云："昔秦人负恃其众，贪于土地，逐我诸戎。惠公蠲其大德，谓我诸戎，是四岳之裔胄也，毋是翦弃。赐我南鄙之田，狐狸所居，豺狼所嗥。我诸戎除翦其荆棘，驱其狐狸豺狼，以为先君不侵不叛之臣，至于今不贰。"④ 史料中，诸戎"除翦其荆棘，驱其狐狸豺狼"，他们建设家园力量之强大可见一斑！

近年来戎族墓葬不断被发现，以北方诸省为主，北京、山西、陕西、河北、甘肃尤多。在这广阔的土地上，戎族留下了自己的文明形态，在某些领域，华夏诸国甚至也要向他们学习。比如在青铜技术上，朱凤瀚考证认为："武丁时期商人与来自商王国西方、北方的北方族群之频繁的战争，使商人获得各类北方式青铜器，从而得以吸取北方式青铜器的有益成分，改进自己的器具。"⑤ 从史料来看，戎族无疑是"西方、北方族群"的核心构成。

第四，在民族关系上，戎族与蛮、夷、狄、胡、匈奴、羌等族联系紧密。

戎族构成散乱，先秦时期的其他部族多与其有着紧密的关系，甚至难舍难分，例如戎与狄、胡、匈奴。学界关于这些部族的关系，研究甚多，争论很大。戎族史研究的突破，能为其他部族历史的研究，打开局面。

虽然戎族地位重要，然而学界对戎族的关注明显不够，专著更是空白。有鉴于此，对戎族的系统研究很有必要。

---

① 杨伯峻：《春秋左传注》，北京：中华书局，1981 年，第 256 页。
② 杨伯峻：《论语译注》，北京：中华书局，1981 年，第 170 页。
③ 杨伯峻：《春秋左传注》，北京：中华书局，1981 年，第 936 页。
④ 杨伯峻：《春秋左传注》，北京：中华书局，1981 年，第 1006 页。
⑤ 朱凤瀚：《由殷墟出土北方式青铜器看商人与北方族群的联系》，《考古学报》2013 年第 1 期。

第二节　相关概念界定

一、戎

戎，是本书的研究对象。学界对于戎的争议比较大，主要体现在戎是单称还是泛称上。本书"戎"的识别和确认会采取遵从前人，兼顾后人的原则。"遵从前人"是指先秦典籍称呼为"戎"或"某戎"的为本书的主要研究对象；"兼顾后人"是指秦汉以来典籍称呼为"戎"或"某戎"的为辅助研究对象。前者是主导，后者是辅助，以期对此有一个整体上、宏观上的把握。

二、族

先秦时期"族"有没有"族类"或"族群"含义，学界有着分歧。马戎认为："'族'字在先秦文献中没有被用来表示少数族群（'蛮夷戎狄'）……'族'表示的是以血缘姓氏为纽带的家族、氏族、宗族群体……先秦时代对中原地区四周各少数族群所使用的名称，提到各个群体时都是用具体专用名称，没有使用'族'或其他字作为统一的类别词汇。"[①] 也即马戎认为先秦时期少数族群不适宜称"族"。

郝时远则认为"族"有着一个变化的过程。他认为："中国古代的'族'字原指氏族军事组织，后具有了分类学意义，西周时期主要指宗族。随着国家组织的发展，血缘关系意义上的周氏宗族组织成为统治阶级力量，同族的观念也在国家形式的政治层面渐次扩大，中原'诸夏'为同族，蛮夷戎狄为'他族'……检诸史料，先秦时期为'族'，秦汉以后为'族''氏族''部落''部族'和'种族'，'民族'一词是晚清以后开始通用并作为追溯历史上'族类'共同体的名词。但是，'族'字在春秋战国时期的含义变化以及秦汉以降的使用对象，的确形成了人以'族分'、民以'族聚'的传统观念。

---

① 马戎：《中国传统"族群观"与先秦文献"族"字使用浅析》，《民族社会学研究通讯》2004年第35期。

因此，先秦文献中的'族'在春秋战国时期的含义变化形成了与今天耳熟能详的'民族'的渊源关系和内在联系。"①

由于对先秦时期"族"是否有"族类"或"族群"含义，学界存有争议。故本文题目"先秦戎族研究"，触碰到了一个极具争议性的的问题——先秦时期的"戎"能不能被称为"戎族"？对此，笔者认为称呼"戎族"是合适的，原因有三：

其一，先秦时期有很多民族活跃在历史舞台。正如瞿林东所言"先秦文献记录了大量的民族活动"。② 此外，彭英明认为："早在先秦时代，民族内含的诸主要因素，就已经成为划分不同民族的主要内容了……在我国古代的'族类'划分标准中，早已包含着民族的诸要素。这与西方早期民族概念的含义，似乎也无大的差别。"③ 基于这些民族存在及活动的现实，称呼"先秦某民族"为"某族"未尝不可。

其二，"戎"具有存在时间长、构成复杂、体系庞大等特征。"戎族"一词具有统称意味，用"戎族"统称整个戎比较合适。

其三，学界相关论文、著作中已有"戎族"称呼，另造新词易引起混乱。

三、氏族、部落、部族、族群、民族

关于这些概念，学界莫衷一是，争论很大。以至于存不存在"部族"这一共同体，学界还有分歧。④ 此外，学界关于"族群""民族"概念的分歧也屡见报端，影响更大。"双方各执一词，谁也不能令对方心悦诚服，以至于这场论战至今犹酣。"⑤ 王东明认为："客观上讲'族群'与'民族'的概念之争实质上已经波及到我国传统民族理论架构的根基，甚至牵扯到了对我国民族政策体系的重新思考。"⑥ 由于这些争论的存在，现在还很难拿出一

①　郝时远：《先秦文献中的"族"与"族类观"》，《民族研究》2004 年第 2 期。
②　瞿林东：《中国史学上的早期民族观和民族史观》，《学习与探索》2008 年第 2 期。
③　彭英明：《关于我国民族概念历史的初步考察》，《民族研究》1985 年第 2 期。
④　王雷：《关于"部族"问题的商榷》，《云南社会科学》1983 年第 4 期；顾章义：《"部族"还是"民族"——评人们共同体的"部族"说》，《世界民族》1997 年第 2 期。
⑤　陈烨：《Ethnicgroup（族群）、Nation（民族）与中国的民族》，《黑龙江民族丛刊》2003 年第 3 期。
⑥　王东明：《关于"民族"与"族群"概念之争的综述》，《广西民族学院学报》2005 年第 2 期。

个让学界广泛认可的氏族、部落、部族、族群、民族的概念。

还有就是氏族、部落、部族、族群、民族等概念出现较晚，其中有些词汇又是舶来品，直接拿来运用到先秦史研究中符不符合先秦实际，笔者存有疑惑。以"部落"一词为例，先秦时期"'部落'概念被笼统地包括在'人''方''族'的概念中，与氏族、胞族或古代民族相混淆，不能作出细致的划分。就是到了西汉司马迁写《史记》，在叙述周边少数民族的原始社会时，也还未用'部落'而笼统用了'邑聚'一词代之……'部落'一词在我国历史上的最早出现，就现在掌握的资料看似乎始于东汉的班固作《汉书》……'部落'一词自在我国古籍中使用后，其含义也是较广的，有指原始血缘部落而言，也有指非血缘部落的，甚至也还有指一般居住地域而言，情况甚为复杂"。① 所以，作为后来词的"部落"能否解释先秦史实，问题是很大的。

由于戎族构成复杂，体系庞大，"戎族"并不是典型意义上的族类构成，被称呼为"戎"的原因也多种多样。严格说来，把"戎"归入氏族、部落、部族、族群、民族中的任何一个都不符合实际，也不严谨。

"戎"是一种复杂的情形，必须具体问题具体分析。具体到戎族研究过程中，笔者尽力回避氏族、部落、部族、族群、民族等词汇，以"戎人"或"戎族"代替之。但是，由于受传统的影响，行文中又难免会出现这些词汇，本文出现的"部落""部族"仅指代"一种社会组织形式。"② "族群"是指"一个国家内部在体质、文化、语言、习俗等方面具有自己传统和特点的少数群体"。③ "民族"是指古代民族，侧重于"当时人"认知领域下的族群识别。

四、华夏

学界对于"华夏"一词的起源、形成时间、内涵所指等方面存有很大争议，尚未形成统一意见。

如田继周认为："华夏和四方的夷蛮狄戎等族称，又是什么时候产生的呢？这是很难考证的问题，至今还没有完满的解决。"④ 张富祥认为："华夏

---

① 彭英明：《部落及其产生浅探》，《中南民族学院学报》1988 年第 5 期。

② 《辞海》，上海：上海辞书出版社，1979 年，第 1037 页。

③ 马戎：《中国传统"族群观"与先秦文献"族"字使用浅析》，《民族社会学研究通讯》2004 年第 35 期。

④ 田继周：《先秦民族史》，成都：四川民族出版社，1988 年，第 137 页。

民族的最后形成究竟定位于何代，目前学术界还没有固定的说法，比较流行的观点是至迟到春秋战国时期，华夏民族已经成立。仅就现存古文献的记载而言，华夏一词亦大抵通行于此时……将华夏概念的出现上溯到西周，应该是符合历史实际的，东周时期这一概念的通行也当本于西周。"①

笔者认为，"华夏"概念的形成非一蹴而就，必然有着一个动态的历史过程。此外，还要考虑到两种情形，一是历史记忆，二是现实情形。

"历史记忆"是指一个部族对炎黄祖先的认同。《左传》襄公十四年（559）载有戎子驹支的一段话，他说："昔秦人负恃其众，贪于土地，逐我诸戎。惠公蠲其大德，谓我诸戎，是四岳之裔胄也，毋是翦弃。赐我南鄙之田，狐狸所居，豺狼所嗥。我诸戎除翦其荆棘，驱其狐狸豺狼，以为先君不侵不叛之臣，至于今不贰。"② 其中的"谓我诸戎，是四岳之裔胄"便是"历史记忆"，是对炎黄祖先的认同与归属，即族源上归于炎黄。

"现实情形"又分三种情形，需要去考虑。

一是指由于部族间的融合、迁徙而带来的变化。本为"华夏"却成为"戎狄"或本为"戎狄"却成为"华夏"。这样的例子也很多，如大戎，顾颉刚认为："知大戎为唐叔之后，与晋同祖，徒以远离大宗，同化于环居之夷裔，故名曰大戎。"③ 如骊戎，吕思勉认为："则骊戎实周同姓之国。"④ 如卢戎，陈槃认为："卢戎即舜后妫姓之卢矣。卢国舜后而曰戎者，地为戎地，名为戎民故也。此如骊戎、大戎皆姬姓、旧族，而其地其民则戎，故并以戎目之矣。"⑤

二是指"华夏"内涵的缩小。炎黄部族本为部落联盟，成分比较复杂，内涵也比较大，包含了当时的许多氏族。"《世本八种》把炎帝后代仅姜姓一支，汇集为十六属地一百零七个氏，的确是非常可观的……从不完全的统计，黄帝子族十二姓到后代发展为五百多氏，即五百多新的姓氏，为炎帝后代的姓氏将近五倍。"⑥ 但是随着夏商周的建立与发展，尤其到西周之时，周王室出于统治需要，对四周部族动辄曰之蛮夷戎狄，导致许多部族被排斥在"华夏"之外（戎子驹支便是一例，虽然在族源上是炎黄后裔，但却被排

① 张富祥：《先秦华夏史观的变迁》，《文史哲》2013 年第 1 期。

② 杨伯峻：《春秋左传注》，北京：中华书局，1981 年，第 1006 页。

③ 顾颉刚：《史林杂识》，北京：中华书局，1963 年，第 56 页。

④ 吕思勉：《吕思勉读史札记》，上海：上海古籍出版社，1982 年，第 400 页。

⑤ 陈槃：《春秋大事表列国爵姓及存灭表撰异》，上海：上海古籍出版社，2009 年，第 949 页。

⑥ 许顺湛：《中原远古文化》，郑州：河南人民出版社，1983 年，第 235、238 页。

斥于华夏）。通过对许多部族的"去华夏化"，周王室确立了"华夏"正统地位，"华夏"内涵缩小到夏商周王室，尤其是周王室及其后裔身上。史家已多有考证，殷商时期还无"华夏"观念。如许倬云认为："殷商自称大邑，却无'华夏'的观念……后世的华夏观念，当由周初族群结合而开其端倪。"① 沈长云认为："商王朝是当时所有林立的邦方中的一个大邦，故称之'大邦商'，它并不以华夏自居。"② 陈昭容认为："'华夏'的概念源于周代。"③ 由此可知，"华夏"观念，属于周王室在意识形态领域的"创造"。当然"创造"的目的便是确立自己独一无二的政治和文化地位。

三是指活动地域的缩小。史家曾考证认为"炎帝族活动的地域，主要在陕西、河南、河北及湖北等地。黄帝族活动的地域主要在河南，其次在陕西、山西、河北、山东等地"。④ 这是一个比较大的范围。《左传》昭公十九年（公元前 523）载文曰："晋之伯也，迩于诸夏，而楚辟陋，故弗能与争。若大城城父而置大子焉，以通北方，王收南方，是得天下也。"史料中晋国有"迩于诸夏"之说。《说文解字》曰："迩，近也。从辵尔声。"⑤ "迩于诸夏"便是接近"诸夏"之意，可以发现，晋国所在之山西只是接近"诸夏"，那么"诸夏"活动范围之小可知也。

总之，先秦时期的"华夏"概念，有着一个历史发展变化的过程。其内涵所指是由大而小，从以炎黄为主的部落联盟逐渐缩小到夏商周王室，尤其是周王室及其后裔身上。所谓的文化高低、地区差异只是在这一过程中所生长出的"枝蔓"而已。因为认定部族是否属于"华夏"的主导权，完全掌握在周王室及其后裔身上。文化高低、地区差异正是一个很好的，贬斥它族为"非华夏"的"借口"。所以，先秦历史中的"华夏"，就有着"大华夏"和"小华夏"的区别："大华夏"是指拥有共同历史记忆（炎黄部族归属）的部族联合体；"小华夏"则是特指夏商周王室及其后裔，尤其是周王室及其后裔所组成的政治同盟体。由于受史料所限，文中若无特殊说明，本文对"华夏"概念的界定，兼顾两意。

---

① 许倬云：《西周史》，北京：生活·读书·新知三联书店，1993 年，第 122、140 页。
② 沈长云：《由史密簋铭文论及西周时期的华夷之辨》，《河北师院学报》1994 年第 3 期。
③ 陈昭容：《从青铜器铭文看两周夷狄华夏的融合》，《古文字与古代史（第二辑）》，台北："中研院历史语言研究所"，2009 年 12 月。
④ 许顺湛：《黄河文明的曙光》，郑州：中州古籍出版社，1993 年，第 577 页。
⑤ （东汉）许小真：《说文解字》，北京：中华书局，1963 年，第 41 页。

五、文明、文化

关于文明的概念，学界尚有分歧。

恩格斯认为："从铁矿石的冶炼开始，并由于拼音文字的发明及其应用于文献记录而过渡到文明时代……文明时代是学会对天然产物进一步加工的时期，是真正的工业和艺术的时期。"① 摩尔根认为："（文明）开始于音标字母的使用和文字记录的产生。"② 《全球通史》的作者斯塔夫里阿诺斯认为："人类学者指出了区分文明与新石器时代部落文化的一些文明的特征：城市成为社会的中心，由制度确立的国家政治权力，纳贡或交税，文字，社会分为阶级或等级，巨大的建筑，各种专门的艺术和科学，等等。虽然并非所有的文明都具备这些特征，例如发源于南美安第斯山脉的文明是在没有文字的情况下发展起来的，而埃及文明和玛雅人文明则没有通常意义上的城市，但是这些特征在判定世界各地各时期的文明的性质时确实可被用作一般性的标准。"③

英国学者丹尼尔在 1968 年出版的《最初的文明：文明起源的考古学》一书中提到了几种文明的界说，并认为在考古学研究中最适用的是美国人类学家 C. 克拉克洪的标准，即"一个称作文明的社会，必须具有下列三项中的两项：有 5000 以上居民的城市，文字，复杂的礼仪中心"。日本学者贝塚茂树在 1977 年出版的著作集《中国古代史学的发展》的补记里，则举出青铜器、宫殿基址、文字三项要素。英国考古学家 V. G. 柴尔德认为城市的出现是文明开始的标志。④ 瓦西里耶夫认为："'文明'一词有以下两个基本的、彼此密切联系的含义：第一，指已经摆脱原始状态的发达社会；第二，强调某个发达社会的特殊性，这些特殊性是和只有某个社会所独有的一系列文化特点和特征相联系的。"⑤

我国学者夏鼐认为："一般把'文明'一词用来指一个社会已由氏族制

①　[德] 恩格斯：《家庭、私有制和国家的起源》，《马克思恩格斯选集》第 4 卷，中共中央编译局编译，北京：人民出版社，1995 年，第 22、23、24 页。

②　[美] 摩尔根：《古代社会》，杨东莼译，北京：商务印书馆，1971 年，第 16 页。

③　[美] 斯塔夫里阿诺斯：《全球通史：从史前史到 21 世纪（上册）》，董书慧译，北京：北京大学出版社，2005 年，第 49—50 页。

④　转引自戴庞海：《中国文化史探研》，郑州：大象出版社，2012 年，第 150 页。

⑤　[苏联] 列·谢·瓦西里耶夫：《中国文明的起源问题》，郝镇华等译，北京：文物出版社，1989 年，第 1 页。

度解体而进入有了国家组织的阶级社会的阶段。这种社会中，除了政治组织上的国家以外，已有城市作为政治、经济、文化各方面活动的中心。它们一般都已经发明文字和能够利用文字做记载，并且都已知道冶炼金属。"①

本文对文明的界定，取其广泛意义，认为文明是"一种相对于落后的开明状态"，②文字、冶炼金属、城市、国家等是其应具因素。

与"文明"一样，"文化"的争论也很大。有学者考证出"当代世界关于文化的定义，据统计已有 260 余种"。③有关"文化"的概念，英国学者泰勒的观点一直备受推崇。他认为："文化，或文明，就其广泛的民族学意义来说，是包括全部的知识、信仰、艺术、道德、法律、风俗以及作为社会成员的人所掌握和接受的任何其他的才能和习惯的复合体。"④这是一个广义的文化概念。在泰勒的基础上，后之学者逐渐把文化分为三个层面，即物质文化、精神文化、制度文化。⑤

本文对文化的界定，主要是狭义文化，即精神文化。亦涉及物质文化和制度文化。

第三节　已有研究成果述评

一、戎族特征及称谓的研究

近代对戎族特征及其称谓进行专门考证论述，始于 1915 年王国维所撰《鬼方昆夷玁狁考》。⑥此文无疑属于戎族称谓及其特征研究的开山之作。继王国维之后，梁启超、吕思勉、钱穆、杨树达、任邱、王桐龄、郭沫若、蒙

---

① 夏鼐：《中国文明的起源》，北京：文物出版社，1985 年，第 81 页。
② 叶启晓主编：《人类学概论》，北京：北京大学出版社，2012 年，第 230 页。
③ 金元浦：《中国文化概论》第 2 版，北京：中国人民大学出版社，2012 年，第 2 页。
④ ［英］爱德华·泰勒：《原始文化》，连树声译，上海：上海文艺出版社，1992 年，第 1 页。
⑤ 郑师渠主编：《中国文化通史》，北京：北京师范大学出版社，2009 年，总序，第 4 页。
⑥ 王国维：《观堂集林》，北京：中华书局，1959 年，第 583 页。最早对"戎族"进行研究者，还有夏曾佑（夏曾佑著有《中国古代史》，对戎族分布情形及其关系有一定研究，原书出版于20 世纪初，初名为《最新中学中国历史教科书》，1933 年商务印书馆出版大学课本，列入大学丛书，改名《中国古代史》）。而对于戎族特征及其称谓，进行专门考证论述则始于王国维。昆夷，在本书引用的资料中，有的作者将之称为混夷，绲夷，串夷，畎夷，犬夷等。玁，狁的繁体。玁狁，即犷狁，也称猃狁，严允，狁戎等。

文通、徐中舒、王玉哲等一批知名学者，又陆续进一步探讨戎族特征及其称谓所指。他们相对一致的观点是戎乃泛称，分歧主要在于对戎族特征及其称谓内涵的认识。20 世纪 80 年代以来，杨建新、韩小忙等研究者认为戎并非泛称，所指为单独民族。此后，围绕"戎"乃泛称与否，学界展开激烈讨论。

在最近的一百年间，海内外有关学者围绕戎族特征及其称谓所指，陆续展开的考论和争鸣，既逐步拓展了研究的视角、丰富了研究的内容，又不断地提出了诸多新见解、新问题。本文通过全面收集和细心比较，将其概括为戎族的族群特征、戎乃泛称或专名与否等若干方面，逐步梳理中外学界针对戎族特征及其称谓内涵的百年学术历程及其动态，并对诸家观点予以客观归纳和简要评述。对于该专题学术史的百年回顾与总结，意在找到新的起点，以利于前行，希冀为学界进一步开展相关领域的深入研究有所裨益。

（一）"戎"乃泛称，并非单一民族称谓

"戎"是泛称，并非单一民族称谓。此乃学界的传统观点，也一直是主流认识。由于中外学者们各自的视角和侧重点不同，在"戎"乃泛称这一大前提下，对戎族特征及其称谓所指的争辩，大致可细分为以下八个焦点。

1. 戎处西部之辨

强调地域方位与戎族的关联，认为戎族活动地域主要分布在中国西部或西北部，可概括为"戎处西部"。

持这一观念的学者较多。例如 1934 年吕思勉所撰《中国民族史》认为："戎狄固以方位言，非以种族言。"[①] 同年，任邱、王桐龄出版《中国民族史》说："西戎，属西藏族，其根据地在现在青海、西藏，东至甘肃，川边及陕西，四川两省西境皆为其分布地。"[②] 20 世纪 40 年代杨树达认为："西方又称西戎。"[③] 20 世纪 70 年代郭沫若主编的《中国史稿》认为："所谓西戎，主要指活动在陕甘青藏的一些分散的羌人部落或方国。"[④] 80 年代初，林剑鸣认为："所谓西戎乃是泛指秦国西方散布于广大地区的许多戎族。"[⑤] 前后同时出版的两部大型辞书，分别这样解释"戎"：《辞海》说"戎或西戎

---

①　吕思勉：《中国民族史》，上海：上海古籍出版社，2008 年，第 236 页。（1934 年此书首版）
②　任邱、王桐龄：《中国民族史》，北京：北平文化学社，1934 年，第 17 页。
③　杨树达：《积微居字说》，《复旦学报》1947 年第 3 期。
④　郭沫若主编：《中国史稿》第 1 册，北京：人民出版社，1976 年，第 301 页。
⑤　林剑鸣：《秦史稿》，上海：上海人民出版社，1981 年，第 45 页。

是中原人对西北各族的泛称之一"。① 《辞源》说"戎，古代泛指我国西部的少数民族"。② 岑仲勉认为："近世尝谓夷、蛮、戎、狄字古常混用，并非专系于东、南、西、北之方向，此只是片面的看法；时代较早或较有系统之作品，固北必是狄，西必是戎。"③ 80 年代后期，田继周的《先秦民族史》认为："殷西方的民族，有所谓西戎、氐、羌、昆夷等。西戎是西方民族的总称。"④ 段连勤所撰《犬戎历史始末述》分析："历史上的戎族（亦称西戎），并非某一民族的专称，而是周人对居于我国西部和西北部、与周人为邻的诸民族共同体的统称。"⑤ 90 年代中期，杨东晨在香港出版《民族史论集》认为："西戎系西北少数民族的泛称，也是古老的部族。"⑥ 近年，刘光华根据《国语·周语》和《后汉书·西羌传》有关西征犬戎并迁戎于大原等追述，和顾炎武《日知录》大原条的解释，认为戎的活动地域主要在西北。⑦ 王铭铭认为："我们则又可以认为，中国历史上的华夏、蛮、夷、戎、狄等族称，同时也代表着具有认同内涵的方位感，在其中，'西方'只不过是多种方位之一种。"⑧ "从史书的文字记载中，早期在中原之西居住的人统称戎。"⑨ 祝中熹在《甘肃通史》先秦卷中认为："一些并非起源于陕、甘、青地区，族源也并不相同或相近的部族，因后来活动于我国西部，也被归之于西戎。"⑩

海外学者对此关注也很多。1929 年法国学者葛兰言所著的《中国文明》一书认为："西部的则被称为戎……戎人，西边的蛮族，穿草编的斗篷，戴荆棘编的帽子。"⑪ 德国学者申茨则直接把戎族等同于西方部落，"西方部落变得更加斗胆，屡屡进攻，直至最后与无能的幽王取得了联姻联盟。他们在公元前 771 年夺取了都城，杀死幽王和他的卫队，这就是西周的结束。"⑫ 日本学者泽田动认为："'戎'是一个用来指认当时中原人眼里的西方、北方

① 《辞海》，上海：上海辞书出版社，1979 年，第 3090 页。
② 《辞源》，北京：商务印书馆，1980 年，第 1183 页。
③ 岑仲勉：《隋唐史（下）》，北京：中华书局，1982 年，第 460 页。
④ 田继周：《先秦民族史》，成都：四川民族出版社，1988 年，第 272 页。
⑤ 段连勤：《犬戎历史始末述》，《民族研究》1989 年第 5 期。
⑥ 杨东晨：《民族史论集》，香港：国际文化艺术出版社，1996 年，第 94 页。
⑦ 刘光华：《西北通史（先秦卷）》，兰州：兰州大学出版社，2004 年，第 196－202 页。
⑧ 王铭铭：《西方作为他者》，北京：世界图书出版公司，2007 年，第 15 页。
⑨ 王铭铭：《超越新战国》，北京：生活·读书·新知三联书店，2012 年，第 197 页。
⑩ 祝中熹：《甘肃通史（先秦卷）》，兰州：甘肃人民出版社，2009 年，第 247 页。
⑪ ［法］葛兰言：《中国文明》，杨英译，北京：中国人民大学出版社，2012 年，第 80、156 页。
⑫ ［德］阿尔弗雷德·申茨：《幻方——中国古代的城市》，梅青译，北京：中国建筑工业出版社，2008 年，第 86 页。

地区的民族人口的词语。"① 美籍学者 Chang Chun-shu 认为："戎位于西部……戎大多居住在西部，陕西的西北部以及甘肃东部。"② 丁韪良认为："那些西方的部族称做'戎'或'羌'。"③

　　对于第一种类型，学界争论比较大，一些学者认为，戎非居西方。例如，陈梦家通过分析甲骨卜辞，认为："戎族必在东方……戎、夷、易皆在东方渤海湾一带。"④ 史念海认为："东夷、西戎、南蛮、北狄，仿佛他们各据一方，不相混合。其实，他们并不是绝对有区别的四种部落。"⑤ 王玉哲认为："北方、东方的部族也可以称戎，不独西方为然。"⑥ 晁福林认为："戎族与后世多以西戎相称，其实在春秋战国时期戎族并不局限于西方地区。"⑦ 饶宗颐认为："春秋以来戎、狄分布几乎遍布东西各地……戎狄与东夷皆泛指东西异族。必欲以夷方专指东方之夷，不免於泥。"⑧ 日本学界对此问题也有着深入探讨，学者白鸟库吉认为："戎是不仅仅局限于西方的民族……把戎放在西方和蛮夷并称是没有道理的。"⑨ 平势隆郎认为："戎似乎是住在从晋、周到齐的地区……狄可以说是来自北方的入侵，但戎的场合却很难想象，他们是从中原到淮夷的地区比较稳定的状况中……若只强调戎族从西方移动到东方的可能性，是非常牵强的。"⑩ 吉本道雅认为："北族的统称为戎。"⑪

① ［日］泽田勋：《匈奴——古代游牧国家的兴亡》，王庆宪等译，呼和浩特：内蒙古人民出版社，2010年，第3页。

② ［美］ChangChun-shu, *The rise of the Chinese Empire：Nation，State，and Imperialism in Early China*，Michigan：The University of Michigan Press，2007，p.294，315.

③ ［美］丁韪良：《中国人的精神世界及其影响力》，沈弘译，北京：世界图书出版公司，2010年，第282页。

④ 陈梦家：《古文字中之商周祭祀》，《燕京学报》1936年第19期。

⑤ 史念海：《西周与春秋时期华族与非华族的杂居及其地理分布（上篇）》，《中国历史地理论丛》1990年第1期。

⑥ 王玉哲：《秦人的族源及迁徙路线》，《历史研究》1991年第3期。

⑦ 晁福林：《春秋战国的社会变迁》，北京：商务印书馆，2011年，第328页。

⑧ 饶宗颐：《西南文化创世纪：殷代陇蜀部族地理与三星堆、金沙文化》，上海：上海古籍出版社，2010年，第34、86页。

⑨ ［日］白鸟库吉：《周代の戎狄に就いて》，《东洋学报》1924年第14卷第2号。（日本文献均系西安外国语大学吴恒、兰州大学王蕾译，下文不再重复。）

⑩ ［日］平势隆郎：《中国古代正统的系谱》，《第1回中国史学国际会议研究报告集：中国の历史世界——统合のシステムと 多元的发展》，东京：东京都立大学出版会，2002年，第154-155页。

⑪ ［日］吉本道雅：《〈史记·匈奴列伝〉疏证——上古から冒顿单于まで》，《京都大学文学部研究纪要》45，2006年。

　　还有一种观点认为，戎与西方联系起来是较晚才发生的，期间有一个时间变化的过程。童书业认为："春秋以后……夷、蛮、戎、狄便渐渐与东、南、西、北发生比较固定的关系了……把夷、蛮、戎、狄分配东、南、西、北的记载，最早的似乎是《墨子》书……自从战国人有了这种看法，于是汉人就沿袭下来，《礼记》说西方曰'戎'……自从汉人这样一写，后人也就继续沿袭下来了。"① 顾颉刚认为："战国以下的人总喜欢把夷、蛮、戎、狄四名分配东、南、西、北四方。他们都是把一个名词非常确定地分配为固定的规律，好像绝对没有疑义似的。不过从我们看来，这事却大有磋商的余地。"② 马承源主编的《商周青铜器铭文选》认为："是戎字起始并非特指西方少数民族。"③ 赵铁寒认为："以夷蛮戎狄四名，陪东南西北四方，成为东夷、南蛮、西戎、北狄之专名，此种风气，开始于春秋之时，至汉初而完成，古无是说也。"④ 刘义棠⑤、梁国真⑥、杨济襄⑦、张国硕⑧认可此说。罗贤佑认为："戎、狄冠以方位，始见于西周，在此之前，戎、狄是互通的。"⑨

　　还有一种观点值得叙述，代表人物是王晖。他认为："尽管西周春秋时古文献及金文中夷、蛮、戎、狄和东南西北的方国部族不一定有完全对应的关系，但相对来看，西北多称戎狄。"⑩ 这种观点实质上是对以上观点的一种调和。

　　如何才能了断以上争论？笔者认为，最终的裁定，当然要等待相关的文物考古新发现和人种基因遗传情况的检测成果；在可靠的科学判断问世之前，比较适当的做法，应该是把戎族的起源和活动区域分开来考察。戎族的起源，目前还难以论定；就其活动区域，美国学者顾立雅（Herrlee G. Creel）的观点，值得借鉴，"一般认为，戎和狄居住在西部和北部，（实际上）它们不仅在华夏的边界之外，还在华夏的边界之内（徐戎便在东部而

---

　　① 童书业：《夷蛮戎狄与东南西北》，《禹贡》1937 年半月刊第 7 卷第 10 期。

　　② 顾颉刚：《从古籍中探索我国的西部民族——羌族》，《社会科学战线》1980 年第 1 期。

　　③ 马承源：《商周青铜器铭文选》，北京：文物出版社，1990 年，第 117 页。

　　④ 赵铁寒：《春秋时期的戎狄地理分布及其源流》，《大陆杂志》1955 年第 11 卷第 2 期。

　　⑤ 刘义棠：《中国边疆民族史》，台北："中华书局"，1982 年，第 29 页。

　　⑥ 梁国真：《商周时代的东夷》，新北：花木兰文化出版社，2010 年，第 18 页。

　　⑦ 杨济襄：《秦汉以前"四方"观念的演变及发展研究》，新北：花木兰文化出版社，2011 年，第 52 页。

　　⑧ 张国硕：《先秦人口流动民族迁徙与民族认同研究》，郑州：大象出版社，2011 年，第 215 页。

　　⑨ 罗贤佑：《中国民族史纲要》，北京：中国社会科学出版社，2009 年，第 43 页。

　　⑩ 王晖：《西周蛮夷"要服"新证》，《民族研究》2003 年第 1 期。

非西部)。"① 通过细致梳理有关史料得知：戎的分布，可谓是杂居华夏之间，在不同的历史阶段，不仅西部、北部，甚至在东部、南部，均有戎族的足迹；西部或西方，只是戎族的主要活动地域之一。

2. 戎以牧为业之辨

突出强调经济形态的重要性，认为戎族的显著特点是游牧或畜牧，可概括为"戎以牧为业"。

例如钱穆认为："惟其为游牧的社会，故无上述城郭、宫室诸文物，而饮食、衣服种种与诸夏异，而成其为蛮夷戎狄。"② 俞伟超认为："西戎是指起源于陕西西部至甘、青地区的一些族源相同或相近的畜牧和游牧部落的统称。"③ 许倬云认为："戎狄所在，属草原上文化。"④ 李孟存、常金仓认为："西周春秋时期，华夏人对我国北方的游牧部族通称为戎狄。"⑤ 李范文撰写《先秦羌戎融华考》认为："戎，不是指戴甲负戈的人，而是泛指西方的游牧民族。"⑥ 邢亦尘认为："戎狄，他们都是逐水草迁徙的游牧民族。"⑦ 侯毅认为："戎和狄是西周时期对周王朝西北部游牧部落的泛称。"⑧ 陈温菊认为："西戎，是古代对西北各游牧民族的统称。"⑨ 美国学者 Victoria Tin-bor Hui 认为："游牧民族如戎、狄。"⑩ 墨菲在《东亚史》一书中把灭亡西周的戎族称为"北方游牧部族"。⑪

把游牧与戎族不加具体分析就等同起来的观点，受到学界的质疑。例如任乃强、徐中舒的观点，就与之针锋相对。任乃强认为："后来进入农业社会的叫戎，而把在西海仍停滞于牧业的叫羌。"⑫ 徐中舒认为："春秋时代在楚国周围高地上粗耕的农业部族，当时称之为戎。"⑬ 也有学者从历史发展

① [美] Herrlee G. Creel, *The Oringins of Statecraft in China：The Western Chou Empire*, Chicago：The University of Chicago Press，1970，p. 199.

② 钱穆：《国史大纲》，北京：商务印书馆，1996年，第57页。

③ 俞伟超：《先秦两汉考古学论集》，北京：文物出版社，1985年，第181页。

④ 许倬云：《西周史》，北京：生活·读书·新知三联书店，1993年，第129、130页。

⑤ 李孟存、常金仓：《晋国史纲要》，太原：山西人民出版社，1988年，第248页。

⑥ 李范文：《先秦羌戎融华考》，《宁夏社会科学》1992年第2期。

⑦ 邢亦尘主编：《瀚海集》，呼和浩特：内蒙古人民出版社，1995年，第72页。

⑧ 侯毅：《山西通史（先秦卷）》，太原：山西人民出版社，2001年，第397页。

⑨ 陈温菊：《先秦三晋文化研究》，新北：花木兰文化出版社，2011年，第36页。

⑩ [美] Victoria Tin-bor Hui, *War and State Formation in Ancient China and Early Modern Europe*, Cambridge：Cambridge University Press, 2005. p. 249.

⑪ [美] 墨菲：《东亚史》，林震译，北京：世界图书北京出版公司，2012年，第42页。

⑫ 任乃强：《任乃强民族研究文集》，北京：民族出版社，1990年，第388页。

⑬ 徐中舒：《巴蜀文化续论》，《四川大学学报》1960年第1期。

角度出发，认为戎人在逐渐汉化，种植业也在普及，丁琦认为："概括而言之，在秦以前，除阴山以北地区及气候寒冷之地带外，农稼生活已普遍于戎狄间矣。"[1] 台湾地区学者张其贤在《春秋时期族群概念新探》一文中认为："钱穆认为戎狄和诸夏的根本区别在于定居农业城郭生活与游牧生活之别，这个看法可能需要更多的保留。"[2]

一些学者认为戎可能是一种复合经济。如唐嘉弘认为："古代中国境内戎狄的生产形式，很有可能是一种复合经济，不像是游牧社会。"[3] 武沐认为："生活在森林草原环境中的诸多戎、狄民族也不可能成为真正意义上的游牧民族，只能是一种农、牧、狩猎混合型的族群。"[4] 台湾地区学者杜正胜认为："戎狄不是纯粹的游牧民族，农作在经济生产中还占相当的比重……戎狄分散溪谷，生产方式必然与生态环境配合，或农或牧，或渔或猎是有个别性的差异的，但整体而言，他们过着半农半牧的生活，并且渔猎采集以补充生活资料之不足。"[5]

国外学者对这个问题也有关注，并取得一定进展。例如，美国学者拉铁摩尔认为："狄与戎是一种混合经济。"[6] 顾立雅认为："戎和狄被称为是游牧民族在很大程度上是一个问题。在《左传》中一个中国人说，戎和狄迁徙，很愿意出售他们的土地获取商品。西周史料记载所俘获戎、狄的战利品，包括马、牛、羊。毫无疑问，他们中有一些是游牧人。另一方面，《左传》似乎表明，一些戎从事农业（一个戎头目说，当某些不良的土地给他的人时，他们'清除了它的刺和荆棘'这肯定听起来像农民的行为，而不是游牧民族）。因为我们有这样的考古证据表明，在戎、狄发现的地区，游牧、农耕、狩猎和捕鱼它们都从事。似乎是这样的，戎、狄有很多部族构成，它们有不同的生存方式，它们中的一些人可能已经是一种复合形式。"[7] 狄宇宙认为："考古发现证明，游牧社会中间也有某种程度的农业活动。游牧民

① 丁琦：《西汉以前匈奴史迹考》，武汉大学历史系毕业论文，1945 年，第 52 页。

② 张其贤：《春秋时期族群概念新探》，《政治科学论丛》2009 年第 39 期。

③ 唐嘉弘：《中国古代民族研究》，西宁：青海人民出版社，1987 年，第 15 页。

④ 武沐：《匈奴史研究》，北京：民族出版社，2005 年，第 18 页。

⑤ 杜正胜：《西周封建的特质——兼论夏政商政与戎索周索》，《中国上古史论文选集》，台北：华世出版社，1979 年，第 684－685 页。

⑥ ［美］拉铁摩尔：《中国的亚洲内陆边疆》，唐晓峰译，南京：江苏人民出版社，2008 年，第 240 页。

⑦ ［美］Herrlee G. Creel, *The Oringins of Statecraft in China*：*The Western Chou Empire*, Chicago：The University of Chicago Press, 1970, p. 200.

族的抢劫团伙—有时是像军队一样大规模的队伍，带走的是牲畜和人口，而不是农产品。对传统畜牧社会的人类学研究也表明，并非所有的被称作游牧族的部落都是同样的生产基础……戎狄中的大多数都是农人和牧人。"[1] Chang Chun-shu 认为："半游牧的，被称为戎狄。"[2] 朱学渊认为："春秋时代，豫中的蛮氏，豫西的伊洛、杨拒、泉皋，可能已经开始农耕了，而渭首、泾北的狄獂、邦冀、义渠，还处于转型的阶段。它们之为'戎'，则是因为说的还是戎狄语言。"[3] 江上波夫认为："不能把骑马民族全部看成游牧民。"[4] "山岳地带（长城地带），这儿在新石器时代居住的是农主牧副的人群，进入青铜器时代，他们转而为牧主农副，而且好从事战争，山岳地带的就是早先的戎……"[5] 宫崎市定认为："所谓'戎'的这个民族，好像是居住在城郭都市里。"[6] 德国学者艾伯华认为："这些游牧民从事着小规模的农业生产，但是，他们发现通过交易和抢劫可以更轻松地获得更多的农产品。因此，他们逐渐放弃了耕作，转变为纯粹的游牧民族。"[7]

笔者认为，说戎族亦农亦牧或农牧兼营，更符合历史事实。舒大刚《春秋少数民族分布研究》[8] 一书，以及林沄《中国北方长城地带游牧文化带的形成过程》[9] 一文，文献与考古资料相结合，可谓比较全面深入地研讨这个问题。

3. 戎非华夏之辨

根据古文献中一直将戎视为异族的记述，即以上古中原族群的认同标准，来识别戎族特征，认为戎属于非华夏族或外来人、非周人的泛称，可概括为"戎非华夏"。

① [美] 狄宇宙：《古代中国与其强邻——东亚历史上游牧力量的兴起》，贺严等译，北京：中国社会科学出版社，2010 年，第 147、202 页。

② [美] ChangChun-shu, *The rise of the Chinese Empire*：*Nation*，*State*，*and Imperialism in Early China*，Michigan：The University of Michigan Press，2007，p.315.

③ [美] 朱学渊：《新版中国北方诸族的源流》，上海：华东师范大学出版社，2010 年，第 226 页。獂，在本书引的资料中，有的作者采用獂、狟、獯等字。

④ [日] 江上波夫：《骑马民族国家》，张承志译，北京：光明日报出版社，1988 年，第 5 页。

⑤ 转引自王明珂：《鄂尔多斯及其邻近地区专化游牧业的起源》，《中央研究院历史语言研究所集刊》1994 年第 65 本第 2 分。

⑥ [日] 宫崎市定：《中国史》，邱添生译，台北：华世出版社，1980 年，第 120 页。

⑦ [德] 艾伯华：《中国通史》，王志超译，北京：金城出版社，2012 年，第 31 页。

⑧ 舒大刚：《春秋少数民族分布研究》，台北：文津出版社，1994 年，第 99 页。

⑨ 林沄：《中国北方长城地带游牧文化带的形成过程》，《燕京学报》新 14 期，北京：北京大学出版社，2003 年，第 103 页。

例如饶宗颐认为："戎狄与东夷皆泛指东西异族。"[①] 陈连开在《中国民族史》中主张："戎作为对所有非华夏各族的泛称。"[②] 台湾民族史专家刘义棠说："戎的称谓，往往泛指华夏或诸夏以外各族而言。"[③] 谢维扬认为："'戎狄蛮夷'表达的就是非华夏族这个概念，换句话说，就是华夏族的异族。"[④] 史念海研究华族与非华族居地分布时认为："戎则包括所谓戎、狄、蛮、夷诸部落，这些都是非华族。"[⑤] 王明珂反思华夏族群认同问题时总结："戎或西戎，在春秋战国时期是华夏民族对非我族类的称号。"[⑥] 张广志在论述西周历史文化时认为："蛮、夷、戎、狄，只是以中国（中原）自居的华夏族对周边诸族的统称、泛指。"[⑦] 王铭铭认为："早在春秋战国时代，作为汉族前身的华夏族，其势力已经东到海滨，南及长江中下游，西抵黄土高原。这个核心的扩展对周围的其他民族，即当时所谓夷蛮戎狄。"[⑧]

海外学者对此关注也很多，法国学者葛兰言所著的《中国文明》一书认为："蛮、夷、戎、狄都是非华夏的种属泛指，没有什么精确的意义。"[⑨] 日本学者内藤湖南认为："正如大家知道的，中国是一个自尊自大的国家，自称自己为中华或中国，对任何其他国家一概称为蛮夷狄戎，只有自己的国家是中国，中国的人才是真正的人，外国的人是蛮夷，与禽兽相距不远。"[⑩] 后藤均平比较研究春秋时期的周与戎，指出有关古文献在涉及"异族的时候，北方称狄，也叫戎或戎狄。"[⑪] 五井直宏认为："春秋时代各地混居着被称作戎、狄的许多异族。"[⑫] 以色列学者吉迪认为："戎、狄或羌多用于笼统

---

① 饶宗颐：《饶宗颐二十世纪学术文集·甲骨集林》，北京：中国人民大学出版社，2009年，第962页。

② 王钟翰：《中国民族史》，北京：中国社会科学出版社，1994年，第125页。

③ 刘义棠：《中国边疆民族史》，台北："中华书局"，1982年，第117页。

④ 谢维扬：《华夏族形成问题初论》，《研究生论文选集·中国历史分册（一）》，南京：江苏古籍出版社，1984年，第8页。

⑤ 史念海：《西周与春秋时期华族与非华族的杂居及其地理分布（上篇）》，《中国历史地理论丛》1990年第1期。

⑥ 王明珂：《华夏边缘：历史记忆与族群认同》，台北：允晨文化有限公司，1997年，第215页。

⑦ 张广志：《西周史与西周文明》，上海：上海科学技术文献出版社，2007年，第240页。

⑧ 王铭铭：《超越新战国》，北京：生活·读书·新知三联书店，2012年，第190页。

⑨ ［法］葛兰言：《中国文明》，杨英译，北京：中国人民大学出版社，2012年，第80页。

⑩ ［日］内藤湖南：《中国史通论》，夏应元等译，北京：社会科学文献出版社，2004年，第704页。

⑪ ［日］后藤均平：《春秋時代の周と戎》，《中国古代史研究》1960年12月。

⑫ ［日］五井直宏：《中国古代史论稿》，姜镇庆等译，北京：北京大学出版社，2001年，第219页。

的指非华夏人，而非明确的限定为某一特定的人群。"①

美国学者顾立雅认为："很明显，华夏使用戎，狄，蛮，夷作为'非华夏人'、'外国人'的广义术语……我们有一些进一步的迹象表明，演讲的戎（姜戎）或至少其中一些叫戎的，是不同于华夏人。"② Mark Edward Lewis认为："戎，是非周人。"③ 狄宇宙认为："'戎'这一词的'外来人'之义似乎还是毋庸置疑的。"④ 芮乐伟·韩森认为："周朝人把他们的非汉族邻居分成四个族群：西戎、北狄、东夷、南蛮……许多汉人同这些非汉族，尤其是戎和狄，有着经常的接触……邻近的非华夏族——戎族。"⑤ Chen Zhi认为："非华夏人如夷、狄、戎、蛮。"⑥

戎族是否为华夏，学界争论较大。一些学者通过研究殷族、周族起源，认为殷、周也是戎族，如果殷、周属华夏，那么戎也应是华夏。

20世纪30年代，陈梦家说："殷人为戎……戎狄之名并非异族之名。"⑦ 40年代，刘节认为："殷人是南夷东夷的同族，周人是戎羌的同族，已经是没有问题的。"⑧ 杨宽认为："周亦西戎……周与戎本同族耳……周本亦羌戎之族。"⑨

新中国成立后，徐中舒曾指出："简狄又为有娀氏之女，娀从戎，戎在西方，应即为夏族。"⑩ 郭沫若认为："可知夏民族实即戎狄。"⑪ 童书业认为："戎。这一族疑是商、奄的遗民或同族。"⑫ 田昌五认为："黄帝部落为

① ［以色列］吉迪：《中国北方边疆地区的史前社会》，余静译，北京：中国社会科学出版社，2012年，第18、19页。

② ［美］Herrlee G. Creel，*The Oringins of Statecraft in China：The Western Chou Empire*，Chicago：The University of Chicago Press，1970，p. 198－199.

③ ［美］Mark Edward Lewis，*Sanctioned violence in early China*，New York：State University of New York Press，1990，p. 58.

④ ［美］狄宇宙：《古代中国与其强邻——东亚历史上游牧力量的兴起》，贺严等译，北京：中国社会科学出版社，2010年，第151页。

⑤ ［美］芮乐伟·韩森：《开放的帝国：1600年前的中国历史》，梁侃等译，南京：江苏人民出版社，2007年，第42、43、46页。

⑥ Chen Zhi，"From Exclusive Xia to Inclusive Zhu-Xia：The Conceptualisation of Chinese Identity in Early China"，*Journal of the Royal Asiatic Society*，Vol. 14，No. 3. Nov. 2004.

⑦ 陈梦家：《古文字中之商周祭祀》，《燕京学报》1936年第19期。

⑧ 刘节：《汉族源流初探》，《图书月刊》1941年第1卷第3期。

⑨ 杨宽：《中国上古史导论》，《古史辨》第7册上，上海：上海古籍出版社，1982年，第95、148页。

⑩ 徐中舒：《巴蜀文化续论》，《四川大学学报》1960年第1期。

⑪ 郭沫若：《郭沫若全集》历史编第1卷，北京：人民出版社，1982年，第282页。

⑫ 童书业著、童教英整理：《童书业著作集》第1卷，北京：中华书局，2008年，第142页。

古戎狄族，是没有问题的……夏朝的祖先也来自戎狄。"① 唐兰认为："商王朝原是戎族，商王朝最早的老祖母是有娀氏，娀即是戎。"② 岑仲勉认为："得谓周人与西戎同一种族。"③ 王克林在《考古与文物》发表《姬周戎狄说》，认为："周是戎狄，周人源于戎狄。"④ 晁福林认为："有娀氏的'娀'字，从戎从女，应当和戎族有直接关系，或者可以视其为母系氏族的戎族。值得注意的是，古代文献常将戎与殷若商合称。这应当和商族源于有娀氏有关。"⑤ 一些学者则直接认为戎乃炎黄后裔，如邝士元概括说："春秋时代的所有异族，莫不与黄帝同出一系。"⑥ 刘宝才专文探讨得出的结论是："周族与西戎均源于炎黄部族，二者具有古老的因缘。"⑦ 周及徐、易华则主张戎夏同源共祖，"戎与夏商周人皆是共同的祖先黄帝民族的后裔。"⑧ "黄帝是夏、周、戎、狄传说中的始祖。"⑨

台湾学者杜正胜有着更为独特的观点，他认为："所谓戎狄也就是夏人的后裔了，可能还包括唐虞以降的部族……既是戎狄，又名曰夏，必有夏后氏苗裔为戎狄者……夏人体荐，戎狄也体荐，足见二者有深切的关系……就丧礼言，戎狄和夏人是同出一源的……所谓戎狄不仅指夏后氏之后人，陶唐虞舜的苗裔也包括在内……唯夏本戎狄的专称，后来反被中原周民族所夺；连夏禹也改称戎禹，就未免令人感慨系之了。"⑩

海外学者也有关注，日本学者白鸟库吉研究周代戎狄的专文认为："有把蛮夷称为外族的证据，没有把外族称为戎狄的证据。"⑪ 佐竹靖彦认为："近期的研究表明，周、秦两王朝属于戎狄系的游牧民族。"⑫ 美国学者W. M. 麦高文认为："周人本居西北，为戎狄所包围，并且很可能系源出于

① 田昌五：《古代社会形态研究》，天津：天津人民出版社，1980 年，第 139、140 页。
② 唐兰：《西周青铜器铭文分代史征》，北京：中华书局，1986 年，第 57 页。
③ 岑仲勉：《两周文史论丛》，北京：中华书局，2004 年，第 40 页。
④ 王克林：《姬周戎狄说》，《考古与文物》1994 年第 4 期。
⑤ 晁福林：《夏商西周的社会变迁》，北京：北京师范大学出版社，1996 年，第 62 页。
⑥ 邝士元：《国史论衡·先秦至隋唐篇》，香港：波文书局，1979 年，第 18 页。
⑦ 刘宝才、梁涛：《周族与西戎》，《人文杂志》1997 年第 6 期。
⑧ 周及徐：《戎夏同源说》，《中国文化研究》2008 年第 3 期。
⑨ 易华：《从〈史记·五帝本纪〉看尧舜与炎黄的传说》，《族际认知：文献中的他者》，北京：社会科学文献出版社，2009 年，第 90 页。
⑩ 杜正胜：《西周封建的特质——兼论夏政商政与戎索周索》，《中国上古史论文选集》，台北：华世出版社，1979 年，第 676—677 页。
⑪ ［日］白鸟库吉：《周代の戎狄に就いて》，《东洋学报》1924 年第 14 卷第 2 号。
⑫ ［日］佐竹靖彦：《佐竹靖彦史学论集》，北京：中华书局，2006 年，第 17 页。

蛮族,后来才化于中国的文明。"① ChangChun-shu 认为:"虽然是野蛮人,在遥远的过去,他们却全都是同一个祖先。例如,匈奴,戎和狄被确认为来自同一血统的后裔,即伟大的夏朝的建立者。"② 朱学渊认为:"'西羌',或谓'西戎'……事实上,周、秦原来都是游牧的戎狄部落,也是西羌的同类。周灭殷商和秦统一六国,是戎狄民族征服中原的历史的一部分……西羌和北狄的祖先都是出自中原,它们的血缘和语言是同源的,乃至族名、人名也都是一样的……严格说来,华夏民族的祖先就是'胡'……'周原'是秦陇高原东缘的一片方圆仅及几里的地方。而从周原的地名就可以认识周部落是戎狄。"③ 意大利学者安东尼奥·阿马萨里认为:"推本溯源,周人一开始被称为戎狄的戎人。这就是说,他们原非华夏人,但是到了后来,一经同化后,他们拒绝接受这一伤人的称呼。"④ 法国学者勒内·格鲁塞认为:"正是中国人的祖先们所过的这种农业和定居的生活,把他们与那些一直过着游牧打猎生活的部落区别开来,这些游牧部落,要么生活在陕西和山西北部的大草原上,要么生活在淮河与长江流域的沼泽森林里——他们大概属于同一种族血统。没有理由认为存在种族的差异。"⑤ 加拿大学者蒲立本认为:"羌和戎这样的'野蛮'民族住在汉藏人的极西部,是中国西部边界地区晚期藏缅部落的先民。他们跟文化较发达的中国邻居有所不同。周朝的先民更可能是这些'野蛮人',而非直接出自夏民族的'中国'一系。"⑥

笔者认为,戎与华夏是一种复杂的关系。一方面,一些戎族的起源与华夏部族有关,比如《左传》襄公十四年,"昔秦人负恃其众,贪于土地,逐我诸戎。惠公蠲其大德,谓我诸戎,是四岳之裔胄也,毋是翦弃。"⑦ 另一方面,由于戎族构成复杂,族类众多,如果像司马迁那样,把戎族族源全归于华夏,也与实际不符,正如一些学者所说"以今天的观点来看,司马迁的

① [美]麦高文:《中亚古国史》,章巽译,北京:中华书局,2004 年,第 108 页。

② [美]ChangChun-shu, *The rise of the Chinese Empire: Nation, State, and Imperialism in Early China*, Michigan: The University of Michigan Press, 2007, p. 295.

③ [美]朱学渊:《新版中国北方诸族的源流》,上海:华东师范大学出版社,2010 年,第 221、228、230 页。

④ [意]安东尼奥·阿马萨里:《中国古代文明——从商朝甲骨刻辞看中国上古史》,刘儒庭等译,北京:社会科学文献出版社,1997 年,第 102 页。

⑤ [法]勒内·格鲁塞:《伟大的历史:5000 年中央帝国的兴盛》,秦传安译,北京:新世界出版社,2008 年,第 4 页。

⑥ [加拿大]蒲立本:《上古时代的华夏人和邻族》,《中国文化语言学引论(修订版)》,游汝杰译,上海:上海辞书出版社,2003 年,第 324 页。

⑦ 杨伯峻:《春秋左传注》,北京:中华书局,1981 年,第 1006 页。

这种民族理论显然是不科学的。我们也绝不会像谯周那样，以书呆子气去——进行考实。"① 对戎族的族源及其属性的论定，尚有待搜集新资料、发现新证据，逐步开展细致考证。

4. 戎族文明程度之辨

强调文化风俗对族群区分的作用，认为戎族的社会性质、生活方式、风俗习惯等异于华夏，总体文明程度低于华夏，可概括为"戎之文明水平落后"。

例如夏曾佑在 20 世纪初编撰的，现存最早的《中国古代史》教科书中说："诸戎，不尽与中国异种，以其风俗同戎，故谓之戎耳。"② 40 年代，钱穆在《国史大纲》中提出："所谓诸夏与戎狄，其实只是文化生活上的一种界线。"③ 黎琴南认为："所谓'周人'、'殷人'以及'戎狄'都是生活方式不同的一些部落……古人辨别夷夏完全以生活方式之特征为依据。"④

新中国成立后，基本延续了民国时期的观点。张政烺在 1952 年的《古史讲义·先秦史讲义》中认为："诸夏与戎狄之分，主要是文化上的差别，即先进与后进的差别。"⑤ 王玉哲在 1955 年发表考论先秦戎狄与华夏关系的专文，明确指出："春秋时戎狄观念并不是以种性或血统为根据的，其与诸夏主要的分别，乃在社会性质与生活方式的不同。"⑥ 童书业纵观春秋时期的历史，主张："东戎、西戎、狄、巴等都是华夏族的近亲，并非真正的异族，不过因其文化落后，以至风俗语言等都和华夏的人有不同罢了。"⑦ 杨伯峻等在厘定春秋左传专书词条时认为："戎，文化落后部落或民族。"⑧ 田广林研究山戎的专文指出："戎，是我国古代华夏部族对一些落后部族的泛称。"⑨ 刘仲华专门探讨春秋战国时期民族识别问题时发现："通过血缘、地域等关系来区分华夏、夷、狄、戎、蛮，最终是不可能的事情，人们只能以文化生活的不同作为区分的标准。"⑩

台湾地区学界也有这样的看法。如潘英认为："所谓华夏与蛮夷戎狄之

① 肖黎、张大可：《司马迁的民族一统思想试探》，《中南民族学院学报》1982 年第 3 期。
② 夏曾佑：《中国古代史》，石家庄：河北教育出版社，2003 年，第 161 页。
③ 钱穆：《国史大纲》，北京：商务印书馆，1996 年，第 56 页。
④ 黎琴南：《西北民族与宗教问题之史的考察》，《青年中国季刊》1940 年第 2 卷第 1 期。
⑤ 张政烺：《张政烺文集·古史讲义》，北京：中华书局，2012 年，第 88 页。
⑥ 王玉哲：《论先秦的戎狄及其与华夏的关系》，《南开大学学报》1955 年第 1 期。
⑦ 童书业：《春秋史》，北京：中华书局，2006 年，第 130 页。
⑧ 杨伯峻、徐提：《春秋左传词典》，北京：中华书局，1985 年，第 260 页。
⑨ 田广林：《山戎初探》，《昭乌达蒙族师专学报》1986 年第 2 期。
⑩ 刘仲华：《春秋战国时期民族识别的实质》，《西北民族学院学报》1997 年第 3 期。

分，主要在于生活风尚的不同。"① 陈槃说："春秋时代，东西南北四边，更有不少文化落后民族，这类民族，称为蛮、戎、狄。"② 邢义田认为："拥有灿烂文化的周人难免逐渐看低那些文化迟滞不进的邦国，斥之为蛮夷戎狄。"③ 杜正胜说周秦时期"西北部族仍然保持原来的生活形态和文化，故仍然被称为戎狄。"④

海外对此也有关注。早在 20 世纪 30 年代，日本学者小川琢治就认为："这华夷的区别，以文野的区别为主，没有就人种或民族来考虑的显著的区别。"⑤ 王柯认为："'戎''夷''狄''羌'原来不过是表示游牧民族、狩猎民族的生活与生产方式的文字。换句话说就是，古代'中国人'对'四夷'的注意力，首先或主要是集中于对方的生活与生产方式上……周天子之所以将'中国'周边那些不受自己统治的集团为'蛮、夷、戎、狄'，其原因也主要是在于这些集团具有与构成周王朝的集团不同的文化，而并不仅仅是因为周王朝对他们不拥有主权。"⑥ 美国学者拉铁摩尔的看法是："这些部落被称为少数民族，只因为它们改奉中国文化的时间较晚……坚持原来社会生活方式。"⑦ Shih-Tsai Chen 认为："不应省略的很重要的一点是，所谓夷、狄、戎，或者蛮，不是种族，只是行为。在中国古代，华夏人与野蛮人的不平等主要原因是文化，而不是种族。"⑧ ChangChun-shu 认为："在公元前 770 到公元前 404 年，北方各国开始称呼他们自己为中国，北方黄河流域地区成为国土以及高度文明的夏商周文化传承的核心地区，传统上把该地区称为中原，即中央平原。北方各国采纳了华夏（即伟大光荣的夏）这个术语，因为他们想要通过读音来证明他们自己是伟大的夏商周文化传统的继承人，并且优越于'非文明的'的南部的楚国，西部的秦国，'野蛮未开化'的位于西

① 潘英：《中国上古史新探》，台北：明文书局，1985 年，第 138 页。

② 陈槃：《旧学旧史说丛》，上海：上海古籍出版社，2010 年，第 309 页。

③ 邢义田：《秦汉史论稿》，台北：东大图书公司，1987 年，第 21 页。

④ 杜正胜：《周秦民族文化"戎狄性"的考察——兼论关中出土的"北方式"青铜器》，《大陆杂志》1993 年第 87 卷第 5 期。

⑤ ［日］小川琢治：《中国古代民族底研究》，汪馥泉译，《微音月刊》1931 年第 1 卷第 5 期。

⑥ ［日］王柯：《民族与国家：中国多民族统一国家思想的系谱》，冯谊光译，北京：中国社会科学出版社，2001 年，第 33 页。

⑦ ［美］拉铁摩尔：《中国的亚洲内陆边疆》，唐晓峰译，南京：江苏人民出版社，2008 年，第 242 页。

⑧ ［美］Shih-Tsai Chen, "The Equality of States in Ancient China, *The American Journal of International Law*," Vol. 35，1941，p. 650.

北的戎，北部边界的狄。"① 贾雷德·戴蒙德认为："现存的公元前第一个一千年中的著作表明，当时的华夏族就已常常觉得在文化上比非华夏族的'野蛮人'优越……把南方、西方和北方的原始部落说成是沉溺于同样野蛮的习俗，'南方曰蛮……西方曰戎……北方曰狄'。"②

美国学者顾立雅的观点更为独特，可供借鉴。一方面他承认文化区分的标准，但另一方面，认为这种文化所起的作用是值得思考的。"这决不是一定的：在征服前，周是一定比那些被称为野蛮人的人更文明，特别是东部和南部的。我们已经认识到，有一个发展趋势，在最初，周也是野蛮人。这不能帮助他们赢得在华夏世界的统治，并成为宗教、文化上的模范。我们也看到，他们用了一个密集的宣传，说服他们的臣民，他们是合法的，上天派定的夏代和商代统治者的继承人。周坚持认为，他们在征服前已经是'夏'的一部分……文化差异方面，有关华夏和野蛮人区别的详细资料是非常缺乏的。我们被告知，他们的发型是披发，孔子暗示一个野蛮人的特点是左衽而不是右衽；如果这唯一的区别在服装，似乎是微小的……随着越来越多的'野蛮人'转向华夏文化，并被接受成为华夏人，对待'野蛮人'的态度也变得越来越和善，楚国人，正如我们看到的那样，并没受到歧视……华夏人对待野蛮人，是让它们中发展较好的倾慕华夏文化，以至于它们中的大多数结束自己而成为华夏人，毫无疑问，他们中的许多人都或多或少受到强制转换，但在许多情况下，这是完全自愿的文化交流的结果。"③

由于"戎欠文明"的看法的存在，难免就引申出了戎族乃野蛮、落后等恶意贬义。例如李亚农认为："我们知道周族在灭殷的时候，他们还处于氏族制末期的土地固定分配阶段，而他们居然鄙视戎狄，认为戎狄比自己的生产力还要落后，比自己的文化还要落后，比自己还要野蛮（称之为戎狄，正是这种看法的表现）。"④

这种观念对外国学者也有所影响，如李约瑟所著的《中国科学技术史》一书认为："有许多（如狄、夷和戎等）很可能只不过是中国人中文明比较

---

① ［美］ChangChun-shu, *The rise of the Chinese Empire：Nation, State, and Imperialism in Early China*, Michigan：The University of Michigan Press，2007，p. 294.

② ［美］贾雷德·戴蒙德：《枪炮、病菌与钢铁》，谢延光译，上海：上海译文出版社，2006年，第353—354页。

③ ［美］Herrlee G. Creel, *The Oringins of Statecraft in China：The Western Chou Empire*, Chicago：The University of Chicago Press，1970，p. 199—228.

④ 李亚农：《西周与东周》，上海：上海人民出版社，1956年，第80页。

落后的部族。"① 《剑桥中国先秦史》指出："戎，常译为野蛮。"② 英国学者
冯客认为："戎，禽兽也，这并不是一个简单的伤及尊严的描述：它是将文
明的概念与人性的思想相结合的思想的一部分，把生活在中国社会的栅栏外
的异在集团描画为遥远的徘徊于兽性边缘的野蛮人。"③ 美国学者 Roswell
S. Britton 认为："戎传统上被看成是野蛮人。"④ 德国学者罗曼·赫尔佐克
认为："周的最初几代还经历了大规模的政治和文化扩张阶段。当时对中原
北部、西部和南部那些非开化的相邻民族发动了猛烈的讨伐。"⑤ 日本学者
和田清认为："汉民族兴起于黄河中游时期，它的周围全是一些没有开化的
类族……汉族称这些类族为戎狄蛮夷。"⑥ 平势隆郎认为："'夷狄'这个词
汇也因国而异。它有很多种说法，例如'东夷''狄''蛮夷''戎'等……
'夷狄'用我们现在常用的一个词来说就是'野蛮人'。"⑦

与此相反，另外一些学者则认为戎族名号并非恶意或在最初没有恶意。
20 世纪 30 年代，傅斯年就认为："蛮夷戎狄皆是国名，在初非有贱意。"⑧
顾颉刚则从文化的多样性出发："是则古代戎族文化固自有其粲然可观者在，
岂得牢守春秋时人之成见，蔑视其人为颛蒙梼昧之流乎？"⑨ 40 年代，杨树
达从古文字的角度指出："西方又称西戎，戎虽不必为西方人之本字，亦善
义，非恶义也。"⑩ 新中国成立后，郭沫若从文字构型出发，指出："在戎上
冠以犬字或从犬之字，才是出于敌忾的恶名，和狄字、獯字与獫狁字从

---

① ［英］李约瑟：《中国科学技术史》，王铃协助，袁翰青、王冰、于佳译，北京：科学出版
社；上海：上海古籍出版社，1990 年，第 91 页。

② ［英］Michael Loewe、［美］Edward L. Shaugh, *Cambridge University History of Ancient
China：from The Origins of Civilization to 221B. C*, London：Cambridge University Press，1999，
p. 324.（本书无中译版，文中引用系王欣瑜译。）

③ ［英］冯客：《近代中国之种族观念》，杨立华译，南京：江苏人民出版社，1999 年，第 6
页。

④ ［美］Roswell S. Britton, "Chinese Interstate Inter course Beore 700B. C," *The American
Journal o International Law*，Vol. 29，1935，p. 621.

⑤ ［德］罗曼·赫尔佐克：《古代的国家——起源和统治形式》，赵蓉恒译，北京：北京大学出
版社，1998 年，第 254 页。

⑥ ［日］和田清：《中国史概说》，吉林大学历史系翻译组，北京：商务印书馆，1964 年，第
15 页。

⑦ ［日］平势隆郎：《从城市国家到中华：殷周 春秋 战国》，周洁译，桂林：广西师范大学出
版社，2014 年，第 46－47 页。

⑧ 傅斯年：《民族与古代中国史》，石家庄：河北教育出版社，2002 年，第 183 页。

⑨ 顾颉刚：《九州之戎与戎禹》，《古史辨》第 7 册下，上海：上海古籍出版社，1982 年，第
138 页。（原文写于 1937 年。）

⑩ 杨树达：《积微居字说》，《复旦学报》1947 年第 3 期。

"犭"（即犬字变形）一样。"① 刘蕙孙曾专门探索上古族群称谓的渊源，得到的认识是："戎并不是一个固定的部落之名，更无恶义。"② 王宗维综考古代"西戎八国"，觉得："如果仅仅把西戎的戎作为恶名，是不妥当的。"③ 郑张尚芳从音韵学的角度，认为："戎是羌彝族群自称的译音，既然是自称的译音，最初原都不含轻蔑侮辱成分。"④ 王和认为："周代还出现了一个意义极其重要的观念——华夏。在华夏的概念出现以前，戎狄蛮夷之类的称呼本无任何贬义，不过是为区分族属来源的不同而已。"⑤ 台湾学者李符桐认为："故曰戎曰狄者，乃汉人称之，初亦无轻蔑之意。"⑥ 而王明珂的看法是："以戎作为野蛮异族的代名词，应是克商以后逐渐地转变，最早戎只是指这些人群的武力化特性，而无野蛮人的含意。"⑦

海外学者对此也有论述。加拿大学者蒲立本认为："古时中国人一般所指称的外族，不论是出于敌意或是善意，称呼他们的时候通常会因该族的本名作语音翻译。故此，并没有实质的证据去显示中国人以轻视的名称来压低外族的地位……周与那些汉藏语系的部族之间的分界，可能是在周克商以后，承继了商的书写文字，因此出现这些具轻蔑意味的'戎''狄'和'蛮夷'等字眼。"⑧ 美国学者丁韪良认为："（蛮夷戎狄）这些名字的最初意义用象形文字来表达似乎是这样的……戎人用戈来武装自己，于是他们的武器便为'戎'这个表意词提供了'戈'这个字符……这些名称和方块字或多或少都有点带着贬义，但毫无疑问，它们的原意并不是那么容易冒犯人。"⑨ 德国学者艾伯华认为戎是突厥种，狄是蒙古种，他说："我们不能像一些中国和欧洲历史学家那样，认为突厥和蒙古部落是野蛮的。"⑩ 英国学者杰西卡·罗森通过对西周青铜器的判断，认为："毫无疑问，周人是外来者，甚

① 郭沫若：《〈庽敖簋铭〉考释》，《考古》1973年第2期。

② 刘蕙孙：《夏夷蛮貊戎狄羌越得名考源》，《中国古代史论丛》1981年第3辑。

③ 王宗维：《西戎八国考述》，《西北历史研究》1986年号，西安：三秦出版社，1987年。

④ 郑张尚芳：《蛮夷戎狄语源考》，《扬州大学中国文化研究所集刊》，南京：江苏古籍出版社，1998年，第96页。

⑤ 王和：《再论历史规律——兼谈唯物史观的发展问题》，《清华大学学报》2008年第1期。

⑥ 李符桐：《李符桐论著全集》第1册，台北：学生书局，1992年，第50页。

⑦ 王明珂：《华夏边缘：历史记忆与族群认同》，台北：允晨文化有限公司，1997年，第221页。

⑧ ［加拿大］蒲立本：《姬、羌：异姓族群在周人政体组织中的角色》，《当代西方汉学研究集萃·上古史卷》，上海，上海古籍出版社，2012年，第186、192页。

⑨ ［美］丁韪良：《中国人的精神世界及其影响力》，沈弘译，北京：世界图书出版公司，2010年，第282页。

⑩ ［德］艾伯华：《中国通史》，王志超译，北京：金城出版社，2012年，第31页。

至是未开化的野蛮人……周人是外来者，甚至是以'顽固不化'的外来者形象出现的。从这一角度来理解，便能重新审视周人带有煽动力的辩论，并能发现他们具有说服力的主张所反映出的不是他们所宣称的力量，而是他们的弱点。可能正因为周人是外来者，所以他们特别强调自己是智慧、公正、合法的继承者和统治者。这样，野蛮人就变成了政治家。"① 即作为"野蛮人"的"周"，为了巩固统治，故意强调自己的"文明"。

美国学者顾立雅的观点可供借鉴，他既承认戎是贬义，也认为这是一个动态的历史过程。"似乎没有一个汉字可以被恰当地翻译成'野蛮人'，然而一些部族的名称被视为野蛮人，它们是四个占据优势的部族：戎，狄，蛮，夷……它们大概是部族最初的名字……这些名称可能已经受到华夏人的蔑视——这是很难确定的——但不可能是所有。戎在成为部族名之前似乎表示'军事'，野蛮人戎确实指出了它们的尚武、勇猛……我们已经认识到，有一个发展趋势，在最初，周也是野蛮人……总体而言，虽然很多文献提到戎，狄，蛮，夷等部族，周文献中很少区分'华夏'和'野蛮人'，然而在随后的春秋时代，'华夏'和'野蛮人'则是非常尖锐的区分……在周人的历史早期，周无力嘲笑别人是'野蛮人'，这将是太可能将注意力吸引到它们自己的起源……这是很清楚，周实行一种明智的政策，致力于调解混合，只愿人们接受它的统治。他们刻意把不同文化背景的人焊接成为一个政治和文化的整体，如果强调差异是不明智的。相比西周末期，西周早期很难有一个清晰的界限去区分'华夏''野蛮人'。"②

笔者认为"戎"在初期应无恶意，因为在各民族的早期，文化上的高低并没有巨大的差异。王玉哲认为："周族在克商之前基本上还没有青铜，还没有使用文字……这恐怕是难以否认的客观事实。"③ 并且戎的文化水平并非十分落后，一是戎与华夏杂居，耳濡目染华夏文明；二是戎与华夏通婚，文化交流比较频繁；三是戎的上层能够得到良好的教育，例如鲁襄公十四年，戎子驹支"赋《青蝇》而退"。④

"戎"成为贬义，应是春秋时期的民族冲突所引起的华夏意识增强所导

---

① ［英］杰西卡·罗森：《祖先与永恒：杰西卡·罗森中国考古艺术文集》，邓菲等译，北京：生活·读书·新知三联书店，2011 年，第 28、43 页。

② ［美］Herrlee G. Creel，*The Oringins of Statecraft in China：The Western Chou Empire*，Chicago：The University of Chicago Press，1970，p.197－204.

③ 王玉哲：《中华远古史》，上海：上海人民出版社，2000 年，第 474 页。

④ 杨伯峻：《春秋左传注》，北京：中华书局，1981 年，第 1007 页。

致的。对此，台湾学者王仲孚的《试论春秋时代的诸夏意识》[①] 和王健文的《帝国秩序与族群想像——帝制中国初期的华夏意识》[②] 均有专门研究。

5. 戎族尚武好战之辨

强调武力或军事偏好对族群特征的识别作用，认为戎族的显著特点是善战、好战，不断地侵扰华夏，可概括为"戎乃尚武好战"。

20 世纪 20 年代，梁启超认为："其商、周以来居西徼，久为边患者，则谓之戎。"[③] 孟世杰发表《戎狄蛮夷考》主张："戎者，兵也，凡持兵器以侵盗者谓之。"[④] 40 年代，杨佩铭有《释戎》一文，他认为："戎字是由戈卌两个字构成的，所以我们就有理由推测这以此为名号的部族是好战的。"[⑤] 杨树达发文考证说："古人尚武，戎字从戈从甲，古人以之名西方之人。"[⑥] 新中国成立后，刘蕙孙专题研究认为："戎，也就是泛指强悍好武的民族或部落。"[⑦] 何光岳的看法是："戎族，顾名思义，即甲兵尚武的武装集团。"[⑧] 王克林在《文物世界》发文说："戎，是长于征战或械斗的族群。"[⑨] 林沄在探讨中国北方长城地带游牧文化带的形成过程时指出："中原民族把非华夏血统的好战的异族统称为戎。"[⑩] 范毓周通释甲骨文中的戎字后，认为："称为戎当是以其尚武能战故。"[⑪] 《羌族通史》的作者耿少将说："西戎用于一个民族集团的称号，就是重兵尚武，争强好胜的西部人群的意思，也可以称之为西部武装化的人群。"[⑫] 美国学者狄宇宙认为："'戎'这一术语在中国的文献中常常用来指好战的外族人。其一般含义总是关涉到'好战的''军

① 王仲孚：《试论春秋时代的诸夏意识》，《中央研究院第二届国际汉学会议论文集》历史与考古组，台北：中研院编印，1989 年。

② 王健文：《帝国秩序与族群想像——帝制中国初期的华夏意识》，《新史学》2005 年第 16 卷第 4 期。

③ 梁启超：《饮冰室文集点校》，昆明：云南教育出版社，2001 年，第 3224 页。

④ 孟世杰：《戎狄蛮夷考》，《史学年报》1929 年 7 月第 1 期。

⑤ 杨佩铭：《释戎》，《边疆人文》1947 年第 4 卷。

⑥ 杨树达：《积微居字说》，《复旦学报》1947 年第 3 期。

⑦ 刘蕙孙：《夏夷蛮貊戎狄羌越得名考源》，《中国古代史论丛》1981 年第 3 辑。

⑧ 何光岳：《氐羌源流史》，南昌：江西教育出版社，2000 年，第 1 页。

⑨ 王克林：《戎狄文化探索》（上），《文物世界》2002 年第 3 期。

⑩ 林沄：《中国北方长城地带游牧文化带的形成过程》，《燕京学报》新 14 期，北京：北京大学出版社，2003 年，第 109 页。

⑪ 范毓周：《甲骨文戎字通释》，《纪念殷墟甲骨文发现一百周年国际学术研讨会论文集》，北京：社会科学文献出版社，2003 年。

⑫ 耿少将：《羌族通史》，上海：上海人民出版社，2010 年，第 38 页。

事的''战争''武器'等意义。"①

对于戎族是否好战、侵犯华夏。美国学者拉铁摩尔提出了相反的意见，他认为并非是戎族在侵犯华夏，应该是华夏在侵犯戎族，"一个自命为文明的民族，虽然事实上是在侵略一个落后的民族，但仍说自己不过是巩固自身的地位。"他的论据主要有两点，"第一，虽然文献记载的目的是强调汉族在自卫，但对具体的攻击、征伐及扩张的记载中，却表现出汉族主动侵略的时候比他们自卫的时候要多。第二，在这个时期，汉族所统治的土地无疑在增加。这个过程，是与中国封建列国间均势的时常变迁并行的。称霸的国家就是对少数民族战争最多，掠地最广的国家。"至于为何史书上主要记载戎侵犯华夏？拉铁摩尔认为："答案就在文化进步民族与文化落后民族间战争的特点，以及记述并保留历史材料的是比较进步的民族。尽管落后民族实际上是在自卫，但其战争的方式却是突袭，于是常常被看作是攻击者，而成为优越民族的借口。"② Mark Edward Lewis 认为："当晋国占领了戎、狄的土地，于公元前746年在曲沃建设了第二个首都。"③ 万全文认为诸夏为了铜锡资源，向蛮夷戎狄推进，"早期铸铜业的中心在中原地区，为诸夏所掌握，而几个大的红铜产区则分布在中原的周围，其采冶者是当时的所谓蛮夷戎狄。中原王朝势力向周边地区的推进，与为获取铜锡资源不无关系。"④

笔者认为，戎与华夏发生战争的因素比较复杂，不能全归于戎族的好战，其族众也并非都好战。上古诸夏族群开疆拓土、驱逐戎族的因素，不应被忽略。

6. 戎非顺族之辨

强调政治关系对区分族群的作用，指出在古代文献里，总是将与中原敌对者称为戎，可概括为"戎非顺族"。

20世纪30年代，顾颉刚撰文认为："夫戎与华本出一家，以其握有中原之政权与否，乃析分为二。"⑤ 新中国成立后，沈长云认为："'戎'是

① ［美］狄宇宙：《古代中国与其强邻——东亚历史上游牧力量的兴起》，贺严等译，北京：中国社会科学出版社，2010年，第151页。

② ［美］拉铁摩尔：《中国的亚洲内陆边疆》，唐晓峰译，南京：江苏人民出版社，2008年，第238-241页。

③ ［美］Mark Edward Lewis, *The Construction of Space in early China*, New York：State University of New York Press, 2006, p140.

④ 万全文：《长江中游先秦考古学文化》，武汉：湖北教育出版社，2006年，第57、58页。

⑤ 顾颉刚：《九州之戎与戎禹》，《古史辨》第7册下，上海：上海古籍出版社，1982年，第138页。

'中国之人'对敌对异姓部族的泛称。'戎，兵也'。古代部族之争，多以兵戎相见，故称异族为戎。"① "所谓夷、戎、蛮的称呼，最初都主要是指不在诸夏政治联盟之内，或与诸夏在政治军事上对立的各个国族。"② 陈连开在《夏商时期的氐羌》一文中指出："周出于商人眼中的羌，且与羌姓世为婚姻，讳言羌，故称西部与之为敌者为戎。"③ 陈连开在《中国民族史》一书中，进一步认为："确定地以戎作为族称始于周人。在灭商以前，主要用来称呼周原附近与周为敌的各部落，其劲敌集中于周原以西陇山地区，故称为西戎。灭商以后，为表示对商的敌忾，称之为'戎殷'或'戎衣'。至西周中叶，徐为西周东方劲敌，虽明属东夷，仍往往称之为'徐戎'，此称呼延续到春秋战国。"④ 郑文所撰《夏朝民族政策探微》认为："蛮、夷、戎、狄都是泛称，其原意并不是从民族角度来区分，而是以王朝统治势力所及为标准，加上方位来定名的。"⑤ 辛迪撰写的博士论文《两周戎狄考》，细致考证认为："西周时期戎所包含的人群均是与周敌对的少数族。"⑥ 美籍学者李峰说："戎这个字又具有更为广泛的含义。它并不局限于玁狁或者犬戎，而是同时可以指代西周国家边境之外的其他任何敌对势力组织。"⑦ 美国学者狄宇宙认为："很清楚，早期中国人关于外族的概念，除了以他们所在的位置予以确定，把南方的称为蛮，东方的称为夷，西方的称戎，北方的称狄以外，另一方面的构架就是将蛮和夷坚实地归类于'联合的'或'同化的'外族，而将戎和狄视作异化的、充满敌意的外族。"⑧

---

① 沈长云：《元氏铜器铭文补说》，《邢台历史文化论丛》，石家庄：河北人民出版社，1990年，第115页。

② 沈长云：《先秦史》，北京：人民出版社，2006年，第153页。

③ 陈连开：《夏商时期的氐羌》，《云南民族学院学报》1993年第4期。

④ 王钟翰：《中国民族史》，北京：中国社会科学出版社，1994年，第121页。

⑤ 郑文：《夏朝民族政策探微》，《思想战线》1996年第2期。

⑥ 辛迪：《两周戎狄考》，博士学位论文，北京大学，2006年，第32页。

⑦ ［美］李峰：《西周的灭亡：中国早期国家的地理和政治危机》，徐峰译，上海：上海古籍出版社，2007年，第166页。

⑧ ［美］狄宇宙：《古代中国与其强邻——东亚历史上游牧力量的兴起》，贺严等译，北京：中国社会科学出版社，2010年，第119页。（翻译者把"戎和狄视作异化的、充满敌意的外族。"一句中的"戎"翻译为"夷"，是错误的。原书为 "It is clear, then, that in the early Chinese conception of foreign peoples, besides identifying them according to their location, which placed the Man to the south, the Yi to the east, the Jung to the west and the Ti to the north, another structure existed that consistently categorized the Man and the Yi as "allied" or "assimilated" foreigners, and the Jung and Ti as outer, no nassimilated, and hostile foreigners." （Di Cosmo, Nicola, *Ancient China and its Enemies*, London：Cambridge University Press, 2002, P.96.）翻译者错误的把"Jung"翻译成了"夷"，"夷"英文作"Yi"或"I"，英文"Jung"乃"戎"。）

王明珂认为戎狄是敌人代称，与事实不符，是由于后人的"记忆落差"导致的。"西周最后为犬戎所灭，周王奔于东方。这个事件，成为东方诸国的一个重要历史记忆。'戎狄'从此完全成为'异族'的代名词。失势的周王，东周时在雄霸者'尊王攘夷'的口号下，反而成为凝聚华夏的精神核心。春秋战国时期，华夏认同的出现与北方、西北方'戎狄'之威胁有关，亦表现在西周铜器铭文与战国文献间的社会记忆落差上。许多西周铜器铭文中，都记载作器者受命征伐而后受封赏之事。征伐的对象，主要是东国、东夷、南国、楚荆、淮夷、南淮夷等南方或东南方部族。也就是说，西周的敌人主要在南方或东方。在西周金文中，除极少数例子，戎狄皆非受征伐的对象。然而，我们若根据战国至汉代文献，特别是根据《史记·匈奴列传》或《后汉书·西羌传》，便会得到戎狄一直是西周的主要敌人这一印象了。'西周金文'代表西周书写者所认知的重大事件叙事，而战国至汉初文献，则代表在新的社会情境下当时华夏作者所重构的'过去'。这样的记忆落差，代表由西周到战国时，中原邦国之社会上层已在一种新的认同体系之中。此种新认同体系的'边缘'，主要是以对北方及西北方畜牧化、移动化、武装化人群的敌意来塑造的。因此他们认为（实为想像），在周立国以前，戎狄便已是周人的长久敌人了。"①

笔者认为，把敌对势力称呼为戎，应是特殊情况，并非普遍。即使戎族与中原诸夏结盟之时，仍然以"戎"称，并未见被改或自改其称谓者。例如："鲁隐公二年，公及戎盟于唐"，②"鲁桓公二年，公及戎盟于唐"，③"鲁文公八年，公子遂会洛戎盟于暴"。④

7. 主张根据语音探索戎的含义

认为语言是区分族群及其特征的主要因素，于是借助于音韵学方法，用藏语、羌语、古音来解释"戎"，并梳理戎族特征，可概括为"释戎在音"。

例如 1937 年庄学本出版《羌戎考察记》认为："戎藏语称做嘉戎（Gy-arong），他们自称也是嘉戎，意思是邻近汉人的民族。"⑤ 黄奋生认为："'戎'字是羌语地形的称谓，山谷称'戎'，又称'龙'。甘、青地区群山纠

① 王明珂：《英雄祖先与弟兄民族：根基历史的文本与情境》，北京：中华书局，2009 年，第42 页。

② 杨伯峻：《春秋左传注》，北京：中华书局，1981 年，第 20 页。

③ 杨伯峻：《春秋左传注》，北京：中华书局，1981 年，第 84 页。

④ 杨伯峻：《春秋左传注》，北京：中华书局，1981 年，第 565 页。

⑤ 庄学本：《羌戎考察记》，上海：良友图书印刷公司，1937 年，第 80 页。

错，沟谷纵横，住在山谷。'戎'地的羌人，故又称为'戎人'，这是以地形来称呼其种族的。甘肃古时称'雍'，后称为'陇'（以陇山得名），可能都是'戎'字的译转，本由羌语而来。"[1] 尕藏才旦表示认同。[2] 藏族第一位人类学博士格勒认为："嘉戎藏文写作 rgyalrong。其中 rong 即河谷之意。"[3] 任乃强从羌语角度出发，考证说："戎字也是从羌语造出的。羌语中，适于耕种的河谷叫戎，羌族居住在陇西的，既乐于从事农业，就必然入居河谷，并发展成为定居族落，所以牧民称之为戎。殷代人因其音而造戎字，以与羌族相区别。"[4] 徐中舒曾经从古音着手，考证指出："戎族之戎，也当与崇或庸有关……古音戎庸崇嵩崧并在东部，而广韵东韵娀嵩崧三字又并读'息弓切。'古代形声声系并无统一的标准读音，因此声系偏旁相同之字，随地异读，惟嵩崧娀为地名、人名，在口语中尚能保持较原始的音读。据此言之，古代戎之读音必更与崇为近。因此戎族的名称，即当出于崇或庸。"[5] 周书灿[6]等认同此说。台湾学者赵铁寒认为："《说文》：'戎，兵也'各家依此义解之。其说迂回曲折，殆非古意。应劭《风俗通》云：'戎者凶也'戎凶叠韵，此从声，以凶字说之，似较从兵引申之义为胜。"[7]

笔者认为，借助于音韵学解释"戎"，用语言识别戎族特征，可谓独辟蹊径，自可成一家之言。然则，由于语音流传的特殊性与复杂性，以及精通音韵学的日渐减少，以致学界响应和探讨这种观点者也就比较少。

8. 综合诠释戎族称谓及其特征

为了从总体上把握戎族，试图用简短的文字，归纳"戎"之所指及其演变，和概括戎族的整体特征。

这方面的研究成果最早的要数王国维的《鬼方昆夷猃狁考》。该文采用从源而流的考察方法，概括指出："我国古时有一强梁之外族，其族西自汧、陇，环中国而北，东及太行、常山间，中间或分或合，时入侵暴中国，其俗尚武力，而文化之度不及诸夏远甚，又本无文字，或虽有而不与中国同。是以中国之称称之也，随世异名，因地殊号。至于后世，或且以丑名加之。其见于商、周间者，曰鬼方、曰混夷、曰獯鬻。其在宗周之季，则曰猃狁。入

---

① 黄奋生：《藏族史略》，北京：民族出版社，1989 年，第 4 页。
② 尕藏才旦：《古戎族与今藏族族源考略》，《甘肃民族研究》2003 年第 4 期。
③ 格勒：《藏学、人类学论文集》，北京：中国藏学出版社，2008 年，第 64 页。
④ 任乃强：《任乃强民族研究文集》，北京：民族出版社，1990 年，第 389 页。
⑤ 徐中舒：《巴蜀文化续论》，《四川大学学报》1960 年第 1 期。
⑥ 周书灿：《戎夏一源说续论》，《中州学刊》2011 年第 5 期。
⑦ 赵铁寒：《春秋时期的戎狄地理分布及其源流》，《大陆杂志》1955 年第 11 卷第 2 期。

春秋后，则始谓之戎。"① 钱穆曾经说："所谓蛮、夷、戎、狄，其重要的分别，不外两个标准：一、他的生活方式不同，非农业社会，又非城市国家。二、因其未参加和平同盟，自居于侵略国的地位。"② 齐文心 1979 年在《中国史研究》创刊号发文认为："我国西北地区有一支游牧民族，性格强悍，勇猛善战，时常向内地进犯，史书上称之为戎。"③ 冉光荣等编著的《羌族史》认为："戎或西戎乃是华夏族对西方一些不同族源而经济发展水平又大致相同的部落或部落集团的统称。"④ 近年，张其贤专门探讨春秋时期的族群概念时，梳理指出："戎的第一种意涵是外人。这种外人的居住地不限于西方，而是分布在各地。戎的第二种意涵，是文化落后之人或地位次于诸夏之人。戎在春秋史料中的第三种意涵，是人群之名。"⑤ 日本学者渡边英幸认为："春秋时代的戎狄指的是，没有固定居所，居住在山林泽地、语言风俗等与周人不同的人。"⑥

　　由于证据不足，这种一揽子综合诠释戎族称谓及其整体特征的努力，至今尚未成功。因为，一旦其中有一点被认为不符合实际，就会降低其可信度。以王国维的说法为例，该观点一直受到学者的质疑。如钱穆早在 1931 年就说"王氏推论不免多误"，⑦ 夏剑丞于 1942 年发表《西戎考》认为："近人王国维以鬼方为狄……古之獯粥、汉之匈奴，皆其同种……系为臆说。"⑧ 1956 年出版的陈梦家著的《殷虚卜辞综述》一书认为："王国维的《鬼方考》……受到了《五帝本纪索隐》的暗示……这种混同，是不对的。"⑨ 20 世纪 80 年代以来，岑仲勉猜测："王国维知其妄矣。"⑩ 孙淼在《夏商史稿》中指出："王国维关于鬼方的考证……未必可靠，从已发现的考古资料中，还得不出鬼方—严允—匈奴为一族的结论。"⑪ 杨建新在《中国西北少数民

　　① 王国维：《观堂集林》，北京：中华书局，1959 年，第 583 页。獯鬻，在本书引用的资料中，有的作者称之为獯粥、獯育、荤粥、薰育、荤育等。
　　② 钱穆：《中国文化史导论》，北京：商务印书馆，1994 年，第 42、43 页。
　　③ 齐文心：《殷代的奴隶监狱和奴隶暴动——兼甲骨文"圉""戎"二字用法的分析》，《中国史研究》1979 年创刊号。
　　④ 冉光荣、李绍明、周锡银：《羌族史》，成都：四川民族出版社，1985 年，第 37 页。
　　⑤ 张其贤：《春秋时期族群概念新探》，《政治科学论丛》2009 年第 39 期。
　　⑥ ［日］渡边英幸：《春秋時代における華夷秩序の研究》，博士学位论文，东北大学，2003 年，第 146 页。
　　⑦ 钱穆：《周初地理考》，《燕京学报》1931 年第 10 期。
　　⑧ 夏剑丞：《西戎考》，《东方文化》1942 年第 1 卷第 3 期。
　　⑨ 陈梦家：《殷虚卜辞综述》，北京：中华书局，1988 年，第 275 页。
　　⑩ 岑仲勉：《隋唐史（下）》，北京：中华书局，1982 年，第 461 页。
　　⑪ 孙淼：《夏商史稿》，北京：文物出版社，1987 年，第 614 页。

族史》中认为："王国维说法主观推断的成分也太多了"。[①] 赵世超在《周代国野制度研究》一书中认为："王国维《鬼方昆夷玁狁考》谓鬼方、薰育、昆夷、戎狄、匈奴统为一族，这种看法恐也与事实有违。近年，在王氏所说的范围内，发现出来的考古学文化类型复杂，已昭示其民族成分并不单纯，况且，先秦民族正在形成过程中，把散处于如此广大地区内的各部说成是出于同源，情理上又难为人所接受。"[②] 罗琨认为："（对王国维）质疑并非没有道理，今天我们可以结合考古学的成果梳理探索周边民族形成脉络，研究古代民族发展的历史，认识前人记载的讹误。例如现在知道'西自洴陇环中国而北'的周边民族主要包括两大部分，一是北方草原民族，二是西戎牧羊人古羌族。"[③] 台湾学者刘学铫认为："不过王静安氏认为古时在诸夏之北、西之民族，俱为后世之匈奴，此项认定，不无商榷余地。"[④]

纵观广义戎族历史，王国维认为"戎"是"以中国之称称之也"，"随世异名，因地殊号。"其实是如实高论。可是他说：商周之际的鬼方、混夷、獯鬻，属于同族；至西周后期，名之为玁狁；春秋时期，开始以"戎"相称。即：鬼方、混夷、獯鬻、玁狁和戎，是一脉相承的同一族群，对于这个说法，学界多有质疑是难免的。

（二）戎族非泛称，是单一民族之专名

20世纪20年代，日本学者白鸟库吉认为："戎狄蛮夷的称谓从一开始并不是称呼异族的泛称，他们必定是称呼居住在特定场所、特定部落的民族。"[⑤] 也就是认为："戎"并非泛称，是单一民族之专名。这种观点，其实可追溯到清代著名学者崔述，他根据先秦典籍分析认为："盖蛮夷乃四方之总称，而戎狄则蛮夷种类部落之号……'戎''狄'为国名，而'蛮''夷'乃其通称。"[⑥]

20世纪80年代，杨建新在《中国西北少数民族史》中论述："戎是活跃于我国西周、春秋时期的一个单独的民族共同体……戎与狄是并见于史籍上的不同族，把戎与玁狁、狄混为一谈，是不妥当的……戎与羌虽然都活动

---

① 杨建新：《中国西北少数民族史》，银川：宁夏人民出版社，1988年，第7页。

② 赵世超：《周代国野制度研究》，西安：陕西人民出版社，1991年，第48页。

③ 罗琨：《商代战争与军制》，北京：中国社会科学出版社，2010年，第208页。

④ 刘学铫：《匈奴史论》，台北：南天书局，1987年，第6页。

⑤ ［日］白鸟库吉：《周代の戎狄に就いて》，《东洋学报》1924年第14卷第2号。

⑥ （清）崔述：《丰镐考信别录》卷3，北京：商务印书馆，1937年，第45、46页。

于西方，但他们也不是一个民族……我们不能因为后来的古籍中把戎当成西北少数民族的泛称，而否定在西周、春秋时期，戎作为一个单独的民族确实存在过的事实。"并认为戎后来成为泛称，是有着一个变化的过程，"到了汉代，戎、狄的强盛时代都过去了，他们的名称在人们的头脑中似乎已无实质性的区别，于是，当时的历史家在记叙西周、春秋的历史时，或戎狄合称，或以戎当狄的情况就更多了……到《史记》成书时代，由于戎作为一个民族早已不存在，狄在当时也势微力薄，戎族的称谓，就成了对西北少数民族的一种泛称。"①

后来，韩小忙在《獫狁与戎考论》一文中说："一些人认为西戎是西方民族的泛称，而非一个实体民族。现在看来是不对的，戎是一个独立的民族，分许多支系或部落。"②《甘肃省志》第七十卷《民族志》认为："西戎或戎这一称谓，在战国以后的许多著述中，被逐渐当作西部各族的泛称，有的甚至把戎作为除汉族以外所有民族的泛称。但在战国以前，西戎或戎确实是一个单独存在过的古代民族。"③ 孙功达则推测："戎族可能是羌族的一支，是较早接受中原文化的一支羌族，至殷商时期已经发展成为一个单独的民族。"④ 李吉和认为："戎在最初有可能是一个由不同部落构成的族群，处在民族形成的初级阶段。但族群不是一成不变的，它有变化、发展的过程，至迟到周末，戎已经形成为一个民族了。"⑤

"戎"是单一民族的专名，此说从民族称谓演变出发，辨别戎与其他民族的区别；从历史变迁出发，辨别后代与前代在族群意识上的差异。这一观点打破常规，自可成一家之言。然而此说还有待逐步完善。

1. 考论尚待细致和深入

此说注意到了戎狄、戎羌的异同，却没有考察戎与蛮、戎与夷的差别。顾颉刚曾考证，除"戎""狄"可互用外，"狄"与"蛮""戎"与"夷"也可互用，还认为"戎之与狄虽似二族，但古人并没有这般严格的分别"。⑥童书业认为："夷、蛮、戎、狄四名之意义实近似，非有大异。崔氏狃于

① 杨建新：《中国西北少数民族史》，银川：宁夏人民出版社，1988 年，第 3—7 页。

② 韩小忙：《獫狁与戎考论》，《汉学研究》1996 年 14 卷 2 期。

③ 甘肃省地方史志编纂委员会：《甘肃省志》第 70 卷《民族志》，兰州：甘肃人民出版社，2004 年，64 页。

④ 孙功达：《氐族研究》，兰州：甘肃人民出版社，2005 年，第 50 页。

⑤ 李吉和：《中国西北少数民族通史（先秦卷）》，北京：民族出版社，2009 年，第 228 页。

⑥ 顾颉刚：《从古籍中探索我国的西部民族——羌族》，《社会科学战线》1980 年第 1 期。

《禹贡》《尧典》之名号，故有不达之结论，实则不可信也。"[①] 赵铁寒认为：
"戎狄蛮夷四名，为泛指异族之通称，并无严格之分际与特殊意义。"[②] 李隆
献认为："以蛮、夷、戎、狄为四种截然不同的民族，实亦不然。古书中蛮
夷可通称，戎狄可通称，夷狄可通称，蛮戎可通称。可见，蛮、夷、戎、狄
并非四种俨然不可混的种族名称。"[③] 试想，如果这些族群称谓都可以互通
互用，且无大异，无特殊涵义，戎族何以成为单独民族？

2. "戎"作为单独民族称谓，于理欠通

从先秦至汉魏，戎族组成繁杂，分散各地，互相之间差异较大，经济形
态也是多种多样，社会组织上有的已建立政权，有的还处于氏族社会，语言
文化上也各不相同。是故，将"戎"视为单独民族称谓，很难让人信服。王
宗维因此认为："作为一个民族，应该有共同的语言、共同的地域、共同的
经济、共同的文化和思想意识，但是在当时的条件下，交通极不发达，相互
交往十分困难，又没有一个统一的政权为相互交往提供条件，要在这样辽阔
的土地上形成一个强大的民族，那是根本不可能的。就在战国时期的文献
中，这些戎部也没有共同的语言、经济联系，还是自成部落，各自发展的，
因而就无法形成为一个强大的民族。"[④] 刘光华也提出疑问："判定戎是单独
民族，是因为他们都居住在西部，还是因为他们有共同的经济生活和共同的
文化生活？看来什么都不是。"[⑤]

3. "戎"是否专指某个单一族群？众说纷纭，至今难以论定

正如上文所提到的那样，有的学者认为殷、周是戎族，有的学者认为夏
禹也属于戎族[⑥]，此外，蒙文通还认为："秦为戎族"[⑦]，"知长狄即戎也。"[⑧]
赵铁寒认为："狄即戎也。"[⑨] 顾颉刚更是早就发出感叹："我们现在要作细
密的分析，使得这一族不为那一族所混淆，几乎成为不可想像的事。"[⑩] 看
来，要论定"戎"乃单一民族之专称，还需要考古学和人类学等多方面的可

---

① 童书业：《中国古代地理考证论文集》，北京：中华书局，1962 年，第 52 页。
② 赵铁寒：《春秋时期的戎狄地理分布及其源流》，《大陆杂志》1955 年第 11 卷第 2 期。
③ 李隆献：《四夷观念辨析》，《孔孟月刊》1984 年第 23 卷第 3 期。
④ 王宗维：《西戎八国考述》，《西北历史研究》1986 年号，西安：三秦出版社，1987 年。
⑤ 刘光华：《秦汉西北史地丛稿》，兰州：甘肃文化出版社，2007 年，第 321 页。
⑥ 《中国北方民族关系史》，北京：中国社会科学出版社，1987 年，第 27 页。
⑦ 蒙文通：《秦为戎族考》，《禹贡》1937 年第 6 卷第 7 期。
⑧ 蒙文通：《赤狄白狄东侵考》，《禹贡》1937 年第 7 卷第 1—3 合期。
⑨ 赵铁寒：《春秋时期的戎狄地理分布及其源流》，《大陆杂志》1955 年第 11 卷第 2 期。
⑩ 顾颉刚：《从古籍中探索我国的西部民族——羌族》，《社会科学战线》1980 年第 1 期。

靠证据。

然而，令人十分欣慰的是，学界近百年围绕这一问题的各种纷争，使其成为中外学术界深入探究古代族群识别、民族文化交流融合演变等重要课题的一个经典案例。

（三）其他说法

除了上述针锋相对的"泛称说"和"专名说"，还有部分学者认为，古代文献中陆续出现的"戎"，泛称或专名与否，要具体情况具体分析，并要重视其变化过程。

持这一立场的学者，主要有唐嘉弘等。他在《中国古代民族研究》一书中概括说："从泛称到专称，从共名到专名，有一历史过程。同时，还有一个具体情况具体分析的问题，如果完全把先秦史上的戎、狄、夷、蛮当作泛称，对一些史迹将无法解释，相反，如果完全把他们看为专称，不是泛名，也是不符合实际情况的。"至于出现这种情况的原因，他认为主要是当时社会"族称界限不严，交互渗透，和自我意识不强"。① 这种观点，可简称为"由泛称演变成专名说"。

与之相反，有的学者则认为，"戎"由专名成为泛称有着一个变化的过程。持这一立场的主要是王宗维。他认为："戎原来可能也有一个实体，大概是一个小的部落，西周后期开始变为泛称，把许多不同语言的部落都称戎。春秋时四夷之说盛行，于是西戎就成了西方各少数民族的泛称了。"② 这种观点，可称为"由专名演变成泛称说"。

台湾学者潘英持中间立场，介于"泛称说"和"专名说"之间。他既认为："戎、狄都是泛称。"又说道："其实戎、狄二字在《左传》固常混用，但二者所指实多有特定对象；谓：部分的戎亦被称为狄，或部分的狄亦被称狄，可；谓：戎即狄则不可；谓：春秋的戎狄即秦汉的胡或匈奴，自更属以偏概全。"③

有的学者，从狭义与广义两个角度，来定义戎族概念。此类观点独立于"泛称说"与"专名说"之外，但又汲取融合了这两种说法的可取之处。持这一立场的主要是舒大刚等人。舒大刚认为："广义的戎概指西方各民族，

① 唐嘉弘：《中国古代民族研究》，西宁：青海人民出版社，1987年，第3—4页。
② 王宗维：《西戎八国考述》，《西北历史研究》1986年号，西安：三秦出版社，1987年。
③ 潘英：《中国上古史新探》，台北：明文书局，1985年，第141页。

其中至少包含戎、羌、氐三个民族系统；狭义的戎，系指来源于西北地区的戎族。但不论是广义的戎，还是狭义的戎，都包容着不同的族类和种落。"①另外，近年出版的"面向二十一世纪"大学历史专业中国通史教材，有采用这种观点的，认为："殷代甲骨文和西周金文中作为族称的戎字，所指很不确定。广义的用法，无非是非华夏族的概称而已。春秋战国比较有确定含义的用法是以西戎指氐羌各族。"②

有些海外学者，则采取了更为模糊的概念，例如美国学者 Mark Edward Lewis 认为："戎和狄是指主要生活在中国北方山区的民族。"③《剑桥中国先秦史》认为："戎似乎是指几组分散在北部山区，尤其是今天陕西、山西、河北、山东等省的非周民族。"之所以如此模糊用语，是因为他们认为："戎的名称有可能随着时间的推移和居住地的不同而改变，并且他们来源不同，所以不可能清晰地确定他们的种族或文化的起源。"④

综上，对于戎概念学界争论很大，现在还难以拿出一个让学界认可的、科学的戎概念。如果从8个概念类型的角度去定义戎，戎即成为了西方、非华夏、游牧、不文明、好战、敌对者的族群。这样既显得很繁杂，又进入了一个矛盾的境地，即如何解释史书记载的非西方、华夏、农耕、文明、和善的戎？如果从单称的角度去定义戎，既欠缺理论支持，又与史书所载有一定冲突。如果从狭义、广义的角度去定义戎，狭义的戎却很难指出。如果按照《剑桥中国先秦史》所采用的模糊的方法去定义戎，也会产生矛盾，如何解释史书记载的不在山区，不在陕西、山西、河北、山东等省的戎？由此，戎概念界定进入了一个"仁者见仁，智者见智"却难以服众的"尴尬"情形。

至于为何称呼此族为戎？依据目前史料，还无法给予满意的答案。以上诸说，可为参考。

依笔者看来，戎概念有着由小变大和由大变小两个历史过程，"由小变大"指戎从小部族成为异族统称的历史过程。"由大变小"是指戎逐渐退居西部成为"西戎"的历史过程。

---

① 舒大刚：《春秋少数民族分布研究》，台北：文津出版社，1994年，第103页。

② 张岂之主编，刘宝才、钱逊、周苏平编著：《中国历史》先秦卷，北京：高等教育出版社，2001年，第239页。

③ ［美］Mark Edward Lewis, *Sanctioned violence in early China*, New York：State University of New York Press, 1990, p. 60.

④ ［英］Michael Loewe、［美］Edward L. Shaugh, *Cambridge University History of Ancient China：from The Origins of Civilization to 221B. C*, London：Cambridge University Press, 1999, P. 549.

二、考古学视角下的研究

学界对戎族的研究，多侧重于从文献资料出发。由于对文献资料的解读存在差异，导致戎族研究聚讼不已。研究者不禁要去想，戎族考古资料如何呢？能否为平息争论提供证据呢？

目前，戎族考古仍处于起步阶段。20 世纪 90 年代中期，考古学者认为：“西戎是有着千余年历史的强大民族，在西周晚期以后便形成强大的政治、军事力量，并先后与周、秦相抗衡。对这样一个在中国历史上有过重大影响的少数民族，考古学研究中至今仍是一个未曾涉及的领域。”① 这种局面的形成，明显不利于戎族史的研究。本节从考古学资料出发，梳理考古学界对戎族研究的成果，希冀对戎族的研究有所裨益。

（一）戎族考古文化（遗存、遗迹）的认定

王克林曾对戎狄文化有过定义，认为：“具有地域性和民族性，为中原华夏农业文明的夏商周文化所不备的，地处我国东部黄土高原，以蛋形三足瓮为代表的系列，具有明显的北方系青铜器文化，葬俗以石棺葬、屈肢葬为特征的遗存。”② 当然这只是一家之说，考古学者亦多有自己观点，以下梳理属于戎族的考古学文化。

1. 辛店文化

俞伟超认为：“辛店文化是西戎文化之一。”③ 陈平认为：“羌戎的辛店文化。”④

2. 寺洼文化

尹盛平认为：“寺洼文化的晚期类型——安国式文化主要分布于陇东一带，其族属当是迁至太原的犬戎，即獫狁。”⑤ 赵化成认为：“可以看出寺洼文化有可能是商周时期活动于周之西北的混夷，或称犬戎的遗留……综上所述，混夷或称犬戎是商周时期活动于宗周西北的一个重要族类。这一族类所活动的时间和空间以及其他特点与寺洼文化正相吻合……大体可以判定寺洼

---

① 宁夏文物考古研究所：《宁夏彭堡于家庄墓地》，《考古学报》1995 年第 1 期。

② 王克林：《戎狄文化探索下》，《文物世界》2002 年第 4 期。

③ 俞伟超：《先秦两汉考古学论集》，北京：文物出版社，1985 年，第 187 页。

④ 陈平：《从“丁公陶文”谈古东夷族的西迁》，《中国史研究》1998 年第 1 期。

⑤ 尹盛平：《獫狁、鬼方的族属及其与周族的关系》，《人文杂志》1985 年第 1 期。

文化为犬戎的遗留，但这一文化还可能包括了其他支系的戎人在内，犬戎只是其中的一部分。"① 黄光学认为："寺洼文化可以认为是属于后来的西戎羌人系统的文化。"② 陈平认为："（寺洼文化）分为寺洼与安国早晚两大类型，是年代上起商代中期下迄西周年间的西北戎狄部族文化遗存。"③ 胡谦盈认为："我们推断寺洼文化约略就是薰育戎狄的遗留，至少陇东和长武、旬邑一带的情况是如此。"④ 张长寿认为："寺洼文化的年代大致相当于西周早期，其族属为羌戎族。"⑤

3. 四坝文化

张立柱认为："西戎是继新石器时代马家窑文化、齐家文化之后的四坝文化的主人，也是近 4000 年前的河西先民。"⑥ 张国硕认为："夏商时代，西北地区分布着齐家文化、四坝文化、卡约文化等多支属于西戎集团的文化遗存。"⑦《甘肃省文物考古工作十年》一文认为："四坝文化墓地的墓葬分布相当密集，如东灰山发掘的 300 平方米范围内，就集中了 249 座墓葬，且打破、叠压关系复杂。这表明四坝先民在一个地方居住的时间比较长，经济生活相对稳定，同时也反映了当时河西走廊地区以畜牧业为主体兼有农业、手工业、狩猎等综合经济结构的发展水平。经碳 14 测定，四坝文化的年代相当于夏代，这对探索西戎诸族及其关系有新的启示。"⑧

4. 卡约文化

张国硕认为："夏商时代，西北地区分布着齐家文化、四坝文化、卡约文化等多支属于西戎集团的文化遗存。"⑨

5. 马家窑文化

严文明认为："马家窑文化的居民当是戎、羌族系的祖先。"⑩ 杨东晨认

---

① 赵化成：《甘肃东部秦和羌戎文化的考古学探索》，《考古类型学的理论与实践》，北京：文物出版社，1989 年，第 170—171 页。

② 黄光学：《中国的民族识别》，北京：民族出版社，1995 年，第 53 页。

③ 陈平：《从"丁公陶文"谈古东夷族的西迁》，《中国史研究》1998 年第 1 期。

④ 胡谦盈：《胡谦盈周文化考古研究选集》，成都：四川大学出版社，2000 年，第 228 页。

⑤ 张长寿：《商周考古论集》，北京：文物出版社，2007 年，第 280 页。

⑥ 张立柱：《关于冀北山戎的几个问题》，《文物春秋》2009 年第 1 期。

⑦ 张国硕：《先秦人口流动民族迁徙与民族认同研究》，郑州：大象出版社，2011 年，第 91 页。

⑧ 甘肃省文物考古研究所：《甘肃省文物考古工作十年》，《文物考古工作十年》，北京：文物出版社，1990 年，第 318 页。

⑨ 张国硕：《先秦人口流动民族迁徙与民族认同研究》，郑州：大象出版社，2011 年，第 91 页。

⑩ 严文明：《史前考古论集》，北京：科学出版社，1998 年，第 174 页。

为："西戎的分布区则属于甘青马家窑文化、齐家文化。"① 江应梁认为：
"马家窑文化和齐家文化的人们是后来称为西戎的民族共同体的主要组成部
分……齐家文化与马家窑文化的分布地区大体相间，文化特点也有许多共同
性，同源于仰韶文化。它是属于后来称为姜戎的民族共同体的主要组成部
分。"② 黄光学认为："马家窑文化和齐家文化的主人属于中国后称西戎的民
族集团。"③ 廖杨认为："据研究，马家窑文化的居民是戎羌族系的祖先，他
们以经营原始的旱地农业为主，种植粟和黍，同时也饲养猪、狗、羊等家
畜。"④《马家窑文化》一书认为："马家窑文化的居民当是戎、羌族系的
祖先。"⑤

6. 齐家文化

严文明认为："（齐家文化）也可分为若干地方类型。由于这个地区的新
石器文化与中原新石器文化关系十分密切，在某种意义上甚至可视为仰韶文
化特异化的产物，故应作为一个亚区。这里的新石器文化应是往后戎羌各族
的史前文化。"⑥

7. 马厂文化

潜伟认为："马厂文化，从马家窑、半山来，戎、羌祖先。"⑦

8. 玉皇庙文化

雷鹊宇认为："玉皇庙文化是东周时期分布于冀北山地一带的考古文化
遗存，其族属为文献中所见的代戎。"⑧ 盛会莲认为："玉皇庙文化的地理分
布范围在历史上恰是我国春秋时期北方少数民族——山戎族的活动地，从地
望、时间及随葬品等方面的显著特点可以推测玉皇庙文化为山戎民族的文化
遗存。"⑨

① 杨东晨：《民族史论集》，香港：香港国际文化艺术出版社，1996 年，第 94 页。
② 江应梁：《中国民族史》，北京：民族出版社，1990 年，第 31、37 页。
③ 黄光学：《中国的民族识别》，北京：民族出版社，1995 年，第 53 页。
④ 廖杨：《中国西北古代少数民族宗法文化研究》，桂林：广西师范大学出版社，2005 年，第
53 页。
⑤ 段小强：《马家窑文化》，北京：文物出版社，2011 年，第 209 页。
⑥ 严文明：《史前考古论集》，北京：科学出版社，1998 年，第 15 页。
⑦ 潜伟：《新疆哈密地区史前时期铜器及其与邻近地区文化的关系》，北京：知识产权出版社，
2006 年，第 14 页。
⑧ 雷鹊宇：《从玉皇庙文化看东周时期代戎之社会经济》，《文物春秋》2011 年第 3 期。
⑨ 盛会莲：《北京考古志（延庆卷）》，上海：上海古籍出版社，2012 年，第 90 页。

9. 夏家店文化

田广林认为："夏家店上层文化……便是山戎文化。"① 许倬云认为："夏家店文化的主人是山戎，以该文化分布的情势言，周初的山戎已控制了老哈河、大凌河、滦河、潮白河等流域，时时会威胁燕国。"② 林沄认为："夏家店上层文化很早就被误认为东胡遗存，虽然越来越多新出的证据表明这种见解的荒谬，但先入为主的成见仍影响着考古界和史学界的不少人。其实，夏家店上层文化应该是山戎的遗存。"③ 乌恩岳斯图认为："将夏家店上层文化的族属认定为山戎是比较符合实际的。"④ 孙登海认为："有学者认为夏家店上层文化就是山戎文化，对此，笔者持有相同的见解。"⑤ 苗威认为："关于夏家店下层文化的分布区，学界一般认为是在辽西一带，其存在的时间是公元前 2000 至前 1500 年之间，恰是我国的夏至商中期。因此，夏家店下层文化应当是古山戎文化。之所以在山戎之前加个古字，是为了与周初至战国时代的山戎相区别。"⑥ 张之恒、周裕兴所编的《夏商周考古》一书认为："（夏家店上层文化）族属与《史记》中记载的山戎和东胡大致相当。"⑦ 《中国考古学·两周卷》一书认为："第三种意见则认为是山戎的遗存，我们认为第三种意见比较符合实际。因为根据文献记载，西周至春秋时燕北最为强大的是山戎，夏家店上层文化的年代正与此相当。而且考古发现证明夏家店上层文化在当时的北方草原地区是最为繁荣的，它所代表的部落应该是非常强大的，因此视夏家店上层文化为山戎的遗存不无道理。"⑧

张广志看法略有不同，他认为："一般认为夏家店上层文化，有着明显的草原游牧民族文化的特征，其中的某些部分可能即西周时期肃慎、山戎和东胡族的文化遗存。"⑨

---

① 田广林：《山戎初探》，《昭乌达蒙族师专学报》1986 年第 2 期。

② 许倬云：《西周史》，北京：生活·读书·新知三联书店，1993 年，第 194 页。

③ 林沄：《中国北方长城地带游牧文化带的形成过程》，《燕京学报》新 14 期，北京：北京大学出版社，2003 年，第 115 页。

④ 乌恩岳斯图：《北方草原考古学文化研究——青铜时代至早期铁器时代》，北京：科学出版社，2007 年，第 217 页。

⑤ 孙登海：《追寻远逝的民族——山戎文化探幽》，北京：北京师范大学出版社，2007 年，第 32 页。

⑥ 苗威：《山戎、东胡考辨》，《中国边疆史地研究》2008 年第 4 期。

⑦ 张之恒、周裕兴：《夏商周考古》，南京：南京大学出版社，1995 年，第 384 页。

⑧ 张长寿、殷玮璋主编：《中国考古学·两周卷》，北京：中国社会科学出版社，2004 年，第 523 页。

⑨ 张广志：《西周史与西周文明》，上海：上海科学技术文献出版社，2007 年，第 242 页。

10. 张家园文化

《文物考古工作十年》一书认为："这支文化的分布范围南到拒马河流域，燕国都城琉璃河古城在它的包围之中。根据文化性质、年代和分布范围判断，这支文化应当是西周和春秋时期活跃在燕山地区的山戎文化，天津一带则应与无终国有关。"①《公元前 2 千纪的晋陕高原与燕山南北》一书认为："戎是西周中期北方民族的主体，西周文献中往往称北方民族为戎，张家园文化应该就是戎的一种。"②

11. 刘家文化

张广志认为："刘家文化当渊源于齐家文化。刘家文化作为宝鸡、陇东地区青铜文化的一个独特类型，与甘青地区的青铜文化，特别是辛店文化关系最为密切，从大的族属上可以归入西戎文化。"③ 张天恩认为："多数学者认为刘家文化属于姜姓戎族（即姜戎或称姜炎）文化，那就等于说其是姜戎文化或其分支，当不属先周文化系统。"④

12. 沙井文化

李水城认为："沙井文化应属西北地区羌戎体系中的一支。"⑤《甘肃省文物考古工作五十年》一文认为："分布在民勤、金昌、水昌地区，自西周早期延续至战国的一支青铜文化。对于其族属有月氏和羌戎系二说。"⑥

13. 杨郎文化

《中国考古学·两周卷》一书认为："杨郎文化的分布地域正是古代戎人的聚居区，由此可以推测杨郎文化应该是有别于匈奴系和东胡系的戎人的文化遗存。"⑦ 刘庆柱主编的《中国考古发现与研究（1949－2009）》一书认为："该文化应是一支以畜牧业为主的文化。年代相当于春秋中期至战国晚

---

① 天津市历史博物馆考古部：《1979－1989 年天津文物考古新收获》，《文物考古工作十年》，北京：文物出版社，1991 年，第 17 页。

② 杨建华、蒋刚：《公元前 2 千纪的晋陕高原与燕山南北》，北京：科学出版社，2008 年，第 104 页。

③ 张广志：《西周史与西周文明》，上海：上海科学技术文献出版社，2007 年，第 31 页。

④ 张天恩：《关中商代文化研究》，北京：文物出版社，2004 年，第 319 页。

⑤ 李水城：《东风西渐：中国西北史前文化之进程》，北京：文物出版社，2009 年，第 153 页。

⑥ 甘肃省文物考古研究所：《甘肃省文物考古工作五十年》，《新中国考古五十年》，北京：文物出版社，1999 年，第 445 页。

⑦ 张长寿、殷玮璋主编：《中国考古学·两周卷》，北京：中国社会科学出版社，2004 年，第 547 页。

期。可能是有别于东胡和匈奴文化的戎人文化的遗存。"①

14. 碾子坡文化

张天恩认为："碾子坡文化的经济水平落后于先周文化，遗址中兽骨相当多，生产工具中不见农业工具石镰等，说明其畜牧业相当发达，而农业比较落后，有戎狄文化的经济特点。与以擅长农耕著称的周人经济水平相比，有明显的差距，故其应属于西方诸戎的一支。尽管其或已建立起了密须的国号，但仍不过是姞姓戎国而已。一者事农，一者畜牧，与周人文化特点判然有别，绝不相混。"② 雷兴山认为："创造和使用碾子坡文化的主族是戎狄之人，而非姬姓周人。"③

15. 戎族青铜文化

许成、李进增认为："东周时期戎人的活动中心区域包括了杨郎类型的分布区域，杨郎类型代表的青铜文化的创造者应是戎人。杨郎类型主要分布于黄土高原区，为了便于对应其他考古学文化，又体现其文化特征和地理属性，我们不妨把它称为黄土高原青铜文化。戎族青铜文化即黄土高原青铜文化。"④ 马建军认为："春秋战国时期，在今甘肃东部和宁夏南部及毗邻区域，生活着'西戎八部'和其他大大小小的戎族部落。它们共同创造了灿烂的青铜文化，即'戎族青铜文化'。该文化归属于'中国北方青铜文化'，但又具有鲜明的区域特征，既受到了鄂尔多斯式青铜器的传播冲击，又汲取了关中地区秦人及中原地区华夏族的先进文化因素，是一种典型的地方文化类型。"⑤ "甘宁两省区戎族青铜器文化的主要代表器物以青铜器为主，余则为骨器、玉器、金银器、陶器、铁器、石器等。青铜器主要有兵器，生产和生活工具，车马器和装饰品等，其中车马器和装饰品占有比例最大，数量最多。在这些众多的青铜器中，有许多器型完全一致。如此众多的同类器物，是文化因素共性的具体表现，应属于同一渊源的文化。"⑥

《甘肃省文物考古工作十年》一书认为："我们推测宁夏南部山区以青铜短剑为主要特征的春秋战国时期青铜文化，很可能就是义渠戎的文化

---

① 刘庆柱：《中国考古发现与研究（1949—2009）》，北京：人民出版社，2010年，第301页。
② 张天恩：《关中商代文化研究》，北京：文物出版社，2004年，第331页。
③ 雷兴山：《先周文化探索》，北京：科学出版社，2010年，第295页。
④ 许成、李进增：《东周时期的戎狄青铜文化》，《考古学报》1993年第1期。
⑤ 马建军：《半环陇山的戎族青铜文化》，《固原师专学报》1997年第1期。
⑥ 马建军、杨明：《从考古资料看古代戎族的社会发展状况》，《西北史地》1995年第2期。

遗存。"①

16. 红山文化

田昌五认为："古戎狄文化也有了线索，如在河北发现的红山文化和内蒙的一些夹有细石器的原始社会文化遗存，似可确定为古戎狄文化。"② 晁福林认为："红山文化区域偏南的某个部分，可能是上古时代有娀氏活动的地方。从时代上看，红山文化的下限已经接近于夏王朝，而简狄所生的契，在文献记载中与禹约略同时，正是夏王朝诞生的前夕，两者是吻合的，从地域上看，有娀氏是上古时期戎狄族的一支，其地望应与后世的山戎、北戎以及孤竹等相同，可以说其范围不出红山文化的分布区域。"③

17. 内蒙古包头西园遗址

《北方文化与匈奴文明》一书认为："'西园类型'是羌系西戎人的后裔……西园类型的族属可能就是西戎人的一支，因某种原因北上而居于包头山前地带的……西园类型属于西戎人北上的一支。"④

18. 甘谷毛家坪 B 类遗存

赵化成认为："毛家坪 B 组遗存分布范围之内的戎，主要有绵诸、绳戎、獂、邽、冀、义渠戎等。毛家坪今属甘谷县，古为冀县地，即冀戎活动的地区。毛家坪既在古冀县范围内，这种 B 组遗存就有可能是冀戎的遗留。"⑤ 何介钧认为："两次对甘肃甘谷毛家坪遗址的发掘，发现了从西周中晚期至东周时期的秦文化（A 组遗存）和东周时期姜戎族系的文化（B 组遗存）。"⑥ 杨建华认为："甘肃东部地区的甘谷毛家坪 B 类遗存代表的就是与秦国同时期的戎的遗存。"⑦

19. 宁夏贺兰山岩画

《贺兰山与北山岩画》一书认为："（贺兰山早期岩画）应在商周或不晚

①　甘肃省文物考古研究所：《甘肃省文物考古工作十年》，《文物考古工作十年》，北京：文物出版社，1990 年，第 337 页。

②　田昌五：《古代社会形态研究》，天津：天津人民出版社，1980 年，第 163 页。

③　晁福林：《夏商西周的社会变迁》，北京：北京师范大学出版社，1996 年，第 65 页。

④　田广金、郭素新：《北方文化与匈奴文明》，南京：凤凰出版社，2004 年，第 15、338、446 页。

⑤　赵化成：《甘肃东部秦和羌戎文化的考古学探索》，《考古类型学的理论与实践》，北京：文物出版社，1989 年，第 173 页。

⑥　何介钧：《湖南先秦考古学研究》，长沙：岳麓书社，1996 年，第 168 页。

⑦　杨建华：《中国北方东周时期两种文化遗存辨析——兼论戎狄与胡的关系》，《考古学报》2009 年第 2 期。

于商周，属于獫狁、羌戎等民族的文化遗存。"①

20. 宁夏大麦地岩画

汤惠生认为："大麦地岩画中具象型的岩画年代为早期，而抽象型则为晚期。考虑到该地区历史上的人类族群，早期应该与被汉文献称作鬼方、鬼戎、昆夷、犬戎、猃狁等人有关；而晚期则与斯基泰或秦汉时期的匈奴人有关。"②

21. 青海野牛沟与天棚岩画

邵学海认为："野牛沟和天棚岩画既有较为明确的年代，那么作者应该是当时在此生息繁衍的民族。古之民族分布，西属汉藏语系的西戎，羌族是其中重要部分。历史上羌族活动范围十分广大……可知，三地（野牛沟、天棚、舍布齐）岩画应该是先秦时期羌人的作品。"③

22. 甘肃河西岩画

张强民认为："据省内专家初步考证，认为河西岩画是公元前2000年以前，生活在祁连山、马鬃山一带的西戎、氐、羌、犬戎、乌孙、月氏、匈奴、蒙古、回鹘等游牧民族的先民们所创作的，大约与新石器时代的彩陶文化同时出现。河西岩画的内容题材、造形特点、艺术风格与蒙古阴山岩画、宁夏贺兰山岩画、新疆阿尔泰山、天山、昆仑山岩画相类似。我们初步认为这些岩画都是古代活动在北方的游牧民族所共同创造。"④

23. 甘肃靖远岩画

张宝玺认为："这次靖远县吴家川发现的岩画和嘉峪关市黑山岩画有许多共同之处：两处都是用坚硬的钝器凿刻在石岩上的岩画，内容都以动物为主，对鹿、羊、狗等动物形象的表现技法基本近似。"⑤ 盖山林认为："从岩画看，甘肃河西和靖远岩画，青海的天峻庐山岩画在题材、风格上都很相近，见于靖远和嘉峪关黑山的人物岩画，从人的服饰可以清楚地辨识出羌族的装扮。"⑥

---

① 李祥石、朱存世：《贺兰山与北山岩画》，银川：宁夏人民出版社，1993年，第317页。

② 汤惠生：《关于宁夏大麦地岩画新闻报道的几点看法》，《中国文物报》2005年11月25日。

③ 邵学海：《先秦艺术史》，济南：山东画报出版社，2010年，第60页。

④ 张强民：《河西走廊的意蕴——甘肃河西民族古籍考察纪实》，《中国少数民族古籍论》第4辑，成都：巴蜀书社，2001年，第356、357页。

⑤ 张宝玺：《甘肃省靖远县吴家川发现岩画》，《文物》1983年第2期。

⑥ 盖山林：《中国岩画》，广州：广东旅游出版社，2004年，第220页。

（二）戎族墓葬的认定

墓葬认定方面，学界存在一些争论。以往内蒙古、宁夏地区发现的少数民族墓葬一般都归之于匈奴，很多学者提出了质疑。例如钟侃、韩孔乐认为："宁夏南部春秋、战国时期的青铜文化，和历史上记载的义渠国都有极密切的关系，而与匈奴无关。"① 陈健文认为："大陆考古工作者也发掘了为数不少的所谓戎狄墓葬，但他们是否就是匈奴的前身？大陆考古学界习惯将许多内蒙古及邻近地区所发掘的古代草原民族墓葬一律都归诸为匈奴墓，对于这种命名，本文认为应该持比较谨慎的态度……内蒙古地区的匈奴墓似乎数量不少，但春秋至战国中期在此地区活动的主角戎、狄，却反倒没有留下什么重要的遗址，这是相当令人不解的。"② 从近年的考古发掘来看，他们的质疑是有道理的。

认定的标准方面，学界多从其丧葬制度着手。马建军、杨明认为："甘宁两省区戎族青铜器文化的墓葬形制、殉牲之俗具有独特之处，科学系统发掘的墓葬和临时清理的小型墓葬其形制有竖穴坑墓和竖穴墓道土洞墓两类，且出现了比较独特的头低足高竖穴斜坡土洞墓和竖穴斜坡偏洞墓。这种戎族墓葬结构的多样化，除戎族固有的葬俗外，显然受到了外来文化的影响。墓葬无论大小都殉有数量不等的牲畜头蹄骨，往往在同一墓葬中同时殉有马牛羊头蹄骨，随葬的牲畜头蹄骨在墓葬中摆放的位置不同，大型墓葬殉放在墓道之中，实际上墓葬的墓道多了一个功能，同时兼作殉牲坑，看不出具有明显的规律性。在小型墓葬中，殉牲之骨放置在墓坑之中，大多散置于墓主人周围。"③《北方文化与匈奴文明》一书认为："在考古学文化类型的研究中，划分不同人群的重要标志，是丧葬制度。'西戎'流行的长方竖穴偏洞墓的葬制，显然是'西戎——羌'固有的葬俗……山戎墓葬为长方竖穴土坑墓，东西向，死者头向东，西戎墓葬主要流行长方形竖穴墓道洞室墓，有少量竖穴土坑墓，死者多头向北，少数头向东。"④ 对于中原地区盛行的屈肢葬式，林寿晋认为："可以设想，中原地区屈肢葬的发生可能是受到西北少数民族

---

① 钟侃、韩孔乐：《宁夏南部春秋战国时期的青铜文化》，《中国考古学会第四次年会论文集》，北京：文物出版社，1985 年，第 212 页。

② 陈健文：《先秦至两汉胡人意象的形成与变迁》，博士学位论文，台湾师范大学，2005 年，第 242、254、255 页。

③ 马建军、杨明：《从考古资料看古代戎族的社会发展状况》，《西北史地》1995 年第 2 期。

④ 田广金、郭素新：《北方文化与匈奴文明》，南京：凤凰出版社，2004 年，第 15、448 页。

的影响。"① 李龙海认为："以文献记载结合考古材料，我们便可断定春秋时期，中原地区盛行的屈肢葬式是戎人从西北带入中原的。"② 此外，也有学者认为："铲足鬲（或曰铲形袋足鬲），作为东周时西戎文化的标志性器物。"③ "三足瓮在内阳垣、南小张、柳林高红 H1 都与花边口沿袋足鬲伴出，是戎人文化的标志性器物。"④ "山西侯马上马墓地中，出土有少量的带耳罐。以笔者之拙见，它当与姜戎氏有关。它的发现，为寻求晋地姜戎氏文化提供了重要的线索。"⑤ "戎人文化特征，如夹砂红陶带錾袋形铲足鬲、夹砂红陶单耳罐等。"⑥ 谢尧亭认为："部分戎或狄人也使用直肢葬。"⑦

综合学界观点。戎族典型葬制：长方竖穴土坑墓、长方形竖穴墓道洞室墓、竖穴土坑墓等，石棺葬、屈肢葬、直肢葬等。戎族典型器物：三足瓮、铲足鬲、单耳罐等。

正是在以上认定的标准基础上，考古学界认定了一些戎人墓葬。借助考古报告，笔者梳理一些属于戎人的墓葬，如下所述。

1. 甘肃张家川马家塬墓

王辉认为："结合墓葬出土遗物既有秦文化的因素，又有非常浓郁的当地土著西戎文化的因素的特点，我们认为该墓地的族属当与西戎有关。"⑧ 2008 年甘肃省文物考古研究所发表《2006 年度甘肃张家川回族自治县马家塬战国墓地发掘简报》，其文认为："通过对墓葬形制和大量出土器物的分析，此墓地有着戎人文化特征，如夹砂红陶带錾袋形铲足鬲、夹砂红陶单耳罐等。从墓葬形制和出土遗物来看，此墓地有着浓烈的当地土著——西戎文化的因素和特征。综合各类因素，我们认为这里应是秦人统治下的某一支戎人首领的墓地，墓葬的年代属战国晚期。"⑨ 国家文物局主编的《中国考古

---

① 林寿晋：《上村岭的屈肢葬及其渊源》，《考古》1961 年第 11 期。

② 李龙海：《春秋战国时期伊洛地区的民族融合》，《郑州航空工业管理学院学报》2009 年第 5 期。

③ 梁云：《铲足鬲与东周时期西戎文化》，《戎狄之旅——内蒙、陕北、宁夏、陇东考古考察笔谈》，《考古与文物》2012 年第 1 期。

④ 田建文：《天上掉下晋文化（上）》，《文物世界》2004 年第 2 期。

⑤ 王占奎：《晋地"姜戎氏"文化的线索》，《文物考古文集》，武汉：武汉大学出版社，1997 年，第 201 页。

⑥ 甘肃省文物考古研究所：《2006 年度甘肃张家川回族自治县马家塬战国墓地发掘简报》，《文物》2008 年第 9 期。

⑦ 谢尧亭：《晋南地区西周墓葬研究》，博士学位论文，吉林大学，2010 年，第 40 页。

⑧ 王辉：《发现西戎——甘肃张家川马家塬墓地》，《中国文化遗产》2007 年第 6 期。

⑨ 甘肃省文物考古研究所：《2006 年度甘肃张家川回族自治县马家塬战国墓地发掘简报》，《文物》2008 年第 9 期。

60 年（1949－2009）》一书认为："该墓地应当是战国晚期一支西戎首领和贵族的墓地。"①

马春晖认为："2006 年 8 月，在甘肃张家川回族自治县马家塬村发现战国墓葬群，从墓葬形制和出土遗物来看，此墓地有着浓烈的当地土著——西戎文化的因素和特征。这为我们重新认识活动在甘肃省东南部和陕西西部的西戎增加了有力的考古学资料，佐证了张家川县及其周边地区是西戎的活动中心区。"②

赵吴成认为："马家塬墓地应是战国晚期西戎贵族的墓地，有学者认为马家塬戎人首领墓地，属邽戎。但从该墓地的年代、规模、等级以及随葬丰厚等特点看，应是邽戎被灭之后出现的一支比较强大的绵诸戎。"③

2. 甘肃秦安王洼战国墓

2012 年甘肃省文物考古研究所发表的《甘肃秦安王洼战国墓地 2009 年发掘简报》认为："就墓葬形制和葬俗来看，与张家川马家塬墓地的次中型墓基本相同，就仅存不多的随葬器物来看，如金银带饰和料珠等，同张家川马家塬墓地出土的同类器相同，尤其是金银带饰，几乎与马家塬墓地出土的M14：15 腰带饰别无二致……王洼墓地在墓葬形制、葬俗、随葬器物等方面与马家塬墓地有着极大的相似性，且二者所处地域较为接近，二者应当属于同一时代的同一文化或族属……马家塬墓地属战国时代的西戎文化，因此王洼墓地也应属于战国时代的西戎文化。但它们应属于西戎的不同部族或分支的考古学文化，二者在文化面貌上既有整体的相似性和统一性，又在部分细节上保持着自己独特的风格。"④

3. 甘肃清水刘坪墓

李晓青、南宝生认为："通过器物的比对，清水刘坪墓葬群所出器物与鄂尔多斯式青铜器有相似之处，在一定程度上受鄂尔多斯青铜文化的影响，但大部分器物与以宁夏杨郎青铜文化为中心的戎族青铜文化系统更为接近……清水地处河谷地带，东依陇山，南临渭河，西周时期居于此地的应就是

①　国家文物局主编：《中国考古 60 年（1949－2009）》，北京：文物出版社，2009 年，第 548 页。

②　马春晖：《从张家川回族自治县马家塬发现战国墓葬群再探西戎》，《西北民族大学学报》2009 年第 4 期。

③　赵吴成：《甘肃马家塬战国墓马车的复原——兼谈族属问题》，《文物》2010 年第 6 期。

④　甘肃省文物考古研究所：《甘肃秦安王洼战国墓地 2009 年发掘简报》，《文物》2012 年第 8 期。

绵诸戎。"① 史党社认为:"墓主的族属为绵诸戎,大致是不错的。"②

4. 甘肃庆阳战国墓

国家文物局主编的《中国考古 60 年(1949－2009)》一书认为:"庆阳地区零星发现的春秋、战国墓葬和车马坑中出土的具有北方地区青铜文化特征的青铜短剑、刀、矛、鹤嘴镐及青铜牌饰等,可能是当时活动于这一带的义渠、乌氏等西戎部落的遗物。"③

5. 陕西黄陵县寨头河战国墓

2011 年陕西省考古研究院发表《2011 年陕西省考古研究院考古发掘新收获》一文,认为黄陵县寨头河战国墓地为戎人墓地,极具参考价值。"寨头河墓地位于洛河支流——葫芦河北岸一处舌形坡地上。目前已发掘战国墓葬 90 座及方坑 3 座。墓葬均为竖穴土坑,墓向以东西向为主,墓主头向东西均有、各占一半,葬式以仰身直肢为大宗,还见少量屈肢葬、二次葬和解体葬。葬具有单棺和一棺一椁之分。墓内随葬常见牛头、羊头和马头,置于棺椁顶部墓主头向一侧或墓壁上的侧盒内。随葬品有陶、铜、铁、骨、玉、石、料器等多种,数量逾千件。陶器大致分为甘青和中原两个系统。甘青系统的陶器主要有大口罐和铲足鬲,其与寺洼文化陶器有诸多相似之处。就陶质陶色、装饰风格、制作工艺等方面而言,二者并无明显区别,但器物组合中缺少豆,数量最多的大口罐也未见陇东地区寺洼文化常见的马鞍形口。中原式陶器主要为豆、罐。通过陶器的对比分析,并参考墓地出土的战国魏梁半釿和阴晋半釿等钱币和相关文献记载以及金属器、动物及人骨鉴定和研究的结果,初步将这批墓葬的时代确定为战国中晚期,族属推测为戎人,国别属魏。"④

陕西省考古研究院又于 2012 年 1 月 9 日在《中国文物报》上刊文介绍黄陵县寨头河战国墓地,认为"寨头河墓地的发现填补了陕西境内西戎考古的空白,部分遗存与甘肃马家塬、王家洼西戎贵族墓地等存在着密切的联系,是目前发现的最深入中原腹地的戎人遗存,寨头河墓地族属和国别的初

---

① 李晓青、南宝生:《甘肃清水县刘坪近年发现的北方系青铜器及金饰片》,《文物》2003 年第 7 期。

② 史党社、田静:《刘坪墓地若干问题刍论》,中国秦汉史研究会网站:http://www.hylae.com/qhsxxw/history/htdocs/XXLR1.ASP? ID=5434,2004 年 8 月 16 日。

③ 国家文物局主编:《中国考古 60 年(1949－2009)》,北京:文物出版社,2009 年,第 548 页。

④ 陕西省考古研究院:《2011 年陕西省考古研究院考古发掘新收获》,《考古与文物》2012 年第 2 期。

步确认，是研究先秦时期民族融合、政域变换的新资料"。①

关于墓地族属，《陕西黄陵县寨头河战国戎人墓地》一文推测可能是瓜州戎人移民——姜戎后裔。梁云则认为："寨头河墓地可能还是属于义渠戎。"②

6. 陕西凤翔上郭店墓

田亚岐认为："墓主人也许就是实行火葬的'戎狄'部族首领。文献记载这一带曾有'戎狄'部族生存过，后被秦灭掉。"③

7. 陕西清涧东周墓

杨建华认为："清涧东周墓可能就属于最初向外迁徙的戎。"④

8. 陕西扶风刘家姜戎墓

1984 年陕西周原考古队发表《扶风刘家姜戎墓葬发掘简报》，其文认为："刘家文化的族属更确切地说当是宝鸡一带的土著——姜姓羌族，也就是姜戎……刘家姜戎墓葬出土铜管、铜铃、铜泡形饰等，说明当时已进入青铜时代，无疑要晚于龙山文化。由于墓口都压在西周晚期地层之下，又被西周早期、中期墓葬打破。故墓葬年代要早于西周……一期墓葬的年代当与齐家文化比较接近，与二里头文化晚期相当……二、三、四、五期的时代为商代前期至周人迁岐……六期的年代当为西周文武之际。"⑤

9. 陕西宝鸡益门二号墓

陈平认为："我感觉益门二号墓墓主最大的可能，应是秦穆公霸西戎后西戎某国被秦胁迫内迁的失势戎王……益门二号墓应是一西北戎王之墓。"⑥对于陈平的观点，赵化成表示认同。⑦ 史党社认为："益门村二号墓的年代在春秋晚期，如果考虑到东周时期秦简中的'臣邦真戎君长'，或者文献中所称的'戎狄君公'在秦社会中的情况，我们认为，还是把益门村二号墓的主人看作一位'臣邦真戎君长'更显合理。"⑧

———————

① 陕西省考古研究院：《陕西黄陵县寨头河战国戎人墓地》，《中国文物报》2012 年 1 月 9 日。

② 梁云：《铲足鬲与东周时期西戎文化》，《戎狄之旅——内蒙、陕北、宁夏、陇东考古考察笔谈》，《考古与文物》2012 年第 1 期。

③ 田亚岐：《东周时期关中秦墓所见"戎狄"文化因素探讨》，《文博》2003 年 3 期。

④ 杨建华：《中国北方东周时期两种文化遗存辨析——兼论戎狄与胡的关系》，《考古学报》2009 年第 2 期。

⑤ 陕西周原考古队：《扶风刘家姜戎墓葬发掘简报》，《文物》1984 年第 7 期。

⑥ 陈平：《试论宝鸡益门二号墓短剑及有关问题》，《考古》1995 年第 4 期。

⑦ 赵化成：《宝鸡市益门村二号春秋墓族属管见》，《考古与文物》1997 年第 1 期。

⑧ 史党社：《考古资料所见秦史中的少数民族及其文化》，《秦汉文化比较研究：秦汉兵马俑比较暨两汉文化研究论文集》，西安：三秦出版社，2002 年，第 528 页。

10. 陕西宝鸡斗鸡台瓦鬲墓

何介钧认为："可能有两种解释：一、斗鸡台瓦鬲墓初期与刘家类型同一族系，均属姜戎，但因较刘家晚，受先周文化更强烈的影响。二、墓主是周族，但因和姜戎杂居，吸收了更多刘家的文化因素。"① 张长寿认为："（宝鸡斗鸡台瓦鬲墓）存在着各种不同的意见，如有人称之为先周文化、姬周文化，而有人则称之为羌戎文化。"②

11. 陕西省宝鸡市石鼓山西周墓

《陕西省宝鸡市石鼓山西周墓》一文认为："根据石鼓山 M3 出土器物判断墓主人为户氏，也就是说石鼓山西周墓地就是姜戎族户氏家族墓地……墓葬时代可能为西周早期，可能上至商末周初。"③《石鼓山西周墓葬的初步研究》一文认为："石鼓山西周墓地是姜戎族的户氏家族墓地。"④

12. 宁夏固原县杨郎墓

《宁夏固原杨郎青铜文化墓地》一文认为："可以肯定今宁夏南部丘陵和甘肃东部高原属于古文献记载的戎人居聚区，所以杨郎墓地应是戎人创造的物质文化，这就为区分北方系青铜文化的不同支系提供了依据。"⑤《北方文化与匈奴文明》一书认为："杨郎墓地为代表的春秋至战国早期的文化属西戎文化。"⑥ 关于族属，路国权认为："杨郎文化的族属可能包括义渠戎。"⑦

13. 宁夏固原县彭堡于家庄墓

《宁夏彭堡于家庄墓地》一文认为："于家庄这类青铜文化，无论从其存在的时间看，还是从其分布的地域看，都与春秋时期的'西戎八国'关系密切……我们将于家庄墓地推定为西戎的文化遗存在时间和地域上，都是不会有太大问题的。"⑧ 田广金、郭素新所著《北方文化与匈奴文明》一书认为："以彭堡于家庄墓地为例，其墓地的葬俗完全是西戎人的葬俗。"⑨

---

① 何介钧：《湖南先秦考古学研究》，长沙：岳麓书社，1996 年，第 167 页。
② 张长寿：《商周考古论集》，北京：文物出版社，2007 年，第 294 页。
③ 石鼓山考古队：《陕西省宝鸡市石鼓山西周墓》，《考古与文物》2013 年第 1 期。
④ 王颖等：《石鼓山西周墓葬的初步研究》，《文物》2013 年第 2 期。
⑤ 宁夏文物考古研究所、宁夏固原博物馆：《宁夏固原杨郎青铜文化墓地》，《考古学报》1993 年第 1 期。
⑥ 田广金、郭素新：《北方文化与匈奴文明》，南京：凤凰出版社，2004 年，第 446 页。
⑦ 路国权：《"戎狄之旅"学术考察感想》，《戎狄之旅——内蒙、陕北、宁夏、陇东考古考察笔谈》，《考古与文物》2012 年第 1 期。
⑧ 宁夏文物考古研究所：《宁夏彭堡于家庄墓地》，《考古学报》1995 年第 1 期。
⑨ 田广金、郭素新：《北方文化与匈奴文明》，南京：凤凰出版社，2004 年，第 451 页。

14. 山西侯马上马墓

王占奎认为："山西侯马上马墓地中，出土有少量的带耳罐。以笔者之拙见，它当与姜戎氏有关。它的发现，为寻求晋地姜戎氏文化提供了重要的线索。"①

15. 山西定襄县中霍村东周墓

《定襄县中霍村东周墓发掘报告》一文认为："定襄中霍村东周墓的清理发掘，为研究山西北部东周时期戎狄族的葬制葬俗，以及青铜器特征和器物组合等，提供了重要资料……M1，M2的葬制等有明显的北方戎狄文化特点。"②

16. 山西原平刘庄塔岗梁东周墓

《山西原平刘庄塔岗梁东周墓第二次清理简报》一文认为："原平市刘庄村塔岗梁台地之上，是一处春秋时期戎狄族的墓地……刘庄出土的这批器物大体可以认定是春秋晚期活跃在忻定盆地一带戎狄族的遗物。它的发现对戎狄文化的研究提供了难得的资料。"③贾志强认为："原平刘庄塔岗梁墓地的发现为我们寻找分布在这一地区的戎狄的族属源流、社会生活提供了一批十分宝贵的实物资料。"④

17. 山西原平练家岗墓

贾志强认为："练家岗墓其墓主人，也应是与山戎和鲜虞族有族属渊源、关系密切的当地戎狄了。"⑤

18. 山西石楼县商代晚期墓

此墓出土有龙纹铜觥，刘敦愿认为："这类以龙蛇纹样为主体装饰的铜器，应是夏族余民，也就是商代山西地区的戎狄族的制作，如果更具体化一点说，很可能是鬼方的遗存。"⑥

19. 内蒙古崞县窑子墓

美国学者狄宇宙认为："崞县窑子的遗存表明，这里可能是典型的前游

---

① 王占奎：《晋地"姜戎氏"文化的线索》，《文物考古文集》，武汉：武汉大学出版社，1997年，第201页。

② 李有成：《定襄县中霍村东周墓发掘报告》，《文物》1997年第5期。

③ 忻州地区文物管理处：《山西原平刘庄塔岗梁东周墓第二次清理简报》，《文物季刊》1998年第1期。

④ 贾志强：《无终、楼烦考》，《山西省考古学会论文集》1，太原：太原人民出版社，1992年，第125页。

⑤ 贾志强：《无终、楼烦考》，《山西省考古学会论文集》1，太原：太原人民出版社，1992年，第125页。

⑥ 刘敦愿：《山西石楼出土龙纹铜觥的装饰艺术与族属问题》，《文史哲》1983年第5期。

牧社会或者是农耕－畜牧社会。或许他们与那些出现在中国多源性人群中，被称为戎或狄的北方民族是同一个族群。"①

20. 河北平泉东南沟墓群

《河北平泉东南沟夏家店上层文化墓葬》一文认为："根据有关史料记载，这地区约相当于西周以来山戎民族的活动地区，它东和东胡民族有接触，南受中原周、燕文化影响，所以反映在文化遗物上，如南山根石椁墓既有属于夏家店上层的文化遗物，又有属于中原的文化遗物，也有以曲刃剑为代表的一般认为属于东胡民族的遗物，而夏家店上层文化遗物似是占着主要地位。这种情况和有关历史记载这地区古代民族活动情况是相符合的。"②

21. 河北滦平梨树沟门墓地

《河北省滦平县梨树沟门山戎墓地清理简报》一文认为："梨树沟门墓地所代表的遗存，在文化特征上与中原地区同时期遗存有着明显的差异，同时又与临近地区的夏家店上层文化、草原地带的匈奴文化有着重要的区别，这应是一支相对独立、较为稳定的具有鲜明地方特色的少数部族文化遗存。从地域上看，滦平地处燕北山地，多山川峡谷，在西周、春秋时期正是山戎占踞之地，这与史料记载'燕北有东胡、山戎'（《史记·匈奴列传》）也相吻合。因此，我们可以确定梨树沟门墓地应为山戎部族的一处墓地，而且延用时间相对较长。"③

22. 河北滦平虎什哈炮台山墓地

《滦平县虎什哈炮台山山戎墓地的发现》一文认为："滦平一带周属山戎，进入战国以后，在燕境的山戎族逐步同化，在燕境东北者则并入东胡。初步推断，虎什哈的墓葬基本属于燕境内的山戎遗存。因为夏家店上层文化不完全属于东胡文化。"④

23. 河北滦平筒子沟墓地

《滦平发现山戎氏族墓地》一文认为筒子沟墓地为山戎墓地。⑤

24. 河北宣化县小白阳墓地

《河北宣化县小白阳墓地发掘报告》一文认为："墓地所代表的遗存，在

① ［美］狄宇宙：《古代中国与其强邻——东亚历史上游牧力量的兴起》，贺严等译，北京：中国社会科学出版社，2010年，第84页。
② 河北省博物馆、文物管理处：《河北平泉东南沟夏家店上层文化墓葬》，《考古》1977年第1期。
③ 滦平县博物馆：《河北省滦平县梨树沟门山戎墓地清理简报》，《考古与文物》1995年第5期。
④ 河北省文物研究所等：《滦平县虎什哈炮台山山戎墓地的发现》，《文物资料丛刊》7，北京：文物出版社，1983年，第74页。
⑤ 河北省文物管理处：《滦平发现山戎氏族墓地》，《光明日报》1977年12月9日。

文化系统上与中原地区同时期遗存有着显著的差别，具有浓厚的北方少数族文化的特点……小白阳墓葬是以夏家店上层文化为主体成分，同时又含有内蒙古长城地带文化因素的遗存。"[①] 王继红认为："宣化县小白阳墓地，经正式清理发掘，共发现小型山戎墓葬48座，除5座墓无随葬品外，其他43座都有多少不等的各类随葬器物，其中装饰动物纹的器物数量较多，但简报报道得不完全，也过于笼统，以至各类器物的数量、式别无法作出统计。"[②]

25. 河北怀来甘子堡墓地

《河北怀来甘子堡发现的春秋墓群》一文认为："这批墓葬的文化性质不仅与中原和燕文化有着明显的不同，而且也区别于分布在北方地区的东胡文化（夏家店上层文化）以及匈奴文化，则应与北京延庆军都山山戎文化完全相同。因此，这是一支自成体系的、相对稳定和独立的、并具有一定地方特色的山戎少数民族文化。而这批墓葬应是山戎少数民族墓葬。"[③]

26. 北京延庆玉皇庙墓

靳枫毅认为："我们根据玉皇庙墓地及玉皇庙文化殉牲所反映的这一经济类型特点和这支文化的分布地域、遗存年代及其文化内涵特征，并结合有关历史文献记载，推定玉皇庙墓地及玉皇庙文化的族属，应即是《史记》等历史文献所曾提及的山戎。"[④]

27. 北京延庆西梁垙墓

《北京考古集成》一书认为："共发掘清理古墓葬42座……其中，墓向作东西方向、属山戎文化的墓葬计有18座……据发掘结果初步统计，西梁垙墓地18座山戎文化墓葬，共出土各式青铜兵器（包括戈、短剑、镞等）、青铜工具（包括锛、斧、凿、刀、锥、针等）、青铜马具（包括衔、镳、泡环等）及各种质料的装饰品（如金丝或铜丝耳环、铜珠或石珠项链、玛瑙珠和绿松石珠坠饰、动物纹铜带饰、铜带钩、铜扣饰等）约有500余件。"[⑤]

28. 北京延庆常里营墓

盛会莲认为："尚未发掘，但据此前出土器物等判断，疑为春秋时北方

① 张家口市文物事业管理所：《河北宣化县小白阳墓地发掘报告》，《文物》1987年第5期。

② 王继红：《山戎文化动物纹初步研究》，《北京历史文化论丛》第1辑，北京：燕山出版社，2008年，第192页。

③ 贺勇、刘建中：《河北怀来甘子堡发现的春秋墓群》，《文物春秋》1993年第2期。

④ 靳枫毅：《军都山玉皇庙墓地殉牲制度研究》，《北京文物与考古》第6辑，北京：民族出版社，2004年。

⑤ 苏天钧主编：《北京考古集成》15，北京：北京出版社，2000年，第325页。

少数民族山戎墓群。"①

29. 北京延庆葫芦沟墓

靳枫毅认为:"青铜器和陶器群的特征和一些埋葬习俗方面的特征,与燕文化和夏家店上层文化均判然有别,应属山戎文化的遗存。葫芦沟墓地的发掘,使学术界初步了解到春秋战国之际山戎文化在北京地区分布的地理特点及其基本内涵特征,为今后考察山戎文化的分期编年和埋葬制度、原始宗教、经济生活、军事活动、社会性质及其生产力水平,以及深入探讨山戎文化与燕文化和东胡文化的关系等问题,都提供了非常宝贵的第一手资料。"②

30. 北京延庆龙庆峡墓

《龙庆峡别墅工程中发现的春秋时期墓葬》一文认为:"龙庆峡别墅工程发现的 112 座春秋时期墓葬,基本上均是东西向的长方形竖穴土坑墓,存在殉牲和砾石堆成象征性石椁的现象,典型的随葬器物是直刃匕首式青铜短剑、削刀、各种铜饰、马具、锥具及夹砂红褐陶罐,这些特征与玉皇庙等地的埋葬习俗具有相同的文化面貌,同属春秋时期的山戎文化……根据各出土地点所在位置我们还发现这样一个有趣的现象,即大多数地点均位于延庆盆地边缘山地,附近亦均有河流存在,可见他们生活的地理环境相近。另外,各地点之间的相对距离一般都在 8—12 公里之间,由此,是否可以进一步推测,这一时期生活于延庆盆地的各山戎部落的日常生活半径约为 5 公里左右。这对于山戎族生活习俗等方面的研究或可提供一些新的契机。"③

31. 北京延庆东灰岭墓

盛会莲认为:"经调查确认,该墓地面积约为 3.5 万平方米,可能为春秋时北方少数民族山戎墓群。"④

32. 北京延庆罗家台墓

盛会莲认为:"经调查确认,该墓地占地面积约 1500 平方米,可能为春秋时北方少数民族山戎墓群。"⑤

---

① 盛会莲:《北京考古志(延庆卷)》,上海:上海古籍出版社,2012 年,第 111 页。
② 靳枫毅、崔学谙:《延庆县葫芦沟山戎墓地》,《中国考古学年鉴(1986)》,北京:文物出版社,1988 年,第 81、82 页。
③ 北京市文物研究所:《龙庆峡别墅工程中发现的春秋时期墓葬》,《北京文物与考古》第 4 辑,1994 年,第 43 页。
④ 盛会莲:《北京考古志(延庆卷)》,上海:上海古籍出版社,2012 年,第 111 页。
⑤ 盛会莲:《北京考古志(延庆卷)》,上海:上海古籍出版社,2012 年,第 111 页。

33. 北京延庆马蹄湾墓

盛会莲认为："可能为春秋时北方少数民族山戎墓群。"①

34. 北京延庆小堡墓

盛会莲认为："据出土器物分析，可能为春秋时北方少数民族山戎墓。"②

此外，甘肃灵台白草坡西周墓的族属。陈昭容认为："仔细分析这两个墓葬的葬式和遗物，颇疑使用者不是姬姓族群……而是带有戎狄色彩的土著。"③井中伟、王立新编著的《夏商周考古学》一书表示认同。④ 近年在山西发现的墓葬，如吉县上东村墓葬、永和县郑家垣墓葬、绛县棚伯墓葬、翼城县大河口墓葬等。谢尧亭认为可能是戎狄墓葬，⑤ 他倾向是狄，"墓葬时代横贯西周，晚期进入春秋初年。其人群应为狄人系统的一支，是被中原商周文化同化的狄人，文化面貌显示其人群相对单纯。"⑥ "横水墓地的墓主是什么人，来自哪里？我认为他们属于戎狄，应该是西周初年分封时从他处迁来横水一带的……从铜器铭文可知该人群的贵族为隗姓，显然属于狄人的姓。"⑦

（三）考古资料所反映的戎族情况

依据戎族考古文化和墓葬信息，笔者制作了"先秦戎族考古文化一览表"和"戎族墓葬信息一览表"，详见附录。依据两个表格以及相关文献信息。笔者发现，考古资料反映出的戎族情况是比较丰富的，如下所述。

1. 经济形态方面，不同部族农业发展不一，几乎所有考古文化都有种植业，且有着一定的发展

戎族的农业发展并不均衡，在四坝文化、卡约文化、马家窑文化、齐家文化等考古文化中，戎族农业较为突出，种植有小麦、黍、粟，养殖有猪、鸡等，充分说明了戎族农业经济的发展。而在沙井文化、玉皇庙文化中，农业并不是主导。马建军、杨明认为："从戎民族的葬俗和随葬品的特征看，春秋战国时期，畜牧业在戎族的生产和生活中占主导地位。考古资料上的反

① 盛会莲：《北京考古志（延庆卷）》，上海：上海古籍出版社，2012年，第111页。

② 盛会莲：《北京考古志（延庆卷）》，上海：上海古籍出版社，2012年，第111页。

③ 陈昭容：《从青铜器铭文看两周夷狄华夏的融合》，《古文字与古代史（第二辑）》，台北："中研院历史语言研究所"，2009年12月。

④ 井中伟、王立新编著：《夏商周考古学》，北京：科学出版社，2013年，第250页。

⑤ 谢尧亭：《晋南地区西周墓葬研究》，博士学位论文，吉林大学，2010年，第40页。

⑥ 山西省考古研究所大河口墓地联合考古队：《山西翼城县大河口西周墓地》，《考古》2011年第7期。

⑦ 谢尧亭：《晋南地区西周墓葬研究》，博士学位论文，吉林大学，2010年，第129页。

映，就是大面积墓地的存在，说明戎民族相对集中，过着稳定的定居生活。在出土的随葬品中，农业生产工具，斧、锛等器物有较多的出土，特别是铁制生产工具的出现，证明农业生产有了一定水平的发展。"①

《北方文化与匈奴文明》一书认为："夏家店上层文化时期的山戎族，过着定居生活，其经济形态是以牧业为主，农业为辅，并兼营狩猎，大体处于半游牧状态。而分布于燕山南北的山戎人，从目前的发现看，也过着定居生活……山戎民族盛行养狗，也反映了他们经济生活的特点。从各墓中殉葬狗的数量不等的情况看，对狗的占有量也反映了贫富的差别。狗除了食用之外，恐怕主要用于狩猎……从而也可以推测，当时的山戎民族其狩猎业也比较发达。"②

雷鹄宇认为："就玉皇庙墓群的出土器物而言，目前还没有发现任何与农业有关的生产工具作为陪葬品，反而出土了大量与狩猎、战争有关的兵器。可以看出该地区人群的经济方式主要是畜牧与狩猎，虽有一定的游牧化程度，但不发达。"③

2. 社会形态方面，社会阶层分化明显，已经进入阶级社会

墓葬方面，四坝文化、沙井文化出现了人殉和人祭，身份地位较高的戴项饰或金耳环。这些都是阶级社会的反映。

靳枫毅认为："透过玉皇庙墓地的殉牲制度，使我们清楚地看到玉皇庙墓地及其所代表的玉皇庙文化的社会性质，是一个私有制特征非常明显，贫富两极分化非常悬殊，阶级对立非常突出，并有一整套森严的殉牲制度、埋葬制度和财产分配制度的、以军事奴隶主阶级掌握统治权力的野蛮的奴隶制社会。"④

雷鹄宇认为："通过对玉皇庙墓地考古材料的分析比对，有一定的社会分层，各阶层的经济地位与社会地位存在一定的差别，但等级还不是很森严。"⑤

马建军、杨明认为，戎族社会有着阶层等级的不同，而非平等部落社会："随葬品的多寡悬殊，表明墓主人生前享有财富多少的不等，社会地位的高低不同。殉牲数量的多寡，进一步说明财富占有的差别。在 49 座墓葬中，有 5 座随葬有金银器，且以装饰耳环、珠饰为主。把金银器作为装饰品，这只是戎族社会中拥有财富较多的少数人的享用之物，绝不是普通戎人

---

① 马建军、杨明：《从考古资料看古代戎族的社会发展状况》，《西北史地》1995 年第 2 期。
② 田广金、郭素新：《北方文化与匈奴文明》，南京：凤凰出版社，2004 年，第 391、392 页。
③ 雷鹄宇：《从玉皇庙文化看东周时期代戎之社会经济》，《文物春秋》2011 年第 3 期。
④ 靳枫毅：《军都山玉皇庙墓地殉牲制度研究》，《北京文物与考古》第 6 辑，北京：民族出版社，2004 年。
⑤ 雷鹄宇：《从玉皇庙文化看东周时期代戎之社会经济》，《文物春秋》2011 年第 3 期。

所能占有的。以上随葬器物的数量和质量，生动地展示了戎族社会内部已经发生了深刻的变化，分化形成了不同等级拥有不等财富的贫富阶层，出现了明显的贫富差异，说明了当时的戎族社会绝非'上含谆德以遇其下，下怀忠心以事其上，一国之政犹一身之治，不治所以治'的平等部落社会，而是不平等的'阶层社会'。至少在战国时期戎族已经开始了其文明时代的历程。"①

3. 文化风俗方面，有着独特的面貌

饮食习俗方面，《北方文化与匈奴文明》一书认为："从鄂尔多斯至甘、宁地区的墓葬，出土铜（铁）刀的数量很多，作为食肉辅助工具的大量出土，说明这个时期狄和西戎人的饮食结构以肉食为主。"②

社会风俗方面，雷鹄宇认为："通过对玉皇庙墓地考古材料的分析比对，社会风气尚武，绝大多数成年男子有武装化倾向。"③

服饰发型方面，传统观点认为是被发左衽。陈健文认为："披发是当时（西周）戎、夷等民族的特征。戎的披发似乎令人印象深刻。"④ 王方认为："'被发'一词当不是专指某一种发型，而是一种对中原以外周边部族的发式统称，是相对于中原地区冠冕、发髻这样的衣冠文明而提出的一种发式系统。西北及北方地区是一个较为模糊的地理概念。东周秦汉时期，这里曾是戎狄、匈奴等游牧民族的活动地带。这一地区有关发型的考古发现集中在现今的新疆、内蒙古及周边地区。考古发现与研究表明，这一地区的人物发型主要为发辫和垂髻两种形式，新疆地区青铜时代文化中以发辫发现居多，且数目不完全相同。我们可以认为，考古发现所见的剪发、发辫、垂髻应当同属于文献记载的'被发'范畴。"⑤ 日本学者高木智见认为："东方的夷和西方的戎是披发（被发）……'被发左衽'一词，指的就是异民族的习俗。"⑥

邢义田对被发左衽提出了质疑，极具参考价值，他认为："戎狄为'被发左衽'的可靠物证，在中原及附近地区发现的相当有限。孔子的话只是举戎狄服饰的一二特征而言。戎狄的服饰样式应非全然披发，也不仅是左衽，应远比孔子所说的复杂。孔子以'被发左衽'描述戎狄，并非毫无根据，只

① 马建军、杨明：《从考古资料看古代戎族的社会发展状况》，《西北史地》1995年第2期。
② 田广金、郭素新：《北方文化与匈奴文明》，南京：凤凰出版社，2004年，第392、393页。
③ 雷鹄宇：《从玉皇庙文化看东周时期代戎之社会经济》，《文物春秋》2011年第3期。
④ 陈健文：《先秦至两汉胡人意象的形成与变迁》，博士学位论文，台湾师范大学，2005年，第125页。
⑤ 王方：《东周时期披发的考古学解读》，《东南文化》2010年第5期。
⑥ ［日］高木智见：《先秦社会与思想：试论中国文化的核心》，何晓毅译，上海：上海古籍出版社，2011年，第51页。

是实际的情况应远为复杂。孔子所说的'被发左衽'应该只是戎狄在装束上的部分特征，并不表示当时的戎狄都是如此，或仅作如此装扮。"①

《北方文化与匈奴文明》一书认为："佩戴耳环的习俗，山戎族最为流行，往西的狄族较少，西戎人则以耳坠为主……在头上的装饰品中，戴覆面饰是山戎人流行的特殊习俗。"并认为戴覆面饰的原因是"今内蒙古东部的锡林郭勒草原和大兴安岭以东的呼伦贝尔草原，那里水草茂盛，每逢夏天雨季，草地的蚊子长得又大又多，如果没有覆面之类装备，那是无法外出的。试想，山戎民族长年生活在山林之间，夏天雨季炎热潮湿，亦肯定会有大量蚊虫，覆面类保护用具的出现，正反映了山戎人活动地区的生态环境。"此外，"山戎人不论男女老幼，颈下和胸前多佩戴项链。这些项链多由各种质料的珠饰串联而成，珠子中间有穿孔，用多股麻线串联。有黑、白色石珠，绿松石珠和各种颜色的玛瑙珠项链，还有铜项链和包金铜贝项链。黑、白石珠项链，一般由数百粒组成，多的则由 2000 多粒组成……山戎人也有一定数量的腰带饰。"②

宗教信仰方面，靳枫毅认为："山戎人死后，将这些家畜和其他随葬品，即将生产资料和生活资料，亦即财产和财富一起，随死者埋入墓中，祈望来时复生，永久享用，这是山戎部族信仰灵魂不死原始宗教观念的反映……死者头朝东和东南者共有 227 座，占该墓地殉牲墓总数的 89.4%，这表明墓圹呈东西向和死者头向朝东或东南，是玉皇庙墓地占绝对主导地位和统治地位的墓向和头向。这种规律性如此清楚、鲜明和统一的埋葬制度与殉牲制度的特点，其中必受一种统一而强大的宗教思想的束约与支配，这就是山戎部族对太阳和太阳神崇拜的原始宗教思想和观念。"③

马建军、杨明认为："戎人之地墓葬无论大小都有殉牲，这种大量的殉牲制度，除了具有财富的象征外，显然具有宗教的祭祀意义，这是一定的宗教信仰在物质上的反映。铜鹿在戎人的墓葬中也有较多数量的出土。这说明鹿除了在日常生活中驯养、射猎，有动物崇拜的意义之外，还可能是一种权威的象征，代表着某种特权，说明世俗的权威已经出现。"④

---

① 邢义田：《古代中国及欧亚文献、图像与考古资料中的"胡人"外貌》，《美术史研究集刊》2000 年第 9 期。

② 田广金、郭素新：《北方文化与匈奴文明》，南京：凤凰出版社，2004 年，第 394、395、400 页。

③ 靳枫毅：《军都山玉皇庙墓地殉牲制度研究》，《北京文物与考古》第 6 辑，北京：民族出版社，2004 年。

④ 马建军、杨明：《从考古资料看古代戎族的社会发展状况》，《西北史地》1995 年第 2 期。

4. 手工业水平并不落后，具有冶炼金属能力

集中体现在寺洼文化、马家窑文化、齐家文化、沙井文化、红山文化等考古文化上。个别考古文化发现的金属遗存，具有开创性，如马家窑文化发现的铜刀，是我国最早的青铜刀，被誉为"中华第一刀"。

山西原平刘庄塔岗梁东周墓中出土了包金铁柄剑，引起了学界重视，发掘报告认为："这次刘庄出土包金铁柄剑，说明春秋时期戎狄族已有较大范围的铁器使用。这在当时铸铁的使用上是处于领先水平。这一发现，对我们研究戎狄文化会产生一定影响。"①

5. 戎族杂居各地，分布广泛，以北方诸省为主，并非局限于西部一隅

依据上述墓葬资料的出土地，笔者制表如下：

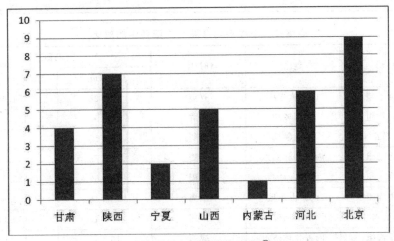

图绪-1：戎族墓葬分布图②

从"戎族墓葬分布图"可知，戎族墓葬主要分布在北方诸省，尤以北京、陕西、山西、河北③、甘肃为主。且各地区族属分布也有差异，北京、河北地区以山戎为主，西北诸省则以姜戎、义渠、乌氏、绵诸为主。这也与文献所记载的戎族带分布相一致，《史记·匈奴列传》载文曰："故自陇以西有绵诸、绲戎、翟、豲之戎，岐、梁山、泾、漆之北有义渠、大荔、乌氏、

---

① 忻州地区文物管理处：《山西原平刘庄塔岗梁东周墓第二次清理简报》，《文物季刊》1998年第1期。

② 未包含：甘肃灵台白草坡西周墓，山西吉县上东村墓葬、永和县郑家垣墓葬、绛县棚伯墓葬、翼城县大河口墓葬。

③ 河北徐水大马各庄春秋墓的葬式有屈肢葬，是否为戎族墓葬，还有待研究。（河北省文物研究所等：《河北徐水大马各庄春秋墓》，《文物》1990年第3期）。

胸衍之戎。而晋北有林胡、楼烦之戎，燕北有东胡、山戎。各分散居溪谷，自有君长，往往而聚者百有余戎，然莫能相一。"[1]

6. 戎人身高与同期相比略低，寿命与同期比则略长。总体而言，男性要优于女性

如表绪-1和表绪-2所示。

表绪-1：山戎寿命、身高表

名称	男性平均寿命（岁）	女性平均寿命（岁）	男性平均身高（cm）	女性平均身高（cm）
葫芦沟墓[2]	35.2	34.8	163	155
玉皇庙墓[3]	36.7	34.5	165	155
西梁洸墓[4]	33.7	31.6	164	155
平均	35.2	33.6	164	155

表绪-2：山戎平均身高与先秦各组的对比

组别	地区	时代	身高值	
			男（cm）	女（cm）
大甸子组	内蒙古赤峰	夏商	163.28	154.40
西村周组	陕西凤翔	西周	165.52	155.95
上马组	山西侯马	两周	165.15	—
新店子组	内蒙和林格尔	东周	164.76	159.31
井沟子组	内蒙古林西	东周	165.59	155.73
饮牛沟组	内蒙古凉城	东周	166.48	158.60
两醇组	山东临淄	东周	166.46	159.06
将军沟组	内蒙和林格尔	战国	167.37	156.01
平洋组	黑龙江泰来	战国	164.31	157.74
各组平均身高			165.43	157.10
山戎平均身高			164	155
现今中国居民平均身高			167.1	155.8

资料来源：原海兵等《天津蓟县桃花园明清家族墓地人骨的身高推算（I）》，《人类学学报》2008年第4期。中华人民共和国国家卫生和计划生育委员会：《国新办〈中国居民营养与慢性病状况报告（2015）〉新闻发布会文字实录》，中华人民共和国国家卫生和计划生育委员会官网，2015年6月30日。

---

① （西汉）司马迁：《史记》，北京：中华书局，1959年，第2883页。

② 王继红：《北京考古史（东周卷）》，上海：上海古籍出版社，2012年，第92页。

③ 王继红：《北京考古史（东周卷）》，上海：上海古籍出版社，2012年，第151、152页。

④ 王继红：《北京考古史（东周卷）》，上海：上海古籍出版社，2012年，第159页。

依据表绪-1和表绪-2，可以清晰地看出，山戎身高与其他各组比，存在差距，显得略低。这种现象是否与戎人的生活环境有关，尚有探讨的空间。

历史上的人均寿命问题，由于种种原因，还缺乏较为精细的研究。《世界人口通论》一书认为古代和中世纪时期（公元前3000－1650）"世界人口的平均寿命大约在20－40岁，奴隶社会可能在25岁左右，封建社会可能在30岁左右。"① 具体到中国而言，数据并不一致。《新编中国大百科全书》载"我国人民人均寿命，夏、商时不超过18岁；西周、秦汉为20岁；东汉为22岁；唐为27岁；宋为30岁；清为33岁；解放前为35岁。"② 宋镇豪曾做过统计：河南商殷墟遗址平均死亡年龄是28.2岁，河北磁县下七垣商代墓葬的平均死亡年龄是29.9岁。③ 焦培民认为："周代人口的平均寿命也当在30岁到34岁左右"。④ 总体对比而言，山戎寿命算是长的。

男性在身高、寿命方面，都较女性有优势。具体到寿命而言，女性平均寿命将近短了2年。不仅山戎如此，女性过早死亡也是较为普遍的现象。《世界人口通论》一书曾对古代欧洲男女死亡年龄做过统计分析，发现女性"20岁以下的死亡人数超过总死亡人数的一半，说明女性人口平均死亡年龄低于男性"。⑤ 对于女性死亡早于男性这一现象，陈铁梅总结原因为："女性在完全性成熟之前过早地怀孕、分娩和哺乳的悲惨结果。"⑥ 宋镇豪在研究仰韶居民女性过早死亡时，曾总结为"婚媾和孕产""早婚早育""妇女疾病"、"养育后代和从事生产劳动两副重担"等原因。⑦ 陈、宋总结的这些原因应具有普遍性，山戎女性死亡较早的原因应在其中。

甘肃灵台白草坡西周墓曾出土带有"人头像"的兵器。《甘肃灵台白草坡西周墓》一文认为："钩戟的人头像，可能与杀害异族战俘、举行血祭的'献俘'礼有关……钩戟上的人头像，则可能是鬼方、猃狁等族人的形象。"⑧

此外，从"戎族墓葬信息一览表"可窥见出戎人墓葬的一些特征。墓葬形制方面，西部戎族多为洞室墓、竖穴土坑墓，流行屈肢葬，多出土铲足

---

① 潘纪一、朱国宏：《世界人口通论》，北京：中国人口出版社，1991年，第58页。
② 刘华明、郭运河主编：《新编中国大百科全书》4，北京：印刷工业出版社，2001年，第1939页。
③ 宋镇豪：《夏商社会生活史》，北京：中国社会科学出版社，1994年。第116、118页。
④ 焦培民：《先秦人口研究》，博士学位论文，郑州大学，2007年，第246页。
⑤ 潘纪一、朱国宏：《世界人口通论》，北京：中国人口出版社，1991年，第57页。
⑥ 陈铁梅：《中国新时期墓葬成年人骨性比异常的问题》，《考古学报》1990年第4期。
⑦ 宋镇豪：《从社会性义探讨仰韶时期居民的疾病和生死》，《考古与文物》1990年第5期。
⑧ 甘肃省博物馆文物队：《甘肃灵台白草坡西周墓》，《考古学报》1977年第2期，第126页。

鬲、单耳罐、双耳罐。山戎多长方竖穴土坑墓，流行仰身直肢葬。随葬器物也比较丰富，青铜器、金银铁制品也经常出现，这也是当时戎人社会文明的一个反映。

还有学者运用考古学的方法探寻戎族族源。例如王克林认为："戎狄的祖源即为居陕、晋间商时的鬼方。而鬼方的先世应是夏初（西夷一支翟祖）的后羿。而后羿之先则为甘青地区新石器时代末的马家窑人与塞人融合的后代。由此可见，戎狄的族源在考古学文化的印证下，可以得出一个较为可信的线索。"[①] 无疑开拓了戎族研究的新领域。

综上，近年来有关戎族的考古发现还是比较多的，但在界定方面还存在一定困难，主要是难以在戎、狄、匈奴之间进行精确的区分，内部的戎族归类也很困难。也要看到，从考古学的视角出发，去探寻戎族的社会历史情形，无疑给我们打开了一扇窗，弥补了文献资料的不足，为戎族史的研究提供了重要的实物依托。

三、古文字学视角下的研究

（一）甲骨文中的戎

1. 学界观点

学界关于甲骨中"戎"的释读，争议是比较大的，主要有以下六种观点。

第一种观点，释 字为戎。

丁山认为："其形……左手执戈，右手执盾……结体虽或繁省，其为戎字则一也。"[②] 徐中舒主编的《甲骨文字典》认为："象左持盾而右执戈之形，当会威武之义，疑即戎之初文。"[③] 朱歧祥认为："从人持戈及盾甲，示戎装以备战。即戎字，卜辞用本义。"[④] 范毓周认为："其右手所持为戈无疑，其左手所持为 ，实即干。此字正像两手各持干、戈以从事兵戎之事之形，当为戎之

① 王克林：《戎狄族源的考古学研究》，《文物世界》2004 年第 2 期。
② 丁山：《甲骨文所见氏族及其制度》，北京：中华书局，1988 年，第 95—96 页。
③ 徐中舒：《甲骨文字典》，成都：四川辞书出版社，1989 年，第 1157 页。
④ 朱歧祥：《殷墟甲骨文字通释稿》，台北：文史哲出版社，1989 年，第 34 页。

初文，故可释之为戎。”① 李瑾②、张亚初③、李宗焜④等认同此说。然而，一些学者并不认可此说。例如金祥恒 1959 年释为戫⑤，李孝定⑥、高嶋谦一⑦认可此说。日本学者白川静认为与[illegible]字相同⑧。李实认为乃捍字⑨。姚孝遂主编的《殷墟甲骨刻辞类纂》对此字无释⑩。

第二种观点，释[illegible]（[illegible]）字为戎。陈梦家认为：“[illegible]，旧未释，余以卜辞□象甲胄干盾形，故释为从戈从甲之戎。”⑪ 饶宗颐 1959 年释为戎⑫，胡厚宣主编的《甲骨文合集释文》释为戎⑬，曹锦炎、沈建华主编的《甲骨文校释总集》释为戎⑭。然而，一些学者并不认可。例如李旦丘 1941 年释为或⑮，丁山认为“[illegible]字从戈，从户，当是肇之初文。肇之言始也，谋也，今本诗书多譌为肇字。实则肇上所从之[illegible]，犹是甲骨文[illegible]字正写，象以戈破户形；使户为国门之象征，则[illegible]之本谊，应为攻城以战之朕兆。”⑯ 李孝定⑰、

---

① 范毓周：《甲骨文戎字通释》，《纪念殷墟甲骨文发现一百周年国际学术研讨会论文集》，北京：社会科学文献出版社，2003 年。

② 李瑾：《关于〈竞钟〉年代的鉴定》，《江汉考古》1980 年第 2 期。

③ 转引自张德劭：《甲骨文考释简论》，广州：世界图书广东出版公司，2012 年，第 301 页。张德劭认为张亚初释此字的时间为 1986 年。

④ 李宗焜：《甲骨文字编》，北京：中华书局，2012 年，第 85 页。

⑤ 转引自张德劭：《甲骨文考释简论》，广州：世界图书广东出版公司，2012 年，第 301 页。

⑥ 李孝定：《甲骨文字集释》卷四，台北：“中研院历史语言研究所”，1965 年，第 1205 页。

⑦ ［日］高嶋谦一：《殷墟文字丙编通检（历史语言研究所专刊 85）》，台北：“中研院历史语言研究所”，1985 年，第 591 页。

⑧ 转引自范毓周：《甲骨文戎字通释》，《纪念殷墟甲骨文发现一百周年国际学术研讨会论文集》，北京：社会科学文献出版社，2003 年。

⑨ 李实：《甲骨文字考释》，兰州：甘肃人民出版社，1990 年，第 154 页。

⑩ 姚孝遂：《殷墟甲骨刻辞类纂》，北京：中华书局，1989 年，第 109 页。

⑪ 陈梦家：《古文字中之商周祭祀》，《燕京学报》1936 年第 19 期。

⑫ 转引自张德劭：《甲骨文考释简论》，广州：世界图书广东出版公司，2012 年，第 340 页。

⑬ 胡厚宣：《甲骨文合集释文》，北京：中国社会科学出版社，2009 年，第 1、317 页。

⑭ 曹锦炎、沈建华：《甲骨文校释总集》，上海：上海辞书出版社，2006 年，第 4749 页。

⑮ 转引自松丸道雄、高嶋谦一：《甲骨文字字释综览》，东京：东京大学出版会，1994 年，第 513 页。

⑯ 丁山：《甲骨文所见氏族及其制度》，北京：中华书局，1988 年，第 126 页。王力认为：“肇肇，二字实为一字，肇，金文作[illegible]，本意指开门，引申出开始义”王力：《古汉语字典》，北京：中华书局，2000 年，第 987 页。

⑰ 李孝定：《甲骨文字集释》卷 12，台北：“中研院历史语言研究所”，1965 年，第 3757—3758 页。

许进雄[①]、徐中舒[②]、李宗焜[③]、马如森[④]、刘钊[⑤]、陈年福[⑥]、方稚松[⑦]等认可丁山此说。赤冢 1977 年释为肇[⑧]，姚孝遂主编的《殷墟甲骨刻辞类纂》也释为肇[⑨]。张政烺对珏字无认定，认为"珏是一个动词，有征召之意"。[⑩]丁山也把珏释为戌[⑪]，李学勤[⑫]、寒峰[⑬]认同此说。

第三种观点，释珏、珏字为戎。罗振玉认为："珏，曰戎，从戈从甲，卜辞与古金文从戈从十，十古文甲字。今隶戎字，尚从古文甲，亦古文多存于今隶之一证矣。"[⑭]李孝定[⑮]、于省吾[⑯]、李瑾[⑰]、姚孝遂[⑱]、赵诚[⑲]、何光岳[⑳]、

① 许进雄释读时间为 1977 年，转引自松丸道雄、高嶋谦一：《甲骨文字字释综览》，东京：东京大学出版会，1994 年，第 513 页。

② 徐中舒认为："疑为肇之异体。"见徐中舒：《甲骨文字典》，成都：四川辞书出版社，1989 年，第 1376 页。

③ 李宗焜：《殷墟甲骨文字表》，博士学位论文，北京大学，1995 年，第 225 页。

④ 马如森：《殷墟甲骨文实用字典》，上海：上海大学出版社，2008 年，第 283 页。

⑤ 刘钊：《新甲骨文编》，福州：福建人民出版社，2009 年，第 688 页。

⑥ 并认为珏有"始→启动→使……产生"的意思。见陈年福：《甲骨文词义论稿》，上海：上海古籍出版社，2007 年，第 164 页。

⑦ 方稚松：《殷墟甲骨文五种记事刻辞研究》，博士学位论文，首都师范大学，2007 年。

⑧ 并认为珏是击刺之意，转引自松丸道雄、高嶋谦一：《甲骨文字字释综览》，东京：东京大学出版会，1994 年，第 513 页。

⑨ 姚孝遂：《殷墟甲骨刻辞类纂》，北京：中华书局，1989 年，第 882 页。

⑩ 张政烺：《甲骨金文与商周史研究》，北京：中华书局，2012 年，第 160 页。

⑪ 丁山：《甲骨文所见氏族及其制度》，北京：中华书局，1988 年，第 126—127 页。

⑫ 李学勤：《论史墙盘及其意义》，《考古学报》1978 年第 2 期。

⑬ 寒峰认为戌有开导之意。寒峰：《甲骨文所见的商代军制数则》，《甲骨探史录》，北京：生活·读书·新知三联书店，1982 年，第 405 页。

⑭ 罗振玉：《殷墟书契考释三种》，北京：中华书局，2006 年，第 189 页。

⑮ 李孝定：《甲骨文字集释》卷 12，台北："中研院历史语言研究所"，1965 年，第 3759 页。

⑯ 于省吾：《甲骨文字释林》，北京：中华书局，1979 年，第 59—61 页。

⑰ 李瑾：《关于〈竞钟〉年代的鉴定》，《江汉考古》1980 年第 2 期。

⑱ 姚孝遂：《殷墟甲骨刻辞类纂》，北京：中华书局，1989 年，第 905、937 页。

⑲ 赵诚：《甲骨文字学纲要》，北京：商务印书馆，1993 年，第 17 页。

⑳ 何光岳：《〈山海经〉所载戎族的来源和分布》，《〈山海经〉与中华文化》，武汉：湖北人民出版社，1999 年，第 173 页。

沈建华、曹锦炎①、马如森②、孟世凯③、刘钊④、王蕴智⑤、王本兴⑥、李宗焜⑦、张德劭⑧等认同此说。也有学者表示反对，徐中舒主编《甲骨文字典》认为："从戈从十，所会意不明，旧释戎，不确。"⑨ 季旭昇认为："甲骨文另有�、𢌱，学者或亦释'戎'，以字形演变而言，恐未必也。"⑩

第四种观点，释𢍲、𢍰字为戎。于省吾认为："其实甲骨文戎字作𢍲或𢍰。"⑪ 连邵名⑫、高明⑬、马如森⑭、刘钊⑮、王本兴⑯等认同此说。徐中舒主编《甲骨文字典》认为："所会意不明，旧释戎，不确。"⑰

第五种观点，释𢎩、𢎧为戎。徐中舒主编的《甲骨文字典》认为："𢎩，从戈从中，中疑象盾形，故疑此字为戎之异体。"并认为𢎩是方国名称。⑱ 连邵名⑲、赵诚⑳、刘钊㉑、李宗焜㉒等认同此说。《殷墟甲骨刻辞类纂》对𢎩字无释。㉓

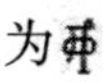

第六种观点，释𢎥（𢎥、𢎦、𢎧、𢎨、𢎩、𢎪）为戎。陈梦家认为："戎，

---

①　沈建华、曹锦炎：《新编甲骨文字形总表》，香港：香港中文大学出版社，2001年，第111－112页。

②　马如森：《殷墟甲骨文实用字典》，上海：上海大学出版社，2008年，第283页。

③　孟世凯在字形上稍微有些变化，认为戎字为■、■。见孟世凯：《甲骨学辞典》，上海：上海人民出版社，2009年，第225页。

④　刘钊：《新甲骨文编》，福州：福建人民出版社，2009年，第689页。

⑤　王蕴智：《殷商甲骨文研究》，北京：科学出版社，2010年，第599页。

⑥　王本兴：《甲骨文字典》，北京：北京工艺美术出版社，2010年，第141页。

⑦　李宗焜：《甲骨文字编》，北京：中华书局，2012年，第890页。

⑧　张德劭认为𢍲、𢍰二字，是近于确定的戎字。见张德劭：《甲骨文考释简论》，广州：世界图书广东出版公司，2012年，第270页。

⑨　徐中舒：《甲骨文字典》，成都：四川辞书出版社，1989年，第1374页。

⑩　季旭昇：《说文新证》，福州：福建人民出版社，2010年，第900页。

⑪　于省吾：《甲骨文字释林》，北京：中华书局，1979年，第60页。

⑫　连邵名：《甲骨文字考释》，《考古与文物》1988年第4期。

⑬　高明：《中国古文字学通论》，北京：北京大学出版社，1996年，第116页。

⑭　马如森：《殷墟甲骨文实用字典》，上海：上海大学出版社，2008年，第283页。

⑮　刘钊：《新甲骨文编》，福州：福建人民出版社，2009年，第689页。

⑯　王本兴：《甲骨文字典》，北京：北京工艺美术出版社，2010年，第141页。

⑰　徐中舒：《甲骨文字典》，成都：四川辞书出版社，1989年，第1374页。

⑱　徐中舒：《甲骨文字典》，成都：四川辞书出版社，1989年，第1372页。

⑲　连邵名：《甲骨文字考释》，《考古与文物》1988年第4期。

⑳　赵诚：《甲骨文字学纲要》，北京：商务印书馆，1993年，第17页。

㉑　刘钊：《新甲骨文编》，福州：福建人民出版社，2009年，第689页。

㉒　李宗焜：《甲骨文字编》，北京：中华书局，2012年，第890页。

㉓　姚孝遂：《殷墟甲骨刻辞类纂》，北京：中华书局，1989年，第937页。

又有作戓者。"① 胡厚宣认为："戓今案字从戈从口，口即盾，从戈从盾，当即是《说文》之戎……其实戎字从戈从盾，正是兵戎之义……戎正用为征伐之义。"② 连邵名认为："甲骨文中的戓字，胡厚宣先生释为戎字，是很正确的。"③ 徐中舒主编的《甲骨文字典》认为："戓，从戈从中，中象盾形，旧释戋，不确。象人一手持盾，一手持戈形，戓即此行省文……戓乃戎字。"④ 赵铁寒⑤、丁山⑥、齐文心⑦、裘锡圭⑧、李学勤、彭裕商⑨，范毓周⑩、刘开田⑪、刘钊⑫、陈年福⑬、黄天树⑭、李宗焜⑮等认同，这也是目前学术界的主流说法。然而，学界亦有不同意见。例如孙诒让认为："'戓'当即'或'字，古文以或为国。"⑯ 董作宾⑰、高嶋谦一⑱认可此说。罗振玉认为："戓疑戈字。"⑲ 鲁实先从之⑳。叶玉森释戣为戈，并谓："与戓当为一字"㉑。于省吾

① 陈梦家：《古文字中之商周祭祀》，《燕京学报》1936 年第 19 期。

② 胡厚宣：《甲骨文所见殷代奴隶反压迫的斗争》，《考古学报》1976 年第 1 期。张德劭认为胡厚宣释此字的时间为 1966 年。见张德劭：《甲骨文考释简论》，广州：世界图书广东出版公司，2012 年，第 340 页。

③ 连邵名：《甲骨文字考释》，《考古与文物》1988 年第 4 期。

④ 徐中舒：《甲骨文字典》，成都：四川辞书出版社，1989 年，第 1359、1369、1372 页。

⑤ 赵铁寒：《春秋时期的戎狄地理分布及其源流》，《大陆杂志》1955 年第 11 卷第 2 期。

⑥ 丁山：《甲骨文所见氏族及其制度》，北京：中华书局，1988 年，第 98 页。

⑦ 齐文心：《殷代的奴隶监狱和奴隶暴动——兼甲骨文"圉""戎"二字用法的分析》，《中国史研究》1979 年创刊号。

⑧ 裘锡圭：《裘锡圭学术文集·甲骨文卷》，上海：复旦大学出版社，2012 年，第 119 页。

⑨ 李学勤、彭裕商：《殷墟甲骨分期研究》，上海：上海古籍出版社，1996 年，第 341、389 页。

⑩ 范毓周：《甲骨文戎字通释》，《纪念殷墟甲骨文发现一百周年国际学术研讨会论文集》，北京：社会科学文献出版社，2003 年。

⑪ 刘开田：《甲骨文形义集释》，武汉：武汉出版社，2007 年，第 284 页。

⑫ 刘钊：《新甲骨文编》，福州：福建人民出版社，2009 年，第 689 页。

⑬ 陈年福：《殷墟甲骨刻文摹释全编》第四卷，北京：线装书局，2010 年，第 1825 页。陈年福：《甲骨文词义论稿》，上海：上海古籍出版社，2007 年，第 165 页。

⑭ 黄天树：《甲骨拼合集》，北京：学苑出版社，2010 年，第 413 页。黄天树：《甲骨拼合续集》，北京：学苑出版社，2011 年，第 442 页。

⑮ 李宗焜：《甲骨文字编》，北京：中华书局，2012 年，第 889 页。

⑯ （清）孙诒让：《契文举例》，济南：齐鲁书社，1993 年，第 92 页。

⑰ 董作宾：《東画与澧》，《禹贡》1936 年第 6 卷第 2 期。

⑱ ［日］高嶋谦一：《殷墟文字丙编通检（历史语言研究所专刊 85）》，台北："中研院历史语言研究所"，1985 年，第 591 页。

⑲ 转引自李孝定：《甲骨文字集释》卷 12，台北："中研院历史语言研究所"，1965 年，第 3765 页。

⑳ 转引自［日］松丸道雄、高嶋谦一：《甲骨文字字释综览》，东京：东京大学出版会，1994 年，第 514 页。《甲骨文字字释综览》认为鲁实先释此字的时间为 1969 年。

㉑ 转引自于省吾：《甲骨文字释林》，北京：中华书局，1979 年，第 59 页。

认为："其实甲骨文戎字作┪或┮，┳即敹之初文。敹通捍、戰、曵。"① 李孝
定②、唐健垣③、许进雄④、赵诚⑤、姚孝遂⑥、李实⑦、马如森⑧、朱岐祥⑨
等认同此说。

关于甲骨文中"戎"字字形认定出现分歧的原因，笔者认为在于对《说
文解字》相关解释的理解不同。《说文解字》载："戎，兵也。从戈从甲。"⑩
一直以来是对戎字的比较权威的解释，然而，有学者认为戎字应该是"从戈
从盾"。例如徐中舒认为："戎说文篆文作㦰，以为从戈从甲，此当为许氏臆
改的篆文。在经典及楷书，戎皆不从甲。甲骨文有┳字，当释为戎。早期金
文作㦰、㦰，从中、┳，并象盾形。"⑪ 胡厚宣认为："从戈从盾，当即是《说
文》之戎……其实戎字从戈从盾，正是兵戎之义。"⑫ 丁山认为："是则戎
者，初象执戈盾之武士，非兵器之名也。"⑬ 裘锡圭认为："戎字，《说文》
作㦰，分析为从戈、从甲……《说文》的篆形显然是有问题的……上引西周
金文可以证明，戎所从的十并不是甲字，而是┿（冊）的简化之形。冊本象
盾牌。在古代，戈和盾分别是进攻和防卫的主要器械。兵戎的戎字由戈、冊
二字组成是很合理的。"⑭ 对裘锡圭的观点，黄文杰在《秦至汉初简帛文字
研究》⑮ 一书中表示认同。刘开田认为："戎，会意字。从戈从中，后世讹以

---

①　于省吾：《甲骨文字释林》，北京：中华书局，1979 年，第 59—61 页。张德劭认为于省吾
释此字的时间为 1941 年，实际应为 1940 年，1940 年于省吾出版了《双剑誃殷契骈枝》一书，书中
有释曵一文，考证出"┳当即后世戎字，卜辞曵字即《说文》戰字。"（见于省吾：《双剑誃殷契骈
枝》，北京：中华书局，2009 年，第 1、75、77 页。）

②　李孝定：《甲骨文字集释》卷 12，台北："中研院历史语言研究所"，1965 年，第 3766—3769 页。

③　转引自 [日] 松丸道雄、高嶋谦一：《甲骨文字字释综览》，东京：东京大学出版会，1994
年，第 514 页。《甲骨文字字释综览》认为唐健垣释此字的时间为 1969 年。

④　转引自 [日] 松丸道雄、高嶋谦一：《甲骨文字字释综览》，东京：东京大学出版会，1994
年，第 514 页。《甲骨文字字释综览》认为许进雄释此字的时间为 1977 年。

⑤　赵诚：《甲骨文简明词典——卜辞分类读本》，北京：中华书局，1988 年，第 330 页。

⑥　姚孝遂：《殷墟甲骨刻辞摹释总集》，北京：中华书局，1988 年，第 192、449 页。姚孝遂：
《殷墟甲骨刻辞类纂》，北京：中华书局，1989 年，第 883—886 页。

⑦　李实：《甲骨文字考释》，兰州：甘肃人民出版社，1990 年，第 157 页。

⑧　马如森：《殷墟甲骨文实用字典》，上海：上海大学出版社，2008 年，第 284 页。

⑨　朱岐祥：《殷墟甲骨文字通释稿》，台北：文史哲出版社，1989 年，第 310 页。

⑩　《说文解字注》，上海：上海古籍出版社，1981 年，第 630 页。

⑪　徐中舒：《巴蜀文化续论》，《四川大学学报》1960 年第 1 期。

⑫　胡厚宣：《甲骨文所见殷代奴隶反压迫的斗争》，《考古学报》1976 年第 1 期。

⑬　丁山：《甲骨文所见氏族及其制度》，北京：中华书局，1988 年，第 97 页。

⑭　裘锡圭：《文字学概要》，北京：商务印书馆，1988 年，第 62 页。

⑮　黄文杰：《秦至汉初简帛文字研究》，北京：商务印书馆，2008 年，第 28 页。

为从甲从戈。戈是古代的武器，盾是防护衣。"① 由于戎字存在"从戈从甲"和"从戈从盾"的争议，学者们在释戎时自然出现分歧。

此外，笔者认为甲骨文中的戎字应非单一字形。《说文解字》载："戎，兵也。从戈从甲。"后之学者依此来释读甲骨文中的戎，明显是用后人的观点推测前人。由于《说文解字》作者的时代局限性，单独的以《说文解字》来推测甲骨中的戎字，极有可能出现漏字的情形。学界已有学者注意到这个问题，例如在字形六种观点中，很多学者支持其中的多个观点。刘钊《新甲骨文编》收录甲骨文中戎字有 36 个。② 李宗焜《甲骨文字编》收录甲骨文中戎字有 44 个。③

2. 戎在甲骨文中的字义

戎字在甲骨文中的字义，徐中舒主编的《甲骨文字典》总结为"国族名……疑为兵器……疑为侵伐……疑指兵事，引申之而有灾祸之义"④ 四种。在此基础上，亦可作出补充，如下：

（1）戎可作人名

贞戎□庚……贞戎丁用。三月。　　　　　　　《合集》15515 正

贞戎丁用百羊百犬百豚。十一月。　　　　　《合集》15521

戎丁，饶宗颐认为是商的"先公先王"——太丁，此类卜辞乃是祭先公先王先妣。⑤ 笔者认为此说可从。

（2）兵事义还可引申为征伐或暴动（叛乱、作乱）

由于发起方不一，戎的兵事义有所差异。兵事发起方若为商或商的盟邦，义为征伐。反之，则为暴动或叛乱。

戎𡗜侯。二月。　　　　　　　　　　　　　《合集》03329

戎缶。四。　　　　　　　　　　　　　　　《合集》06872

辛未卜，□，贞王戎衒。　　　　　　　　　《合集》06883

癸亥卜，崔其凡佳戎其。　　　　　　　　　《合集》04727

"𡗜侯"，宋镇豪等人编著的《商代国家与社会》一书释为"𠬝侯"，并

---

① 刘开田：《甲骨文形义集释》，武汉：武汉出版社，2007 年，第 284 页。

② 刘钊：《新甲骨文编》，福州：福建人民出版社，2009 年，第 689 页。

③ 李宗焜：《甲骨文字编》，北京：中华书局，2012 年，第 85 页。

④ 徐中舒：《甲骨文字典》，成都：四川辞书出版社，1989 年，第 1359、1360 页。

⑤ 饶宗颐：《殷代贞卜人物通考》，《饶宗颐二十世纪学术文集》，北京：中国人民大学出版社，2009 年，第 328—329 页。

认为其与殷商的关系"时好时坏"。① "缶"是方国之名。经学者考证"他与商王朝关系时好时坏，曾侵犯商王朝边境。"② 衔方，经考证"规模很大，为商朝劲敌，出现在一期卜辞。"③ 崔，即崔侯，有学者考证认为崔侯"臣服于商王，受商王之命勤劳王事"。④ 由于兵事发起方为商或商的盟邦，这些卜辞中的戎作征伐意。

贞𢆶方其再隹戎。 　　　　　　　　　《合集》06532

辛巳卜，争，贞基方戎。 　　　　　　　《合集》06572

𢆶方、基方，经考证均为商朝敌国，出现在一期卜辞。⑤ 由于兵事发起方非为商的盟邦，这些卜辞则是在占卜𢆶方、基方会不会叛乱。此外，卜辞中还有"乍（作）戎"，齐文心、连邵名、范毓周等先生均有解释，为兴兵作乱之意，因此不做过多论述。

此外，对于卜辞中戎有无族群之意，学界认识不一。详见附录"甲骨文戎字字义考释表"。

（二）金文中的戎

与甲骨文不同，由于金文中"戎"字形与当今"戎"字形已经很接近，学界对戎字的认识相对统一。

《金文编》收录"𢦏（盂鼎）、戎（班簋）、戎（戏鼎）、𢦏（臣谏簋）、戎（师同鼎）、𢦏（不其簋）、戎（不其簋）、𢦏（寥生盨）、戎（虢季子白盘）、戎（多友鼎）、戎（眉敖簋）、戎（事戎鼎）、戎（邾伯御戎鼎）、𢦏（秦王钟）、戎（䣄王篇钟）、戎（嘉宾钟）"⑥ 等戎字字形 16 个，成为学界共识。《金文诂林》收录"𢦏（盂鼎）、戎（不其簋）、戎（不其簋）、戎（虢季子白盘）、𢦏（寥生盨）、戎（事戎鼎）、戎（邾伯御戎

① 王宇信、徐义华：《商代国家与社会》，北京：中国社会科学出版社，2011 年，第 494 页。

② 韩江苏、江林昌：《〈殷本纪〉订补与商史人物徵》，北京：中国社会科学出版社，2010 年，第 460 页。

③ 孙亚冰、林欢：《商代地理与方国》，北京：中国社会科学出版社，2010 年，第 350 页。

④ 韩江苏、江林昌：《〈殷本纪〉订补与商史人物徵》，北京：中国社会科学出版社，2010 年，第 491 页。

⑤ 孙亚冰、林欢：《商代地理与方国》，北京：中国社会科学出版社，2010 年，第 308、438、439 页。

⑥ 容庚编著：《金文编》，北京：中华书局影印，1985 年，第 823 页。

鼎)、"① 等戎字字形 8 个;《金文常用字典》收录"、、、、、"② 戎字字形 6 个。都与《金文编》一致。

《新金文编》在《金文编》的基础上有所增加,新增:"、、、、、、、、、、、、、、"③ 等戎字字形 15 个。

《新见金文字编》又有所增加,新增:"、![图]、、、![图]、![图]、、、、、、"④ 等戎字字形 12 个。

"甬",闻一多认为是戎字,"金文只有甬字,与《说文》勇之重文同。盖勇戎古本一字。戎从戈从,本会意字。变![字]为用,则为形声。其义引申为勇力之勇,始又变戈为力,以甬代用也。"⑤

金文中戎字的字义,陈初生的观点具有代表性,他认为戎的字义为:"兵器……战争……我国西部少数民族。"⑥ 在此基础上亦可作少许补充,"戎"字在金文中还有人名、大的意思,如戎作从彝卣、戎佩玉人卣、戎佩玉人尊中的"戎"为人名,⑦ 楚大师登钟、嘉宾钟、虢季子白盘中的"戎"为"大"。⑧ 另外也要看到,有一些戎字义,目前还存在争论,如大盂鼎、搏武钟等,戎字的相关义项,我们也没有完全搞清楚,尤其是戎刀爵、乙戎鼎、戎方彝这三件殷商器物,由于时代较早,更有研究开拓之价值。这或许便是我们研究的一个方向。

(三) 简帛中的戎

与金文中的"戎"字一样,先秦简帛中的"戎"字形与当今"戎"字形

---

① 周法高主编:《金文诂林》卷 12,香港:香港中文大学出版社,1975 年,第 6962 页。
② 陈初生:《金文常用字典》,西安:陕西人民出版社,1987 年,第 1039 页。
③ 董莲池:《新金文编》,北京:作家出版社,2011 年,第 1713—1715 页。
④ 陈斯鹏等:《新见金文字编》,福州:福建人民出版社,2012 年,第 362 页。
⑤ 闻一多:《闻一多全集》卷 10,武汉:湖北人民出版社,1993 年,第 598—599 页。
⑥ 陈初生:《金文常用字典》,西安:陕西人民出版社,1987 年,第 1039、1040 页。
⑦ 吴镇烽:《金文人名汇编(修订本)》,北京:中华书局,2006 年,第 108、109、112 页。
⑧ 马承源:《商周青铜器铭文选》,北京:文物出版社,1990 年,第 309 页。

也很接近，学界对戎字形的认识相对统一。简帛中的戎字列举如下：

《郭店楚墓竹简·成之闻之》第 13 号简：[图]。裘锡圭认为"戎"通"农"。① 此说可从。

《曾侯乙墓》第 179 号简：[图]。② 裘锡圭认为是"戎"字，③ 此处之"戎"作兵或军讲，大意为战车、兵车、军车。

《上海博物馆藏战国楚竹书二·容成氏》第 1 号简：[图]。李零认为"戎"通"农"。第 39 号简：[图]。李零认为："戎，或是武字的讹写。"④ 此说受到质疑，"李注以'戎遂'为'武遂'之讹无据，固不可信。"⑤ "李零先生将'戎遂'改成'武遂'，应该是不必要的。"⑥ 此处之"戎"通"陑"。

《上海博物馆藏战国楚竹书三·周易》第 38 号简：[图]。濮茅左认为是戎字，意为战事。⑦ 此说可从。

《上海博物馆藏战国楚竹书五·弟子问》第 20 号简：[图]。张光裕认为："此字不识，或疑读为'一人'。"⑧ 陈剑通过分析比较郭店简，认为此处应为戎字，"戎字原形略有讹变，原释文和注释未释出。农夫之'农'用'戎'字表示，见于郭店《成之闻之》简13。"⑨ 此说可从。

《上海博物馆藏战国楚竹书六·用日》第 14 号简：[图]。张光裕认为是戎字，意戎事。⑩ 此说可从。

《清华大学藏战国竹简·耆夜》第 6 号简：[图]。作兵、军意。《皇门》第

①　荆门市博物馆：《郭店楚墓竹简》，北京：文物出版社，1998 年，第 50、169 页。

②　湖北省博物馆：《曾侯乙墓（下）》，北京：文物出版社，1989 年，图版 225，第 179 号简。

③　湖北省博物馆：《曾侯乙墓（上）》，北京：文物出版社，1989 年，第 499 页。

④　李零：《容成氏释文考释》，《上海博物馆藏战国楚竹书（二）》，上海：上海古籍出版社，2002 年，第 93、250、131、281 页。

⑤　许全胜：《〈容成氏〉篇释地》，《上博馆藏战国楚竹书研究续编》，上海：上海书店出版社，2004 年，第 372—373 页。

⑥　苏建州：《上海博物馆藏战国楚竹书（二）校释》，台北：花木兰文化出版社，2006 年，第 228—229 页。

⑦　濮茅左：《周易释文考释》，《上海博物馆藏战国楚竹书（三）》，上海：上海古籍出版社，2003 年，第 50、188 页。

⑧　张光裕：《弟子释文考释》，《上海博物馆藏战国楚竹书（五）》，上海：上海古籍出版社，2005 年，第 118、188 页。

⑨　陈剑：《谈谈〈上博（五）〉的竹简分篇、拼合与编联问题》，简帛网 2006 年 2 月 19 日。

⑩　马承源：《上海博物馆藏战国楚竹书（六）》，上海：上海古籍出版社，2007 年，第 118、300、301 页。

6号、9号简：![字], ![字]。① 6号简整理者认为是戎兵；9号简"戎"的字义，目前有农，兵，畋、犬三种意见。②

《清华大学藏战国竹简·系年》第 4 号、6 号、15 号、43 号简：![字]、![字]、![字]、![字]。这些都表族群意。③

《清华大学藏战国竹简·说命上》第 6 号简：![字]。《说命中》第 6 号简：![字]。《芮良夫毖》第 10 号简：![字]。《说命上》第 6 号简整理者认为是兵事之意，也有学者认为是族群意，④ 笔者倾向后者；《说命中》第 6 号简，按照整理者的意思推测，乃兵意；《芮良夫毖》第 10 号简，乃族群意。⑤

简帛中的"戎"可通"农"，⑥ 则是甲骨文、金文所没有的。为此，笔者查阅了相关资料。发现戎除与农互通外，还可与容、拔、駥、茙、壬、茸、耳、仍、乃、荏、歆、嵩、谷、龙、陑等字互通。⑦ 足见，戎字用法的复杂。

（四）其他材料中的戎

1. 陶文

《文物》1976 年第 11 期发表《秦都咸阳第一号宫殿建筑遗址简报》一文，其中有陶文![字]字，被释为戎字。⑧ 时间上，被学者划定为战国时期文字。⑨ 经学者统计，像这样带"戎"字陶文，在秦地共发现 11 件，分为两类，一类是"左戎"（4 件），一类是"戎"（7 件），"戎"与"左戎"中的"戎"疑为同一人。⑩ 此外，王恩田主编的《陶文图录》收录有陶文![字]字，

---

① 李学勤主编：《清华大学藏战国竹简（壹）》，上海：中西书局，2010 年，第 150、168、169、252 页。

② 韩宇娇：《清华简〈皇门〉篇研究现状》，《管子学刊》2013 年第 4 期。

③ 李学勤主编：《清华大学藏战国竹简（贰）》，上海：中西书局，2011 年，第 257 页。

④ 黄杰：《初读清华简叁笔记（草稿）》，简帛网 2013 年 1 月 5 日，另见其文《读清华简〈叁〉〈说命〉笔记》，简帛网 2013 年 1 月 9 日。子居：《清华简〈说命〉上篇解析》，简帛研究 2013 年 1 月 8 日。

⑤ 李学勤主编：《清华大学藏战国竹简（叁）》，上海：中西书局，2012 年，第 124、127、145、223 页。

⑥ 对于简帛"戎"字通"农"的问题，笔者曾请教陈伟教授，受益匪浅，在此致谢。

⑦ 据《古字通假会典》（济南：齐鲁书社，1989 年），《古文字通假释例》（台北：艺文印书馆，1993 年），《汉字通用声素研究》（太原：山西古籍出版社，2002 年），《简牍帛书通假字字典》（福州：福建人民出版社，2008 年）等书整理而成。

⑧ 秦都咸阳考古工作站：《秦都咸阳第一号宫殿建筑遗址简报》，《文物》1976 年第 11 期。

⑨ 高明、涂白奎编著：《古文字类编（增订本）》，上海：上海古籍出版社，2008 年，第 693 页。

⑩ 袁仲一、刘钰编著：《秦陶文新编》，北京：文物出版社，2009 年，第 143 页。

被释为戎字，属于齐系文字，为人名。另有![](字，亦被释为戎字，也应与人名有关。①

2. 币文

张颌编纂的《古币文编》收录有币文![](字，被释为戎字。② 时间上，被学者划定为战国时期文字。③ 此外，洛阳还出土了一批窖藏的空首布，其中有![](字，被释为戎字。时间上，学者考证认为"货币的窖藏年代应早于战国晚期"。④

3. 玺、印文

《古玺汇编》收录有"戎夫"和"王戎兵器"两枚玺印文字。⑤ 前者戎作![](，为人名；后者戎作![](，经学者考证："应是秦国王室用玺，为缄封或标识王室兵器的印记。"⑥ 李学勤认为："这确是唯一能够推定的春秋古玺……玺文所指戎器或为秦献于天子之物，也未可知。"⑦

4. 兵器铭文

《殷周金文集成》收录有一件七年邦司寇矛的兵器，铭文为"![]("，被释读为"戎閒"，⑧ 为人名。

5. 石刻文

秦始皇峄山刻石碑文⑨有![](字，被释为戎字。⑩ 峄山刻石"乃秦代所立第一块纪功刻石。书体为小篆，李斯所书，计 144 字……原石在唐代以前毁失。北宋淳化四年（993 年），郑文宝在长安根据南唐徐铉所存摹本勒刻新石"。⑪

（五）古代字书、辞书、韵书中的戎

关于戎字，字书、辞书、韵书等书中，对其的考辨资料还是比较丰富

① 王恩田：《陶文图录》，济南：齐鲁书社，2006 年，第 247、1032 页。

② 张颌编纂：《古币文编》，北京：中华书局，1986 年，第 72 页。

③ 高明、涂白奎编著：《古文字类编》增订本，上海：上海古籍出版社，2008 年，第 693 页。

④ 洛阳市文物工作队：《洛阳出土的空首布》，《洛阳考古集成（夏商周卷）》，北京：北京图书馆出版社，2005 年，第 367、369 页。

⑤ 罗福颐：《古玺汇编》，北京：文物出版社，1981 年，第 336、519 页。

⑥ 韩天衡编著：《中国篆刻大辞典》，上海：上海辞书出版社，2003 年，第 647 页。

⑦ 李东琬主编：《天津市艺术博物馆藏古玺印选》，北京：文物出版社，1997 年，序，第 4 页。

⑧ 中国社科院考古研究所：《殷周金文集成释文》，香港：香港中文大学中国文化研究所，2001 年，第 595 页。

⑨ 由于其书体为小篆，属于古文字研究范畴，故收录。

⑩ 裘锡圭：《文字学概要》，北京：商务印书馆，1988 年，第 62 页。

⑪ 中国历史博物馆主编：《简明中国文物辞典》，福州：福建人民出版社，1991 年，第 433 页。

的，也为理解戎及其含义，提供了一个借鉴，如表绪-3 所示。

表绪-3：古代字书、辞书、韵书中的戎

序号	典籍	成书时间	音	形	义
1	《尔雅》①	有争议②	—	—	大也；相也。
2	《方言》③	西汉	—	—	大也；拔也。
3	《急就篇》④	西汉	—	—	谓编士卒之列也。
4	《说文解字》⑤	东汉	—	戎，从戈从甲。	兵也。
5	《广雅》⑥	三国魏	—	—	拔也。
6	《经典释文》⑦	唐	而容反；如勇反。	本或作拔。	蒙戎，乱貌；相也。
7	《一切经音义》⑧	唐	而终反。	今从十。	—
8	《广韵》⑨	宋	如融切。	戎	戎狄；亦助也；兵也；又姓。
9	《集韵》⑩	宋	而融切。	拔、戎	兵也；西夷名；大也；相也；推也。
10	《说文解字注》⑪	清	如融切。	戎	卒旅；相也；戎狄之戎；大也；犹女也。
11	《康熙字典》⑫	清	如融切；而容切。	狨、拔、戎	兵也；兵车名；大也；汝也；相也；拔也；姓。
12	《说文通训定声》⑬	清	如融切。	戎，从戈从甲。拔、骏、荏、崇、崧。	兵也；军器也；兵车也；拔也；相也；女也；凶也；乱也；兵事；西方；大也；氏羌别种；强恶。
13	《经籍籑诂》⑭	清	—	—	大也；相也；拔也；女也；凶也；兵也；军旅也；军器；伐恶；西方；西辟之民。

---

① 《尔雅注疏》，北京：北京大学出版社，1999 年，第 9、79 页。

② 有西周周公所作说，春秋末年孔子所作说，战国初年孔子门人所作说，战国末年齐鲁儒生所作说，秦汉时儒生所作说，战国末期儒生所作、汉儒增补说等。

③ （清）钱绎：《方言笺疏》，北京：中华书局，1991 年，第 21、116 页。

④ （汉）史游：《急就篇》，长沙：岳麓书社，1989 年，第 157 页。

⑤ （东汉）许慎：《说文解字》，北京：中华书局，1963 年，第 266 页。

⑥ （清）王念孙：《广雅疏证》，北京：中华书局，1983 年，第 100 页。

⑦ （唐）陆德明：《经典释文》，北京：中华书局，1983 年，第 59、412 页。

⑧ 《一切经音义三种校本合刊》，上海：上海古籍出版社，2010 年，第 2062 页。

⑨ 《宋本广韵》，北京：中国书店，1982 年，第 5 页。

⑩ （宋）丁度：《集韵》，上海：上海古籍出版社，1985 年，第 12 页。

⑪ （清）段玉裁：《说文解字注》，上海：上海古籍出版社，1981 年，第 630 页。

⑫ （清）张玉书等：《康熙字典》，上海：汉语大词典出版社，2002 年，第 357 页。

⑬ （清）朱骏声：《说文通训定声》，天津：天津古籍出版社，1999 年，第 78 页。

⑭ （清）阮元：《经籍籑诂》，北京：中华书局，1982 年，第 5～6 页。

第一章　甲骨卜辞所见戎研究

第一节　甲骨卜辞中的戎族名

[1] 00175①. 贞戊不其菁戎②。

[2] 04892. 贞勿乎菁见戎。

[3] 06431. 贞乎见戎。九月。

[4] 07218. ……王自望戎。贞勿［隹］王自望戎。

[5] 07384 正. 贞乎翼见戎。一二

[6] 07744. □未卜，宁，贞乎见戎。

[7] 07745. 乎见［戎］；勿乎见戎。

[8] 06907. 我弋戎。

[9] 05715. 癸巳卜，宁，贞多马菁戎。

[10] 20550. □申卜，王，贞……及戎……

[11] 20554. 其菁戎。

[12] 20757. 庚子卜，狩叝，不菁戎。

[13] 27370. 不遘戎；其辇王受又。

[14] 28038. 其遘戎。

[15] 28044. 戊再其菁戎。

[16] 28078. ……菁戎……夕

[17] 33114. 辛未卜，亚弜菁戎。

---

① 《甲骨文合集》中的编号，下文同，不再重复。

② 本文引述释文，多参考《甲骨文合集释文》（北京：中国社会科学出版社，2009 年）。

[18] 33115. 已巳，贞亚[illegible]其冓戎；不冓戎。

[19] 39967. 辛卯卜，贞[illegible]其先冓戎。五月。

[20] 39968. 工其先冓戎。五月；辛卯卜，贞在[illegible]，其先冓戎。

[21] 39969. 贞亡及戎。二

齐文心认为："望戎、见戎、冓戎、及戎、伐戎、隻趾戎、𢦏戎，所指示的戎均是国族之意。"①此说可从。

范毓周释04892为："贞：勿呼遘见戎?"认为此处之"戎"是方国或部族之意，"遘见戎"是"遘戎""见戎"的合称。②

林小安释05715为："癸巳卜，宊贞：多马冓[illegible]?"认为[illegible]对殷时有所扰。③ 对于05715，连劭名认为："卜辞中还大量见有遘戎的记载，遘者，遇也，这是卜问是否会遇到戎人。遘戎一辞的含义应类似卜辞中的常语遘方，遘方指遭遇敌方的人员。""多马是一种职官的名称，可能是商王军队中的一种职称。"④ 范毓周释为："癸巳卜，宾贞：多马遘戎?"并认为此处之"戎"是方国或部族之意，"遘戎"是与戎方国或部族相遭遇之意。⑤

06907，范毓周释为："我𢦏戎。"认为戎乃部族名。⑥ 07218，林小安释为："叀王自[illegible][illegible]。贞：勿隹王自[illegible][illegible]?"认为[illegible]屡有所犯，武丁决意除此祸患，遂振兵进剿。⑦ 28044，屈万里释为："戍[illegible]其遘戎"，释[illegible]为戎，并认为"戎字习见于卜辞，往往为邦族名。此则谓戎人也。"⑧ 33115，严志斌释为："辛未卜：亚禽遘戎"，并认为"戎"乃"方国部族名"。⑨

39967、39968两条卜辞，无疑具有共性，属于同一事件。刘一曼认为："（戎）在此版卜辞应理解为国族之名。此版从字体上看属宾组卜辞（时代相

---

① 齐文心：《殷代的奴隶监狱和奴隶暴动——兼甲骨文"圉""戎"二字用法的分析》，《中国史研究》1979年创刊号。

② 范毓周：《甲骨文戎字通释》，《纪念殷墟甲骨文发现一百周年国际学术研讨会论文集》，北京：社会科学文献出版社，2003年。

③ 林小安：《殷武丁臣属征伐与行祭考》，《甲骨文与殷商史》第2辑，上海：上海古籍出版社，1986年。

④ 连劭名：《甲骨文字考释》，《考古与文物》1988年第4期。

⑤ 范毓周：《甲骨文戎字通释》，《纪念殷墟甲骨文发现一百周年国际学术研讨会论文集》，北京：社会科学文献出版社，2003年。

⑥ 范毓周：《殷代武丁时期的战争》，《甲骨学与殷商史》第3辑，上海：上海古籍出版社，1991年。

⑦ 林小安：《殷武丁臣属征伐与行祭考》，《甲骨文与殷商史》第2辑，上海：上海古籍出版社，1986年。

⑧ 屈万里：《殷墟文字甲编考释》，台北：联经出版事业公司，1984年，第143页。

⑨ 严志斌：《商代青铜器铭文研究》，上海：上海古籍出版社，2013年，第327页。

当于武丁中、晚期，部分可延至祖庚）。戎在宾组卜辞中经常与殷王朝处在敌对的状态。这几条卜辞的大意是，卜问是殷王先遭遇到戎族，还是禹先遇到戎族。此版卜辞表明，禹是跟随武丁外出征讨的一名武官，深受武丁的信任，在伐戎的战斗中担任重要的角色。"①

[22] 05048. 己巳卜，王，乎禹［戎］我。

[23] 06764. 戊戌卜，禹，贞戊得方𡃀�。

[24] 06916. 戎我……弗其𢌶。

[25] 19957. 壬寅．卫……戎我□卫。

[26] 19907. 丙戌卜，扶，令伐禹𤔔母。

[27] 20243. ……王令台圃……禹……

[28] 20553. 乙……戎……

这几条卜辞具有共性，均是"戎我"句式。

05048，裘锡圭释读为："己巳卜王：呼△戎我。"19957，裘锡圭释读为："壬寅，衔□△戎我于𤔔。"并进一步认为："'△戎我'当读为'戎宜'，'戎宜'指与戎作战之宜……卜辞里的'求戎宜'，似乎应该解释为寻求与戎作战的适宜机会。"06764，裘锡圭释读为："戊戌卜□贞：戊得方𡃀，𢌶。"并认为𡃀"可能是'戎我'二字的合文。'得方𡃀'大概是得到跟方作战或跟'方戎'作战的适宜机会的意思。"20243，裘锡圭释读为："□王：令去△戎□"。20553，裘锡圭释读为："□逆△戎□"并认为20243和20553两条卜辞"'戎'字下本来也可能有'我'字。"② 06916，范毓周释为："……弗其𢌶戎，我……"认为戎乃部族名。③ 19907，"𤔔"，李宗焜释为"戎我"④，亦可以归入此类。

结合卜辞大意以及各家考释，"戎我"句式中的"戎"，乃是方国部族之意。

[29] 06480. 辛未卜，争，贞帚好其从沚𢧀伐巴方，王自东𤔔伐戎陷于帚好立。四；贞帚好其［从沚］𢧀伐巴方，王□自东𤔔伐戎陷于帚好立。

[30] 22202. 壬午卜，伐戎明东北……

① 刘一曼：《论安阳殷墟墓葬青铜兵器的组合》，《三代考古》1，北京：科学出版社，2004年，第166页。

② 裘锡圭：《古文字论集》，北京：中华书局，1992年，第63、64页。

③ 范毓周：《殷代武丁时期的战争》，《甲骨学与殷商史》第3辑，上海：上海古籍出版社，1991年。

④ 李宗焜：《甲骨文字编》，北京：中华书局，2012年，第1457页。

这两条卜辞具有共性，为"伐戎"句式。

罗琨认为："甲骨文有🀄字，释'戎'，作国族名，如'帚好其从沚🀄伐巴方，王自东🀄伐戎'，知其地在殷之西，与巴方成结成联盟。武丁伐巴方的卜辞远多于伐戎，可见戎族不是很强大的劲敌。"[1] 王宇信释为："辛未卜，争，贞妇好其从沚🀄伐巴，王自东🀄伐🀄，阱于妇好立。"[2] 按此释文，🀄的方国部族意，体现的很明显。林小安释为："辛未卜，争贞：帚好其比沚🀄伐🀄方？王自东🀄伐🀄，陷于帚好立？"认为🀄乃方国部族，可知🀄在殷东。[3]

也有不同的意见，孙亚冰等释为："辛未卜，争，贞妇好其比沚🀄伐巴方，王自东罙伐，戎陷于妇好立。妇好其[比沚]🀄伐巴方，王勿自东罙伐，戎陷于妇好立。卜辞中的'戎'是兵、军队的意思，此辞是说妇好带领沚🀄征伐巴方，王从东面深入，驱敌兵于妇好所在处，使之陷入包围。"[4]

比较两种意见，笔者认同前者，因为孙说之立足点不稳固。卜辞中的戎义项并非只有兵、军队之意。并且本卜辞中的"伐巴方"与"伐戎"是对应关系，巴方既是方国之名，那么戎也肯定是。

[31] 06905. 壬寅卜，见弗隻征戎。

[32] 06906. 庚戌卜，王，贞🀄其隻征戎，在东。

[33] 20394.20395.20396. 今夕征戎；丙申卜，今夕其征戎；丁酉卜，今夕不征戎；□征戎。今夕王步不征戎。……戎其……亡征戎。

[34] 20449. 癸卯卜，王，缶薎征戎执，弗其薎印。三日丙[午]菁方不隻。十二月。

[35] 22043. 丁未卜，不征🀄，翌庚戌。丁未卜，其征🀄，翌庚戌。

[36] 33088. 今夕征戎；今夕不征戎。

这几条卜辞具有共性，为"征戎"句式。

① 罗琨：《"高宗伐鬼方"史迹考辨》，《甲骨文与殷商史》，上海：上海古籍出版社，1983年，注释32。

② 王宇信：《武丁期战争卜辞分期的尝试》，《甲骨文与殷商史》第3辑，上海：上海古籍出版社，1991年。

③ 林小安：《殷武丁臣属征伐与行祭考》，《甲骨文与殷商史》第2辑，上海：上海古籍出版社，1986年。

④ 孙亚冰、林欢：《商代地理与方国》，北京：中国社会科学出版社，2010年，第124、285页。

06905，陈梦家释为："壬寅卜见弗往征戎。"并认为戎乃民族名。[①] 范毓周释为："壬寅卜，见弗获，征戎。"认为戎乃部族名。[②]

06906，陈梦家释为："庚戌卜王贞□弗其获征戎在东。一月。"并认为戎乃民族名。[③] 赵铁寒释为："庚戌卜。王贞：□勿其获，征戎在东。一月。"并认为"是东方可以称戎也"。[④] 范毓周释为："庚戌卜，贞：弜其获，征戎，在✦。一月。"认为戎乃部族名。[⑤] 林小安释为："庚戌卜，王贞：✦其获围✦？在东，一月。"认为✦乃方国部族，可知✦在殷东。卜辞殆言得以将✦包围之。中原大国之殷对于局促海鸥之✦，或即施以围攻，迫其缴械投降。[⑥] 据此可认为"戎"出现于商，且在殷的东方有分布。

20449，陈年福释为："癸卯卜王缶蔑围戎执弗其蔑印三日丙午蕺方不隻十二月。"[⑦] 按照陈年福的解释，此处"戎"的部族意思很明显。姚孝遂主编《殷墟甲骨刻辞摹释总集》释为："癸卯卜王缶……蔑征戎执弗其羌印三日丙"[⑧] 朱岐祥释为："癸卯卜，王，缶□蔑征戎，执弗其羌奴？"[⑨]

20394，郑杰祥释读为："丙申卜：今夕其征甫？丁酉……今夕不征甫？"并认为"甫族曾是商王朝的敌对方国"。[⑩]

22043，徐中舒主编《甲骨文字典》认为✦乃戎字，释句为"丁未卜其✦✦翌庚戌。"并认为✦乃方国名。[⑪] 李宗焜亦认为✦乃戎字。[⑫]

20395、20396、33088 三条卜辞则更具代表，把"戎"的部族之意，表达的更为明显。

［37］06843. 戎其大臺尚。

① 陈梦家：《古文字中之商周祭祀》，《燕京学报》1936 年第 19 期。
② 范毓周：《殷代武丁时期的战争》，《甲骨学与殷商史》第 3 辑，上海：上海古籍出版社，1991 年。
③ 陈梦家：《古文字中之商周祭祀》，《燕京学报》1936 年第 19 期。
④ 赵铁寒：《春秋时期的戎狄地理分布及其源流》，《大陆杂志》1955 年第 11 卷第 2 期。
⑤ 范毓周：《殷代武丁时期的战争》，《甲骨学与殷商史》第 3 辑，上海：上海古籍出版社，1991 年。
⑥ 林小安：《殷武丁臣属征伐与行祭考》，《甲骨文与殷商史》第 2 辑，上海：上海古籍出版社，1986 年。
⑦ 陈年福：《殷墟甲骨刻文摹释全编》第 4 卷，北京：线装书局，2010 年，第 1823 页。
⑧ 姚孝遂：《殷墟甲骨刻辞摹释总集》，北京：中华书局，1988 年，第 448 页。
⑨ 朱岐祥：《甲骨文研究》，台北：里仁书局，1998 年，第 408 页。
⑩ 郑杰祥：《商代地理概论》，郑州：中州古籍出版社，1994 年，第 309 页。
⑪ 徐中舒：《甲骨文字典》，成都：四川辞书出版社，1989 年，第 1372 页。
⑫ 李宗焜：《甲骨文字编》，北京：中华书局，2012 年，第 890 页。

陈梦家释为："戎其大鼍敦"并认为戎乃民族名。[①] 张政烺释读为："甶其鼍崀"并认为"甶和崀是族名。"[②] 不其簋铭文有类似语句，铭文曰"戎大鼍"，[③] 由此，甲骨文、金文可以互相应证，甶字乃戎。

[38] 07023 正．乙酉卜，宁，贞戎🜨。一二告

🜨，学界多释为卤，在甲骨文金文中代表食盐。[④] 杨升南释读此卜辞为："乙酉卜，宾，贞戎卤。"并解释道："'卤'或相当于今日常用'包''袋'量词，指几包或几袋卤（盐）。但其量值无法得知。"[⑤] 那么"戎卤"所指可不可能是"戎盐"呢？《周礼》载："王之膳羞，共饴盐。"郑玄注："饴盐，盐以恬者，今戎盐有焉。"[⑥] 关于"戎盐"，吉成名考证认为："凉州青盐池所生产的池盐可能就是《周礼》所说的戎盐……周代凉州青盐池可能已经生产池盐了。"[⑦] 据此，"戎卤"有可能就是"戎盐"。

[39] 18805．庚辰卜，贞宁戎龟来不卟在丝。

刘钊释为："庚辰卜，贞甶戎，龟来不岁，才丝。"并认为"戎指方国"。[⑧]

[40] 20425．□□〔卜〕，〔王〕，贞戎……亡在。

林瑞能释为："王贞：戎亡灾。"[⑨] 按照林瑞能的释读，王是在占卜戎是否有灾祸，此处"戎"意思为部族方国。

[41] 20779．壬午卜，□戎在🜨东北隻。四

郑杰祥释读为："壬午，有甫在昕东北，获。"并认为"甫族曾是商王朝的敌对方国。"[⑩] 此处之戎，部族之意。

---

① 陈梦家：《古文字中之商周祭祀》，《燕京学报》1936 年第 19 期。

② 张政烺：《甲骨金文与商周史研究》，北京：中华书局，2012 年，第 62 页。

③ 郭沫若：《两周金文辞大系图录考释》，《郭沫若全集》考古编第 07 卷，北京：科学出版社，2002 年，释文 106，第 5 页。

④ 杨升南、马季凡：《商代经济与科技》，北京：中国社会科学出版社，2010 年，第 492 页。

⑤ 杨升南：《甲骨商史丛考》，北京：线装书局，2007 年，第 437－442 页。

⑥ （东汉）郑玄注、（北周）贾公彦疏：《周礼注疏》，北京：北京大学出版社，1999 年，第 143 页。

⑦ 吉成名：《中国古代食盐产地分布和变迁研究》，北京：中国书籍出版社，2013 年，第 17 页。

⑧ 刘钊：《卜辞所见殷代的军事活动》，《古文字研究》第 16 辑，北京：中华书局，1989 年，第 119 页。

⑨ 林瑞能：《甲骨刻辞与上博楚竹书通假字比较研究》，硕士学位论文，国立东华大学，2009 年，第 84 页。

⑩ 郑杰祥：《商代地理概论》，郑州：中州古籍出版社，1994 年，第 309、313 页。

[42] B06648①. 辛丑卜，王，医步，壬寅目晕戎方，不米人。

陈剑释读为："辛丑卜，王：医步，壬寅以晕戎方，不△人。"② 此条卜辞中的"戎方（戎方）"无疑是指方国部族之意。

综上，"戎"在商时就已存在，是商的敌国，但还不是强大的国族，以至于在甲骨文中出现的次数并没有其他族群多，没有吸引起学界足够的重视。对于商时期戎的地望，学界目前研究的并不多，罗琨认为："知其地在殷之西。"③ 台湾学者杨于萱认为："沚方与戎方的距离不会太远，应同为殷西方国。"④ 但是，西方非戎之专有，东方也可有戎，《合集》第 06906 "征戎在东"，《合集》22202 "伐戎明东北"可为佐证。

第二节　甲骨卜辞中已释读的戎义项

甲骨卜辞中还有许多关于戎的资料，这些资料对于研究戎字的原始意义，具有重要的借鉴意义，如下所示：

[1] 00008. □□卜，贞戎丁帝十牢。

[2] 15515 正 . □亥卜，峕，贞戎□庚……癸亥卜，峕，贞戎丁用。三月。

[3] 15516. 其戎丁用。

[4] 15517. 甲子卜，贞今夕 [酒] 戎丁 [用]。十一月。

[5] 15518. 贞……戎……□戌卜，贞乡戎丁。十月。

[6] 15519.……戎丁……

[7] 15520.……戎丁……

[8] 15521. 贞戎丁用百羊百犬百豚。

[9] 15522. 壬戌卜，[贞] ……戎丁□五十□五十□五十□。

[10] 15523. 贞戎 [丁] 用三十□三十犬□豕。一

① 中国社科院历史研究所编：《甲骨文合集补编》5，北京：语文出版社，1999 年，第 1726 页。

② 陈剑：《甲骨金文考释论集》，北京：线装书局，2007 年，第 373 页。

③ 罗琨："'高宗伐鬼方'史迹考辨》，《甲骨文与殷商史》，上海：上海古籍出版社，1983 年，注释 32。

④ 杨于萱：《武丁早期方国研究》，台北：花木兰文化出版社，2010 年，第 85 页。

[11] 15524. □□卜，[贞]……戎……三十……巍。

这些卜辞具有共性，均是"旺"字卜辞。旺，戎也。戎丁，饶宗颐认为是商的"先公先王"——太丁，此类卜辞乃是祭先公先工先妣。① 如此15515、15516、15517、15518、15519、15523、15524处的"戎"可以指示戎丁，《史记·殷本纪》载："太子太丁未立而卒。"②

[12] 00151正．贞方其大即戎。

"方"为方国部族之意。姚孝遂主编《殷墟甲骨刻辞摹释总集》释为："贞方其大即戎。"③ 陈年福释为："贞方其大即戎。"④ 李学勤释为："贞方其大即戎"。⑤ 罗琨释为："贞方其大即戎……也就是说'方'兴兵大肆内侵。"⑥ 此处之戎，为兴兵之意。

[13] 00521反．[王]固曰：其出来……奉自……圉羌戎。

[14] 00522反．卯出……虎，庚申亦出酘，出鸣[鸟]将圉羌戎。

[15] 01066. □□卜……[来艰]……[羌]戎改圉一人。

三条卜辞所述内容有共性，均出现了"羌戎"。对于00521卜辞，齐文心释为："……自……[王]占曰，其有来敔……□圉羌戎。""奉自"是指有奴隶从某地逃亡。"[王]占曰"以下讲到有敌人入侵。验辞反映了某地监狱的羌奴乘敌人来犯之机发生暴动，此处的戎意为暴动。⑦ 宋镇豪等人编著的《商代国家与社会》一书认同此说。⑧ 胡厚宣释为："奉自□。[王]占曰，其有来[艰]……□圉羌戎。"意思是"有羌奴从某地逃走了，乃贞问于占卜，殷王武丁视察了占兆，决定说，占卜的结果不好，恐怕要有什么灾难吧。后来真的有羌奴逃跑了。把他抓住，先予以拘执，终于又将他杀掉……圉羌戎的意思是抓住了羌奴，立即把他杀掉。戎，兵也，其意为杀"。⑨

对于00522卜辞，饶宗颐释为："……卯□……霾。庚申，亦□哎□鸣

① 饶宗颐：《饶宗颐二十世纪学术文集·殷代贞卜人物通考》，北京：中国人民大学出版社，2009年，第328－329页。

② （西汉）司马迁：《史记》，北京：中华书局，1959年，第98页。

③ 姚孝遂：《殷墟甲骨刻辞摹释总集》，北京：中华书局，1988年，第6页。

④ 陈年福：《殷墟甲骨刻文摹释全编》，北京：线装书局，2010年，第23页。

⑤ 李学勤：《殷墟甲骨分期研究》，上海：上海古籍出版社，1996年，第389页。

⑥ 罗琨：《商代战争与军制》，北京：中国社会科学出版社，2010年，第220、221页。

⑦ 齐文心：《殷代的奴隶监狱和奴隶暴动——兼甲骨文"圉""戎"二字用法的分析》，《中国史研究》1979年创刊号。

⑧ 宋镇豪主编，王宇信、徐义华：《商代国家与社会》，北京：中国社会科学出版社，2011年，第222页。

⑨ 胡厚宣、胡振宇：《殷商史》，上海：上海人民出版社，2003年，第194、195、201页。

睢，疫圉羌戎。"认为"□哎指蒙气，鸣睢指灾变，疫，武丁时人名。上辞盖记异征，谓阴霾，庚申又有蒙气及鸣睢，而疫遂有圉羌戎之役。"① 按照饶宗颐的说法，羌戎乃为部族。

也有不同的意见，齐文心释为："……已卯有酘……，佹。庚申亦有酘，有鸣雉，疒圉羌戎。"酘，疑为毁字，含有恶意，佹，为不祥之意，鸣雉为不祥之兆，疒圉指该地所设的监狱，是囚禁羌奴的，戎应作暴动解。② 胡厚宣释为："庚申亦有酘，有鸣雉，处圉羌戎。"并认为"圉羌戎的意思是抓住了羌奴，立即把他杀掉。戎，兵也，其意为杀。"③ 裴锡圭认为："'戎'在这里是动词，当动用武器讲。"④ 王慎行认为："羌戎指羌囚暴动。"⑤ 杨升南释读为："庚申亦有酘，有鸣雉，疒圉羌戎。"并解释道："'疒圉羌戎'的'羌戎'是羌发生闹事，反抗。疒，是地名，疒圉是疒地的监狱。"⑥

01006，齐文心释为："……卜，□，贞旬亡祸？……□，贞旬亡祸？〔王〕〔占〕〔曰〕：〔有〕〔祟〕……□〔圉〕羌戎，□圉一人。"大意为：某日占卜，贞人□问，今后十天之内有无灾祸？王断定吉凶说：有祸祟。……结果，某地监狱羌奴发生了暴动，于是杀死一个羌奴以示惩戒。此处之戎，意为暴动。⑦

综上，卜辞中的"羌戎"学界尚有分歧，大致有两种意见，一是指部族，二是指武力或暴动。前者是把"羌戎"中的"戎"作为名词来修饰羌的，犹如犬戎、山戎、义渠戎等；后者则是把"羌戎"中的"戎"作为动词来看，犹如羌征、羌伐等。笔者倾向前者。

〔16〕03329. 戎壴侯。二月。

〔17〕06848. 乙丑卜，肹其戎众壴。

〔18〕06849. 〔壬〕辰卜，肹□戎众〔壴〕。

---

① 饶宗颐：《饶宗颐二十世纪学术文集·殷代贞卜人物通考》，北京：中国人民大学出版社，2009年，第44页。

② 齐文心：《殷代的奴隶监狱和奴隶暴动——兼甲骨文"圉""戎"二字用法的分析》，《中国史研究》1979年创刊号。

③ 胡厚宣、胡振宇：《殷商史》，上海：上海人民出版社，2003年，第201页。

④ 裴锡圭：《裴锡圭学术文集·古代历史、思想、民俗卷》，上海：复旦大学出版社，2012年，第9页。

⑤ 王慎行：《卜辞所见羌人考》，《古文字与殷商文明》，西安：陕西人民教育出版社，1992年。

⑥ 杨升南：《甲骨文商史丛考》，北京：线装书局，2007年，第278页。

⑦ 齐文心：《殷代的奴隶监狱和奴隶暴动——兼甲骨文"圉""戎"二字用法的分析》，《中国史研究》1979年创刊号。

[19] 06851.□卯卜，殸□戎龖。

四条卜辞具有共性，均是要"戎龖"。

"龖侯"，宋镇豪等人编著的《商代国家与社会》一书释为"叭侯"，并认为其与殷商的关系"时好时坏"。[1] 殸，一说人名[2]，一说国名[3]。此处的"戎龖"，意为征伐。

[20] 00151 反．王固曰：其佳戎，其佳庚。

[21] 39966.［贞］亘其魚佳戎。

[22] 04727.癸亥卜，崔其凡佳戎其……

[23] 06532 正．甲辰卜，宁，贞中方其再佳戎。十一月。

这四条卜辞具有共性，均是"佳戎"句式，罗琨认为："佳戎"中"戎为动词，表示起兵作乱。"[4] 其实，由于发起方不一，意思还是有所差异。

00151，是商王占卜，乃是商发起，绝不会是"起兵作乱"意，而应该理解为"征伐"。04727，崔，即崔侯，它与殷商关系较好，有学者考证认为崔侯"臣服于商王，受商王之命勤劳王事"。[5] 由于发起方为商的盟邦，卜辞的戎作征伐之意。

中方，经考证"见于一期卜辞，为商朝敌国"。[6] 06532，刘钊释为："中方其再，佳戎。十一月。"并认为"中方出动，殷进行捍卫"。[7] 罗琨释为："中方其再佳戎。十一月。""知十一月前后中方举兵反商。"[8] 孙亚冰等释为："中方其再，惟戎。十一月。戎，这里是侵伐的意思，辞问中方会不会举兵内侵，时间在十一月。"[9] 由于发起方非为商的盟邦，此处戎乃兴兵

---

① 宋镇豪主编，王宇信、徐义华：《商代国家与社会》，北京：中国社会科学出版社，2011年，第494页。

② 韩江苏、江林昌：《〈殷本纪〉订补与商史人物徵》，北京：中国社会科学出版社，2010年，第494页。

③ 孙亚冰、林欢：《商代地理与方国》，北京：中国社会科学出版社，2010年，第328页。

④ 罗琨：《商代战争与军制》，北京：中国社会科学出版社，2010年，第144页。

⑤ 韩江苏、江林昌：《〈殷本纪〉订补与商史人物徵》，北京：中国社会科学出版社，2010年，第491页。

⑥ 孙亚冰、林欢：《商代地理与方国》，北京：中国社会科学出版社，2010年，第438、439页。

⑦ 刘钊：《卜辞所见殷代的军事活动》，《古文字研究》第16辑，北京：中华书局，1989年，第119页。

⑧ 罗琨：《商代战争与军制》，北京：中国社会科学出版社，2010年，第189页。

⑨ 孙亚冰、林欢：《商代地理与方国》，北京：中国社会科学出版社，2010年，第438、439页。

叛乱之意。

　　[24] 06572. [辛巳卜，争，贞基方弗戎]。[一 二]；辛巳卜，争，贞基方戎。

　　[25] 06580. 乙亥卜，□，贞 [子] 鬲弗其戈 [基方]。

　　[26] 06581. [己] 卯卜，□，贞基其戎。

　　三条卜辞有其共性，均是与基方有关，进行占卜。经考证"基方只见于一期卜辞，与商王朝为敌。"①

　　06572，李学勤释为："辛巳卜争贞：基方戎？"② 孙亚冰释为："辛巳卜，争，贞基方戎。戎，作乱之意。"③ 韩江苏释为："辛巳卜，争，贞基方戎。戎，作征伐或来犯解。"④ 此处戎乃兴兵叛乱之意。

　　06580，甲骨散乱，很难释读，所以各家差别较大。姚孝遂主编《殷墟甲骨刻辞摹释总集》释为："乙亥卜□贞子商弗戈。"⑤ 曹锦炎释为："乙亥卜，□，贞 [子] 商弗其戈 [基方]。"⑥ 李学勤释为："乙亥卜□贞：子商弗戎？戈 [基] 方？"并认为子商与雀是对基方作战的主要人物。⑦ 此处戎乃战争之意。

　　06581，刘钊释为："丁卯卜，□贞，基□其戎"并认为"戎指方国"。⑧ 李学勤释为："己卯卜□贞：基其戎？"⑨ 罗琨释为："[己] 卯卜，□，贞基其戎？"并认为"戎"乃"表示与商王朝兵戎相见"。⑩ 综合比较分析，此处戎乃战争或兴兵叛乱之意更为合适。

　　[27] 06625. 贞北羌业告曰：戎。

　　陈梦家释为："贞北羌□告曰戎。"⑪ 齐文心释为："贞北羌□告曰戎？"并认为"戎"是来犯之意。大意是：贞问北羌方面是否有关于敌人来侵犯的

　　① 孙亚冰、林欢：《商代地理与方国》，北京：中国社会科学出版社，2010 年，第 308 页。
　　② 李学勤：《殷墟甲骨分期研究》，上海：上海古籍出版社，1996 年，第 341 页。
　　③ 孙亚冰、林欢：《商代地理与方国》，北京：中国社会科学出版社，2010 年，第 308、309页。
　　④ 韩江苏、江林昌：《〈殷本纪〉订补与商史人物徵》，北京：中国社会科学出版社，2010 年，第 350、351 页。
　　⑤ 姚孝遂：《殷墟甲骨刻辞摹释总集》，北京：中华书局，1988 年，第 165 页。
　　⑥ 曹锦炎、沈建华：《甲骨文校释总集》，上海：上海辞书出版社，2006 年，第 819 页。
　　⑦ 李学勤：《殷墟甲骨分期研究》，上海：上海古籍出版社，1996 年，第 341 页。
　　⑧ 刘钊：《卜辞所见殷代的军事活动》，《古文字研究》第 16 辑，北京：中华书局，1989 年，第 119 页。
　　⑨ 李学勤：《殷墟甲骨分期研究》，上海：上海古籍出版社，1996 年，第 341 页。
　　⑩ 罗琨：《商代战争与军制》，北京：中国社会科学出版社，2010 年，第 130 页。
　　⑪ 陈梦家：《殷虚卜辞综述》，北京：中华书局，1988 年，第 277 页。

报告。① 罗琨释为："贞北羌□告曰戎。"是卜问北羌是否送来敌情的报告，而不是北羌"乍戎"。② 此处戎乃兴兵之意。

[28] 06655 反．土固曰：隹亡戎。

[29] 07852 正．贞我亡戎。

[30] 22425．其刑邑，屮戎。邑亡戎。

[31] 04097 正．……亡戎。四月。三

四条卜辞有共性，是关于"有戎"和"亡戎"。

06655 甲骨散乱，很难释读，姚孝遂主编《殷墟甲骨刻辞摹释总集》释为："王□曰惟捍。"③ 曹锦炎释为："王□曰：隹戎。"④ 22425，最具代表性，对邑有没有战争进行占卜。三条卜辞的戎均为战争之意。

[32] 06872．戎缶。四

[33] 21897．□□卜，戎缶……冬十三月。

[34] 22343．其戎𫒉。

三条卜辞具有共性，均是与缶有关。"缶"是方国之名。经学者考证"他与商王朝关系时好时坏，曾侵犯商王朝边境"。⑤ 06872 的"戎缶"，是指对"缶"用兵，意即征伐。⑥

对于 21897，《甲骨文合集释文》有误，少了对"𣪊"的释文，把"𣪊"字释为"戋"，明显有误，因为"戋"甲骨文写作"𢦏"，而非"𣪊"。"𣪊"在此处乃"戎"，其意亦为"戎缶"，意征伐。

22343，曹锦炎释为："其𠧪缶"。⑦ 赵鹏释读为："其戎缶"并解释卜辞道："是否攻打缶"。⑧ 𠧪乃戎字，前文已述，所以这条卜辞亦为"戎缶"，意征伐。

[35] 06883．辛未卜，□，贞王戎衔，[受又]。

[36] 06886．辛未卜，□，贞王戎衔受又。九二告一二

---

① 齐文心：《殷代的奴隶监狱和奴隶暴动——兼甲骨文"圉""戎"二字用法的分析》，《中国史研究》1979 年创刊号。

② 罗琨：《殷商时期的羌和羌方》，《甲骨文与殷商史》第 3 辑，上海：上海古籍出版社，1991年。

③ 姚孝遂：《殷墟甲骨刻辞摹释总集》，北京：中华书局，1988 年，第 167 页。

④ 曹锦炎、沈建华：《甲骨文校释总集》，上海：上海辞书出版社，2006 年，第 819 页。

⑤ 韩江苏、江林昌：《〈殷本纪〉订补与商史人物徵》，北京：中国社会科学出版社，2010 年，第 460 页。

⑥ 胡厚宣：《甲骨文所见殷代奴隶反压迫的斗争》，《考古学报》1976 年第 1 期。

⑦ 曹锦炎、沈建华：《甲骨文校释总集》，上海：上海辞书出版社，2006 年，第 2560 页。

⑧ 赵鹏：《殷墟甲骨文人名与断代的初步研究》，北京：线装书局，2007 年，第 285 页。

[37] 06888. □子［卜］，内，贞我其戎［衔］。

[38] 06889. 贞□□戎衔。十二月。

[39] 06890. 庚子卜，□，贞我勿戎衔。十一月。二

[40] 06891. 今十二月勿戎衔。三

此六处之戎，征伐之意很明显。衔，一说为人名，① 另一说为国名，②从卜辞看，似为国族名。经考证"衔规模很大，为商朝劲敌，出现在一期卜辞"。③ 衔与戎相联，意在占卜征伐衔的利弊。

以 06886 为例，齐文心断句与《甲骨文合集释文》相同，认为此处之戎是征伐之意。④ 徐中舒主编《甲骨文字典》释为："辛未卜□贞王戎步受又。"并认为戎乃侵伐之意。⑤ 范毓周释为："辛未卜，□贞：王戎衔，受佑？"并认为"戎"是征伐之意。⑥ 罗琨释为："辛未卜，□，贞王戎衔受又"，"意为占卜伐衔时机"。⑦

[41] 06943. 壬申卜，□，贞亘戎其戋我。一二三四；壬申卜，□，贞亘戎不我戋。七月。一二三四；

[42] 06944. □申卜，□，贞亘戎……隹我其冬于之；贞亘戎隹……

两条卜辞具有共性，均出现了"亘戎"。学者考证"亘为人、地、族名同一，先与商王为敌，征服后臣服。"⑧

齐文心释为："壬申卜，□，贞亘、戎其戋我？壬申卜□，贞亘、戎不我戋？七月。"认为"戎"是国族之意。⑨ 刘钊释为："□申卜，□贞，亘戎□隹我，其冬于之。"并认为"戎指方国"。⑩ 林小安释为："壬申卜，□

① 韩江苏、江林昌：《〈殷本纪〉订补与商史人物徵》，北京：中国社会科学出版社，2010 年，第 376 页。

② 胡厚宣：《甲骨文所见殷代奴隶反压迫的斗争》，《考古学报》1976 年第 1 期。

③ 孙亚冰、林欢：《商代地理与方国》，北京：中国社会科学出版社，2010 年，第 350 页。

④ 齐文心：《殷代的奴隶监狱和奴隶暴动——兼甲骨文"圉""戎"二字用法的分析》，《中国史研究》1979 年创刊号。

⑤ 徐中舒：《甲骨文字典》，成都：四川辞书出版社，1989 年，第 1360 页。

⑥ 范毓周：《甲骨文戎字通释》，《纪念殷墟甲骨文发现一百周年国际学术研讨会论文集》，北京：社会科学文献出版社，2003 年。

⑦ 罗琨：《商代战争与军制》，北京：中国社会科学出版社，2010 年，第 168 页。

⑧ 韩江苏、江林昌：《〈殷本纪〉订补与商史人物徵》，北京：中国社会科学出版社，2010 年，第 403 页。

⑨ 齐文心：《殷代的奴隶监狱和奴隶暴动——兼甲骨文"圉""戎"二字用法的分析》，《中国史研究》1979 年创刊号。

⑩ 刘钊：《卜辞所见殷代的军事活动》，《古文字研究》第 16 辑，北京：中华书局，1989 年，第 119 页。

贞：貪不我戋？七月。甲戌卜，□贞：我马及貪。"认为貪对殷时有所扰。[①]

也有学者表示不同意见，徐中舒主编《甲骨文字典》释为"壬申卜□贞亘戎其戋我。"认为戎乃侵伐之义。[②] 范毓周释为："壬申卜，□贞：亘戎，其戋我？""壬申卜，□贞：亘戎，不我戋？"并认为"戎"是兵事、征伐之意。罗琨释为："壬申卜，□，贞亘戎其戋我。壬申卜，□，贞亘戎不我戋。七月。甲戌卜，贞我马及戎。贞弗其及戎……[壬]申卜，□，贞亘戎[不]隹我為，其终于之。"并认为"亘戎"乃"亘作戎——起兵作乱的意思"。[③]

两说共存，笔者倾向前者。

[43] 06946 正．丁卯卜，争，乎雀𢆶戎祝。九月。一二三四

[44] 06992．癸卯卜，贞祝其戎沚。二五

[45] 06994．鼚其戎眔沚。二 三[④]

[46] 06995．沚其戎鼚。

[47] 06996．沚弗戎鼚。

[48] 06997．癸□[卜]……戎鼚。二[月]。七

[49] 06998．癸丑卜，沚其𢆶戎鼚。

[50] 07000．沚[不]戎眔[鼚]。

[51] 07001．沚不戎眔鼚。三二告四

[52] 07003．鼚不戎。一

[53] 07004．□未卜，鼚□戎羑。

[54] 07005．□辰卜，鼚□戎羑。

[55] 07008．□□卜，王，贞羑[弗]戎于光。

祝又作艺，甲骨卜辞中"用为人名、族名者，是臣服诸侯。"[⑤] 雀是武丁早、中期的人物，具有很强的经济实力，[⑥] 沚乃方国名，[⑦] 鼚则"或为人

---

① 林小安：《殷武丁臣属征伐与行祭考》，《甲骨文与殷商史》第2辑，上海：上海古籍出版社，1986年。

② 徐中舒：《甲骨文字典》，成都：四川辞书出版社，1989年，第1360页。

③ 罗琨：《商代战争与军制》，北京：中国社会科学出版社，2010年，第143、144、124页。

④ 对于06994项，《甲骨文合集释文》此处漏掉一个戎字，故其释文应为"鼚其戎眔沚"。

⑤ 韩江苏、江林昌：《〈殷本纪〉订补与商史人物徵》，北京：中国社会科学出版社，2010年，第528页。

⑥ 宋镇豪：《商代史论纲》，北京：中国社会科学出版社，2010年，第213页。

⑦ 胡厚宣：《甲骨文所见殷代奴隶反压迫的斗争》，《考古学报》1976年第1期。

名，或为地名。"[1] 光，为侯国。[2] 羡或写作次，"是方伯之一"。[3]

这些卜辞是对沚与叒、羡与光、羡与叒、雀与祝之间的冲突进行占卜。戎，为征伐之意，以06946、06992为例说明。

06946，孙亚冰释为："丁卯卜，争，贞雀□戎□。""辞问雀能否捷获□。"[4] 罗琨释为："丁卯卜，争，贞乎雀□戎执。九月。""意为对执地用兵"。[5]

06992，刘钊释为："癸卯卜，贞□其戎。"并认为"戎指方国"。[6] 齐文心释为："癸卯卜，贞鼓其戎沚？"认为"戎"是征伐之意。[7] 范毓周释为："癸卯卜，贞：□其戎之？"并认为"戎"是侵扰之意。[8] 孙亚冰、林欢所著的《商代地理与方国》一书认同范说。[9] 韩江苏、江林昌释读为："癸卯卜，贞鼓其戎沚。"并解释卜辞大意为"商王命令鼓讨伐沚"。[10]

［56］05716．丁亥卜，贞［多］马从戎。

［57］06943．甲戌卜，□，贞我马戎。

两条卜辞具有共性，均出现了"马"和"戎"。"马"是殷商的骑兵部队，卜辞中"马、多马是指骑兵之长，也是商王朝重要的武官"。[11]

05716，徐中舒主编《甲骨文字典》释为："丁亥卜贞多马从戎。"并认为戎乃国族名。[12] 陈年福释为："丁亥卜贞［多］马从戎。"[13] 杨升南释读为：

① 孙亚冰、林欢：《商代地理与方国》，北京：中国社会科学出版社，2010年，第124页。

② 孙亚冰、林欢：《商代地理与方国》，北京：中国社会科学出版社，2010年，第347页。

③ 韩江苏、江林昌：《〈殷本纪〉订补与商史人物徵》，北京：中国社会科学出版社，2010年，第514页。

④ 孙亚冰、林欢：《商代地理与方国》，北京：中国社会科学出版社，2010年，第346页。

⑤ 罗琨：《商代战争与军制》，北京：中国社会科学出版社，2010年，第165页。

⑥ 刘钊：《卜辞所见殷代的军事活动》，《古文字研究》第16辑，北京：中华书局，1989年，第119页。

⑦ 齐文心：《殷代的奴隶监狱和奴隶暴动——兼甲骨文"圉""戎"二字用法的分析》，《中国史研究》1979年创刊号。

⑧ 范毓周：《甲骨文戎字通释》，《纪念殷墟甲骨文发现一百周年国际学术研讨会论文集》，北京：社会科学文献出版社，2003年。

⑨ 孙亚冰、林欢：《商代地理与方国》，北京：中国社会科学出版社，2010年，第346页。

⑩ 韩江苏、江林昌：《〈殷本纪〉订补与商史人物徵》，北京：中国社会科学出版社，2010年，第280页。

⑪ 王宇信、徐义华：《商代国家与社会》，北京：中国社会科学出版社，2011年，第471、472页。

⑫ 徐中舒：《甲骨文字典》，成都：四川辞书出版社，1989年，第1359页。

⑬ 陈年福：《殷墟甲骨刻文摹释全编》第2卷，北京：线装书局，2010年，第578页。

"丁亥卜，贞［多］马从戎。"并解释道："戎指戎事，即战争。"①

06943，甲骨卜辞不清晰，释读存在差异。丁骕释为"甲戌卜□贞：我马及𡧋？"此言我马追敌及其后卫也，𡧋非国名。"② 罗琨释为："甲戌卜，贞我马及戎。"并认为"我马及戎，指派出军队是否与敌人遭遇，辞中的戎为名词，在此指作乱的敌人，从连续占卜看，可能与亘戎有关"。③ 杨升南释读为："甲戌卜，□，贞我马及戎。"并解释道："戎指戎事，即战争。"④

综上，"从戎"之"戎"，学界尚有分歧，大致二种意见，一说是部族，二说是指战争。"马戎"之"戎"，学界大致三种意见，一说是后卫，二说是作乱的敌人，三说是指战争。

［58］05237. 庚午卜，争，贞𡧋王鄉戎。三

宋镇豪释为："庚午卜，争，贞惟王飨戎。"并认为"戎，殆泛指边地方国君长"。⑤ 林小安释为："庚午卜，争贞：𡧋王𦤵𡧋？"认为𡧋乃方国部族，亦臣服于殷，武丁亦曾宴饗之。⑥ 杨升南释读为："贞惟王飨戎"，并解释道："'飨戎'大致是与战争有关的一种宴飨活动。古时有所谓'饮至'之礼……是返还时之告，于从者有所慰劳，皆是戎事归来后论功行赏的欢宴活动。卜辞'飨戎'大致即此种礼制的先河。"⑦

综上，"鄉戎"之"戎"，学界尚有分歧，大致三种意见，一说是部族，二说是地方国君长，三说是指与战争有关的一种宴飨活动。

［59］06665正. 癸未卜，贞旬亡𡆥。三日乙酉□来自妻乎申告旁戎。一二

陈梦家释为："三日乙酉□来自东，乎册告井方戎。"并认为戎乃民族名。⑧ 林小安释为："癸未卜，贞：旬亡𡆥？三日乙酉，□来自东，画呼中告牙𡧋。"认为𡧋乃方国部族，可知𡧋在殷东。⑨

① 杨升南：《甲骨文商史丛考》，北京：线装书局，2007 年，第 258 页。
② 丁骕：《夏商史研究》，台北：艺文印书馆，1993 年，第 118 页。
③ 罗琨：《商代战争与军制》，北京：中国社会科学出版社，2010 年，第 143、144、124 页。
④ 杨升南：《甲骨文商史丛考》，北京：线装书局，2007 年，第 258 页。
⑤ 宋镇豪：《夏商社会生活史》，北京：中国社会科学出版社，1994 年，第 320、321 页。
⑥ 林小安：《殷武丁臣属征伐与行祭考》，《甲骨文与殷商史》第 2 辑，上海：上海古籍出版社，1986 年。
⑦ 杨升南：《甲骨文商史丛考》，北京：线装书局，2007 年，第 359 页。
⑧ 陈梦家：《古文字中之商周祭祀》，《燕京学报》1936 年第 19 期。
⑨ 林小安：《殷武丁臣属征伐与行祭考》，《甲骨文与殷商史》第 2 辑，上海：上海古籍出版社，1986 年。

但也有学者表示不同意见，如齐文心释为："癸未卜，贞旬亡祸？三日乙酉，有来自东画乎冊告旁戎。"并认为"戎"是来犯之意。大意是：第三日的乙酉，有来自东画方面的呼吁，名叫冊的人报告说：有旁方来进犯。画，地名，在今山东临淄之西北三十里。① 胡厚宣释为："癸未卜，贞旬亡⍓（祸）。三日乙酉□（有）来自东，画乎（呼）申告牙重。"并认为："知当在'东'字断句为是，且'画'者必为人名。'画'者必为封于东方之王子，此来告东方有难于殷王之辞也。"② 孙亚冰等释为："癸未卜，贞旬亡祸。三日乙酉有来自东，妻呼盾告旁戎。戎，这里是侵伐的意思，旁方作乱，妻向商王报告。"③ 周自强主编的《中国经济通史》释为："三日乙酉又来自东湔，呼屮告旁戎。"并认为："此辞意为东湔地有变故，商王命令侯屮去传达王命，让旁方首领去平息此事。'戎'此为戎兵，有平息之义。"④

综上，06665卜辞中的"戎"，学界尚有分歧，大致三种意见，一说是部族，二说是来犯（侵伐），三说是指戎兵，有平息之义。

[60] 06666. 庚午卜，宁，贞旁方其圍乍戎。三

[61] 06922. 乍戎……伐獣。

[62] 06923. 贞獣归其乍戎。

[63] 07750. 辛卯卜，其乍戎。

[64] 27997. 兹方🝳虘方乍戎。

[65] 32315. 不乍戎。

六条卜辞有其共性，均是"乍戎"句式。

以06666为例，徐中舒主编《甲骨文字典》释为："庚午卜宾贞旁方其圍作戎。"并怀疑戎是兵器的意思。⑤ 日本学者岛邦男认为："知重是敌国作患意。"⑥ 这两种说法其实是把乍与戎分开做解，其实这是不合适的。因为卜辞中"乍（作）戎"出现较多，应是一固定句式。

———————

① 齐文心：《殷代的奴隶监狱和奴隶暴动——兼甲骨文"圉""戎"二字用法的分析》，《中国史研究》1979年创刊号。

② 胡厚宣：《殷代封建制度考》，《甲骨学商史论丛初集》，齐鲁大学国学研究所1944年，第39页。

③ 孙亚冰、林欢：《商代地理与方国》，北京：中国社会科学出版社，2010年，第411页。

④ 周自强主编：《中国经济通史》先秦经济卷，北京：光明日报出版社，2000年，第311、312页。

⑤ 徐中舒：《甲骨文字典》，成都：四川辞书出版社，1989年，第1360页。

⑥ ［日］岛邦男：《殷墟卜辞研究》，濮茅左等译，上海：上海古籍出版社，2006年，第796页。

"乍（作）戎"应放在一起作解，是作乱之意，学界几成共识。如齐文心释为："庚午卜，旁方其圉乍戎？"此处之戎意思为暴动，乍戎即作乱，也就是暴动。旁方是殷之敌国，圉是监狱，全句大意为：庚午日占卜，问旁方的奴隶监狱是否发生了暴动？[1] 范毓周释为："庚午卜，宾贞，旁方其圉作戎。"并认为"乍（作）戎"是作乱之意。[2] 连邵名认为："乍即作，兴事之辞也。乍戎犹言兴戎，意指发动战争，敌我双方将要兵戎相见。"[3] 丁骕释为"庚午卜宁贞：𢍰方其圉？乍𢦏？……此言其'作乱？'之意也"。[4] 罗琨释为："旁方其圉作戎"并认为"作戎"乃"起兵作乱的意思"。[5]

[66] 06653 正．令戎征卯。二

[67] 10389．甲午卜，𢆷，贞令戎执𩇕。十二月。

[68] 18786．……令……戎

[69] 20469．丁酉卜。王，令戎□方。

[70] 20879．丁巳卜，令戎……

五条卜辞具有共性，均为"令戎"句式。

一些学者认为"令戎"句式中的"戎"为方国部族之意。如屈万里释10389为："甲午卜，𢆷贞：令𢦏执𩇕？十二月。"并认为"𢦏，邦族之名，前已屡见"。[6] 林小安释为："甲午卜，□贞：令𢦏执𩇕。十二月。"认为𢦏乃方国部族，亦臣服于殷，武丁亦曾宴饗之。[7]

也有不同意见，胡厚宣释读20469为："王令戎大方。"并进一步认为"大方"为方国之名，戎正用为征伐之意。[8] 罗琨释10389为："令戎执𩇕"，并认为"戎"乃"人名，是商王的臣属"。[9] 释20469为："丁酉卜，王，令戎祟方。"同样认为"戎"乃"人名，是商王的臣属"。[10]

综上，"令戎"句式中的"戎"，学界尚有分歧，大致三种意见，一说是

① 罗琨：《商代战争与军制》，北京：中国社会科学出版社，2010 年，第 211 页。

② 范毓周：《甲骨文戎字通释》，《纪念殷墟甲骨文发现一百周年国际学术研讨会论文集》，北京：社会科学文献出版社，2003 年。

③ 连邵名：《甲骨文字考释》，《考古与文物》1988 年第 4 期。

④ 丁骕：《夏商史研究》，台北：艺文印书馆，1993 年，第 118 页。

⑤ 罗琨：《商代战争与军制》，北京：中国社会科学出版社，2010 年，第 124 页。

⑥ 屈万里：《殷墟文字甲编考释》，台北：联经出版事业公司，1984 年，第 716 页。

⑦ 林小安：《殷武丁臣属征伐与行祭考》，《甲骨文与殷商史》第 2 辑，上海：上海古籍出版社，1986 年。

⑧ 胡厚宣：《甲骨文所见殷代奴隶反压迫的斗争》，《考古学报》1976 年第 1 期。

⑨ 罗琨：《商代战争与军制》，北京：中国社会科学出版社，2010 年，第 124 页。

⑩ 罗琨：《商代战争与军制》，北京：中国社会科学出版社，2010 年，第 223、124 页。

部族，二说是征伐，三说是指人名。从卜辞大意看，部族或人名可能更符合辞意。

[71] 06943. 贞弗其戎。

[72] 06973. 册其戎……

[73] 07006. □□卜，王，彝……帚允其戎。

[74] 07027. 庚申卜，其戎。允戎。

[75] 07747. 丁巳卜，王，贞其［令］戎。

[76] 07748. 戉其戎；不［隹］我。

[77] 07749. 戉其戎。

[78] 07751. 其戎。三

[79] 07752. 戊戌卜，其戎。

[80] 07753. 庚寅［卜］，其戎。

[81] 07754. 其戎眔……六告

[82] 09027 正. 贞戉不其［戎］。戉其戎。

[83] 20555. □夤曰其戎。

这些卜辞具有共性，均是"其戎"句式。在甲骨卜辞中，"其"字的常见用法是"置于动词前，为语词，表不定、祈使、委婉等语气"。① 另外，卜辞"王，彝……帚允其戎"。（《合集》7006）中的"戎"为战争之意。② 以 07747 为例，韩江苏、江林昌认为："，为人、地、族同一。"并解释卜辞大意为："受商王之令，参与对外战争。"③ 所以，在"其戎"句式中的"戎"，作战争、征伐解比较合适。

[84] 07006. □□卜，王，彝……帚允其戎。

[85] 07007. 辛巳卜，帚不戎于羡。三

这两条卜辞有其共性，均是"帚"讨伐的卜辞。"帚"，在甲骨卜辞中假借为"妇"，已被学界广泛认可。④ 韩江苏、江林昌认为："妇当为商王室贵妇"，并解释卜辞大意为"妇（某）征伐次"。⑤ 孙亚冰、林欢所著的《商代

---

① 姚炳祺：《"其"字的早期用法》，《学术研究》1983 年第 6 期。

② 张素凤：《古汉字结构变化研究》，北京：中华书局，2008 年，第 334 页。

③ 韩江苏、江林昌：《〈殷本纪〉订补与商史人物徵》，北京：中国社会科学出版社，2010 年，第 452、456 页。

④ 张素凤：《古汉字结构变化研究》，北京：中华书局，2008 年，第 333、334 页。

⑤ 韩江苏、江林昌：《〈殷本纪〉订补与商史人物徵》，北京：中国社会科学出版社，2010 年，第 516 页。

地理与方国》一书认为："商王派遣某妇讨伐。"① 是故，这 2 条卜辞中的戎
为征伐之意。

[86] 07743. □丑卜，王……人来□戎弗……

[87] 07842. ……戎弗……弌……在㘫。

[88] 20458. □□卜，[王]，[㞢] 追戎弗其隻征，弗及方。

[89] 20549. 及戎弗……二

[90] 24363. 贞……冊弗戎。

[91] 07760. 贞不戎。

[92] 07756. ……勿戎……

[93] 07762. 勿戎。

07743、07842、20458、20549、24363 卜辞均是"戎弗"或者"弗戎"
句式。这些卜辞均不完整，难以解读。以 20549 为例，甲骨原片不清晰，姚
孝遂主编《殷墟甲骨刻辞摹释总集》释为："弗……戎……及。"② 这与《合
集释文》所释读出的卜辞完全不同。此外，卜辞中有"沚弗戎羑"（《合集》
6996），其"戎"为征伐之意。由此可以推测，"戎弗"或者"弗戎"句式中
的"戎"，可能是征伐之意。

"弗"在甲骨卜辞中"与不字用法近"，③ "往往可以翻译成'不会
……'"。④ 由此 07760 的"不戎"与"弗戎"应归为同类，卜辞中也有"沚
不戎眔羑"（《合集》7001）、"帚不戎于羑"（《合集》7007），其"戎"为征
伐之意。由此可以互证"不戎""弗戎"句式中的"戎"是征伐之意。

07756、07762 卜辞中"勿"作否定词，其意与"不""弗"存有差异，
"'勿'较直接、果断；'不''弗'较存疑。"⑤ "往往可以翻译成'不要
……'"。⑥ 是故，其"戎"也可归为征伐之意。

[94] 07076 正. 戊午卜，□，贞戎及受。戊午卜，□，贞弗其受。

[95] 15525. 庚辰卜，贞勿戎受。

两条卜辞具有共性，都涉及"戎受"。07076，《甲骨文合集释文》少了
一个"及"的释文。姚孝遂主编《殷墟甲骨刻辞摹释总集》释为："戊午卜

① 孙亚冰、林欢：《商代地理与方国》，北京：中国社会科学出版社，2010 年，第 347 页。
② 姚孝遂：《殷墟甲骨刻辞摹释总集》，北京：中华书局，1988 年，第 451 页。
③ 徐中舒：《甲骨文字典》，成都：四川辞书出版社，1989 年，第 1354 页。
④ 裘锡圭：《裘锡圭自选集》，开封：河南教育出版社，1994 年，第 65、66 页。
⑤ 朱歧祥：《殷墟卜辞句法论稿》，台北：台湾学生书局，1990 年，第 123 页。
⑥ 裘锡圭：《裘锡圭自选集》，开封：河南教育出版社，1994 年，第 65、66 页。

□贞戎及。"① 曹锦炎释为："戊午卜，□，贞戎及受。"② "受"，徐中舒主编的《甲骨文字典》列出了两个义项，一是承受、领受；二是地名。③ 此处"受"作地名解，戎作征伐解，卜辞大意为要不要征伐受地。

[96] 07768. 癸酉卜，□，贞雀叀今日。一；癸酉卜，□，贞雀于翌甲戌。一二

韩江苏、江林昌释读为："癸酉卜，□，贞雀于翌甲戌。"并进一步认为："''字不识，作人持戈持盾形，与军事有关。商王于癸酉日贞问是今日或明日进行，这应与雀训练军队有关。"④ 前文已述，""字乃"戎"字。是故，此处戎作战争之意。

综上，可以确定的是：戎在甲骨文中有人名，征伐（商及其盟邦），兴兵、叛乱、暴动（商的敌国），战争、部族等意。

第三节　甲骨卜辞中难释读的戎义项

由于各种各样的原因，在甲骨卜辞中，还有很多"戎"义项难以被释读，条列如下：

[1] 00876. ……追……戎

卜辞不完整，难以解读。

[2] 02521. 正甲. 贞佳多妣戎王疾。

[3] 14222. 正甲. 贞不佳下上戎王疾。

[4] 14222. 正乙. ……帝戎王疾。三

[5] 14222. 正丙. 贞佳帝戎王疾。二告二 [三]

均是字卜辞，"戎王疾"所指，学界看法不一，分歧较大。如丁山释为："贞，佳帝戋戎王疾。"戋之言始也，谓王疾之朕兆，上帝所降也。⑤ 寒

①　姚孝遂：《殷墟甲骨刻辞摹释总集》，北京：中华书局，1988年，第178页。

②　曹锦炎、沈建华：《甲骨文校释总集》，上海辞书出版社，2006年，第878页。

③　徐中舒：《甲骨文字典》，成都：四川辞书出版社，1989年，第456、457页。

④　韩江苏、江林昌：《〈殷本纪〉订补与商史人物徵》，北京：中国社会科学出版社，2010年，第412页。

⑤　丁山：《甲骨文所见氏族及其制度》，北京：中华书局，1988年，第127页。

峰释为："戉王疾"，并认为"也许就是治病宣洩泄气。"① 姚孝遂认为："'帝肇王疾'，即'帝启王疾'，谓疏导王疾。"② 高嶋谦一释读为："贞隹帝肇王疾"并解释道："贞测：是上帝医好（释放）王的疾病。"③

胡厚宣有不同看法，他认为："戎有凶恶之义，帝戎王疾，言帝使王疾更加凶恶……殷人以为帝在天上，能够下降人间，直接作福祸于殷王……帝掌握着殷王的福祸和命运。"④

[6] 03091. 戎。

卜辞不完整，难以解读。

[7] 03528. 曰戎

卜辞不完整，难以解读。

[8] 05685 反. 戎亚十。

学界对此研究较少，丁山释为："戉亚十"，戉亚，犹言亚戉，亚戉之戉应在今山东鄄城县西南，或即传说的帝舜之后裔，帝舜事迹，也就不能视为莫须有了。⑤

[9] 05341. □□卜，王……屮……［戎］𢀛，若。

卜辞不完整，难以解读。

[10] 05827. 戎重……人百。三

卜辞不完整，难以解读。

[11] 05776 正. 戊辰卜，内，贞戎凶射。一二三四；勿戎凶射。一二三四 二告；贞戎凶射三百。一二三 二告 四五六；勿戎凶射三百。

学界差异较大，释读困难。如姚孝遂主编《殷墟甲骨刻辞摹释总集》释为："戊辰卜内贞肇凶射。勿肇凶射。二告；贞肇凶射三百。肇凶射三百。"⑥ 陈年福释为："戊辰卜内贞肇旁射。"⑦ 曹锦炎释为："戊辰卜，内，贞旰旁射。勿旰旁射。贞旰旁射三百。勿旰旁射三百。"⑧ 寒峰释为："戉旁射"，

① 寒峰：《甲骨文所见的商代军制数则》，《甲骨探史录》，北京：生活·读书·新知三联书店，1982 年，第 405 页。
② 于省吾主编：《甲骨文字诂林》，北京：中华书局，1999 年，第 2314 页。
③ ［日］高嶋谦一：《甲骨文中的并联名词仂语》，《古文字研究》第 17 辑，北京：中华书局，1989 年，第 351 页。
④ 胡厚宣、胡振宇：《殷商史》，上海：上海人民出版社，2003 年，第 479、480 页。
⑤ 丁山：《甲骨文所见氏族及其制度》，北京：中华书局，1988 年，第 126－127 页。
⑥ 姚孝遂：《殷墟甲骨刻辞摹释总集》，北京：中华书局，1988 年，第 144 页。
⑦ 陈年福：《殷墟甲骨刻文摹释全编》，北京：线装书局，2010 年，第 585 页。
⑧ 曹锦炎、沈建华：《甲骨文校释总集》，上海：上海辞书出版社，2006 年，第 719 页。

并认为是教练射手的意思。①

　　[12] 05825. 丙申卜，贞戎马左右中人三百。六月。

　　[13] 05826. □□［卜］，宁，［贞］勿戎多……人三百。六［月］。二

　　两条卜辞有共性，一是均有𢽥字，二是都出现了"人三百"。

　　张政烺对 05825 释为："丙申卜，贞𢽥马，左、右、中人三百六月。"05826 释读为："□□［卜］，宁，［贞：］勿𢽥多［马］人三百。六［月］。"②

　　丁山认为戎之本谊，应为攻城以战之朕兆，释为"戎马，左中右人三百"。皆为战争之先锋。③ 寒峰释为"丙申卜，贞：戎马左、中、右，人三百"，认为戎马是教练马队的意思。④ 姚孝遂认为："'丙申卜，贞，肈马左右中人三百'，'肈马'谓启动马队。"⑤高嶋谦一释读为："丙申卜贞肈马左右中人三百"并解释道："丙申日灼卜，贞测：（我们）应分编马为左（师），右（师），中（师），人数为三百。"其实质是把"肈"解作"分裂""分开"。⑥

　　晁福林释读为："戎马左、右、中人三百。"⑦ 辛迪认为："戎与车马连称，指战争的装备。"⑧ 杨升南释读为："丙申卜，贞戎马，左右中人三百。六月。"并解释道："'戎马'即驾战车的马。"⑨ 刘展在《中国古代军制史》一书中认为："'戎马'是驾兵车的马，左右中三百人，正是百辆兵车上的人数。"⑩

　　[14] 05860. 戊申［卜］，千𢎵□戎戎东［迺］自西从□于之卒。

　　卜辞不完整，难以解读。

　　[15] 05953. ……执……戎……

　　卜辞不完整，难以解读。

---

　　① 寒峰：《甲骨文所见的商代军制数则》，《甲骨探史录》，北京：生活·读书·新知三联书店，1982 年，第 405 页。

　　② 张政烺：《甲骨金文与商周史研究》，北京：中华书局，2012 年，第 160 页。

　　③ 丁山：《甲骨文所见氏族及其制度》，北京：中华书局，1988 年，第 126—127 页。

　　④ 寒峰：《甲骨文所见的商代军制数则》，《甲骨探史录》，北京：生活·读书·新知三联书店，1982 年，第 404—405 页。

　　⑤ 于省吾主编：《甲骨文字诂林》，北京：中华书局，1999 年，第 2314 页。

　　⑥ ［日］高嶋谦一：《甲骨文中的并联名词仂语》，《古文字研究》17，北京：中华书局，1989 年，第 339 页。

　　⑦ 晁福林：《夏商西周社会史》，北京：北京师范大学出版社，2010 年，第 233 页。

　　⑧ 辛迪：《两周戎狄考》，博士学位论文，北京大学，2006 年，第 20 页。

　　⑨ 杨升南：《甲骨文商史丛考》，北京：线装书局，2007 年，第 254 页。

　　⑩ 刘展：《中国古代军制史》，北京：军事科学出版社，1992 年，第 50 页。

[16] 06913. 贞我戎𢀛。

学界存有分歧，关键在于𢀛字。徐中舒主编《甲骨文字典》认为："象形不明，义不明。"[1] 丁山认为："𢀛字，自来无释，我认为都是皇字初文。"并进一步解释道："甲骨文，'我戎皇'，读为辉煌，或为'大也'。"[2] 刘钊释为："贞我戎𢀛"，并认为"戎作捍卫之意"。[3] 蔡运章认为："'我'指商王朝。'戎'用为动词，谓兵戎征伐……大意是商王卜问，我方军队可以取得胜利吗？"[4]

[17] 06938. 贞今秋勿……戎……至……翌

卜辞不完整，难以解读。

[18] 07055. 戊申［卜］，千逦□戎卒。一月。

卜辞不完整，难以解读。

[19] 07057. □［酉］卜，□，贞戎……艿。

卜辞不完整，难以解读。

[20] 07237. 値□不丧戎。

卜辞不完整，难以解读。

[21] 07740. 贞其㞢来戎。一

[22] 07741. 来戎

[23] 20191. 辛未卜，王，贞佳黔其受又。来戎。

学界认识存有分歧。饶宗颐释"来羌"为"盖指捕获羌人来献。"[5] 按照饶宗颐的释法，此处"来戎"应为"捕获戎人来献"。学界也有不同说法，如林小安释为："贞：其□来𢀛？"，认为𢀛对殷时有所扰。[6] 齐文心认为"戎"是来犯之意。[7] 徐中舒主编《甲骨文字典》释为："贞其有来戎"，并

---

[1] 徐中舒：《甲骨文字典》，成都：四川辞书出版社，1989年，第1579、1580页。

[2] 丁山：《中国古代宗教与神话考》，上海：龙门联合书局，1961年，第201页。

[3] 刘钊：《卜辞所见殷代的军事活动》，《古文字研究》第16辑，北京：中华书局，1989年，第119页。

[4] 蔡运章：《甲骨金文与古史新探》，北京：中国社会科学出版社，1996年，第116页。

[5] 饶宗颐：《饶宗颐二十世纪学术文集·殷代贞卜人物通考》，北京：中国人民大学出版社，2009年，第134页。

[6] 林小安：《殷武丁臣属征伐与行祭考》，《甲骨文与殷商史》第2辑，上海：上海古籍出版社，1986年。

[7] 齐文心：《殷代的奴隶监狱和奴隶暴动——兼甲骨文"圈""戎"二字用法的分析》，《中国史研究》1979年创刊号。

认为戎乃兵事之义，引申而有灾祸之义。[①] 辛迪认为此戎乃来犯意。[②]

[24] 07742.……□告戎……

[25] 20551.……□大其……告戎邑……

两条卜辞具有共性，均是“告戎”句式。“告”字在甲骨卜辞中有三义：祭名，人名，禀告。[③] 比较两条卜辞，告在此两处作禀告讲，似乎更加合理。戎字则由于下文缺失，尚无法释读其意。

[26] 07746. 贞我戎……二

卜辞不完整，难以解读。

[27] 07755.……隹戎。三四

卜辞不完整，难以解读。

[28] 07757. 已未［卜］……𢦏，在[illegible]戎。

甲骨原片散乱，各家表述不一。姚孝遂主编《殷墟甲骨刻辞摹释总集》释为：“已未……𢦏在……[illegible]……捍……”[④] 曹锦炎释读为：“已未［卜］……𢦔，才[illegible]戎。”[⑤] 黄天树释为：“已未卜，□贞：卓𢦔在[illegible]戎。”[⑥]

[29] 07758. 贞[illegible]戎。

卜辞不完整，难以解读。

[30] 07759.□未卜，王，［贞］册戎……允……

卜辞不完整，难以解读。

[31] 07761.……戎……

卜辞不完整，难以解读。

[32] 07763. 贞丙戎。

[33] 07764. 贞丙戎。

卜辞不完整，难以解读。

[34] 07765 反.□寅卜，宕，贞令……；□□［卜］，宕，贞戎……

卜辞不完整，难以解读。

[35] 07769.□余乎[illegible]。

甲骨原片第一个字断裂，各家释读不一。姚孝遂主编《殷墟甲骨刻辞摹

---

① 徐中舒：《甲骨文字典》，成都：四川辞书出版社，1989 年，第 1360 页。

② 辛迪：《两周戎狄考》，博士学位论文，北京大学，2006 年，第 20 页。

③ 徐中舒：《甲骨文字典》，成都：四川辞书出版社，1989 年，第 86 页。

④ 姚孝遂：《殷墟甲骨刻辞摹释总集》，北京：中华书局，1988 年，第 192 页。

⑤ 曹锦炎、沈建华：《甲骨文校释总集》，上海：上海辞书出版社，2006 年，第 957 页。

⑥ 黄天树：《甲骨拼合续集》，北京：学苑出版社，2011 年，第 442 页。

释总集》释为："捍余呼桃。"[1] 曹锦炎释为："戎，余乎桃。"[2]

[36] 08021. 乙卯卜，咠，贞王往于戎。一

甲骨原片不清晰，各家释读有差异。姚孝遂主编《殷墟甲骨刻辞摹释总集》释为"乙卯卜咠贞王往捍"。[3] 比较甲骨原片，《合集释文》有误，缺少壴字的释文。

[37] 08694. 其□……戎……北。

卜辞不完整，难以释读。

[38] 09715. 甲辰卜，宁，贞勿乎□戎。

卜辞不完整，难以释读。

[39] 19663. 贞重戎乎……雠。[一] 二三四；戎乎五。

卜辞不完整，难以解读。

[40] 21954. 庚子，不戈缶。

学界释读存有分歧。常耀华释读为："不戎缶"。[4] 赵鹏释读为："庚子：不戎缶。"[5]

[41] 07265. 贞勿 [𢦧] 值戎，戠。

[42] 07266. □寅卜，王，贞勿𢦧值戎，戠。二

甲骨原片不清晰，尤其是07266，导致释读有差异。姚孝遂主编《殷墟甲骨刻辞摹释总集》释为："寅卜王贞衣循捍戠"。[6] 曹锦炎释为："□寅卜，王，贞 [勿] 𢦧徝 [戎]，戠。"[7] 裘锡圭释读为："贞：勿卒值戎戠；□寅卜，王贞：勿卒值戎戠。"并认为戠读为待，戎为宾语。[8] 李雪山释读为："贞：勿卒循捍，戠；□寅卜，王贞：[勿] 卒循捍，戠。"解释卜辞大意为："占问王带兵巡守还未结束，是否再等一段时间。"[9]

[43] 13172. [贞] ……丑……戎……丁……

卜辞不完整，难以解读。

① 姚孝遂：《殷墟甲骨刻辞摹释总集》，北京：中华书局，1988年，第193页。
② 曹锦炎、沈建华：《甲骨文校释总集》，上海：上海辞书出版社，2006年，第958页。
③ 姚孝遂：《殷墟甲骨刻辞摹释总集》，北京：中华书局，1988年，第119页。
④ 常耀华：《圆体类、劣体类卜辞之再检讨》，《殷墟科学发掘80周年纪念文集》，北京：科学出版社，2011年，第423页。
⑤ 赵鹏：《殷墟甲骨文人名与断代的初步研究》，北京：线装书局，2007年，第285页。
⑥ 姚孝遂：《殷墟甲骨刻辞摹释总集》，北京：中华书局，1988年，第181页。
⑦ 曹锦炎、沈建华：《甲骨文校释总集》，上海：上海辞书出版社，2006年，第900页。
⑧ 裘锡圭：《古文字论集》，北京：中华书局，1992年，第111—116页。
⑨ 李雪山：《商代分封制度研究》，北京：中国社会科学出版社，2004年，第306页。

［44］13728 正．……黍戎樊。

甲骨原片第一个字断裂，各家释读不一。姚孝遂主编《殷墟甲骨刻辞摹释总集》释为："黍肇蠱。"① 曹锦炎释为："来戎蠱。"②

［45］15526．贞勿戎十霝。二

卜辞不完整，难以解读。

［46］16040．……于戎氏老。

甲骨原片断裂，释读存在差异。裘锡圭释读为："□于戎以Ａ"，并进一步认为"把'以Ａ'释为'以瞽'，也是很合适的"。③ 姚孝遂主编《殷墟甲骨刻辞摹释总集》释为："……于戎以老。"④ 曹锦炎释为："……于戎以老。"⑤

［47］16309 反．戎。

卜辞不完整，难以解读。姚孝遂主编《殷墟甲骨刻辞摹释总集》释为："戎"。⑥ 比较甲骨原片，《合集释文》有误，缺少重字的释文。

［48］18709 正．南……凡……串

对"串"字释读存在差异，姚孝遂主编《殷墟甲骨刻辞摹释总集》释为："南……凡串……"。⑦ 曹锦炎释读为："南……凡……戎。"⑧

［49］19036．癸丑卜，［贞］其死……隹……戎

卜辞不完整，难以解读。

［50］19549．□□［卜］，㕮，贞……戎……

卜辞不完整，难以解读。

［51］19617．戎其名。

卜辞不完整，难以解读。

［52］19619 正．戎……土于……成戎……若。

卜辞不完整，难以解读。姚孝遂主编《殷墟甲骨刻辞摹释总集》释为："戎……土于……成戎……若。"⑨ 曹锦炎释为："戎土于……成戎……若。"⑩

① 姚孝遂：《殷墟甲骨刻辞摹释总集》，北京：中华书局，1988年，第319页。
② 曹锦炎、沈建华：《甲骨文校释总集》，上海：上海辞书出版社，2006年，第4649页。
③ 裘锡圭：《裘锡圭学术文集·甲骨文卷》，上海：复旦大学出版社，2012年，第512页。
④ 姚孝遂：《殷墟甲骨刻辞摹释总集》，北京：中华书局，1988年，第367页。
⑤ 曹锦炎、沈建华：《甲骨文校释总集》，上海：上海辞书出版社，2006年，第1892页。
⑥ 姚孝遂：《殷墟甲骨刻辞摹释总集》，北京：中华书局，1988年，第371页。
⑦ 姚孝遂：《殷墟甲骨刻辞摹释总集》，北京：中华书局，1988年，第416页。
⑧ 曹锦炎、沈建华：《甲骨文校释总集》，上海：上海辞书出版社，2006年，第2171页。
⑨ 姚孝遂：《殷墟甲骨刻辞摹释总集》，北京：中华书局，1988年，第432页。
⑩ 曹锦炎、沈建华：《甲骨文校释总集》，上海：上海辞书出版社，2006年，第2262页。

[53] 20218.［辛］丑卜，［王］，令……甫大帝戎。

甲骨原片不清晰，导致释读有差异。姚孝遂主编《殷墟甲骨刻辞摹释总集》释为："丑卜……令……甫大……祟戎。"① 曹锦炎释为："［辛］丑卜，［王］，令……甫大帝戎。"②

[54] 20286.王畐……戎……父……

甲骨原片断裂，导致释读存在差异。姚孝遂主编《殷墟甲骨刻辞摹释总集》释为："王酋……甫……父。"③ 曹锦炎释为："王畐……甫……父……。"④

[55] 20168.丁巳卜，□雀□戎乎……

卜辞不完整，难以解读。姚孝遂主编《殷墟甲骨刻辞摹释总集》释为："丁巳卜……雀……戎。"⑤ 曹锦炎释为："丁巳卜，□雀□戎，乎。"⑥

[56] 20359.戎紳

卜辞不完整，难以解读。

[57] 20417.丙辰卜，戎其见方。

[58] 20457.癸丑卜，王，贞戎其及方。

两条卜辞具有共性，一个是"戎其见方"，另一个是"戎其及方"，均出现了"戎"与"方"，此处的"方"是指方国部族之意，而戎所指看法不一。

20417，甲骨原片并不清晰，所以释读不一致。姚孝遂主编《殷墟甲骨刻辞摹释总集》释为："丙辰卜甫其见方二月。"⑦ 曹锦炎释为："丙辰卜，戎其见方。"⑧ 彭裕商释为："丙辰卜：甫其见方？三月。"并认为"甫"乃人名。⑨ 罗琨释为："丙辰卜，戎其见方，二月。"并认为"戎"乃人名，"见"是指"有组织监视敌人动向的部署"。⑩

20457，徐中舒主编《甲骨文字典》释为："癸丑卜王贞戎其及方"，并认为戎乃国族名。⑪ 陈年福释为："癸丑卜王贞戎其及方。"⑫ 姚孝遂主编

① 姚孝遂：《殷墟甲骨刻辞摹释总集》，北京：中华书局，1988 年，第 444 页。
② 曹锦炎、沈建华：《甲骨文校释总集》，上海：上海辞书出版社，2006 年，第 2325 页。
③ 姚孝遂：《殷墟甲骨刻辞摹释总集》，北京：中华书局，1988 年，第 445 页。
④ 曹锦炎、沈建华：《甲骨文校释总集》，上海：上海辞书出版社，2006 年，第 2325 页。
⑤ 姚孝遂：《殷墟甲骨刻辞摹释总集》，北京：中华书局，1988 年，第 443 页。
⑥ 曹锦炎、沈建华：《甲骨文校释总集》，上海：上海辞书出版社，2006 年，第 2331 页。
⑦ 姚孝遂：《殷墟甲骨刻辞摹释总集》，北京：中华书局，1988 年，第 448 页。
⑧ 曹锦炎、沈建华：《甲骨文校释总集》，上海：上海辞书出版社，2006 年，第 2343 页。
⑨ 彭裕商：《殷墟甲骨断代》，北京：中国社会科学出版社，1994 年，第 60、61 页。
⑩ 罗琨：《商代战争与军制》，北京：中国社会科学出版社，2010 年，第 222—223 页。
⑪ 徐中舒：《甲骨文字典》，成都：四川辞书出版社，1989 年，第 1360 页。
⑫ 陈年福：《殷墟甲骨刻文摹释全编》第 4 卷，北京：线装书局，2010 年，第 1824 页。

《殷墟甲骨刻辞摹释总集》释为："癸丑卜王贞戎其及方"①。罗琨释为："癸丑卜，王，贞戎其及方"，并认为"戎"乃人名。②

　　[59] 20452. 戊子卜，王，翌辛少戎其征……

　　卜辞不完整，难以解读。

　　[60] 20552.……大丁……牛……戎……

　　卜辞不完整，难以解读。

　　[61] 21252. 庚辰卜，奏▨不我；……允戎。

　　甲骨原片不清晰，导致释读有差异。姚孝遂主编《殷墟甲骨刻辞摹释总集》释为："庚辰卜，▨▨不我；……允捍。"③ 曹锦炎释为："庚辰卜，莽雨，不我。……允戎。"④

　　[62] 21996.□戌卜，贞亦朋。

　　甲骨原片不清晰，导致释读有差异。常耀华释读为："贞亦戎？"并解释道："亦后一字曾被挖削，字迹不晰，看上去似是'戎'字。"⑤

　　[63] 28043.……不至于……戌再……戎。吉

　　卜辞不完整，难以解读。

　　[64] 31811. 戎

　　卜辞不完整，难以解读。

　　[65] 32904.……戎……即……

　　卜辞不完整，难以解读。

　　[66] 33071. 戎

　　此卜辞在《合集释文》中无有，漏掉了▨字的释文。姚孝遂主编《殷墟甲骨刻辞摹释总集》释为："……丙……戎"。⑥ 李宗焜认为此处有▨字，释为戎。⑦

　　[67] 39978.……戎，余乎［▨］

　　卜辞不完整，难以解读。

　　① 姚孝遂：《殷墟甲骨刻辞摹释总集》，北京：中华书局，1988年，第449页。
　　② 罗琨：《商代战争与军制》，北京：中国社会科学出版社，2010年，第223页。
　　③ 姚孝遂：《殷墟甲骨刻辞摹释总集》，北京：中华书局，1988年，第464页。
　　④ 曹锦炎、沈建华：《甲骨文校释总集》，上海：上海辞书出版社，2006年，第2426页。
　　⑤ 常耀华：《圆体类、劣体类卜辞之再检讨》，《殷墟科学发掘80周年纪念文集》，北京：科学出版社，2011年，第424页。
　　⑥ 姚孝遂：《殷墟甲骨刻辞摹释总集》，北京：中华书局，1988年，第740页。
　　⑦ 李宗焜：《甲骨文字编》，北京：中华书局，2012年，第890页。

第四节　甲骨卜辞中与戎紧密相关之羌方

羌在甲骨卜辞中有 ⚇、⚇、⚇、⚇、⚇ 等不同的写法，由羌方、北羌、马羌等众多的方国构成。

"羌方"的卜辞如下：

[1] 26895. ……更入，戍犀立于口，〔自〕之雷羌方，不雉人。……〔更入〕，戍犀立于 ⚇，自之雷羌方，不雉人。

[2] 27972. 戍其褅毋归，于之若，戋羌方。其乎戍羌方于义祖乙，戋羌方，不丧众。

[3] 27974. 其令戍雷羌方于 ⚇，于利征又 ⚇，戋羌方。吉。

[4] 28093. 其用羌方于宗王受又又。

[5] 28053. 王更羡令五族戍羌方。

[6] 36528 反. 册戲方、羌方、羞方、⚇方，余其从侯口 ⚇ 伐四邦方。

"马羌""多马羌""北羌"的卜辞如下：

[1] 06624. 乙卯卜，争，贞王口伐马羌。

[2] 06625. 贞北羌口告曰：戎。

[3] 06627. 己酉卜，口，贞王更北羌伐。

[4] 06761. 寅卜，口，贞令多马羌御方。二告。

[5] 06769. 贞，令多马羌。贞，勿令多马羌。

商对羌征伐、戍守的卜辞如下：

[1] 00186. 庚申卜，王，⚇ 获羌。

[2] 00196. 卓获羌。

[3] 00493 正. 癸未卜，宕，贞更卓往追羌。

[4] 20399. 乙巳卜，〔贞〕罘雀伐羌囧。

[5] 20403. 更雀伐羌。

羌人反抗的卜辞如下：

[1] 06599. 甲辰卜，王，羌弗戋朕使。二月。

[2] 20404. 甲午卜，叶，羌戋 ⚇。

[3] 20531. 癸酉卜，王，贞羌其征沚。

一、羌与羌方

羌与羌方的关系，学界有不同的看法，主要有以下三种：

第一种观点认为，羌就是指羌方。如饶宗颐认为："羌亦称羌方。"[1] 郑杰祥认为："羌又称羌方，是商代一个强悍的部族。"[2] 张光直认为："羌者，羌方之人。"[3] 李雪山认为："卜辞中'羌方'又简称为'羌'，与商王朝长期处于战争状态，商出动大量兵力征讨。"[4]

第二种观点认为，羌有广、狭之分，羌方属于羌的一种。如李学勤认为："在殷代，'羌'与'羌方'含义有广狭的不同。商人泛称西方的异族人为'羌'，而'羌方'专指居于羌地的一个方国，与东方异族人'夷'相对。凡卜辞中杀羌若干人或俘羌若干人，均是广义的'羌'。"[5] 罗琨认为："还要辨明羌与羌方的关系……可知商人对羌方以外的方国部落的俘虏也称之为羌，这就更进一步证明了甲骨文中的羌是有广狭两种含义的说法……一些游牧民族方国与古羌族有共同的习俗，看来这就是商人把他们泛称为羌的原因所在。"[6] 朱歧祥论述更为具体，他认为："一般的方国只出现于某特定的时期和方位，而羌在殷甲骨中涵盖的活动时间长久，多达两百年……羌族活动范围之广，可由殷的西南、正西，一直延伸到殷的西北，一个弱小长期受欺压的部族，其涵盖的时空能够如此广阔，有殷一代是绝无仅有的……作为一般羌的泛称普遍用⺅，作为方国的专名'羌方'，则只见于𰀁、𰀂，而绝不用⺅。卜辞中的⺅只作为殷人搜捕的对象……卜辞中无任何伐⺅的辞例……相对的，羌方只是殷人征伐的目标，并接受殷人册封。所以，⺅和羌方所代表的，很明显属于二类不同的对象……⺅字除常态的用为殷人牲外，显然并未作为一个方国的身份出现……可见⺅字宜理解为一大类族群的泛称，与后来

① 饶宗颐：《饶宗颐二十世纪学术文集·殷代贞卜人物通考》，北京：中国人民大学出版社，2009 年，第 133 页。
② 郑杰祥：《商代地理概论》，郑州：中州古籍出版社，1994 年，第 84 页。
③ ［美］张光直：《商代文明》，毛小雨译，北京：北京工艺美术出版社，1999 年，第 212 页。
④ 李雪山：《商代封国方国及其制度研究》，博士学位论文，郑州大学，2001 年。
⑤ 李学勤：《殷代地理简论》，北京：科学出版社，1959 年，第 80 页。
⑥ 罗琨：《殷商时期的羌和羌方》，《甲骨文与殷商史》第 3 辑，上海：上海古籍出版社，1991 年。

结合为羌方一特定族众名称的用法是不同的。"①《商代地理与方国》一书认为："甲骨文中的羌与羌方不能完全等同。"②

第三种观点认为，不能确指。如刘莉认为："因为甲骨文中所称的羌的概念有多重意义，不是专指某一人群或民族，但我们尚不能确切了解其确切含义，因此无法将其物化。"③

比较三种观点，笔者认为第二种观点更为符合历史实际，原因有三：

一是卜辞记载表明：俘获羌人是最多的，并被用来祭祀。如姚孝遂认为："羌是甲骨刻辞中最为常见的，数量最多的一种俘虏。"④ 胡厚宣认为："总算起来，从盘庚迁殷到帝辛亡国，在这八世、十二王、二七三年（公元前1395－前1123）的奴隶社会昌盛期间，共用人祭一三〇五二人，另外还有一一四五条卜辞未记人数，即都以一人计算，全部杀人祭祀，至少亦当用一四一九七人……知殷代伐祭所砍杀，必多系羌奴。"⑤ 这些反映出羌人被大量捕获的历史事实。

二是殷人对待羌人的态度不尽相同。卜辞中既有与商友好的羌人，也有商人武力镇压的羌人。对于不同的羌人，商王朝有不同的处理方式。为何羌人存在不同的待遇，罗琨认为："殷商时期古羌族的各个支系可能发展的很不平衡，一部分和商人处于敌对状态，二者在社会生产发展和经济生活方面差距较大，商人常将他们俘作奴隶或人牲。另一些长期以来和中原地区关系密切，有的甚至在文化上也渐次融合，或为参与商王朝统治的强宗大族之一，仅在名号上有时还保留羌字，记载着血统的渊源。"⑥ 笔者认为其说甚是，商人对羌人实行的是一种分而治之的政策。

三是卜辞中有北羌、多马羌的存在，这些羌部族的存在，反映出"羌人在商代也是一个'种类繁多'的古族，形成很多方国部落"。⑦

综上，商代的羌有广狭之分，广义指西方的"异族"人，狭义则指示羌

---

① 朱歧祥：《说羌——评估甲骨文的羌是夏遗民说》，《甲骨文发现一百周年学术研讨会论文集》，台北："中研院历史语言研究所"，1998年。

② 孙亚冰、林欢：《商代地理与方国》，北京：中国社会科学出版社，2010年，第268页。

③ 刘莉：《中国早期国家政治格局的变化》，《多维视域：商王朝与中国早期文明研究》，北京：科学出版社，2008年，第168页。

④ 姚孝遂：《商代的俘虏》，《古文字研究》第1辑，北京：中华书局，1979年。

⑤ 胡厚宣：《中国奴隶社会的人殉和人祭（下）》，《文物》1974年第8期。

⑥ 罗琨：《殷商时期的羌和羌方》，《甲骨文与殷商史》第3辑，上海：上海古籍出版社，1991年。

⑦ 罗琨：《殷商时期的羌和羌方》，《甲骨文与殷商史》第3辑，上海：上海古籍出版社，1991年。

方、北羌、多马羌这些方国部族。

二、地望

关于羌人的地理位置，学界也有不同的意见，如下所述。

第一种观点认为在商的西部，这也是学界最主流的观点。如李学勤认为："羌人居于商西。"[①] 胡厚宣认为："羌本来是殷西北的一个族名。"[②] 顾颉刚认为："研究的结果，知道羌方是当时西方的一个大国，他们地广人众，和商朝的争夺关系最多……羌的疆域相当地大……大致说来，他们占有了现今甘肃省大部和陕西省西部。他们对于商朝是叛服不常的。"[③] 张光直认为："羌方可能是位于商西部的一个国家，是商战争俘虏的主要来源地。"[④] 范毓周认为："羌是殷人西北一个与殷经常处于敌对地位的部族。"[⑤] 孟世凯认为："羌人的分布较广，在西部各地都有活动，因此商王朝的羌人情况也不尽同。"[⑥] 李雪山认为："羌人的活动地域主要在陕西中南部，西境可能已伸入甘肃境内。"[⑦] 牛世山认为："羌方应是羌人的族的共同体，其考古学文化可能是刘家文化。这样，羌方的地域可据刘家文化的分布地域推知。从刘家文化的遗存分布格局看，它在极盛之时，分布于陕西关中西部、甘肃东部偏南一带，向西一度达甘肃南部的渭水流域一带。那么，羌方的活动地域当即此域。"[⑧]《商代地理与方国》一书认为："羌方分布在今山西省南部与河南省西部的广阔地域，拥有不少支系分族与盟族。"[⑨] 王明珂认为："由甲骨资料中，我们知道商人称西方某一区域为羌方，称那的人为羌。其地理位置大约在河南西部、山西南部与陕西东部一带。"[⑩] 日本学者岛邦男认为："知少

---

①　李学勤：《殷代地理简论》，北京：科学出版社，1959 年，第 11 页。

②　胡厚宣：《中国奴隶社会的人殉和人祭（下）》，《文物》1974 年第 8 期。

③　顾颉刚：《从古籍中探索我国的西部民族——羌族》，《社会科学战线》1980 年第 1 期。

④　[美] 张光直：《商代文明》，毛小雨译，北京：北京工艺美术出版社，1999 年，第 212 页。

⑤　范毓周：《殷代武丁时期的战争》，《甲骨学与殷商史》第 3 辑，上海：上海古籍出版社，1991 年。

⑥　孟世凯：《商史与商代文明》，上海：上海科学技术文献出版社，2007 年，第 32 页。

⑦　李雪山：《商代封国方国及其制度研究》，博士学位论文，郑州大学，2001 年。

⑧　牛世山：《商代的羌方》，《三代考古》2，北京：科学出版社，2006 年。

⑨　孙亚冰、林欢：《商代地理与方国》，北京：中国社会科学出版社，2010 年，第 41 页。

⑩　王明珂：《羌在汉藏之间：一个华夏边缘的历史人类学研究》，台北：联经出版事业股份有限公司，2003 年，第 174 页。

方位于西北。"①

第二种观点，代表人物是陈梦家。他是通过沚、戉、𢀖、雀等国位置来断定的，认为："武丁卜辞所记与羌作战的沚、戉、𢀖、雀等，或在晋南，或在河内附近太行山的区域……则羌去此不远。"②

对于此说，一些学者表示反对。如日本学者岛邦男认为："陈梦家谓𢀖方'或在晋南，或在河内附近太行山的区域。'这种说法不妥。"③ 牛世山认为："王朝征伐的方国中，征伐者的居地并非一定居在被讨伐的方国附近……被征伐的对象显然不可能都在西方的羌方附近，其中北土、南土之辞更说明有关行动更远在商王朝的北方、南方之地。由此来看，征伐羌方的国族或人的居地是否就在羌方附近尚需探讨，更遑论羌方地望问题了。"④

第三种观点认为西方、北方、东方均有分布。如饶宗颐认为："向来以羌人活动仅在山西南部，以考古资料证之，殊为不确，大抵羌人之地区与后代西羌相仿佛，自青海汧渭关陇以东及于晋豫，羌人足迹散布各地。"⑤ 钟柏生认为："羌人出没在殷的西方，就是说其活动的西界是山西中南部，另外羌人亦出没在殷的北方、东方……殷王畿的北方，则应该在今山西东南部，与河北西南角，河南东北角一带，其东方则当在今山东西方一带。"⑥ 许倬云认为："晚商时候的羌人分布于陇右到豫西晋南的系列河谷山岳之间。其在商境西陲者号为羌方，与商人时有冲突；更往西去的一条线上，诸羌统称为羌人。"⑦ 郑杰祥认为："卜辞羌地所在不能确指，根据卜辞所记与羌地相系联的地名推测，羌地当在古河内地区……在商代晚期，河内地区当住有羌人，战国末期居于河内地区的羌人，应当就是商代河内地区羌人的后裔……卜辞既记西方有羌，也记北方有羌。北方的羌人，商人又称之为北羌……商代的北羌活动于今河北平原之上，他们的活动范围和商王畿隔着一条漳水……商王朝的西部羌人主要活动于今山西省南部的介休县和陕西省东部

① ［日］岛邦男：《殷墟卜辞研究》，濮茅左等译，上海：上海古籍出版社，2006 年，第 779—780 页。

② 陈梦家：《殷虚卜辞综述》，北京：中华书局，1988 年，第 281 页。

③ ［日］岛邦男：《殷墟卜辞研究》，濮茅左等译，上海：上海古籍出版社，2006 年，第 779—780 页。

④ 牛世山：《商代的羌方》，《三代考古》2，北京：科学出版社，2006 年。

⑤ 饶宗颐：《饶宗颐二十世纪学术文集·甲骨集林》，北京：中国人民大学出版社，2009 年，第 905 页。

⑥ 钟柏生：《殷商卜辞地理论丛》，台北：艺文印书馆，1989 年，第 175 页。

⑦ 许倬云：《西周史》，北京：生活·读书·新知三联书店，1993 年，第 52 页。

的大荔县一带，这种说法是可信的。"① 朱歧祥认为："羌族活动范围之广，可由殷的西南、正西，一直延伸到殷的西北……^个的活动范围主要在殷西，单亦有言'北羌'者……这很明显反映羌分布之广之众。"② 蒲立本认为："在商甲骨文中出现的'羌'字，指在商周边的一些难以对付的敌人。"③

第四种观点，代表人物董作宾。他认为："羌蜀的地望，不能十分确定。"④

第五种观点，刘莉认为："（羌的分布）这些观点见仁见智，即无法证实也无法推翻。"⑤

羌人由诸多方国构成，再考虑到迁徙等原因，以上五种观点中，笔者认同第三种观点，即羌的位置广泛的分布在殷人周围。

三、经济社会生活

对于卜辞中所反映的羌人的经济社会生活，学界也有分歧，如下所述。

有的学者认为商时的羌人是游牧部族，如董作宾认为："在殷代，羌的种族，是西方最大的一个，他们是为畜牧民族，以牧羊为主要的生产。"⑥ 陈梦家认为："羌方应理解为一流动的游牧民族，羌是他们的种姓。"⑦ 胡厚宣认为："羌以游牧为生，以羊为图腾。"⑧

此种说法或多或少的受到《说文解字》所言"羌，西戎牧羊人也"⑨ 的影响。是故朱歧祥认为："羌是牧羊人的说法，亦是汉以后对西边羌人生活习性的诠释，恐亦非羌字发生的本义……羌字上半部的取象，应该是将长发编成角状的发髻之形。这应是羌人当日习惯的发饰……羌字的形成，是由早

———————

① 郑杰祥：《商代地理概论》，郑州：中州古籍出版社，1994 年，第 65、66、84、85、314 页。

② 朱歧祥：《说羌——评估甲骨文的羌是夏遗民说》，《甲骨文发现一百周年学术研讨会论文集》，台北："中研院历史语言研究所"，1998 年。

③ ［加拿大］蒲立本：《姬、羌：异姓族群在周人政体组织中的角色》，《当代西方汉学研究集萃：上古史卷》，上海：上海古籍出版社，2012 年，第 185 页。

④ 董作宾：《殷代的羌与蜀》，《说文月刊》1942 年第 3 卷第 7 期。

⑤ 刘莉：《中国早期国家政治格局的变化》，《多维视域：商王朝与中国早期文明研究》，北京：科学出版社，2008 年，第 168 页。

⑥ 董作宾：《殷代的羌与蜀》，《说文月刊》1942 年第 3 卷第 7 期。

⑦ 陈梦家：《殷虚卜辞综述》，北京：中华书局，1988 年，第 281 页。

⑧ 胡厚宣：《中国奴隶社会的人殉和人祭（下）》，《文物》1974 年第 8 期。

⑨ 《说文解字注》，上海：上海古籍出版社，1981 年，第 146 页。

期表达其部落特殊的发饰，以至后来与沦为奴隶的身份有关。"① 牛世山通过考古材料的辨析，认为："就迄今所知的信息看，羌方的社会并非处于游牧状态，而是处于定居生活状态。其经济活动主要有畜牧、农业等，似乎又以畜牧经济的成分更为浓厚一些。"②

朱歧祥的质疑，笔者深以为是，对于其他先秦字义的识别很有借鉴意义。牛世山通过考古材料得出的观点，笔者表示赞同。

对于羌人有没有形成国家的问题，学界也有探讨，如下所述。

罗琨认为："羌人在商代也是一个'种类繁炽'的古族，形成很多方国部落。甲骨文中羌人的多方约相当于记载中的'诸种'，还没有形成国家，尚处于军事民主制阶段。"③

牛世山认为："综合以上分析说明，在商代晚期偏早阶段，羌方已可分为北羌、多马羌等两个分支；在商代晚期偏晚阶段，北羌又分化为密须等国家实体，密须等国可能是真正的国家了……从总体看，羌方的社会形态或许没有到商王朝那样的发达程度，但在上百年与商王朝的互动激荡中，在商代晚期偏早阶段，其社会可能已经发展到很高阶段，这应是无可置疑的。"④

综上，由于史料较少，加上学者所依据的标准不一，对于羌人国家形成问题，笔者认为可存疑待考。

综合学者们的观点，可以肯定的是：羌人的文明程度已发展到较高阶段。正如韦心滢在《殷代商王国政治地理结构研究》一书中认为的那样："羌方是殷代二百多年来始终存在于商王国西边的劲敌，经历不同时期的攻伐征战，羌方势力总是颠扑不破，证明羌方不是一个原始落后的族团，而是在某方面拥有足以和商王国抗衡的文明力量。"⑤

四、羌与夏、殷、戎关系

（一）与夏关系

一些学者认为羌人与夏民族有着密切关系。陈梦家认为："由于羌人作

---

① 朱歧祥：《说羌——评估甲骨文的羌是夏遗民说》，《甲骨文发现一百周年学术研讨会论文集》，台北："中研院历史语言研究所"，1998年。
② 牛世山：《商代的羌方》，《三代考古》2，北京：科学出版社，2006年。
③ 罗琨：《殷商时期的羌和羌方》，《甲骨文与殷商史》第3辑，上海：上海古籍出版社，1991年。
④ 牛世山：《商代的羌方》，《三代考古》2，北京：科学出版社，2006年。
⑤ 韦心滢：《殷代商王国政治地理结构研究》，上海：上海古籍出版社，2013年，第356页。

为牺牲的事实以及羌方地望的推测，我们以为羌可能与夏后氏为同族之姜姓之族是有关系的……羌为与夏同族之人，商革夏命，因此俘虏其子民为奴隶并作为主要的人牲来源，乃近乎理。"① 饶宗颐认为："羌戎与夏似有不可分割之关系。"② 王慎行认为："陈梦家推断'羌可能与夏后氏为同族之姜姓之族'是可信的。"③ 朱歧祥认为："羌人和一般方国的性质是不大相同的，相对于殷墓中仅见以羌人为立待人俑。羌理解为殷人的世仇——夏部落遗民，其形状被铸为奴隶的象征，一则作为对夏人的鄙视，二则作为玩物和陪葬品，以夸耀统治者的功业，这显然是合情合理的。殷人对羌这一弱小群体如此特别的和长期的仇恨，除了羌人即相当于夏遗民，为殷人建邦立国长久的大患，并引以为戒这一可能外，吾人实在找不到更好的理由来解释以上的种种现象。"④

由于史料较少，学者们对夏民族概念界定上亦有分歧，羌与夏的关系，笔者认为可存疑待考。综合学者们的观点，可以肯定的是：羌与夏的关系是比较紧密的。

（二）与殷关系

总体而言，羌人与殷的关系并不和睦，羌人被俘虏、杀害的事例也比较多。沈从文认为："从甲骨文字记载反映，殷商时期主要征伐对象有两个，即西部的戎羌和东南的淮夷。"⑤ 蒲立本认为："在商甲骨文中出现的'羌'字，指在商周边的一些难以对付的敌人。"⑥ 何永斌甚至认为："纵观殷商时期羌人及其与中央王朝的关系史，可以用两句话来高度概括，那就是：历久频繁的战争史和血泪斑斑的奴隶史。"⑦

胡厚宣曾对卜辞进行过统计，他认为："总算起来，从盘庚迁殷到帝辛亡国，在这八世、十二王、二七三年（公元前 1395－前 1123）的奴隶社会

① 陈梦家：《殷虚卜辞综述》，北京：中华书局，1988 年，第 282 页。
② 饶宗颐：《饶宗颐二十世纪学术文集·甲骨集林》，北京：中国人民大学出版社，2009 年，第 905 页。
③ 王慎行：《卜辞所见羌人考》，《古文字与殷商文明》，西安：陕西人民教育出版社，1992 年。
④ 朱歧祥：《说羌——评估甲骨文的羌是夏遗民说》，《甲骨文发现一百周年学术研讨会论文集》，台北："中研院历史语言研究所"，1998 年。
⑤ 沈从文：《中国古代服饰研究》，上海：上海书店出版社，2005 年，第 38 页。
⑥ ［加拿大］蒲立本：《姬、羌：异姓族群在周人政体组织中的角色》，《当代西方汉学研究集萃：上古史卷》，上海：上海古籍出版社，2012 年，第 185 页。
⑦ 何永斌：《西川羌族特殊载体档案史料研究》，成都：巴蜀书社，2009 年，第 10－11 页。

昌盛期间，共用人祭一三〇五二人，另外还有一一四五条卜辞未记人数，即都以一人计算，全部杀人祭祀，至少亦当用一四一九七人……知殷代伐祭所砍杀，必多系羌奴。"[①]

钟柏生认为："绝大部分的羌人，殷人用为祭品，而且其数目至为庞大……卜辞中用羌人为祭品的记载，远超过它族。"[②] 罗琨认为："殷墟卜辞中的羌最常见的是作人祭的牺牲，此风以武丁时最盛。"[③] 王慎行认为："羌人的用途：用作人牲、沦为奴隶、修治甲骨，羌人被俘或沦为奴隶后，受到商代统治者的残杀、囚禁和非人待遇。出于求生的本能，羌俘和羌奴以逃亡和暴动的形式，与商代统治者进行斗争。"[④]

羌与商人关系不和睦的原因，学界也有分析。如孟鸥认为："一方面是为扩大土地、增加财产，争夺更好的生存环境；另一方面也应是一种复仇心理。在大量羌人无辜地成为祭祀的牺牲品时，更多的羌人会为了报复而与商发生一轮又一轮惨烈的战争。"[⑤] 笔者认为此分析是有道理的，但有一个问题值得注意，这两者谁更起主导作用，若是前者，羌便是侵略，若是后者羌便是自卫，性质截然不同。

商人与羌敌对的原因，则在于羌的存在，威胁到了商的统治权威。管东贵认为："很可能是羌人向东发展，殷人向西发展，双方冲突，长期以来，彼此视对方为生存上的威胁。"[⑥] 此外，商对羌人实行人祭的原因，《甲骨文与殷商人祭》一书认为："仇视和排斥异族也是人祭盛行的主要原因……从人祭卜辞来看，被施以伐祭与俎祭的对象多为'羌''尸'，即与殷族敌对交恶的蛮族之人，将他们砍杀、剁碎以祭祖。这显然是为了让祖先同享严惩仇敌的快意。另外，杀俘祭祀的目的是炫耀暴力以确立自己在一个地区的霸主地位。"[⑦]

当然也有友好局面的出现，商与羌也非截然对立。饶宗颐认为："殷人

---

① 胡厚宣：《中国奴隶社会的人殉和人祭（下）》，《文物》1974 年第 8 期。

② 钟柏生：《殷商卜辞地理论丛》，台北：艺文印书馆，1989 年，第 175 页。

③ 罗琨：《殷商时期的羌和羌方》，《甲骨文与殷商史》第 3 辑，上海：上海古籍出版社，1991 年。

④ 王慎行：《卜辞所见羌人考》，《古文字与殷商文明》，西安：陕西人民教育出版社，1992 年。

⑤ 孟鸥：《卜辞所见商代的羌族》，《青岛大学师范学院学报》2007 年第 2 期。

⑥ 管东贵：《从宗法封建制到皇帝郡县制的演变》，北京：中华书局，2010 年，第 3 页。

⑦ 王平、［德］顾彬：《甲骨文与殷商人祭》，郑州：大象出版社，2007 年，第 214—215 页。

与羌，亦为婚媾。"① 钟柏生认为："羌族中有部分臣服于殷，并贡职于殷朝。"②

（三）与戎关系

前贤大都认定羌与戎有着紧密的关系，很多学者认为羌就是戎。

如陈梦家认为："此等族姓，在殷卜辞为羌方为羌，在春秋、战国之书器称之为戎为夏而不以羌名。"③ 饶宗颐认为："羌为西戎巨族。"④ 顾颉刚认为："在西方，'羌'与'戎'都是大名，戎是西方诸族的通称，为表示其地望则曰'西戎'。羌自是某一族的专名，但因他们所占的地方太大，渐渐也成了通称，例范晔《后汉书》的《西羌传》就是把西方各族都收了进去的，因此西方诸族也不妨称为'西羌'或'羌戎'。"⑤ 白寿彝认为："商称其西方境外的各'方'为'羌'，周人便称为戎。"⑥ 钟柏生认为："故从地理方位而言，殷之羌人正是春秋戎狄前身……由历史渊源看……戎狄是四岳之后是史有明言的，四岳是姜姓，是故，戎狄也应是姜姓之后。卜辞中未见戎狄之族的记载，在周代势力雄厚，居住范围如此广大的戎狄之族，会在殷代毫无迹可寻，这是不可能的事。历史上的事迹，皆是渐进的，戎狄既是姜姓，羌姜同音，又有血缘关系，笔者以为卜辞中之羌人，就是周代一部分戎狄的祖先……笔者认为羌是商人对后来戎狄之人的称谓，以其姓氏来代表其族类。"⑦ 管东贵认为："羌人之羌在先秦文献中却极少见。这并非羌人退出了华夏的历史舞台，而是换了名称——戎。"⑧ 日本学者岛邦男认为："彳方即西戎之羌。"⑨

① 饶宗颐：《饶宗颐二十世纪学术文集·殷代贞卜人物通考》，北京：中国人民大学出版社，2009年，第133页。
② 钟柏生：《殷商卜辞地理论丛》，台北：艺文印书馆，1989年，第175页。
③ 陈梦家：《殷虚卜辞综述》，北京：中华书局，1988年，第282页。
④ 饶宗颐：《饶宗颐二十世纪学术文集·殷代贞卜人物通考》，北京：中国人民大学出版社，2009年，第133页。
⑤ 顾颉刚：《从古籍中探索我国的西部民族——羌族》，《社会科学战线》1980年第1期。
⑥ 白寿彝：《白寿彝史学二十讲：上古时代·夏商周春秋战国时期》，北京：中国友谊出版公司，2010年，第120页。
⑦ 钟柏生：《殷商卜辞地理论丛》，台北：艺文印书馆，1989年，第177-178页。
⑧ 管东贵：《从宗法封建制到皇帝郡县制的演变》，北京：中华书局，2010年，第8页。
⑨ ［日］岛邦男：《殷墟卜辞研究》，濮茅左等译，上海：上海古籍出版社，2006年，第780页。

五、结论

综合以上的论述，可得表 1-1：

表 1-1：甲骨卜辞中的羌与文献中的戎[1]

	甲骨卜辞中的羌	文献中的戎	其他族群
遍见于东、西、北等方	＋	＋	－
兼有多重意义	＋	＋	－
种族构成复杂	＋	＋	－
起源与中原王朝紧密相关	＋	＋	－
与中原王朝亦敌亦友	＋	＋	－
与中原王朝斗争中长期被动	＋	＋	－
地位低于其他族群	＋	＋	－
经济形态为复合经济	＋	＋	－

注："＋"表示相同，"－"表示不同。

如表 1-1 所示，戎可以在方位、对外关系、经济形态等八个方面与羌相对应。卜辞中能有如此吻合度的只有羌，况戎之形成必有一个渐进的过程，有理由相信，殷商之羌，即后来之戎。[2]

第五节　甲骨卜辞中与戎紧密相关之鬼方

鬼方之"鬼"，甲骨文写作𩫖、𩫕、𩫔、𩫗等字形，直接出现"鬼方"的卜辞如下：

[1] 08591. 乙酉卜，𡧜，贞鬼方昜亡𡇭。五月。

[2] 08592. 乙酉卜，内，贞鬼方昜［亡］𡇭。五月。

[3] 08593. □□［卜］，□，贞鬼方［昜］……

有关"鬼方"的卜辞如下：

[1] 00137 正．鬼亦？疾。

---

[1] 该表制作多参考朱歧祥《说羌》一文。

[2] "戎"并非全指"羌人"，二者关系详见本文《戎与羌、匈奴、胡关系考辨》节。

［2］00203 正．乙巳卜，宂，贞鬼获羌。一月。乙巳卜，宂，贞鬼不其获羌。贞鬼获羌。贞鬼不其获羌。

［3］01114 正．壬辰卜，争，贞隹鬼戗。

［4］01114 反．允隹鬼罘周戗。

［5］05577.……逐自……小臣鬼……入于……

［6］06474. 王勿从鬼。

［7］20757. 㕘，步不歪，步鬼。

此外，卜辞中有“𢀛”（吕）字，有学者认为是“鬼”，如董作宾认为：“𢀛方即鬼方。”① 于省吾认为：“以契文吕方之方位及为患之剧考之，亦非吕方无以当鬼方。”② 朱歧祥认为：“由刻辞、古文献、历法、地望和部落的关系等互证，可以论定卜辞的𢀛方相当于文献的鬼方。”③ 然而，这种说法并未被学界广泛认可，如王玉哲认为：“（𢀛）从文字学角度看，释舌较有说服力。不过这个舌方到底是文献上的什么方国，仍是问题。但其绝非鬼方，因为卜辞中明明有鬼字，又有鬼方之文，怎么会又以舌方为鬼方呢?”④ 有鉴于此，本文现不对𢀛（吕）方做专门研究。

一、鬼方与鬼戎

鬼方与戎的紧密关系，主要表现在与“西落鬼戎”（出现于《竹书纪年》《后汉书·西羌传》等史书中）的关系上，对于二者的联系，学界也有不同的看法，主要有以下两种观点。

第一种观点认为，鬼方即鬼戎。陈梦家认为：“周王季所伐的西落鬼戎即西落的鬼方之戎。”⑤ 唐兰认为：“《竹书纪年》‘周王季伐西落鬼戎’……是殷代与鬼方交战的事迹。”⑥ 丁山认为：“鬼戎当即鬼方的别名。”⑦ 王玉哲

① 董作宾：《殷历谱·武丁日谱》，《董作宾先生全集》乙编，台北：艺文印书馆，1977 年，第 705 页。

② 于省吾：《双剑誃殷契骈枝；双剑誃殷契骈枝续编；双剑誃殷契骈枝三编》，北京：中华书局，2009 年，第 251 页。

③ 朱歧祥：《殷武丁时期方国研究——鬼方考》，《许昌学院学报》1988 年第 3 期。

④ 王玉哲：《中华远古史》，上海：上海人民出版社，2000 年，第 376 页。

⑤ 陈梦家：《殷虚卜辞综述》，北京：中华书局，1988 年，第 275 页。

⑥ 唐兰：《西周青铜器铭文分代史征》，北京：中华书局，1986 年，第 183 页。

⑦ 丁山：《商周史料考证》，北京：中华书局，1988 年，第 78 页。

认为："所谓'西落鬼戎'，实即'鬼方'。"① 余太山认为："'西落鬼戎'，应即'鬼方'……说明鬼方即鬼戎。"② 孟世凯认为："鬼戎即鬼方，周为商西土的诸侯（周方伯），曾征服不少戎人部落。"③《古本竹书纪年辑证》一书认为："'西落鬼戎'即甲骨文、西周金文及《易》《诗》等典籍之'鬼方'。"④

第二种观点认为，鬼方是泛称，鬼戎属于鬼方之一种。王国维认为："我国古时有一强梁之外族……随世异名，因地殊号。至于后世，或且以丑名加之。其见于商、周间者，曰鬼方、曰混夷、曰獯鬻。其在宗周之季，则曰獯狁。入春秋后，则始谓之戎。"⑤ 饶宗颐认为："周王季伐西落鬼戎，此别为一支。"⑥ 张亚初认为："其实鬼方是这个民族的统称，很可能是以姓为国名之称。它分成了许多方国，就像上面我们提到的缶、基方和亙那样，它们虽然是鬼方大家庭中的若干个组成部分，但它们各有各的具体名称，各自为战……古本《竹书纪年》载：'周王季历伐西落鬼戎，俘二十翟王'，说明在这一带鬼方分成很多个方国，仅西落鬼戎就有二十个方国之多。"⑦ 罗琨认为："鬼方一词当系通称，泛指西北游牧诸族……以鬼方为通称始于西周，因卜辞中仅以鬼为通称，鬼和鬼方都是专名。古本《竹书纪年》称西落鬼戎，暗示商时尚未将鬼姓之戎的邦国称为鬼方……综合甲骨金文记载，可知除了早年就进入中原，参与创造华夏文化的鬼姓之戎某一支系外，作为敌部落的鬼戎崛起较晚，其活动范围主要在岐周之西……那么当它强大起来构成威胁时，周人首当其冲，所以用该族专名作为整个西北游牧族通称。"⑧ 张国硕认为："西洛鬼戎即为鬼方的一支。"⑨ 刘运兴认为："武丁所伐的鬼方，也是一个包含多部的游牧民族。"⑩

两种观点都承认鬼戎与鬼方有着紧密的关系。相比而言，第二种观点更

---

① 王玉哲：《中华远古史》，上海：上海人民出版社，2000 年，第 376 页。

② 余太山：《古族新考》，北京：中华书局，2000 年，第 86 页。

③ 孟世凯：《商史与商代文明》，上海：上海科学技术文献出版社，2007 年，第 32 页。

④ 方诗铭等：《古本竹书纪年辑证》，上海：上海古籍出版社，1981 年，第 33 页。

⑤ 王国维：《观堂集林》，北京：中华书局，1959 年，第 583 页。

⑥ 饶宗颐：《饶宗颐二十世纪学术文集·甲骨集林》，北京：中国人民大学出版社，2009 年，第 904 页。

⑦ 张亚初：《殷墟都城与山西方国考略》，《古文字研究》第 10 辑，北京：中华书局，1983 年。

⑧ 罗琨：《"高宗伐鬼方"史迹考辨》，《甲骨文与殷商史》，上海：上海古籍出版社，1983 年。

⑨ 张国硕：《文明起源与夏商周文明研究》，北京：线装书局，2006 年，第 112 页。

⑩ 刘运兴：《武丁伐鬼方进军路线及其他》，《殷都学刊》1987 年第 2 期。

符合实际。这是因为鬼戎出现晚于鬼方，且从考古学上，鬼方文化也是一个很大的文化圈，并非只有鬼方一个部族。尚志儒认为："以李家崖文化为代表的鬼方文化，决不仅仅为鬼方一族的文化，实际上它在山、陕北部黄河两岸都有发现……鬼方文化是包括鬼方、𥁕方、土方在内的一支地区性考古学文化。"① 所以，笔者认为鬼戎是属于鬼方文化圈中的一个部族。

二、地望

鬼方的地望，学界争论比较大，目前还不能形成统一的意见。如下：

第一种观点，代表人物是王国维。他认为："鬼方地在汧、陇之间，或更在其西，盖无疑义。虽游牧之族，非有定居，然殷、周间之鬼方，其一部落必在此地无疑也。然其全境，犹当环周之西、北二垂而控其东北。"②

第二种观点认为在山西。陈梦家认为："殷代鬼方似当在晋南。"③ 郑杰祥认为："兹从陈说，商代鬼方当主要分布在今山西省西南部和中条山南北两侧地。"④ 李学勤认为："鬼方与危方并称，则它也应近于山西西南部。"⑤ 王玉哲认为："商周时的鬼方地域在晋中南部，可以说信而有征了。"⑥

第三种观点认为在陕西，具体位置则存在争议。有学者从考古学遗址出发，断定在陕西清涧李家崖。吕智荣认为："李家崖文化的时代、分布地域与商周之际鬼方部族的盘据地望正相吻合，据此我们曾认为该文化是与鬼方有关的考古学文化。李家崖文化当是商周之际鬼方先民的文化遗存，可称为'鬼方文化'。"⑦ 宋镇豪认为："陕西清涧李家崖晚商城址，或说是鬼方之邑。"⑧ 此外，李雪山认为："鬼方即位于今陕西省铜川与韩城间，是商本土西方的国家。"⑨

第四种观点认为在山西、陕西。日本学者岛邦男认为："鬼方地望近羌

① 尚志儒：《鬼方文化浅论》，《夏商文明研究》，郑州：中州古籍出版社，1995 年。
② 王国维：《观堂集林》，北京：中华书局，1959 年，第 585—586 页。
③ 陈梦家：《殷虚卜辞综述》，北京：中华书局，1988 年，第 293 页。
④ 郑杰祥：《商代地理概论》，郑州：中州古籍出版社，1994 年，第 317 页。
⑤ 李学勤：《殷代地理简论》，北京：科学出版社，1959 年，第 75 页。
⑥ 王玉哲：《中华远古史》，上海：上海人民出版社，2000 年，第 379 页。
⑦ 吕智荣：《陕西清涧李家崖古城址陶文考释》，《文博》1987 年第 3 期。
⑧ 宋镇豪：《夏商社会生活史》，北京：中国社会科学出版社，1994 年，第 108 页。
⑨ 李雪山：《商代封国方国及其制度研究》，博士学位论文，郑州大学，2001 年。

方，其区域从太行、太原至陕西。"① 钟柏生认为："鬼方的地望……岛氏之言近是……鬼方则在山西中部近于太行山北端，太原南方才是。"②《陕西商代方国考》一文认为："鬼方的地域，大体为今天的陕北榆林地区大部和延安地区一部分……主要活动在无定河流域和黄河两岸的台地上，并与此东过黄河，与今晋北石楼、保德等县的部分土地连成一片，是一个面积相当广阔的方国。"③ 唐晓峰认为："鬼方的整体范围究竟有多大的范围，不易确定，因为商人的方本来就不是一个表述确切的地域概念。但鬼方的一部或一支生活于山陕北部地区是没有问题的。"④

第五种观点，代表著作为《商代地理与方国》。该书认为："鬼方在武丁时期应位于殷西地区（或以为即陕西清涧李家崖古城），鬼方可能在帝辛时期已内迁至今河北磁县，与王都比邻。"⑤

第六种观点认为在洛水流域。唐兰认为："翟道在今陕西省黄陵县，在洛水支流沮水北岸，那么鬼方就应该在这一带。"⑥

第七种观点认为在泾渭流域。王晖认为："总之，鬼方、獯狁早期居地应在泾渭上游以西。"⑦

第八种观点，代表人物为李大用。他认为："鬼方是活动在今陕西、甘肃，内蒙及其以北辽阔地区的、强大的游牧部落。"⑧

由于学者们依据的标准不一，使得诸说共存，难以取舍，鬼方的地望现在还不能确定。但结合考古学材料，鬼方在陕、山均有分布可能更为符合实际。

三、甲骨卜辞以及《周易》中的"鬼方"

《周易·既济》载："高宗伐鬼方，三年克之。小人勿用。"《周易·未

---

① ［日］岛邦男：《殷墟卜辞研究》，濮茅左等译，上海：上海古籍出版社，2006 年，第 803 页。

② 钟柏生：《殷商卜辞地理论丛》，台北：艺文印书馆，1989 年，第 196 页。

③ 陈全方、尚志儒：《陕西商代方国考》，《殷墟博物苑刊》创刊号，北京：中国社会科学出版社，1989 年。

④ 唐晓峰：《鬼方：殷周时代北方的农牧混合族群》，《中国历史地理论丛》2000 年第 2 期。

⑤ 孙亚冰、林欢：《商代地理与方国》，北京：中国社会科学出版社，2010 年，第 296 页。

⑥ 唐兰：《西周青铜器铭文分代史征》，北京：中华书局，1986 年，第 184 页。

⑦ 王晖：《"虫伯"及其种族地望考——兼论有关鬼方的几个问题》，《中国历史地理论丛》1990 年第 2 期。

⑧ 李大用：《周易新探》，北京：北京大学出版社，1992 年，第 29 页。

济》载：“震用伐鬼方，三年有赏于大国。”① 此处之“鬼方”与卜辞之“鬼方”的关系，也为学界所关注。

第一种观点认为两处“鬼方”所指不一样。在这一大前提下，又有不同。

一些学者主张卜辞“鬼方”是特指，《周易》“鬼方”是泛指。如罗琨认为：“鬼族的代表人物自武丁时起就参与王朝的祭祀、征伐、掠夺羌人等活动，常与当时统治集团中的一些重要成员相提并论……甲骨文资料都不涉及伐鬼方的内容，相反告诉我们鬼及其分族易武丁时就在商王朝统治集团中占有相当重要地位，很难想象一个刚被伐灭的敌国遗族，能得到这样的信任和重用……武丁卜辞中的鬼方即《周易》所称之鬼方的说法，是值得怀疑的……据现有甲骨文资料，武丁时期没有征伐过称之为鬼方的一个鬼姓邦国……武丁所伐之鬼方并非王季所伐之鬼戎，而泛指与中国相对而言的远方之外族……鬼方一词当系通称，泛指西北游牧诸族……《周易》的‘高宗伐鬼方’不是记述武丁对某个鬼姓之国的征伐，而是指在一个历史阶段中，对周人泛称为‘鬼方’的西北游牧诸族之‘多方’的战争……在殷墟卜辞中出现的鬼方，不是对敌国的称谓，而是商王朝统治集团中一个成员的名号。”②

一些学者认为《周易》“鬼方”指示的是卜辞的“𢀛方”。如余太山认为：“《周易》所见‘鬼方’为多方，固不失为一说。但更值得重视的似乎是《周易》所见鬼方便是卜辞所见𢀛方的可能性。”③ 日本学者岛邦男认为：“卜辞无征伐鬼方例，因此，《易·既济》‘高宗伐鬼方’中的鬼方不是指鬼，估计是指𢀛、𠂤。”④

第二种观点认为两处“鬼方”所指相同。王玉哲认为：“按《周易》爻辞说的‘高宗伐鬼方，三年克之’，一般人认为这是说武丁与鬼方打了三年的战争，才把鬼方攻克。其实这种理解是很错误的。在三千多年以前的殷商时代，两国交兵，决不会有持续三年的大规模战争……（《周易》）这两条爻辞行文古朴，我们决无理由怀疑其真实性……我们从古史记录的体裁上考虑，才发现爻辞的‘三年克之’‘三年有赏于大国’都是指商王的纪年，是

---

① 《周易》，北京：中华书局，2010年，第269、273页。
② 罗琨：《“高宗伐鬼方”史迹考辨》，《甲骨文与殷商史》，上海：上海古籍出版社，1983年。
③ 余太山：《古族新考》，北京：中华书局，2000年，第86页。
④ ［日］岛邦男：《殷墟卜辞研究》，濮茅左等译，上海：上海古籍出版社，2006年，第803、804页。

说殷高宗武丁在位的第三年那一年，命周攻克鬼方。这才是这两爻辞辞的确解。"①

此处问题有二，一是卜辞中到底有无伐"鬼方"之记载，二是"三年"作何解释。对于前者，现在难以决断，因为"卜辞中没有对鬼方用'伐'或'征'的明显文句"。②可是仅以此来否认伐鬼方，又显得过于草率。对于后者，见仁见智，也是难以抉择。卜辞以及《周易》中的"鬼方"关系，只能是存疑待考。

四、经济社会生活

对于鬼方的经济和社会生活，传统的观点是游牧。如王国维认为："鬼方地在汧、陇之间，或更在其西，盖无疑义。虽游牧之族，非有定居。"③王玉哲认为："鬼方在商、周时系一游牧民族，尚处在氏族社会阶段。"④罗琨认为："鬼方一词当系通称，泛指西北游牧诸族。"⑤朱歧祥认为："殷墟甲骨卜辞记载的🝙方，是武丁时代的一个西北游牧部族；文献、彝铭称之为鬼方。"⑥

考古资料的出现，使得对传统观点，要重新审视。

张亚初认为："（商戊𣃟中有亘字）我们认为就是鬼方中的亘方所制作的一件铜器，这件铜器表明，早在早商二里岗文化时期，鬼方就已掌握了比较熟练的青铜冶铸技术，它的文化发展水平，完全可以与商文化相比美。鬼方有着悠久的历史和高度的文化，它是从唐尧舜到夏代以来，这一地区文化高度发展的必然体现。"⑦

尚志儒认为："（鬼方文化）是夹在北部草原文化与南部中原文化之间的一种很发达的文化类型……鬼方文化拥有发达的青铜器，那时，不仅能够制造武器、生产工具、车马器和装饰品等小件铜器，而且还可以铸造纹饰精美的大型青铜礼器……鬼方文化中所见文字资料不多，青铜器铭文有'天'

---

① 王玉哲：《鬼方考补证》，《考古》1986 年第 10 期。
② 王玉哲：《鬼方考补证》，《考古》1986 年第 10 期。
③ 王国维：《观堂集林》，北京：中华书局，1959 年，第 585－586 页。
④ 王玉哲：《中华远古史》，上海：上海人民出版社，2000 年，第 379 页。
⑤ 罗琨：《"高宗伐鬼方"史迹考辨》，《甲骨文与殷商史》，上海：上海古籍出版社，1983 年。
⑥ 朱歧祥：《殷武丁时期方国研究——鬼方考》，《许昌学院学报》1988 年第 3 期。
⑦ 张亚初：《殷墟都城与山西方国考略》，《古文字研究》第 10 辑，北京：中华书局，1983 年。

'卯''飨''并''子'等。李家崖古城址出土陶文有'且（祖）''鬼'等字。青铜礼器上的文字是否为鬼方文化先民铸刻，尚难肯定，但陶文的发现则可以肯定鬼方文化时期已有文字被使用了……李家崖城址发现的三种不同结构和规模的房屋，说明部分人居住在明亮、宽敞的大房里，而另一部分人则在简陋的半地穴式房内生活。以上现象说明，鬼方文化确实出现了贫富分化。"①

通过考古材料可以看到，鬼方有着种植业的存在。唐晓峰甚至认为："鬼方不是游牧民族，在他们的社会经济生活中，农业定居是主要的。"②当然，准确地区分鬼方畜牧业、种植业所占的具体比重也不可能。但是有理由认为，鬼方并不是我们过去想象的那样落后，也并不是一定游牧，它有着定居生活，有着先进的青铜冶炼技术，有着文字，有着贫富差距、社会等级。思游牧之说，盖历来沿袭而成，不可尽信。

五、相关问题

（一）自称与它称

在李家崖文化层内出土一件三足瓮，残口沿的沿面上有🔲字，吕智荣考证其为鬼字，"鬼字陶文的出现说明李家崖文化先民也自称为'鬼'。"③ 如若属实，那么"鬼则必是鬼族的自称、自刻，说明鬼不是商人发明的名字"。④ 也从而印证了王国维所言"曰鬼方、曰混夷、曰獯鬻、曰獫狁、曰胡、曰匈奴者，乃其本名。而鬼方之方、混夷之夷，亦为中国所附加"⑤不虚。

综上所述，"鬼"是这个部族的自称，既然是自称，推测"鬼"在当时不具备贬义，亦即"鬼戎"的含义，在最初不含有贬义。

（二）与周关系

古本《竹书纪年》载："武乙三十五年，周王季伐西落鬼戎，俘二十翟

---

①　尚志儒：《鬼方文化浅论》，《夏商文明研究》，郑州：中州古籍出版社，1995年。
②　唐晓峰：《鬼方：殷周时代北方的农牧混合族群》，《中国历史地理论丛》2000年第2期。
③　吕智荣：《陕西清涧李家崖古城址陶文考释》，《文博》1987年第3期。
④　唐晓峰：《鬼方：殷周时代北方的农牧混合族群》，《中国历史地理论丛》2000年第2期。
⑤　王国维：《观堂集林·鬼方昆夷獫狁考》，北京：中华书局，1959年，第583页。

王。"① 由此得知，鬼与周的关系并不和睦。周原甲骨中有"入鬼吏事"，学者考证认为"说明鬼已宾服入事于周，双方之间关系和洽"。② 可见，鬼与周的关系，经历过起伏，二者的关系并非一成不变。

第六节　甲骨卜辞中与戎紧密相关之犬方

"犬"甲骨文写作 犬、犭、犭、犭等字形，卜辞中"犬"有方国部族意，称呼时有变化，有时为犬，有时为犬方，有时为犬侯，如下所述。

　　[1] 06812 正．贞令多子族从犬侯寇周。

　　[2] 06813．贞令多子族眔犬侯寇周叶王事。贞令多子族从犬眔罚叶王事。

　　[3] 06946．贞犬追亘屮。犬追亘亡其。

　　[4] 06979．乙酉卜贞雀往征犬弗其擒 犭十月。③

　　[5] 09793．辛［酉］［卜］，□，贞犬受年。

　　[6] 17599 反．……二十屯。𢀛示。犬。

　　[7] 14299．今丁酉夕……犬方帝。④

一、犬方与犬戎

犬方与犬戎关系，学界也有争议。梳理如下：

第一种说法认为犬方即犬戎，这也是学界最主流的观点。如杨树达认为："犬方或省称犬……犬方之君亦称犬侯……然则犬方究为何国乎？余谓殆即昆夷也……昆夷或作混夷……又或作串夷……又或作畎夷……又或作犬戎。"⑤ 陈槃认为："犬戎，卜辞止称'犬'……杨树达谓犬方即犬戎，当是也……商与犬戎关系亲密，故不以戎视之也。而犬戎与周则常为仇敌，故戎

---

① 方诗铭、王修龄：《古本竹书纪年辑证》，上海：上海古籍出版社，第 33 页。

② 徐锡台：《周原出土的甲骨文所见人名、官名、方国、地名浅释》，《古文字研究》第 1 辑，北京：中华书局，1979 年，第 190 页。

③ 姚孝遂：《殷墟甲骨刻辞摹释总集》，北京：中华书局，1988 年，第 175 页。

④ 姚孝遂：《殷墟甲骨刻辞摹释总集》，北京：中华书局，1988 年，第 333 页。

⑤ 杨树达：《积微居甲文说》，上海：上海古籍出版社，1986 年，第 62 页。

之也。"① 陈梦家认为："犬和缶、雀、亘等国有交涉，他可能是周人所谓的吠夷、昆夷、犬戎……卜辞犬侯是其长。"② 杨宽认为："卜辞中的犬侯可能即是犬戎的一支，曾经一度成为商的属国。"③ 饶宗颐认为："犬侯之犬，地望当在犬丘，殆犬戎之族。"④ 余太山认为："知卜辞所见犬方与文献所见犬戎同源。"⑤ 武沐认为："犬戎，在殷墟卜辞中多有记载，其首领常常被封为犬侯。殷之为侯，周之为戎，盖周人与犬戎的关系并不融洽。"⑥《商代地理与方国》一书认为："犬戎即犬方……犬国，文献中称吠夷或犬戎。"⑦

第二种说法认为犬方不是犬戎，而是犬夷。丁山认为："犬侯为商朝内服的侯亚，在周人文献里当称之曰'犬夷'……吠夷与犬戎，显然有别。犬戎，即《国语·周语》所谓：'穆王将征犬戎'，是西戎也；吠夷，是东夷也。即《大雅·緜》所谓'犬夷'，正当以卜辞的'犬侯'解之……要此犬夷，为商之犬侯，不能如向来经师比附犬戎。"⑧ 王玉哲认为："卜辞中之'犬''犬侯'，与后世之犬戎绝无关系，郭沫若先生《卜辞通纂》谓'犬侯'为人名，是也。"⑨

比较两种观点，笔者认为第一种观点更符合历史实际。因为古代民族的居地并非一成不变，是在不断迁徙之中的，吠夷也一样。正如陈槃所言："谓犬夷与犬戎有别则非也，犬夷初居东方，后迁于西曰'犬戎'，同时亦有夷称，时地不同，故称亦稍变，非族类之异也。"⑩ 并且"夷""戎"亦常通用，如戎簋铭文中的"淮戎"便通"淮夷"。因此，丁山的论据并不充分。殷商之犬方即后来之犬戎。

① 陈槃：《春秋大事表列国爵姓及存灭表撰异》，上海：上海古籍出版社，2009 年，第 983、986 页。

② 陈梦家：《殷虚卜辞综述》，北京：中华书局，1988 年，第 294 页。

③ 杨宽：《西周史》，上海：上海人民出版社，1999 年，第 42 页。

④ 饶宗颐：《西南文化创世纪：殷代陇蜀部族地理与三星堆、金沙文化》，上海：上海古籍出版社，2010 年，第 228 页。

⑤ 余太山：《古族新考》，北京：中华书局，2000 年，第 78 页。

⑥ 武沐：《匈奴史研究》，北京：民族出版社，2005 年，第 22 页。

⑦ 孙亚冰、林欢：《商代地理与方国》，北京：中国社会科学出版社，2010 年，第 206、327 页。

⑧ 丁山：《甲骨文所见氏族及其制度》，北京：中华书局，1988 年，第 116、117 页。

⑨ 王玉哲：《中华民族早期源流》，天津：天津古籍出版社，2010 年，第 162 页。

⑩ 陈槃：《春秋大事表列国爵姓及存灭表撰异》，上海：上海古籍出版社，2009 年，第 984、985 页。

二、地望

犬方的地望，学界尚未统一。梳理如下：

第一种观点，认为靠近周。胡厚宣认为："犬侯之国，地近周邑。"[1] 尚志儒认为："犬方还接受商王之命与多子族一起征伐周族，勤勉于商王的事业。我们知道，商代卜辞记事有一个特点，即商王朝习惯上把本土以外的方国称某方，犬方就是犬部落的名称，犬为其省称，犬侯是其君长或酋长。犬方能够接受商王之命去征伐周族，知其距离周族一定不远。武丁时，周族居于陕西郇邑、彬县一带，犬方当与之邻近。"[2]

第二种观点，认为在陕西，具体位置则存在争议。《陕西商代方国考》一文认为："商代甲骨文中的犬方之居地，当包括今兴平、武功一带。"[3]《商代地理与方国》一书说："犬侯为犬族首领，其族住地在今陕西省华阴县东北，该地与邻近地区水源充足，分布有犬、羽、郑等农业区。"[4]

第三种观点，认为在山西或者陕西。余太山认为："卜辞所见犬方，既可能指临汾附近的犬人，也可能是咸阳附近的犬人。"[5]

第四种观点，代表人物为丁山，他认为："今永城县西北三十里有太邱集……今之太邱集，宜即周人所谓的'犬夷'，商代犬侯的故居。此地距离陈留的饼乡甚近。"[6]

第五种观点，代表人物为郑杰祥，他认为："卜辞犬地当即春秋时代的犬丘，又称垂地……古犬丘又称垂亭，当位于今菏泽县北，此地西距卜辞亘地约80公里，它应当就是卜辞中的犬地。"[7]

诸说共存，难以辨别，主因在于犬方或畎夷有着一个迁徙流变的过程。综合学者们的观点，目前能确定的是：武丁之时，犬方在周的附近。

---

① 胡厚宣：《殷代封建制度考》，《甲骨学商史论丛初集》，齐鲁大学国学研究所1944年，第76页。

② 尚志儒：《早期嬴秦西迁史迹的考察》，《秦西垂文化论集》，北京：文物出版社，2005年。

③ 陈全方、尚志儒：《陕西商代方国考》，《殷墟博物苑刊》创刊号，北京：中国社会科学出版社，1989年。

④ 孙亚冰、林欢：《商代地理与方国》，北京：中国社会科学出版社，2010年，第51页。

⑤ 余太山：《古族新考》，北京：中华书局，2000年，第80页。

⑥ 丁山：《甲骨文所见氏族及其制度》，北京：中华书局，1988年，第117页。

⑦ 郑杰祥：《商代地理概论》，郑州：中州古籍出版社，1994年，第190－191页。

三、经济社会生活

卜辞 09793. 辛［酉］［卜］，□，贞犬受年。"辞义为犬地的农业获得丰收。"① 依此可以认为：犬是有着农业生产的。

学界对犬的农业，也有研究。胡厚宣认为："武丁时有犬方，又称犬，卜辞中有伐犬之辞……他辞又或言令犬方……是其最初虽叛，后则被征服矣。及既服之后，则变为殷之农业区。"② 郑杰祥认为："商王也关心犬地的农业生产。"③ 尚志儒认为："由于犬方的反叛，商王派雀去征伐，结果犬方臣服了商朝。犬地一度成为商朝重要农业生产区，商王曾贞问那里是否丰稔。"④《商代地理与方国》一书认为："犬侯为犬族首领，其族住地在今陕西省华阴县东北，该地与邻近地区水源充足，分布有犬、羽、郑等农业区。"⑤

这条卜辞，对于研究戎人的经济形态具有重要作用，它证明了作为犬戎前身的犬方，有着农业分布。

① 韩江苏、江林昌：《〈殷本纪〉订补与商史人物徵》，北京：中国社会科学出版社，2010 年，第 471 页。
② 胡厚宣：《殷代封建制度考》，《甲骨学商史论丛初集》，齐鲁大学国学研究所 1944 年，第 76 页。
③ 郑杰祥：《商代地理概论》，郑州：中州古籍出版社，1994 年，第 190 页。
④ 尚志儒：《早期赢秦西迁史迹的考察》，《秦西垂文化论集》，北京：文物出版社，2005 年。
⑤ 孙亚冰、林欢：《商代地理与方国》，北京：中国社会科学出版社，2010 年，第 51 页。

第二章　金文所见戎研究

第一节　臣谏簋铭文中的戎

臣谏簋，1978 年发现于河北元氏县西张村。断代方面，学界尚有争议，大致西周早中期器物。如下所述。

第一种观点：周成王时器物，代表人物：王冠英[①]、杨文山[②]等。

第二种观点：周康王时器物，代表人物：杨宽[③]、马承源[④]、李先登[⑤]等。

第三种观点：成康之际器物，代表人物：李学勤、唐云明[⑥]等。

第四种观点：周昭王时器物，代表人物：张全喜[⑦]等。

第五种观点：昭末穆初时器物，代表人物：彭裕商[⑧]等。

第六种观点：西周中期器物，代表著作：《殷周金文集成》[⑨]。

---

① 王冠英：《关于西周青铜邢器的铸造工艺》，《邢台历史经济论丛》，北京：中国人事出版社，1994 年，第 88 页。

② 杨文山：《青铜器臣谏簋与"邢侯搏戎"》，《文物春秋》2005 年第 6 期。

③ 杨宽：《西周史》，上海：上海人民出版社，2003 年，第 581 页。

④ 马承源：《商周青铜器铭文选》，北京：文物出版社，1990 年，第 58—59 页。

⑤ 李先登：《邢国青铜器的初步分析》，《中国商周文明国际学术研讨会论文集》，北京：科学出版社，1999 年，第 115 页。

⑥ 李学勤、唐云明：《元氏铜器与西周的邢国》，《考古》1979 年第 1 期。

⑦ 张全喜：《也论西周铜器"邢侯所搏之戎"》，《文物春秋》2001 年第 3 期。

⑧ 彭裕商：《麦四器与周初的邢国》，《徐中舒先生百年诞辰纪念文集》，成都：巴蜀社书社，1998 年，第 149 页。

⑨ 中国社科院考古研究所：《殷周金文集成》第 8 册，北京：中华书局，1984 年，第 15 页。

臣谏簋铭文曰："隹（唯）戎大出［于］軝。井（邢）侯搏戎。"① 李学勤释其大意为："戎人大举出于軝地，邢侯对戎作战。"②

此"戎"所指，尚有争议，难以确定，大致有以下几种观点。

（1）李学勤认为："臣谏簋邢侯所御的戎，我们以为也是北戎……北戎在西周时久已存在……杜预把北戎和山戎、无终混为一谈，认为在今河北卢龙一带。和臣谏簋所述战役的地理形势对照，山戎如自卢龙往元氏，必经周朝的重要诸侯燕国，那时燕国雄镇北方，不会容忍戎人南袭，所以杜预的说法是不合理的……北戎是散居晋国境内的一种民族，多数在今山西省东部和东南部。臣谏簋所记，应即北戎东出井陉南下，以致威胁邢国。"③

（2）潘建明认为："臣谏簋之戎是指北方的玁狁族。"④

（3）马承源主编的《商周青铜器铭文选》认为："戎人，此指河北之戎。"⑤

（4）沈长云认为："狄正是北戎日后的改称，与邢国长期周旋的戎或北戎就是狄人，可见伐邢的狄人也必是赤狄"。⑥

（5）张怀通认为："邢侯所搏之戎不是别人，而是周之宿敌商人，即以畋（戎）为族徽的商人或其后裔。"⑦

（6）张全喜认为："邢侯所搏之戎，即为居于该地一带的部族的泛称……很有可能即为两周之际犹居于今河北省中部的白狄诸部中的一支。其中可能性最大的即为姬姓鲜虞。"⑧

相对而言，第一种观点"北戎"说可能性较大。原因有二：

其一，西周时期，"北戎"活动于山西、河北地区。"北戎"的族源现已无法考证，有关的文献记载，最早出现于《竹书纪年》中。周宣王三十七年

① 唐云明：《河北元氏县西张村的西周遗址和墓葬》，《考古》1979年第1期。
② 李学勤、唐云明：《元氏铜器与西周的邢国》，《考古》1979年第1期。
③ 李学勤、唐云明：《元氏铜器与西周的邢国》，《考古》1979年第1期。
④ 潘建明：《金文所见西周宗族国家形态刍议》，《上海博物馆集刊：建馆三十五周年特辑》总第四期，上海：上海古籍出版社，1987年，第234页。
⑤ 马承源：《商周青铜器铭文选》，北京：文物出版社，1990年，第58—59页。
⑥ 沈长云：《元氏铜器铭文补说》，《邢台历史文化论丛》，石家庄：河北人民出版社，1990年，第116页。
⑦ 张怀通：《邢侯所搏之"戎"考》，《文物春秋》1999年第2期。
⑧ 张全喜：《也论西周铜器"邢侯所搏之戎"》，《文物春秋》2001年第3期。

（前 791）"晋人败北戎于汾隰，戎人灭姜侯之邑"。[①] 邢国也在这个范围之内。

其二，邢国与北戎有过交战的经历。《后汉书·西羌传》记载："周乃东迁洛邑，秦襄公攻戎救周。后二年，邢侯大破北戎。"[②]

综上，臣谏簋记载了邢与北戎的交战记录。

第二节　班簋铭文中的戎

班簋原为清宫旧藏，不知何时流失民间。"一九七二年六月，北京市物资回收公司有色金属供应站在废铜中检选到了这个古器的残余……确定为班簋。"[③] 年代归属方面有着成王、穆王的争论。其铭文中有"㾐戎"一词，"㾐戎"所指，尚有争议，如下：

第一种说法，"㾐戎"乃"徐戎"，此说也是学界主流。陈梦家将铭文释读为："王令毛公以邦冢君土駭戦人伐东或㾐戎。"解析为："东或㾐戎乃指徐戎淮夷。"[④] 唐兰将铭文释读为："王令（命）毛公以邦冢君、土（徒）驭（御）、夷人伐东或（国）㾐（偃）戎。"解析为："㾐字疑与偃通，㾐戎即徐戎。"[⑤] 安徽省文物工作队认为："'㾐戎'的㾐即厌字，应读为'偃'，'厌戎'当是徐偃王。'伐东国厌戎'，就是伐徐戎。厌戎是徐戎的别名。"[⑥] 马承源主编的《商周青铜器铭文选》认为："班簋铭文有'王令毛公㠯邦冢君、土（徒）驭、戦人伐东或（国）㾐戎。'……'㾐戎'，东国的一个邦族。或以为㾐是厌字的别体，厌古音与偃姓之偃同为寒部，徐为偃姓，徐戎在东国，伐厌戎即伐徐。"[⑦]

---

① 方诗铭、王修龄：《古本竹书纪年辑证》，上海：上海古籍出版社，第 58 页。此外，《竹书纪年集解》认为是在周宣王四十年（前 788）。见《竹书纪年集解》，上海：广益书局刊行，1936 年，第 119 页。范祥雍编的《古本竹书纪年辑校订补》认为是在周宣王三十八年（前 790）。见范祥雍编：《古本竹书纪年辑校订补》，上海：上海人民出版社，1957 年，第 32 页。

② （南朝宋）范晔：《后汉书》，北京：中华书局，1965 年，第 2872 页。

③ 郭沫若：《班簋的再发现》，《文物》1972 年第 9 期。

④ 陈梦家：《西周铜器断代（二）》，《考古学报》第 10 册，1955 年。

⑤ 唐兰：《西周青铜器铭文分代史征》，北京：中华书局，1986 年，第 346－351 页。

⑥ 安徽省文物工作队：《安徽文物考古工作新收获》，《文物考古工作三十年》，北京：文物出版社，1979 年，第 230 页。

⑦ 马承源：《商周青铜器铭文选》，北京：文物出版社，1990 年，第 108－109 页。

第二种说法，"痡戎"乃"东国戎"。童书业认为："金文中也有东国戎，如云'王令毛公以邦冢君，土驭域人伐东国痡戎'。"①

　　第三种说法，认为"痡戎"乃"猾戎"。连劭名将铭文释读为："王令毛公以邦冢君、徒驭、铁人伐东国骨戎。"解析为："骨戎，即猾戎。"②

　　第四种说法，"痡戎"乃"奄人"。郭沫若铭文释读为："王令毛公以邦冢君、土驭、戋人伐东国痡戎。"③ 解析为："痡戎当即奄人。"④ 日本学者白川静认为："所谓东国厌戎或许与徐偃、商奄之偃、奄有关。"⑤ 至于称呼东国的部族为戎的原因，他认为："戎是夷狄的总称，因此班殷中把东国的夷称为戎。"⑥

　　第五种说法，认为"痡戎"乃"乱戎"。李学勤将铭文释读为："王命毛公以邦冢君、土（徒）驭、戋人伐东国痡戎。"解析为："痡读为滑或猾，《小尔雅·广言》：'滑，乱也。'故痡戎犹云乱戎。所谓东国乱戎当在江、淮之间。"⑦

　　第六种说法，代表人物刘恒。他认为："'东国'主要指齐、鲁所在的山东半岛，此'痡戎'不知何指，但起码应在洛阳以东的中原地区求之。"⑧

　　第七种说法，代表人物朱凤瀚，他的观点有一定的变化。2006 年其在《柞伯鼎与周公南征》一文认为："东国指今山东与其和江苏北部接壤地区……痡戎仍称戎，并未因为是偏在东国的异族而被称'夷'，所以称'戎'不称'夷'者，可能是因为在周人眼中他们与夷之间还是有种族或文化面貌之差异的。"⑨ 2013 年他在《论西周时期的"南国"》一文中认为："痡戎冠以东国，可知痡戎应该是东夷中一支。"⑩

　　第八种说法，代表人物梁国真。他认为："痡戎是指哪一部族已难考证，

　　① 童书业：《夷蛮戎狄与东南西北》，《禹贡》1937 年第 7 卷第 10 期。
　　② 连劭名：《西周〈班簋〉铭文新考》，《北京文物与考古》第 6 辑，北京：民族出版社，2004 年，第 112—113 页。
　　③ 郭沫若：《班殷的再发现》，《文物》1972 年第 9 期。
　　④ 郭沫若：《两周金文辞大系图录考释》，《郭沫若全集》考古编第 07 卷，北京：科学出版社，2002 年，第 21—22 页。
　　⑤ ［日］白川静：《西周史略》，袁林译，西安：三秦出版社，1992 年，第 105 页。
　　⑥ ［日］白川静：《金文通释》，东京：白鹤美术馆，1969 年，第 839 页。
　　⑦ 李学勤：《班簋续考》，《古文字研究》第 13 辑，北京：中华书局，1986 年，第 181、183 页。
　　⑧ 刘恒：《关于屖敖簋铭文中"戎"的问题》，《北方文物》2001 年第 4 期。
　　⑨ 朱凤瀚：《柞伯鼎与周公南征》，《文物》2006 年第 5 期。
　　⑩ 朱凤瀚：《论西周时期的"南国"》，《历史研究》2013 年第 4 期。

可能是淮水流域的部族。所谓‘东国’盖指淮水流域。”①

此外，陈振中所著的《先秦手工业史》一书认为：“戕人很可能就是制作陨铁兵器的手工业奴隶。”② 若此说无误，则反映出周王对“痡戎”的重视，特意派出了当时的铁兵器制作团队随同出征，是否能暗示出“痡戎”也有着同样的铁兵器？笔者认为这是有可能的。

综上所述，“痡戎”所指，学界尚未统一。然而看徐戎的活动范围及其重要地位，徐戎的可能性最大。此外，“痡戎”不在西方。即西周早期，周的东方或东南方就有“戎”的分布，可见“戎”非西方民族专称。

第三节　𢦚簋、𢦚方鼎铭文中的戎

𢦚簋、𢦚方鼎，1975 年 3 月陕西省扶风县法门寺公社庄白大队出土。西周穆王时代器物。两件器物都提到了“戎”，实为一“戎”。③ 具体所指，尚有争议。

《文物》1976 年第 6 期发表𢦚簋铭文如下：

隹六月初吉乙酉，才（在）坣（堂）自，戎伐馭，𢦚逹（率）有𤔲（司）、师氏㣊（奔）追御（禦）戎于𩁹（域）林，博（搏）戎䞈。朕文母競敏𢅊行，休宕氒（厥）心，永襲（襲）氒（厥）身，卑（俾）克氒（厥）啻（敌），隻（获）馘百，執嗞（訊）二夫，孚戎兵：𤰇（盾）、矛、戈、弓、備（箙）、矢、裨（裨）、冑，凡百又（有）卅又（有）五𠭯（款）；寽（捋）戎孚（俘）人百又（有）十又（有）四人。④ 衣（卒）博（搏），無𣅀（斁）于𢦚身，乃子𢦚𢷎（拜）𩒨（稽）首。对[illegible]（揚）文母福剌（烈），用乍（作）文母日庚宝䵼（尊）簋。卑（俾）乃子𢦚万年，用𡖊（夙）夜尊亯（享）孝于氒（厥）文母，其子子孙孙永宝。⑤

① 梁国真：《商周时代的东夷》，台北：花木兰文化出版社，2010 年，第 73 页。

② 陈振中：《先秦手工业史》，福州：福建人民出版社，2008 年，第 233 页。

③ 裘锡圭：“这里所说的𤓲戎和戎显然就是上引录卣所说的淮夷。”（《古文字论集》，北京：中华书局，1992 年，第 387 页）。

④ 刘钊认为：“可从陈汉平之说，寽作掠，‘寽（捋）戎孚（俘）人百又（有）十又（有）四人’大意是‘把戎人俘虏的人再抢回来’。”（北京大学“出土文献与中国古代文明研究协同创新中心”金文与青铜器研讨班第一期讲座“金文考释漫谈”，北京，2015 年 6 月 24 日）。

⑤ 罗西章、吴镇烽：《陕西扶风出土西周伯𢦚诸器》，《文物》1976 年第 6 期。

马承源主编的《商周青铜器铭文选》隶定铭文略有不同，如下：

隹六月初吉乙酉，才窒自戎伐霰，烖連（率）有嗣、師氏徠（奔）追鼬（御）戎于賦林，博（搏）戎獣。朕文母競敏廲行，休宕枈心，永龏（襲）枈身，卑（俾）克枈啻（敵），隻（獲）馘百，執嘫（訊）二夫，孚戎兵：憠（盾）、矛、戈、弓、備（箙）、矢、裏（褌）、胄，凡百又卅又五叡（款）；孚（捋）戎孚人百又十又四人。衣（卒）博（搏），無眊于烖身，乃子烖拜頜首。對揚文母福剌（烈），用乍文母日庚寶尊簋。卑（俾）乃子烖萬年，用凤夜尊享孝于枈文母，其子子孫孫永寶。①

《文物》1976年第6期发表戓方鼎铭文，如下：

戓曰："乌（鸣）虖（呼）！王唯念戓辟剌（烈）考甲公，王用肇叓（使）乃子戓逑（率）虎臣御（禦）灘（淮）戎。"戓曰："乌（鸣）虖（呼）！朕文考甲公、文母日庚，弋（翼）休，勖（则）尚（常）安永宕乃子戓心，安永龏（襲）戓身，枈（厥）复亯（享）于天子，唯枈吏（使）乃子戓萬年辟事天子，母（毋）又畀（斁）于枈（厥）身。"戓捧（拜）頜（稽）首，对戳（扬）王令（命）。用乍（作）文母日庚宝障（尊）彝彝，用穆穆殦（凤）夜障（尊）亯（享）孝妥（绥）福，其子子孙孙永宝兹剌（烈）。②

马承源主编的《商周青铜器铭文选》隶定铭文略有不同，如下：

戓曰："鳥虖！王唯念戓辟剌（烈）考甲公，王用肇事（使）乃子戓逑（率）虎臣御（禦）灘戎。"戓曰："鳥虖！朕文考甲公文母日庚，弋（式）勖（休）则尚，安永宕乃子戓心，安永龏（襲）戓身，枈复享于天子，唯枈事（使）乃子戓萬年辟事天子，母（毋）又眊于枈身。"戓拜頜首，對揚王令，用乍文母日庚寶尊彝彝，用穆穆凤夜，尊享孝妥（绥）福，其子子孫孫永寶兹剌（烈）。③

灘，一般认为乃"淮"字。所以灘戎也就是淮戎（淮夷），这也是学界主流的观点。饶宗颐认为："（淮戎）亦做'灘戎'。"④马承源主编的《商周青铜器铭文选》认为："灘，即淮字。曾伯霖簠铭'克狄灘夷'的灘字与之

---

① 马承源：《商周青铜器铭文选》，北京：文物出版社，1990年，第114—115页。

② 罗西章、吴镇烽：《陕西扶风出土西周伯戓诸器》，《文物》1976年第6期。

③ 马承源：《商周青铜器铭文选》，北京：文物出版社，1990年，第117页。

④ 饶宗颐：《西南文化创世纪：殷代陇蜀部族地理与三星堆、金沙文化》，上海：上海古籍出版社，2010年，第81页。

相同。淮夷称淮戎，仅见于此器。古代东方异族称戎者有班簋铭之'东国痟戎'。见于文献的有《尚书·费誓》'徂兹淮夷、徐戎并与'，是戎字起始并非特指西方少数民族。"① 张懋镕认为："西周中期，淮夷取代了东夷的地位，濮即淮字。淮戎即淮夷，犹徐夷也称徐戎。"② 日本学者白川静认为："戈器铭中所称的戎亦为淮戎。"③

唐兰等则有不同的意见。唐兰认为："戈方鼎则说周王初次派戈抵御濮戎，在铭文中戈还说他父母帮他战胜敌人，可见他还很年轻。他追击敌人，在棫林搏战，杀了一百个敌人，生俘只有两人，可见不是大战，此戎应是在焦获泽的犬戎，在西周后期称为猃狁。"④ "濮戎，是濮地的戎，或以为淮夷；非是，淮夷从来不称戎。此器的戈还年轻，也不能统率大军，远征淮夷。戈簋说'追戎于棫林'，棫林在今陕西省泾河西，濮戎居地当不远。那么，濮戎是住在焦获的戎，濮字可读为淮，也可读为濩。那么，濮戎是獯狁前身无疑。"⑤ 此外，王迅认为："因淮夷称'戎'，仅于戈方鼎铭中一见，或许是指淮浦之徐戎。"⑥

不难看出，唐兰的观点推论成分太多，且忽视戈曾有同淮夷作战的事实。⑦ "淮夷从来不称戎"也与"晋侯铜人"所载铭文冲突。此外，"濮字读淮似并无不可，而且铭文名言是'御濮戎'，并不是征伐，戈似不当因年轻即不能'御'，所以这篇铭文也许可作为西周时'戎''夷'之称谓未必严格之例。"⑧ 因此，唐兰之说受到学界的质疑，裘锡圭认为："唐先生为他的说法做了很多论证，但是说服力并不强。"⑨

王迅的观点目前还缺乏实证，但也有其合理性。因为淮夷能称为"淮戎"，极有可能是因为徐戎与淮夷联系紧密。有可能他们本就是一个部落联盟，正如李世源所说："徐夷与淮夷是一个合作得较为得心应手的部落联盟。它们有时合为一体，徐夷在其中的作用似乎更重要些，因为徐之立国称王，其传世的铭文已予证实。而当徐国毁社灭，散落他方时，作为部落的淮夷，

---

① 马承源：《商周青铜器铭文选》，北京：文物出版社，1990年，第117页。
② 张懋镕：《古文字与青铜器论集》，北京：科学出版社，2002年，第167页。
③ ［日］白川静：《西周史略》，袁林译，西安：三秦出版社，1992年，第87页。
④ 唐兰：《用青铜器铭文来研究西周史》，《文物》1976年第6期。
⑤ 唐兰：《西周青铜器铭文分代史征》，北京：中华书局，1986年，第407—408页。
⑥ 王迅：《东夷文化与淮夷文化研究》，北京：北京大学出版社，1994年，第121页。
⑦ 李学勤：《从新出青铜器看长江下游文化的发展》，《文物》1980年第8期。
⑧ 朱凤瀚：《柞伯鼎与周公南征》，《文物》2006年第5期。
⑨ 裘锡圭：《古文字论集》，北京：中华书局，1992年，第387页。

仍作为一股政治力量活跃在历史舞台上，虽然其活动能量已微乎其微。但作为一个部族，似乎直到秦大一统时，方才全融进华夏文明中……徐夷、淮夷只有用联盟说，方能解释二者纠缠在一起的原因，也只有联盟说才能解释徐亡后淮夷仍出现的原因。"① 朱凤瀚也有类似的表述，他认为："淮夷当时是以若干具政治实体性质的'邦'聚合起来的一个大族群（或称族团）。"②

铭文所记载的战斗情形，也很具有代表性，即"戎"人抢先发动战争→周人反击→"戎"人撤退。正如美国学者夏含夷认为的那样："淮戎首先攻击周军，然后伯戓'追御'之。"③ 这种战斗情形是比较普遍的，或许是对一个时期，民族关系紧张的反映。

此外，从"淮夷"可称呼为"淮戎"看，当时"戎""夷"界限并不严格，戎也非西方族群的专称，东方的族群亦可这样称呼。

第四节 菁簋铭文中的戎

菁簋，1999 年在香港发现，记载戎人侵犯楷国，楷臣菁抗敌获胜的事迹。现有李学勤《菁簋铭文考释》一文对其铭文进行了释读，可为参考：

> 惟十月初吉壬申，驭戎大出于楷，菁搏戎，执讯获馘。楷侯厘菁马四匹、臣一家、贝五朋。菁扬侯休，用作楷仲好宝。④

断代方面，李学勤认为是西周穆王时器。至于楷的位置，李学勤认为："在今志丹、延安一带。"⑤

对于"驭戎"，笔者以为驭可能指地名。杨树达认为："愚意驭者朔之假字，驭方即朔方也，朔方为周室临接獫狁之地，文云朔方獫狁，谓朔方附近之獫狁也。"⑥ 李学勤从此出发认为："这里的驭戎即朔戎，朔戎是北方之戎。"⑦

---

① 李世源：《古徐国小史》，南京：南京大学出版社，1990 年，第 16—17 页。
② 朱凤瀚：《论西周时期的"南国"》，《历史研究》2013 年第 4 期。
③ ［美］夏含夷：《古史异观》，上海：上海古籍出版社，2005 年，第 84 页。
④ 李学勤：《菁簋铭文考释》，《故宫博物院院刊》2001 年第 1 期。
⑤ 李学勤：《菁簋铭文考释》，《故宫博物院院刊》2001 年第 1 期。
⑥ 杨树达：《积微居金文说》，上海：上海古籍出版社，2007 年，第 88 页。
⑦ 李学勤：《菁簋铭文考释》，《故宫博物院院刊》2001 年第 1 期。

第五节　师同鼎铭文中的戎

师同鼎，1981 年发现于陕西扶风县。铭文内容是器主师同伐"戎"的战斗及其缴获战利品。器物断代方面，学界尚有争议，大致为西周中晚期。如下：

第一种观点：西周中期偏晚。代表著作为《周原发现师同鼎》。[①] 第二种观点：西周中期后半段。代表著作为《陕西金文汇编》。[②] 第三种观点：西周晚期。代表人物为李学勤[③]，代表著作有《殷周金文集成》[④]《商周青铜器铭文选》[⑤] 等。

铭文释读方面，各家也诸多不同，笔者择其主要，列举如下：

第一种释读：

羿叟，其井师同从，折首执讯，孚车马五乘，大车廿，羊百，刲，用告王，羞于扵孚戎金会卅，戎鼎廿，铺五十，镒廿，用铸兹障鼎，子子孙孙其永宝用。[⑥]

第二种释读：

羿畀其井，师同从，折首执讯，孚车马五乘，大车廿，羊百，刉用徭王羞于龟；孚戎金胄卅，戎鼎廿，铺五十，镒廿，用铸兹障鼎，子子孙孙其永宝用。[⑦]

第三种释读：

羿畀其井，师同从折首执讯，孚车马五乘、大车廿，羊百，刉用徭王，养于屰；孚戎金：盒卅，戎鼎廿、铺五十，剑廿，用铸兹尊鼎，子子孙孙其永宝用。[⑧]

第四种释读：

---

① 陕西周原扶风文管所：《周原发现师同鼎》，《文物》1982 年第 12 期。

② 吴镇烽：《陕西金文汇编》，西安：三秦出版社，1989 年，第 9 页。

③ 李学勤：《师同鼎试探》，《文物》1983 年第 6 期。

④ 中国社科院考古研究所：《殷周金文集成》第五册，北京：中华书局，1984 年，第 32 页。

⑤ 马承源：《商周青铜器铭文选》，北京：文物出版社，1990 年，第 323—324 页。

⑥ 陕西周原扶风文管所：《周原发现师同鼎》，《文物》1982 年第 12 期。

⑦ 李学勤：《师同鼎试探》，《文物》1983 年第 6 期。

⑧ 马承源：《商周青铜器铭文选》，北京：文物出版社，1990 年，第 323—324 页。

羿畀其刑，师同从，折首执讯，孚车马五乘，大车廿，羊百牭，用造王养于拖。孚戎金冒卅，戎鼎廿，釜五十，剑廿，用铸兹障鼎，子子孙孙，其永宝用。[①]

由于铭文释读不同，师同鼎所记"戎"，所指也就出现了差异。大致有以下三种观点。

第一种观点：戎，指鬼方。铭文大意是：（王或某大臣）征伐鬼方，井师同从征，斩杀了一批敌人，俘虏了一批敌人，俘获敌人车马五乘，大车二十辆，羊一百只，并把战绩作了记录，前来向王报告，在挖这个地方进献战利品。俘获敌人铜会三十件，鼎二十件，铺五十件，鉴二十把，用以铸成祭祀用的鼎，子子孙永宝用。[②]

第二种观点：戎，指猃狁。李学勤认为："师同此次从征，其敌即鼎铭所说的'戎'，当时一般是指居住在周朝西北的少数民族。如著名的青铜器不其簋所载，西周中晚期威胁周朝甚大的猃狁也称为戎。师同鼎发现在宗周西北的周原北部，铭文内的戎，应该就是猃狁一类北方民族。"[③]

第三种观点：戎，是少数民族的统称。陈世辉认为："在西周后期的金文中，戎是少数民族的统称。"[④]

笔者认同李学勤的说法，鬼方说在时间上不合理。此为具体一场战争，统称说在此处也显得不是很合适。

师同所俘获的大量"戎人"青铜器，也为我们研究戎人的社会生活创造了条件。对于俘获的"戎人"青铜器，学界也有不同论述。

（1）"戎鼎"，戎人特有的一种鼎。李学勤认为："'金冒'是作为军人防卫装备的铜头盔。商代晚期的殷墟大墓已经发现有金冒的实物，数量很多，有的还有铭文……看来那时北方民族常服用金冒，师同所获多达三十件并不是偶然的……'戎鼎廿'如指一般的鼎，没有必要冠以'戎'字。'戎鼎'应理解为一个词。'戎'字有'大也'的训诂，但是俘取二十件鼎都是大鼎，恐不合情理。'戎鼎'的意思应该是戎人特有的一种鼎，如同胡豆又称为'戎菽'。"[⑤]

（2）戎人的食器。陈世辉认为："戎人头衣称帽，正合文意，如果以为

① 陈世辉：《师同鼎铭文考释》，《史学集刊》1984 年第 1 期。
② 陕西周原扶风文管所：《周原发现师同鼎》，《文物》1982 年第 12 期。
③ 李学勤：《师同鼎试探》，《文物》1983 年第 6 期。
④ 陈世辉：《师同鼎铭文考释》，《史学集刊》1984 年第 1 期。
⑤ 李学勤：《师同鼎试探》，《文物》1983 年第 6 期。

戎金■（冒）是军战用帽，读■为鋈也可以。铭文所记的釜应当是戎人的行军锅。"[1] 马承源主编的《商周青铜器铭文选》认为："合，读为盒，应是戎人的青铜食器。"[2]

俘获了这么多的青铜器，说明了一个事实：青铜器在戎人生活中已相当普遍。正如李学勤认为的那样，戎人的社会"不像一些人想象的那样原始"。[3] 此外，还俘获了很多军车，与多友鼎所载伐玁狁所获一样。是故，笔者认为师同鼎所载"戎"，指示玁狁的可能性最大。

另俘获羊 100 只，是否是对游牧经济的一个反映，可存疑。

第六节　不其簋铭文中的戎

不其簋分为不其簋盖与不其簋器身。不其簋盖发现较早，原由罗振玉收藏，现藏于国家博物馆。不其簋器身在 1980 年 3 月出土于山东省滕县（今滕州），现藏于山东滕州博物馆。

不其簋的断代方面，大致有两种说法。列举如下：

第一种说法：西周夷王时期器物，代表人物：郭沫若[4]、唐兰[5]等。

第二种说法：西周宣王时期器物，代表人物：陈梦家[6]、李学勤[7]、马承源[8]、朱凤瀚、张荣明[9]，美国学者夏含夷[10]等。

一、不其簋盖与身的铭文释译

不其簋盖铭文与不其簋器身铭文基本相同。铭文中涉及玁狁与戎的关

---

① 陈世辉：《师同鼎铭文考释》，《史学集刊》1984 年第 1 期。
② 马承源：《商周青铜器铭文选》，北京：文物出版社，1990 年，第 323—324 页。
③ 李学勤：《论多友鼎的时代及意义》，《人文杂志》1981 年第 6 期。
④ 郭沫若：《两周金文辞大系图录考释》，《郭沫若全集》考古编第 07 卷，北京：科学出版社，2002 年，释文 106，第 5 页。
⑤ 唐兰：《西周青铜器铭文分代史征》，北京：中华书局，1986 年，第 499 页。
⑥ 陈梦家：《西周铜器断代》，北京：中华书局，2004 年，第 318、319 页。
⑦ 李学勤：《秦国文物的新认识》，《文物》1980 年第 9 期。
⑧ 马承源：《商周青铜器铭文选》，北京：文物出版社，1990 年，第 310 页。
⑨ 朱凤瀚、张荣明：《西周诸王年代研究》，贵阳：贵州人民出版社，1998 年，第 79 页。
⑩ ［美］夏含夷：《古史异观》，上海：上海古籍出版社，2005 年，第 224 页。

系，极具参考价值。

不其簋器身铭文摘录如下：

唯九月初吉戊申，白氏曰："不娶，馭方严允广伐西榆。王令我羞追于西，余来归献禽。余命女御追于洛，女以我车宕伐严允于高陵，女多折首执讯。戎大同永追女，女及戎大敦。女休。弗以我车函于艰。女多禽，折首执讯。"白氏曰："不娶，女小子，女肇誨于戎工。易女：弓一、矢束、臣五家、田十田，用从乃事。"不娶拜稽首，休。用乍朕皇且公白孟姬尊簋。用匃多福，眉寿无疆，永屯今冬。子＝孙＝其永宝用享。①

学界对不其簋盖铭文有不同的释读，扼要摘录如下：

第一种释读：

唯九月初吉戊申，白氏曰："不娶雤方，玁犹廣伐西俞，王令我羞追于西，余來歸獻禽。余命女（汝）御追于嚣。女（汝）㠯我車宕伐玁犹于高陵。女（汝）多折首執訊。戎大同迹追女（汝），女（汝）㳺（及）戎大辠戟。女（汝）休，弗㠯我車面（陷）于糱（艱）。女（汝）多禽，折首執訊。"白氏曰："不娶，女（汝）小子，女（汝）肇誨于戎工。易（錫）女（汝）弓一、矢束、臣五家、田十田，用迹乃事。"不娶拜頴手（首）休，用乍朕皇且（祖）公白孟姬阴嗀。用匃多福，嚳壽無疆，永屯（純）需冬（令終）。子子孫孫其永寶用喜。②

第二种释读：

唯九月初吉戊申，伯氏曰："不其，馭（朔）方严允广伐西俞，王令我羞追于西。余来归献禽，余命汝御追于嚣，汝以我车宕伐严允于高陶，汝多折首执讯。戎大同从追汝，汝及戎大敦搏，汝休，弗以我车面（陷）于艰，汝多擒，折首执讯。"伯氏曰："不其，汝小子，汝肇誨于戎工。锡汝弓一矢束、臣五家、田十田，用从乃事。"不其拜稽手，休，用作朕皇祖公白孟姬尊簋，用丐多福，眉寿无疆，永纯灵终，子子孙孙，其永宝用享。③

第三种释读：

唯九月初吉戊申。白氏曰："不娶，馭方玁犹廣伐西俞，王令我羞追于

---

① 万树瀛：《滕县后荆沟出土不娶簋等青铜器群》，《文物》1981 年第 9 期。

② 郭沫若：《两周金文辞大系图录考释》，《郭沫若全集》考古编第 07 卷，北京：科学出版社，2002 年，释文 106。

③ 李学勤：《秦国文物的新认识》，《文物》1980 年第 9 期。

西，余來歸獻禽。余命女（汝）御（馭）追于量。女（汝）曰我車宕伐玁狁于高陵。女（汝）多折首執訊。戎大同從追女（汝），女（汝）彶（及）戎大臺搏。女（汝）休，弗曰我車面（陷）于囏（艱）。女（汝）多禽，折首執訊。”白氏曰：“不娶，女（汝）小子，女（汝）肇誨于戎工。易女（汝）弓一、矢束、臣五家、田十田，用從乃事。”不娶拜頴手（首）休，用乍朕皇且公白孟姬尊簋，用匄多福，眉壽無彊，永屯（純），霝冬（終）。子子孫孫其永寶用享。①

铭文大意方面，李学勤的观点可为参考。他认为：“这篇铭文记述与严允的一次战事，不其随伯氏对严允作战得胜，伯氏回朝向周王献俘，命不其率领兵车继续追击，又与戎人搏战，有所斩获。铭中事件始末大抵如此。”②

二、学界争论

学界对不其簋铭文的争论有很多，具体到戎族研究方面，大致有以下争论。

（一）馭方与玁狁的关系

（1）王国维认为：“‘馭’古御字，馭方者盖古中国人呼西北外族之名，方者国也，其人善御故称御方。玁狁者馭方中之一种。”③ 陈梦家认为：“‘馭方’之馭即御，玁狁是商、周西北一强族，‘御方玁狁’是在御方的一支。”④ 张亚初认为：“这里与严允并列的国族名是馭方，也就是《逸周书·世俘篇》中的御方。这些材料都说明，戎的民族国族情况是极为复杂的，严允只是其中的一支。”⑤

（2）杨树达认为：“愚意馭者朔之假字，馭方即朔方也，朔方为周室临接玁狁之地，文云朔方玁狁，谓朔方附近之玁狁也。”⑥ 对于杨树达的观点，李学勤认为：“其说至确。”⑦

---

① 马承源：《商周青铜器铭文选》，北京：文物出版社，1990年，第310页。
② 李学勤：《秦国文物的新认识》，《文物》1980年第9期。
③ 王国维：《不娶敦盖铭考释》，《王国维遗书》，上海：上海古籍出版社，1983年。
④ 陈梦家：《西周铜器断代》，北京：中华书局，2004年，第318、319页。
⑤ 张亚初：《谈多友鼎铭文的几个问题》，《考古与文物》1982年第3期。
⑥ 杨树达：《积微居金文说》，上海：上海古籍出版社，2007年，第88页。
⑦ 李学勤：《苦簋铭文考释》，《故宫博物院院刊》2001年第1期。

（3）郭沫若认为："不娶🐎方即噩（同鄂）侯🐎方，一字一名。"①

（4）马承源主编的《商周青铜器铭文选》认为"驭方是玁狁首领名。"②

（5）白川静认为："御方作为国族名是有疑问的……称呼玁狁时，没必要冠以朔方之名……得不到'朔方玁狁'的证据……郭氏的一字一名，也很难有证据。"③

（二）铭文中"戎"所指

铭文记载是玁狁，但也有不同的解释。郭沫若认为是太原戎，"盖太原之戎西侵，虢公乃自后追之，戎失老巢者西串至洛，复踰洛而南下至于高陵，不其以偏师歼灭之也。在不其西追溃戎之时，复有大股溃戎由后串至，不其还军与战，复歼灭之。所谓'戎大同迹追汝，汝及戎大臺戟'者，即谓此"。④李学勤认为是西戎，"不其簋所记是周宣王时秦庄公破西戎的战役。"⑤商艳涛认为："铭文之'戎'是对包括猃狁在内的西北一带的部族的泛称。"⑥

至于玁狁与戎"一上一下"同时出现的原因，学界一般认为是替代关系。日本学者白川静略有不同，他认为："铭文中上文为玁狁，下文为戎的原因，是为了把玁狁与戎区别对待。因此，戎也被称为西戎，就解释通了。"⑦

（三）器主不娶的认定

陈梦家认为："此器所述应是周宣王命秦庄公及其昆弟五人伐戎之事，王是周宣王，白氏是秦仲的长子庄公，不娶是庄公的幼弟。"⑧郭沫若认为："不娶🐎方即噩（同鄂）侯🐎方，一字一名。"⑨李学勤认为："秦庄公名其，先秦时不字常用为无义助词，所以簋铭的不其很可能便是文献里的秦庄

① 郭沫若：《两周金文辞大系图录考释》，《郭沫若全集》考古编第07卷，北京：科学出版社，2002年，释文106，第5页。

② 马承源：《商周青铜器铭文选》，北京：文物出版社，1990年，第310页。

③ [日]白川静：《金文通释》，东京：白鹤美术馆，1969年，第819页。

④ 郭沫若：《两周金文辞大系图录考释》，《郭沫若全集》考古编第07卷，北京：科学出版社，2002年，释文106，第5页。

⑤ 李学勤：《秦国文物的新认识》，《文物》1980年第9期。

⑥ 商艳涛：《西周军事铭文研究》，广州：华南理工大学出版社，2013年，第229页。

⑦ [日]白川静：《金文通释》，东京：白鹤美术馆，1969年，第839页。

⑧ 陈梦家：《西周铜器断代》，北京：中华书局，2004年，第318、319页。

⑨ 郭沫若：《两周金文辞大系图录考释》，《郭沫若全集》考古编第07卷，北京：科学出版社，2002年，释文106，第5页。

公。"① 朱凤瀚、张荣明认为："伯者长兄也；作器者不其乃壮公昆弟并为公伯之孙，故称公伯为皇祖。"②

(四) 西俞等地名的认定

王国维认为："西俞谓宗周以西山地。"③ 郭沫若认为："西俞即《纪年》之俞泉，《尔雅》所谓北陵，西俞，雁门是也。"④ 李学勤认为："西俞是泛指的地区名，意即西方。"⑤ 《商周青铜器铭文选》认为："西俞作西隃，西周的西部边境。"⑥

相比较其他青铜器，不其簋较为不寻常，它"不在陕右而在山东滕县出土。"⑦ 李学勤对此问题做出了解释，可成一说。他认为："有一个推测，即秦武公与这里的国君是连襟，有人叫'一担挑'。因为这样的亲戚关系，青铜器就有可能作为贵重礼物进行馈赠。结果，秦武公祖先的青铜器不其簋就来到了山东，配了盖，铸了字，还配了另一套簋，最后又作为重器随葬，于是有了 1980 年后荆沟两套簋的出土。"⑧

综上所述，学界对不其簋的争论很大，现在还很难得到一个能被学界广泛认可的结论，但是从铭文中还是能得到一些信息。

第一，战斗比较激烈，时间、空间上跨度都很大，戎人牺牲惨重。

第二，周人靠车战取胜，在行军速度上超越戎人。

第三，猃狁为戎的一种，与戎可替换。

第七节　多友鼎铭文中的戎

多友鼎，1980 年陕西长安县出土。铭文记述了猃狁入侵周土被多友击

---

① 李学勤：《秦国文物的新认识》，《文物》1980 年第 9 期。

② 朱凤瀚、张荣明：《西周诸王年代研究》，贵阳：贵州人民出版社，1998 年，第 79 页。

③ 王国维：《不娶敦盖铭考释》，《王国维遗书》，上海：上海古籍出版社，1983 年。

④ 郭沫若：《两周金文辞大系图录考释》，《郭沫若全集》考古编第 07 卷，北京：科学出版社，2002 年，释文 106，第 5 页。

⑤ 李学勤：《秦国文物的新认识》，《文物》1980 年第 9 期。

⑥ 马承源：《商周青铜器铭文选》，北京：文物出版社，1990 年，第 310 页。

⑦ 万树瀛：《滕县后荆沟出土不娶簋等青铜器群》，《文物》1981 年第 9 期。

⑧ 李学勤：《夏商周与山东》，《烟台大学学报》2002 年第 3 期。

败的经过，对于研究戎族提供了丰富的史料。

器物断代方面，学界尚有争议。大致有以下两种观点。

第一种观点：西周厉王时器物。代表人物：李学勤①、张亚初②、李仲操③、刘翔④、马承源⑤等。

第二种观点：西周宣王时器物。代表人物：田醒农、雒忠如⑥，刘雨⑦，美国学者夏含夷⑧等。

铭文释读方面，大致相同。以李学勤释读为例，摘录如下：

> 唯十月，用玁狁方興，廣伐京師，告追于王，命武公："遣乃元士，羞追于京師。"武公命多友率公車，羞追于京師。癸未，戎伐筍，衣孚（俘），多友西追。甲申之屑（晨），搏于龏，多友有折首執訊：凡以公車折首二百又五人，執訊廿又三人，孚戎車百乘一十又七乘，衣復筍人孚。或搏于龏。折首卅又六人，執訊二人，孚車十乘，從至。追搏于世，多友或有折首執訊，乃轶追，至于杨冢，公車折首百又十又五人，執訊三人，唯孚車不克以，衣焚。唯馬驅盡，復奪京師之孚。多友迺獻孚馘訊于公，武公迺獻于王。迺曰武公曰："女既静京師，釐女易（錫）女土田。"⑨

铭文中"戎"所指，一般认为指玁狁。张亚初则有一定补充，认为："戎与严允对举，这种情况亦见于不其簋铭文和《诗经·出车》，说明从某种意义上讲，戎就是严允。但确切地说，戎不单是指严允……戎的民族国族情况是极为复杂的，严允只是其中的一支。严允放桡应理解为严允带头作乱，也就是说这次动乱具有相当程度的广泛性。所以下面紧接着用了广伐一词。不其簋铭文的广伐是讲驭方与严允共同作乱……广伐一词通常是指许多国族大规模的联合进攻……广伐是联合进攻，严允则是罪魁祸首。"⑩

为了清晰的、直观的研究，对于多友鼎所载战役情况，笔者做"多友鼎所载战役简报表"列举如下（见表2-1）：

① 李学勤：《论多友鼎的时代及意义》，《人文杂志》1981年第6期。
② 张亚初：《谈多友鼎铭文的几个问题》，《考古与文物》1982年第3期。
③ 李仲操：《也释多友鼎铭文》，《人文杂志》1982年第6期。
④ 刘翔：《多友鼎铭两议》，《人文杂志》1983年第1期。
⑤ 马承源：《商周青铜器铭文选》，北京：文物出版社，1990年，第283页。
⑥ 田醒农、雒忠如：《多友鼎的发现及其铭文试释》，1981年第4期。
⑦ 刘雨：《多友鼎铭的时代与地名考订》，《考古》1983年第2期。
⑧ ［美］夏含夷：《古史异观》，上海：上海古籍出版社，2005年，第223页。
⑨ 李学勤：《论多友鼎的时代及意义》，《人文杂志》1981年第6期。
⑩ 张亚初：《谈多友鼎铭文的几个问题》，《考古与文物》1982年第3期。

表 2-1：多友鼎所载战役简报表[①]

序号	战争地点	斩首人数	俘获人数	俘获戎车	俘获武器	其他
1	郄	205	23	117	—	衣復筍人孚
2	龚	36	2	10	—	—
3	世	—	—	—	—	—
4	杨冢	115	3	焚	—	復奪京师之孚
合计		356	28	127		

注："—"表示无记载。

对于战役规模，黄盛璋认为："百车合用 1200 人，多友所帅武公之车，多亦不过视此加倍。玁狁大约也不超过二百乘，如此玁狁与多友之车大致相差不多。"[②]

对于战车，李学勤认为："我们又看到多友在整个战役中俘获玁狁的战车一百二十七辆以上，可见玁狁并不像过去大家想像的那样，仅仅是一个游牧骑射的民族，而是有从事大规模车战的能力。这一点，对我们估计古代西北民族的文化性质，是重要的新线索。"[③] 美国学者夏含夷认为："到了西周末年，周军和玁狁的战争基本上就是戎车之间的战争了（有多友鼎铭文可以为证）……我们有足够的理由推断周军房获的那 127 辆马车仅是玁狁入侵车队的一部分。周军投入的马车数目想必也不会比玁狁为少，所以两军所动用马车的总数绝对不会少于数百辆。无论我们怎么去估算，多友鼎铭文标志着到了公元前九世纪的后半叶中国已经进入了车战的成熟阶段是无可置疑的。"[④] 笔者以为，此说是合理的。

黄盛璋发现所获战利品，仅有人与车，没有记兵器，据此认为："看玁狁仍是不会铸造铜兵器，所以比较落后，如果要利用铜兵器，多少总被俘获些，鼎铭主要记载战功，不可能不记兵器的战利品。当时玁狁并不会制造青铜器，至于能利用车战，当和周人多次交战，学习仿效而得，并非玁狁原来所有。"[⑤] 这个说法，笔者并不赞同。师同鼎记载"戎金胄卅，戎鼎廿，铺

---

① 该表制作多参考黄盛璋《多友鼎的历史与地理问题》一文。

② 黄盛璋：《多友鼎的历史与地理问题》，《考古与文物》丛刊第 2 号《古文字论集》，1983 年，第 19 页。

③ 李学勤：《论多友鼎的时代及意义》，《人文杂志》1981 年第 6 期。

④ ［美］夏含夷：《古史异观》，上海：上海古籍出版社，2005 年，第 100、123 页。

⑤ 黄盛璋：《多友鼎的历史与地理问题》，《考古与文物》丛刊第 2 号《古文字论集》，1983 年，第 19 页。

五十，铦廿。"① "铦廿"即是剑二十把，所以戎人使用青铜兵器已很普遍。鼎铭虽然主要记载战功，但也有侧重，比如不其簋就只记载"折首执讯"，不能因此认为就没有其他战利品。同样，也不能因为多友鼎没有记载铜兵器，就认为戎人不会制造青铜器。

此外，黄盛璋对猃狁社会也进行了分析，"猃狁入侵的主要目的是抢掠人口，俘虏大量的人带走主要是用作奴隶。必为比较原始的奴隶社会。"②笔者认为此说还可商榷，因为交战双方都有俘虏人口，按照黄盛璋推论，西周岂不也是奴隶社会？不能因为猃狁俘虏人口，就说其为奴隶社会，这是不合适的。

很多学者依据多友鼎记载的地名，推测猃狁活动区域，形成了不同的看法。黄盛璋认为："本铭最大价值在于指示猃狁来自晋北。"③ 刘翔认为："就会发现厉、宣之际猃狁的活动区域，只能如李学勤先生指出的是在宗周以西，相当今陕、甘、宁三省交接处。"④

总之，多友鼎透露了很多信息，既有戎族的，也有西周的，既有军事的，也有地理的。具体对戎族而言，可以得到以下结论：

第一，此戎所指，有可能包含了以猃狁为首的多个戎族。

第二，战役规模，不超万人。周王朝并未大规模召集"勤王"活动，属于一次中等程度的侵袭。武公所指虽有争议，但不会是大国君主。

第三，戎族军事力量较强，作战形式上与周人相差不大，车战成为主流。

第四，大规模的军事行动、车战需要大量青铜武器。这些装备依赖进口交换得到的可能性不大，是故戎族会铸造青铜器。先秦时期，军需品往往属于禁止贸易的物品。鄂君启节铭文就曾记载，楚国明确规定鄂君启的商队："毋载金、革、黾、箭"。⑤ 1984年陕西周原考古队发表《扶风刘家姜戎墓葬发掘简报》，其文认为："刘家文化的族属更确切地说当是宝鸡一带的土著——姜姓羌族，也就是姜戎……刘家姜戎墓葬出土铜管、铜铃、铜泡形饰等，说明当时已进入青铜时代，无疑要晚于龙山文化。由于墓口都压在西周

　　① 陕西周原扶风文管所：《周原发现师同鼎》，《文物》1982年第12期。
　　② 黄盛璋：《多友鼎的历史与地理问题》，《考古与文物》丛刊第2号《古文字论集》，1983年，第19页。
　　③ 黄盛璋：《多友鼎的历史与地理问题》，《考古与文物》丛刊第2号《古文字论集》，1983年，第19页。
　　④ 刘翔：《多友鼎铭两议》，《人文杂志》1983年第1期。
　　⑤ 陈伟：《〈鄂君启节〉与楚国的免税问题》，《江汉考古》1989年第3期。

晚期地层之下，又被西周早期、中期墓葬打破。故墓葬年代要早于西周。"[1]

多种材料说明：戎族会冶炼青铜器，戎人社会的文明程度并不低。

第八节　柞伯鼎铭文中的戎

柞伯鼎，国家博物馆 2005 年收藏。朱凤瀚于《文物》2006 年第 5 期发表详细信息。断代方面，应是西周晚期器物，各家表述不一：

朱凤瀚认为："西周晚期厉、宣时期为妥。"[2] 李学勤认为："估计其年代在恭王，甚或再晚一些，是比较合宜的。"[3] 黄盛璋认为："此鼎应属中期夷王世。"[4] 今从朱凤瀚之说。

一、铭文释读

铭文释读方面，学界争议很大。焦点集中在断句方面，列举如下：

第一种释读：

佳（惟）四月既死霸，虢中（仲）令柞白（伯）曰：'才（在）乃圣且（祖）周公繇又（有）共于周邦，用昏无及，广伐南或（国），今女（汝）其率蔡侯左至于昏邑。'既围城，令蔡侯告徵中（仲），遣氏曰：'既围昏。'虢中（仲）至。辛酉尃（搏）戎，柞白（伯）执讯二夫，获聝十人。其弗敢昧朕皇且（祖），用乍（作）朕剌（烈）且（祖）幽叔宝尊鼎，其用追享孝，用祈眉寿万人（年）。子子孙孙其永宝用。[5]

第二种释读：

惟四月既死霸，虢仲命柞伯曰：'在乃圣祖周公繇又共于周邦。用昏无及，广伐南国，今汝其率蔡侯左。'至于昏邑，既围城，令蔡侯告遐虢仲、趞氏曰：'既围昏。'虢仲至，辛酉，尃（薄）戎，柞伯执讯二夫，获聝十

① 陕西周原考古队：《扶风刘家姜戎墓葬发掘简报》，《文物》1984 年第 7 期。
② 朱凤瀚：《柞伯鼎与周公南征》，《文物》2006 年第 5 期。
③ 李学勤：《从柞伯鼎铭谈〈世俘〉文例》，《江汉学刊》2007 年第 5 期。
④ 黄盛璋：《关于柞伯鼎关键问题质疑解难》，《中原文物》2011 年第 5 期。
⑤ 朱凤瀚：《柞伯鼎与周公南征》，《文物》2006 年第 5 期。

人。其弗敢昧朕皇祖，用作朕剌（烈）祖幽叔宝尊鼎，其用追享孝，用祈眉寿万人（年），子子孙孙其永宝用。①

第三种释读：

唯四月既死霸，虢仲令柞伯曰：'在乃圣祖周公繇有共于周邦。用昏无及广伐南国，今汝其率蔡侯左至于昏邑。'既围城，令蔡侯告徵仲，遣氏曰：'既围昏。'虢仲至。辛酉尃（搏）戎。②

第四种释读：

维四月既死霸，虢中（仲）令柞白（伯）曰：'在乃圣祖周公，繇又（有）共于周邦。用昏无及，广伐南国。今女（汝）其率蔡侯，左至于昏邑。'既围城，令蔡侯告遂虢中遣氏曰：'既围昏。'虢中（仲）至，辛酉博戎。柞伯执讯二夫，获馘十人。其弗敢昧朕皇祖，用作朕剌（烈）祖幽叔宝尊鼎。其用追享孝，用祈眉寿万人（年）。子子孙孙其永宝用。③

二、学界争论

对于铭文大意，学界争论也比较大。表现在以下几个方面。

（一）"用昏无及"

朱凤瀚认为："用，有因而、而之意，昏，努力、尽力之意，大意讲周公致力于周邦，而勤勉无人可及。"④ 李学勤认为："'昏'，据鼎铭是一个有城邑的南方蛮夷方国，可能即《国语·郑语》的闽芈。殳读为输，无输是不缴贡纳，从王朝来看都是罪状，因而加以征讨。"⑤ 周宝宏认为："昏，指邦国。无及，应该理解为人名。'用昏无及广伐南国'是说：昏邦首领无及广伐南国。"⑥ 黄盛璋认为："用昏无及，是说昏国肆无忌惮，无国可及。"⑦

① 李学勤：《从柞伯鼎铭谈〈世俘〉文例》，《江汉学刊》2007 年第 5 期。
② 周宝宏：《西周金文考释六则》，《古文字研究》第 27 辑，北京：中华书局，2008 年，第 225、226 页。
③ 黄盛璋：《关于柞伯鼎关键问题质疑解难》，《中原文物》2011 年第 5 期。
④ 朱凤瀚：《柞伯鼎与周公南征》，《文物》2006 年第 5 期。
⑤ 李学勤：《从柞伯鼎铭谈〈世俘〉文例》，《江汉学刊》2007 年第 5 期。
⑥ 周宝宏：《西周金文考释六则》，《古文字研究》第 27 辑，北京：中华书局，2008 年，第 225、226 页。
⑦ 黄盛璋：《关于柞伯鼎关键问题质疑解难》，《中原文物》2011 年第 5 期。

笔者认为"昏"理解为邦国比较合适。黄盛璋在《关于柞伯鼎关键问题质疑解难》一文中对此论述较为详细。"无及"则可存疑。

(二)"南国"所指

1. "南国"是指周国土

黄盛璋认为:"'南国'为西周南畿国土,而与'南夷'对别,不是夷土地。南国明确与南夷对别,指周国土,南夷则为敌族。"①

2. "南国"是指周的附属区

朱凤瀚认为:"将南国说成是周之国土似乎是不妥的……'南土'是周王朝南方的国土……'南国'则更在其南,大致在今淮水流域、南阳盆地南部与汉淮间平原一代……'南国'不宜被理解为周人之国土……'南国'从整体上看,是一块最终亦未能纳入西周王朝得以实行有效统治的国土版图内,而又长期被周人压制、盘剥的地区。对于这样一块区域,似可以考虑称其为西周王朝的'附属区'。"②

3. 要分时间段考察

李朝远认为:"周初即已与南国交往……南国似指江汉之间,又可指汉水之阳地区……馘钟中的'南国'似属西周尚未直接统治的地区,见工鼎的'南国'则是被南夷征伐之地,似已是西周的领域。可见这一区域的诸小邦国,朝叛无定,周朝统治区域亦常有缩放。"③

4. "南国"是"南夷"之地

安徽省文物考古研究所发文认为:"周人同时以南夷、淮夷称呼南方之夷,其地称为南国。"④

5. "南土"之外

赵燕姣认为:"'南土'或为周王直接控制的位于王畿南部的区域,在其南部边城地区甚至设有'侯'之类具有军事防卫职能的长官。而'南国'却位于"南土"之外,远离王畿,王朝对该地区的控制强弱视王朝的实力而定。"⑤

---

① 黄盛璋:《关于柞伯鼎关键问题质疑解难》,《中原文物》2011 年第 5 期。

② 朱凤瀚:《论西周时期的"南国"》,《历史研究》2013 年第 4 期。

③ 李朝远:《应侯见工鼎》,《上海博物馆集刊》第 10 期,上海:上海书画出版社,2005 年,第 106 页。

④ 安徽省文物考古研究所:《霍邱堰台——淮河流域周代聚落发掘报告》,北京:科学出版社,2010 年,第 414 页。

⑤ 赵燕姣:《西周时期的"南国"、"南土"范围刍议》,《南方文物》2013 年第 4 期。

（三）伐南国者何？

由于对"南国"所指，存在分歧，伐南国的主体也就有了异议。

朱凤瀚认为是周公，"以上所分析的周代文献记载还是可以与柞伯鼎铭文中所言'周公广伐南国'相印证的。"[①]

黄盛璋认为是"昏"，"已确考西周金文所有'广伐'全皆限用于反周、伐周的敌方，绝对不用于自方。"也即"广伐"的方向是敌人→周王朝。并由此认为："'广伐南国'绝对不是周公，唯一就是昏国，可以定论。"[②]

（四）"昏"之所在

朱凤瀚认为："昏邑的大致位置亦应在今河南南部之淮水流域，即今信阳地区。"[③] 李学勤认为："'昏'，据鼎铭是一个有城邑的南方蛮夷方国，可能即《国语·郑语》的闽芈。闽和楚一样，是芈姓的，其城邑具体位置现尚无法考定。"[④] 黄盛璋则提出新的观点，他认为："昏就是东夷，南徙居淮水。"[⑤] 李凯也不同，他认为："所伐的'昏'在山东郓城东，而不在南国。"[⑥]

笔者认同朱凤瀚的观点，由于蔡国参加这次战争，"围昏"，"昏"地所在必距蔡国不远。

（五）"戎"之所指

朱凤瀚认为："戎、夷之以方位作明显分划，是东周以后的事情，所以西周时人对称夷者偶亦称戎未必不可能……当然也有另一种可能，即周人所搏昏邑之人原即被周人称作'戎'，从其他地区迁至此，本非属淮夷。……本铭文中'昏'邑之戎也有可能是虽已在淮水流域而本非淮夷。'"[⑦] 李凯认为："柞伯鼎铭文所述柞伯、蔡侯与虢仲所伐之戎为东国淮夷。"[⑧] 黄盛璋认为："昏原为东夷，后被周征伐，不断南迁淮上，与淮夷共处，成为淮夷。

① 朱凤瀚：《柞伯鼎与周公南征》，《文物》2006 年第 5 期。
② 黄盛璋：《关于柞伯鼎关键问题质疑解难》，《中原文物》2011 年第 5 期。
③ 朱凤瀚：《柞伯鼎与周公南征》，《文物》2006 年第 5 期。
④ 李学勤：《从柞伯鼎铭谈〈世俘〉文例》，《江汉学刊》2007 年第 5 期。
⑤ 黄盛璋：《关于柞伯鼎关键问题质疑解难》，《中原文物》2011 年第 5 期。
⑥ 李凯：《柞伯鼎与西周晚期周和东国淮夷的战争》，《四川文物》2007 年第 2 期。
⑦ 朱凤瀚：《柞伯鼎与周公南征》，《文物》2006 年第 5 期。
⑧ 李凯：《柞伯鼎与西周晚期周和东国淮夷的战争》，《四川文物》2007 年第 2 期。

淮戎就是淮夷，所以昏亦称戎。"①

此外，朱凤瀚撰文指出"南国"对周王朝有着"不可替代的支撑作用……当作王朝赖以生存的重要经济与人力资源所在"。② 笔者以为，这或许是周王朝对"昏"用兵的原因。

综上所述，可知"昏邑之戎"在淮水流域，极有可能便是淮夷。是否迁徙至此？由于缺乏史料，尚难定论。

第九节　应侯见工鼎铭文中的戎

应侯见工鼎，2000 年上海博物馆购得。铭文记载应侯接受王命征伐南夷之事。

器物断代方面，学界有两种看法。

第一种观点认为是西周中期。代表著作是吴镇烽编著的《商周青铜器铭文暨图像集成》，该书认为是西周中期后段。③

第二种观点认为是西周晚期。代表著作有陈佩芬著的《夏商周青铜器研究》④ 和钟柏生等编著的《新收殷周青铜器铭文暨器影汇编》。⑤ 此外，李朝远认为："应侯见工鼎的时代大致在厉王初年。"⑥ 也可归入西周晚期。

铭文释读方面，学界有不同的看法，如下所述。

《夏商周青铜器研究》一书的释文：

> 隹南夷丰敢作非良，广伐南国，王令应侯见工曰：征伐丰。我□令戜伐南夷丰，我多俘戎，余用作朕剌考武侯尊鼎，用祈眉寿永令，子子孙孙其永宝用享。

《商周青铜器铭文暨图像集成》一书的释文：

> 隹（唯）南夷𧈪（丰？）敢作非良。广伐南国。王令应侯见工曰："征伐

---

① 黄盛璋：《关于柞伯鼎关键问题质疑解难》，《中原文物》2011 年第 5 期。
② 朱凤瀚：《论西周时期的"南国"》，《历史研究》2013 年第 4 期。
③ 吴镇烽编著：《商周青铜器铭文暨图像集成》5，上海：上海古籍出版社，2012 年，第 264 页。
④ 陈佩芬：《夏商周青铜器研究（西周篇）》，上海：上海古籍出版社，2004 年，第 414 页。
⑤ 钟柏生等：《新收殷周青铜器铭文暨器影汇编》，台北：艺文印书馆，2006 年，第 1008 页。
⑥ 李朝远：《应侯见工鼎》，《上海博物馆集刊》第 10 期，上海：上海书画出版社，2005 年，第 104 页。

⚍（丰？）。"我□令撲伐南夷⚍（丰？），我多俘戎，余用作朕烈考武侯尊鼎，用祈眉寿永令，子子孙孙其永宝用享。

《新收殷周青铜器铭文暨器影汇编》一书的释文：

隹南尸敢乍非良广伐南国王令应侯见工曰政伐丰我□令戣伐南尸丰我多孚戎余用作朕剌考武侯障鼎用獮眉寿永令子子孙孙其永宝用高

铭文大意是指南夷丰伐南国，王命令应侯见工予以反击，并得到很多俘虏。此处之"戎"，代指"南夷丰"。可以看出，当时的戎、夷界限并不严格，戎、夷可以互换。

第十节　逑鼎铭文中的戎

逑鼎，2003年出土于陕西眉县杨家村。一般认为是西周晚期器物。《陕西眉县杨家村西周青铜器窖藏》一文认为是"宣王时期标准的器物"。[1] 美国学者夏含夷认为："这两个鼎都作于周宣王在位时代，大概没有再讨论的余地。"[2]

铭文摘录如下：

汝惟克型乃先祖考兵獫狁，出捷于井阿，于历䲪。汝不𤩾戎，汝㝬长父，以追博戎，乃即宕伐于弓谷，汝执讯获馘，俘器车马。汝敏于戎工，弗逆朕亲命。[3]

铭文中獫狁与戎的关系，李学勤认为："逑所伐的戎，是山西北部的戎人，并不是居处西北的獫狁。鼎铭'汝惟克型乃先祖考兵獫狁'应作一气读，讲逑能继承先人与獫狁战斗的精神，与戎人交战。獫狁与下文的戎不可混为一谈。"[4] 田率看法略有不同，他把铭文"汝惟克型乃先祖考兵獫狁"断开，释读为"汝唯克型乃先祖考，撲獫狁"，认为"宣王希望逑要继承其

① 陕西省考古研究所：《陕西眉县杨家村西周青铜器窖藏》，《考古与文物》2003年第3期。
② ［美］夏含夷：《四十二年、四十三年两件吴逑鼎的年代》，《中国历史文物》2003年第5期。
③ 铭文来源陕西省考古研究所《陕西眉县杨家村西周青铜器窖藏》（《考古与文物》2003年第3期）。断句则依据李学勤《眉县杨家村新出青铜器研究》，《文物》2003年第6期。按：前二个戎字，表族群意，后一个戎字，表"大"意。
④ 李学勤：《眉县杨家村新出青铜器研究》，《文物》2003年第6期。

祖先的功绩，莫要辱没祖先的名誉，能够率军彻底歼灭玁狁，以绝后患。"整段铭文意思为"纵观这次战事的经过，玁狁首先挑起衅端，冒犯周邦，侵掠畿内井地。逨率军从后路牵制住敌人，断其归路，在数历山深谷中击退敌军。随后逨策应长父出兵，追击玁狁败军，在弓谷激战，取得最终的胜利。"①

这两种观点，分歧在于戎与玁狁是否为替代关系。李学勤认为这段铭文有两个层次，第一个层次是"汝惟克型乃先祖考兵玁狁"，是在叙说逨的先祖讨伐玁狁；第二个层次是"汝䇂长父，以追博戎"，是指逨继承先祖精神，与戎人作战，此戎非先祖所讨伐的玁狁。田率则通过断句，认为铭文核心是讲述逨如何与玁狁作战，其中的戎与玁狁是替代关系。

两种说法各有其理，笔者倾向于后者。此处戎应是玁狁。"玁狁"一词出现在西周晚期。王国维认为："其在宗周之季，则曰玁狁……是玁狁之称，不过在懿宣数王间，其侵暴中国，亦以厉宣之间为最甚也。"② 彭裕商考证："西周王朝征伐猃狁的战争从西周晚期一直延续到东周早年。"③ 据此，逨的先祖讨伐玁狁的可能性比较小。而逨鼎正是宣王器，符合玁狁活动的时期。

此外，铭文中"俘器车马"，李学勤认为："器，指兵器而言。由此知戎人也用车战，与多友鼎与玁狁交战俘车达一百二十七乘情形类似。"④

第十一节　晋侯铜人铭文中的戎

晋侯铜人，1992 年在香港出现，属于私人收藏品。2002 年上海博物馆主编的《晋侯墓地出土青铜器国际学术研讨会论文集》，收录香港中文大学苏芳淑、北京大学李零的论文《介绍一件有铭的"晋侯铜人"》，晋侯铜人正式进入学界视野，开始有了相关注释、考证文章。

断代上，一般认为是西周晚期器物。如李学勤认为是厉王时器。⑤ 当然也有不同看法，李伯谦认为："铜人铭文字型结构则具有西周早、中期的

① 田率：《四十二年逨鼎与周伐玁狁问题》，《中原文物》2010 年第 1 期。
② 王国维：《观堂集林》，北京：中华书局，1959 年，第 583、603 页。
③ 彭裕商：《周伐猃狁及相关问题》，《历史研究》2004 年第 3 期。
④ 李学勤：《眉县杨家村新出青铜器研究》，《文物》2003 年第 6 期。
⑤ 李学勤：《晋侯铜人考证》，《商承祚教授百年诞辰纪念文集》，北京：文物出版社，2003 年，第 127 页。

特征。"①

晋侯所指，学界看法不一。如下：

李学勤认为："铜人的晋侯当为厉侯、靖侯中的一人……考虑到铜人最可能出自作器的晋侯墓内，似应倾向于厉侯墓……铜人字体风格更接近于已见的厉侯即晋侯樊马诸器，也支持这种想法。"② 李伯谦认为："最有可能就是6号、7号墓组晋成侯夫妇墓中的遗留物了。"③

释文方面，争议不大，以李学勤释文为例：

佳五月，淮夷伐格，晋侯薄戎，获厥君厚师，侯扬王于兹。④

铭文大意是指："五月里淮夷进犯格地，晋侯与其激战，擒获淮夷头领，晋侯于兹颂扬周王。"⑤

此事件的背景，李学勤认为要与敔簋相互印证。"铜人铭文说'淮夷伐格，晋侯薄戎'，可见该战役由淮夷入犯而起，而被伐的格当系晋地或与晋国邻近。我想这个格，就是战国时韩地格氏……淮夷内犯到荥阳、伊洛一带，在西周历史上显然是十分特殊的事件。邻与格相距甚近，这只能是一次战争里的不同阶段。敔簋记的是十月，周军反击只到伊水。晋侯铜人所记在五月，接战是在荥阳附近，这很可能在敔簋之后，而淮夷之君被擒，标志着战争告一段落……铜人所叙淮夷之事，看来就是《后汉书·东夷传》讲的'厉王无道，淮夷入寇'。"⑥

抛开学界的争论，此铜人的出现，具有重要的史料价值，印证了淮夷可以称戎，打破了"淮夷从来不称戎"⑦ 的传统观点。再次说明西周时期，"戎""夷"界限并没那么的严格，东方之"夷"亦可称为"戎"。

---

①　李伯谦：《关于有铭"晋侯铜人"的讨论》，《中国文物报》2002 年 11 月 1 日。

②　李学勤：《晋侯铜人考证》，《商承祚教授百年诞辰纪念文集》，北京：文物出版社，2003 年，第 127 页。

③　李伯谦：《关于有铭"晋侯铜人"的讨论》，《中国文物报》2002 年 11 月 1 日。

④　李学勤：《晋侯铜人考证》，《商承祚教授百年诞辰纪念文集》，北京：文物出版社，2003 年，第 125 页。

⑤　李夏廷、李劭轩：《晋国青铜艺术图鉴》，北京：文物出版社，2009 年，第 304 页。

⑥　李学勤：《晋侯铜人考证》，《商承祚教授百年诞辰纪念文集》，北京：文物出版社，2003 年，第 126、127 页。

⑦　唐兰：《西周青铜器铭文分代史征》，北京：中华书局，1986 年，第 407－408 页。

第十二节　戎生编钟铭文中的戎

戎生编钟是北京保利艺术博物馆收藏的文物,早年流失海外,共 8 件,铭文 150 多字,具有重要的史料价值,学界关注较多。

关于戎生编钟的断代方面,学界有不同的说法。

第一种说法,认为是西周中晚期。马承源认为:"戎生钟铸造的时代应在共王之后,龚王死后懿王即位,戎生钟的铭文书体,和西周中期诸青铜器铭文中这一类形构自由的文字体势走笔显然一致。"[1] 裘锡圭认为戎生编钟是"厉王时器"。[2]

第二种说法,王世民所持,认为:"西周晚期至春秋早期之间。"[3]

第三种说法,认为是春秋初期。李学勤认为:"晋昭侯六年(周平王三十一年,前 740 年),这很可能是晋姜鼎、戎生编钟的制作时间。"[4] 王子初认为:"不难看出,戎生编钟不设音梁,又保留了西周的挖隧调音法,显然是西周遗物。但它在一定程度上又体现了纽钟调音的特征,且含有明显的不成熟的因素,则是春秋时期的特征。戎生编钟的产生时代应在春秋初期。"[5] 朱凤瀚认为:"将其定为春秋初期之器是有充分根据的。"[6]

第四种说法,代表人物陈英杰、陈双新。他们认为:"铭文有几个特征,可以帮助确定其时代。我们曾对两周金文中'器主曰'开篇铭辞进行研究,迄今所见记时＋器主曰的格式均见于东周。再者,文例明确的第一人称代词'辥'也产生于东周。"[7]

四种说法中,"春秋初期说"学界认可者较多。

---

① 马承源:《中国青铜器研究》,上海:上海古籍出版社,2002 年,第 342 页。

② 裘锡圭:《戎生编钟铭文考释》,《保利藏金》,广州:岭南美术出版社,1999 年,第 366 页。

③ 王世民:《戎生编钟》,《保利藏金》,广州:岭南美术出版社,1999 年,第 125—128 页。

④ 李学勤:《戎生编钟论释》,《文物》1999 年第 9 期。本节李学勤的注释,如无特殊说明,均来自此文,故省略。

⑤ 王子初:《戎生编钟的音乐学内涵》,《中国音乐学》1999 年第 4 期。

⑥ 朱凤瀚:《新出金文与西周历史》,上海:上海古籍出版社,2011 年,第 187 页。

⑦ 陈英杰、陈双新:《戎生编钟铭文补议》,《古籍研究》,合肥:安徽大学出版社,2007 年,第 82 页。

关于铭文，各家考释不一，笔者选用具有代表性的李学勤、马承源的释文如下：

李学勤释为：

惟十有一月乙亥，戎生曰：休台皇祖宪公，桓桓翼翼，启厥明心，广经其猷，臧称穆天子肃灵，用建于兹外土，聿司蛮戎，用榦不庭方。至于台皇考昭伯，越越穆穆，懿肃不僭，绍匹晋侯，用恭王命。①

马承源释为：

隹（唯）十又（有）一月乙亥，戎生曰：休台皇祖宪公，桓桓翼翼，启厥明心，广经其猷，庄再穆天子𩁆，用建于兹外土，遣司蛮戎，用榦不廷方。至于台皇考邵伯，晏晏穆穆，懿荫不替，召匹晋侯，用恭王令。②

铭文包含着很多信息，对于本文而言，"戎生"以及"蛮戎"所指则显得更为重要。

关于"戎生"，李学勤认为："作器者戎生，其祖谥为宪公者，系周王朝臣，受封于畿外，管理蛮戎，捍拒敌方。这是西周中期穆王时的事情……戎生之父昭伯，'绍匹晋侯，用恭王命'，已经不属王朝，而是晋臣了。这可能是宪公以来的封地被晋国兼并的结果。至于戎生本人，自然也是晋臣。"并提出一种推测"金文人名作'某生'者可读为'某甥'……戎生（甥）家自宪公受命司戎，他的父亲和戎女成婚也是情理中事。"在一次讲座中，李学勤明言："什么叫'戎生'呢？叫什么'生'的就是'甥'，'戎生'就是'戎外甥'，就是说他的母亲是戎。"③ 吴镇烽认同李学勤的观点，在其研究金文人名的专著《金文人名汇编》中，他说道："以母家的国氏与'生'字组成私名，表示男性之所出。如戎生……都是前述这些人母家（舅父家）的国氏，表示前述这些人是上述国氏的外甥。"④ 朱凤瀚则认为："戎生这一支是周穆王的后裔。"⑤

马承源认为："戎生，戎国的君长……西周金文中以生为名的青铜器有两类：一是称某生者为人名，如单伯吴生钟；另一类是国或采邑君长的称

①　李学勤：《戎生编钟论释》，《文物》1999 年第 9 期。
②　马承源：《中国青铜器研究》，上海：上海古籍出版社，2002 年，第 332、333 页。
③　李学勤：《中华文明起源与山西》，《文源讲坛：山西省领导干部历史文化讲座》，太原：山西人民出版社，2009 年，第 21 页。
④　吴镇烽：《金文人名汇编（修订本）》，北京：中华书局，2006 年，第 470 页。
⑤　朱凤瀚：《新出金文与西周历史》，上海：上海古籍出版社，2011 年，第 188 页。

谓，如番生簋、武生鼎等，凡生字前所置一字，都为国名或采邑名，这是西周小国国君或采邑之主取名的习俗……知戎生之戎，也是国名。考虑到铭文记载戎生参预征缘汤取吉金，从地理看，西周时期的戎国，正好在淮夷的西北方，缘在其南方，也就是缘汤，后称缘阳。由于铭文内容能和历史地理的记录联系起来，所以我认为戎生就是西周戎的邦君，就是今曹县和开封之间的西周时戎国，这一地带是成周往东通向东国、往南通向淮夷的咽喉。由此至齐鲁之间，是少数民族或部族的群集之地，政治地理颇为复杂，是周室的心腹之患……周人允许效忠的戎人在此立国，是有其重要意义的。戎的皇祖是富公，皇考是邵公，至戎生为第三代，当时立国不过百年。戎生钟的出现，表明此地的戎人已在一定程度上接受了诸夏文化影响。"[1] 对于马承源的观点，胡长春认为："其说可从。"[2]

李学勤、马承源的观点，差异很大。李说反映出晋地戎、华交汇，通婚等情形；马说则提出在西周中晚期戎人已立国。二说在学界都有支持者，目前还难以决断，孰是孰非，或有其他答案也未可知。有无一个戎族国家自然还需待进一步的考古证明，然而，此时戎族的影响力则不言自明。

另外，关于"蛮戎"，李学勤认为："晋地多戎……钟铭说的'蛮戎'当即指这一类戎人。"其说可从，因为"以'蛮'指称北方民族之例屡见"，[3]晋国的环境又是"戎、狄之民实环之"。[4]

第十三节　屟敖簋铭文中的戎

屟敖簋，出土日期与地点不详，现藏于故宫博物院。记述了"戎"向"子牙父"献金百车之事。铭文摘录如下：

戎献金于子牙父百车，而锡盘（鲁）屟敖金十钧。锡不讳。屟敖用拱用璧，用召告其右，子歆史盂。屟敖董用剘吊于史盂。用作宝簋，屟敖其子子

①　马承源：《中国青铜器研究》，上海：上海古籍出版社，2002 年，第 337、338 页。
②　胡长春：《新出殷周青铜器铭文研究》，博士学位论文，安徽大学，2004 年，第 93 页。
③　裘锡圭：《裘锡圭学术文集·金文及其他古文字卷》，上海：复旦大学出版社，2012 年，第110 页。
④　《国语》，上海：上海古籍出版社，1978 年，第 301 页。

孙孙永宝。①

一、器物断代方面的争议

器物断代方面，学界尚有争议。有以下两种观点

第一种观点：西周晚期器物。《殷周金文集成》②《商周青铜器铭文选》③等持此说。

第二种观点：齐桓公时器物。代表人物有郭沫若、刘恒④等。郭沫若认为："从器的花纹、形制和铭文文字的结构看来，说为穆王时器，仍然为时过早。花纹器制都太简陋了，文字结构草率急就到了很难辨认的程度，穆王时代没有看见过这样的彝器。但如果说为春秋时代，倒还比较相称。"⑤

"子牙父"所指，学界也有争议。郭沫若认为："子牙父应该是齐桓公时的鲍叔牙。"⑥刘丕烈认为："疑子牙父是鲁庄公时鲁叔牙。"⑦

笔者认同郭说，因为除鲍叔牙外，能有势力和资格接受献金百车的人寥寥。正如周法高所言："鲁国没有威权足以使戎献金百车，鲁僖公在齐桓公卵翼之下亦无此威权。然非齐国之元老重臣鲍叔牙不足以当'子牙父'之地位，彰彰明矣。郭文之贡献在于提出'子牙父'即'鲍叔牙'。"⑧刘恒言："该铭先说'子牙父'而后说'鲁屏敖'，若'子牙父'亦属鲁国人，就应先说'鲁子牙父'才是，不应将'鲁'国名标在后者名之前。仅此一点，已可窥知子牙父非鲁叔牙。"⑨

"屏敖""子歔史孟"所指郭沫若并未指出，只是交代了屏敖的地位，"很明显，他既不是中小国家的诸侯，也不是强大国家的上卿，看来顶多只是鲁国的一位不很高级的下大夫或上士。"⑩刘丕烈认为："屏敖疑是鲁国公孙敖，公孙敖是庆父的儿子。子歔史孟，不知是谁。疑是公子鱼，鱼又名奚

①　郭沫若：《〈屏敖簋铭〉考释》，《考古》1973 年第 2 期。

②　中国社科院考古研究所：《殷周金文集成》第 8 册，北京：中华书局，1984 年，第 12 页。

③　马承源：《商周青铜器铭文选》，北京：文物出版社，1990 年，第 335 页。

④　刘恒：《关于屏敖簋铭文中"戎"的问题》，《北方文物》2001 年第 4 期。

⑤　郭沫若：《〈屏敖簋铭〉考释》，《考古》1973 年第 2 期。

⑥　郭沫若：《〈屏敖簋铭〉考释》，《考古》1973 年第 2 期。

⑦　刘丕烈：《子牙父和屏敖》，《考古》1983 年第 7 期。

⑧　周法高：《屏敖簋铭新考》，《中央研究院历史语言研究所集刊》1984 年第 55 本 1 分。

⑨　刘恒：《关于屏敖簋铭文中"戎"的问题》，《北方文物》2001 年第 4 期。

⑩　郭沫若：《〈屏敖簋铭〉考释》，《考古》1973 年第 2 期。

斯，同属孟氏、猷或奚斯的合音。"①

笔者认为刘丕烈此说可存疑待考，正如刘恒所言："公孙敖，此人也可以说是与齐桓公、鲍叔牙同时代的人，故此说可备一说。"②

综上所述，"子牙父"所指是齐桓公时的鲍叔牙。"庚敖""子猷史孟"所指还不能明确。此物应属于春秋时期器物。

二、庚敖铭文中所指的争议

学界对于庚敖铭文中"戎"所指是有争议的，大致有以下三种观点。

第一种观点：戎乃匈奴。代表人物为郭沫若③。郭沫若具体解释不多，主要依据王国维在《鬼方昆夷獫狁考》中的观点，"见于商、周间者，曰鬼方、曰混夷、曰獯鬻。其在宗周之季，则曰獫狁。入春秋后，则始谓之戎，继号曰狄。战国以降，又称之曰胡，曰匈奴。"④

第二种观点：戎乃山戎。王成生认为："从文献记载和考古资料看，春秋时期山戎比匈奴强大，因此簋铭的'戎'不应是指匈奴，而很可能是山戎。"⑤刘恒认为："庚敖簋的'戎'是春秋时期的，而'匈奴'则是战国时才出现的，仅凭'威慑'力量就轻易地使狄人'献金'百车，实于情理难合。一般'戎'与'狄'很少混称，释'戎'为'狄'，也是很难成立的。由于齐国北伐山戎获得大胜，山戎才真正受到威慑，齐国在周围诸侯中的霸主地位得以奠定，齐国的威望更加提高，铭文所述'戎献金'百车之举，即应发生在此时。"⑥

第三种观点：戎乃淮戎。马承源主编的《商周青铜器铭文选》认为："戎，淮戎，也就是淮夷，西周金文有伐淮夷俘吉金的纪录。"⑦

三种观点孰对孰错，此"戎"所指到底是谁？倒是可以从铭文透露出的信息推测出来。

第一，"献金百车"。郭沫若认为："'献金百车'，'金'当然是铜。车的

---

① 刘丕烈：《子牙父和庚敖》，《考古》1983年第7期。

② 刘恒：《关于庚敖簋铭文中"戎"的问题》，《北方文物》2001年第4期。

③ 郭沫若：《〈庚敖簋〉考释》，《考古》1973年第2期。

④ 王国维：《观堂集林》，北京：中华书局，1959年，第583页。

⑤ 王成生：《辽河流域及邻近地区短铤曲刃剑研究》，《辽宁省考古、博物馆学会成立大会会刊》，1981年，第96页。

⑥ 刘恒：《关于庚敖簋铭文中"戎"的问题》，《北方文物》2001年第4期。

⑦ 马承源：《商周青铜器铭文选》，北京：文物出版社，1990年，第335页。

种类、大小和载重，无法确知。假定每车载重平均二百斤，一百辆车便有两万斤铜。这不是一个细微的数目。"① 也即是此"戎"势力较大，非一般的小族。

第二，"献金百车"的对象是鲍叔牙，通过鲍叔牙进献于齐国。刘恒认为："戎献金于子牙父，意即戎人将铜贡献于齐国执政之卿鲍叔牙，盖鲍叔之职有接受贡献之责，献金于他即等于献于齐国朝廷。"② 推测鲍叔牙的年龄、履历等，他作为齐国的执政当是于齐桓公时期。

第三，献金之事，涉及齐、鲁。齐国明显是主导，鲁国所起作用较小。

此三点可作为确定"戎"的标准，再梳理齐国与戎的关系，齐桓公在位时间从公元前 685 年到公元前 643 年，合计 43 年。在这 43 年中，齐国对戎采取行动有 7 次，分别是：

第一次，鲁庄公二十年（674），"冬，齐人伐戎。"

第二次，鲁庄公三十年（664），"冬，齐人伐山戎。"

第三次，鲁僖公十年（650），"夏，齐侯、许男伐北戎。"

第四次，鲁僖公十二年（648），"王以戎难故，讨王子带。秋，王子带奔齐。冬，齐侯使管夷吾平戎于王，使隰朋平戎于晋。"

第五次，鲁僖公十三年（647），"秋，为戎难故，诸侯戍周，齐仲孙湫致之。"

第六次，鲁僖公十五年（645），"楚人伐徐。三月，公会齐侯、宋公、陈侯、卫侯、郑伯、许男、曹伯盟于牡丘，遂次于匡。公孙敖师师及诸侯之大夫救徐。"

第七次，鲁僖公十六年（644），"王以戎难告于齐，齐征诸侯而戍周。"

可以看到，齐鲁共同参与的行动是第五、六、七次。齐国主导，鲁国所起作用较小的行动只有第五、七次。考虑到第七次行动后不久，齐桓公过世，齐国内乱，戎人"献金百车"的可能性较小，就只剩下了第五次最为合适。

鲁僖公十一年（649），"夏，扬、拒、泉、皋、伊、洛之戎同伐京师，入王城，焚东门，王子带召之也。"③ 王子带召诸戎入王城，必效法申侯召犬戎，许以重赂。是故，诸戎入王城后掠夺亦是必然。为此"秦、晋、伐戎

① 郭沫若：《〈 曶敦簋铭〉考释》，《考古》1973 年第 2 期。
② 刘恒：《关于曶敦簋铭文中"戎"的问题》，《北方文物》2001 年第 4 期。
③ 杨伯峻：《春秋左传注》，北京：中华书局，1981 年，第 339 页。

以救周。秋，晋侯平戎于王。"① 然而劝和工作并未成功，极有可能与诸戎掠夺财务有关，诸戎与晋反而又产生矛盾，故有第四次"齐侯使管夷吾平戎于王，使隰朋平戎于晋"之事。

由于齐国缓和了诸戎与周、晋等国关系，诸戎为答谢齐国"献金百车"。百车金之所来，必为诸戎劫掠周王室所得，因为百车金已经超越了戎人的经济实力，非掠夺而不可有。② 若无齐国"平戎于王""平戎于晋"，诸戎劫掠所得必不可保！周王室经此大难，势力受到巨大削弱，乃有第五次"为戎难故，诸侯戍周，齐仲孙湫致之"之事。齐国自是不能独吞"百车金"，便把戎人"献金"之一部分分与了戍周的诸侯军队，鲁国隰敊分到了300斤。当然，吃亏最大的便是周王室，但是实力不济，齐国"平戎"以及"诸侯戍周"，也就不了了之。

反观，山戎说则漏洞较多，一是远征山戎，鲁国并未参与；二是齐国回报鲁国的是俘虏而非"金"。《左传》载："三十一年夏六月，齐侯来献戎捷，非礼也。凡诸侯有四夷之功，则献于王，王以警于夷；中国则否。诸侯不相遗俘。"③ 三是山戎远遁，无须向齐国"献金百车"，《汉书·匈奴传》载："齐桓公北伐山戎，山戎走。"④ 此后，史书中再无山戎记载，⑤ 此族从史籍中消失了。

至于匈奴说，刘恒在《关于隰敊簋铭文中"戎"的问题》一文中已经论述的很具体，不再赘述。淮夷说则缺乏证据，作者推测成分过大，缺乏文献证明。所以，笔者认为向齐国"献金百车"的并非匈奴、山戎、淮夷，实为"扬、拒、泉、皋、伊、洛之戎"，是"诸戎"而非"单一戎"。金文中"戎"可指示"诸戎"，张亚初《谈多友鼎铭文的几个问题》⑥ 已有详解，不再赘述。

---

① 杨伯峻：《春秋左传注》，北京：中华书局，1981年，第339页。

② 另外，闻广认为："似乎没有任何证据可以排除它是戎狄自己生产的。"（《中国古代青铜与锡矿（续）》，《地质论评》1980年第5期）此说目前尚不可信，一是缺乏证据证明此"戎"能冶炼青铜；二是缺乏证据证明此"戎"有如此大的生产能力。

③ 杨伯峻：《春秋左传注》，北京：中华书局，1981年，第249页。

④ （东汉）班固：《汉书》，北京：中华书局，1964年，第3746页。

⑤ 鲁襄公四年（前569年），"无终子嘉父使孟乐如晋，因魏庄子纳虎豹之皮，以请和诸戎。"（《春秋左传注》，北京：中华书局，1981年，第935页。）杜预注"无终，山戎国名"。（杜预：《春秋经传集解》，上海：上海古籍出版社，1978年，第818页。）唐李贤也认为"魏绛，晋大夫。晋悼公时，山戎使孟乐如晋"。（范晔：《后汉书》，北京：中华书局，1965年，第1576页。）童书业认为："春秋时山戎之居当在齐燕之间，无终当居今河北、山西两省间。"（童书业：《夷蛮戎狄与东南西北》，《禹贡》1937年第7卷第10期。）何以齐燕之间的山戎跑到晋国求和，解释不通，此无终必不是山戎。

⑥ 张亚初：《谈多友鼎铭文的几个问题》，《考古与文物》1982年第3期。

综上所述，屒敖簋铭文中的"子牙父"指示鲍叔牙，"屒敖""子歈史孟"可存疑待考。"戎"是指扬、拒、泉、皋、伊、洛之戎，是泛称，而非单称。

第十四节　嚣篙钟铭文中的戎

嚣篙钟，1957 年出土于河南信阳长台关 1 号墓，现藏于国家博物馆，一般认为是春秋晚期楚国器物。其铭文曰："佳嚣篙屈栾晋人救戎于楚竞。"对于此铭文所指示的"戎"，学者们有不同的看法，主要有两种观点。

第一种观点认为此处之"戎"为陆浑戎。代表人物有郭沫若、裴明相等。

郭沫若铭文释读为：佳（惟）嚣篙屈栾晋人，救戎于楚竞（境）。解析为：嚣字是"型"的异文，"嚣篙"当是人名，"栾"，字书所无，殆是奕之古文，在此假为狄。"屈栾"二字连文作为动词。钟铭所述当是春秋鲁昭公十七年（公元前 525 年）晋灭陆浑戎时事。晋人对陆浑戎是骤然袭击，陆浑子奔楚，故嚣篙救之于楚境。所谓"屈栾晋人"是阻止了晋人的攻势而已。墓主不一定是楚国人，墓不当属战国，而应当属于春秋……是则钟当作于春秋末叶。[①]

裴明相铭文释读为：惟嚣□屈栾晋人，救戎于楚境。解析为："嚣篙"为人名，"屈栾"意为"不耻于"，戎指"陆浑戎"。该钟铭全意应为"嚣篙不耻于晋人，救陆浑戎于楚境"。春秋中叶以后，楚、晋为陆浑戎曾发生两次纠纷。"嚣篙"这种蔑视晋人拯救陆浑戎的记述，乃属常事。"嚣篙"为楚人，铸钟者也是楚人，墓埋在楚国境内，墓的内涵更属楚文化范畴。[②]

第二种观点认为此处之"戎"为戎蛮子。代表人物有顾铁符、赵世纲、马承源、李学勤、董珊等。

顾铁符铭文释读为：佳（唯）嚣篙屈栾晋人救戎于楚竞（境）。解析为："嚣玞"看来是作器人的姓名。"屈栾"，大概是一个词。"屈抑"是古书里常见的词，"栾"，可能是"抑"的异体字，"屈栾"即"屈抑"的意思。所以，这篇铭文，可能是指楚国与晋国因戎人而引起的纠纷。楚国对晋国施加压

---

① 郭沫若：《信阳墓的年代与国别》，《文物参考资料》1958 年第 1 期。
② 裴明相：《楚文化在河南发展的历程》，《楚文化研究论文集》，郑州：中州书画社，1983年，第 35 页。

力，结果晋国作了适当让步，楚国获胜。编钟就是楚国主其事的人为自己铭功而制作的。自古到今，去灭别的国家的人，常常把自己装扮为救世主，为给自己树碑立传而铸造铜器。铭文里如果不书"救戎"，难道要写上侵掠别人？编钟铭文里所说的，决不是《左传》昭公十七年所说晋国去灭陆浑之戎的事；无疑是哀公四年，楚国灭戎蛮子赤而引起的楚晋纠纷。说信阳长台关一号墓的墓主就是出土编钟铭文里的䵣篙；编钟铭文里的䵣篙，就是《左传》中所说的楚国左司马眅，也许不会离事实太远吧！[1]

赵世纲铭文释读为：佳䵣篙屈㝵、晋人救戎于楚境。解析为：晋人救戎于楚境这一史事，牵涉了晋、楚、戎三国。据《左传》记载，牵涉晋、楚、戎三国的事件共有两次：一次是晋灭陆浑戎，陆浑戎的首领虽然逃到楚国，然楚国并未作出反应，该事与钟铭记述不合；另一次是楚伐戎蛮子，戎蛮奔晋，晋因有内乱，在楚人的威胁下，将戎蛮子送归楚国，这和钟铭所记述基本一致。这次事件发生在公元前491年。[2]

马承源主编的《商周青铜器铭文选》铭文释读为：佳䵣篙屈㝵，晋人救戎于楚競（境）。解析为：此钟春秋楚昭王时期，佳䵣篙屈㝵，楚历十一月；晋人救戎于楚競（境），晋人救戎蛮于楚国之地。此句所言之事可能是《左传·哀公四年》即楚昭王二十五年，楚国欲灭戎蛮，晋人前去营救之事。[3]

李学勤铭文释读为：惟荆历屈㣇，晋人救戎于楚，竞。解析为："竞（景）"字很可能也是'景平王之定'或'景之定'的首字。长台关钟的"荆历屈㳇"，朱德熙先生考定为楚的屈夕之月，相当夏正十一月。这时被楚军围溃的戎蛮子赤已逃奔晋的阴地，所谓"晋人救戎于楚"，当即指庇护戎蛮而言。[4]

董珊铭文释读为：荆历屈㝵（夕）晋人救戎于楚境。解析为："晋人救戎于楚境"之"晋人"应即以楚国史官笔法指称士蔑。与《左传》对照，"楚境"具体是晋阴地的上洛及楚三户等晋楚交界处。长台关钮钟铭"晋人救戎于楚境"即《左传》的"士蔑乃致九州之戎，将裂田以与蛮子而城之，且将为之卜。蛮子听卜，遂执之与其五大夫，以畀楚师于三户。"[5]

此外，赵诚的观点有些含糊，依据其《䵣篙钟新解》一文，疑其所指为

① 顾铁符：《信阳一号楚墓的地望与人物》，《故宫博物院院刊》1979年第2期。

② 赵世纲：《楚人在河南的活动遗迹》，《楚文化研究论文集》，郑州：中州书画社，1983年，第54页。

③ 马承源：《商周青铜器铭文选》，北京：文物出版社，1990年，第426页。

④ 李学勤：《论"景之定"及有关史事》，《文物》2008年第2期。

⑤ 董珊：《救秦戎铜器群的解释》，《江汉考古》2012年第3期。

九州之戎。赵诚铭文释读为：佳*智*篙屈柰，晋人救戎于楚境。解析为：最大的可能是楚昭王 26 年时铸器。*智*篙用作荆历，救非营救之义，而是聚集之义，晋国在楚国的威逼下用计谋诈骗召集九州之戎，并执蛮子赤及其五大夫，交给楚师。"晋人救戎于楚境"，并非是说"晋人前去营救"，而是说晋人用计谋诈骗召集。① 按照赵诚的理解，此处之戎似为九州之戎。

笔者认为此处之戎，并不是鲁昭公十七年之"陆浑戎"。原因有二，一是陆浑戎是独自逃亡到楚国，《左传》载："陆浑子奔楚，其众奔甘鹿。"② 并未见到楚国有任何举动。二是"救"的运用不合适，陆浑子若已到楚境，晋国自不敢越界追击。所以，谈不上"救"，更恰当的是"迎"。

此处之戎，如若是戎蛮，则更为合理。《左传》载："单浮余围蛮氏，蛮氏溃。蛮子赤奔晋阴地。"③ 楚国灭亡了戎蛮，戎蛮子逃到晋国，晋国保护了蛮子赤。所以，笔者认同李学勤的断句，"惟*智*篙屈柰，晋人救戎于楚，竟。"

另外，从时间上也是合理的。朱德熙认为："'屈柰'是月名，是秦历十一月。'*智*篙'当读为荆历，荆历犹言楚历。"④ 董珊认为："长台关钮钟'荆历屈夕晋人救戎于楚境'之月'屈夕'即夏历十一月，与'二日'即十二月仅有一月之差。十一月晋人救戎于楚境在前，楚人尽俘蛮子及其遗民在十二月告毕，《春秋》经传排此事在鲁史之'夏'，所言为其事起于当年夏，晋人执戎蛮子赤归于楚应已在该年之下半年，此为记一事之本末。"⑤

当然，也不能排除铭文所载是史书漏记的可能性。目前来说，戎蛮，是较为合理的答案。

第十五节　救秦戎钟铭文中的戎

"救秦戎钟"，又有"竞钟""秦王钟""秦王卑命钟""王卑命钟""当阳钟"等不同的称呼。其发现有不同的说法，一种说法是《文物》1974 年所载《湖北枝江出土一件铜钟》一文，认为："1973 年 5 月，湖北枝江县问安

① 赵诚：《*智*篙钟新解》，《江汉考古》1998 年第 2 期。
② 杨伯峻：《春秋左传注》，北京：中华书局，1981 年，第 1390 页。
③ 杨伯峻：《春秋左传注》，北京：中华书局，1981 年，第 1626、1627 页。
④ 朱德熙：《*智*篙屈柰解》，《方言》1979 年第 4 期。
⑤ 董珊：《救秦戎铜器群的解释》，《江汉考古》2012 年第 3 期。

区社员犁地时发现，交与荆州地区博物馆保存。"① 另一种说法是《文物》1980 年所载《当阳季家湖楚城遗址》一文，认为："1973 年 5 月出土于湖北当阳县季家湖楚城遗址一号台基。"② 后说得到学界广泛认可，中国社科院考古研究所主编的《殷周金文集成》③、马承源主编的《商周青铜器铭文选》④、陈平⑤等均认可后说。

一、断代及归属

对"救秦戎钟"的断代，学界看法不一，择其主要列举如下：秦桓公 26 年（前 578 年）⑥、楚平王卒年（前 516 年）至吴师入郢年（前 506 年）之间⑦、吴入郢（前 506 年）之后⑧、前 490、前 489 这两年间⑨、春秋晚期⑩，春秋中晚期至战国早期⑪、春秋或春秋战国之交⑫、战国早期⑬⑭⑮、战国前期后半段⑯、战国中期⑰⑱、战国早中期⑲、秦昭襄王二十九年（前 278）白起破郢，楚东徙陈以后⑳。争论的时间跨度从春秋晚期直到战国中后期。

---

① 荆州地区博物馆：《湖北枝江出土一件铜钟》，《文物》1974 年第 6 期。
② 湖北省博物馆：《当阳季家湖楚城遗址》，《文物》1980 年第 10 期。
③ 中国社科院考古研究所：《殷周金文集成》第 1 册，北京：中华书局，1984 年，第 5 页。
④ 马承源：《商周青铜器铭文选》，北京：文物出版社，1990 年，第 611 页。
⑤ 陈平：《关陇文化与嬴秦文明》，南京：江苏教育出版社，2005 年，第 519 页。
⑥ 李瑾：《关于〈竞钟〉年代的鉴定》，《江汉考古》1980 年第 2 期。
⑦ 黄锡全、刘森淼：《救秦戎钟铭文新解》，《江汉考古》1992 年第 1 期。
⑧ 邹芙都：《楚国铜器铭文札记七则》，《云南民族大学学报》2005 年第 2 期。
⑨ 董珊：《救秦戎铜器群的解释》，《江汉考古》2012 年第 3 期。
⑩ 中国社科院考古研究所：《殷周金文集成》第 1 册，北京：中华书局，1984 年，第 5 页。国家文物局主编：《中国文物精华大辞典·青铜卷》，上海：上海辞书出版社，1995 年，第 218 页。中国社科院考古研究所：《殷周金文集成释文》，香港：香港中文大学中国文化研究所，2001 年，第 18 页。王辉：《高山鼓乘集：王辉学术文存二》，北京：中华书局，2008 年，第 208—210 页。
⑪ 荆州地区博物馆：《湖北枝江出土一件铜钟》，《文物》1974 年第 6 期。
⑫ 湖北省博物馆：《当阳季家湖楚城遗址》，《文物》1980 年第 10 期。
⑬ 俞伟超：《先秦两汉考古学集论》，北京：文物出版社，1985 年，第 222 页。
⑭ 马承源：《商周青铜器铭文选》，北京：文物出版社，1990 年，第 611 页。
⑮ 李纯一：《中国上古出土乐器综论》，北京：文物出版社，1996 年，第 224—225 页。
⑯ 何琳仪：《战国文字通论》，北京：中华书局，1989 年，第 136 页。
⑰ 刘彬徽：《湖北出土两周金文国别年代考述》，《古文字研究》第 13 辑，北京：中华书局，1988 年，第 262—263 页。
⑱ 李零：《楚国铜器铭文编年汇释》，《古文字研究》第 13 辑，北京：中华书局，1988 年，第 379—380 页。
⑲ 邵晓洁：《楚钟研究》，北京：人民音乐出版社，2010 年，第 56 页。
⑳ 饶宗颐：《说"竞重""重夜君"与"重皇"》，《文物》1981 年第 5 期。

"救秦戎钟"的归属上，有着秦器、楚器的争论，一般把其归属到楚器。

二、铭文释读

学界对其铭文也有不同的释读，可依 2008 年张光裕发表《新见楚式青铜器器铭试释》一文为界限，分为前后两个时期。前期成果列举如下：

（1）荆州地区博物馆将铭文释读为：秦王卑命，竞坤（墉）王之定救秦戎。[①]

（2）裘锡圭将铭文释读为：秦（？）王卑命競坪王之定救秦（？）戎。[②]

（3）李瑾将铭文释读为：秦王卑命竞墉；王之定，救秦戎。解析为：卑，与俾通。俾有使的意思；"秦王卑命"，即"秦王使命"之意。竞，在此是一个人的名字，即本器的所有者。秦王命竞（去某地）筑城。"王之定"，就是"王到定"那个地方去。"救秦戎"这应指的是秦桓公二十六年秦晋两国之间发生的一次战事。[③]

（4）饶宗颐将铭文释读为：秦王卑命。竞重。王之定，救秦戎。解析为：卑，即俾，使也。"王定"盖古奏乐时的习语。"竞重"当读为竞庸，谓钟镛竞作。古者战胜荐俘即奏庸，此钟云救秦兵而言。秦戎即秦兵，非戎狄之戎。[④]

（5）俞伟超将铭文释读为：秦王卑命竞用王之定救秦戎。解析为：王卑命当连读，是王亲自下命令之意，当指楚王。整套编钟是为纪念某次救秦之战而铸。[⑤]

（6）马承源主编的《商周青铜器铭文选》将铭文释读为：秦王卑命，竞坤，王之定，救秦戎。解析为：秦王命令，钟镛竞作。王之定，救秦戎，无后语，义未详。[⑥]

（7）黄锡全、刘森淼将铭文释读为：秦王卑（毕）命，竞坪（平）王之定救秦戎。解析为："秦王卑"就是秦哀公毕。"命"即命令。"竞"认为乃是强大、强盛之义。"坪"应与"王"连读为"坪王"，即平王，就是楚平

① 荆州地区博物馆：《湖北枝江出土一件铜钟》，《文物》1974 年第 6 期。
② 裘锡圭：《谈谈随县曾侯乙墓的文字资料》，《文物》1979 年第 7 期。
③ 李瑾：《关于〈竞钟〉年代的鉴定》，《江汉考古》1980 年第 2 期。
④ 饶宗颐：《说"竞重""重夜君"与"重皇"》，《文物》1981 年第 5 期。
⑤ 俞伟超：《先秦两汉考古学论集》，北京：文物出版社，1985 年，第 222 页。
⑥ 马承源：《商周青铜器铭文选》，北京：文物出版社，1990 年，第 611 页。

王。秦戎，过去多认为是指"秦军"或"秦兵"，无疑是正确的。受秦王卑（秦哀公毕）求师之命，强大的楚平王率援军至定营救秦军。①

（8）刘彬徽将铭文释读为：秦，王卑命，竞坪，王之定，救秦戎。解析为：秦字，应与上一钟上的铭文连读，王卑命当连读，即楚王下命令之意，此钟铭文的意思是楚王救援秦军。②

（9）李家浩将铭文释读为：救秦戎，王之定，竞坪。解析为：坪，即平定之意。文字从左向右读。③

（10）李零将铭文释读为：秦王卑命，竞坪王之定救秦戎。解析为："秦王卑命"是秦王从命之义，"竞坪"应读"景平"，是楚平王的双字谥；"定救秦戎"是指定婚于秦，"救"应读为"述"或"仇"，乃配偶之义。也就是说，铭文是讲楚秦联姻而不是楚出师救秦。秦戎见于《管子·小匡》，是齐国对秦国的一种叫法，带有轻蔑含义。④

（11）邹芙都将铭文释读为：秦王卑命救秦戎，王之定，竞（境）坪（平）。解析为：救，有聚意。救秦戎并非指救援秦军，而是召集秦军。该事可能指申包胥向秦求救、秦派兵救楚一事。定非为地名，而应作平定解，指秦派兵援楚的结果，平定了吴侵楚占郢的混乱局面。⑤

此时间段的研究属于开创期，是故，研究的热点在于铭文的识别与断句。鼓左第二字■成为争论的焦点，从墉、重、坤到坪，学界基本达成共识。然而对于铭文内容的释读，分歧还是很大的。主要有以下几点。

"秦"与"王"是否连读；

"卑"是指"秦哀公"还是指"使"；

"竞坪"与"王之定"是否连读；

"竞坪王"是否为楚平王；

"定"是地名、奏乐时之习语、平定还是定婚？

"救"是救援、配偶还是聚集？（虽然很多学者质疑"救"不是救援、援助之意。并给出了很多证据。然而，顾铁符的观点却是值得参考的，他认

① 黄锡全、刘森淼：《救秦戎钟铭文新解》，《江汉考古》1992年第1期。

② 刘彬徽：《湖北出土两周金文国别年代考述》，《古文字研究》第13辑，北京：中华书局，1988年，第262—263页。

③ 刘彬徽：《湖北出土两周金文国别年代考述》，《古文字研究》第13辑，北京：中华书局，1988年，第284页。

④ 李零：《楚景平王与古多字谥——重读"秦王卑命"钟铭文》，《传统文化与现代化》1996年第6期。

⑤ 邹芙都：《楚国铜器铭文札记七则》，《云南民族大学学报》2005年第2期。

为：“自古到今，去灭别的国家的人，常常把自己装扮为救世主，为给自己树碑立传而铸造铜器。铭文里如果不书‘救戎’，难道要写上侵掠别人？”① 如果顾铁符的观点成立，那么“救”字做何解，又成公案。）

二、深入研究

前期研究成果很大，不足之处在于对“秦戎”没有做深入的考辨，只是把“秦戎”与“秦军”联系在一起，既没有详细地说明二者联系在一起的原因，也排斥了可能存在的其他情况，因为也有可能是戎族。

《文物》2008 年第 1 期载有张光裕《新见楚式青铜器器铭试释》一文，此文开启了“救秦戎钟”研究的新阶段。

文中张光裕介绍了楚王酓鼎，其铭文曰：“佳哉王命竞之定，救秦戎，大有红于洛之戎。”并认为与“救秦戎钟”所载“救秦戎”，所指当为同一事件。这一结论已经得到学界诸多学者认可。学者们开始把楚王酓铭文与“救秦戎钟”联系起来进行研究，并取得了一定成果。择其主要者列举如下：

（1）张光裕铭文释读为：秦，王卑命竞坪王之定，救秦戎。解析为：竞，仍宜视为地名。坪（平王）则为竞地之封君，故得称“竞坪王”，或可理解为“王命竞坪（平）王（或指时在竞地之平王）往定救秦戎。”②

（2）李学勤铭文释读为：秦，王卑（俾）命竞平王之定救秦戎。解析为：“竞之定”就是“竞平王之定”的简称，“竞平王”读为“景平王”，“景平王”简称为“景”，“景平王之定”乃是人名，即平王之子名定，是这些青铜器的作器者。我怀疑“景平王之定”或“景之定”就是《左传》的楚左司贩。秦戎，指戎蛮。戎蛮为什么称为秦戎？这大约是因为伊洛诸戎本来是由关中秦地迁来的缘故。③

（3）许全胜解析为：“競坪王”简称为“競”，“競坪王之定”是楚平王之后裔。“秦”字当属上读，王应该不是“秦王”而是楚王，是楚人奉楚王之命出兵救秦戎。“救秦戎”的起因应是楚人与泾洛戎人的联合。“秦戎”应指秦地之戎，可能即义渠戎人。④

① 顾铁符：《信阳一号楚墓的地望与人物》，《故宫博物院院刊》1979 年第 2 期。
② 张光裕：《新见楚式青铜器器铭试释》，《文物》2008 年第 1 期。
③ 李学勤：《论“景之定”及有关史事》，《文物》2008 年第 2 期。
④ 许全胜：《楚王、秦戎与洛之戎——新见先秦西戎史料初探》，《文汇报》2008 年 3 月 9 日第 8 版。

（4）吴镇烽解析为：競之定，競读为竟，姓氏，楚国公族之后。競氏是楚王室的后裔，"救"，援助，救援、解救。铭文中的秦戎大概是指当时从西北迁居在伊洛流域的戎族。这些戎族，大都来自秦国的西北，故楚人称其为秦戎。楚平王这时趁着戎蛮氏内部发生动乱，借口其首领不讲信用，主动出兵占领其地，杀掉戎蛮子嘉，然后又扶持他的儿子继位，以作附庸。这应该就是所谓的"救戎"。①

（5）黄凤春解析为："竞"应当作为氏，那么"竞平王之定"就应是"竞之定"。其中的"之"只是一个语助词而就没有实际的字义了，而"定"不是地名，而只是一个人名了。这个人名就是"竞（景）定"。"竞"即是表明了楚平王这一族，也标示出由楚平王之谥所衍生出来的氏称。秦国有求于楚之事，楚王派竞之定率领援兵救秦军。知季家湖铜钟上的"秦王"的确不能连读，因为这些有铭铜器都是楚器，所记和所指的王，都应是楚王。②

（6）田成方将铭文释读为：秦。王卑（俾）命競（景）坪（平）王之定救秦戎。解析为：公孙宁就是"景之定"，铭文中的秦戎很可能指秦国军队，①若将秦戎视为洛之戎，无法解释上一句的"秦"字，即"秦"字既指秦国，又指秦地之戎，前后抵牾。②秦戎是受救助的对象，洛之戎是受攻打的对象，两者不能等同。③洛之戎即洛戎，见于传世文献，未曾被称作"秦戎"。某年某月，秦人与洛之戎发生摩擦，向楚人求救。二之日，楚王派遣景之定前去救秦，击溃了洛之戎，取得了显赫战功。③

（7）董珊将铭文释读为：秦王卑（俾）命竞（景）坪（平）王之金救秦戎。解析为：钟铭不全的看法是根据不足的。季家湖钟铭即自铿间起，铭文不缺字。我认为，"秦王"即据楚昭王嗣立之处称呼他，即"秦溪之上之楚王"的简称。"秦王"即楚昭王。竞（景）之金，此人即《左传》所见的昭王之兄公子启（字子间）。楚人以欺诈威胁的手段，尽俘蛮氏君臣，这谈不上"救助"，用史官笔法来委曲解释"救秦戎"，亦很勉强。晋、楚都以欺骗的手段聚集蛮戎，目的是一网打尽。"救"（见母幽部）的意思是"聚集"。④

此时间段的研究属于发展期，对"救秦戎钟"的研究逐渐走向深入，铭文所掩盖的历史，逐渐清晰；前一阶段所存在的分歧，开始达成共识。例如

①　吴镇烽：《競之定铜器群考》，《江汉考古》2008 年第 1 期。
②　黄凤春：《新见楚器铭文中的"竞之定"及相关问题》，《江汉考古》2008 年第 2 期。
③　田成方：《东周时期楚国宗族研究》，博士学位论文，武汉大学，2011 年，第 99—101 页。
④　董珊：《救秦戎铜器群的解释》，《江汉考古》2012 年第 3 期。

多数学者认为"秦"与"王"应断开;"竞坪王之定"应连读,表示是一个人名。此外,"秦戎"与"洛之戎"相对应,一些学者开始怀疑"秦戎"可能是"戎蛮",则是进一步的推进。

这一阶段的不足也很明显,还不能完全揭示此钟所蕴藏的历史信息。还有很多的疑惑尚待解决,一是铭文是否完整不能确定;二是"秦王卑命"所指尚不能确定;三是"救秦戎"所指事件尚不能确定。

三、笔者观点

笔者认为,想深入研究此钟,就不得不对"秦戎"一词进行研究。"秦戎"见于《管子·小匡》:"西服流沙西虞,而秦戎始从。"① 其具体所指学界看法不一,大概有以下五种观点:

(1)认为秦与戎要分开来解。赵俪生认为秦与戎之间应分开断句,即"秦、戎始从",并认为这条史料"不足信"。②

(2)认为秦戎指秦国。蒙文通认为:"秦之称戎,管子有其说也。"③ 翦伯赞认为:"是明言秦为戎也。"④ 日本学者吉本道雅认为:"《管子·小匡》有'秦戎',国号附加上异族的统称,表示一种轻蔑。"⑤

(3)认为秦戎指《史记·匈奴列传》所载西戎八国。王宗维认为:"西戎八国先后臣服于秦,为秦的属部,当时称为秦戎,汉代称为秦胡。"⑥

(4)认为秦戎是指秦地的戎人。赵守正所著《管子通解》翻译"秦戎"为"秦地戎人"。⑦

(5)认为秦戎是泛称西部少数民族。姜涛认为:"秦戎泛指西部少数民族。"⑧

笔者认为"秦戎"作"秦地之戎"较为合适。原因如下:

一是齐国的影响力并没有那样大,参与葵丘之盟的国家仅有周、鲁、宋、卫、郑、许、曹,只限于当时的中东部。晋献公也未参加葵丘之盟。同

① 《管子校注》,北京:中华书局,2004年,第425页。
② 赵俪生:《学海暮骋》,北京:新华出版社,1992年,第136页。
③ 蒙文通:《周秦少数民族研究》,上海:龙门联合书局,1958年,第24页。
④ 翦伯赞:《先秦史》,北京:北京大学出版社,1999年,第287页。
⑤ [日]吉本道雅:《中国先秦时代の貌》,《京都大学文学部研究纪要》47,2008年。
⑥ 王宗维:《西戎八国考述》,《西北历史研究》1986年号,西安:三秦出版社,1987年。
⑦ 赵守正:《管子通解》,北京:北京经济学院出版社,1989年,第324页。
⑧ 姜涛:《管子新注》,济南:齐鲁书社,2006年,第189页。

时，齐国也并未做到让秦国服从，"秦戎"所指为秦国是不对的。

二是结合文意分析，"秦戎"所强调的是"戎"而非"秦"。《管子·小匡》："北伐山戎，制泠支，斩孤竹，而九夷始听。海滨诸侯，莫不来服。西征，攘白狄之地，遂至于西河。方舟投柎，乘桴济河，至于石沈，县车束马，逾大行。与卑耳之貉，拘秦夏。西服流沙西虞，而秦戎始从。故兵一出而大功十二。故东夷、西戎、南蛮、北狄、中国诸侯，莫不宾服。"材料中九夷对应东夷，白狄对应北狄，而秦戎对应西戎。

三是春秋时期并无"秦戎"的说法。滕铭予考证认为："成书于春秋时期的《左传》及其他年代可以早到春秋时期的文献中，却都没有提到秦人为戎、为狄或为夷……称秦为戎、为狄或为夷者，不是战国时期仍然称之为戎狄，而是战国时期对秦'始'有戎狄之称。"[①]

四是"秦戎"是一个大概念，既可以理解为秦地区的戎人泛称，也可以理解为秦国的土著。比如"楚蛮"概念，《史记·楚世家》载："熊绎当周成王之时，举文、武勤劳之后嗣，而封熊绎于楚蛮……皆在江上楚蛮之地。"楚蛮亦称"蛮荆"，《大辞海（民族卷）》认为："春秋战国时期楚及楚国境内诸民族之泛称。"[②] 童书业认为："即是楚国的土著，这一支当是苗族。"[③] 罗运环主编的《荆楚文化》一书认为："楚蛮，亦谓荆蛮、蛮夷、南蛮，是居住在荆楚地区众多方国部族的统称。"[④]

笔者以为此钟被命名为"救秦戎钟"或"当阳钟"较为合适。因为不确定"竞"是否为此钟的铸造者，命曰"竞钟"，不太适宜。不确定"秦"与"王"是否连读，命曰"秦王钟""秦王卑命钟""王卑命钟"，不太适宜。"救秦戎钟"的命名既能准确反映此钟的内容，也无不确定之顾虑，最佳。以其发现地名之曰"当阳钟"，也无不可。

综上所述，此钟的断代，笔者赞同春秋晚期说；至于其归属，楚器最为符合实际。铭文的释读方面，笔者认同李学勤的释读。具体到"秦戎"，作"秦地之戎"较为合适。

---

① 滕铭予：《秦文化：从封国到帝国的考古学观察》，北京：学苑出版社，2003 年，第 109 页。

② 夏征农、陈至立主编：《大辞海（民族卷）》，上海：上海辞书出版社，2012 年，第 371 页。

③ 童书业：《春秋史》，北京：中华书局，2012 年，第 132 页。

④ 罗运环主编：《荆楚文化》，太原：山西教育出版社，2005 年，第 77 页。

第十六节 戎字图形铭文中的戎

1963 年 10 月，山东省苍山县高尧村发现一批商代青铜器。[①] 铭文中大量含有戎字，字形上看是一手持戈、一手持盾，学界释作"戎"字。如丁山认为："其形……左手执戈，右手执盾……结体虽或繁省，其为戎字则一也。"[②] 徐中舒主编《甲骨文字典》认为："象左持盾而右执戈之形，当会威武之义，疑即戎之初文。"[③] 范毓周认为："其右手所持为戈无疑，其左手所持为▥，实即干。此字正像两手各持干、戈以从事兵戎之事之形，当为戎之初文，故可释之为戎。"[④]

历年来，各地也先后发现带戎字青铜器铭文，都为族氏，目前能搜集到30 多件，[⑤] 自然可归为一类研究。列表如下（见表 2-2）：

表 2-2：戎字青铜器一览表[⑥]

序号	器物	器物断代	铭文	戎所指	出土地
1	戎簋	商晚期	戎	族氏	山东苍山县
2	戎觚	商晚期	戎	族氏	山东苍山县
3	戎觚	商晚期	戎	族氏	山东苍山县
4	戎甗	商晚期	戎	族氏	山东苍山县
5	戎爵	商晚期	戎	族氏	山东苍山县
6	戎方鼎	商晚期	戎	族氏	山东收购
7	戎父乙鼎	商晚期	戎父乙	族氏	河南安阳

---

① 临沂文物收集组：《山东苍山县出土青铜器》，《文物》1965 年第 1 期。

② 丁山：《甲骨文所见氏族及其制度》，北京：中华书局，1988 年，第 95－96 页。

③ 徐中舒：《甲骨文字典》，成都：四川辞书出版社，1989 年，第 1157 页。

④ 范毓周：《甲骨文戎字通释》，《纪念殷墟甲骨文发现一百周年国际学术研讨会论文集》，北京：社会科学文献出版社，2003 年。

⑤ 严志斌认为商代戎族铜器铭共 25 件（《商代青铜器铭文研究》，上海：上海古籍出版社，2013 年，第 272 页），其实要远超这个数目，因为很多散失，或者还未研究发表，如《1969－1977年殷墟西区墓葬发掘报告》一文"第八墓区的 M217，284，1125 的三件铜器有戎的图形铭文"。（《考古学报》1979 年第 1 期）目前这三件铭文还没有研究发表的专文。

⑥ 本表多参考陈青荣、赵缊《海岱古族古国吉金文集》（济南：齐鲁书社，2010 年，第 3655－3687 页），何景成《商周青铜器族氏铭文研究》，济南：齐鲁书社，2009 年，第 386 页。

（续表）

序号	器物	器物断代	铭文	戎所指	出土地
8	戎父乙鼎	商晚期	戎父乙	族氏	河南安阳
9	戎母己簋	商晚期	戎母己	族氏	河南安阳
10	戎母己簋	商晚期	戎母己	族氏	河南安阳
11	比簋	商晚期	比作伯妇戎尊彝	族氏	不明
12	戎甗父乙尊	商晚期	戎父乙甗	族氏	不明
13	父己矢戎觯	商晚期	父己矢戎	族氏	不明
14	〇且己父己卣	商晚期	〇父己戎；〇祖己戎	族氏	不明
15	父乙戎虎觚	商晚期	父乙戎虎	族氏	不明
16	戎觚	商晚期	戎	族氏	不明
17	戎觚	商晚期	戎	族氏	不明
18	戎且丙觚	商晚期	戎祖丙	族氏	不明
19	戎且辛爵	商晚期	戎祖辛	族氏	不明
20	戎父辛爵	商晚期	戎父辛	族氏	不明
21	戎父辛爵	商晚期	戎父辛	族氏	河南安阳
22	戎父癸盂	商晚期	戎父癸	族氏	不明
23	戎父甲器	商晚期	戎父甲	族氏	不明
24	劕圅簋	西周早期	劕圅作祖戊宝尊彝，戎。	族氏	不明
25	戎父乙爵	西周早期	戎父乙	族氏	不明
26	趩作日癸觚	西周早期	趩作日癸宝尊彝。戎。	族氏	河南洛阳
27	戎父乙觯	西周早期	戎父乙	族氏	不明
28	戎父癸觯	西周早期	戎父癸	族氏	不明
29	戎且丁尊	西周早期	戎祖丁	族氏	不明
30	戎父癸卣	西周早期	戎父癸	族氏	不明
31	戎父丙壶	西周早期	父丙戎	族氏	陕西西安
32	月戎祖丁鼎	商晚期	月戎祖丁	族氏 [1]	河北新乐
33	戎鄘邑乍且戊簋 [2]	西周	鄘邑乍且戊宝障彝戎	族氏	不明

　　与〇字字形结构相似，金文中又有从戈从盾的〇、〇、〇、〇等字，亦被隶定为戎字。[3] 自然可归为一类研究，列表如下（见表 2-3）：

---

　　① 张亚初认为："月戎祖丁鼎铭文月戎相结合，为复合族氏名的研究提供了新材料。"（《中国考古学年鉴 1988》，北京：文物出版社，1989 年，第 77 页）。

　　② 山东省博物馆编：《山东金文集成》，济南：齐鲁书社，2007 年，第 320 页。

　　③ 丁山：《甲骨文所见氏族及其制度》，北京：中华书局，1988 年，第 95—98 页。

表 2-3：∘f、⺅丣、⺅丣等字青铜器一览表

序号	器物	器物断代	铭文	戎所指	出土地
1	戎镜	商晚期	戎	族氏	山东惠民县
2	戎彝	商晚期	戎	族氏①	山东惠民县
3	戎刀爵	商晚期	戎刀	族氏	不明
4	乙戎鼎	商晚期	乙戎	族氏	河南洛阳
5	戎方彝	商晚期	戎	族氏	山东惠民县
6	戎作从彝卣	西周早期	戎作从彝	族氏	不明

由表 2-2、表 2-3 可知，戎族是使用文字的。同时，这些作为族氏的青铜器铭文分布较广，有从陕西、河北、河南、山东一线铺开之情势。由此也可看出戎族分布的某些特征。亦即广泛地分布在我国的北部。戎族青铜器的陆续发现，也说明此族掌握青铜锻造技术，具有一定的手工业基础。

山东省苍山县、山东惠民县发现的这批刻有戎字的殷商青铜器，值得引起我们的重视。可证商朝确实存在戎族，且分布在东方，戎在早期并不具备方位属性。据《春秋》《左传》记载，春秋初期，"戎"活跃于山东地区，且势力很强大。例如《春秋》记载鲁隐公二年，"公会戎于潜……公及戎盟于唐。"鲁隐公七年，"戎伐凡伯于楚丘以归。"鲁桓公二年，"公及戎盟于唐。"鲁庄公十八年，"公追戎于济西。"鲁庄公二十年，"冬，齐人伐戎。"鲁庄公二十四年，"冬，戎侵曹。"鲁庄公二十六年，"春，公伐戎。"考证史籍，这些戎都在山东，但此地区戎人的来源，传世文献无有交代。如果再联想到班簋铭文中的"东国痟戎"，会发现他们的地理位置靠的很近。有可能的是：商晚期，⺅丣、⺅丣→西周，东国痟戎→春秋，戎。当然，这只是一个推测，由于材料缺少，有待进一步论证。

第十七节　金文中的其他戎资料

金文中的戎，除去族群义外，还有其他的义项。这些义项对于研究戎字的原始内涵，具有重要的借鉴意义，如表 2-4 所示：

---

① 杜树源认为是北戎族徽（滨州地区文物志编委会编：《滨州地区文物志》，济南：山东友谊出版社，1992 年，第 56 页）。从出土地来看，非是北戎活动区域。

表 2-4：金文中的其他戎义项

序号	器物	器物断代	铭文	戎所指
1	大盂鼎	西周早期	迺召夹死司戎	存有争议，郭沫若认为戎是戎事，① 唐兰认为司戎是官名，戎为戎兵。② 马承源主编的《商周青铜器铭文选》认为戎是兵戎，③ 日本学者白川静认为："戎是异族，可能盂的隶下有许多戎族……周人当时把许多异族移至陕西之地加以统治。"④
2	史戎鼎⑤	西周早期	史戎作宝尊鼎	人名，西周早期后段人。⑥
3	戎佩玉人卣	西周早期	戎佩玉人父宗彝享	人名。
4	戎佩玉人尊	西周中期	戎佩玉人作宗彝	人名。
5	虢季子白盘	西周晚期	武于戎工（功）	戎，大也。⑦
6	翏生盨	西周晚期	孚戎器	兵器
7	散氏盘	西周晚期	散人小子眉田戎	人名，西周厉王时期人，散国的有司（管事者）。⑧ 可能戎是专司眉田之官。⑨
8	弨戎盨	西周晚期	弨戎铸须子孙永宝用享	弨戎，人名，金文中首次出现。⑩
9	邾伯御戎鼎	西周晚期	邾伯御戎乍滕姬宝鼎	人名，马承源主编的《商周青铜器铭文选》认为："御戎，邾伯之名。"⑪ 吴镇烽认为："西周晚期或春秋早期人，字御戎，邾国国君……名叫讨……以其经历和所遇事件为名的。"⑫

① 郭沫若：《两周金文辞大系图录考释》，北京：科学出版社，2002 年，第 34 页。

② 唐兰：《西周青铜器铭文分代史征》，北京：中华书局，1986 年，第 177 页。

③ 马承源：《商周青铜器铭文选》，北京：文物出版社，1990 年，第 40 页。

④ ［日］白川静：《金文的世界：殷商社会史》，温天河等译，台北：联经出版事业公司，1989 年，第 65、66 页。

⑤ 又称事戎鼎、吏戎鼎。

⑥ 本表多参考吴镇烽《金文人名汇编（修订本）》（北京：中华书局，2006 年，第 108－112 页）。

⑦ 马承源：《商周青铜器铭文选》，北京：文物出版社，1990 年，第 309 页。

⑧ 吴镇烽：《金文人名汇编（修订本）》，北京：中华书局，2006 年，第 108 页。

⑨ 马承源：《商周青铜器铭文选》，北京：文物出版社，1990 年，第 299 页。

⑩ 吴镇烽：《近年新出现的铜器铭文》，《文博》2008 年第 2 期。

⑪ 马承源：《商周青铜器铭文选》，北京：文物出版社，1990 年，第 340 页。

⑫ 吴镇烽：《金文人名汇编（修订本）》，北京：中华书局，2006 年，第 232、473、477 页。

（续表）

序号	器物	器物断代	铭文	戎所指
10	侯母壶	西周晚期① 春秋早期②	侯母乍侯父戎壶用征 行用求福无疆	一说人名③，一说大④，一说戎 兵也，戎壶，军用壶。⑤
11	楚大师登钟	春秋早期	武于戎功	戎，大也。
12	王孙诰编钟	春秋中期	武于戎功	戎，大也。
13	嘉宾钟	春秋晚期	武于戎功⑥	戎，大也。
14	叔尸钟⑦	春秋晚期	女肇勅于戎攻；余易汝 马车戎兵；汝台戎戎敊	"戎攻"，戎，大也；"戎兵"，戎， 兵器；"戎戎敊"，戎，战争。
15	䲶羌钟	战国早期	䲶羌作戎厥辟⑧	战争。⑨
16	搏武钟⑩	战国⑪	戎趉搏武敷入吴疆 作穌＊⑫	存在争议，孙诒让释为："戎趉动 武敷用吴疆。戎趉盖人姓名也。 言戎趉用武于吴而定其疆界也。"⑬ 谭戒甫释为："戎趉望武敨土吴 疆。余末。孙谓戎为人姓名，大 非。戎趉望武，殆状其战胜攻取， 威疆克敌之意，敨土吴疆，布也； 盖谓吴王余末戎趉望武，而展布 其土地于疆界之外。戎趉望武敨 土吴疆，并非夸大之词，盖其勤 边远略，已开后来长驱入郢之端， 实有以副其所铭也。"⑭

① 中国青铜器全集编辑委员会：《中国青铜器全集》6，北京：文物出版社，1997 年，第 22 页。

② 山东省博物馆编：《山东金文集成》，济南：齐鲁书社，2007 年，第 611 页。

③ 《中国青铜器全集》、《山东金文集成》等。

④ 张懋镕：《关于中国青铜器大型图录书的订正意见》，《文博》2006 年第 2 期。

⑤ 杨波、李大营编著：《青铜器》，济南：山东友谊出版社，2002 年，第 123 页。

⑥ 《殷周金文集成释文》，香港中文大学中国文化研究所，2001 年，第 29 页。

⑦ 《殷周金文集成》称为"叔尸钟"，《商周青铜器铭文选》称为"叔夷钟"。

⑧ 学界断句不一致，今从李学勤之说（《新出青铜器研究》，北京：文物出版社，1990 年，第242 页）。

⑨ 对于此"戎"，学界尚未有统一认识。甲骨文中"作戎"乃起兵作乱之意，此处或可引申为战争之意。可参看赵平安所著的《金文释读与文明探索》（上海古籍出版社，2011 年，第 60 页）。

⑩ 又称董武钟。

⑪ 阮元编《积古斋钟鼎彝器款识》认为此篆奇古，是商初之器。（阮元：《积古斋钟鼎彝器款识》，上海：商务印书馆，1937 年，第 1 页。）谭戒甫认为此钟绝非商器，此钟或即春秋时吴国记功之器……此钟当为吴王余末所铸。（谭戒甫：《董武钟考》，《国立武汉大学文哲季刊》1936 年第 5 卷第 3 期。）《殷周金文集成释文》认为是战国时期器物。（《殷周金文集成释文》，香港中文大学中国文化研究所，2001 年，第 16 页。）《新金文编》认为是战国时期器物。（董莲池：《新金文编》，北京：作家出版社，2011 年，第 1715 页。）

⑫ 阮元释为："戎趉，动武镈，用吴疆，□末。"（《积古斋钟鼎彝器款识》，第 1 页。）

⑬ 孙诒让：《古籀余论》卷 2，北京：中华书局，1989 年，第 6 页。

⑭ 谭戒甫：《董武钟考》，《国立武汉大学文哲季刊》1936 年第 5 卷第 3 期。

（续表）

序号	器物	器物断代	铭文	戎所指
17	郾（燕）王戎人矛	战国晚期	郾王戎人作巨攻鈗	人名，存有争议，吴镇烽认为："战国晚期人，名戎人，燕国国君。可能就是文献记载的燕惠王，公元前278年即位，在位七年。"① 李学勤曾谓郾王戎人可能是孝王，高明认为史籍中关于郾王的名字多有缺失，彼此在位的年代相距很近。依现有一些资料，用某件兵器属于某王或以器形的微变来推断郾王的名谥关系，这种方法都是靠不住的，有待进一步研究。②
18	郾侯载作戎戈	战国晚期	盟生丕乍戎楲	兵器
19	七年邦司寇矛	战国晚期	上库工师戎閒冶	人名，战国晚期人，魏国上库冶铸作坊的工师。③

统计可知，戎的义项中，人名占据了很大部分。由此，我们可以看出，先秦时期贵族用"戎"字命名比较普遍。有理由相信：戎字在我国文明的早期，不为贬义词。另外也要看到，戎字的相关义项，我们并没有完全搞清楚。这或许便是今后我们研究的一个方向。

---

① 吴镇烽：《金文人名汇编（修订本）》，北京：中华书局，2006年，第311页。
② 高明：《中国古文字学通论》，北京：北京大学出版社，1996年，第454页。
③ 吴镇烽：《金文人名汇编（修订本）》，北京：中华书局，2006年，第109页。

第三章　典籍所见戎研究

第一节　《尚书》所见戎研究

一、西戎即叙

《尚书·禹贡》① 载文曰："织皮昆仑、析支、渠搜，西戎即叙。"② 《史记·夏本纪》也沿用，曰："织皮昆仑、析支、渠搜，西戎即序。"③

《尚书·禹贡》中的"西戎"所指，学界看法不一，如下：

孔安国认为："织皮，毛布。有此四国，在荒服之外，流沙之内，羌髳之属皆就次叙。美禹之功及戎狄也。"④ 按照孔安国的解释，昆仑、析支、渠、搜乃四个西戎部族，属于羌类，大禹使他们"就次叙"。顾颉刚、刘起钎支持此说，他们认为："'西戎'，住在西方之戎，古代泛指华夏族以外的少数民族为蛮夷……戎字可指东、南、西、北四方之少数民族，西戎就是住在西方的少数民族，此处昆仑、析支、渠搜三支西戎，就在雍州西部今甘、青境内，其西部达今新疆境内的少数民族。即，就。叙，同序，即秩序。即

---

① 《尚书·禹贡》的成书时代，学界有西周说、春秋说、战国说、战国末至汉初说、夏代-战国末增补成书说，详见容天伟、汪前进所著《民国以来〈禹贡〉研究综述》（《广西民族大学学报》2010 年第 1 期）一文，由于学界还未有统一意见，此问题也非本文的研究对象，是故，对此问题笔者也不作评述，如遇到证明史料年代问题，笔者将做说明。

② （清）孙星衍：《尚书今古文注疏》，北京：中华书局，1986 年，第 180 页。《尚书正义》断句为："织皮昆崙、析支、渠、搜，西戎即叙。"（《尚书正义》，北京：北京大学出版社，1999 年，第 157 页。）

③ （西汉）司马迁：《史记》，北京：中华书局，1959 年，第 194 页。

④ 《尚书正义》，北京：北京大学出版社，1999 年，第 157 页。

叙，已就秩序，按部就班的归于安定。"①

郑玄认为："衣皮之民居此昆仑、析支、渠搜三山之野者，皆西戎也。别有昆仑之山，非河所出者也。"② 按照郑玄的解释，昆仑、析支、渠搜乃三座山，非部族。此处"西戎"是指居住在昆仑、析支、渠搜三山之野的衣皮之民。

昆仑、析支、渠搜的地理位置，学界也有不同的说法。

孙星衍认为："渠搜县在今陕西怀远县北番界中，或因山名县也……昆仑山，河所出者，在中国之西北，而此昆仑山在正西，即《周书·王会解》云：'正西昆仑等九国。'孔氏晁注云：'九者，西戎之别名。'故郑不以为河出之山……钟山亦有昆仑之名，今陕西塞外阴山也。后人于河源所出，即名曰昆仑。"③

尹世积认为："按织皮，即熊罴狐狸四兽的皮。按传记言昆仑有四：一在甘肃鼎新县以北；一在今西藏一带之地；一在今甘肃酒泉县，此处系指今甘肃敦煌县以西。按析支北连吐谷浑，为汉西羌别种，自今青海大积石至甘肃贵德县界，皆其地。按渠搜，在大宛北，隋时为钹汗国，在今中亚细亚乌兹别克境。李式谷曰：'即叙者，就朝贡之班次行叙也。'按昆仑、析支、渠搜乃西戎大国，今既以织皮入贡，可见其余都已和中夏发生关系。"④

李文实认为："则知《禹贡》昆仑，已脱其假想的神话色彩与朦胧状态，而有具体实地可指。根据《禹贡》把它与析支、渠搜并列，则通过对此两地的考实，更可证明上说的不诬……析支原为羌部落，因居赐支河曲，所以又叫河曲羌。现在所要首先考察的是析支这个名称。据我推断，析支是羌语地名，按游牧民族惯例，或以地名族，或以族称地，就此求析支名义，或即能得其解……渠搜与析支，同为西戎部落……今按渠搜部落国所在地，在析支之北，今海南共和盆地的'都秀'地区，唐以后译名为都受（同时尚有完受、他受）……可见今巴颜喀拉山、积石山等地区羌戎分布之广，西戎就序，这在当时实为大事。当时由于对今昆仑山西南部地理情况，尚不清楚，因而浑括的以昆仑概之。昆仑全区，即就《禹贡》所言，当也不只一个部

---

① 顾颉刚、刘起釪：《尚书校释译论》第 2 册，北京：中华书局，2005 年，第 759 页。
② （清）孙星衍：《尚书今古文注疏》，北京：中华书局，1986 年，第 180－182 页。
③ （清）孙星衍：《尚书今古文注疏》，北京：中华书局，1986 年，第 180－182 页。
④ 尹世积：《禹贡集解》，上海：商务印书馆，1957 年，第 26 页。

落国。"①

任乃强认为："今考'织皮'系羌人商品，即连毛皮也。华族织毛为褐，其羊毛仰给于羌商。羌族养羊历史久远，其羊毛粗长，然乏铁无剪，连皮售于华夏，故华言称为织皮。郑玄说为皮衣，亦非也。'昆仑'羌落，即今通天河区与柴达木区的地面，今尚存昆仑之名为青藏公路所经。'析支'即今大积石山（阿尼玛卿山）与巴颜喀喇两山脉间的果洛州地。《后汉传》作'赐支'，赐与析同音，古有锡字，无赐字，锡即赐予之义。小篆时乃分别为赐字，故赐字古音同于锡。大约是六朝以后才又别为两种发音的。"②

另外，丁山认为："疑陆浑之戎即《禹贡》所谓昆仑矣。"③

笔者认为，昆仑、析支、渠搜为地名的可能性最大，因为戎族称号的一种便是以地名名之。例如太原戎、瓜州之戎、大荔戎、扬拒、泉皋、伊雒之戎等。正如顾栋高在《春秋大事表》中说的那样："戎种最杂乱难稽，或三名而为一族，或一种而随地立名，随时易号至五六而为已。"④ 这一支戎，便是以地命名的典型。昆仑、析支、渠搜所在，学界现在还无统一意见。笔者赞成一种大范围的定位，"甘、青境内，其西部达今新疆境内"⑤ 是适宜的。

二、"戎殷""戎商"和"戎衣"

《尚书·泰誓》载文曰："戎商必克"，⑥《尚书·武成》载文曰："一戎衣，天下大定"，⑦《尚书·康诰》载文曰："殪戎殷，诞受厥命。"⑧ 三处出现了"戎商""戎殷"和"戎衣"，三者作何解，学界尚未统一。

第一种说法把"戎"视为动词，作"攻伐""战争"解。三国韦昭注曰："戎，兵也。言武王梦与卜合，又合美善之祥，以兵伐殷，必克之也。"⑨ 清

① 李文实：《〈禹贡〉织皮昆仑析支渠搜及三危地理考实》，《中国历史地理论丛》1988 年第 1 期。

② 任乃强：《任乃强藏学文集》，北京：中国藏学出版社，2009 年，第 244 页。

③ 丁山：《古代神话与民族》，北京：商务印书馆，2005 年，第 419 页。

④ 顾栋高：《春秋大事表》，北京：中华书局，1993 年，第 2162 页。

⑤ 顾颉刚、刘起釪：《尚书校释译论》第 2 册，北京：中华书局，2005 年，第 759 页。

⑥ 《尚书正义》，北京：北京大学出版社，1999 年，第 276 页。

⑦ 《尚书正义》，北京：北京大学出版社，1999 年，第 293 页。

⑧ 《尚书正义》，北京：北京大学出版社，1999 年，第 360 页。

⑨ 《国语》，上海：上海古籍出版社，1978 年，第 100－101 页。

人钱铎认为："'戎商必克'是戎之训拔,以除为义,与'拂'同也。"① 高明主张"戎"作"伐","言武王以兵伐殷尽灭之。故知一与壹均当假为殪。而衣当假为殷。"② 美国学者班大为认为："戎当动词用……动用武力。"③

第二种说法把"戎"作"汝"。傅斯年认为："戎殷戎商的解释,现在又略有变更,时夏时周与戎殷戎商似为相对名词。时是同字,此也;戎女也。即此名称,也有内诸夏而外殷商之意。时周,与咨女殷商,正是显明的旁证,清人称明,也说尔明国。"④

第三种说法把"戎"作"大"。《辞海》认为："《书·康诰》作'殪戎殷',殪,歼灭;戎,大。"⑤ 杨伯峻认为："殪戎殷者,灭绝大国殷也。"⑥ 彭华认为："戎殷即大殷,这是周人对殷的称呼。"⑦

第四种说法把"戎"作"族氏"。晁福林认为："这里的'戎',乃是上古时代殷商族属起源的标志,犹周之称姬周然……有娀氏的'娀'字,从戎从女,应当和戎族有直接关系,或者可以视其为母系氏族的戎族。值得注意的是,古代文献常将戎与殷若商合称。这应当和商族源于有娀氏有关系。"⑧ 如作此讲,则商与戎乃同族。

第五种说法认为是"敌忾"。陈连开认为："确定地以戎作为族称始于周人。在灭商以前,主要用来称呼周原附近与周为敌的各部落,其劲敌集中于周原以西陇山地区,故称为西戎。灭商以后,为表示对商的敌忾,称之为'戎殷'或'戎衣'。至西周中叶,徐为西周东方劲敌,虽明属东夷,仍往往称之为'徐戎',此称呼延续到春秋战国。"⑨

要辨别这五种说法,必须对商的国号进行梳理。甲骨卜辞中表示国号的是"商",郭沫若认为："先就卜辞考察,殷人自己是始终称为商。"⑩ 而非

---

① (清)钱铎:《方言笺疏》,北京:中华书局,1991年,第116页。
② 高明:《中国古文字学通论》,北京:北京大学出版社,1996年,第207页。
③ [美]班大为:《中国上古史实揭秘:天文考古学研究》,徐凤先译,上海:上海古籍出版社,2008年,第137页。
④ 傅斯年:《民族与古代中国史》,石家庄:河北教育出版社,2002年,第186页。
⑤ 《辞海》,上海:上海辞书出版社,1979年,第3090页。
⑥ 杨伯峻:《春秋左传注》,北京:中华书局,1981年,第689页。
⑦ 彭华:《殷商名号考》,《殷都学刊》1999年第3期。
⑧ 晁福林:《夏商西周的社会变迁》,北京:北京师范大学出版社,1996年,第62页。
⑨ 王钟翰:《中国民族史》,北京:中国社会科学出版社,1994年,第121页。
⑩ 郭沫若:《十批判书》,北京:东方出版社,1996年,第9页。

"衣""殷"。"殷"在甲骨文中仅有两例，意思不明①。"衣"则有"祭名""地名"②两种意思。一般认为"殷"由"衣"发展演变而来，③原因在于二字"音读相同……衣用作殷，当然是衣声如殷。"④"衣""殷"为何可以表示商的国号，以至于可以"殷商"连称？学界有不同的看法，如下所述。

第一种观点认为是周人为表达敌忾之情。郭沫若在《十批判书》中说道："'衣'都是'殷'。但到周康王末年的《大盂鼎》便直称为殷了……衣本是一个小地名，在卜辞里时常见到，是殷王田猎的地方。据我考证，当在河南沁阳县境内……对于敌国不称其本号的商，而称为衣或殷，大约也就像我们在抗战时期宁愿称日本为倭，而日本人也宁愿称中国为支那一样的吧。"⑤在其《奴隶制时代》一书中认为："衣是卜辞中的一个小地名，是殷王畋猎的地方。周人称商为衣、为殷，大约是出于敌忾。"⑥

第二种观点认为是周人为表达尊称。杨升南认为："殷字在古代典籍中是没有贬义的……周人这样尊称被自己打败的商，主要是为了巩固自己统治的一种策略……周人为了使商的贵族官吏们就范，利用商人'尊神'的特点，大力宣传商的灭亡，周的兴起，是上帝的旨意，以此来解除它们精神上的武装，同时，口口声声说自己是'小邦''小国'，商是'大邦''大国'，我因受天命，不得已而为之，以这样一种姿态来消除它们对周人的敌对情绪。所以，周人把商尊称为'殷'，以使商朝的旧贵族们在失掉政权后，在精神上得到某些满足，从而支持自己的统治。"⑦

第三种观点认为是借地名代国名。郑慧生认为："商人卜辞里有'衣'字。它作为地名，是指商王的畋猎区。地处商周交界，为商之西部边陲重镇。在两国的交往中，是一个必经之地。因此，衣（殷）在周人心目中印象日深，遂将这个地名当成了商国的代称。这在修辞手法上叫做借代，借地名代国名，古代不乏其例。如楚国原来建国于荆山，人们遂称楚为荆，为荆楚。这其中也没有什么'敌忾'。"⑧台湾学者邱敏文有《西周初以殷、衣代

①　刘钊：《新甲骨文编》，福州：福建人民出版社，2009年，第478页。朱彦民认为："甲骨文中无'殷'字"（朱彦民：《"殷""商"名辨》，《南开学报》1998年第1期）。今从刘说。

②　徐中舒：《甲骨文字典》，成都：四川辞书出版社，1989年，第933页。

③　朱彦民：《"殷""商"名辨》，《南开学报》1998年第1期。

④　赵诚：《甲骨文字学纲要》，北京：商务印书馆，1993年，第214页。

⑤　郭沫若：《十批判书》，北京：东方出版社，1996年，第9页。

⑥　郭沫若：《奴隶制时代》，北京：人民出版社，1973年，第19页。

⑦　杨升南：《商代称"殷"的由来》，《历史知识》1982年第1期。

⑧　郑慧生：《殷商名称的由来》，《历史教学》1981年第7期。

国号商研究》① 一文，认同郑说。

第四种观点认为商为东方民族，称为衣，殷。胡阿祥认为："商是本号、自称，殷是别号、他称……盖周人泛称东方民族为夷，而特称商为衣，后为殷。"②

第五种观点认为是周人为"天命"而改其号。陈立柱、陈希红认为："殷主要是地理概念与民族称名，商则是殷人代表天命时的徽号，两者之间有着根本的不同……周人代商，天命归于周，商当然不宜再为其称名。周人于是以其兴起之主汤之旧邦（衣、殷、卫），也是殷人的聚居之地，名其族邦。"③

第一种和第二种观点，学界多有批评。周人称商为"商""殷"和"衣"，应属于中性词，"本是一个不贬不褒的称呼"，④ 详见于胡阿祥《商国号考说》以及朱彦民《"殷""商"名辨》⑤ 等文，此处不再多加赘述。第四种观点则史料缺乏，为何其他东方民族不称呼为衣、殷，仅有商族？第五种观点依然是史料不足，为何商不改夏之国号？

综上看出，第三种观点借地名代国名，此说可从。"商""殷"和"衣"皆为国名，且不具褒贬之意。笔者认为把"戎殷""戎商""戎衣"理解为"敌忾"，并不合适。由于是誓词，说商为大商，似乎不合时宜。因此，"戎商""戎殷"和"戎衣"，作"攻伐""战争"解比较合适。

三、徐戎并兴

《尚书·费誓》载文曰："公曰：嗟，人无哗，听命徂兹！淮夷、徐戎并兴，善敹乃甲胄，敿乃干，无敢不弔。"⑥

文中介绍了鲁国国君动员士兵讨伐淮夷、徐戎之事，成书时间有成王时、穆王时、鲁僖公时等多种说法，详见王健《尚书译注》⑦ 一书。

徐戎本为徐夷、徐方，是伯益之后。为何称呼为徐戎，学界看法不一。

① 邱敏文：《西周初以殷、衣代国号商研究》，《中正大学中文学术年刊》2009 年第 1 期。
② 胡阿祥：《商国号考说》，《中国历史地理论丛》1999 年第 4 期。
③ 陈立柱、陈希红：《周人名商为殷解》，《东南文化》2005 年第 5 期。
④ 胡阿祥：《商国号考说》，《中国历史地理论丛》1999 年第 4 期。
⑤ 朱彦民：《"殷""商"名辨》，《南开学报》1998 年第 1 期。
⑥ （清）孙星衍：《尚书今古文注疏》，北京：中华书局，1986 年，第 511 页。
⑦ 王健：《尚书译注》，上海：上海古籍出版社，2000 年，第 416—417 页。

第一种说法，认为是地处徐州故称徐戎，孔安国认为徐戎是"徐州之戎"。[①]

第二种说法，认为是因为勇悍好战故称徐戎，支持者较多，孙星衍认为："此徐戎亦徐人之好兴戎者，故名之，非必戎夷也。"[②] 梁启超认为："徐戎，东部之民，以徐、泗间人为最勇悍，至今犹然，故他族皆曰夷，独此族以戎目之。"[③] 徐杰舜认为："徐是周代对他的称呼，因其勇悍又被周人称为徐戎。"[④] 何光岳认为："徐戎。徐族本是东夷族，因好战而称为徐戎。"[⑤]

第三种说法，戎字在西周概念扩大化，成为外族通名，故称其为徐戎。王玉哲认为："戎字在西周即已变为外族的通名，如称北方的猃狁与东方的徐戎及殷商为戎，是其显例。"[⑥]

第四种说法，由于周人把敌对势力称为戎，故称其为徐戎。代表人物陈连开。他认为："确定地以戎作为族称始于周人。在灭商以前，主要用来称呼周原附近与周为敌的各部落，其劲敌集中于周原以西陇山地区，故称为西戎。灭商以后，为表示对商的敌忾，称之为'戎殷'或'戎衣'。至西周中叶，徐为西周东方劲敌，虽明属东夷，仍往往称之为'徐戎'，此称呼延续到春秋战国。"[⑦]

笔者认为，称呼徐夷为徐戎，主要是戎概念扩大化的表现，理由如下：

第一，"戎"与勇悍、好战关系不大。商周之时，方国部落众多，东夷部落中勇悍好战者也必不可少，为何但称呼徐夷为"戎"？其他却皆为"夷"？这是说不通的。另外，这是一篇行军前的誓词，自不能夸奖对方"勇悍好战"而打压己方士气。

第二，"戎"概念在不断扩大化。从金文资料来看，"戎"可以称呼东、西、南、北四方的部族。当时，"戎""夷"界限不明，[⑧] 称呼夷为戎，在金文中也有表现，如戜（戎）簋、戜（戎）方鼎以及晋侯铜人称呼淮夷为淮戎。

① 《尚书正义》，北京：北京大学出版社，1999年，第562、563页。
② （清）孙星衍：《尚书今古文注疏》，北京：中华书局，1986年，第511页。
③ 梁启超：《饮冰室文集点校》，昆明：云南教育出版社，2001年，第3218页。
④ 徐杰舜：《中国民族史新编》，南宁：广西教育出版社，1989年，第32页。
⑤ 何光岳：《氐羌源流史》，南昌：江西教育出版社，2000年，第7页。
⑥ 王玉哲：《论先秦的戎狄及其与华夏的关系》，《南开大学学报》1955第1期。
⑦ 王钟翰：《中国民族史》，北京：中国社会科学出版社，1994年，第121页。
⑧ 详见戜（戎）簋、戜（戎）方鼎以及晋侯铜人节。

第三，在商称呼前加"戎"为"戎殷""戎商""戎衣"不应理解为"敌忾"，应作攻伐、战争解，前文已有论述。

综上，笔者认为称呼徐夷为徐戎，主要是戎概念扩大化的表现。由于《尚书·费誓》的成书时间难定，这些只是一种推测。当然，还应有其他的原因，因为一种名号的形成，还有习俗等多种因素需要考虑。

徐戎与淮夷的关系，也是学界的一个热点。

第一种说法，认为徐戎与淮夷共存，是不同族群。杨东晨认为："西周时期，东夷最强盛者有嬴姓国淮夷与徐戎。徐即居于徐、泗一带的夷人。"[①] 柯建中认为："东夷主要指淮夷、徐戎。淮夷是指分布在淮河中下游的夷人，徐戎是指居于淮水中下游以泗洪县为中心一带的夷人。"[②] 李白凤认为："徐、淮是两个氏族还是两个胞族，从各方面来考察都可以肯定绝非同一部族……徐夷是东南方的一种民族，他有着自己的特殊文化。"[③]

第二种说法，认为徐戎属于淮夷一支，是同一族群。杜预认为："徐即淮夷。"[④] 顾颉刚、刘起釪认为："徐戎，他们是淮夷中主要的一支，常以它代表淮夷，有时直称它为'徐夷'，是我国古代东方较早的一个少数民族。"[⑤] 李学勤认为："淮夷是居处在淮水流域古代人民的总称……这一地区，曾存在许多大小邦国，都属于淮夷的范围，其中最大的是徐国。"[⑥] 张正明认为："广义的淮夷包括徐夷或称徐戎在内，徐夷是淮夷中最偏北又最偏东的一支，故都在今江苏泗洪县境。徐夷的文化水平明显地高于其余的淮夷方国，因而淮夷唯徐夷马首是瞻。"[⑦] 王志民、张福祥认为："典籍习称的淮夷主要指徐方……古淮夷绝不止于淮夷。"[⑧]

第三种说法，认为徐戎与淮夷是部落联盟。李世源认为："徐夷与淮夷是一个合作得较为得心应手的部落联盟。它们有时合为一体，徐夷在其中的作用似乎更重要些，因为徐之立国称王，其传世的铭文已予证实。而当徐国毁社灭，散落他方时，作为部落的淮夷，仍作为一股政治力量活跃在历史舞

---

① 杨东晨：《古史论集》，西安：陕西人民教育出版社，1994年，第101页。

② 柯建中：《中国古代历史概论》，成都：四川大学出版社，1998年，第204页。

③ 李白凤：《东夷杂考》，开封：河南大学出版社，2008年，第77、89页。

④ 杜预：《春秋经传集解》，上海：上海古籍出版社，1988年，第1182页。

⑤ 顾颉刚、刘起釪：《尚书校释译论》第四册，北京：中华书局，2005年，第2141页。

⑥ 李学勤：《兮甲盘与驹父盨——论西周末年周朝与淮夷的关系》，《人文杂志丛刊》（第2辑），北京：文物出版社，1990年，第270页。

⑦ 张正明：《楚史》，武汉：湖北教育出版社，1995年，第42页。

⑧ 王志民、张福祥：《齐鲁文化通史》，北京：中华书局，2004年，第455、458页。

台上，虽然其活动能量已微乎其微。但作为一个部族，似乎直到秦大一统时，方才全融进华夏文明中……徐夷、淮夷只有用联盟说，方能解释二者纠缠在一起的原因，也只有联盟说才能解释徐亡后淮夷仍出现的原因。至于史载上时而称淮夷、时而称徐夷、徐戎，到底哪一时期是二者交叉关系出现；或为主次包含关系出现，这皆因史影浑沌，因时、因人、因地而异，虽借助于古文献，证之以甲骨文，金文，或可猜测一二，却极易滑入死无对证的文字游戏之中。原则上用联盟说把握淮夷、徐夷的这一段历史，而不强求微观上的寸铢必究，似乎更为妥当一些。"[①]

笔者认同李世源的观点。一方面，史书中有关淮夷与徐戎的记载是分开称呼的，例如本节开头《尚书·费誓》，再有《春秋》载："夏，楚子、蔡侯、陈侯、郑伯、许男、徐子、滕子、顿子、胡子、沈子、小邾子、宋世子佐、淮夷会于申。"[②] 从这段史料中可以看出徐子、淮夷并存。另一方面，两个部族曾共同对付周王朝，实际上存在着联盟。

总之，徐戎与淮夷的关系，是一种部落联盟的形式。

第二节　《逸周书》所见戎研究[③]

为研究方便，制成"《逸周书》所见戎一览表"，如表 3-1 所示：

表 3-1：《逸周书》所见戎一览表

序号	出处	原文	戎所指	备注
1	《逸周书·商誓解》	命予小子，肆我殷戎。	应为"肆戎殷"，戎作攻伐解。	论述
2	《逸周书·明堂解》	六戎之国，西门之外，东面南上。	泛称	论述

---

① 李世源：《古徐国小史》，南京：南京大学出版社，1990 年，第 16—17 页。

② 《春秋左传注》，北京：中华书局，1981 年，第 1244 页。

③ 《逸周书》的成书时间，学界争论较大，大致有春秋说、战国说、秦汉之际说、汉以后说、东汉魏晋说、历战国秦汉而渐成说、春秋已有战国后又辗转附盖说等说法，详见王连龙《〈逸周书〉源流及其所见经济问题研究》（博士论文，吉林大学，2005 年）一文，由于学界还未有统一意见，此问题也非本文的研究对象，是故，对此问题笔者也不作评述，如遇到证明史料年代问题，笔者将做说明。本文《逸周书》的版本采用黄怀信等：《逸周书汇校集注》（上海：上海古籍出版社，1995 年）。

（续表）

序号	出处	原文	戎所指	备注
3	《逸周书·王会解》	义渠以兹白，兹白者若白马，锯牙，食虎豹。	义渠	朝贡
4	《逸周书·王会解》	北唐戎以闾，闾以𤞤冠。	北唐	朝贡
5	《逸周书·王会解》	渠叟以䶂犬，䶂犬者，露犬也，能飞，食虎豹。	渠叟	朝贡
6	《逸周书·王会解》	山戎菽	山戎	朝贡
7	《逸周书·王会解》	犬戎文马而赤鬛，缟身，目若黄金，名古黄之乘。	犬戎	朝贡
8	《逸周书·王会解》	匈戎狡犬。狡犬者，巨身，四尺果。	匈奴之先①	朝贡
9	《逸周书·王会解》	方人以孔鸟。	西南戎②	朝贡
10	《逸周书·王会解》	奇干善芳，善芳者，头若雄鸡，佩之令人不眛。	西方戎族③	朝贡
11	《逸周书·史记解》	昔者，义渠氏有两子，异母，皆重。君疾，大臣分党而争，义渠以亡。	义渠	论述
12	《逸周书·史记解》	昔有林失召离戎之君而朝之，至而不礼，留而弗亲，离戎逃而去之，林失诛之，天下叛林氏。	离戎（骊戎）	论述
13	《逸周书·职方解》	职方氏掌天下之图，辩其邦邑都鄙、四夷八蛮、七闽九貉、五戎六狄之人民，与其财用、九谷、六畜之数，周知其利害，乃辩九州之国，使同贯利。	泛称	论述
14	《逸周书·世俘解》	甲寅，谒戎殷于牧野。	戎作攻伐解，《集注》为"谒我殷"。④	论述

在《逸周书》中，《王会解》主要记载了周成王成周之会的盛况以及各方国的贡奉，无疑对研究戎人生活具有重要意义。为此，特把戎人各国所贡

---

① 黄怀信：《逸周书校补注译》，西安：三秦出版社，2006年，第330页。

② 王玉哲认为："方人既以孔雀为贡品，而孔雀出南方，则'方人'或为西南戎也。"（《中国历史大辞典·先秦史卷》，上海：上海辞书出版社，1996年，第110页。）

③ 王玉哲认为："奇干、奇肱、奇股、奇恒诸族，似均指西方戎族，是否为一族之异写，疑未能明也。"（《中国历史大辞典·先秦史卷》，上海：上海辞书出版社，1996年，第291页。）

④ 黄怀信等：《逸周书汇校集注》，上海：上海古籍出版社，1995年，第454页。

奉之物列表如下（见表 3-2）：

表 3-2：戎人贡奉表

序号	名称	贡物	备注①
1	义渠	兹白	兹白像白马，长着锯一样的牙齿，吃虎豹。
2	北唐戎	閭	驴，驴像黑色母羊。
3	渠叟	鼩犬	鼩犬，就是卢犬，能飞，吃虎豹。
4	山戎	菽	蚕豆。
5	犬戎	文马	多色马，红鬣白身，眼睛黄亮如同金子，又名吉黄之参。
6	匈戎	狡犬	狡犬身体庞大，四条腿都有毛。
7	方人	孔鸟	鸟。
8	奇幹	善芳	鸟。

从表 3-2 可知，戎人的贡物有马、狗、蚕豆、驴等，其间既有种植业能得到的蚕豆，亦有游牧者广泛拥有的马、狗等。因此，笔者认为，可从中得出这样的结论：戎人族群间经济形态是有差异的，总体而言，其经济形态是一种农牧兼营的复合经济。

此外，《逸周书·王会解》所载的"匈戎"一词，被学者认为是"匈奴之先"，② 从而透露出一种可能，即匈奴之先，也是戎的一种。

第三节 《竹书纪年》所见戎研究③

一、今本与古本的说明

《竹书纪年》分为古本与今本两种，对于今本与古本的真伪，学界看法不一。王国维为此曾写《今本竹书纪年疏证》一书，力证古本可靠、今本乃是伪书，然并未平息争论。依据程平山的研究，20 世纪 80 年代以来，学界有"古本《竹书纪年》真，有重大价值，今本《竹书纪年》乃古本亡佚之后

---

① 采用黄怀信：《逸周书校补注译》，西安：三秦出版社，2006 年。

② 黄怀信：《逸周书校补注译》，西安：三秦出版社，2006 年，第 330 页。

③ 对照采用王国维：《今本竹书纪年疏证》（沈阳：辽宁教育出版社，1997 年）以及方诗铭：《古本竹书纪年辑证》（上海：上海古籍出版社，1981 年）。

的伪作，仍有一定价值；以今本《竹书纪年》乃汲冢之旧，是珍宝；今本《竹书纪年》原出汲冢，有后人增益窜改处，恢复原状即可；古本《竹书纪年》真，有重大价值，今本《竹书纪年》乃后人据古本《竹书纪年》的残本辑补之作，可以分析使用；古本《竹书纪年》属于辑佚本、今本《竹书纪年》属于重编本，强调今本《竹书纪年》的价值；古本《竹书纪年》、今本《竹书纪年》属于不同的整理本，都有价值"[1] 等六种观点。此外，海外学者的观点也很重要，经张富祥研究，"今本《纪年》一书，西方学者向来以为是不伪的。"[2]

新材料的出现或能有所启示。《清华大学藏战国竹简（贰）》之《系年》于 2011 年 12 月对外公布。《系年》载："王是始弃帝籍田，立卅又九年，戎乃大败周师于千亩。"[3] 此戎乃姜戎，又见于《国语·周语上》："王不听。三十九年，战于千亩，王师败绩于姜氏之戎。"[4]《史记·周本纪》："王弗听。三十九年，战于千亩，王师败绩于姜氏之戎。"[5] 而此史料，仅见于今本《竹书纪年》："三十九年，王师伐姜戎，战于千亩，王师败逋。"[6] 古本《竹书纪年》无此史料。此外，《系年》还记载："立二十又一年，晋文侯仇乃杀惠王于虢。"据此，整理者认为："王国维《古本竹书纪年辑校》等以为晋文侯纪年，非是；今本《纪年》及朱右曾《汲冢纪年存真》则较正确。"[7] 由此说明，今本还是有一定可靠性的。

王玉哲认为："《竹书纪年》及《尚书》的《尧典》，大家都知道其写作的时代很晚，讲西周及西周以前的历史，都不敢引用。可是自甲骨文出，在这些书里往往有整套的商代史料，可以与甲骨文互相发明。所以，我们对许多古代史料，不要轻易抛弃，应当运用科学方法，去伪存真，深入地加以研究。绝对不要因为其中杂有一些后世的色彩，就一笔抹杀。"[8] 李零认为："今本《纪年》，过去都说是范钦伪造，好像铁板钉钉，现在反复研究，并不

① 程平山：《百年来〈竹书纪年〉真伪与价值研究述评》，《中国史研究动态》2011 年第 6 期。
② 张富祥：《〈竹书纪年〉与夏商周断代工程西周王年的比较研究》，《史学月刊》2006 年第 1 期。另有鲁惟一主编的《中国古代典籍导读》（沈阳：辽宁教育出版社，1997 年，第 41—50 页）可参看。
③ 李学勤主编：《清华大学藏战国竹简（贰）》，上海：中西书局，2011 年，第 136 页。
④ 《国语》，上海：上海古籍出版社，1978 年，第 22 页。
⑤ （西汉）司马迁：《史记》，北京：中华书局，1959 年，第 144 页。
⑥ 王国维：《今本竹书纪年疏证》，沈阳：辽宁教育出版社，1997 年，第 98 页。
⑦ 李学勤主编：《清华大学藏战国竹简（贰）》，上海：中西书局，2011 年，第 138、139 页。
⑧ 王玉哲：《中华远古史》，上海：上海人民出版社，2000 年，第 401、402 页。

是这么回事。"① 美国学者夏含夷认为："未来研究中国上古史的学生们不能忽视《竹书纪年》中的证词，甚至包括（或者说尤其是）'今本'《竹书纪年》中的那些证词。"② 笔者深以为是。是故，本文对今本、古本采取一视同仁的态度加以运用。

为对《竹书纪年》所记载之"戎"作具体、深入研究，条列古本与今本，特做成"《竹书纪年》所见戎一览表"，详见附录。现对《竹书纪年》所见戎进行分析考辨。

二、戎与商周关系

依据"《竹书纪年》所见戎一览表"，笔者把商到西周这个时间段作为考察对象，对戎与商周的关系进行了统计分析，得到以下结果：戎向商周朝贡有 6 次（对商 2 次，对西周 4 次），商、周向戎聘问各有 1 次，戎与商周的战争有 31 次（商时有 7 次，西周时有 24 次）。在 31 次战争中，不明主攻方的有 2 次，戎主动攻击周的有 6 次，商周主动攻击戎的有 23 次。为了更加直观，据此做成"戎与商周攻守分析图"，如图 3-1 所示：

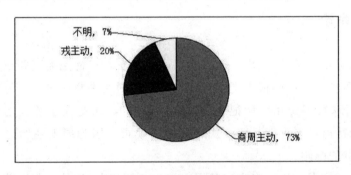

图 3-1：戎与商周攻守分析图

依据"《竹书纪年》所见戎一览表"，笔者对前 1113 年到前 771 年间的戎族活动进行了统计分析，把 71 年作为一个时间段，统计戎族在这些 71 年间出现的频率次数，做成"戎族活动频率图"，如图 3-2 所示：

---

① 李零：《简帛古书与学术源流（修订本）》，北京：生活·读书·新知三联书店，2008 年，第 255 页。

② ［美］夏含夷：《孔子之前：中国经典诞生的研究》，黄圣松等译，台北：万卷楼图书股份有限公司，2013 年，第 96 页。

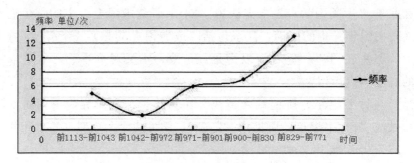

图 3-2：戎族活动频率图

分析《竹书纪年》所记载的这些统计数据，可以得到以下结论：第一，戎与商周尤其是与周的关系是时和时战，双方关系是一种此消彼长的动态过程。第二，戎族活动的频率与商周王室的统治力呈负相关，商周王室的统治力越强，戎族活动的频率越低，反之，商周王室的统治力越弱，戎族活动的频率越高。正如日本学者石井宏明所言："西周王朝势力强大的时候，他们服从，但是西周王朝一衰弱他们就开始叛离。因此西周王朝与犬戎等少数民族的关系不是很巩固。"[①]

三、余论

《竹书纪年》载："太戊二十六年，西戎来宾，王使王孟聘西戎……祖甲十三年，西戎来宾……穆王十三年，秋七月，西戎来宾……孝王五年，西戎来献马。"[②]《竹书纪年》所记载的这些"西戎"，还是为小部族之时的"西戎"，必为特指，不可能是整个戎族群前来朝贡，因为周王朝始终未能得到整个戎族群的归附。

另外，《竹书纪年》多次记载周人讨伐"西戎"，战斗过程记载很长的较少，此"西戎"必为具体部族。笔者有一个推测，"西戎"在最初有可能是《诗经·出车》所载的"玁狁"[③]，金文中玁狁和戎便经常出现替代关系。玁狁逐渐发展成为一个部落联盟，包含若干部落，构成西戎最初的形态。如王玉哲认为："戎狄结成一个部落联盟，以利与华夏做斗争。"[④] 正如美国学者

① ［日］石井宏明：《东周王朝研究》，北京：中央民族大学出版社，1999年，第27页。

② 王国维：《今本竹书纪年疏证》，沈阳：辽宁教育出版社，1997年，第65、71、88、91页。

③ 丁琦曾考证认为玁狁自宣王以后被称呼为戎。（丁琦：《西汉以前匈奴史迹考》，武汉大学历史系毕业论文，1945年，第28页。）

④ 王玉哲：《中华远古史》，上海：上海人民出版社，2000年，第659页。

狄宇宙所言："这些外族社群似乎是些相当小的社会－政治组织部落或者是地区联合体。"①

《竹书纪年》还记载了戎人与马匹的问题。古本《竹书纪年》载："夷王衰弱，荒服不朝，乃命虢公率六师，伐太原之戎，至于俞泉，获马千匹。"② 今本《竹书纪年》周穆王八年载："北唐来宾，献一骊马，是生騄耳。"③ 今本《竹书纪年》周孝王五年载："西戎来献马。"④ 另外《穆天子传》也载有："犬戎胡觞天子于雷首之阿，乃献食马四六。"⑤

许倬云认为："大致西周对西北用兵，获取马匹也是原因之一，主要马源仍仗在牧地蕃息。"⑥ 按照许倬云的理解，戎人是马匹比较多的，周人攻打戎人有获得马匹的因素。然而，《左传》记载戎狄打仗靠步兵而非骑兵。例如鲁隐公九年，"北戎侵郑，郑伯御之，患戎师，曰：'彼徒我车，惧其侵轶我也。'"⑦ 鲁昭公元年，"晋中行穆子败无终及群狄于大原，崇卒也。将战，魏舒曰：'彼徒我车，所遇又厄，以什共车必克。困诸厄，又克。请皆卒，自我始。'"⑧ 这就出现了一个矛盾，如果戎人马匹较多，为何没组成骑兵呢？如果戎人马匹较少，那又为何能献马？

笔者认为戎人的马匹问题，可作为学界下一阶段研究的一个重点，因为它能反映戎人的经济生活、军事战斗、民族关系等诸多问题。

此外，《竹书纪年》武乙三十五年载："周王季伐西落鬼戎，俘二十翟王。"⑨ 周穆王十七年载："征犬戎、取其五王以东。"⑩ 从"俘二十翟王""取其五王"来看，西落鬼戎和犬戎是有诸多部落组成的部落联盟，因而它们有势力和能力挑战商周王朝的统治。

① ［美］狄宇宙：《古代中国与其强邻－东亚历史上游牧力量的兴起》，贺严等译，北京：中国社会科学出版社，2010 年，第 132 页。
② 方诗铭：《古本竹书纪年辑证》，上海：上海古籍出版社，1981 年，第 54 页。
③ 王国维：《今本竹书纪年疏证》，沈阳：辽宁教育出版社，1997 年，第 87 页。
④ 王国维：《今本竹书纪年疏证》，沈阳：辽宁教育出版社，1997 年，第 91 页。
⑤ 《穆天子传》，长沙：岳麓书社，1992 年，第 226 页。
⑥ 许倬云：《西周史》，北京：生活·读书·新知三联书店，1993 年，第 187 页。
⑦ 杨伯峻：《春秋左传注》，北京：中华书局，1981 年，第 65 页。
⑧ 杨伯峻：《春秋左传注》，北京：中华书局，1981 年，第 1215 页。
⑨ 方诗铭等：《古本竹书纪年辑证》，上海：上海古籍出版社，1981 年，第 33 页。
⑩ 王国维：《今本竹书纪年疏证》，沈阳：辽宁教育出版社，1997 年，第 89 页。

第四节 《山海经》《穆天子传》所见戎研究

《山海经》的成书年代，学界争议较大。有西周说、战国说、秦汉说等观点，徐显之认为："《山海经》是一部广博的资料书。它的成书，经过了资料收集、资料整理和润色成书的过程。这个过程，别说在古代，就是在今天，也决不是三五人在三五年或者十数年所能完成的。在古代也决不能在三五十年内就能完成的……这部书从收集资料到润色成书，跨越了好几个历史朝代，可以说经过了几十辈人的努力。许多资料证明，它草创于禹益，成书于夏代，完善于春秋战国之际，以后历两汉魏晋，又续有增益。"[①] 笔者赞同徐显之的观点。

《穆天子传》的成书年代，学界也有争论。大致有：西周史官实录说，春秋末、战国初说，战国说，汉以后人伪作说等，详见王天海《穆天子传全译》[②] 一书。现多认同战国说，详见顾晔锋《〈穆天子传〉成书时间研究综述》[③] 一文。

为研究方便，制成"《山海经》《穆天子传》所见戎一览表"，如表 3-3 所示：

表 3-3：《山海经》《穆天子传》所见戎一览表

序号	出处	成书年代	原文	戎所指	备注
1	《山海经·海内北经第十二》	蒙文通认为是西周中期以前；袁珂认为是战国初年或中年。[④]	犬封国曰犬戎国，状如犬。有一女子，方跪进柸食。有文马，缟身朱鬣，目若黄金，名曰吉量，乘之寿千岁。	犬戎国（国名）	论述
2	《山海经·海内北经第十二》		戎，其为人人手三角。	戎（人名）	论述
3	《山海经·大荒北经第十七》	蒙文通认为是西周早期；袁珂认为是战国初年或中年。[⑤]	大荒之中有山，名曰融父山，顺水入焉。有人，名曰犬戎。黄帝生苗龙，苗龙生融吾，融吾生弄明，弄明生白犬，白犬有牝牡，是为犬戎，肉食。有赤兽，马状，无首，名曰戎宣王尸。	犬戎；戎宣王尸（均为人名）	论述

---

① 徐显之：《山海经探原》，武汉：武汉出版社，1991 年，第 278 页。
② 王天海：《穆天子传全译》，贵阳：贵州人民出版社，1997 年，第 5—6 页。
③ 顾晔锋：《〈穆天子传〉成书时间研究综述》，《长春理工大学学报》2007 年第 4 期。
④ 详见贾雯鹤：《〈山海经〉专名研究》，博士学位论文，四川大学，2004 年，第 16 页。
⑤ 详见贾雯鹤：《〈山海经〉专名研究》，博士学位论文，四川大学，2004 年，第 16 页。

（续表）

序号	出处	成书年代	原文	戎所指	备注
4	《山海经·大荒北经第十七》		有国名曰赖丘。有犬戎国。	犬戎国（国名）	论述
5	《山海经·大荒北经第十七》		有神，人面兽身，名曰犬戎。	犬戎（神名）	论述
6	《穆天子传·卷一》		乙酉，天子北升于□，天子北征于犬戎，犬戎□胡觞天子于当水之阳，天子乃乐，□赐七萃之士战。	犬戎	战争
7	《穆天子传·卷四》		孟冬壬戌，天子至于雷首，犬戎胡觞天子于雷首之阿，乃献食马四六。天子使孔牙受之，曰："雷水之平寒，寡人具犬马羊牛。"爰有黑牛白角，爰有黑羊白血。	犬戎	贡奉
8	《穆天子传·卷五》		季秋□，乃宿于㲋。毕人告戎，曰："陵翟来侵。"天子使孟悆如毕讨戎。	陵翟（戎狄通用）	战争

　　分析《山海经》中的戎，可以得到以下两个结论：犬戎存在是比较早的，它不仅是一个国名，还有人名、神名等意思；戎，在远古时期已经可以单独使用，只不过所指还不明。

　　分析《穆天子传》中的戎，可以得到以下结论：穆王征伐犬戎只是为了臣服犬戎，而非灭亡犬戎；犬戎向周穆王献良马"四六"，应是本部落盛产优良马匹的表现；戎、狄在穆王时代已可通用，表明戎、狄概念都在扩大化。

　　此外，犬戎在周穆王的打击下，对周王室表现出忠顺的态度，献酒、献马就是表现。于是笔者对《史记·周本纪》所载"王遂征之，得四白狼四白鹿以归。自是荒服者不至"[①] 表示怀疑。许倬云也曾有过疑惑，他认为："穆王不从谏，用兵的结果，仅获得四白狼、四白鹿，外藩却从此不来朝周了。这一段史事，在金文铭辞中未见有可以比证的史料。"[②] 笔者认为此史

---

　　① （西汉）司马迁：《史记》，北京：中华书局，1959 年，第 136 页。另外，此史料还记载于《国语·周语上》："王不听，遂征之，得四白狼，四白鹿以归。自是荒服者不至。"（《国语》，上海：上海古籍出版社，1978 年，第 8 页）比较《史记》与《国语》的记载，司马迁明显摘抄了《国语》的史料，缺陷在于没加以考辨分析。

　　② 许倬云：《西周史》，北京：生活·读书·新知三联书店，1993 年，第 186 页。

料不可信。史墙盘是共王时期器物，其铭文载："方繼亡不𧼛见"，意思是"远方的方国部落无不前来侍见。"① 据此可以推测，共王时期"荒服者仍至"；今本《竹书纪年》载孝王时期"西戎来献马"。② 《后汉书·西羌传》载"夷王衰弱，荒服不朝"，也即"荒服者不至"发生在周夷王时。以上种种史料皆可证明：《国语》《史记》所载穆王时"荒服者不至"是不符合历史事实的。

第五节 《诗经》所见戎研究

一、薄伐西戎

《诗经·出车》载文曰："天子命我，城彼朔方。赫赫南仲，玁狁于襄……喓喓草虫，趯趯阜螽。未见君子，忧心忡忡；既见君子，我心则降。赫赫南仲，薄伐西戎……执讯获丑，薄言还归。赫赫南仲，玁狁于夷。"③

此文之背景是周宣王④（前 827—前 781 年在位）命令南仲讨伐玁狁，时间划定上属于西周晚期。此处"西戎"是指代玁狁，还是另有所指，也一直存有争议。

第一种观点认为"西戎"是另有所指与玁狁不同。郑玄："草虫鸣，阜螽跃而从之，天性也。喻近西戎之诸侯闻南仲既征玁狁，将伐西戎之命，则跳跃而乡望之，如阜螽之闻草虫鸣焉。"⑤ 王先谦认为："泾阳北方猃狁，西即西戎，所谓一举而平二患也。"⑥ 程俊英所著《诗经注析》认为："此句言南仲在伐北方玁狁胜利以后，又乘胜进攻西戎。"⑦

---

① 李学勤：《论史墙盘及其意义》，《考古学报》1978 年第 2 期。
② 王国维：《今本竹书纪年疏证》，沈阳：辽宁教育出版社，1997 年，第 91 页。
③ （清）王先谦：《诗三家义集疏》，北京：中华书局，1987 年，第 587－588 页。
④ 一般认为此文为周宣王时所作，然也有不同看法。《毛序》认为是周文王时所作，程俊英所著《诗经注析》认为"不可信"。（参看程俊英：《诗经注析》，北京：中华书局，1991 年，第 469 页。）姚际恒认为："史之矛盾如此……南仲既不知为何时人，则亦不知此诗为何王矣……在宣王之上世可知；但不必文王耳。"（姚际恒：《诗经通论》，北京：中华书局，1958 年，第 182 页。）
⑤ （清）王先谦：《诗三家义集疏》，北京：中华书局，1987 年，第 588 页。
⑥ （清）王先谦：《诗三家义集疏》，北京：中华书局，1987 年，第 588 页。
⑦ 程俊英：《诗经注析》，北京：中华书局，1991 年，第 473 页。

第二种观点认为"西戎"指代猃狁。俞正燮认为："猃狁，《汉书·匈奴传》作猃允，案猃允，汉时北狄，在周时则西戎也……《出车》'薄伐西戎'即猃允襄夷也。"① 王国维认为："知西戎即猃狁。"② 童书业认为："是西北的猃狁称戎，《诗经·小雅·出车》：'赫赫南仲，薄伐西戎。'有云：'赫赫南仲，猃狁于夷。'西戎也指猃狁之类，可与金文互证。"③ 史念海认为："《出车》之诗称道南仲的功勋，谓其'薄伐西戎'。此西戎即是严允，当非别有所指。因其居于丰镐西北，称之为西戎，当甚恰当。"④ 高亨认为："薄，击也。西戎，猃狁的一个部落。"⑤ 马银琴认为："猃狁之名与戎互见，除上引铭文外，《出车》赫赫南仲，薄伐西戎、赫赫南仲，猃狁于夷表现了同样的情况。这就是说，'猃狁'一名，是西周后期中国人对西北戎族的别称，它的流行时代在厉宣之世。"⑥

比较这两种观点，笔者赞同后者。原因如下所述。

第一，金文中，戎可以替代猃狁。不其簋铭文曰："惟九月初吉戊申，伯氏曰：'不其，朔方严允广伐西俞，王令我羞追于西。余来归献擒。余命汝御追于䝅。汝以我车宕伐严允于高陶。汝多折首执讯。戎大同从追汝，汝及戎大敦搏。'"⑦ 多友鼎铭文曰："唯十月，用猃狁方兴，广伐京师，告追于王。命武公：'遣乃元士，羞追于京师。'武公命多友率公交车。羞追于京师。癸未。戎伐笋，衣俘，多友西追。"⑧ 两段铭文中，戎均替代了猃狁，可见在金文中，猃狁与戎是可以互通的。《诗经·出车》所载"西戎"指代猃狁，并非孤例。

第二，《史记》《汉书》等史书中，载有"薄伐猃狁"，亦说明猃狁与戎是互通的。例如《史记·卫将军骠骑列传》曰："兴师遣将，以征厥罪。《诗》不云乎，'薄伐猃狁，至于太原'，'出车彭彭，城彼朔方'。"⑨ 《汉书·韦贤传附子玄成传》曰："至宣王而伐之，诗人美而颂之曰'薄伐猃狁，

① （清）俞正燮：《俞正燮全集·癸巳存稿卷一》，合肥：黄山书社，2005年，第25页。

② 王国维：《观堂集林》，北京：中华书局，1959年，第594页。

③ 童书业：《夷蛮戎狄与东南西北》，《禹贡》1937年第7卷第10期。

④ 史念海：《西周与春秋时期华族与非华族的杂居及其地理分布（上篇）》，《中国历史地理论丛》1990年第1期。

⑤ 高亨：《诗经今注》，上海：上海古籍出版社，1980年，第232页。

⑥ 马银琴：《两周诗史》，北京：社会科学文献出版社，2006年，第231页。

⑦ 李学勤：《新出青铜器研究》，北京：文物出版社，1990年，第272页。

⑧ 李学勤：《论多友鼎的时代及意义》，《人文杂志》1981年第6期。

⑨ （西汉）司马迁：《史记》，北京：中华书局，1959年，第2924页。

至于太原'。"①《汉书·匈奴传》曰:"懿王曾孙宣王,兴师命将以征伐之,诗人美大其功,曰'薄伐猃狁,至于太原''出车彭彭,城彼朔方'。是时四夷宾服,称为中兴。"②

综上,《诗经·小雅·出车》所载"西戎"乃是猃狁。此外,韩小忙从文献记载、铜器铭文和考古材料三个方面去考证猃狁和戎的关系,认为:"猃狁即戎,二者是同一民族在不同时期的不同称呼或别称。"③ 笔者赞同此说,甚至有一个推测,"西戎"其在最初有可能便是"猃狁",或"猃狁"在某一时期替代了"西戎"。也正如清人崔述所言:"所谓西戎,盖即猃狁……西戎之国不一,而猃狁为最强,专言之则曰猃狁,概言之则曰西戎。"④

二、戎丑攸行

《诗经·绵》载文曰:"乃立皋门,皋门有伉。乃立应门,应门将将。乃立冢土,戎丑攸行。"⑤

此文讲述了古公亶父带领族人建设家园的场景,时间划定上归于殷商晚期,此处之"戎"是何意,学界存有争议。

第一种观点认为"戎"指代"大",这也是传统的看法。王先谦《诗三家义集疏》⑥ 列举了《疏》《传》《笺》的观点最具代表性,均认为"戎"指代"大",此说影响很大,支持者较多,不再一一例举。

第二种观点认为"戎"是指代"戎人"。于省吾认为:"重点建设既经完成,则统治四方的力量愈益加强,故以'戎丑攸行'为言。'戎丑攸行',言戎狄丑虏因而遁去,下文之混夷骇矣,维其喙矣,即承此而言。"⑦ 高亨认为:"戎,指昆夷。丑,周人对敌人的蔑称。攸,所也。行,行走。此句指建立土台在昆夷来犯的路上。"⑧ 骆宾基认为:"诗末有戎丑攸行,丑为匹配的概念,戎在这里为与周婚姻之族的族称……戎丑既是指古公亶婚姻之族,

---

① (东汉)班固:《汉书》,北京:中华书局,1964年,第3125页。
② (东汉)班固:《汉书》,北京:中华书局,1964年,第3744页。
③ 韩小忙:《猃狁与戎考论》,《汉学研究》1996年14卷2期。
④ (清)崔述:《丰镐考信录》,上海:商务印书馆,1937年,第129、130页。
⑤ (清)王先谦:《诗三家义集疏》,北京:中华书局,1987年,第840页。
⑥ (清)王先谦:《诗三家义集疏》,北京:中华书局,1987年,第840页。
⑦ 于省吾:《泽螺居读诗札记》,《文史》第1辑,北京:中华书局,1962年,第121页。
⑧ 高亨:《诗经今注》,上海:上海古籍出版社,1980年,第380页。

即姜姓女所属的戎方。"① 陈来生认为："戎丑攸行：戎狄丑虏一起都逃遁。"② 周振甫认为："戎，西戎。此句意为西戎丑类怎么行。"③

第三种观点认为"戎"是指代"兵"。余冠英认为："戎，兵也。丑，众也。攸，语助词。这句是说兵众出动。出军必须先祭社，所以诗人将两件事连叙。"④ 徐朝华认为："戎丑：兵众。"⑤

第四种观点认为"戎"是指代"战俘奴隶"。吕振羽认为："'戎丑'便是由战争得来的奴隶。"⑥ 翦伯赞认为："假如'戎丑攸行'之'戎丑'，可以解释为最初之奴隶，则周族当时的村落公社中，并且已有奴隶的存在。"⑦ 赵世超认为："乃立冢土，戎丑攸行，说明这时已有俘虏开始被用作奠基的牺牲。"⑧ 公木认为："戎丑攸行：戎俘排成行。"⑨

第五种观点认为"戎"是指代"土著"。朱凤瀚认为："戎丑，旧注以为是大众，不确，应是指当地土著，所谓攸行，是言其被周人以武力逐走。"⑩

诸说共存，难以取舍。对此处之"戎"，可存疑。

三、肆戎疾不殄

《诗经·思齐》载文曰："肆戎疾不殄，烈假不遐。不闻亦式，不谏亦入。"⑪

此诗创作时间，江永认为是在周初，⑫ 时间划定上归于西周早期，此处之"戎"是何意，学界存有争议。

第一种观点认为"戎"指代"大"，这也是传统的看法。王先谦《诗三家义集疏》⑬ 列举了《疏》《传》《笺》的观点最具代表性，均认为"戎"指

① 骆宾基：《诗经新解与古史新论》，太原：山西人民出版社，1985年，第100、111页。
② 陈来生：《史诗·叙事诗与民族精神》，上海：上海社会科学院出版社，1990年，第22页。
③ 周振甫：《诗经译注》，北京：中华书局，2002年，第404页。
④ 余冠英：《诗经选》，北京：人民文学出版社，1956年，第147页。
⑤ 徐朝华：《尔雅今注》，天津：南开大学出版社，1987年，第35页。
⑥ 吕振羽：《殷周时代的中国社会》，南京：文心印刷社，1936年，第159页。
⑦ 翦伯赞：《中国史纲》第1卷，上海：生活书店，1946年，第262页。
⑧ 赵世超：《周代国野制度研究》，西安：陕西人民出版社，1991年，第11页。
⑨ 公木：《公木文集》第2卷，长春：吉林大学出版社，2001年，第275页。
⑩ 朱凤瀚：《商周家族形态研究》，天津：天津古籍出版社，1990年，第247页。
⑪（清）王先谦：《诗三家义集疏》，北京：中华书局，1987年，第850—851页。
⑫ 程俊英对此问题交代比较清晰，参看程俊英：《诗经注析》，北京：中华书局，1991年，第469页。
⑬（清）王先谦：《诗三家义集疏》，北京：中华书局，1987年，第850—851页。

代"大",此说影响很大,支持者较多,不再一一例举。

第二种观点认为"戎"是指代"戎人"。王先谦《诗三家义集疏》认为:"在西者,称戎不异。太王时混夷病周,文王时称串夷,盖虽有夷称,其实戎也,为周患苦,有若疾然,故曰戎疾。"[①] 程俊英所著《诗经注析》认为:"戎疾,西戎的祸患。"[②] 胡国强、胡连生所著《诗经注释》认为:"戎疾,西戎的祸患。"[③]

甲骨卜辞中有"戎王疾",胡厚宣认为:"戎有凶恶之义,帝戎王疾,言帝使王疾更加凶恶……殷人以为帝在天上,能够下降人间,直接作福祸于殷王……帝掌握着殷王的福祸和命运。"[④] 这是否真的与"肆戎疾不殄"有关联,值得探讨。

此处之"戎",可存疑。

四、戎狄是膺

《诗经·閟宫》载文曰:"戎狄是膺,荆舒是惩,则莫我敢承。"[⑤]

一般认为此诗乃为歌颂鲁僖公而作。作者是奚斯,亦名公子鱼,时间划定上可归于春秋。然而,此讨伐之"戎"却在史书中找不到。《春秋》《左传》所载鲁僖公从未参加过讨伐"戎人"的战争。其执政时期,华夏与戎人的战争共有四次。第一次是鲁僖公二年(前658),"虢公败戎于桑田。"第二次是鲁僖公十年(前650),"齐侯、许男伐北戎。"第三次是鲁僖公十一年(前649),"夏,扬、拒、泉、皋、伊、洛之戎同伐京师,入王城,焚东门,王子带召之也。秦、晋、伐戎以救周。秋,晋侯平戎于王。"第四次是鲁僖公三十三年(前627),"夏四月辛巳,晋人及姜戎败秦师于殽。"可以看到,这四次战争鲁僖公均未参加。

鲁僖公有可能参加与戎有关的活动是鲁僖公十三年(前647),"秋,为戎难故,诸侯戍周。"然而,此次军事活动是戍卫,属于安保活动,起不到"戎狄是膺"的效果。

当然,也有一种可能就是史家遗漏了,漏掉记载鲁僖公曾有伐戎之举。

---

① (清)王先谦:《诗三家义集疏》,北京:中华书局,1987年,第851页。
② 程俊英:《诗经注析》,北京:中华书局,1991年,第774页。
③ 胡国强、胡连生:《诗经注释》,南宁:广西民族出版社,1995年,第289页。
④ 胡厚宣、胡振宇:《殷商史》,上海:上海人民出版社,2003年,第479、480页。
⑤ (清)王先谦:《诗三家义集疏》,北京:中华书局,1987年,第1084页。

然而，这种遗漏的概率是极小的。《春秋》本为鲁国国史，这种君王讨伐异族之大事，不会，也不可能忘掉，因为当时"国之大事，在祀与戎"。所以，"戎狄是膺，荆舒是惩"的主角并非鲁僖公。

《孟子》的记载或能解答这个问题。《孟子·滕文公章句上》载文："鲁颂曰'戎狄是膺，荆舒是惩。'周公方且膺之，子是之学，亦为不善变矣！"[①] 依据《孟子》的记载，"戎狄是膺，荆舒是惩"的主角并非鲁僖公，乃是鲁国开创者周公。但这只是《孟子》一家之言，并未见于其他先秦典籍，或许是因为孟子已经发现鲁僖公无伐戎之事，而周公又有伐淮夷之举，《史记·周本纪》载："周公为师，东伐淮夷。"[②] "淮夷"戎鼎称为"淮戎"。加之儒家多对周公追慕推崇，遂比附于周公名下。

因此，笔者认为此处之"戎"乃淮夷。

第六节　《春秋》《左传》《公羊传》《谷梁传》所见戎研究[③]

为对《春秋》所载之"戎"作具体、深入研究。特做成"《春秋》《左传》《公羊传》《谷梁传》所见戎一览表"，详见附录。现对所载戎进行分析考辨。

一、戎活动的时间与空间

依据"《春秋》《左传》《公羊传》《谷梁传》所见戎一览表"，笔者对前722年到前468年间的戎族活动进行了统计分析，以51年作为一个时间段，统计戎族在这些51年间出现的频率，做成"戎族活动频率图"，如图3-3

---

① 《孟子正义》，北京：中华书局，1987年，第397页。

② （西汉）司马迁：《史记》，北京：中华书局，1959年，第133页。

③ 参考杨伯峻编著的《春秋左传注》（中华书局，1981年），钟文烝《春秋谷梁经传补注》（北京：中华书局，1996年），《春秋公羊传注疏》（北京：北京大学出版社，1999年）。此外还参考了晋杜预的《春秋经传集解》（上海古籍出版社，1978年）、唐孔颖达的《春秋左传正义》（北京大学出版社，1999年）以及清顾栋高的《春秋大事表》（中华书局，1993年），下文不再重复。此外，《公羊传》《谷梁传》对"戎"的记载多涉及民族大义，与史事有一定差距，本文更偏重《春秋》与《左传》的史料。

所示：

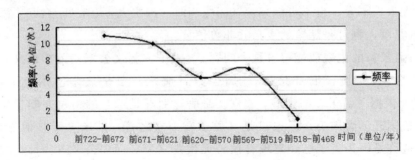

图 3-3：戎族活动频率图

分析此图，不难发现戎族的活动频率呈下滑趋势，春秋早中期时活动频率较高。前 569—前 519 年间，是其分界点，之后戎的活动频率直线下滑，活动频率不能与前期相提并论。

为何会出现戎族活动频率下降这种现象？

第一，华夏诸国的军事打击和侵蚀。戎族是比较散乱的部族，为了对付戎族，华夏诸国多次组成联军讨伐。比如鲁桓公六年，北戎伐齐，"郑大子忽帅师救齐。六月，大败戎师。"鲁庄公三十年，"齐人伐山戎。"鲁僖公十年，"齐侯、许男伐北戎。"鲁僖公十三年，"秋，为戎难故，诸侯戍周。"对戎族来说，应付联军且取胜的可能性并不大。为了避免打击，它们活动的频率自然降低。

此外，在华夏诸国的打击下，戎族逃走、归附的也很多。《汉书·匈奴传》载："齐桓公北伐山戎，山戎走。"[1] 鲁成公六年，"晋伯宗、夏阳说，卫孙良夫、宁相，郑人，伊、洛之戎，陆浑、蛮氏侵宋。"晋悼公"和诸戎"，《国语·晋语七》："使魏绛抚诸戎，于是乎遂伯。"[2] 同时，华夏诸国也在不断占领戎族土地，最典型的莫过于秦国。《左传》鲁襄公十四年，"昔秦人负恃其众，贪于土地，逐我诸戎。"《史记·秦本纪》载："十年，伐邽、冀戎，初县之……三十七年，秦用由余谋伐戎王，益国十二，开地千里，遂霸西戎。"[3]

再比如"济西之戎"的消亡。《春秋》乃鲁国国史，对"济西之戎"的记载也最详细，其出现的频率也比较高。"济西之戎"在春秋初期影响较大，

① （东汉）班固：《汉书》，北京：中华书局，1964 年，第 3746 页。

② 《国语》，上海：上海古籍出版社，1978 年，第 441 页。

③ （西汉）司马迁：《史记》，北京：中华书局，1959 年，第 182、194 页。

伐凡伯，盟鲁国。《山东通史》认为："公元前668年，戎又侵犯鲁国。两年后鲁庄公率兵伐戎。大概此时戎被鲁国所灭。"[①] 戎族的逃走、归附、灭亡使它们的活动频率降低。

第二，狄族的兴起。当戎族被华夏诸国打击得凋零衰败之时，狄族却兴盛起来。狄族的兴起，一定程度上取代了戎族的活动范围。"戎狄"连称开始变得普遍，吸引了史家的注意力，掩盖了一些戎族的活动。

第三，戎族融合进其他民族。在华夏诸国的打压下，戎族也出现分化，一部分戎人融入华夏族，还有一些北逃至匈奴。民族间的融合，使得戎族的活动往往被冠以他族的名义，自己却很难被记录下来。

依据"《春秋》《左传》《公羊传》《谷梁传》所见戎一览表"，笔者对出现于《春秋》《左传》中的戎族，进行了区位的统计分析。现将目前所掌握的情况分为东西南北中五个方位，一些难以定位的称为"不明方位"，做成"戎族区位分布图"，如图3-4所示：

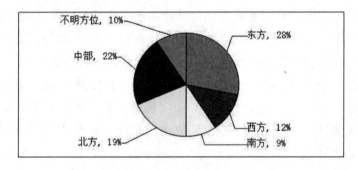

图3—4：戎族区位分布图

东周都城洛阳及其周围为中，齐、鲁等国为东，楚国及其周围为南，晋、秦等国为西，河北、辽宁、北京等地为北。

如图所示，东方的戎族占28%，中部的戎族占22%，北方的戎族占19%，西方的戎族占12%，南方的戎族占9%，不明方位的占10%。戎族分布所呈现的特点是：四方都有戎，中东部地区的戎族为主导，东方的戎族最多，而且戎族分布有着明显的地域性的差异。这个比例图是打破"戎必西方"这个传统认识的一个很好例证。

按照以往的看法，西方是戎族的主要活动区域，为何在《春秋》《左传》中呈现正好相反的态势呢？笔者认为在于《春秋》乃鲁国国史，对于本地区

---

① 李启谦主编：《山东通史（先秦卷）》，济南：山东人民出版社，1993年，第494页。

的记载最为翔实，所以分布于东方的戎族占 28%，然后是临近的中部地区
（22%）和北部地区（19%）；对于西方、南方了解相对较少，故这些地区内
的相应记载所占比例也最少。

戎族分布的广泛性还表现在单称"戎"在文献中的广泛使用。

据《春秋》《左传》记载，春秋初期，活动于山东地区的"戎"可以被
单称为"戎"。例如《春秋》记载鲁隐公二年，"公会戎于潜……公及戎盟于
唐。"鲁隐公七年，"戎伐凡伯于楚丘以归。"鲁桓公二年，"公及戎盟于唐。"
鲁庄公十八年，"公追戎于济西。"鲁庄公二十年，"冬，齐人伐戎。"鲁庄公
二十四年，"冬，戎侵曹。"鲁庄公二十六年，"春，公伐戎。"考证史籍，这
些戎都在山东。其他地区之戎，则在戎前加方位、地域等限定词汇，以示区
别。例如鲁隐公九年，"北戎侵郑"，鲁桓公六年，"北戎伐齐"，鲁桓公十三
年，"罗与卢戎两军之。"江永曾考证春秋时期的北戎，"当在河北。"[1] 卢
戎，杨伯峻考证认为："卢戎，今湖北省南漳县，南蛮国，妫姓。"[2]

为何山东之地的戎被单称为戎，其他各地之戎要加以地名呢？推测是因
为山东之地的戎距离鲁国较近，撰写此段《春秋》的作者对此认识或印象较
深。当然，这只是笔者的一种推测，还无确切的证据可以证明。

鲁庄公（公元前 693－前 662）后期，山东之外的戎，也可单称为
"戎"。庄公二十八年（公元前 668 年），"晋献公娶于贾，无子。烝于齐姜，
生秦穆夫人及大子申生。又娶二女于戎，大戎狐姬生重耳，小戎子生夷
吾。"[3] 此处之"戎"涵盖了"大戎"与"小戎"。关于"大戎"与"小戎"
学界争议较大，晋杜预认为："大戎，唐叔子孙别在戎狄者。小戎，允姓之
戎。"[4] 杨伯峻认为："大戎狐姬与小戎子为姐妹。"[5] 关于"大戎"与"小
戎"地望，清江永认为："庄二十八年之大戎、小戎今考其地在太原之交
城。"[6] 鲁庄公三十一年（公元前 663 年），载："齐侯来献戎捷。"此处之
"戎捷"，乃是一年前齐国伐山戎大胜之事。山戎所在，大概在河北北部、辽
宁西部、山东北部，也就是春秋战国时期的"东北"一隅，远远超出了山东
范围。

---

① （清）江永：《春秋地理考实》，《皇清经解》卷 252，[出版时间不详]。
② 杨伯峻：《春秋左传注》，北京：中华书局，1981 年，第 137 页。
③ 杨伯峻：《春秋左传注》，北京：中华书局，1981 年，第 239 页。
④ （晋）杜预：《春秋经传集解》，上海：上海古籍出版社，1978 年，第 198 页。
⑤ 杨伯峻：《春秋左传注》，北京：中华书局，1981 年，第 239 页。
⑥ （清）江永：《春秋地理考实》，《皇清经解》卷 252，[出版时间不详]。

鲁庄公之后，河南地区的戎也可单称为"戎"。鲁僖公二年，"虢公败戎于桑田。"杨伯峻认为："桑田，今河南省灵宝县。"鲁僖公十一年，"夏，扬、拒、泉、皋、伊、洛之戎同伐京师，入王城，焚东门，王子带召之也。秦、晋伐戎以救周。"鲁文公十六年，"楚大饥，戎伐其西南，至于阜山，师于大林。又伐其东南，至于阳丘，以侵訾枝。"考证史籍，这些戎都在河南地区活动。

可以发现，《春秋》《左传》在记载"戎"时，不断地打破地域上的限制，从最初的山东扩散至各地。这种现象反映出随着历史的发展，戎的概念在不断扩大化的进程。也可以观察到，春秋时期的戎遍布华夏，北方有"北戎""山戎"，山东也有"戎"，河南有扬、拒、泉、皋、伊、洛、陆浑戎，楚国有卢戎、蛮氏戎，秦国有西戎，晋国有诸戎，卫国有己氏戎。戎的分布之广，影响之大可见一斑。

二、戎的特指与泛指

这里所谓的特指，意思是《春秋》《左传》所记载之"戎"，是具体的或可以确定的。例如鲁隐公九年，公子突曰："戎轻而不整，贪而无亲，胜不相让，败不相救。先者见获必务进，进而遇覆必速奔，后者不救，则无继矣。乃可以逞。"此处之戎，乃是"北戎"。鲁庄公三十一年，"六月，齐侯来献戎捷。"此处之戎，乃是"山戎"。鲁僖公十一年，"秦、晋伐戎以救周。"此处之戎，乃是"扬、拒、泉、皋、伊、洛之戎"。鲁昭公十七年，苌弘谓刘子曰："客容猛，非祭也，其伐戎乎？"此处之戎，乃是"陆浑戎"。

另外一些"戎"，《春秋》《左传》记载时则直接给出名称。例如鲁桓公十三年，"罗与卢戎两军之"，鲁庄公二十八年，"晋伐骊戎，骊戎男女以骊姬。"鲁庄公三十年，"齐人伐山戎。"鲁闵公二年，"虢公败犬戎于渭汭。"鲁僖公十年，"夏，齐侯、许男伐北戎。"鲁僖公二十二年，"秋，秦、晋迁陆浑之戎于伊川。"鲁僖公三十三年，"晋人及姜戎败秦师于殽。"鲁文公八年，"公子遂会洛戎盟于暴。"鲁宣公三年，"楚子伐陆浑之戎。"

还有一些"戎"，《春秋》《左传》记载相对模糊，通过考证，也能认定为特指。例如鲁隐公二年，"公会戎于潜……公及戎盟于唐。"鲁桓公二年，"公及戎盟于唐。"这些"戎"乃是山东曹县附近之"戎"。王夫之所著《春秋稗疏》认为："《费誓》称'徐戎并兴，东郊不开'，鲁所亟与会盟者，必此戎也。"① 鲁文公十六年，"楚大饥，戎伐其西南，至于阜山，师于大林。又伐其东南，至于阳丘，以侵訾枝。"此戎，乃是"陆浑戎"。②

当然，也有比较特殊的一类"戎"，虽知其为特指，由于史料有限，却无法考证出其名称。这些"戎"都有着战争参与者的共性，绝非泛称。例如鲁庄公十八年，"公追戎于济西。"鲁庄公二十年，"冬，齐人伐戎。"鲁庄公二十四年，"冬，戎侵曹。"鲁庄公二十六年，"春，公伐戎。"鲁僖公二年，"虢公败戎于桑田。"鲁文公十七年，"秋，周甘歜败戎于垂，乘其饮酒也。"

这里所谓的泛指，意思是《春秋》《左传》所记载之"戎"，是对戎族或非华夏族的统称。例如鲁庄公二十八年，"戎之生心，民慢其政，国之患也。"鲁僖公二十二年，"初，平王之东迁也，辛有适伊川，见被发而祭于野者，曰：'不及百年，此其戎乎！其礼先亡矣。'"鲁文公三年，"秦伯伐晋，济河焚舟，取王官，及郊。晋人不出，遂自茅津济，封殽尸而还。遂霸西戎，用孟明也。"鲁昭公九年，"戎有中国，谁之咎也？"这些"戎"，就是泛指整个戎族。

"戎"也可以是对非华夏族的统称。例如鲁闵公元年，"狄人伐邢。管敬仲言于齐侯曰：'戎狄豺狼，不可厌也。诸夏亲昵，不可弃也。'"鲁僖公十五年，"必报仇，宁事戎狄。"鲁成公二年，"蛮夷戎狄，不式王命，淫湎毁常，王命伐之，则有献捷，王亲受而劳之，所以惩不敬，劝有功也。"鲁襄公四年，"戎狄无亲而贪，不如伐之。"鲁襄公十一年，"子教寡人和诸戎狄，以正诸华。"鲁昭公四年，"周幽为大室之盟，戎狄叛之。"鲁哀公四年，"司马起丰、析与狄戎，以临上雒。"

"戎"能有特指与泛指两种含义，是因为戎的特殊性以及当时人们民族概念的模糊。戎有着分布广、成分杂、流动快、杂居华夏等特性，古人即使想准确地区分此戎与彼戎，也殊为不易。王玉哲认为："在文献不足的古代，欲研究其人种，更是不可能的事。"③ 民族概念的模糊，在于华夏族对周边部族，缺乏仔细的研究，多以文化论部族，唐嘉弘认为先秦时期："族称界限不严，交互渗透，自我意识不强。"④ 很能准确地反映当时的情况。

---

① （明末清初）王夫之：《船山全书》第五册，长沙：岳麓书社，1993 年，第 21 页。

② 陈伟、徐少华：《〈左传〉文公十六年伐楚之戎地望辨析》，《江汉论坛》1988 年第 12 期。

③ 王玉哲：《从种族与地理环境之关系论到我国夷狄观念》，《经世日报》1946 年 10 月 4 日，《禹贡周刊》第 8 号。

④ 唐嘉弘：《中国古代民族研究》，西宁：青海人民出版社，1987 年，第 15 页。

三、戎与华夏关系

戎与华夏国家的关系，大致可概括为结盟、依附、战争三种。在国际格局中，戎的存亡受华夏族大国影响较大。

戎与华夏同盟的例子比较多，主要是与鲁国、晋国等较有影响力的国家。鲁隐公二年，"戎请盟。秋，盟于唐，复修戎好也。"鲁桓公二年，"公及戎盟于唐，修旧好也。"鲁文公八年，"公子遂会洛戎盟于暴。"鲁襄公四年，"公说，使魏绛盟诸戎。"

这种结盟关系，一方面，对结盟双方皆有好处，对华夏国家来说，利益更大。日本学者渡边英幸认为："晋国等有力国家掌握周边戎狄来扩大势力。"[①] 鲁襄公四年，晋魏绛说的比较详细，"和戎有五利焉：戎狄荐居，贵货易土，土可贾焉，一也。边鄙不耸，民狎其野，穑人成功，二也。戎狄事晋，四邻振动，诸侯威怀，三也。以德绥戎，师徒不勤，甲兵不顿，四也。鉴于后羿，而用德度，远至迩安，五也。君其图之！"鲁襄公十一年，魏绛认为："夫和戎狄，国之福也。"结盟对戎也是有好处的。戎一旦成为大国的同盟国，其他国家乃至周天子都不能随意攻打。鲁襄公五年，"王使王叔陈生愬戎于晋，晋人执之。士鲂如京师，言王叔之贰于戎也。"所以华夏国家与戎能维持一定时间内的和平关系。另一方面，也要看到，同盟是不稳定的，结盟双方依然大打出手，例如鲁庄公十八年（公元前676），"夏，公追戎于济西。不言其来，讳之也。"

戎依附于华夏族大国的事例也很常见，主要是依附于晋、楚等中原霸主。例如陆浑戎本来生活在秦国，受到逐迫，迁入伊川而依附于晋，外交上与晋国保持一致，与秦、楚敌对，是晋国重要的军事盟友，随晋国征讨。例如鲁成公六年，"晋伯宗、夏阳说，卫孙良夫、宁相，郑人，伊、洛之戎，陆浑、蛮氏侵宋。"鲁襄公十四年，戎子驹支曰："晋御其上，戎亢其下，秦师不复，我诸戎实然。譬如捕鹿，晋人角之，诸戎掎之，与晋踣之。"后由于陆浑戎难抵楚国的攻击，在晋、楚两国之间徘徊。

这种依附关系对戎而言是不利的，依附不同于结盟之处在于，依附使得戎丧失了更多自主权，晋、楚等国成为了它们的宗主国。对宗主国，戎族必

---

① ［日］渡边英幸：《春秋时代における华夷秩序の研究》，博士学位论文，东北大学，2003年，第140页。

须顺从，忍受宗主国的不公正待遇。鲁襄公十四年，"将执戎子驹支。范宣子亲数诸朝，曰：'来！姜戎氏！昔秦人迫逐乃祖吾离于瓜州，乃祖吾离被苫盖，蒙荆棘，以来归我先君。我先君惠公有不腆之田，与女剖分而食之。今诸侯之事我寡君不如昔者，盖言语漏泄，则职女之由。诘朝之事，尔无与焉。与，将执女。'"它们的命运也往往取决于宗主国，例如鲁僖公二十二年，"秦、晋迁陆浑之戎于伊川。"鲁昭公十七年，晋国认为陆浑戎"贰于楚也"，"晋荀吴帅师灭陆浑之戎。"

戎与华夏族的战争也很频繁，《春秋》《左传》记载可确定的，戎与华夏的战争有 26 次，其中戎攻华夏 7 次，华夏攻戎 13 次，不确定主攻方 2 次，戎随霸主而战 4 次。传统认为戎在侵略华夏，通过对比这些数据，我们可以发现在戎与华夏族的战争中，华夏族明显是主导。这也印证了 20 世纪 40 年代美国学者拉铁摩尔的观点。他认为并非是戎族在侵略华夏，应该是华夏在侵略戎族，"一个自命为文明的民族，虽然事实上是在侵略一个落后的民族，但仍说自己不过是巩固自身的地位。"至于为何史书上主要记载戎侵犯华夏，拉铁摩尔认为："答案就在文化进步民族与文化落后民族间战争的特点，以及记述并保留历史材料的是比较进步的民族。尽管落后民族实际上是在自卫，但其战争的方式却是突袭，于是常常被看作是攻击者，而成为优越民族的借口。"[1]

《左传》定公四年载文曰："分唐叔以大路，密须之鼓，阙巩，沽洗，怀姓九宗，职官五正。命以《唐诰》，而封于夏虚，启以夏政，疆以戎索。"[2]此"戎索"所指，学界意见不一。杜预所谓"索，法也"并非先秦语义，"索"应作"求"讲。"疆以戎索"是指按照戎人的要求治事，体现出周初对戎人的羁縻政策。[3]

四、戎的文化与生活

《春秋》《左传》中，华夏族对戎族的鄙视与轻蔑，比较普遍。例如鲁闵公元年，"管敬仲言于齐侯曰：'戎狄豺狼，不可厌也。诸夏亲昵，不可弃

① ［美］拉铁摩尔：《中国的亚洲内陆边疆》，唐晓峰译，南京：江苏人民出版社，2008 年，第 238—241 页。
② 杨伯峻：《春秋左传注》，北京：中华书局，1981 年，第 1539 页。
③ 姚磊：《〈左传〉"疆以周索""疆以戎索"的再解释——兼论西周的"一朝多制"》，《第十五届两岸三地历史学研究生论文发表会论文集》，台北：政治大学，2015 年 9 月。

也。'"鲁襄公四年,"戎,禽兽也。"因此,后之学者,多认为戎乃文化落后之部族。童书业认为:"东戎、西戎、狄、巴等都是华夏族的近亲,并非真正的异族,不过因其文化落后,以至风俗语言等都和华夏的人有不同罢了。"[1] 杨伯峻认为:"戎,文化落后部落或民族。"[2] 台湾学者陈槃认为:"春秋时代,东西南北四边,更有不少文化落后民族,这类民族,称为蛮、戎、狄。"[3]

但是,也要看到,戎的文化水平并没有落后得那样严重,一是戎与华夏杂居,耳濡目染华夏文明。二是戎与华夏通婚,文化交流比较频繁。三是戎的上层能够得到良好的教育,例如鲁襄公十四年,戎子驹支"赋《青蝇》而退"。

考古资料也能证明。横水倗伯墓被认为是戎狄墓葬,墓主文化就比较高。"横水倗伯夫妇墓的发掘及展现,为西周中期一个夷狄部族华夏化作了具体的见证,与华夏民族通婚、学习华夏礼制、使用汉字、与朝廷往来,都使得被蛮夷视之的'非我族类',迅速脱去夷狄的外衣,顺利融入华夏民族的大熔炉中。"[4]

戎的社会情形确与华夏不同。鲁襄公十四年,戎子驹支曰:"我诸戎饮食衣服,不与华同,贽币不通,言语不达。"除此之外,戎的特点主要有以下几个。

第一,不重亲情,且"贪婪"。鲁闵公元年,管敬仲言于齐侯曰:"戎狄豺狼,不可厌也。"鲁襄公四年,晋侯曰:"戎狄无亲而贪,不如伐之。"不重亲情,推测是当时戎族社会的宗法制度并没有华夏那样严密;贪婪,推测是华夏人认为戎族入侵,占据华夏土地。

第二,被发发型,祭祀于野。鲁僖公二十二年,"平王之东迁也,辛有适伊川,见被发而祭于野者,曰:'不及百年,此其戎乎!其礼先亡矣。'"

第三,嗜酒。鲁文公十七年,"周甘歜败戎于垂,乘其饮酒也。"鲁成公二年,"蛮夷戎狄,不式王命,淫湎毁常。"

第四,四处迁徙,流动性强。鲁襄公四年,"戎狄荐居,贵货易土,土可贾焉。"

① 童书业:《春秋史》,北京:中华书局,2006年,第130页。
② 杨伯峻、徐提:《春秋左传词典》,北京:中华书局,1985年,第260页。
③ 陈槃:《旧学旧史说丛》,上海:上海古籍出版社,2010年,第309页。
④ 陈昭容:《从青铜器铭文看两周夷狄华夏的融合》,《古文字与古代史(第二辑)》,台北:"中研院历史语言研究所",2009年12月。

第五，复合经济，有种植业分布。鲁襄公十四年，"昔秦人负恃其众，贪于土地，逐我诸戎。惠公蠲其大德，谓我诸戎，是四岳之裔胄也，毋是翦弃。赐我南鄙之田，狐狸所居，豺狼所嗥。我诸戎除翦其荆棘，驱其狐狸豺狼，以为先君不侵不叛之臣，至于今不贰。"美国学者顾立雅认为："在《左传》中一个中国人说，戎和狄迁徙，很愿意出售他们的土地获取商品。西周史料记载所俘获戎、狄的战利品，包括马、牛、羊。毫无疑问，他们中有一些是游牧人。另一方面，《左传》似乎表明，一些戎从事农业（一个戎头目说，当某些不良的土地给他的人时，他们'清除了它的刺和荆棘'这肯定听起来像农民的行为，而不是游牧民族）。因为我们有这样的考古证据表明，在戎、狄发现的地区，游牧、农耕、狩猎和捕鱼它们都从事。似乎是这样的，戎、狄有很多部族构成，它们有不同的生存方式，它们中的一些人可能已经是一种复合形式。"[①] 杨建新认为："如果这支戎族原来就无农耕的技艺，陡然间迁至内地，使之经营农业，是不可能使他们长期居住下去，并成晋国重要膀臂的。"[②] 另外，由于戎族嗜酒，推测应有剩余粮食用来酿酒。

第六，出行马匹不多，打仗靠步军。鲁隐公九年，"北戎侵郑，郑伯御之，患戎师，曰：'彼徒我车，惧其侵轶我也。'"鲁昭公元年，"晋中行穆子败无终及群狄于大原，崇卒也。将战，魏舒曰：'彼徒我车，所遇又厄，以什共车必克。困诸厄，又克。请皆卒，自我始。'"

由于戎与华夏在文化与生活方面不同，戎族备受歧视。为了维护自身尊严，戎做了很多"出格"的事。例如鲁隐公七年，"戎伐凡伯于楚丘以归。"事情的起因则是由于"初，戎朝于周，发币于公卿，凡伯弗宾。冬，王使凡伯来聘。还，戎伐之于楚丘以归。"当时的凡伯乃周天子特使，而戎竟敢挟持特使。可见对于歧视，戎的态度比较强硬。再如，鲁襄公十四年，"将执戎子驹支。范宣子亲数诸朝曰：'诘朝之事，尔无与焉。与，将执女。'"面对晋国执政大臣的轻视与指责，戎子驹支直接顶撞，曰："'我诸戎饮食衣服，不与华同，贽币不通，言语不达，何恶之能为？不与于会，亦无瞢焉。'赋《青蝇》而退。"《青蝇》此诗是"痛斥谗人的害人乱国，劝谏统治者不要听信谗言"。[③] 内容如下：

① ［美］Herrlee G. Creel，*The Oringins of Statecraft in China：The Western Chou Empire*，Chicago：The University of Chicago Press，1970，p. 200.

② 杨建新：《中国西北少数民族史》，银川：宁夏人民出版社，1988 年，第 11 页。

③ 高亨：《诗经今注》，上海：上海古籍出版社，1980 年，第 342 页。

营营青蝇，止于樊，岂弟君子，无信谗言。

营营青蝇，止于棘，谗人罔极，交乱四国。

营营青蝇，止于榛，谗人罔极，构我二人。（《诗经·小雅·青蝇》）

戎子驹支引用《青蝇》去反驳范宣子，避免了双方的尴尬，只是强调范宣子是听信谗言，实则是给了对方一个台阶，可谓是有理有据，有礼有节。范宣子被迫道歉，"宣子辞焉，使即事于会，成恺悌也。"通过这两个事例，可以发现，对于歧视和不公正待遇，戎族敢于捍卫自己的尊严，也反映出独特的民族性格。《礼记·檀弓下》载文："有直情而径行者，戎狄之道也"①，或是这一事实的反映。

第七节　《国语》所见戎研究

为对《国语》②所记载之"戎"作具体、深入研究，特做成"《国语》所见戎一览表"，详见附录。现对《国语》中所见戎进行分析考辨。

一、戎的分布位置是杂居华夏，环绕晋国

《国语·晋语二》载："戎、狄之民实环之。"③《国语·郑语》载："当成周者，南有荆、蛮、申、吕、应、邓、陈、蔡、随、唐；北有卫、燕、狄、鲜虞、潞、洛、泉、徐、蒲；西有虞、虢、晋、隗、霍、杨、魏、芮；东有齐、鲁、曹、宋、滕、薛、邹、莒；是非王之支子母弟甥舅也，则皆蛮、荆、戎、狄之人也。"戎之于晋国尤为重要，以至于晋国处理好与戎的关系，便可称霸。《国语·晋语七》载："五年，诸戎来请服，使魏庄子盟之，于是乎始复霸。"

---

① 《礼记正义》，北京：北京大学出版社，1999年，第283页。

② 采用上海师范大学古籍整理组校点的《国语》（上海古籍出版社，1978年）。

③ 《国语》，上海：上海古籍出版社，1978年，第301页。

二、戎与华夏对立，诸夏意识兴起，戎成为贬义

对于诸夏意识的兴起，台湾学者王仲孚论述较为详细。他认为："春秋诸夏意识的兴起，似始于齐桓公的创霸……诸夏意识似乎又是直接由戎狄蛮夷的刺激所引发起来的……春秋的诸夏意识，是在周室东迁之后，封建与宗法趋于瓦解、戎狄不断交侵等错综复杂的情势下，逐渐兴起的。诸夏意识，基本上是一种文化上的意识，但是也有宗法的亲亲精神包含其中。"[①] 也正是在诸夏意识兴起的大背景下，戎开始有了贬义的色彩。

戎与华夏对立，如《国语·晋语一》载："戎、夏交捽……诸夏从戎，非败而何？"《国语·楚语上》载："蛮、夷、戎、狄，其不宾也久矣。"诸夏意识兴起，如《国语·晋语七》载："子教寡人和诸戎、狄而正诸华。"《国语·齐语》载："筑葵兹、晏、负夏、领釜丘，以御戎狄之地，所以禁暴于诸侯也；筑五鹿、中牟、盖与、牡丘，以卫诸夏之地，所以示权于中国也。"戎成为贬义，如《国语·周语中》："蛮、夷、戎、狄之骄逸不虔，于是乎致武。"《国语·周语中》："且唯戎、狄则有体荐。夫戎、狄，冒没轻儳，贪而不让。其血气不治，若禽兽焉。"《国语·晋语七》载："戎、狄无亲而好得，不若伐之。"

三、《国语》一定程度上体现着与戎和睦的思想

《国语》透露出一种与戎和平共处的思想，认为与戎和睦最为有利，不应与戎轻启争端。《国语·周语上》载："穆王将征犬戎，祭公谋父谏曰：'不可……其有以御我矣！'王不听，遂征之，得四白狼，四白鹿以归。自是荒服者不至。"其中的"王不听"一语，语气比较强硬，《史记》便缺乏这样的语气，《史记·周本纪》载："穆王将征犬戎，祭公谋父谏曰：'不可……其有以御我矣！'王遂征之，得四白狼四白鹿以归。自是荒服者不至。"此外，这样的语句还见于《国语·周语中》："王不听。三十九年，战于千亩，王师败绩于姜氏之戎。"《国语·晋语一》："献公卜伐骊戎，史苏占之，曰：

---

① 王仲孚：《试论春秋时代的诸夏意识》，《中央研究院第二届国际汉学会议论文集》历史与考古组，台北：中研院编印，1989年。

'胜而不吉。'……公弗听，遂伐骊戎，克之。获骊姬以归，有宠，立以为夫人。"① 同时，《国语》记载有大量与戎和睦而得利的例子，如《国语·晋语四》："行赂于草中之戎与丽土之狄，以启东道。"《国语·晋语七》："使魏绛抚诸戎，于是乎遂伯……夫和戎、狄，君之幸也。"《国语·晋语八》："戎、狄怀之，以正晋国。"②

四、秦与戎为不同族群

蒙文通认为："秦同族之赵亦为戎也。见秦之为戎，固自不疑。秦即犬戎之一支。"③ 然而，《国语·吴语》载："不式诸戎、狄、楚、秦。"可见，秦与戎是平等的。秦、戎关系不像蒙文通说的那样。林剑鸣也认为："蒙文通先生也认为秦原系西方戎族，但是蒙文通先生所根据的这两条材料是成问题的，所以秦系来自西戎的说法很少为人们所接受。"④ 总之，秦与戎为不同族群。

五、戎、狄荒服，周对其实行特殊的政策

《国语·周语上》载文曰："夫先王之制：邦内甸服，邦外侯服，侯、卫宾服，蛮、夷要服，戎、狄荒服。甸服者祭，侯服者祀，宾服者享，要服者贡，荒服者王。日祭、月祀、时享、岁贡、终王，先王之训也。"这也是后代称呼的"五服制"。除去《国语》外，《尚书·禹贡》对五服制也有记载，其文曰："五百里甸服……五百里侯服……五百里绥服……五百里要服……五百里荒服。"⑤ 对于《国语》《尚书》所记载的五服制，争论的焦点在于是否存在这样的制度。

对于五服制是否存在，笔者认为是存在的，只不过不会是《尚书·禹贡》中记载的以"五百里"为分界，如此精准的来区分各种"服"。如顾颉刚认为："（五服）斯盖就当时形势加以理想化，作更精密之分析与更整齐之规划，而试定此五种称谓，原非事实上确有此等严整之界限……此之

---

① 《国语》，上海：上海古籍出版社，1978年，第253页。
② 《国语》，上海：上海古籍出版社，1978年，第480页。
③ 蒙文通：《周秦少数民族研究》，上海：龙门联合书局，1958年，第23、24页。
④ 林剑鸣：《秦史稿》，上海：上海人民出版社，1981年，第32页。
⑤ （清）孙星衍：《尚书今古文注疏》，北京：中华书局，1986年，第204－205页。

分别，大体上犹合当时局势，非纯出臆想。"① 徐旭生认为："《国语》内五服的说法并没有错误，不能拿《禹贡》和《周礼》中后起的错误说法来怀疑原来不误的说法。"② 黎虎认为："（五服）这种观念并非全然无据，乃是古代中央王朝与方国、诸侯关系的一定意义上的反映，但这又是一个被扭曲和理想化了的模式。"③ 日本学者平势隆郎认为："《尚书·禹贡》中所说的'五百里'是一个文化地域的大小……我们可以认为《禹贡》是将现实缩小五分之一来叙述前朝的，另外我们也可以认为是'里'的含义发生了变化。"④

对于五服制，有学者认为其"是歧视和压迫的政策，表现出阶级社会中民族的不平等关系"。⑤ "周朝的不平等的民族政策，其具体内容，大概如穆王时祭公谋父所说的'夫先王之制：邦内甸服，邦外侯服，侯、卫宾服，蛮、夷要服，戎、狄荒服。甸服者祭，侯服者祀，宾服者享，要服者贡，荒服者王。日祭、月祀、时享、岁贡、终王，先王之训也。'"⑥ 对于这种观点，笔者认为是苛责前人。一种制度的实行，必须考虑当时的历史情形。此外，五服制并非一种歧视、压迫、不平等的政策，原因如下所述。

一是当时国家机器初创，行政制度本就不完备，还无法建立更为完善的民族管理体系。五服制不完善的根源在此。因此对它的评价不能脱离此历史大背景，不能拿现在的民族"平等"理论，来苛责前人。

二是五服制的存在，代表的是象征意义，而非统治意义。即肯定周的统治地位而已，"虽有要服和荒服之称，实际上是独立自主的。"⑦ 双方的主从关系很松散，周对贡物也未作出具体要求。各族上贡（荒服可不上贡）的同时，也会受到封赏，很难说是"歧视""压迫""不平等"，双方是一种各取所需的动态关系。

三是五服制的实行，维持了当时各族群的和睦关系。"居于周朝四边的蛮夷戎狄只要承认周天子的最高宗主权，按规定的时间纳贡和朝见周天子，

---

① 顾颉刚：《史林杂识》，北京：中华书局，1963年，第2—3页。
② 徐旭生：《中国古史的传说时代》，北京：文物出版社，1985年，第39页。
③ 黎虎：《殷代外交制度初探》，《历史研究》1988年第5期。
④ ［日］平势隆郎：《从城市国家到中华：殷周 春秋 战国》，周洁译，桂林：广西师范大学出版社，2014年，第179页。
⑤ 周伟洲：《陕西通史（民族卷）》，西安：陕西师范大学出版社，1997年，第28页。
⑥ 翁独健：《中国民族关系史纲要》，北京：中国社会科学出版社，2001年，第62页。
⑦ 杨全照：《中国古代民族统计研究》，北京：民族出版社，2009年，第50页。

其政治制度、风俗习惯等一切均可照旧。"①即五服制是典型的"因其俗而治"的羁縻政策，而非压迫政策。

四是五服制体现的是一种"服人论"。程远在《先秦战争观研究》一书中认为："服人论影响深远，最为明显的当数中国古代的少数民族政策……与服人相对的是灭人之国、夺人之地、掠夺财富和劳动力等战争目的，三代战争目的从掠夺、灭绝对方到使对方服从，是一个历史的进步。"②如若违反五服制度，《国语·周语上》载："有不祭则修意，有不祀则修言，有不享则修文，有不贡则修名，有不王则修德，序成而有不至则修刑。"这依然是把武力放到最后。"服人论"的出现，体现的是道德而非战争，到孔子时期，则发展为"远人不服，则修文德以来之"。是故，五服制体现的不是压迫、歧视，而是修德、和平等思想，在当时具有进步意义。

五是五服制下的各部族是平等关系。五服制度下的各部族，均为周统治（或拉拢）下的一部分，各部族都要对周王室履行一定贡纳义务。《逸周书·王会解》载："义渠以兹白，兹白者若白马，锯牙，食虎豹……北唐戎以闾，闾以隃冠……山戎菽……犬戎文马而赤鬣，缟身，目若黄金，名古黄之乘……匈戎狡犬。狡犬者，巨身，四尺果。"③由此可知，并无特殊部族的存在。

六是当时历史情形下，五服制成为一种良好的道德评定机制。一旦王室政策有误，"荒服者不至"，体现着道德评价的作用。

总之，五服制并非一种歧视和压迫的政策，而是一种羁縻拉拢政策。体现出了古人的政治智慧，即"因其俗而治"。周对戎狄④实行荒服的制度，戎狄义务明显低于其他族群，荒服者只需要"终王"。韦昭注曰："终，谓终世也。朝嗣王及即位而来见。"⑤即朝见新即位的周天子及承认周的统治地位，而不要求祭、祀、享、贡。由此可见对于戎狄，周人更加优待。

---

①　程远：《先秦战争观研究》，西安：陕西人民出版社，2006年，第140页。

②　程远：《先秦战争观研究》，西安：陕西人民出版社，2006年，第127、139页。

③　黄怀信等：《逸周书汇校集注》，上海：上海古籍出版社，1995年，第903—947页。

④　杨宽认为周不仅对戎狄荒服，淮夷、南夷也都属于荒服的范围。（杨宽：《西周史》，上海：上海人民出版社，2003年，第454页。）

⑤　《国语》，上海：上海古籍出版社，1978年，第6页。

第八节 《战国策》所见戎研究

战国之时，戎族衰落。《战国策》对戎的记载极为有限，仅有三次，两次还是对话，如下：

张仪："今夫蜀，西辟之国，而戎狄之长也，弊兵劳众不足以成名，得其地不足以为利。今三川、周室，天下之市朝也。而翁不争焉，顾争于戎狄，去王业远矣。"①

司马错："夫蜀，西辟之国也，而戎狄之长，而有桀、纣之乱。以秦攻之，譬如使豺狼逐群羊也。取其地，足以广国也；得其财，足以富民；缮兵不伤众，而彼以服矣。故拔一国，而天下不以为暴；利尽西海，诸侯不以为贪。是我一举而名实两附，而又有禁暴正乱之名。"②

这次辩论，张仪主张伐韩，司马错主张伐蜀。在论述蜀地的时候，两人都认为蜀乃"戎狄之长"，张仪以华夏重于戎狄来劝说秦惠王，司马错则以土地、财富来诱惑秦惠王。最终，秦惠王采取了司马错的主张伐蜀。虽然伐蜀主要是利益上的考虑，但也说明当时华夏排外的思想并没有春秋时期那样的严重。

从这段史料中还可以看到，蜀地本在西南，依然可成为"戎狄之长"。据此判断在战国之时，戎之含义扩大化了，西南之异族也可称戎。正如段渝所言："称呼西南地区川西高原的部族为西戎，则为治史者较少谈论，却是古代的史实。"③

另外一次则为追忆。《战国策·卷七·秦五》姚贾曰："百里奚，虞之乞人，传卖以五羊之皮，穆公相之而朝西戎。"④ 此处"朝西戎"之事，不见于其他史书，有学者认为"朝西戎，西戎来朝，与霸西戎，实为一事"⑤ 可作参考。

---

① 《战国策·卷三·秦一》，上海：上海古籍出版社，1985 年，第 115 页。

② 《战国策·卷三·秦一》，上海：上海古籍出版社，1985 年，第 117 页。

③ 段渝：《酋邦与国家起源：长江流域文明起源比较研究》，北京：中华书局，2007 年，第 453 页。

④ 《战国策·卷七·秦五》，上海：上海古籍出版社，1985 年，第 296 页。

⑤ 陈力祥、张国星主编：《中国历代新政通鉴》，北京：当代中国出版社，1999 年，第 564 页。

第九节　《周礼》《礼记》《尔雅》所见戎研究

由于这些书的成书年代都有着激烈的争论，故放在一起叙述。为研究方便，制成"《周礼》《礼记》《尔雅》所见戎一览表"，如表 3-4 所示：

表 3-4：《周礼》《礼记》《尔雅》所见戎一览表

序号	出处	成书时代	原文	戎所指
1	《周礼注疏》	《周礼》有周公说、西周说、春秋说、战国说、周秦之际说、秦汉之间说、汉初说、王莽伪作说，等等①，莫衷一是，成为悬案。	象胥掌蛮、夷、闽、貉、戎、狄之国使，掌传王之言而谕说焉，以和亲之。	泛称
2	《礼记正义·曲礼下》	《曲礼》成书时间，杨伯峻认为："《曲礼》的成书在战国以后。"② 彭林认为："缺乏证据判定年代。"③ 李衡眉认为："《曲礼》成书于汉代。"④ 王锷认为："成篇于春秋末期战国前期。"⑤	其在东夷、北狄、西戎、南蛮，虽大曰"子"。	泛称
3	《礼记正义·檀弓下》	《檀弓》的成书年代，有春秋之末与孔子同时说、战国说、秦汉之际诸说。⑥	有直情而径行者，戎狄之道也。礼道则不然。人喜则斯陶，陶斯咏，咏斯犹，犹斯舞；舞斯愠，愠斯戚，戚斯叹，叹斯辟，辟斯踊矣！品节斯，斯之谓礼。人死，斯恶之矣；无能也，斯倍之矣。	泛称

---

① 见杨天宇《周礼译注》（上海：上海古籍出版社，2004 年，第 9—20 页）以及赵世超《〈周礼〉成书年代的成功探索》（《历史研究》1993 年第 1 期）。

② 杨伯峻：《论语译注》，北京：中华书局，2006 年，第 63 页。

③ 彭林：《郭店楚简与〈礼记〉成书年代》，《郭店简与儒学研究·中国哲学第 21 辑》，沈阳：辽宁教育出版社，2000 年。

④ 李衡眉：《先秦史论集（续编）》，济南：齐鲁书社，2003 年，第 259 页。

⑤ 王锷：《〈礼记〉成书考》，博士学位论文，西北师范大学，2004 年。

⑥ 见郭东明：《〈礼记·檀弓〉的作者及其年代》（《齐鲁学刊》1990 年第 4 期）以及王锷《〈礼记〉成书考》（博士论文，西北师范大学，2004 年）。

（续表）

序号	出处	成书时代	原文	戎所指
4	《礼记正义·王制》	《王制》的成书年代，有战国中期、战国末、秦汉之际、汉文帝时诸说。①	中国戎夷五方之民，皆有性也，不可推移。东方曰夷，被发文身，有不火食者矣。南方曰蛮，雕题交趾，有不火食者矣。西方曰戎，被发衣皮。有不粒食者矣。北方曰狄，衣羽毛穴居，有不粒食者矣。中国、夷、蛮、戎、狄，皆有安居、和昧、宜服、利用、备器。五方之民，方语不通，嗜欲不同。达其志，通其欲，东方曰寄，南方曰象，西方曰狄鞮，北方曰译。②	泛称
5	《礼记正义·明堂位》	《明堂位》的成书年代，彭林认为："缺乏证据判定年代。"③ 王锷认为："战国后期鲁国某一儒家整理成篇，属于战国中晚期的文献。"④ 丁鼎认为："《明堂位》当成书于《逸周书·明堂解》之后。"⑤ 此外，还有王莽时说。	九夷之国，东门之外，西面北上。八蛮之国，南门之外，北面东上。六戎之国，西门之外，东面南上。五狄之国，北门之外，南面东上。	泛称
6	《尔雅注疏·释地第九》	有西周周公所作说，春秋末年孔子所作说，战国初年孔子门人所作说，战国末年齐鲁儒生所作说，秦汉时儒生所作说，战国末期儒生所作、汉儒增补说等。⑥	九夷、八狄、七戎、六蛮，谓之四海。	泛称

　　这三本典籍有一个共性，"戎"都是作为泛称存在的。抛去成书时间不论，单以《礼记》为例，可以发现"东夷""西戎""北狄""南蛮"的"五

---

① 见王锷：《〈礼记〉成书考》，博士学位论文，西北师范大学，2004年。

② 对于西方曰戎的原因，东汉应劭《风俗通义》认为："西方曰戎者，斩伐杀生，不得其中。戎者，凶也，其类有六：一曰侥夷，二曰戎夫，三曰老白，四曰耆羌，五曰鼻息，六曰天刚。"（《风俗通义校注》，北京：中华书局，1981年，第487、488页。）

③ 彭林：《郭店楚简与〈礼记〉成书年代》，《郭店简与儒学研究·中国哲学第21辑》，沈阳：辽宁教育出版社，2000年。

④ 王锷：《〈礼记〉成书考》，博士学位论文，西北师范大学，2004年。

⑤ 丁鼎：《礼记解读》，北京：中国人民大学出版社，2010年，第411页。

⑥ 见胡奇光、方环海《〈尔雅〉成书时代新论》（《辞书研究》2001年第6期）以及窦秀艳《关于〈尔雅〉的成书时代和作者问题研究评述》（《东方论坛》2005年第3期）。

方之民"格局基本形成了。

笔者认为"五方之民"格局思想出现较晚。正如徐中舒所言："东方曰夷、西方曰戎、南方曰蛮、北方曰狄。此种整齐划一之名称，最初见于《礼记·王制》及《明堂位》，其后东汉经师所著书如《白虎通德论》《说文》郑玄、何休等经注，均沿用不改。在先秦著述中，本无此类严格之分别。"① 此外，"在战国以前，中原尚为华夷杂处，不容这种观念的出现。"② 正如张广志认为的那样："古制本简，越将之细密化、规整化，越失其真。"③ 所以"五方之民"格局思想的出现是一个历史过程，"以夷、蛮、戎、狄四名配东南西北四方应是战国时人根据战国以降戎狄退居边陲，中原完全成为诸夏世界实态，将天下秩序概念化和规则化的结果。"④ 也即"五方之民"格局，是战国之后，秦汉之际形成的。至于"五方之民"有无种族含义，郝时远认为："《礼记》所描述的五方之民，并无种族含义，在体貌特征方面的描述均属于发型、衣着和包括文身在内的人为打扮。"⑤

对于这种格局的评价，安介生所著《历史民族地理》一书对此论述较为详细，具有重要参考价值。他认为："这一理论的基础是五方之民平等观……华夏族中心地位的确立，是五方格局论产生的主要根源与基础……华夷五方格局论基本体现了先秦时期华夏族人士民族观的总体水平……先秦时期的文献记载中，戎、狄、蛮、夷四种族类名号与东、西、南、北等方位缺乏精确的对应关系，东夷、西戎、北狄、南蛮四种名号是经不起仔细推敲的……五方格局论本身在空间上也存在十分明显的空缺，五方格局中没有西北、西南、东南、东北等四个部分。这无疑是当时民族认识局限性在地理上的直观反映。除东南外，其他几个部分正是当时中原人士认识上的空白区。"⑥

综上所述，笔者认为《礼记》所构建的"五方之民"格局出现较晚。是战国之后，秦汉之际形成的。其思想有一定的合理性，承认"它族"的广泛存在，没有受到"普天之下，莫非王土。率土之滨，莫非王臣"⑦ 思想的影

① 徐中舒：《北狄在前殷文化上之贡献》，《中华文化论坛》2000年第1期重刊，原文写于1948年。
② 《中国北方民族关系史》，北京：中国社会科学出版社，1987年，第53页。
③ 张广志：《西周史与西周文明》，上海：上海科学技术文献出版社，2007年，第181页。
④ 潘英：《中国上古史新探》，台北：明文书局，1985年，第138页。
⑤ 郝时远：《先秦文献中的"族"与"族类观"》，《民族研究》2004年第2期。
⑥ 安介生：《历史民族地理》，济南：山东教育出版社，2007年，第101—106页。
⑦ （清）王先谦：《诗三家义集疏》，北京：中华书局，1987年，第739页。

响，有朴素的"民族平等"思想，体现了当时人们的"天下观念"。

第十节　诸子典籍所见戎研究[①]

先秦诸子著作中，对"戎"也有涉及。为作具体、深入研究，特做成"诸子典籍所见戎一览表"，见附录。现对诸子著作所见戎进行分析考辨。

诸子典籍中有关"戎"的信息是比较多的，包含戎人社会的各个方面，大致可总结为以下几个方面。

其一，经济生活方面，游牧、农耕并存，是一种复合经济。如《韩非子·十过》载："日以听乐，终岁不迁，牛马半死。"反映出游牧的特征。《管子·戒》载："北伐山戎，出冬葱与戎叔。"《吕氏春秋·慎小》载："卫庄公立，欲逐石圃。登台以望，见戎州。"则反映出戎人种植业的分布，定居的存在。

其二，社会风俗方面，又可具体分为以下几点。

（1）爱好养狗。《晏子春秋》载："婴闻与君异。今夫胡貉戎狄之蓄狗也，多者十有余，寡者五六，然不相害伤。"

（2）爱好喝酒。《韩非子·十过》载："戎王许诺。见其女乐而说之，设酒张饮。"《吕氏春秋·壅塞》载："戎主醉而卧於樽下，卒生缚而擒之。"《吕氏春秋·不苟》载："戎王喜，迷惑大乱，饮酒昼夜不休。"

（3）衣、食、乐方面，与华夏不同。《吕氏春秋·知接》载："戎人见暴布者而问之曰：'何以为之莽莽也？'指麻而示之。怒曰：'孰之壤壤也，可以为之莽莽也？'"虽有贬低戎人智力低下不识布匹之嫌，但也反映出戎、夏双方在衣料上的差异。《吕氏春秋·不苟》载："内史廖对曰：'戎人不达於五音与五味，君不若遗之。'缪公以女乐二八人与良宰遗之。戎王喜，迷惑大乱。"反映出音乐与食物的差异。

（4）有自己的语言，称为"戎言"，其来源不可知。《吕氏春秋·用众》载："戎人生乎戎、长乎戎而戎言，不知其所受之。"

---

① 选用版本：《晏子春秋集释》，北京：中华书局，1962年；《韩非子集解》，北京：中华书局，1998年；《荀子集解》，北京：中华书局，1988年；《列子集释》，北京：中华书局，1985年；《墨子校注》，北京：中华书局，1993年；《管子校注》，北京：中华书局，2004年；《吕氏春秋新校释》，上海：上海古籍出版社，2002年。

其三，政治方面，戎族是一个等级社会，受华夏控制较弱。戎人有"戎王"，《韩非子·十过》载："日以听乐，终岁不迁，牛马半死。"可反映出，"戎王"权力之大，没有"戎王"下达的迁徙命令，即使"牛马半死"，部众也不敢迁徙。戎与华夏关系方面，属于"荒服"，存在不同形式的依附。

　　其四，位置分布方面，《吕氏春秋·求人》载："北至人正之国，夏海之穷，衡山之上，犬戎之国。"反映出大禹之时，犬戎已经存在，不在西而在北。《吕氏春秋·疑似》载："周宅酆、镐，近戎人。"反映出周初戎人主要分布在今天的陕西省。《荀子·强国篇》载："今秦南乃有沙羡与俱，是乃江南也，北与胡、貉为邻，西有巴、戎。"反映出战国晚期戎人分布在秦国之西部。

　　其五，戎概念方面，不断扩大，戎与西联系起来。《墨子·节葬》载："尧北教乎八狄……舜西教乎七戎……禹东教乎九夷。"把北与狄、西与戎、东与夷已对等起来。成书于战国末至西汉初[1]的《列子·汤问》载"滨北海之北"有一国名为终北，此国之人不好战："人性婉而从物，不竞不争。柔心而弱骨，不骄不忌。"依然被隰朋称之为"戎夷之国"，反映出：凡是外邦，无论其人好坏、其国好战与否，均可称其为戎。《列子·汤问》还载"周穆王大征西戎"，实为征伐犬戎，西戎在此替代了犬戎，显示出西戎概念扩大化的历史进程。

　　其六，戎贬义较为普遍。《吕氏春秋·义赏》载："奸伪贼乱贪戾之道兴，久兴而不息，民之雠之若性，戎、夷、胡、貉、巴、越之民是以。"《吕氏春秋·知接》载："戎人见暴布者而问之曰：'何以为之莽莽也？'指麻而示之。怒曰：'孰之壤壤也，可以为之莽莽也？'"强调戎人智力不及，不识麻布，嘲讽意味明显。

　　此外，华夏国家为应付戎人的入侵，建立了一套对戎人的预警体系。《吕氏春秋·疑似》载："周宅酆、镐，近戎人。与诸侯约：为高葆祷於王路，置鼓其上，远近相闻。即戎寇至，传鼓相告，诸侯之兵皆至，救天子。"这套"传鼓相告"的预警体系相比"有寇至则举燧火"[2]的预警体系，有异曲同工之效。

---

① 郑良树：《诸子著作年代考》，北京：北京图书馆出版社，2001年，第127页。

② （西汉）司马迁：《史记》，北京：中华书局，1959年，第2883页。

第十一节　清华简所见戎研究

一、周宣王败于姜氏之戎

《系年》第一章载："王是始弃帝籍田，立卅又九年，戎乃大败周师于千亩。"[1] 与此相关的史料又见于《国语·周语上》："王不听。三十九年，战于千亩，王师败绩于姜氏之戎。"[2]《史记·周本纪》："王弗听。三十九年，战于千亩，王师败绩于姜氏之戎。"[3] 由此推测，《系年》所载此戎乃姜氏之戎。[4]

二、西戎灭周

《系年》第二章载："王与伯盘逐平王，平王走西申。幽王起师，围平王于西申，申人弗畀。缯人乃降西戎，以攻幽王，幽王及伯盘乃灭，周乃亡。"[5] 即攻入宗周的是西戎而非犬戎。

在《系年》之前，《竹书纪年》是记载"西戎"一词最早的文献资料，如顾颉刚认为："西戎的名号应以《竹书纪年》所记的为最早。"[6]《系年》的成书时间"大约写成于楚肃王、宣王之世，其中肃王之世可能性较大"。[7] 楚肃王在位时间是公元前380年到前370年[8]，《竹书纪年》则止于魏襄王二十年（公元前299[9]）。由此，《系年》要早于《竹书纪年》，成为目前最早记载"西戎"的史料。

---

[1] 李学勤主编：《清华大学藏战国竹简（贰）》，上海：中西书局，2011年，第136页。
[2]《国语》，上海：上海古籍出版社，1978年，第22页。
[3]（西汉）司马迁：《史记》，北京：中华书局，1959年，第144页。
[4] 李学勤主编：《清华大学藏战国竹简（贰）》，上海：中西书局，2011年，第137页。
[5] 李学勤主编：《清华大学藏战国竹简（贰）》，上海：中西书局，2011年，第138页。
[6] 顾颉刚：《从古籍中探索我国的西部民族——羌族》，《社会科学战线》1980年第1期，第125页。
[7] 陈伟：《清华大学藏竹书〈系年〉的文献学考察》，《史林》2013年第1期。
[8] 郑昌琳：《楚国史编年辑注》，武汉：湖北人民出版社，1999年，第524页。
[9] 方诗铭：《古本竹书纪年辑证》，上海：上海古籍出版社，1981年，前言，第1页。

三、奴虘之戎

《系年》第三章载："周武王既克殷，乃设三监于殷。武王陟，商邑兴反，杀三监而立录子耿。成王屎伐商邑，杀录子耿，飞廉东逃于商盖氏，成王伐商盖，杀飞廉，西迁商盖之民于朱圉，以御奴虘之戎，是秦之先，世作周厄。周室既卑，平王东迁，止于成周，秦仲焉东居周地，以守周之坟墓，秦以始大。"① 奴虘之戎，李学勤认为："《系年》的奴虘之戎确即卜辞的虘方。"②

对于虘方，之前学界认为"其为国名甚明"，③ 但并没有视其为戎的史料。依据史墙盘铭文的记载，西周初期，虘方曾被武王讨伐，虘方战败臣服。由《系年》看，武王对臣服的虘方并不放心。关于选派秦人御戎的原因，李学勤认为是"无疑也和飞廉一家有关，因为飞廉的父亲中谲正有为商朝'在西戎，保西垂'的经历，并且与戎人有一定的姻亲关系。中谲、飞廉一家，本来也是自东方出身。周朝命令'商奄之民'远赴西方御戎，完全不是偶然的决定。"④

王伟认为："清华简'奴虘'，秦封泥'奴盧'，文献'卜盧'和'都盧山'都是同一个词的不同音译形式，其所指地标相同，约在今泾河上游的茹河、蒲河流域。'奴虘之戎'是生活在这一地域的一支古戎族，可能是獫狁的一部。"⑤

四、群戎之师

《系年》第七章载："晋文公立四年，楚成王率诸侯以围宋伐齐，戍谷，居銆。晋文公思齐及宋之德，乃及秦师围曹及五鹿，伐卫以脱齐之戍及宋之围。楚王舍围归，居方城。令尹子玉遂率郑、卫、陈、蔡及群蛮夷之师以交文公，文公率秦、齐、宋及群戎之师以败楚师于城濮，遂朝周襄王于衡雍，

① 李学勤主编：《清华大学藏战国竹简（贰）》，上海：中西书局，2011年，第141页。
② 李学勤：《清华简〈系年〉"奴虘之戎"试考》，《社会科学战线》2011年第12期。
③ 杨树达：《积微居甲文说》，上海：上海古籍出版社，1986年，第68页。
④ 李学勤：《清华简关于秦人始源的重要发现》，《光明日报》2011年9月8日。
⑤ 王伟：《清华简〈系年〉'奴虘之戎'再考》，《出土文献》3，上海：中西书局，2012年。

献楚俘馘，盟诸侯于践土。"①

史料中的"群戎之师"不见于其他文献。

《左传》僖公二十八年载："夏四月己巳，晋侯、齐师、宋师、秦师及楚人战于城濮，楚师败绩。楚杀其大夫得臣。卫侯出奔楚。五月癸丑，公会晋侯、齐侯、宋公、蔡侯、郑伯、卫子、莒子，盟于践土。陈侯如会。公朝于王所…冬，公会晋侯、齐侯、宋公、蔡侯、郑伯、陈子、莒子、邾人、秦人于温。"② 无提到任何戎族。

《国语·晋语四》载："文公立四年，楚成王伐宋，公率齐、秦伐曹、卫以救宋。"③ 无提到任何戎族。

《史记·晋世家》载："四月戊辰，宋公、齐将、秦将与晋侯次城濮。己巳，与楚兵合战，楚兵败，得臣收余兵去。甲午，晋师还至衡雍，作王宫于践土。"④ 无提到任何戎族。

"群戎之师"是指哪些戎族呢？这可以从《左传》推测出。《左传》襄公十四年载："将执戎子驹支，范宣子亲数诸朝，曰：'来！姜戎氏！昔秦人迫逐乃祖吾离于瓜州，乃祖吾离被苫盖、蒙荆棘以来归我先君，我先君惠公有不腆之田，与女剖分而食之。今诸侯之事我寡君不如昔者，盖言语漏泄，则职女之由。诘朝之事，尔无与焉。与，将执女。'对曰："昔秦人负恃其众，贪于土地，逐我诸戎。惠公蠲其大德，谓我诸戎，是四岳之裔胄也，毋是翦弃。赐我南鄙之田，狐狸所居，豺狼所嗥。我诸戎除翦其荆棘，驱其狐狸豺狼，以为先君不侵不叛之臣，至于今不贰。昔文公与秦伐郑，秦人窃与郑盟，而舍戍焉，于是乎有殽之师。晋御其上，戎亢其下，秦师不复，我诸戎实然。譬如捕鹿，晋人角之，诸戎掎之，与晋踣之，戎何以不免？自是以来，晋之百役，与我诸戎相继于时，以从执政，犹殽志也。岂敢离逿？"⑤

《左传》："自是以来，晋之百役，与我诸戎相继于时，以从执政"中的"诸戎"当是《系年》中的"群戎"，即以姜戎为首的北方戎族。《系年》"群戎之师"的出现，印证了《左传》戎子驹支所说的"自是以来，晋之百役，与我诸戎相继于时，以从执政"。⑥ 说明了晋国的称霸，戎族所起的作用。

---

① 李学勤主编：《清华大学藏战国竹简（贰）》，上海：中西书局，2011 年，第 153 页。

② 杨伯峻：《春秋左传注》，北京：中华书局，1981 年，第 448－450 页。

③ 《国语》，上海：上海古籍出版社，1978 年，第 377 页。

④ （西汉）司马迁：《史记》，北京：中华书局，1959 年，第 1665 页。

⑤ 杨伯峻：《春秋左传注》，北京：中华书局，1981 年，第 1005、1006、1007 页。

⑥ 杨伯峻：《春秋左传注》，北京：中华书局，1981 年，第 1007 页。

也从另外一个侧面看出，城濮之战是一场多民族参与的大战，而非小规模战役。楚国方面有郑、卫、陈、蔡、蛮、夷；晋国方面有秦、齐、宋、戎。两方阵营实力相当，无论从哪个方面看，这场战役都不会小。这一史料的出现对于平息学界关于"城濮之战"规模、晋楚兵力的争议，具有重要意义。

五、赦俘之戎

《说命上》载："天乃命说伐失仲。失仲是生子，生二戊豕。失仲卜曰：'我其杀之，''我其已，勿杀。'勿杀是吉。失仲违卜，乃杀一豕。说于围伐失仲，一豕乃旋保以逝，乃践，邑人皆从。一豕随仲之自行，是为赦俘之戎。"[①]赦俘之戎，应理解为以地命名的戎人。[②] 赦俘地望还有待进一步考证。

---

① 李学勤主编：《清华大学藏战国竹简（叁）》，上海：中西书局，2012 年，第 122 页。
② 黄杰：《初读清华简叁笔记（草稿）》，简帛网 2013 年 1 月 5 日，另见其文《读清华简（叁）〈说命〉笔记》，简帛网 2013 年 1 月 9 日。子居：《清华简〈说命〉上篇解析》，简帛研究 2013 年 1 月 8 日。杨善群：《清华简〈说命〉考论》，《淮阴师范学院学报》2014 年第 1 期。

第四章　诸戎称谓、分布、
族属等问题的争论

第一节　学界主要观点综述

一、戎的分布[①]

《史记·匈奴列传》载文曰："故自陇以西有绵诸、绲戎、翟、豲之戎，岐、梁山、泾、漆之北有义渠、大荔、乌氏、朐衍之戎。而晋北有林胡、楼烦之戎，燕北有东胡、山戎。各分散居溪谷，自有君长，往往而聚者百有余戎，然莫能相一。"[②] 正是由于戎"分散居溪谷""自有君长""莫能相一"的特点，学界对戎族的分布区也有着不同表述，代表性的观点有以下六种。

第一种观点，认为是"华戎杂处""与诸夏杂厕"。王玉哲认为："戎狄与华夏在文化上存在着很大的差异，很容易令人误认为：凡是戎狄一定住在距华夏很远的地方。其实我们若仔细考究一下会发现，古代的所谓戎狄，都住在中原，是一种华戎杂处的局面……综观春秋时诸戎狄的分布，大都与诸夏杂厕。其居地不出今陕西、山西、河北、河南、山东、江苏六省之地。也有远于诸夏的，如陇以西有绵诸、绲戎、翟豲之戎，岐、梁、泾、漆以北有义渠、大荔、乌氏、朐衍之戎，此即后世与秦为敌的西戎，一直到秦公时始霸西戎，辟地千里。惟戎狄因其俗无城郭，飘忽无定。居地时常转移，很难

---

① 学界大多数的研究侧重于西周、春秋战国时期。
② （西汉）司马迁：《史记》，北京：中华书局，1959 年，第 2883 页。

确指其地望。到了战国，住在中原的戎狄，逐渐为诸夏所征服，而与华夏融合。有的则逃向四塞，仍维持其固有生活。"① 此外，赵世超认为："据《周礼》九畿之制，蛮、夷、戎、狄分处蛮畿、夷畿、镇畿、番畿之外，其与王畿的距离均在二千五百里以上。此乃儒家在大一统思想支配下，从后世情况出发，而构思形成的人为造作之说，断然不可依信。征诸事实，西周延及春秋，蛮、夷、戎、狄多在中土，介居于诸夏侯国之间。"② 也是相同表述。

第二种观点，把戎的分布划为七区，代表人物赵铁寒。他认为："第一是伊洛地区，第二是豫北地区，第三是济西地区，第四是渭洛地区，第五是晋南地区，第六是晋中地区，第七是辽西地区。"③ 邝士元④等认同此说。

第三种观点，把戎的分布划为三区，代表人物顾颉刚、史念海。具体而言是"戎在今山东省西南部济宁、菏泽一带，北戎约在今河北省，其余诸戎则居渭水流域，以迄伊、洛流域"。⑤

第四种观点，认为主要在西部，代表人物杨建新。他在《中国西北少数民族史》中认为："戎的活动地区主要在西部，与猃狁的活动范围有着明显的区别。战国时人把西方与戎相配，把西方的民族统称戎，这正反映了戎主要是活动于西方的一个民族，而且曾是西方最强大的一个民族，正如历史上一再出现的那样，一些史学家往往用曾经最强大的某族的名称来称呼该地区所有的民族，戎被当作所有西方民族的通称，也反映了这一事实。戎虽有活动于北方的记载（如山戎等），但那是少量的，而且主要是以后迁徙去的。"⑥

第五种观点，断续散处，达于太平洋海岸，代表人物岑仲勉。他认为："大致言之，甘肃几于全省，陕北、晋北、晋南山岭地带、冀北以及冀西南，都是戎、狄分布之地区。戎之主要地在西边，狄之主要地在东边，惟戎又循着长城边缘，断续散处，达于太平洋海岸……推言之，春秋时戎、狄分布之地域，就现在全国总面积论，似乎比重不大。但试一思及当日文化发展，仅限于黄河流域，有戎狄几半天下之现象，便觉得非同小可。"⑦

————————

① 王玉哲：《论先秦的戎狄及其与华夏的关系》，《南开大学学报》1955年第1期。

② 赵世超：《周代国野制度研究》，西安：陕西人民出版社，1991年，第45页。

③ 赵铁寒：《春秋时期的戎狄地理分布及其源流》，《大陆杂志》1955年第11卷第2期。

④ 邝士元：《国史论衡·先秦至隋唐篇》，香港：波文书局，1979年，第18页。

⑤ 顾颉刚、史念海：《中国疆域沿革史》，北京：商务印书馆，1999年，第41页。

⑥ 杨建新：《中国西北少数民族史》，银川：宁夏人民出版社，1988年，第11页。

⑦ 岑仲勉：《隋唐史（下）》，北京：中华书局，1982年，第460—461页。

第六种观点，戎人的分布可分为东、西两大部分，代表人物安介生。他认为："我们以今天山西河曲与芮城两县治所作为两点画一条中轴线，或以河曲至风陵渡之间的黄河河段为界线，那么春秋时期戎人的分布可分为东、西两大部分。广义的'西方'（包括陇西与关中）是戎人的原始发祥地，即殷商及西周时期所谓的'西戎'。在我们划定的'西部'中，著名的山川有陇山、岐山、梁山、泾水、洛水、渭水以及漆水等，在古人记载中，这些山川往往成为明确戎人分布区的主要标志，也构成了戎人居住区风貌的主要特征……东部戎人分布区则主要是迁移运动的结果。关于戎人的内迁原因，不外乎两种：一种是戎人的主动入侵，一种是被迫内徙，陆浑戎就是被迫内徙的典型。"[①]

六种观点，各有其依据，也各有其合理性，在学界都有支持者。笔者倾向于第一种观点。为便于观察，笔者选取了一些权威的图册，来呈现先秦时期戎的分布情形，见附录。

二、戎的语种

戎人是有自己的语言的。《左传》载戎子驹支曰："我诸戎饮食衣服，不与华同，赘币不通，言语不达。"[②]《吕氏春秋·用众》载："戎人生乎戎、长乎戎而戎言，不知其所受之。"[③] 对于戎人的这种语言，学界看法不一，如下所述。

第一种观点认为属于汉藏语系。马长寿认为："一般的说法，北狄属于阿尔泰语系，西戎属于汉藏语系，此说大体上可以成立。"[④] 杨建新认为："（戎）其语言属于汉藏语系，文化习俗更接近氐羌。"[⑤] 加拿大学者蒲立本（E. G. Pulleyblank）认为："中国古籍中的戎是藏缅语民族。"[⑥] 林沄认为："推论戎狄与华夏在语言上也属于相同的语系。"[⑦]

第二种观点认为属于阿尔泰语系。王玉哲认为："先秦戎狄的语言，属

---

① 安介生：《历史民族地理》，济南：山东教育出版社，2007 年，第 81、84 页。
② 杨伯峻：《春秋左传注》，北京：中华书局，1981 年，第 1007 页。
③ 《吕氏春秋新校释》，上海：上海古籍出版社，2002 年，第 236 页。
④ 马长寿：《氐与羌》，上海：上海人民出版社，1984 年，第 9 页。
⑤ 杨建新：《中国西北少数民族史》，银川：宁夏人民出版社，1988 年，第 14 页。
⑥ 转引自王明珂：《华夏边缘：历史记忆与族群认同》，台北：允晨文化有限公司，1997 年，第 64 页。
⑦ 林沄：《林沄学术文集二》，北京：科学出版社，2009 年，第 6 页。

于哪一个系统，根据近年来的研究，所可确定者只知道北方的獯狁（春秋时的允姓之戎，战国时的匈奴）属于阿尔泰语系。"[①] 那木吉拉认为："犬戎、北狄为古老的阿尔泰语系民族，是近现代蒙古、突厥语民族先民。"[②] 德国学者夏德（Riedrich Hirth）认为："戎是说突厥语的人。"[③]

第三种观点认为属于汉藏语系或阿尔泰语系一支。王宗维认为："在戎的泛称下的各族，只能按语言系属加以区别，而不能说成是西方一个强大的民族……杨氏说戎似应属于汉藏语系民族的论断，也未必妥当。固然，姜氏之戎、羌戎是汉藏语系民族，但山戎、赤狄、白狄，应是阿尔泰语系民族，不是汉藏语系民族……绵诸与姜戎相连，姜即羌，羌为汉藏语系民族，绵诸可能也是如此。绲戎（昆夷、犬夷、畎戎），从活动地区与相邻民族关系分析，应属阿尔泰语系民族……狄、豲为狄族两支，狄即狄族，豲为狄族隗姓（媿姓）的一支，此两族应为阿尔泰语系突厥语族民族。义渠戎为白狄种，正文已有详述，属阿尔泰语系突厥语族。大荔之戎原于丽土之狄，狄是阿尔泰语系突厥语族民族。乌氏之戎原居北河，距羌甚远，与狄近，居延之戎更在其北，其活动范围始终不与羌相连，也应属阿尔泰语系民族。"[④]

第四种观点认为不可知。例如李亚农认为："戎子驹支自谓诸戎言语衣服不与华同，但我们关于戎语，一无所知，根据言语的差别来证实春秋战国时代许许多多民族的异同，尚且没有可能性。"[⑤] 王明珂进一步引申道："事实上并没有任何证据可证明戎人说的是与现代藏缅语有关的语言。甚至于，我们很难说戎人的语言与古汉语究竟有何差别。"[⑥]

第五种观点，代表人物美籍学者朱学渊。他认为："蒙古语部落：东胡、山戎；突厥语部落绲戎、大荔、朐衍；通古斯语部落：义渠、乌氏、绵诸、林胡。"[⑦]

笔者倾向于第四种观点，也即《吕氏春秋》所言"不知其所受之"。

①　王玉哲：《论先秦的戎狄及其与华夏的关系》，《南开大学学报》1955 年第 1 期。

②　那木吉拉：《犬戎北狄古族犬狼崇拜及神话传说考辨》，《民族文学研究》2008 年第 2 期。

③　转引自王明珂：《华夏边缘：历史记忆与族群认同》，台北：允晨文化有限公司，1997 年，第 64 页。

④　王宗维：《西戎八国考述》，《西北历史研究》1986 年号，西安：三秦出版社，1987 年。

⑤　李亚农：《西周与东周》，上海：上海人民出版社，1956 年，第 8 页。

⑥　王明珂：《华夏边缘：历史记忆与族群认同》，台北：允晨文化有限公司，1997 年，第 234
－235 页。

⑦　[美] 朱学渊：《新版中国北方诸族的源流》，上海：华东师范大学出版社，2010 年，第 95 页。

三、戎的人种

把戎的人种归属于蒙古人种（黄色人种），学界认可较多。细分之时，学界则存有争议，如下所述。

第一种观点，认为属于"北亚蒙古人种"。宁夏彭堡于家庄墓地，被推定为西戎的文化遗存。[①] 韩康信认为："彭堡古代居民在体质形态学上属于北亚蒙古人种支系，可能具有类似现代蒙古族的形态学类型。"[②]

第二种观点，认为与"通古斯人外型类似"。代表人物陈健文。他认为："先秦时期的戎狄基本上以蒙古人种为主，特别是与通古斯人外型类似的种型。"[③]

第三种观点，认为东亚蒙古人种为主，兼有南亚蒙古人种。代表人物林沄。他认为："在我国北方地区青铜时代已发现的所有墓葬，墓中出土的颅骨经鉴测，绝大多数都是属于东亚蒙古人种，而且有一部分（如山西白燕的商代墓、殷墟西北岗祭祀坑中部分骨骸、凤翔南指挥西村的周人墓）还有南亚蒙古人种的特征。"[④]

除蒙古人种（黄色人种）的观点外，一些学者认为戎可能是黑色人种。持这一观点的代表人物有杨希枚以及美国的麦高文等。

杨希枚认为："先秦时代中国西北边裔分布的西戎民族中的骊戎应即'黑戎'（the 'BlackBarbarians'），且极可能即与本文所论黑肤人有关的一种黑肤族群。总之，自先史时代迄于殷、周、东汉，中国境内既曾陆续不断地有黑肤人（且可能是非同一种黑肤人）存在的史实或迹象，则汉简及《易林》所载河西及内地的深目且体型较高的黑肤人应即特殊种族的看法应非新奇或怪异之论。"[⑤] 美国学者麦高文认为："其时居于中国以北，而且时来侵扰的'蛮族'中，有一支称为戎，又一支称为狄，还有一支，有时称为荤粥，有时称为猃狁。这些名称，显然出于一源……这一群人，一般相信便是后来建立大匈奴帝国的匈奴人之祖先……猃狁及其他后世匈奴人的祖先。我

---

① 宁夏文物考古研究所：《宁夏彭堡于家庄墓地》，《考古学报》1995 年第 1 期。

② 韩康信：《宁夏彭堡于家庄墓地人骨种系特点之研究》，《考古学报》1995 年第 1 期。

③ 陈健文：《先秦至两汉胡人意象的形成与变迁》，博士学位论文，台湾师范大学，2005 年，第 192 页。

④ 林沄：《林沄学术文集二》，北京：科学出版社，2009 版年，第 5 页。

⑤ 杨希枚：《先秦文化史论集》，北京：中国社会科学出版社，1995 年，第 985 页。

们虽然缺少明白的证据，但颇有理由可以相信，这些不时来侵掠中国边境的各种野蛮人群，是浅黑色而且圆头的。"[①]

此问题还有待考古材料的进一步证实。

四、戎的社会形态[②]

针对先秦时期戎的社会形态，学界有不同看法，如下所述。

第一种观点，认为处于氏族社会。代表人物潘英等。潘英认为："戎狄的社会基础，大抵仍以血缘氏族为主，仍处于部落或部族形态。"[③] 杜正胜认为："可见戎狄社会的基本形态是'小乡邑聚'，和齐的莱夷一般，属于氏族社会。"[④]

第二种观点，认为处于原始社会末期。代表人物李吉和。他认为："戎族的社会仍处在原始社会末期阶段，保留浓厚的宗法氏族、部落的组织和制度。"[⑤]

第三种观点，认为处于军事民主制阶段。代表人物顾德融、朱顺龙。他们所著的《春秋史》认为："春秋初，西戎和北狄部落社会正处在原始社会向奴隶社会转化时期的军事民主制阶段。"[⑥]

第四种观点，认为处于军事民主制向国家形态过渡阶段。代表人物杨建新。他认为："戎的社会性质，由于材料缺乏，还作不出具体的推断，但从当时的情况看，它要比中原华夏地区落后。在西周和春秋时期，戎的社会始终保留深厚的宗法氏族、部落的组织和制度，宗法组织支配着整个社会，成为管理社会的主要力量。《史记》载戎的社会'含淳德以遇其下，下怀忠信以事其上，一国之政犹一身之治，不知所以治上'。说明戎族当时是一个以氏族、部落为社会基础，用宗法关系维持整个社会生活，还处于军事民主制

---

① ［美］麦高文：《中亚古国史》，章巽译，北京：中华书局，2004 年，第 108、111 页。

② 由于戎族史料的不完整以及学者对概念的理解不同，精确的对"社会形态"进行研究，现在还不具备条件。此处"社会形态"的时间限定是先秦时期（侧重于西周、春秋战国时期），是一种整体而言的概述。

③ 潘英：《中国上古史新探》，台北：明文书局，1985 年，第 149 页。

④ 杜正胜：《西周封建的特质——兼论夏政商政与戎索周索》，《中国上古史论文选集》，台北：华世出版社，1979 年，第 684 页。

⑤ 李吉和：《中国西北少数民族通史（先秦卷）》，北京：民族出版社，2009 年，第 241 页。

⑥ 顾德融、朱顺龙：《春秋史》，上海：上海人民出版社，2001 年，第 68 页。

向国家形态过渡阶段的一个民族。"① 《甘肃省志》一书认同杨说，表述为："两周时期，甘肃境内戎族的社会性质，很可能处于原始社会末期向阶级社会过渡的时期。但戎族社会仍保留着浓厚的原始民主的宗法制。很可能是一种以氏族部落组织为社会基层组织，以宗法关系为社会的主要维系纽带，由原始社会末期的军事民主制向国家过渡的一种社会情况。"②

此问题还是要做进一步的具体分析，要分区域、分时间、分类别的去思考。

五、戎的种类

笔者依据先秦典籍以及《史记》《汉书》《后汉书》的记载，发现戎有：犬戎、太原戎、绲戎、燕京戎、翳徒之戎、始呼之戎、西落之戎、六济之戎、山戎、北戎、代戎、济西之戎、瓜州之戎、允姓之戎、姜戎、阴戎、陆浑戎、九州之戎、骊戎、大荔戎、扬拒、泉皋、伊雒之戎、茅戎、蛮氏戎、余无戎、义渠戎、緜诸戎、朐衍戎、邦戎、冀戎、翟戎、獂戎、乌氏戎、己（巳）氏之戎、小戎、大戎、条戎、奔戎、申戎、卢戎等，合计 41 个。③

以下各节将按照诸戎的关联性进行了分类排序④、归纳整理。此外，学界关于戎族分布、族属等相关问题的争论，时间跨度很长。个别族类的争论从秦汉直到现在还没有完结，各方观点对立，见仁见智。

第二节　犬戎、太原戎、绲戎、燕京戎

犬戎，无疑是戎族中最具代表性的分支。关于犬戎的文献记载，也是比较早的。《山海经》《竹书纪年》《逸周书》《穆天子传》等都有记载，学界关于犬戎的争论，无疑也是最大的。

---

① 杨建新：《中国西北少数民族史》，银川：宁夏人民出版社，1988 年，第 13 页。

② 甘肃省地方史志编纂委员会：《甘肃省志》第 70 卷《民族志》，兰州：甘肃人民出版社，2004 年，第 66、67 页。

③ 《史记·匈奴列传》载文曰："各分散居溪谷，自有君长，往往而聚者百有余戎，然莫能相一。"也即戎的种类很多，司马迁本人也无法给以准确统计。本文 41 类，仅选取常见的戎种。

④ 由于学界争论太大，文中各个戎族次序的排列，无法按照时间、区域等传统排序方式进行，本文是按照关联性的原则进行分类；各节在文中的前后次序，则是按照随机的原则进行排序。

一、犬戎

（一）犬戎的族属

关于犬戎的族属，学界看法不一。现将各家观点整理如下（见表 4-1）：

表 4-1：犬戎族属表

族属	代表人物	主要观点
犬戎乃黄帝之后	夏剑丞	犬戎者，黄帝之后，非三苗也。[1]
	沈长云	作为姬姓之戎的犬戎具有悠久的历史，他们与周族一样并皆为黄帝的后裔。[2]
	何光岳	犬戎，是戎族的一支，为黄帝之后之任姓。[3]
	易华	犬戎或西戎是黄帝的直系子孙。[4]
	龚维英	犬戎与姬周同宗共祖，是血缘关系已经疏远了的本家。犬戎与姬周系同宗共祖，区别在于文明程度的不同。[5]
犬戎乃四岳之后	唐嘉弘	犬戎与晋惠公诱来的陆浑之戎，当为一系，本出自四岳，为姜姓，或称姜戎氏。[6]
犬戎乃氐羌	黄文弼	犬戎，昆戎，獯鬻无一非羌族系。[7]
	童书业	犬戎，似亦羌种。[8]
	尹盛平	允姓之戎、犬戎、獯狁、阴戎、九州之戎，皆是氐族，其族源是三苗。[9]

① 夏剑丞：《西戎考》，《东方文化》1942 年第 1 卷第 3 期。
② 沈长云：《先秦史》，北京：人民出版社，2006 年，第 159 页。
③ 何光岳：《氐羌源流史》，南昌：江西教育出版社，2000 年，第 27 页。
④ 易华：《从〈史记·五帝本纪〉看尧舜与炎黄的传说》，《族际认知：文献中的他者》，北京：社会科学文献出版社，2009 年，第 89 页。
⑤ 龚维英：《西周覆亡新探——兼论当时的族际关系》，《人文杂志》1997 年第 2 期。
⑥ 唐嘉弘：《中国古代民族研究》，西宁：青海人民出版社，1987 年，第 11 页。
⑦ 黄文弼：《古代匈奴民族之研究》，《边政公论》1943 年第 2 卷第 3—5 期。
⑧ 童书业：《春秋史》，北京：中华书局，2006 年，第 129 页。
⑨ 尹盛平：《猃狁、鬼方的族属及其与周族的关系》，《人文杂志》1985 年第 1 期。

（续表）

族属	代表人物	主要观点
犬戎乃西戎一支	林惠祥	犬戎，盖西戎之别在中国。①
	李亚农	犬戎大概是西戎的一分支。②
	段连勤	在西周时期，犬戎为西戎三大支派之一。③
	周伟洲	犬戎属西戎的系统。④
犬戎乃东夷	刘光华	犬戎是起源于东夷集团的一个部族。⑤
犬戎乃北狄	杨东晨	据以后出现的犬戎居地看，它的祖先应是北狄族。将犬戎归于黄帝世系，实不可信。犬戎系北狄裔支，以北方草原狩猎的犬为图腾。⑥
	张立柱	也有文献认为，犬戎属北狄民族集团，有一定的道理。山戎或北戎春秋时属北狄，他们和犬戎本来就是相通的民族群落。⑦
	陈温菊	犬戎，也是北方狄族的一支。⑧
犬戎乃塞种	斯维至	犬戎在神话小说里被描写为一野蛮民族，其实它也是塞种。⑨

（二）犬戎的活动范围⑩

关于犬戎的活动范围，学界看法不一。现将各家观点整理如下（见表4-2）：

---

① 林惠祥：《中国民族史》，上海：上海书店，1936年，第226页。

② 李亚农：《西周与东周》，上海：上海人民出版社，1956年，第19页。

③ 段连勤：《犬戎历史始末述》，《民族研究》1989年第5期。

④ 周伟洲：《陕西通史（民族卷）》，西安：陕西师范大学出版社，1997年，第30页。

⑤ 祝中熹：《甘肃通史（先秦卷）》，兰州：甘肃人民出版社，2009年，第254页。

⑥ 杨东晨：《论犬戎的族属与变迁》，《固原师专学报》1993年第3期。

⑦ 张立柱：《古国寻踪：冀域方国、王国、诸侯国》，北京：文物出版社，2010年，第274页。

⑧ 陈温菊：《先秦三晋文化研究》，新北：花木兰文化出版社，2011年，第34页。

⑨ 斯维至：《从周原出土蚌雕人头像谈严允文化的一些问题》，《历史研究》1996年第1期。

⑩ 由于戎族流动性很强，再加上学者研究侧重点的不同，精确的对"活动范围"进行研究，其实是做不到的。此处"活动范围"的时间限定是先秦时期（侧重于西周、春秋战国时期），是一种整体而言的概述，下文不再重复。

表 4-2：犬戎活动范围表

类型	活动范围	代表人物	主要观点
可以确定或大致确定	西或西北方	崔述	（犬戎）在周西北。①
		陈国生	犬戎是古戎族的一支，自古以来为我国西北强族。②
		祝中熹	犬戎在陇山以西则是肯定的。③
		李零	犬戎是犬丘之戎，居陇山西侧。④
		林惠祥	其在凤翔者，曰犬戎。⑤
		李亚农	犬戎大概是西戎的一分支，聚居凤翔一带。⑥
		赵化成	犬戎在宗周之西北。⑦
		李民	西周时活动于泾、渭流域，是周王朝西边劲敌。⑧
	周之东南或西南	钱穆	西周戎祸，多在东而不在西。误认犬戎在周西北而云也，今以当日形势推之，犬戎居地，定在周之东南或西南，而决不在周之西北。⑨
	周之东北	王玉哲	说犬戎之国不在宗周之西固是，但亦必不在宗周之东南。那么，犬戎究在何地？余曰其方向约在宗周之东北。⑩
	山西内蒙古	王天顺	犬戎居地约当今山西北部和内蒙古呼和浩特一带。⑪
	辽西、冀北	晁福林	犬戎最初当在我国北方，特别是辽西、冀北一带。⑫
不可以确定	居地不断变化	顾颉刚	犬戎本在西方，穆王把他们东迁到太原，从此太原成了他们的根据地。⑬
		童书业	犬戎，似亦羌种。西周时居周室王畿的西北，春秋时似因被秦所败，其一部东迁到今河南、陕西两省交界一带。⑭

---

① （清）崔述：《丰镐考信录》，上海：商务印书馆，1937 年，第 140 页。

② 陈国生、李廷勇：《论〈穆天子传〉所记的先秦民族地理学文献价值》，《贵州民族研究》1999 年第 2 期。

③ 祝中熹：《甘肃通史（先秦卷）》，兰州：甘肃人民出版社，2009 年，第 259 页。

④ 李零：北京大学"出土文献与中国古代文明研究协同创新中心"金文与青铜器研讨班第一期讲座"两周金文中的族姓"，北京，2015 年 6 月 25 日。

⑤ 林惠祥：《中国民族史》，上海：上海书店，1936 年，第 226 页。

⑥ 李亚农：《西周与东周》，上海：上海人民出版社，1956 年，第 19 页。

⑦ 赵化成：《甘肃东部秦和羌戎文化的考古学探索》，《考古类型学的理论与实践》，北京：文物出版社，1989 年，第 171 页。

⑧ 李民：《古本竹书纪年译注》，郑州：中州古籍出版社，1990 年，第 68 页。

⑨ 钱穆：《西周戎祸考》，《禹贡》1934 年第 2 卷第 4 期、12 期。

⑩ 王玉哲：《中华民族早期源流》，天津：天津古籍出版社，2010 年，第 186 页。

⑪ 王天顺：《河套史》，北京：人民出版社，2006 年，第 179 页。

⑫ 晁福林：《夏商西周的社会变迁》，北京：北京师范大学出版社，1996 年，第 62 页。

⑬ 顾颉刚：《从古籍中探索我国的西部民族——羌族》，《社会科学战线》1980 年第 1 期。

⑭ 童书业：《春秋史》，北京：中华书局，2006 年，第 129 页。

（续表）

类型	活动范围	代表人物	主要观点
		段连勤	犬戎早在传说时代的夏朝就在畎夷的名义下活动于历史舞台上了……犬（畎）族由东方向西方迁徙……畎夷由东方迁至关中……犬戎于骊山下杀死周幽王后，犬戎系统之氏族部落即先后内迁关中。①
		舒大刚	犬戎最早的居地当在西北河西走廊……（商末）居于陕西西部和甘肃境内……（春秋战国）大致说来，犬戎的分布和迁徙有东西二途：西途：犬戎退出岐、丰之地，徙居于陇山以西……东道：由于受秦人的攻逐，东进的犬戎沿渭河，出函关，进入了伊洛流域，在扬、拒、泉、皋邑地为居，号称"伊雒之戎"。②
		何光岳	商代时已西迁山西中部，后又逐渐西迁陕西西北部，东周末又进入宁夏、内蒙古。③
	分支较多，四散各地	沈长云	文献记载犬戎的居地非止一处，有指其在太原者，有指其在骊山之下者，亦有指其在渭汭即渭水入注黄河之处者，甚或如《穆天子传》言其在滹沱河以北，今桑干河上游（古称雷水）一带。其实，这各个地方的犬戎，只是犬戎的不同分支。④
		蒙文通	秦即犬戎之一支。⑤

（三）犬戎的去向

关于犬戎的去向，学界有着归属匈奴说、融合华夏说、被秦消灭说、综合说等四种观点，如下所述。

第一，归属匈奴说。郭沫若认为："犬戎即后世之匈奴，是匈奴与夏民族同祖。"⑥ 何光岳认为："犬戎到秦汉时已融入匈奴族。"⑦

也有学者表示怀疑，刘节认为："犬戎是否即后来的匈奴，或匈奴的家属，尚无确切的证据。"⑧

第二，融合华夏说。段连勤认为："春秋以后，史籍中再无犬戎部落出

---

① 段连勤：《犬戎历史始末述》，《民族研究》1989 年第 5 期。
② 舒大刚：《春秋少数民族分布研究》，台北：文津出版社，1994 年，第 155－160 页。
③ 何光岳：《氐羌源流史》，南昌：江西教育出版社，2000 年，第 27 页。
④ 沈长云：《先秦史》，北京：人民出版社，2006 年，第 159 页。
⑤ 蒙文通：《周秦少数民族研究》，上海：龙门联合书局，1958 年，第 24 页。
⑥ 郭沫若：《郭沫若全集·中国古代社会研究》，北京：人民出版社，1982 年，第 223 页。
⑦ 何光岳：《氐羌源流史》，南昌：江西教育出版社，2000 年，第 27 页。
⑧ 刘节：《汉族源流初探》，《图书月刊》1941 年第 1 卷第 3 期。

现，它已在春秋时期出现的民族大融合中融合于华夏族了。"①

第三，被秦消灭说。任乃强认为："秦的先世与犬戎争夺宗周故地，经屡世战斗，终被秦人消灭。"②

第四，综合说。杨东晨认为："秦穆公霸西戎后，犬戎部分北迁，与狄族相处，部分融为秦民。这就是文献记载春秋时北方有北戎、山戎、赤狄、白狄、长狄，而不见犬戎的原因。"③ 舒大刚认为："犬戎的分布和迁徙有东西二途：西途犬戎后为秦国所灭……东途进入了伊洛流域，在扬、拒、泉、皋邑地为居，号称伊雒之戎……伊雒之戎则迟至前461年以后方被韩魏所灭，其族人融合于华夏族中。"④

二、犬戎与其他

（一）犬戎与玁狁（猃狁、犷狁、严允、玁允、犬戎）

犬戎与玁狁的关系，学界看法不一。玁狁乃犬戎的观点，认可者较多。现将各家观点整理如下（见表4-3）：

表4-3：犬戎与玁狁关系表

族属	代表人物	主要观点
玁狁乃犬戎	顾栋高	犬戎即周之玁狁也。⑤
	崔述	玁狁文皆从犬，疑即《周语》之犬戎。⑥
	王国维	犬戎亦当即宣王时之玁狁；戎中最强大之犬戎既即玁狁。⑦
	孟世杰	宣王以后对于玁狁被以戎号，且谓之犬戎……顾栋高《春秋四裔表》，谓犬戎即周之玁狁，不为无据。⑧
	张荫麟	商末周初的鬼方后来周人称为玁狁，继称犬戎。⑨
	黄文弼	是玁狁亦有犬戎之目也，玁狁在春秋战国以后通称为犬戎。⑩

① 段连勤：《犬戎历史始末述》，《民族研究》1989年第5期。
② 任乃强：《任乃强民族研究文集》，北京：民族出版社，1990年，第391页。
③ 杨东晨：《论犬戎的族属与变迁》，《固原师专学报》1993年第3期。
④ 舒大刚：《春秋少数民族分布研究》，台北：文津出版社，1994年，第158－162页。
⑤ （清）顾栋高：《春秋大事表》，北京：中华书局，1993年，第2162页。
⑥ （清）崔述：《丰镐考信录》，上海：商务印书馆，1937年，第130页。
⑦ 王国维：《观堂集林·鬼方昆夷玁狁考》，北京：中华书局，1959年，第605页。
⑧ 孟世杰：《先秦文化史》，上海：上海书店，1929年，第241页。
⑨ 张荫麟：《中国史纲》，南京：江苏文艺出版社，2008年，第21页。
⑩ 黄文弼：《古代匈奴民族之研究》，《边政公论》1943年第2卷第3－5期。

（续表）

族属	代表人物	主要观点
	丁琦	獫狁为犬戎也。①
	顾颉刚	可以确定地说獫狁即是犬戎。②
	郭沫若	所谓犬戎，都是獫狁的一族。③
	李亚农	西戎中最强大的一支叫獫狁，也叫犬戎。④
	徐中舒	犬戎即《诗》中常见的串夷、混夷、獫狁。⑤
	杨宽	严允即是犬戎。⑥
	岑仲勉	犬戎就是金文的獫允。⑦
	彭裕商	猃狁早期又名犬戎，与周交战前原居陇以西瓜州之地。⑧
	祝中熹	犬戎与獫狁为一个部族的事实是显而易见的。⑨
	刘桓	犬戎是獫狁，换言之，即周穆王时的犬戎，此时大都写做獫狁，到东周时候史书才又见犬戎之名。⑩
	韩小忙	獫狁与犬戎应该是一个民族的不同称呼。⑪
獫狁非犬戎	段连勤	在西周时期，犬戎为西戎三大支派之一；西戎的另外两个支派是姜（羌）戎、犹戎（即獫狁）。他们是在民族渊源、经济生活、图腾崇拜等方面具有不同特点的民族共同体……宣王时獫狁兴起。獫狁原居河西，后迁河套，与犬戎为邻。⑫
	周伟洲	獫狁，有的学者认为即混夷、犬戎，然文献与甲骨文对二者的记述是有区别的，应为两族。獫狁即商时的鬼方，隗姓之族，属后来北方狄的系统；犬戎属西戎的系统……鬼方到西周中期，则称为獫狁，春秋后称之为狄。⑬
	沈长云	自王国维说犬戎为春秋战国以后人们对獫狁的称呼，不少人都相信他的说法。其实獫狁自为獫狁，犬戎自为犬戎，獫狁乃姜氏之戎的一支，犬戎则属姬姓，二者并不是一回事。⑭

① 丁琦：《西汉以前匈奴史迹考》，武汉大学历史系毕业论文，1945年，第29页。
② 顾颉刚：《从古籍中探索我国的西部民族——羌族》，《社会科学战线》1980年第1期。
③ 郭沫若：《郭沫若全集·中国古代社会研究》，北京：人民出版社，1982年，第184页。
④ 李亚农：《李亚农史论集》，上海：上海人民出版社，1962年，第630页。
⑤ 徐中舒：《先秦史论稿》，成都：巴蜀书社，1992年，第167页。
⑥ 杨宽：《西周史》，上海：上海人民出版社，1999年，第569页。
⑦ 岑仲勉：《两周文史论丛》，北京：中华书局，2004年，第183页。
⑧ 彭裕商：《周伐猃狁及相关问题》，《历史研究》2004年第3期。
⑨ 祝中熹：《甘肃通史（先秦卷）》，兰州：甘肃人民出版社，2009年，第258页。
⑩ 刘桓：《甲骨、金文中所见的犬戎与獫狁》，《殷都学刊》1994年第2期。
⑪ 韩小忙：《獫狁与戎考论》，《汉学研究》1996年14卷2期。
⑫ 段连勤：《犬戎历史始末述》，《民族研究》1989年第5期。
⑬ 周伟洲：《陕西通史（民族卷）》，西安：陕西师范大学出版社，1997年，第30、31页。
⑭ 沈长云：《先秦史》，北京：人民出版社，2006年，第159页。

（二）犬戎与畎夷（犬夷、畎戎）

犬戎与畎夷（戎）的关系，学界看法不一。畎夷乃犬戎的观点，认可者较多。现将各家观点整理如下（见表4-4）：

表4-4：犬戎与畎夷（戎）关系表

族属	代表人物	主要观点
畎夷乃犬戎	梁启超	犬戎，亦作畎夷，皆同族异名。①
	钱穆	畎夷即犬戎，后世目为西戎者也。②
	孙傅瑗	犬戎又名畎夷又曰昆夷。③
	夏剑丞	犬戎，当夏后氏之世，为东夷，曰畎夷。④
	吕思勉	犬也，畎也，昆也，混也，绲也，串也，皆一音之异译。⑤
	金景芳	犬戎又叫畎夷。⑥
	王宗维	绲夷即昆夷，亦即犬夷、畎夷。绲夷、犬夷变为犬戎，是在周宣王以后开始的。⑦
	唐嘉弘	犬戎，或称昆夷，实即犬夷（畎夷、昆夷、串夷、绲夷、混夷）。夷戎之号混淆，因用泛称之故。⑧
	段连勤	犬戎即昆夷、绲夷、犬夷、畎夷……犬戎早在传说时代的夏朝就在畎夷的名义下活动于历史舞台上了……西周时的西夷犬戎，应同此部（畎夷）有直接的渊源关系。⑨
	徐杰舜	（犬戎）西戎中最主要的一支，又叫畎夷。⑩
	史念海	犬夷当即畎夷，亦即犬戎。⑪
	任乃强	畎字从田，疑是已进入耕种的少数民族。周省畎字作'犬戎'。其部族居于犬丘，即关中地。至幽王时，犬戎遂与申、鄫联军灭宗周。⑫
	黄奋生	畎戎又称犬戎。⑬

① 梁启超：《饮冰室文集点校》，昆明：云南教育出版社，2001年，第3223页。
② 钱穆：《周初地理考》，《燕京学报》1931年第10期。
③ 孙傅瑗：《中国上古时代种族史》，《学风》1934年第4卷第2期。
④ 夏剑丞：《西戎考》，《东方文化》1942年第1卷第3期。
⑤ 吕思勉：《吕思勉读史札记》，上海：上海古籍出版社，1982年，第399页。
⑥ 金景芳：《中国奴隶社会史》，上海：上海人民出版社，1983年，第261页。
⑦ 王宗维：《西戎八国考述》，《西北历史研究》1986年号，西安：三秦出版社，1987年。
⑧ 唐嘉弘：《中国古代民族研究》，西宁：青海人民出版社，1987年，第11页。
⑨ 段连勤：《犬戎历史始末述》，《民族研究》1989年第5期。
⑩ 徐杰舜：《中国民族史新编》，南宁：广西教育出版社，1989年，第236页。
⑪ 史念海：《西周与春秋时期华族与非华族的杂居及其地理分布（上篇）》，《中国历史地理论丛》1990年第1期。
⑫ 任乃强：《任乃强民族研究文集》，北京：民族出版社，1990年，第391页。
⑬ 黄奋生：《藏族史略》，北京：民族出版社，1989年，第6页。

（续表）

族属	代表人物	主要观点
	舒大刚	绲戎即犬戎。又作"昆夷""混夷""串夷""畎戎"，其中犬、畎同音，昆、混、串、绲古音同部，诸形实同名之译转。[①]
	周伟洲	犬戎，或作"混夷""畎夷"等。[②]
	杨宽	犬夷当即犬戎。[③]
	何光岳	犬戎因曾居于山东与东夷族杂居而称畎夷。[④]
	李海荣	畎夷大概就是后来的犬戎。[⑤]
	岑仲勉	昆戎有昆吾、混夷、绲戎、畎夷等几个异名，常称作犬戎或獯狁，起自于阗，东侵之后，定居于安定、新丰一带，其后有一部分迁居河南。[⑥]
	祝中熹	犬戎又名畎夷、昆夷、混夷、畎戎、绲戎。[⑦]
	内田吟风	畎夷被称为昆夷、犬夷、犬戎等之蛮族。[⑧]
畎夷非犬戎	丁山	畎夷与犬戎，显然有别。犬戎，即《国语·周语》所谓："穆王将征犬戎"，是西戎也；畎夷，是东夷也。即《大雅·緜》所谓"犬夷"……要此犬夷，为商之犬侯，不能如向来经师比附犬戎。[⑨]
	杨东晨	"说犬戎系东夷的畎夷，更对不上口径。这是因为在畎夷随商军入西方之前，北方就早有以犬为图腾的北狄游牧部落，名山戎、荤粥、猃狁。"[⑩]"（犬戎）我们认为应是北狄。"[⑪]
	姚治中	畎夷的故乡在大别山区，以五色犬为图腾，农耕为生，是苗、瑶、畲等族的祖先。犬戎起源于内蒙古与晋、冀交界地区，以白犬为图腾，是匈奴及北方一些游牧民族的祖先。[⑫]

（三）犬戎与太原戎

学界意见相对一致，认为太原戎即犬戎。[⑬] 夏剑丞认为："案太原之戎，

① 舒大刚：《春秋少数民族分布研究》，台北：文津出版社，1994年，第154、155页。
② 周伟洲：《陕西通史（民族卷）》，西安：陕西师范大学出版社，1997年，第21页。
③ 杨宽：《西周史》，上海：上海人民出版社，1999年，第41页。
④ 何光岳：《氐羌源流史》，南昌：江西教育出版社，2000年，第27页。
⑤ 李海荣：《北方地区出土夏商周时期青铜器研究》，北京：文物出版社，2003年，第96页。
⑥ 岑仲勉：《两周文史论丛》，北京：中华书局，2004年，第522页。
⑦ 祝中熹：《甘肃通史（先秦卷）》，兰州：甘肃人民出版社，2009年，第254页。
⑧ ［日］内田吟风：《〈史记·匈奴传〉笺注》，《北方民族史与蒙古史译文集》，余大钧译，昆明：云南人民出版社，2003年，第21页。
⑨ 丁山：《甲骨文所见氏族及其制度》，北京：中华书局，1988年，第117页。
⑩ 杨东晨：《论犬戎的族属与变迁》，《固原师专学报》1993年第3期。
⑪ 杨东晨：《民族史论集》，香港：香港国际文化艺术出版社，1996年，第44页。
⑫ 姚治中：《畎夷非犬戎论》，《六安师专学报》1999年第3期。
⑬ 是故，太原戎不再作为单独一节叙述，为保持完整性和连续性，太原戎的一些研究情况本处将说明。

即穆王时所迁之犬戎也……除太原戎，可证其为犬戎，北戎可证其为山戎，同为一族，余皆莫能详其为何戎。"① 顾颉刚认为："犬戎本在西方，穆王把他们东迁到太原，从此太原成了他们的根据地。犬戎迁到太原以后，就称作'太原之戎'。"② 段连勤认为："太原之戎，按即犬戎。"③ 杨宽认为："（犬戎）这时正居住于太原一带，即是太原之戎。"④ 安介生认为："犬戎的一支在被强迁之后，成为太原之戎。"⑤

太原所在，学界争议较大。王玉哲概括有"平凉""固原州""镇原""汉之五原""雍州""阳曲""河东郡"等七说。他又新添一说，认为太原在"河东之平阳（今临汾）"。⑥ 各家观点分歧较大，太原所在，大抵位于山西南部。

（四）犬戎与绲（昆）戎

犬戎与绲（昆）戎的关系，学界看法不一。绲（昆）戎乃犬戎的观点，认可者较多。现将各家观点整理如下（见表4-5）：

表4-5：犬戎与绲（昆）戎关系表

类型	族属	代表人物	主要观点
绲戎即犬戎	绲戎即犬戎	黄文弼	是昆戎即犬戎。⑦
		吕思勉	绲戎即犬夷，然则犬也，畎也，昆也，混也，绲也，串也，皆一音之异译。⑧
		王宗维	绲夷（戎）即畎夷，是犬戎的一部，又作獯鬻、荤育，是绲（昆、浑）夷的同名异译。⑨
		黄烈	犬戎即绲戎。⑩
		史念海	绲戎当即昆夷，昆夷亦作混夷，昆夷又作串夷，串夷亦即犬夷，而犬夷当即畎夷，亦即犬戎。可见西周初年周都附近戎种名目虽多，其实本是一种。⑪

① 夏剑丞：《西戎考》，《东方文化》1942年第1卷第3期。
② 顾颉刚：《从古籍中探索我国的西部民族——羌族》，《社会科学战线》1980年第1期。
③ 段连勤：《犬戎历史始末述》，《民族研究》1989年第5期。
④ 杨宽：《西周史》，上海：上海人民出版社，1999年，第569页。
⑤ 安介生：《历史民族地理》，济南：山东教育出版社，2007年，第84页。
⑥ 王玉哲：《中华民族早期源流》，天津：天津古籍出版社，2010年，第190、193页。
⑦ 黄文弼：《古代匈奴民族之研究》，《边政公论》1943年第2卷第3—5期。
⑧ 吕思勉：《吕思勉读史札记》，上海：上海古籍出版社，1982年，第398—399页。
⑨ 王宗维：《西戎八国考述》，《西北历史研究》1986年号，西安：三秦出版社，1987年。
⑩ 黄烈：《中国古代民族史研究》，北京：人民出版社，1987年，第73页。
⑪ 史念海：《西周与春秋时期华族与非华族的杂居及其地理分布（上篇）》，《中国历史地理论丛》1990年第1期。（原文过长，顺序有作调整，特此说明。）

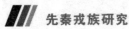

（续表）

类型	族属	代表人物	主要观点
绲戎非犬戎		舒大刚	绲戎即犬戎。又作昆夷、混夷、串夷、畎戎，其中犬、畎同音，昆、混、串、绲古音同部，诸形实同名之译转。①
		岑仲勉	昆戎有昆吾、混夷、绲戎、畎夷等几个异名，常称作犬戎或玁狁。②
		徐卫民	绲戎是犬戎的一部。③
	山戎	史念海	绲戎据说就是山戎。④
	东夷	丘菊贤	绲戎，其先祖为东夷的畛夷，夏末参加商的联军西征而滞留关中的。⑤
		刘光华	昆戎原本是东夷，后融入匈奴。⑥
	颛顼之后祝融八姓之一	何光岳	昆戎，又作混夷、绲戎、混戎，与楚同祖，为颛顼之后祝融八姓之一……而王国维《观堂集林》卷13《鬼方昆夷玁狁考》论昆夷与鬼方、玁狁同为一族，实为大错。⑦
		刘诗中	昆吾族是祝融八姓之一。昆吾原居它邑（今山西运城），后东迁到河南濮阳，再迁新郑。商灭夏后，昆吾的一部分向西迁徙到陕甘一带和戎人杂处，称为昆戎。⑧

1. 绲戎的活动范围

关于绲戎的活动范围有不同的观点。王宗维认为："绲夷分布于渭北高原至六盘山以东地区。"⑨ 黄烈认为："绲戎在今甘肃陇西县以北地区。"⑩ 钟侃、陈明猷所著《宁夏通史》认为："绲戎以今陕西凤翔为中心。"⑪ 岑仲勉认为："昆戎……起自于阗，东侵之后，定居于安定、新丰一带，其后有一部分迁居河南。"⑫

2. 绲戎的去向

王宗维认为："秦始皇统一六国，使蒙恬将兵三十万经营塞北，在河套

---

① 舒大刚：《春秋少数民族分布研究》，台北：文津出版社，1994年，第154—155页。

② 岑仲勉：《两周文史论丛》，北京：中华书局，2004年，第522页。

③ 徐卫民：《秦汉历史地理研究》，西安：三秦出版社，2005年，第524页。

④ 史念海：《西周与春秋时期华族与非华族的杂居及其地理分布（下篇）》，《中国历史地理论丛》1990年第2期。

⑤ 丘菊贤、杨东晨：《西戎简论》，《西北民族学院学报（哲学社会科学版）》1989年第4期。

⑥ 刘光华：《西北通史》第1卷，兰州：兰州大学出版社，2005年，第221页。

⑦ 何光岳：《〈山海经〉所载戎族的来源和分布》，《〈山海经〉与中华文化》，武汉：湖北人民出版社，1999年，第185—186页。

⑧ 刘诗中：《中国先秦铜矿》，南昌：江西人民出版社，2003年，第46页。

⑨ 王宗维：《西戎八国考述》，《西北历史研究》1986年号，西安：三秦出版社，1987年。

⑩ 黄烈：《中国古代民族史研究》，北京：人民出版社，1987年，第73页。

⑪ 钟侃、陈明猷：《宁夏通史（古代卷）》，银川：宁夏人民出版社，1993年，第22页。

⑫ 岑仲勉：《两周文史论丛》，北京：中华书局，2004年，第522页。

南北地区屯戍防守，也不见有绲夷之名出现，这大概是秦开地广境、北却戎狄的政策，把绲夷驱逐到河套以北去了。冒顿单于即位后，才使绲夷并入匈奴国家，成为匈奴的一部分。"①

（五）犬戎与燕京戎

犬戎与燕京戎的关系，学界看法不一。现将各家观点整理如下（见表 4-6）：

表 4-6：犬戎与燕京戎关系表

类型	族属	代表人物	主要观点
燕京戎即犬戎	燕京戎即犬戎	钱穆	犬戎即燕京戎。②
		杜正胜	燕京戎即犬戎。③
燕京戎非犬戎	狄族	杨宽	无论是鬼方、燕京戎、余无戎等，都是隗姓赤狄的部族。④
	商后裔	何光岳	燕京之戎当为东夷族京人，是商之裔。⑤
	鬼方	李培林	又燕京戎所活动之所也在更为强大的鬼方疆域之内，可知燕京戎或者也是鬼方一大的种族部落。⑥
	不可知	夏剑丞	燕京之戎，此戎未详为何种。⑦

燕京戎的活动范围，学界看法不一，汾水流域一带，学界认可者较多。如表 4-7 所示：

表 4-7：燕京戎活动范围表

活动范围	代表人物	主要观点
汾水流域	吴昊垂	燕京之戎在今山西晋阳县汾水上流一带。⑧
	史念海	燕京之戎据说在霍太山之北，汾水上游。⑨
	王玉哲	燕京之戎古时在山西汾水上游，大概没有问题。⑩

---

① 王宗维：《西戎八国考述》，《西北历史研究》1986 年号，西安：三秦出版社，1987 年。

② 钱穆：《周初地理考》，《燕京学报》1931 年第 10 期。

③ 杜正胜：《周代城邦》，台北：联经出版事业公司，1979 年，第 166 页。

④ 杨宽：《西周史》，上海：上海人民出版社，1999 年，第 67 页。

⑤ 何光岳：《〈山海经〉所载戎族的来源和分布》，《〈山海经〉与中华文化》，武汉：湖北人民出版社，1999 年，第 188 页。

⑥ 李培林、丁伟高：《忻定盆地春秋时期戎狄文化浅论》，《山西省考古学会论文集》3，太原：山西古籍出版社，2000 年，第 308 页。

⑦ 夏剑丞：《西戎续考》，《东方文化》1943 年第 2 卷第 1 期。

⑧ 吴昊垂：《殷周民族斗争始求》，《文史教学》1941 年第 3 期。

⑨ 史念海：《西周与春秋时期华族与非华族的杂居及其地理分布（上篇）》，《中国历史地理论丛》1990 年第 1 期。

⑩ 王玉哲：《中华远古史》，上海：上海人民出版社，2000 年，第 444 页。

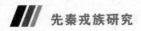

（续表）

活动范围	代表人物	主要观点
汾水、渭水	杨宽	从今山西静乐周围，南下沿汾水两岸，直到祁县以西郫县以北，两百多里都是燕京戎所在地区。燕京戎可以单称为燕，当是一个逐水草而居的游牧部族。①
	许倬云	燕京山名，在太原，汾水所出。②
	刘桓	燕京之戎，在今山西省太原市西，是季历所伐诸戎中最北的戎族。③
	王占奎	燕京之戎则在山西汾阳一带。④
	杨国勇	商代燕京之戎确分布在今太原以北至管涔山一带。⑤
	钱穆	犬戎即燕京戎，其族起于东，在汾域，而分殖于西至渭域。⑥
山西	顾颉刚	燕京之戎，当因居燕京之山而得名。燕京之戎在今山西的西北角上。⑦
	李学勤	燕京之戎，古族名。居于今山西静乐西。⑧
	杜正胜	燕京戎居地不可详考，当在晋疆。⑨

第三节　义渠戎、緜诸戎、朐衍戎

一、义渠戎

（一）义渠戎的族属

关于义渠戎的族属，学界看法不一。义渠为羌、为戎、为狄这三种说法，支持者较多。现将各家观点整理如下（见表4-8）：

---

① 杨宽：《西周史》，上海：上海人民出版社，1999年，第67页。
② 许倬云：《西周史》，北京：生活·读书·新知三联书店，1993年，第67页。
③ 刘桓：《甲骨集史》，北京：中华书局，2008年，第108页。
④ 王占奎：《晋地"姜戎氏"文化的线索》，《文物考古文集》，武汉：武汉大学出版社，1997年，第201页。
⑤ 杨国勇主编：《山西上古史新探》，北京：中国社会科学出版社，2002年，第154页。
⑥ 钱穆：《周初地理考》，《燕京学报》1931年第10期。
⑦ 顾颉刚：《从古籍中探索我国的西部民族——羌族》，《社会科学战线》1980年第1期。
⑧ 《中国历史大辞典·先秦史卷》，上海：上海辞书出版社，1996年，第567页。
⑨ 杜正胜：《周代城邦》，台北：联经出版事业公司，1979年，第166页。

表 4-8：义渠戎族属表

族属	代表人物	主要观点
义渠乃羌①	孙傅瑷	义渠，羌之别种也。②
	杨宪益	义渠为西羌，亦为羌种。③
	马长寿	可以推测义渠人与氐、羌人相近，或也属于氐、羌语系。④
	冉光荣	义渠为羌。⑤
	黄烈	义渠是羌人所建立的国家。⑥
	舒大刚	义渠属羌族，义渠作为羌人之一，实即古史所载河曲羌。河曲羌（即河水羌），其人又称赐支，即《尚书·禹贡》的析支……《史记》称义渠为戎，是从广义上说的，细分之，义渠为羌。⑦
义渠乃戎	辰伯	义渠，亦为西戎一大强国。⑧
	吕思勉	义渠者，诸戎之最强者也。⑨
	金景芳	义渠是战国西方之戎中最为强大的国家。⑩
	赵俪生	义渠，西戎之国，在今庆阳一带。⑪
	杨建新	义渠是一支到战国末期仍然存在的戎族，对我们认识整个戎族有很大的参考价值。⑫

---

① 对此说强有力的批判来自王宗维，他认为："丧葬习俗是识别一个民族的标志之一，但不是主要的、唯一的标志……氐、羌中有火葬，但也不是所有的氐、羌都实行火葬……义渠为西羌说者皆以之为据，但这是不能成立的，《竹书纪年》所记周族所伐的义渠，同燕京、余无、始乎诸戎一样，是自己的族名，译为汉语，这是音译，不能割裂。因此，义渠也是一个完整的族名，不能分割开来，加以汉字意义的解释。至于王莽改渠为沟，纯属标新立异，不足为凭。"（王宗维：《西戎八国考述》，《西北历史研究》1986 年号，西安：三秦出版社，1987 年。）

② 孙傅瑷：《中国上古时代种族史》，《学风》1934 年第 4 卷第 2 期。

③ 杨宪益：《译余偶拾》，济南：山东画报出版社，2006 年，第 210 页。

④ 马长寿：《氐与羌》，上海：上海人民出版社，1984 年，第 96—97 页。

⑤ 冉光荣、李绍明、周锡银：《羌族史》，成都：四川民族出版社，1985 年，第 43 页。

⑥ 黄烈：《中国古代民族史研究》，北京：人民出版社，1987 年，第 124 页。黄烈的原因是："以葬俗以及灌注在葬俗中的成仙思想，义渠人和氐羌是相类的。义渠人所散布的地区，正是商代羌人和羌方所在的地区，从他们的文明程度以及建国的悠久，很可能是商代羌人后裔中未被融化的一部分的重新结集，建立了他们的政权，他们也包含了乌氏、朐衍等陇西、北地诸戎。"（《中国古代民族史研究》第 77 页。）

⑦ 舒大刚：《春秋少数民族分布研究》，台北：文津出版社，1994 年，第 166、167 页。

⑧ 辰伯：《西王母与西戎》，《清华周刊》1931 年第 36 卷第 6 期。

⑨ 吕思勉：《吕思勉读史札记》，上海：上海古籍出版社，1982 年，第 403 页。

⑩ 金景芳：《中国奴隶社会史》，上海：上海人民出版社，1983 年，第 414 页。

⑪ 赵俪生：《日知录导论》，成都：巴蜀书社，1992 年，第 214 页。

⑫ 杨建新：《中国西北少数民族史》，北京：民族出版社，2003 年，第 25—26 页。他的原因是："有一些著作认为义渠是氐，《史记》、《汉书》、《后汉书》则均认为义渠属戎。这三部书中，都有关于氐羌的记载，他们未将直至战国时犹存并有很大影响的义渠列入氐羌，而列入戎，其可信程度，当然要比后人的推断大得多。"（杨建新：《中国西北少数民族史》，银川：宁夏人民出版社，1988 年，第 11 页。）

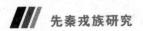

（续表）

族属	代表人物	主要观点
	周伟洲	将义渠称为'西戎'之一种较为合宜，不必一定说其为羌或狄。因为'羌'，在先秦时也有广、狭之分，与西戎同。①
	钟侃	义渠，有人归之于'氐羌'，有人归之于'戎'，说法虽然不一，但其渊源则可能和鬼方一样，是姜姓戎的一种。②
	刘光华	义渠与燕京、余无、始乎一样，均系族名。③
	安介生	义渠之戎，被称为春秋战国时期势力最强大的西部戎国。④
	辛迪	义渠为羌说论据亦不充分……春秋战国时期的义渠是西戎中最大的一支，被称为"戎"。⑤
义渠乃狄	李白凤	是义渠本白狄种，当始于殷⑥
	王宗维	义渠为狄人之国，商周时活动于晋西。晋文公（前636—前628在位）攘戎翟居于河内圁、洛之间，即今洛河流域至陕北东部，号赤狄、白狄；秦穆公以后（前623），西戎八国服于秦，狄族的义渠部即其一种……义渠戎为白狄种。⑦
	薛方昱	义渠戎，其先为商代的獯育，西周的獯狁，由于该族信仰犬图腾之故，西周末至春秋初又称其为犬戎。这一部族原居于陇西洮河流域，其族源于羌族一支的狄人。⑧
	杨铭	义渠，其属狄人之一种自明。⑨
义渠乃匈奴	黄文弼	战国时匈奴族在内地者，为林胡楼烦义渠……故凡《史记》《汉书》所称之胡人，皆指匈奴而言……义渠而为胡种，知义渠为胡可知……义渠即匈奴也。⑩
	蒙文通	《本纪》言匈奴，即《秦策》言义渠事，参互稽之，匈奴即义渠也。⑪
义渠乃氐	黄树先	义渠是氐人建立的国家。⑫
义渠乃吐火罗	岑仲勉	义渠得为吐火罗族之一支……吐火罗语甲即为与义渠国号相同之焉耆的方言……由是见吐火罗族之势力，上古曾一度东申，疑义渠属此族，尚无大忤。⑬
不明	丁琦	未能确明其所自出。⑭

① 周伟洲：《陕西通史（民族卷）》，西安：陕西师范大学出版社，1997年，第39页。

② 钟侃、陈明猷：《宁夏通史（古代卷）》，银川：宁夏人民出版社，1993年，第19页。

③ 刘光华：《西北通史》第1卷，兰州：兰州大学出版社，2005年，第220页。

④ 安介生：《历史民族地理》，济南：山东教育出版社，2007年，第82页。

⑤ 辛迪：《义渠考》，《内蒙古师范大学学报》2004年第6期。

⑥ 李白凤：《东夷杂考》，开封：河南大学出版社，2008年，第169页。

⑦ 王宗维：《西戎八国考述》，《西北历史研究》1986年号，西安：三秦出版社，1987年。

⑧ 薛方昱：《义渠戎国新考》，《西北民族学院学报》1988年第2期。

⑨ 杨铭：《义渠族属辨》，《陕西历史博物馆馆刊》4，西安：西北大学出版社，1997年，第155页。

⑩ 黄文弼：《古代匈奴民族之研究》，《边政公论》1943年第2卷第3—5期。

⑪ 蒙文通：《周秦少数民族研究》，上海：龙门联合书局，1958年，第107页。

⑫ 黄树先：《汉缅语比较研究》，武汉：华中科技大学出版社，2003年，第17页。

⑬ 岑仲勉：《两周文史论丛》，北京：中华书局，2004年，第179页。

⑭ 丁琦：《西汉以前匈奴史迹考》，武汉大学历史系毕业论文，1945年，第33页。

（二）"义渠"的词义

学界对此有不同的看法，如下所述。

第一种，认为是羌语。任乃强认为："知'义渠'也是羌语，其人是羌族别支，渠字在羌语中是河水的意思。"[①] 薛方昱认为："关于义渠一名，疑为古羌语，本地名也，其意为四水。"[②]

第二种，认为是藏语。郑张尚芳认为："比较藏文，义渠之义也可得而解了。按义古音 * ngal，相当于藏文 ngar 强大、威猛之意。渠古音 * ga〉gja，相富于藏文 rgja，意为大、汉族。"[③]

第三种，认为是音译而来。王宗维认为："义渠，同燕京、余无、始乎诸戎一样，是自己的族名，译为汉语，这是音译，不能割裂。因此，义渠也是一个完整的族名，不能分割开来，加以汉字意义的解释。"[④]

（三）义渠戎的活动范围

关于义渠戎的活动范围，学界看法不一。现将各家观点整理如下（见表4-9）：

表 4-9：义渠戎活动范围表

活动范围	代表	主要观点
甘肃宁县	童书业	义渠，在今甘肃宁县附近。[⑤]
甘肃庆阳	赵俪生	义渠，西戎之国，在今庆阳一带。[⑥]
甘肃庆阳	陈槃	义渠今地即为今甘肃庆阳府宁州西北界，其州东南即接今之泾州。[⑦]
甘肃宁县、庆阳	杨建新	义渠地区，今甘肃庆阳、宁县。[⑧]

① 任乃强：《任乃强民族研究文集》，北京：民族出版社，1990年，第391页。

② 薛方昱：《义渠戎国新考》，《西北民族学院学报》1988年第2期。

③ 郑张尚芳：《蛮夷戎狄语源考》，《扬州大学中国文化研究所集刊》，南京：江苏古籍出版社，1998年，第107页。

④ 王宗维：《西戎八国考述》，《西北历史研究》1986年号，西安：三秦出版社，1987年。

⑤ 童书业：《春秋史》，北京：中华书局，2006年，第129页。

⑥ 赵俪生：《日知录导论》，成都：巴蜀书社，1992年，第214页。

⑦ 陈槃：《春秋时代之秠、孤竹、盉由、义渠》，《"中研院历史语言研究所"集刊论文类编·历史编（先秦卷）》，北京：中华书局，2009年。

⑧ 杨建新：《中国西北少数民族史》，北京：民族出版社，2003年，第25—26页。

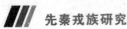

（续表）

活动范围	代表	主要观点
甘肃宁县、庆阳、平凉、宁夏固原	丘菊贤	义渠之国在秦的北地郡，即宁州（今甘肃正宁）、庆州（甘肃庆阳）、原州（宁夏固原）一带。①
	钟侃	商朝末年在宁夏南部、甘肃庆阳一带出现了名为义渠的方国……义渠戎都于甘肃宁县，今宁夏固原东南亦在其内。②
	甘肃省文物考古研究所	义渠戎活动于今甘肃平凉、庆阳及宁夏南部山区。③
	李祥石、朱存世	作为西戎一支的义渠戎，商、周时期就在今陇东的庆阳、平凉和宁夏固原地区聚居。④
甘、宁、陕等地	任乃强	义渠之戎建成国家，约略与姬周的始末同，其境域几乎占有今甘、宁、陕北，河套以南，及于陇坻之地。⑤
	江应梁	义渠，古代西戎族之一，分布于岐山梁山泾水漆水以北。⑥
居地不断变化	王宗维	总结义渠戎活动的历史，大致商末、西周初活动于今山西西南部地区，曾被周族所败。春秋时晋文公攘戎狄，迫使其西迁，进入陕西北部的无定河、洛水流域，后来成为西戎八国之一。战国时秦不断向陕北发展，屡击其部，迫使其臣服，并迫使其大部向西迁移，进入庆阳及其以西地区。⑦
	何光岳	义渠来源于帝禹之子义均，义均从山东临朐之义山东迁至陕西商县，再迁至陕北，到春秋时，立国于庆阳地方。⑧

（四）秦灭义渠的时间

秦灭义渠的时间，传统说法认为是在公元前 272 年⑨至公元前 270 年。郭殿忱认为秦灭义渠的时间是公元前 271 年，"今案：昭襄王延迎范雎之日，即已立三十六年之时。所说'今义渠事已'，即义渠刚刚被伐灭。这便是'当事人'提供的第一手资料：公元前 271 年秦灭义渠。范雎言宣太后诱杀

---

① 丘菊贤、杨东晨：《西戎简论》，《西北民族学院学报（哲学社会科学版）》1989 年第 4 期。
② 钟侃、陈明猷：《宁夏通史（古代卷）》，银川：宁夏人民出版社，1993 年，第 19—22 页。
③ 甘肃省文物考古研究所：《甘肃省文物考古工作十年》，《文物考古工作十年》，北京：文物出版社，1990 年，第 337 页。
④ 李祥石、朱存世：《贺兰山与北山岩画》，银川：宁夏人民出版社，1993 年，第 224 页。
⑤ 任乃强：《任乃强民族研究文集》，北京：民族出版社，1990 年，第 391 页。
⑥ 江应梁：《中国民族史》，北京：民族出版社，1990 年，第 87 页。
⑦ 王宗维：《西戎八国考述》，《西北历史研究》1986 年号，西安：三秦出版社，1987 年。
⑧ 何光岳：《东夷源流史》，南昌：江西教育出版社，1990 年，第 520 页。
⑨ 《后汉书·西羌传》："及昭王立，义渠王朝秦。遂与昭王母宣太后通，生二子。至周赧王四十三年，宣太后诱杀义渠王于甘泉宫，因起兵灭之。始置陇西、北地、上郡焉。"周赧王四十三年，即公元前 272 年。

义渠王事大体可信。秦王亦主其事。所杀之王，或非与宣太后通者。宣太后确已垂垂老矣。所以计出于王，由母子共同策划较为符合事实。"①

（五）义渠的去向

对于义渠的去向，学界有着归属匈奴说、与秦融合说、延续至西汉说、综合说等五种观点，如下所述。

第一种，归属匈奴说。蒙文通认为："盖义渠既灭，余众北走，于后为匈奴，居河套南北。"②

第二种，与秦融合说。黄烈认为："义渠人究竟哪里去了，史籍中没有记载，但从种种迹象看来，义渠人并没有'遗脱逃走，西踰洴陇'，而是走上了与秦人融合的道路。义渠人已有了定居的生活，也没有外逃的记载，他们的唯一出路是成为秦民，与华夏族融为一体。他们在史籍上消失了，只能是融合，而不是逃离。"③

第三种，延续至西汉说。王宗维认为："义渠部落，西汉时仍然存在，其中的一部还有相当势力。西汉初年，一部分义渠人归属汉朝，为汉守边，北防匈奴，另一部分西迁，进入河西走廊之张掖地区，归张掖属国都尉管辖。西汉后期，义渠戎基本汉化，以后再不见义渠戎部落的活动了。"④

第四种，综合说。何光岳认为："后被秦所灭，他们大多数人成为秦朝的臣民，到汉代融入汉族并以义渠为氏，一部分义渠人成为匈奴之臣民，受到匈奴歧视归附汉朝，还有一部分义渠人南迁入四川茂汶县。"⑤

第五种，代表学者朱学渊。他认为："'义渠/乌氏'即'兀者''讹斥'。"⑥

（六）戎王所指

《史记·秦本纪》记载秦穆公时期"秦用由余谋伐戎王，益国十二，开地千里，遂霸西戎"。⑦ 这段史料中所出现的"戎王"，学界也有不同的

① 郭殿忱：《秦灭义渠及其地望考》，《西北史地》1996 年第 1 期。
② 蒙文通：《周秦少数民族研究》，上海：龙门联合书局，1958 年，第 107 页。
③ 黄烈：《中国古代民族史研究》，北京：人民出版社，1987 年，第 77 页。
④ 王宗维：《西戎八国考述》，《西北历史研究》1986 年号，西安：三秦出版社，1987 年。
⑤ 何光岳：《东夷源流史》，南昌：江西教育出版社，1990 年，第 520—527 页。
⑥ ［美］朱学渊：《新版中国北方诸族的源流》，上海：华东师范大学出版社，2010 年，第 94 页。
⑦ （西汉）司马迁：《史记》，北京：中华书局，1959 年，第 194 页。

解读。

第一种观点认为不可知或难别真假。例如吕思勉认为："伐戎王，益国十二，开地千里，此戎王不知其为何戎。"① 狄宇宙认为："这个故事是否真实很难说。"②

第二种观点认为戎王是义渠王。黄烈认为："所谓戎王实即义渠王，这一段史料完全可作为义渠的说明。"③ 岑仲勉认为："义渠之先，可能是秦穆公时的戎王。"④

第三种观点认为戎王是縣诸王。⑤ 例如林剑鸣认为："秦穆公时，西戎派到秦来的使者由余，可能即是属于绵诸之戎。从由余这个名字可以看出一点端倪：由余很有可能就是绵诸的一音之异译。"⑥ 杨建新认为："此戎王属何戎，史无明载。据我的推测，很可能就是縣诸戎。因为縣诸戎活动的地区就是原邦戎、冀戎之地，其地与秦国西部相邻，使者来往也最方便；其次，縣诸戎在当时势力很大，影响很广，《史记》所记诸戎，首举縣诸戎，自汉晋以来，关于'縣诸道''縣诸城''縣诸水'的记载不绝于史，说明其影响之大；第三，戎王能使用由余这样的能人，说明这支戎有较高的文化，有较完备的管理机构，而这样的戎部，很可能就是受秦文化影响较大、活动于邦、冀旧地的縣诸戎。"⑦ 刘光华认为："绵诸国即由余所在的戎国。"⑧

第四种观点，代表人物杨宪益。他认为："可见秦人所伐的西戎当即是縣诸。"⑨ 又认为"义渠为古代陇西的强国，当时陇西又有縣诸之戎，不过我们有理由可以相信此二名是一字的异译，也就是一族。"⑩ 即杨氏认为义渠、縣诸实为一也，此戎王所指义渠或縣诸均对。

① 吕思勉：《吕思勉读史札记》，上海：上海古籍出版社，1982年，第402页。

② ［美］狄宇宙：《古代中国与其强邻——东亚历史上游牧力量的兴起》，贺严等译，北京：中国社会科学出版社，2010年，第126页。

③ 黄烈：《中国古代民族史研究》，北京：人民出版社，1987年，第74页。

④ 岑仲勉：《两周文史论丛》，北京：中华书局，2004年，第183页。

⑤ 是故，縣诸戎不再作为单独一节叙述，为保持完整性和连续性，縣诸戎的一些研究情况本处将说明。

⑥ 林剑鸣：《秦史稿》，上海：上海人民出版社，1981年，第45页。

⑦ 杨建新：《中国西北少数民族史》，北京：民族出版社，2003年，第24页。

⑧ 刘光华：《西北通史》第1卷，兰州：兰州大学出版社，2005年，第218页。

⑨ 杨宪益：《译余偶拾》，济南：山东画报出版社，2006年，第205页。

⑩ 杨宪益：《译余偶拾》，济南：山东画报出版社，2006年，第208页。

二、緜诸戎

（一）緜诸戎的名称

緜诸戎的名称是学界研究的重点，对此有着不同的说法，主要是緜诸、诸緜与緜诸的关系以及是否一音之异译。

一种观点认为緜诸、诸緜就是緜诸。这也是学界的主流观点，例如吕思勉认为："緜诸疑緜诸之误，诸緜则误而又倒也。"① 林剑鸣认为："緜居—居緜—緜叙—绵诸—由余，乃是同一个名字的不同异译。"② 何光岳认为："绵诸，《史记·六国年表》作'緜诸'，又作'緜'。梁玉绳《史记志疑》云：'附案：《史诠》谓'緜诸'乃'绵诸'之讹，是也。'其实，绵诸与緜诸乃一音之转，至今瑶族仍自称为'緜'又称为'绵'，是緜、绵音相转可通用，并非讹写。故《汉书·匈奴传》又作'緜叙'。'緜诸''緜叙'乃绵诸之转音，并非讹传。《史记志疑》与《史诠》所云不确。"③

舒大刚则有不同的见解。他认为："绵诸，又作'緜诸'。《史记·六国年表》：秦厉公六年，'緜诸乞援'；二十年，'公将师与绵诸战'；秦惠公五年，'伐緜诸'。论者或认为'绵、緜亦一音之异译'，恐怕不确。'绵'字当从帛系声，'緜'从系䍃声，上古声系、韵部皆不同，不能通用。绵字古文作'緜'，与'緜'形近易误，故吕思勉、泷川资言俱谓：'緜诸，疑绵诸之讹。'又《六国年表》秦惠公五年之緜诸，别本又作'诸緜'，乃颠倒'緜诸'而成。论者以为即《穆天子传》之'浊緜'、《山海经》之'居緜'、《魏略》之'属緜'。"④

赵俪生也有所怀疑。他认为："并且说老实话，我个人连《史记·匈奴传》中所提到的西戎八国之一的緜诸（《汉书·地理志》天水郡有緜诸道）都有所大胆怀疑，怀疑它是不是如象赤乌氏内徙成为安定郡的乌氏县那样，楚河上的诸緜后来内徙天水郡，由于吏人隶书的错谬和倒置，而弄成了緜诸呢？自然，这仅仅是一种私人的推测而已。"⑤

① 吕思勉：《吕思勉读史札记》，上海：上海古籍出版社，1982年，第402页。
② 林剑鸣：《秦史稿》，上海：上海人民出版社，1981年，第45—46页。
③ 何光岳：《炎黄源流史》，南昌：江西教育出版社，1992年，第186页。
④ 舒大刚：《春秋少数民族分布研究》，台北：文津出版社，1994年，第152页。
⑤ 赵俪生：《寄陇居论文集》，济南：齐鲁书社，1981年，第212页。

（二）緜诸戎的族属

对此，学界看法不一。舒大刚认为："绵诸当属于羌人，其名称的意义当是'诸（或由）姓的羌人'。"[①] 刘光华认为："绵诸属氐。"[②] 何光岳认为："绵诸之绵，与蛮同音，绵诸实为西蛮。"[③] 丁琦认为："未能确明其所自出。"[④]

（三）緜诸戎的活动范围

目前学者大都认为緜诸戎的活动范围在甘肃天水（秦州、清水[⑤]）。如童书业认为："其他戎族，如緜诸，在今甘肃天水县附近。"[⑥] 林剑鸣认为："绵诸在今甘肃天水附近。"[⑦] 史念海认为："緜诸之戎则在今甘肃天水市东，与秦亭和西丘犬都相比邻了。"[⑧] 钟侃、陈明猷所著《宁夏通史》认为："緜诸戎以今甘肃天水为中心。"[⑨] 杨建新认为："緜诸戎活动的地区，大约在今天水县，即原邽戎活动地区。邽戎地区被秦设县后，很可能又为緜诸戎所据，并成为秦国西部新的威胁。"[⑩] 徐卫民认为："绵诸是一个历史悠久的古老民族，活动于甘肃省天水市……绵诸故城遗址究竟在何处？还有待于对文献和考古资料的再研究，看来位于现在天水市以东是无疑的。"[⑪] 李亚农认为："渭水上游秦州附近，则有緜诸之戎。"[⑫] 黄烈认为："绵诸，在今秦州东五十里边邽山。"[⑬] 刘光华认为："绵诸国……在今甘肃清水县南渭河沿岸。"[⑭] 王宗维认为："绵诸之戎的居地，应在今天水县东、清水县南部地区。绵诸之戎的分布地区不仅在渭水以北的清水河下游地区，天水东部渭水

① 舒大刚：《春秋少数民族分布研究》，台北：文津出版社，1994年，第152页。
② 刘光华：《西北通史》第1卷，兰州：兰州大学出版社，2005年，第221页。
③ 何光岳：《炎黄源流史》，南昌：江西教育出版社，1992年，第184页。
④ 丁琦：《西汉以前匈奴史迹考》，武汉大学历史系毕业论文，1945年，第33页。
⑤ 秦州、清水现均隶属天水市。
⑥ 童书业：《春秋史》，北京：中华书局，2006年，第129页。
⑦ 林剑鸣：《秦史稿》，上海：上海人民出版社，1981年，第45页。
⑧ 史念海：《西周与春秋时期华族与非华族的杂居及其地理分布（下篇）》，《中国历史地理论丛》1990年第2期。
⑨ 钟侃、陈明猷：《宁夏通史（古代卷）》，银川：宁夏人民出版社，1993年，第19—22页。
⑩ 杨建新：《中国西北少数民族史》，北京：民族出版社，2003年，第24页。
⑪ 徐卫民：《秦汉历史地理研究》，西安：三秦出版社，2005年，第521、523页。
⑫ 李亚农：《西周与东周》，上海：上海人民出版社，1956年，第20页。
⑬ 黄烈：《中国古代民族史研究》，北京：人民出版社，1987年，第73页。
⑭ 刘光华：《西北通史》第1卷，兰州：兰州大学出版社，2005年，第218页。

以南地区也有绵诸戎分布。"① 丘菊贤、杨东晨认为："绵诸戎故地，当在今渭水上游两岸，西与上邽县相接，天水东、渭水南甘肃清水周围这一广大地区。"②

舒大刚说法略有不同，他将縣诸戎的活动范围分为前后期："绵诸的住地，《史记》以为在'陇以西'，即今陇山西边的甘肃东部地区。不过，那是'西戎八国服于秦'以后的情况，对此前和此后的情况还应作一番考察。绵诸之先，似住在甘肃西北……其地望大致不出今甘肃东部的天水以东和以北，清水以南地区。这是秦穆公时及其以后一个时期绵诸的住地。绵诸在这里，大概一直住了近三百年。"③

（四）縣诸戎的去向

第一种观点，为秦所并。舒大刚认为："《六国年表》记载秦惠公五年（前 395）秦伐縣诸，时值战国中期，自后不见绵诸的记载，当为秦所并。"④

第二种观点，为秦所并，但并未灭绝。林剑鸣认为："从文献记载来看，縣诸被穆公征服后，其种族并未绝灭，当战国之初这支部落又渐渐壮大起来，所以历史上又出现縣诸这个名称。"⑤ 王宗维认为："绵诸之戎在春秋时已臣服了秦国，战国初年向秦乞援，以后和秦国不断发生矛盾。秦国灭邽、冀之戎以后二百多年，绵诸戎仍然顽强抵抗秦的吞并，说明此族势力相当强大。自惠公五年以后史书再不见秦伐绵诸的战争，大概这一年就是秦统一绵诸的年代。秦孝公用商鞅变法，加强对各地的统治，绵诸戎从此处于秦的直接统治之下。秦昭襄王设立陇西郡，后于绵诸戎居地置绵诸道，属之，从此行政管辖统一，部落组织犹存。绵诸戎的部落、氏族组织，西汉时依然存在。"⑥

第三种观点，四散开来，四川、内蒙古均有分布。代表人物是何光岳。他认为："绵诸人之后姓绵，绵人有一支由天水经沔水上游南迁入四川。《汉书·地理志》云：'绵竹县紫岩山，绵水所出，东至新都北入雒。'绵水又叫绵阳河，隋于此置绵州，民国改为绵阳县，即今绵阳市。东晋于合江县西置绵水县，隋于今广元县置绵谷县。平武县东南之龙州故城，又叫绵龙。绵人大多已融入汉族。另有一部分绵诸人，早在周代便从天水北迁至今内蒙古居

---

① 王宗维：《西戎八国考述》，《西北历史研究》1986 年号，西安：三秦出版社，1987 年。
② 丘菊贤、杨东晨：《西戎简论》，《西北民族学院学报（哲学社会科学版）》1989 年第 4 期。
③ 舒大刚：《春秋少数民族分布研究》，台北：文津出版社，1994 年，第 152、154 页。
④ 舒大刚：《春秋少数民族分布研究》，台北：文津出版社，1994 年，第 154 页。
⑤ 林剑鸣：《秦史稿》，上海：上海人民出版社，1981 年，第 155 页。
⑥ 王宗维：《西戎八国考述》，《西北历史研究》1986 年号，西安：三秦出版社，1987 年。

延海。徐日辉谓'居繇''属繇'即绵诸，把绵诸作为居繇的一部。居繇即汉代的居延海。"[1] 徐卫民认为："秦惠文王伐绵诸之后，史书中再看不到绵诸戎的记载，说明绵诸戎被秦灭亡，退出了历史舞台，一部分人后来南迁到四川的绵竹。"[2]

第四种观点，朱学渊认为："'绵诸'即'勿吉''蔑里乞'。"[3]

三、胸衍戎

（一）胸衍戎的族属

学界对胸衍戎的研究相对较少。吕思勉甚至感叹道："惟胸衍事无可考见。"[4] 所以，胸衍戎族属方面的观点并不多。

第一种说法认为胸衍戎是绵诸分支。何光岳认为："似乎可以说周初胸衍从绵诸分出，从陕北延水流域向西北迁至灵武，成为胸衍之戎。又有一部分则继续西迁至居延海，还有一部分则远迁到中亚吹河流域，叫浊繇氏。而由大小延水向西迁至天水的绵水流域者，则称为绵诸。"[5] 杨建新认为："（何光岳）此说虽属推测，但对了解胸衍戎，也是一种参考和思路。"[6]

第二种观点认为是羌种。孙傅瑗认为："胸衍戎，盖义渠之别，羌之别种也。"[7]

第三种观点认为不可知。丁琦认为："未能确明其所自出。"[8] 刘光华认为："乌氏、胸衍之戎族属不明。"[9]

（二）胸衍戎的活动范围

对此，学界看法不一，灵武、盐池一带，支持者较多。如下所述。

第一种观点认为在宁夏灵州（今灵武）。蒙文通认为："胸衍在灵州东南

---

① 何光岳：《炎黄源流史》，南昌：江西教育出版社，1992 年，第 186—187 页。
② 徐卫民：《秦汉历史地理研究》，西安：三秦出版社，2005 年，第 523、524 页。
③ ［美］朱学渊：《新版中国北方诸族的源流》，上海：华东师范大学出版社，2010 年，第 94 页。
④ 吕思勉：《吕思勉读史札记》，上海：上海古籍出版社，1982 年，第 405 页。
⑤ 何光岳：《炎黄源流史》，南昌：江西教育出版社，1992 年，第 188 页。
⑥ 杨建新：《中国西北少数民族史》，北京：民族出版社，2003 年，第 25 页。
⑦ 孙傅瑗：《中国上古时代种族史》，《学风》1934 年第 4 卷第 2 期。
⑧ 丁琦：《西汉以前匈奴史迹考》，武汉大学历史系毕业论文，1945 年，第 33 页。
⑨ 刘光华：《西北通史》第 1 卷，兰州：兰州大学出版社，2005 年，第 221 页。

花马池北。"① 何光岳认为："朐衍在今宁夏灵武县东南。"②

　　第二种观点认为在宁夏盐池。舒大刚认为："朐衍故城，《大清一统志》谓在灵州（今宁夏灵武）东南花马池北。花马池，即宁夏境内盐池，后于其地设县，即今宁夏盐池县。"③ 史念海认为："朐衍之戎又在乌氏之北，当为今宁夏盐池县地。"④

　　第三种观点认为在宁夏盐池、灵武地区。钟侃、陈明猷所著《宁夏通史》认为："朐衍戎在今盐池、灵武地区。"⑤

　　第四种观点认为在陕西定边县境、宁夏盐池一带。王宗维认为："地望在唐盐州，今陕西定边、宁夏盐池及其以北地区。"⑥ 丘菊贤、杨东晨："（朐衍戎）其聚居点，依《元和郡国图志》的记载（关内道条）应在盐州，即今陕西定边县境、宁夏盐城（误，应为池）一带。"⑦ 刘光华认为："朐衍戎，居地在今陕西、宁夏交界之定边、盐池一带。"⑧

　　第五种观点认为不可知。童书业认为："其他戎族，如朐衍未详何处。"⑨

（三）朐衍戎去向

　　第一种说法认为居延即是朐衍。例如王宗维认为："从春秋时的朐衍，战国时的居繇，到西汉时的居延、车延，译名不同，地域不同，但它是一个民族。历时六百年，对游牧民族来说，这种迁徙是正常的，合乎情理的。"⑩ 刘光华认为："秦在朐衍戎地置县，其族或西迁于河西走廊之北。所谓居延是也。"⑪ 美籍学者朱学渊认为："'朐衍'即'呼延''居延'。"⑫

　　第二种说法认为朐衍戎成为匈奴一部。何光岳认为："朐衍又作呼衍或呼延。当秦汉初年匈奴强大时，呼衍戎已并入匈奴国，其贵族任左，右日逐

　　① 蒙文通：《周秦少数民族研究》，上海：龙门联合书局，1958 年，第 105 页。
　　② 何光岳：《炎黄源流史》，南昌：江西教育出版社，1992 年，第 188 页。
　　③ 舒大刚：《春秋少数民族分布研究》，台北：文津出版社，1994 年，第 174 页。
　　④ 史念海：《西周与春秋时期华族与非华族的杂居及其地理分布（下篇）》，《中国历史地理论丛》1990 年第 2 期。
　　⑤ 钟侃、陈明猷：《宁夏通史（古代卷）》，银川：宁夏人民出版社，1993 年，第 22 页。
　　⑥ 王宗维：《西戎八国考述》，《西北历史研究》1986 年号，西安：三秦出版社，1987 年。
　　⑦ 丘菊贤、杨东晨：《西戎简论》，《西北民族学院学报（哲学社会科学版）》1989 年第 4 期。
　　⑧ 刘光华：《西北通史》第 1 卷，兰州：兰州大学出版社，2005 年，第 221 页。
　　⑨ 童书业：《春秋史》，北京：中华书局，2006 年，第 129 页。
　　⑩ 王宗维：《西戎八国考述》，《西北历史研究》1986 年号，西安：三秦出版社，1987 年。
　　⑪ 刘光华：《西北通史》第 1 卷，兰州：兰州大学出版社，2005 年，第 221 页。
　　⑫ ［美］朱学渊：《新版中国北方诸族的源流》，上海：华东师范大学出版社，2010 年，第 94 页。

王，世为辅相，又称呼衍王。呼延氏在唐以后全融入汉族，以后有改复姓呼延为呼氏者，至今呼延氏虽有，但很少了。"[1]

第三种说法认为被秦同化。舒大刚认为："胸衍是秦国附庸，后并于秦，成为秦之一邑。"[2]

第四节 瓜州之戎、允姓之戎、姜戎、阴戎

一、瓜州之戎

学界对瓜州的位置争议较大，如下：

第一种说法认为在敦煌及其相邻地区。晋杜预认为："瓜州地在今敦煌。"[3] 夏曾佑[4]，孟世杰[5]，李孟存、常金仓[6]等认同此说。舒大刚认为："早期居住区很可能就是罗布泊及相邻的敦煌地区，而不是秦岭最高峰的南北坡。"[7]

然此说受到学界广泛的质疑，如史念海认为："杜预解释瓜州，说是在敦煌。可是他们并没有想到，敦煌在汉武帝时候始隶版图。春秋时，秦晋两国怎么能远适异域，招来这样的戎人？二杜的说法显然是不可通的。"[8]

第二种说法认为在凤翔附近。顾颉刚认为："四岳所在当即瓜州所在，

① 何光岳：《炎黄源流史》，南昌：江西教育出版社，1992 年，第 188、189 页。
② 舒大刚：《春秋少数民族分布研究》，台北：文津出版社，1994 年，第 174 页。
③ （晋）杜预：《春秋经传集解》，上海：上海古籍出版社，1978 年，第 903 页。
④ 夏曾佑：《中国古代史》，石家庄：河北教育出版社，2003 年，第 161 页。
⑤ 孟世杰：《先秦文化史》，上海：上海书店，1929 年，第 242 页。
⑥ 李孟存、常金仓：《晋国史纲要》，太原：山西人民出版社，1988 年，第 252 页。
⑦ 舒大刚的原因是："一则其说于古无征，秦岭自古未闻有'瓜州'之称。二则詹桓伯明明说'先王居檮杌于四裔，故允姓之奸居于瓜州'，倘若允姓之戎果然居住在秦岭，其地为周人势力范围，不当被周大夫称为'四裔'。其三，从考古发掘看，塞种文化以紧邻敦煌的新疆罗布泊地区'古墓沟人'最早，年代距今为 3800 年左右。依据各项考古资料，在今罗布泊和伊犁河流域，沿天山北路，分布着许多塞种遗址，这些遗址的时间自东向西递减，最早为距今 3800 年，最迟为 2000 年前，明显可见，'随着时代的推移和社会经济的发展，我国西北塞种的分布呈现由东向西的趋势'。其四，罗布泊塞种遗址距今 3800 年，秦人逐戎却发生在约 1200 年以后（秦穆公），自然不会等待秦人迫逐而后至。"（舒大刚：《春秋少数民族分布研究》，台北：文津出版社，1994 年，第 116 页。）
⑧ 史念海：《西周与春秋时期华族与非华族的杂居及其地理分布（下篇）》，《中国历史地理论丛》1990 年第 2 期。

部族固容有迁徙，要之必在关中、秦岭一带。"① "瓜州必不在今敦煌，它一定离凤翔不远，所以秦人也可以把他们赶出去，晋人也可以把他们引进来。"② "窃意瓜州当在今凤翔之东，实居秦、晋之间，故秦人得而迫之，晋人得而诱之耳。"③

第三种说法认为在陇东一带。《甘肃省志》认为："杜氏最早提出瓜州为敦煌是缺乏根据的。春秋时所称瓜州之戎的居地，今已无从考究，不过根据瓜州之戎的活动来看，似应在今陇东一带。"④

第四种说法认为在秦之东北边境地带。王占奎认为："渭水以南，秦岭北麓，史籍上也无戎人之迹……考戎人遗迹，大都在渭水以北。自周人先公公刘到秦人入主关中时，莫不如此……明瓜州不当在关中盆地，而应在秦之东北边境地带。"⑤

第五种说法，王玉哲认为："诸戎所居之瓜州，当在今晋中北部孝义县一带。"⑥

第六种说法，认为在晋西、秦北。管东贵认为："瓜州之地望应是在晋之西或西南及秦之北或东北。"⑦

二、允姓之戎

（一）允姓之戎的族属

《广弘明集》载梁荀济《论佛教表》曰："《汉书·西域传》塞种，本允姓之戎，世居敦煌，为月氏迫逐，遂往葱领南奔。"⑧ 该史料中的"塞种，本允姓之戎"受到学界的重视，从而引起允姓之戎是否为塞种的争论。现将各家观点列表如下（见表4-10）：

①　顾颉刚：《史林杂识》，北京：中华书局，1963年，第50页。
②　顾颉刚：《从古籍中探索我国的西部民族——羌族》，《社会科学战线》1980年第1期。
③　顾颉刚：《九州之戎与戎禹》，《古史辨》第7册下，上海：上海古籍出版社，1982年，第121页。
④　《甘肃省志》第70卷《民族志》，兰州：甘肃人民出版社，2004年，64页。
⑤　王占奎：《晋地"姜戎氏"文化的线索》，《文物考古文集》，武汉：武汉大学出版社，1997年，第202—203页。
⑥　王玉哲：《中华远古史》，上海：上海人民出版社，2000年，第660页。
⑦　管东贵：《从宗法封建制到皇帝郡县制的演变》，北京：中华书局，2010年，第10页。
⑧　《广弘明集》卷7，上海：上海古籍出版社，1991年，第134页。

表 4-10：允姓之戎族属表

类型	族属	代表人物	主要观点
属塞种	允姓之戎乃塞种	蒙文通	允姓之戎，即塞种也。①
		赵俪生	荀济诋斥佛教最为激烈，故引文中斥佛诟释之处，我们可以认为是一种政治偏见而置之不齿。但他平生学问深厚，终年八十以上，他说的一些古话，不可能是胡诌……这段引文中最要害的一个关节，就是说塞种和允姓之戎是一回事。我们对这个论断，要么推翻，要么承认，不可能有第三种态度。但推翻怕是困难的……允姓之戎和塞种，从种姓上合拢了。②
		余太山	塞人即允姓之戎……塞人共有四部，其中 Asii 应即允姓之戎。③
		舒大刚	允姓之戎，吴承志、蒙文通先生俱认为是猃狁之后，其说可从……知允姓之戎＝猃狁＝塞种。④
		斯维至	允姓之戎既是塞种，其实也即玁（猃）狁是塞种。⑤
		李零	允姓之戎——陆浑戎——月氏、乌孙（塞种系）。⑥
非塞种	允姓之戎乃羌⑦	黄文弼	是陆浑之戎，即为允姓之戎，必为羌族。⑧
		冉光荣	姜氏之戎及允姓之戎都属羌人系统。⑨
		晁福林	允姓之戎属于羌族，故而晋人又称其为姜戎。⑩
	允姓之戎乃三苗	夏剑丞	允姓之戎，即三苗之后也。⑪
	允姓之戎是三苗与羌的混合	尹盛平	允姓之戎是三苗迁至三危后，与当地羌戎混居形成的一支戎族。⑫

① 蒙文通：《周秦少数民族研究》，上海：龙门联合书局，1958 年，第 8 页。

② 赵俪生：《寄陇居论文集》，济南：齐鲁书社，1981 年，第 214 页。

③ 余太山：《塞种史研究》，北京：中国社会科学出版社，1992 年，第 27 页。

④ 舒大刚：《春秋少数民族分布研究》，台北：文津出版社，1994 年，第 115 页。

⑤ 斯维至：《从周原出土蚌雕人头像谈严允文化的一些问题》，《历史研究》1996 年第 1 期。

⑥ 李零：北京大学"出土文献与中国古代文明研究协同创新中心"金文与青铜器研讨班第一期讲座"两周金文中的族姓"，北京，2015 年 6 月 25 日。

⑦ 此说又可以追溯到晋杜预，杜预认为："四岳之后皆姜姓，又别为允姓。"（杜预：《春秋经传集解》，上海：上海古籍出版社，1978 年，第 903 页。）

⑧ 黄文弼：《古代匈奴民族之研究》，《边政公论》1943 年第 2 卷第 3－5 期。

⑨ 冉光荣、李绍明、周锡银：《羌族史》，成都：四川民族出版社，1985 年，第 39 页。

⑩ 晁福林：《春秋战国的社会变迁》，北京：商务印书馆，2011 年，第 336 页。

⑪ 夏剑丞：《西戎考》，《东方文化》1942 年第 1 卷第 3 期。

⑫ 尹盛平：《猃狁、鬼方的族属及其与周族的关系》，《人文杂志》1985 年第 1 期。

（续表）

类型	族属	代表人物	主要观点
	允姓之戎乃东夷	何光岳	允姓之戎，出于少昊，是东夷中强大的部落联盟。①
	允姓之戎是允人与戎的混合	杨东晨	炎帝后裔允人的一支迁于今甘肃永登县南，与戎族结合称允戎。②
	允姓之戎归附塞种	李聚宝	允戎不是塞种，而是归附了早先一步就已迁徙到伊犁河流域的塞人。③
	獫狁之后	王玉哲	允姓戎，西周獫狁之后裔也。④
	猃狁之后，杂有塞人	葛志毅	春秋时允姓之戎一般认为乃西周猃狁之后，是猃狁及允姓之戎都应与塞人有关系，至少在猃狁或允姓之戎中杂有塞人。⑤
		齐万良	从荀济自言所据及其行文义理上不难看出这条史料中存在诸多牵强之处，使人对塞人即允姓之戎的提法产生怀疑。荀济是抨击佛教最力者，因此，他不惜附会史实，竭力证明释种（佛教徒）是异族（允姓之戎），借以唤起人们从文化心理上拒斥佛教，也就可以理解了。但他因此贻误史学，恐怕亦难辞其咎。⑥
		顾立雅	有种观点认为游牧的戎、狄是从中亚草原迁徙到中国的边界上来的，一直以来，有些人可能知道一些部族的名称，但是大部分是值得怀疑的。他们可能与中亚游牧民族有一些接触，但是我们有理由怀疑，这种接触的广泛性。它似乎很清楚，许多叫戎和狄的部族，长久以来就生活居住在我们所说的"中国"，并被华夏人所取代。⑦
一族两名	羌族之后，演变为塞人	龙显昭	允姓戎为羌族之一支，故又称姜戎。允姓戎又称姜戎，就是属于这种情形……春秋时期，允姓戎东迁的一部分人进入秦晋，进入伊洛，又叫阴戎、陆浑之戎……至于未迁而仍居于瓜州的允姓戎，后来为月氏所迫，一部分向西迁移，即《汉书·西域传》所称的塞种……知允姓戎即是塞种，则允姓戎当在战国之末便已循北道迁到了伊犁河流域，称"塞王"建国。⑧
不得而知		李亚农	瓜州有允姓之戎，其渊源所自，已不得而知。⑨

①　何光岳：《〈山海经〉所载戎族的来源和分布》，《〈山海经〉与中华文化》，武汉：湖北人民出版社，1999 年，第 182—183 页。

②　杨东晨：《甘肃地区古氏族部落和文化考述》，《天水师范学院学报》2000 年第 4 期。

③　李聚宝：《允戎不是塞种》，《敦煌研究》1987 年第 1 期。

④　王玉哲：《中华民族早期源流》，天津：天津古籍出版社，2010 年，第 174 页。

⑤　葛志毅：《谭史斋论稿》，哈尔滨：黑龙江教育出版社，2002 年，第 50 页。

⑥　齐万良：《塞种真是"允姓之戎"吗？》，《新疆地方志》1993 年第 2 期。

⑦　［美］Herrlee G. Creel, *The Oringins of Statecraft in China*：*The Western Chou Empire*，Chicago：The University of Chicago Press，1970，p. 199—200.

⑧　龙显昭：《汉代西域的族属及其与周秦"西戎"之关系》，《西南民族学院学报》1984 年第 1 期。

⑨　李亚农：《西周与东周》，上海：上海人民出版社，1956 年，第 20 页。

（二）允姓之戎的去向

学界有不同的说法。孟世杰认为："允姓之戎其后衍为羌族。"① 尹盛平认为："知氏人可能是允姓之戎。"② 赵俪生认为："允姓之戎，原居三危。后析为白狄与赤狄。"③ 余太山认为："允姓之戎的余种便是乌孙之祖。"④

（三）允姓之戎与陆浑戎

一种说法认为允姓之戎即陆浑戎。孟世杰认为："陆浑之戎，亦称允姓之戎。"⑤ 黄文弼认为："是陆浑之戎，即为允姓之戎。"⑥ 李亚农认为："瓜州有允姓之戎……秦晋把他们迁了一支到中原内部来，名之曰陆浑之戎，又叫做姜戎。"⑦ 林剑鸣认为："在戎族中，有一支称为陆浑之戎，他们又被称为允姓之戎或姜戎。"⑧ 史念海认为："允姓之戎也就是陆浑之戎和姜戎。"⑨ 赵俪生认为："陆浑之戎，据杜预《注》，原为允姓之戎。"⑩ 陈温菊认为："陆浑之戎又称'允姓之戎'。"⑪

另一种说法认为是包含关系，即允姓之戎是陆浑戎的一部分。童书业认为："陆浑戎中又有姜姓和允姓的两支。"⑫ 李孟存、常金仓认为："东迁的陆浑戎分为两部，一部居西称'姜姓之戎'……一部居东，称'允姓之戎'。"⑬ 舒大刚认为："允姓之戎和姜姓之戎被秦人远远地驱逐在瓜州陆浑之地，号称'陆浑之戎'……知允姓即在陆浑之中。"⑭

---

① 孟世杰：《先秦文化史》，上海：上海书店，1929年，第245页。
② 尹盛平：《猃狁、鬼方的族属及其与周族的关系》，《人文杂志》1985年第1期。
③ 赵俪生：《日知录导论》，成都：巴蜀书社，1992年，第138页。
④ 余太山：《塞种史研究》，北京：中国社会科学出版社，1992年，第2页。
⑤ 孟世杰：《先秦文化史》，上海：上海书店，1929年，第245页。
⑥ 黄文弼：《古代匈奴民族之研究》，《边政公论》1943年第2卷第3—5期。
⑦ 李亚农：《西周与东周》，上海：上海人民出版社，1956年，第20页。与姜戎关系下文不再重复。
⑧ 林剑鸣：《秦史稿》，上海：上海人民出版社，1981年，第44页。与姜戎关系下文不再重复。
⑨ 史念海：《河山集》三集，北京：人民出版社，1988年。与姜戎关系下文不再重复。
⑩ 赵俪生：《日知录导论》，成都：巴蜀书社，1992年，第138页。
⑪ 陈温菊：《先秦三晋文化研究》，新北：花木兰文化出版社，2011年，第36页。
⑫ 童书业：《春秋史》，北京：中华书局，2006年，第129页。
⑬ 李孟存、常金仓：《晋国史纲要》，太原：山西人民出版社，1988年，第252页。
⑭ 舒大刚：《春秋少数民族分布研究》，台北：文津出版社，1994年，第120、122页。

（四）允姓之戎与姜戎

第一种说法认为允姓之戎即姜戎，例如龙显昭认为："允姓戎又称姜戎。"① 晁福林认为："姜氏之戎，即姜戎，亦即原来的允姓之戎。"②

第二种说法认为允姓之戎与姜戎是不同的族群，例如王玉哲认为："按姜戎与允姓戎为种姓各异之两族，晋杜预误为一族，注曰：'四岳之后，皆姜姓。又别为允姓。'清顾栋高《春秋大事表》之《四裔表》亦误从杜注，以为允姓戎与姜戎为一族，其实姜戎之姜是齐、许、申、吕之姜，而允姓戎本为玁狁之后裔，不得混而一之。盖当时居瓜州者有姜姓、允姓，还有其他姓氏之戎，由于生活方式相近，'饮食衣服，不与华同'。他们共同组成一个有机共同体或部落同盟，以与诸夏对立抗衡，同居瓜州一带。因而华夏视彼等为一国，但其内部自有分别。"③ 舒大刚认为："《左传》在述及陆浑之戎时，一则称'允姓之奸'，一则称'姜戎氏'。杜注认为允姓为姜戎之别，其实允姓不必是姜戎之别，居陆浑者本有姜、允二姓，互为婚姻，从《左传》有关'陆浑子'的记载看，姜、允二戎似乎还是同一部落联盟，他们有共同的酋长，合称为陆浑之戎，分称为允姓戎、姜戎氏。秦晋迁陆浑之戎，二姓也同时被迁。"④

还有一种说法可归纳为同源异流，例如唐嘉弘认为："可能姜、允二戎，为民族学上的'两个半边'，犹如姜、姬之姓之为'两个半边'一样，其远祖本为一族，出自同一个'根'。"⑤

三、姜戎

（一）姜戎的族属

学界大都把其与羌族联系在一起。黄文弼认为："姜戎既为被发民族而同于羌人。"⑥ 舒大刚认为："姜姓之戎，史或称姜戎、姜戎氏。姜戎与古羌

① 龙显昭：《汉代西域的族属及其与周秦"西戎"之关系》，《西南民族学院学报》1984年第1期。
② 晁福林：《春秋战国的社会变迁》，北京：商务印书馆，2011年，第336页。
③ 王玉哲：《中华民族早期源流》，天津：天津古籍出版社，2010年，第234页。
④ 舒大刚：《春秋少数民族分布研究》，台北：文津出版社，1994年，第120页。
⑤ 唐嘉弘：《中国古代民族研究》，西宁：青海人民出版社，1987年，第11页。
⑥ 黄文弼：《古代匈奴民族之研究》，《边政公论》1943年第2卷第3—5期。

人，在渊源上似有某种联系，姜戎（甚至姜姓）就是羌人的一支……所以从本原上说，羌人、姜姓、姜戎氏都是同出一族的，三者之间的关系不过是同源异流而已。"① 斯维至认为："姜戎氏原是羌族，而且他们原来就居住在瓜州即敦煌、酒泉一带。因为塞种分支东侵之后，他们被迫和塞种杂居以至同化融合，因此被称为姜戎氏。"② 何光岳认为："姜戎则是羌人血统。"③

至于其与三苗有无关联，学界也有着争议。夏剑丞认为："有姜戎者，为四岳后，陆浑之别部。是三苗为神农氏之后，亦中国旧族，非戎人也。"④ 与此相对，尹盛平认为："姜与羌同族，是西北的土著民族，与三苗没有族源上的关系。羌戎为当地的土著，与三苗无关。"⑤

四、阴戎

（一）允姓之戎与阴戎

学界意见相对统一，认为允姓之戎即阴戎，但说法又略有不同。

一种说法比较肯定和直接。夏剑丞认为："允姓之戎……服于晋，又称阴戎。"⑥ 余太山认为："'允''阴'音近，应是同名异译。"⑦ 舒大刚认为："知阴戎即允姓之戎。"⑧ 另一种说法认为阴戎乃允姓之戎之一部，例如尹盛平认为："允姓之戎的一部分迁到两阴之地（渭水、黄河以南，秦岭、伏牛山以北），故被称为阴戎。"⑨

美国学者狄宇宙则有不同的见解。他认为："阴戎——那是属于外族中还不能作更精确的认定的一个少数族。"⑩

---

① 舒大刚：《春秋少数民族分布研究》，台北：文津出版社，1994年，第127、128页。
② 斯维至：《从周原出土蚌雕人头像谈严允文化的一些问题》，《历史研究》1996年第1期。
③ 何光岳：《〈山海经〉所载戎族的来源和分布》，《〈山海经〉与中华文化》，武汉：湖北人民出版社，1999年，第170页。
④ 夏剑丞：《西戎考》，《东方文化》1942年第1卷第3期。
⑤ 尹盛平：《猃狁、鬼方的族属及其与周族的关系》，《人文杂志》1985年第1期。
⑥ 夏剑丞：《西戎考》，《东方文化》1942年第1卷第3期。
⑦ 余太山：《塞种史研究》，北京：中国社会科学出版社，1992年，第27页。
⑧ 舒大刚：《春秋少数民族分布研究》，台北：文津出版社，1994年，第122页。
⑨ 尹盛平：《猃狁、鬼方的族属及其与周族的关系》，《人文杂志》1985年第1期。
⑩ ［美］狄宇宙：《古代中国与其强邻——东亚历史上游牧力量的兴起》，贺严等译，北京：中国社会科学出版社，2010年，第124页。

（二）阴戎其名

对于阴戎名称的由来，学界看法不一，如下：

传统观点是以地缘为称。顾颉刚认为："何以谓之阴戎，以其居阴地……于河南、山北两阴之地，则亦就其新居而称之曰'阴戎'。"[1] 唐嘉弘认为："住于河南、山北的阴地，故称阴戎。"[2] 李孟存、常金仓所著《晋国史纲要》认为："居于伊川（河南省嵩县境内），伊川在晋之河阴，因此又称阴戎。"[3] 史念海认为："因为住在阴地，所以就被称为阴戎。"[4]

舒大刚表达了不同见解，很有参考价值。他认为："允姓之戎何以称阴戎，传统看法是缘地为称，一种意见认为允姓之戎居大河之南，秦岭余脉以北，故称阴戎。另一种意见认为'阴'为地名，即晋阴地，在今河南卢氏县东北。我们认为两说皆不足据，前说将陆浑与允姓之戎分举，不知允姓即在陆浑之中；又以允姓处于'河南山北'故称阴戎，何以同处的伊雒之戎不称阴戎？后说谓陆浑近阴地故曰阴戎，不知詹桓伯已明明只称阴戎为'允姓之奸'，可知阴戎并不包括整个陆浑之戎；况且从《左传》昭公十九年'楚工尹赤迁阴于下阴'一语看，阴戎并不是近阴地，而是眉于阴地。考《春秋》、《左传》，以阴为地名者，皆在僖公二十二年迁戎之后，知阴地很可能是由于有允姓之戎居住而得名。允、阴，古音相同，允戎又称阴戎，允戎住地又称阴地。"[5]

第五节　陆浑戎、九州之戎

一、陆浑戎

（一）陆浑戎的族属

学界看法不一，大致有以下四种观点。

---

①　顾颉刚：《史林杂识》，北京：中华书局，1963年，第46、48页。
②　唐嘉弘：《中国古代民族研究》，西宁：青海人民出版社，1987年，第11页。
③　李孟存、常金仓：《晋国史纲要》，太原：山西人民出版社，1988年，第252页。
④　史念海：《西周与春秋时期华族与非华族的杂居及其地理分布（下篇）》，《中国历史地理论丛》1990年第2期。
⑤　舒大刚：《春秋少数民族分布研究》，台北：文津出版社，1994年，第122页。

第一种观点，一些学者把其与允姓之戎归在一起，详见上文"允姓之戎"。

第二种观点，刘德岑认为："陆浑戎为獫狁之后裔。"①

第三种观点，丁山认为："疑陆浑之戎即《禹贡》所谓昆仑矣。"②

第四种观点，何光岳认为："顾颉刚《九州之戎与戎禹》以陆浑之戎即允姓之戎及瓜州之戎或阴戎，是不妥的。陆浑之戎为陆终之后，乃黄帝之裔。"③

（二）陆浑内迁

学界尚有争论，大致有以下四种观点。

第一种观点认为陆浑内迁的原因不明。例如梁启超认为："《传》所谓秦、晋迁陆浑之戎于伊川也。伊川今洛阳，实当时诸夏腹地，秦、晋合力从数千里外之甘肃边境，徙此族于王畿所在之河南，未审其目的何在。然徙异族入居内地之政略——汉以后所习行者，实则以此役为作俑，故当认为历史上一大事。"④

第二种观点认为陆浑内迁有着姻亲的因素。例如顾颉刚认为："当时秦人逐戎，晋惠公为什么偏要引他们进来呢？这说不定还是因了姻亲的关系。允姓之戎本是晋惠公的舅家，无怪乎在秦人逐戎时，他要迎他们入伊川了。"⑤冉光荣等所著《羌族史》认为："陆浑内迁，主要是鉴于秦向东扩张而面临威胁的缘故，而晋与秦本有利害冲突，自然乐于接纳各种反秦力量，允姓之戎本是晋惠公舅家，御秦良策，莫过于把自己的亲属，秦之仇敌——陆浑之戎迁于虢略，作为抵抗力量。"⑥

但也有学者表示反对，例如赵瑞民认为："晋国与陆浑戎没有姻戚关系，两者的联盟另有原因。陆浑戎之东迁，是秦国驱逐的结果，而晋惠公接纳此戎，应是其被俘求释时答允的条件……其实，春秋时期的联姻关系根本不能保证在军事和政治上的联盟……东迁陆浑戎是秦穆公霸西戎的一个步骤……陆浑戎东迁，直接收益的是秦国，包括两个方面，一是除去强邻，二是开辟

① 刘德岑：《秦晋开拓与陆浑东迁》，《禹贡》1935 年第 4 卷第 8 期。

② 丁山：《古代神话与民族》，北京：商务印书馆，2005 年，第 419 页。

③ 何光岳：《〈山海经〉所载戎族的来源和分布》，《〈山海经〉与中华文化》，武汉：湖北人民出版社，1999 年，第 179—180 页。

④ 梁启超：《饮冰室文集点校》，昆明：云南教育出版社，2001 年，第 3222 页。

⑤ 顾颉刚：《从古籍中探索我国的西部民族——羌族》，《社会科学战线》1980 年第 1 期。

⑥ 冉光荣、李绍明、周锡银：《羌族史》，成都：四川民族出版社，1985 年，第 40 页。

疆土，所以秦穆公要在放晋惠公归国的条件中列此一项。至于晋惠公，答允接纳陆浑戎，实在是无可奈何之事，与割城池、送人质属于同一性质，都是丧权辱国的行为。因为晋惠公落在秦穆公手中，迁戎之事无论怎样对秦国有利，对晋国不利，只能答允；后来成为事实，也是迫于秦国的压力，不得已而为之。所以，迁戎之事，表面上是秦晋合谋，实际上是胜利者强加给战败国的屈辱条件。"①

第三种观点认为秦人逼迫晋或陆浑戎。李孟存、常金仓所著《晋国史纲要》认为："陆浑戎原居瓜州，公元前 637 年，晋惠公在韩之战做了秦国的俘虏，获释归国时为了借戎人之力扼守伊川，西抗秦国，诱陆浑之戎东迁，居于伊川（河南省嵩县境内）。"② 翁独健主编的《中国民族关系史纲要》认为："陆浑之戎，原居秦西陆浑，因受秦人所迫，归于晋。晋将其迁于伊洛地区。"③ 安介生认为："陆浑之戎的内迁，完全是为了躲避秦国的侵掠。"④

第四种观点认为陆浑与秦晋为敌，秦晋为自己利益而迁徙之。例如赵俪生认为："与秦晋相犯，故秦晋诱之，使居陆浑。"⑤

对于此问题，刘德岑、岑仲勉做了更为详细的论述，许多观点针锋相对，如下所述。

刘德岑认为："秦晋迁陆浑之原因何在乎？与其曰秦晋迁之，不如曰晋人迁之。其原因有五：一、晋人使陆浑处伊川，西以塞秦东下之路，南以御楚师北上。二、陆浑东下之前，伊洛间有扬拒泉皋之戎，伐京师，焚王门，为祸甚烈，自陆浑东来，此戎遂泯，盖为晋人以夷制夷之方略。三、秦晋势强，诸戎渐次吞灭殆尽，陆浑鉴于当前危急，亦乐于东窜。四、惠公之母出自小戎，晋与陆浑有婚媾之事，故陆浑亦乐役于晋。五、惠公之妻出于秦，秦晋有婚媾之事，故秦亦不阻晋人迁戎而东下。不过，其最大原因仍在于秦晋之开拓疆土，诸戎悚于威逼，相次东来。"⑥

对刘德岑的观点，岑仲勉表示反对。他认为："立论非毫无所见，惜多不可信。春秋时列国斗争，惟利是视，婚姻的关系初不放在眼中，如果晋人

① 赵瑞民：《晋国与陆浑戎》，《晋阳学刊》2003 年第 3 期。
② 李孟存、常金仓：《晋国史纲要》，太原：山西人民出版社，1988 年，第 252 页。
③ 翁独健：《中国民族关系史纲要》，北京：中国社会科学出版社，2001 年，第 71 页。
④ 安介生：《历史民族地理》，济南：山东教育出版社，2007 年，第 84 页。
⑤ 赵俪生：《日知录导论》，成都：巴蜀书社，1992 年，第 138 页。
⑥ 刘德岑：《秦晋开拓与陆浑东迁》，《禹贡》1935 年第 4 卷第 8 期。

志在塞秦人东下的门路，秦人未必毫无警惕，断不肯以儿女之私，上假途灭虢和引狼入室的大当……然而这件事并不是小事，据我的意见，其主动力实在秦，大约陆浑居瓜州，有骎骎东徙的意图，秦人如果不设法消弭，必先受其敝，比较简易的办法，就替他们寻一安身地方以避免冲突，那是秦和陆浑都乐于这样做的。晋呢，惠公借秦力以入国，少不免对它迁就，反正安插在伊川，对他本国没有什么大不利，也乐得做个人情；同时陆浑迁到新居，得与他们同类的'扬拒泉皋伊洛之戎'比邻而住，亦必觉得满意，就这样，此一回大迁徙的事件于是乎水到渠成了。若不是的话，陆浑无论人数多少，把他们押迁到四五千里以外，得不到他们的同意，绝不是容易的事，此其一。秦、晋果有意吞灭诸戎，又有力量随便把他们移过五千里的长途，那就有力量来兼并他们，何以做了如许巨大的工作，反而自己一无所得而安置在秦、晋国境之外？此其二。迁移的时候，秦境的程途特别长，稍有不稳，则先受其祸，如果非对它有着特殊利益，恐怕它不会冒险来干，此其三。有此种种为难，刘氏的假想是很难说得通的。"[1]

（三）陆浑戎与姜戎

第一种观点认为陆浑之戎即姜戎。梁启超认为："春秋时之姜戎亦称阴戎，或陆浑之戎。"[2] 孟世杰认为："陆浑之戎，亦称姜戎。"[3] 杨宽认为："姜戎即陆浑戎。"[4] 李亚农认为："瓜州有允姓之戎，其渊源所自，已不得而知，秦晋把他们迁了一支到中原内部来，名之曰陆浑之戎，又叫做姜戎。"[5] 林剑鸣认为："在戎族中，有一支称为陆浑之戎，他们又被称为允姓之戎或姜戎。"[6]

第二种观点认为二者是包含关系。但是，其中又有着是陆浑之戎包含姜戎还是姜戎包含陆浑之戎的争论。一些学者认为是陆浑之戎包含姜戎，例如童书业认为："陆浑戎中又有姜姓和允姓的两支。"[7] 夏剑丞认为："有姜戎者，为四岳后，陆浑之别部。"[8] 李孟存、常金仓所著《晋国史纲要》认为：

① 岑仲勉：《两周文史论丛》，北京：中华书局，2004年，第520—521页。
② 梁启超：《饮冰室文集点校》，昆明：云南教育出版社，2001年，第3222页。
③ 孟世杰：《先秦文化史》，上海：上海书店，1929年，第245页。
④ 杨宽：《中国上古史导论》，《古史辨》第7册上，上海：上海古籍出版社，1982年，第95页。
⑤ 李亚农：《西周与东周》，上海：上海人民出版社，1956年，第20页。
⑥ 林剑鸣：《秦史稿》，上海：上海人民出版社，1981年，第44页。
⑦ 童书业：《春秋史》，北京：中华书局，2006年，第129页。
⑧ 夏剑丞：《西戎考》，《东方文化》1942年第1卷第3期。

"东迁的陆浑戎分为两部，一部居西称'姜姓之戎'……一部居东，称'允姓之戎'。"① 与此相对，冉光荣等所著《羌族史》却认为："东周以后，属于姜氏戎系统的有伊洛之戎、陆浑之戎等。"②

第三种观点认为二者是不同的族群。例如何光岳认为："姜戎，又称姜氏之戎……至迟在西周后期，今山西介休一带，已有姜氏之戎的活动。乃与炎帝之后的申、吕同族成为邻居，皆为姜姓。由于姜戎过游牧生活而称为戎族。故杨宽《中国上古史导论》谓姜戎即陆浑之戎是错误的。"③

（四）陆浑戎与阴戎

第一种观点认为陆浑之戎即阴戎。例如顾颉刚认为："陆浑之戎居于河南山北两阴之地，故时人易其名曰阴戎也……陆浑之戎为旧称，而阴戎为新称，名称之变由其居地之异。"④ "名曰阴戎，着其迁居所在，其本名曰陆浑之戎。"⑤ "阴戎即陆浑戎……陆浑既灭，即无阴戎。"⑥ 金景芳认为："陆浑之戎也称阴戎。"⑦ 冉光荣等所著《羌族史》认为："称阴戎或陆浑之戎、伊洛之戎系因不同地名而形成的。在陆浑叫陆浑之戎，迁伊洛后则呼之曰伊洛之戎了。"⑧ 李孟存、常金仓所著《晋国史纲要》认为："陆浑戎又称阴戎。"⑨ 徐杰舜认为："陆浑之戎东迁后又称阴戎。"⑩ 何光岳认为："陆浑之戎居于河南山北两阴之地，故时人易其名曰阴戎也。陆浑之戎为旧称，而阴戎为新称，名称之变由其居地之异。"⑪

第二种观点认为二者的关系属于包含关系。但是，其中又有着是陆浑之戎包含阴戎还是阴戎包含陆浑之戎的争论。一些学者认为陆浑之戎包含阴戎。翁独健主编的《中国民族关系史纲要》认为："阴戎属陆浑之戎，居晋

① 李孟存、常金仓：《晋国史纲要》，太原：山西人民出版社，1988年，第252页。
② 冉光荣、李绍明、周锡银：《羌族史》，成都：四川民族出版社，1985年，第38页。
③ 何光岳：《〈山海经〉所载戎族的来源和分布》，《〈山海经〉与中华文化》，武汉：湖北人民出版社，1999年，第184页。
④ 顾颉刚：《九州之戎与戎禹》，《古史辨》第7册下，上海：上海古籍出版社，1982年，第119页。
⑤ 顾颉刚：《史林杂识》，北京：中华书局，1963年，第46页。
⑥ 顾颉刚：《从古籍中探索我国的西部民族——羌族》，《社会科学战线》1980年第1期。
⑦ 金景芳：《中国奴隶社会史》，上海：上海人民出版社，1983年，第263页。
⑧ 冉光荣、李绍明、周锡银：《羌族史》，成都：四川民族出版社，1985年，第40页。
⑨ 李孟存、常金仓：《晋国史纲要》，太原：山西人民出版社，1988年，第252页。
⑩ 徐杰舜：《汉民族发展史》，成都：四川民族出版社，1992年，第69页。
⑪ 何光岳：《〈山海经〉所载戎族的来源和分布》，《〈山海经〉与中华文化》，武汉：湖北人民出版社，1999年，第184页。

阴地者。"① 与此相对，一些学者认为阴戎包含陆浑之戎。李绍明认为："阴戎包括陆浑之戎和伊雒之戎。"② 舒大刚看法略有不同。他认为："阴戎并不包括整个陆浑之戎。"③

二、九州戎

（一）九州戎的族属

如表 4-11 所示：

表 4-11：九州戎族属表

类型	族属	代表人物	主要观点
九州戎乃陆浑戎	九州戎乃陆浑戎	刘德岑	陆浑戎又名九州戎。④
		杨宽	陆浑之戎又称九州戎。⑤
		高矜细	陆浑之戎或九州之戎即是。⑥
		夏剑丞	陆浑叛晋晋灭之，余众属晋者，又谓之九州之戎。⑦
		顾颉刚	则九州之戎即陆浑也。⑧
		金景芳	陆浑之戎又称九州戎。⑨
		李孟存	晋卿荀吴灭掉陆浑之戎，余部又称做九州之戎。⑩
		史念海	陆浑之戎徙居于中原以后，还有两个别名：一为阴戎，一为九州之戎。⑪
		舒大刚	九州戎属陆浑戎之一部……陆浑东迁后，臣服了早已居住在那里的九州之戎。⑫

---

① 翁独健：《中国民族关系史纲要》，北京：中国社会科学出版社，2001 年，第 71 页。

② 李绍明：《李绍明民族学文选》，成都：成都出版社，1995 年，第 470 页。

③ 舒大刚：《春秋少数民族分布研究》，台北：文津出版社，1994 年，第 122 页。

④ 刘德岑：《秦晋开拓与陆浑东迁》，《禹贡》1935 年第 4 卷第 8 期。

⑤ 杨宽：《中国上古史导论》，《古史辨》第 7 册上，上海：上海古籍出版社，1982 年，第 95 页。

⑥ 高矜细：《与张天方先生讨论蛮夷戎狄》，《决胜》1940 年第 5 卷第 7 期。

⑦ 夏剑丞：《西戎考》，《东方文化》1942 年第 1 卷第 3 期。

⑧ 顾颉刚：《史林杂识》，北京：中华书局，1963 年，第 47 页。

⑨ 金景芳：《中国奴隶社会史》，上海：上海人民出版社，1983 年，第 263 页。

⑩ 李孟存、常金仓：《晋国史纲要》，太原：山西人民出版社，1988 年，第 253 页。

⑪ 史念海：《西周与春秋时期华族与非华族的杂居及其地理分布（下篇）》，《中国历史地理论丛》1990 年第 2 期。

⑫ 舒大刚：《春秋少数民族分布研究》，台北：文津出版社，1994 年，第 123 页。

（续表）

类型	族属	代表人物	主要观点
		李学勤	九州之戎即"陆浑之戎"，因其编制有九州故称。①
		王玉哲	允姓戎、陆浑戎又名九州戎也。②
		缪文远	陆浑之戎、陆浑氏，又名九州之戎、阴戎。③
		翁独健	九州之戎亦属陆浑之戎，居晋九州之地者。④
		晁福林	所谓'九州之戎'，即陆之戎……陆浑戎被晋编为九州，每州2500家，则九州当为22500家，依每家5口人计算，陆浑戎当时盖有11万多人。此后陆浑之戎不再活跃于政治舞台，偶有所见，也以九州之戎相称，盖已渐次与华夏族融合。⑤
九州戎非 陆浑戎	鬼方后裔	杨宽	九州戎亦即鬼方……鬼方即九方，亦即九州戎，其地名九州也。⑥
		王晖	九州又名九土九有，与九方、九国同，实即鬼方。⑦
		舒大刚	鬼方后裔九州之戎。⑧
		何光岳	杨宽《中国上古史导论》以陆浑之戎又称九州之戎……将陆浑之戎与九州之戎混为一谈，无疑有误……以九州戎即鬼方则有其道理。⑨
	塞种	杨宪益	瓜州就是九州，二者同是一名的异译，因为瓜州字古音与九字相近，瓜州戎应当就是九州戎……驹支、姑臧、瓜州、九州等似皆为一名的异译，其原字当为Kusan，亦即大月氏的贵霜翕侯。此盖为塞种主要一支的名称。⑩
	白狄 （仇由氏）	丁山	未尝有晋改"陆浑戎"为"九州戎"之说……"九州之戎"当即战国人盛称之"仇由氏"。⑪

① 《中国历史大辞典·先秦史卷》，上海：上海辞书出版社，1996年，第12页。
② 王玉哲：《中华民族早期源流》，天津：天津古籍出版社，2010年，第175页。
③ 《中国历史大辞典·先秦史卷》，上海：上海辞书出版社，1996年，第280页。
④ 翁独健：《中国民族关系史纲要》，北京：中国社会科学出版社，2001年，第71页。
⑤ 晁福林：《春秋战国的社会变迁》，北京：商务印书馆，2011年，第338—339页。
⑥ 杨宽：《中国上古史导论》，《古史辨》第7册上，上海：上海古籍出版社，1982年，第95、97页。
⑦ 王晖：《"虫伯"及其种族地望考——兼论有关鬼方的几个问题》，《中国历史地理论丛》1990年第2期。
⑧ 舒大刚：《春秋少数民族分布研究》，台北：文津出版社，1994年，第122页。
⑨ 何光岳：《〈山海经〉所载戎族的来源和分布》，《〈山海经〉与中华文化》，武汉：湖北人民出版社，1999年，第181页。
⑩ 杨宪益：《译余偶拾》，济南：山东画报出版社，2006年，第201—202页。
⑪ 丁山：《甲骨文所见氏族及其制度》，北京：中华书局，1988年，第105页。

（二）九州戎的活动范围

丁山认为："'九州之戎'当即战国人盛称之'仇由氏'……九州之戎，宜亦自河北来……晋既胜陆浑于社、于阴，即留九州之戎于阴地，此'仇由氏'之初迁也……遂又为楚有。不知何年，楚又迁九州之戎于今之安徽泗县江苏宿迁间；于是汉因九州之戎所居，而于临淮郡置夆悠县。"[①] 顾颉刚认为："九州即今河南之西部及陕西之中部。"[②] 王玉哲认为："九州本为允姓戎、姜戎在未南迁前之旧地名，至徙晋阴地及陆浑后，仍以其旧地名，其族曰'九州'之戎。若此推论不误，则'九州'一地，其先亦当来自晋境。九州之地应在晋北"。[③]

（三）九州戎与姜戎

顾颉刚认为："故戎之名称，以九州戎为最广，合全部而言之；次则阴戎，单举晋属；又次则陆浑戎，着其旧居；又次则姜戎，着其一姓。"[④] 杨宽认为："姜戎为九州戎之一支。"[⑤]

第六节　骊戎、大荔戎

一、骊戎

（一）骊戎的族属

学界对骊戎的族属，有不同的看法，争论的焦点在于骊戎是否为犬戎。如表 4-12 所示：

---

① 丁山：《甲骨文所见氏族及其制度》，北京：中华书局，1988 年，第 105 页。
② 顾颉刚：《九州之戎与戎禹》，《古史辨》第 7 册下，上海：上海古籍出版社，1982 年，第 132 页。
③ 王玉哲：《中华民族早期源流》，天津：天津古籍出版社，2010 年，第 244 页。
④ 顾颉刚：《九州之戎与戎禹》，《古史辨》第 7 册下，上海：上海古籍出版社，1982 年，第 131 页。
⑤ 杨宽：《中国上古史导论》，《古史辨》第 7 册上，上海：上海古籍出版社，1982 年，第 347 页。

表 4-12：骊戎族属表

类型	族属	代表人物	主要观点
骊戎乃犬戎	骊戎乃犬戎	夏剑丞	骊戎亦犬戎也。①
		舒大刚	从族缘上看，骊戎为犬戎之一支。②
		沈长云	骊戎属所谓姬姓之戎，它实际就是著名的犬戎或犬戎的一支。③
骊戎非犬戎	骊戎乃黑戎	杨希枚	著者主要即试论先秦时代中国西北边裔分布的西戎民族中的骊戎应即"黑戎"（the "BlackBarbarians"），且极可能即与本文所论黑肤人有关的一种黑肤族群。总之，自先史时代迄于殷、周、东汉，中国境内既曾陆续不断地有黑肤人（且可能是非同一种黑肤人）存在的史实或迹象，则汉简及《易林》所载河西及内地的深目且体型较高的黑肤人应即特殊种族的看法应非新奇或怪异之论。④
	骊戎乃东夷与姜戎的混合	何光岳	骊国为东夷皋陶之后偃姓。骊于商末有一支西迁于陕西渭南之骊山，与姜姓之戎融合而为骊山之戎。⑤
	骊戎乃周族的同族	章炳麟	骊戎、大戎皆姬姓。⑥
		顾颉刚	骊戎也是姬姓，可见其和大戎一样，是周的本家。⑦
		吕思勉	则骊戎实周同姓之国。⑧
		赵俪生	骊戎、大戎皆姬姓。⑨
		童书业	骊戎……似都与周、齐等国为同族。⑩
		晁福林	骊戎、大戎都是姬姓的戎族。⑪

（二）骊戎的族名

学界研究也很多，争论焦点：骊戎得名于骊山（地），还是骊山（地）得名于骊戎。

---

① 夏剑丞：《西戎考》，《东方文化》1942年第1卷第3期。
② 舒大刚：《春秋少数民族分布研究》，台北：文津出版社，1994年，第193页。
③ 沈长云：《骊戎考》，《中国史研究》2000年第3期。
④ 杨希枚：《先秦文化史论集》，北京：中国社会科学出版社，1995年，第985页。
⑤ 何光岳：《〈山海经〉所载戎族的来源和分布》，《〈山海经〉与中华文化》，武汉：湖北人民出版社，1999年，第188页。
⑥ 章炳麟：《訄书详注》，上海：上海古籍出版社，2000年，第269页。
⑦ 顾颉刚：《从古籍中探索我国的西部民族——羌族》，《社会科学战线》1980年第1期。
⑧ 吕思勉：《吕思勉读史札记》，上海：上海古籍出版社，1982年，第400页。
⑨ 赵俪生：《日知录导论》，成都：巴蜀书社，1992年，第181页。
⑩ 童书业：《春秋史》，北京：中华书局，2006年，第129页。
⑪ 晁福林：《春秋战国的社会变迁》，北京：商务印书馆，2011年，第335页。

另一种观点认为骊山（地）得名于骊戎。林惠祥认为："戎之别有七：其在今陕西之临潼者，曰骊戎，即女晋献公以曰骊姬者。秦置骊邑，邑有骊山，俱以戎得名。"[①] 李亚农认为："在今陕西临潼的戎族叫骊戎，曾以女骊姬嫁给晋献公。秦置骊邑，邑有骊山，俱以戎得名。"[②] 岑仲勉认为："谓骊戎因居骊山而得名，未可必信。可信藏语之 li－yul，即春秋之骊戎，戎系通名，故义变为国。犬戎东陷宗周，一部居新丰境内，骊山遂因而得名，韦昭所云戎因居骊山而号骊戎，适得其反。"[③] 舒大刚认为："骊戎，又作离戎、丽戎……南迁于今陕西临潼境内渭南诸山，山以族名，故曰骊山，其族又称为骊山之戎。"[④]

另一种观点认为骊戎得名于骊山（地）。唐嘉弘认为："居于骊地，称为骊戎。"[⑤] 沈长云认为："称骊戎者，则以其世居骊山之缘故。"[⑥] 安介生认为："骊戎，得名于骊山，聚居于陕西临潼一带。"[⑦]

在骊戎与骊山关系方面，顾颉刚等人有不同看法，认为骊戎根本就不在骊山。顾颉刚认为："骊戎不在骊山，骊戎之国当在今山西南部，骊戎居于析城，王屋之间，离晋不远。"[⑧] 王玉哲认为："骊戎在山西南部为是。"[⑨] 晁福林认为："关于骊戎的地望，前人多谓在今关中平原东部的骊山一带，其实……当在晋都以东的地区，盖在析城、王屋一带。"[⑩] 如果此说成立，那么学界关于"骊戎得名于骊山（地），还是骊山（地）得名于骊戎"的争论，就变得毫无意义了。

（三）骊戎与丽土之狄

一种观点认为丽土之狄即骊戎。顾颉刚认为："'丽土之狄'，盖即'骊戎'。古者字体或繁或简，本无定式。"[⑪] 王宗维认为："顾先生这段精辟的

① 林惠祥：《中国民族史》，上海：上海书店，1936年，第226页。
② 李亚农：《西周与东周》，上海：上海人民出版社，1956年，第19页。
③ 岑仲勉：《两周文史论丛》，北京：中华书局，2004年，第30页。
④ 舒大刚：《春秋少数民族分布研究》，台北：文津出版社，1994年，第192、194页。
⑤ 唐嘉弘：《中国古代民族研究》，西宁：青海人民出版社，1987年，第11页。
⑥ 沈长云：《骊戎考》，《中国史研究》2000年第3期。
⑦ 安介生：《历史民族地理》，济南：山东教育出版社，2007年，第84页。
⑧ 顾颉刚：《史林杂识》，北京：中华书局，1963年，第54—55页。
⑨ 王玉哲：《中华民族早期源流》，天津：天津古籍出版社，2010年，第50页。
⑩ 晁福林：《春秋战国的社会变迁》，北京：商务印书馆，2011年，第335页。
⑪ 顾颉刚：《史林杂识》，北京：中华书局，1963年，第55页。

考证分析，澄清了近两千年之习说。骊戎即丽土之狄，这就把许多问题解决了。"① 史念海认为："丽土之狄亦即骊戎。顾颉刚先生所说骊戎当即丽土之戎。此说新颖，可成定论。"② 舒大刚认为："骊戎即丽土之狄。"③ 何光岳认为："骊戎，又作丽土之狄。"④ 晁福林认为："丽土之狄即骊戎。"⑤

沈长云提出了不同的见解，他认为："骊戎是西周春秋时期居住在今陕西骊山下的一支戎狄族，近世学者将它混同于晋东南的'丽土之狄'是错误的。这种说法是建立在后世领土国家观念基础之上的，且未明了骊戎之'骊'作为族名（或地名）与丽土之'丽'作为动词使用是根本不能混为一谈的。"⑥

二、大荔戎

（一）大荔戎的族属

第一种观点认为勾方族发展为后来的丽土之狄，丽土之狄＝骊戎＝大荔之戎。代表人物为王宗维。他认为："骊戎即丽土之狄……大荔之戎，即丽土之狄，亦即商代之勾方族。"⑦

第二种观点认为是商代方国民的遗存。代表人物为黄烈。他认为："大荔戎的来源已不清楚，大荔戎所处的位置，正是商代夹黄河两岸方国林立的民族复杂地区，很可能是商代方国民的遗存。其族属似于义渠等羌类不同。"⑧

第三种观点认为是雷人的后裔。代表人物为何光岳。他认为："大荔戎乃雷人在东周初年，因周平王东迁洛邑之后关中荒凉，雷人有一部分由陇东迁至今陕西大荔县……俚人，又称里人，即雷人，后其中有一支南迁至海南

① 王宗维：《西戎八国考述》，《西北历史研究》1986 年号，西安：三秦出版社，1987 年。
② 史念海：《西周与春秋时期华族与非华族的杂居及其地理分布（上篇）》，《中国历史地理论丛》1990 年第 1 期。
③ 舒大刚：《春秋少数民族分布研究》，台北：文津出版社，1994 年，第 112 页。
④ 何光岳：《〈山海经〉所载戎族的来源和分布》，《〈山海经〉与中华文化》，武汉：湖北人民出版社，1999 年，第 188 页。
⑤ 晁福林：《春秋战国的社会变迁》，北京：商务印书馆，2011 年，第 335 页。
⑥ 沈长云：《骊戎考》，《中国史研究》2000 年第 3 期。
⑦ 王宗维：《西戎八国考述》，《西北历史研究》1986 年号，西安：三秦出版社，1987 年。
⑧ 黄烈：《中国古代民族史研究》，北京：人民出版社，1987 年，第 74 页。

岛，叫黎人。俚人属于羌人的一支，与黄帝族是亲族。"[1]

第四种观点认为是甲骨卜辞中的"戜王"后裔。代表人物为饶宗颐。他认为："戜王地望殆在鄜县，其王或大荔戎之前身……戜王此为殷时西北戎王之一，如王季伐西戎俘二十翟王之类。戜字不识，疑即鄜。"[2]

第五种观点认为不可知。丁琦认为："未能确明其所自出。"[3]

（二）大荔戎的活动范围

第一种说法认为在陕西大荔县（朝邑[4]）。王宗维认为："知大荔之戎在大荔县地区。"[5] 童书业认为："其他戎族，如大荔，在今陕西朝邑县附近。"[6] 陈平认为："大荔戎故地不在岐、梁山、泾、漆之北，而在其东南，居今陕西大荔、朝邑县境。"[7]

第二种说法认为在义渠附近。吕思勉认为："疑大荔本国亦当在义渠附近。"[8]

第三种说法主张大荔戎在前期与后期的活动范围不同。例如舒大刚认为："今陕西西北和甘肃东北地区，这大概是早期大荔的分布情况。但春秋末至战国时，大荔已东迁于陕西东部，居于北洛河下游与黄河相间地带了。大荔之戎春秋末和战国时居于洛河下游与黄河相夹的三角地带，已勿庸怀疑。其地北关梁山，南临渭水，西带洛川，东阻黄河，可谓四塞之地。因而大荔之戎依险障，筑城堡，立国达三百余年。"[9] 刘光华认为："大荔戎，知大荔戎在今大荔县地。秦穆公时，今大荔县地尚无大荔戎国。据研究，秦穆公后的140余年，秦晋一直在河洛之间斗争，秦逐渐退缩，而晋随之西进至泾水一带，大荔戎应是这期间从今山西迁至陕西的。"[10]

第四种说法认为大荔戎的活动区域不止一处。例如安介生认为："大荔之戎，文献记载其地望不一，如《史记正义》引《括地志》云：'同州冯翊

---

① 何光岳：《南蛮源流史》，南昌：江西教育出版社，1988 年，第 335、354 页。

② 饶宗颐：《西南文化创世纪：殷代陇蜀部族地理与三星堆、金沙文化》，上海：上海古籍出版社，2010 年，第 11、16 页。

③ 丁琦：《西汉以前匈奴史迹考》，武汉大学历史系毕业论文，1945 年，第 33 页。

④ 现归属大荔县。

⑤ 王宗维：《西戎八国考述》，《西北历史研究》1986 年号，西安：三秦出版社，1987 年。

⑥ 童书业：《春秋史》，北京：中华书局，2006 年，第 129 页。

⑦ 陈平：《试论宝鸡益门二号墓短剑及有关问题》，《考古》1995 年第 4 期。

⑧ 吕思勉：《吕思勉读史札记》，上海：上海古籍出版社，1982 年，第 404 页。

⑨ 舒大刚：《春秋少数民族分布研究》，台北：文津出版社，1994 年，第 170、171 页。

⑩ 刘光华：《西北通史》第 1 卷，兰州：兰州大学出版社，2005 年，第 220 页。

县及朝邑县，本汉临晋县地，古大荔戎国。今朝邑县东三十步故王城，即大荔王城。'《后汉书·西羌传》称：'洛川有大荔之戎。'李贤注云：'洛川即洛水。大荔，古戎国，秦获之，改曰临晋，今同州城是也。'但吕思勉指出，这一地点与《史记》所云'岐、梁山，泾、漆之北'相去较远，他认为大荔国应在义渠国附近。笔者以为，吕先生的质疑不无道理，但秦国早期都城为雍（今陕西凤翔县西南），距离渭水、洛水与黄河的交会处有较远的距离，大荔国王城在临晋（治今陕西大荔县东），是符合自然地理形势的，不过，我们却不能因此确定大荔戎人的活动区域只限于此一县之地。"[1]

（三）大荔戎的灭亡时间

传统说法是周贞王八年（前461年），大荔戎被秦国所灭。蒙文通、舒大刚等学者提出了不同意见，如下：

蒙文通认为："范书《西羌传》言：'至周贞王八年（前461），秦厉公灭大荔，取其地。'……大荔于此灭也。六国年表，'秦孝公二十四年（前338年），秦大荔围合阳。'知大荔之灭，其后犹有存者，从秦以攻伐也。"[2]

舒大刚认为："前461年，秦厉共公'伐大荔，取其王城'，首先变大荔为附庸，以此为侵魏伐韩的桥头堡。前338年，秦孝公与大荔围魏之合阳，亦是挟大荔东侵的证明。《后汉书·西羌传》说：'至周贞王八年（前461），秦厉公灭大荔，取其地。'《辞海》亦谓'（大荔）周贞王八年为秦所并，其地改名临晋。'都是错误的。事实上在前338年大荔与秦人共围合阳之后，其名乃不复见，至少在那时或稍后，它才被秦吞灭。"[3]

（四）大荔戎的去向

大荔戎的去向，除被秦吞灭的观点外，还有三种观点可供参考。如下所述。

第一种观点，代表人物是王宗维。他认为："孝公二十四年（前338）以后，史书再不见大荔戎，可能有的被秦统治，有的融合于义渠戎中，成为义渠的一部分了。《晋书·刘曜载记》：刘曜曾骂其光禄大夫游子远为'大荔奴'，这是否与大荔戎有关，就不得而知了。"[4]

---

①　安介生：《历史民族地理》，济南：山东教育出版社，2007年，第83页。
②　蒙文通：《周秦少数民族研究》，上海：龙门联合书局，1958年，第105页。
③　舒大刚：《春秋少数民族分布研究》，台北：文津出版社，1994年，第172页。
④　王宗维：《西戎八国考述》，《西北历史研究》1986年号，西安：三秦出版社，1987年。

第二种观点，代表人物是何光岳。他认为："被秦穆公所征服，再迁至宁州即今甘肃宁县，大荔戎人便融入汉族了。东晋时，宁州仍有大荔戎之后荔非氏，乃羌人。"[①]

第三种观点，代表人物是朱学渊。他认为："'大荔'即'同罗''吐如纥'。"[②]

第七节　扬拒、泉皋、伊雒之戎

一、族属

扬拒、泉皋、伊雒之戎，皆在春秋时期有很大影响力。其族属方面，学界并没有形成统一认识。梳理观点如下（见表4-13）：

表4-13：扬拒、泉皋、伊雒之戎族属表

类型	族属	代表人物	主要观点
犬戎	犬戎	蒙文通	伊雒扬拒泉皋之戎，即渭汭之犬戎、桑田之戎也。[③]
		舒大刚	（蒙文通的观点）诚为不刊之论……由于受秦人的攻逐，东进的犬戎沿渭河，出函关，进入了伊洛流域，在扬、拒、泉、皋邑地为居，号称伊雒之戎，又简称雒戎。[④]
非犬戎	羌戎	高矜细	羌戎即阴戎或伊洛之戎。[⑤]
	赤狄	李孟存	扬拒、泉皋、伊洛之戎居于河南省西部的伊、洛流域。扬拒、泉皋、伊洛之戎，可能与赤狄为同一族属。[⑥]
	秦戎	董珊	洛之戎即居洛之秦戎……实际上伊洛之戎是据居处地总称陆浑与蛮氏两支戎。[⑦]

---

① 何光岳：《南蛮源流史》，南昌：江西教育出版社，1988年，第354页。

② ［美］朱学渊：《新版中国北方诸族的源流》，上海：华东师范大学出版社，2010年，第94页。

③ 蒙文通：《周秦少数民族研究》，上海：龙门联合书局，1958年，第36页。

④ 舒大刚：《春秋少数民族分布研究》，台北：文津出版社，1994年，第159、160页。

⑤ 高矜细：《与张天方先生讨论蛮夷戎狄》，《决胜》1940年第5卷第7期。

⑥ 李孟存、常金仓：《晋国史纲要》，太原：山西人民出版社，1988年，第253页。

⑦ 董珊：《救秦戎铜器群的解释》，《江汉考古》2012年第3期。

（续表）

类型	族属	代表人物	主要观点
种类繁多	种类繁多	史念海	扬拒、泉皋、伊洛之戎，由他们的名称看来，种类是相当繁多的。这些戎人左氏没有记载他们原来的地方，大概是春秋以前就已经居住在这一带的。①
部落联盟	部落联盟	潘英	伊洛之戎是统称，很有部落联盟的资格。②
不可知	不可知	夏剑丞	扬拒、泉皋、伊洛之戎，当周平王之末，入居中国，不知属于何种。③
不能确定	不能确定	童书业	扬拒、泉皋、伊雒之戎。杂居在伊、雒两水流域。这些或是犬戎的分支，或是陆浑戎和其他戎族的同族，尚不能确定。④

二、活动范围

学界观点则比较统一，多认为在伊洛地区。梳理学界观点如下：

对此，孟世杰认为："其先陆浑而伊洛之间者，又有扬拒泉皋伊洛之戎，王子带召之，伐京师焚王城东门者，后亦浸微，亦为晋之内臣。"⑤ 李亚农认为："在陆浑迁来以前，伊洛之间又有扬拒、泉皋、伊洛之戎。扬拒、泉皋、都是戎的邑名。王子带曾召唤这些戎族攻破京城，焚王城东门。洛水伊水间的山区，正是这支戎族的领土。"⑥ 舒大刚认为："九州戎和扬拒泉皋伊洛之戎皆居于阴地及其附近的伊水洛水流域。"⑦ 何光岳认为："扬即昭公二十二年刘子奔扬之扬，去今河南省偃师县不远。泉当在今洛阳市西南，伊、洛之戎，戎居于伊水、洛水之间者，亦曰洛戎。皋即嵩县东北鸣皋山下，拒即宜阳县西渠谷水。"⑧ 安介生认为："伊雒（洛）之戎，顾名思义，即居住于伊水与洛水流域的戎人，重要聚居地有扬、拒、泉、皋。"⑨ 晁福林认为：

① 史念海：《西周与春秋时期华族与非华族的杂居及其地理分布（下篇）》，《中国历史地理论丛》1990 年第 2 期。

② 潘英：《中国上古史新探》，台北：明文书局，1985 年，第 143 页。

③ 夏剑丞：《西戎续考》，《东方文化》1943 年第 2 卷第 1 期。

④ 童书业：《春秋史》，北京：中华书局，2006 年，第 129 页。

⑤ 孟世杰：《先秦文化史》，上海：上海书店，1929 年，第 242 页。

⑥ 李亚农：《西周与东周》，上海：上海人民出版社，1956 年，第 20 页。

⑦ 舒大刚：《春秋少数民族分布研究》，台北：文津出版社，1994 年，第 123 页。

⑧ 何光岳：《〈山海经〉所载戎族的来源和分布》，《〈山海经〉与中华文化》，武汉：湖北人民出版社，1999 年，第 180—181 页。

⑨ 安介生：《历史民族地理》，济南：山东教育出版社，2007 年，第 85 页。

"属于伊洛地区的戎族被称为伊洛之戎，其地在今河南洛阳市西南。"[①] 台湾学者潘英认为："伊洛之戎是统称，很有部落联盟的资格，分布于伊水、洛水之间，而杂居于今河南偃师、洛阳一带及山西长治、垣曲附近。"[②] 法国学者葛兰言所著的《中国文明》一书认为："扬拒戎居住在洛阳地区，跟周朝王都洛邑紧邻。"[③] 美籍学者朱学渊认为："伊洛戎它在豫西伊、洛两河之间。"[④]

三、去向

学界有不同的说法，详情如下：

第一种观点认为被周所纳。史念海认为："扬拒、泉皋、伊洛之戎于春秋中叶即不复再见于《左传》记载，他们的故地当入于周。"[⑤]

第二种观点认为被韩魏所灭。舒大刚认为："伊雒之戎则迟至前 461 年以后方被韩魏所灭。（《后汉书》谓阴戎为韩魏所灭，不确。）其族人融合于华夏族中。"[⑥]

第三种观点，代表人物为朱学渊。他认为："伊洛戎是通古斯'挹娄'部落……'杨拒''泉皋'，又是通古斯族名'按出''准葛'。"[⑦]

第八节　蛮氏戎、余无戎、茅戎

一、蛮氏戎

（一）蛮氏戎的族属

蛮氏戎亦称戎蛮、戎蛮子，其族属学界看法不一，争论的焦点在于其是

---

① 晁福林：《春秋战国的社会变迁》，北京：商务印书馆，2011 年，第 337 页。
② 潘英：《中国上古史新探》，台北：明文书局，1985 年，第 143 页。
③ ［法］葛兰言：《中国文明》，杨英译，北京：中国人民大学出版社，2012 年，第 84 页。
④ ［美］朱学渊：《新版中国北方诸族的源流》，上海：华东师范大学出版社，2010 年，第 225 页。
⑤ 史念海：《西周与春秋时期华族与非华族的杂居及其地理分布（下篇）》，《中国历史地理论丛》1990 年第 2 期。
⑥ 舒大刚：《春秋少数民族分布研究》，台北：文津出版社，1994 年，第 162 页。
⑦ ［美］朱学渊：《新版中国北方诸族的源流》，上海：华东师范大学出版社，2010 年，第 225 页。

否为戎。梳理如下（见表4-14）：

表 4-14：蛮氏戎族属表

类型	族属	代表人物	主要观点
戎	茅戎	孟世杰	蛮氏亦戎之别种，在汝州西南；以处茅津，亦名茅戎，在解州之平陆。①
		夏剑丞	茅戎，故亦称蛮氏。既列为子爵，又称戎蛮子。②
		童书业	蛮氏之戎，一名茅戎，亦称戎蛮。③
		吕思勉	蛮氏亦称茅戎。④
		金景芳	蛮氏，一名茅戎，一名戎蛮子。⑤
		徐杰舜	（戎蛮）西戎中的一支，又称为蛮氏、戎曼、茅戎、戎蛮子。⑥
		史念海	茅戎与蛮氏，名称虽不同，实际乃是一种。⑦
	陆浑之种	顾颉刚	蛮氏称戎，其为陆浑之种更得一证矣。⑧
		蒙文通	戎蛮与南之群蛮，种族殊异，为诸戎之别种。⑨
		安介生	蛮氏之戎，又称戎蛮子，是南线戎人中聚居地偏南的一支。⑩
非戎	戎蛮混合	刘节	蛮氏之戎，这分明说是戎蛮的混合种。戎蛮混合种的证据是很显然了。⑪
		夏剑丞	当是二种混合，界乎戎蛮之间者，故亦称蛮氏。⑫
	羌族与苗族的混合	童书业	蛮氏之戎，这支似是羌族与苗族的混合种。⑬

（二）蛮氏戎的去向

史籍所载为楚国所灭，如安介生所言："蛮氏之戎最终为楚国所灭，也是戎

① 孟世杰：《先秦文化史》，上海：上海书店，1929年，第242、243页。

② 夏剑丞：《西戎续考》，《东方文化》1943年第2卷第1期。

③ 童书业：《春秋史》，北京：中华书局，2006年，第129页。

④ 吕思勉：《先秦史》，上海：上海古籍出版社，1982年。

⑤ 金景芳：《中国奴隶社会史》，上海：上海人民出版社，1983年，第263页。

⑥ 徐杰舜：《中国民族史新编》，南宁：广西教育出版社，1989年，第237页。

⑦ 史念海：《西周与春秋时期华族与非华族的杂居及其地理分布（下篇）》，《中国历史地理论丛》1990年第2期。

⑧ 顾颉刚：《九州之戎与戎禹》，《古史辨》第7册下，上海：上海古籍出版社，1982年，第122页。

⑨ 蒙文通：《周秦少数民族研究》，上海：龙门联合书局，1958年，第42页。

⑩ 安介生：《历史民族地理》，济南：山东教育出版社，2007年，第85—86页。

⑪ 刘节：《汉族源流初探》，《图书月刊》1941年第1卷第3期。

⑫ 夏剑丞：《西戎考》，《东方文化》1942年第1卷第3期。

⑬ 童书业：《春秋史》，北京：中华书局，2006年，第129页。

人族系中与楚国最接近的一部分。"① 美籍学者朱学渊认为："蛮氏即勿吉。"②

（三）蛮氏戎与栾书缶

中国历史博物馆藏有一青铜器名曰"栾书缶"，最初见于容庚的《商周彝器通考》，属于战国楚器。李学勤认为器主属于"楚国的蛮氏"，并进一步认定："蛮子赤尚有后裔在楚，保有宗庙，这件缶就是其遗物。"③

二、余无戎

（一）余无戎的族属

余无戎的族属，学界看法不一，争论的焦点在于其是否为戎。梳理如下（见表 4-15）：

表 4-15：余无戎族属表

类型	族属	代表人物	主要观点
戎	茅戎	徐中舒	徐吾氏茅戎之别号，本为殷诸侯余无戎之后。④
		蒙文通	（茅戎即贸戎）徐吾氏即季历所伐之余无之戎，这时殆已并与贸戎也。⑤
		舒大刚	茅戎，又氏徐吾。其实，茅戎为其族（或国）号，徐吾为其氏族。蒙文通先生认为徐吾氏即季历所伐之余无之戎。余无，即徐吾。殷太丁之时，茅戎（余无之戎）已向东迁徙。⑥
		李学勤	余无之戎，又称徐吾氏……徐吾氏，春秋族名。茅戎之分支。⑦
	鬼方	陈梦家	皋落在垣曲西北六十里，若余无与余吾或徐吾有关，则王季所伐的余无之戎仍在隗姓的潞境，仍是它的一支。⑧

---

① 安介生：《历史民族地理》，济南：山东教育出版社，2007 年，第 85—86 页。

② ［美］朱学渊：《新版中国北方诸族的源流》，上海：华东师范大学出版社，2010 年，第 225 页。

③ 李学勤：《中国古代文明研究》，上海：华东师范大学出版社，2004 年，第 193—196 页。

④ 徐中舒：《从古书中推测之殷周民族》，《国学论丛》1927 年第 1 卷第 1 期。

⑤ 蒙文通：《周秦少数民族研究》，上海：龙门联合书局，1958 年，第 94 页。

⑥ 舒大刚：《春秋少数民族分布研究》，台北：文津出版社，1994 年，第 187 页。

⑦ 《中国历史大辞典·先秦史卷》，上海：上海辞书出版社，1996 年，第 257、430 页。

⑧ 陈梦家：《殷虚卜辞综述》，北京：中华书局，1988 年，第 293 页。

（续表）

类型	族属	代表人物	主要观点
非戎	余吾与无皋的混合①	徐文靖	余吾与无皋二戎的合种。②
		孙傅瑗	余无之戎，当余吾及无皋二戎也。③
	赤狄	杨宽	无论是鬼方、燕京戎、余无戎等，都是隗姓赤狄的部族。④

（二）余无戎的活动范围

余无戎的活动范围学界尚有争议，大致有以下三种观点。

第一种观点认为在山西。钱穆认为："王季伐余无、始呼、翳徒诸戎皆在晋。"⑤ 李学勤认为："余无之戎，又称徐吾氏。古族名。在今山西屯留西北。"⑥ 王玉哲认为："地在今山西的屯留县。"⑦ 刘桓认为："余无之戎，余无当即《汉书·地理志》的余吾，当在今山西省东南部。"⑧

第二种观点认为在太行山脉。杜正胜认为："余无戎盘踞太行南山沁涑之间。"⑨

第三种观点认为在周人的边陲之外。史念海："余无之戎、始呼之戎和翳徒之戎，这几种戎人的确地皆无所考，但总不出周人的边陲之外。"⑩

（三）余无戎的去向

除成为茅戎这种观点外，还有其他的一些说法，例如许倬云认为："余无之戎，当即春秋时代的东山皋落氏，在壶关附近。"⑪ 王玉哲认为："余无

---

① 王玉哲认为："按'余无之戎'本为居住在'余无'的戎人，是戎的一族。清徐文靖《竹书纪年统笺》则谓为余吾及无皋两种戎之合称，非是。从《竹书纪年》体例上看，若为两种戎，则必如前引'王伐条戎、奔戎'例分书两'戎'字。今止书为'余无之戎'，正与'燕京之戎'例同，其必为一戎明矣。"（王玉哲：《中华民族早期源流》，天津：天津古籍出版社，2010年，第184页。）

② 转引自陈梦家：《殷虚卜辞综述》，北京：中华书局，1988年，第293页。

③ 孙傅瑗：《中国上古时代种族史》，《学风》1934年第4卷第2期。

④ 杨宽：《西周史》，上海：上海人民出版社，1999年，第67页。

⑤ 钱穆：《周初地理考》，《燕京学报》1931年第10期。

⑥ 《中国历史大辞典·先秦史卷》，上海：上海辞书出版社，1996年，第257页。

⑦ 王玉哲：《中华远古史》，上海：上海人民出版社，2000年，第444页。

⑧ 刘桓：《甲骨集史》，北京：中华书局，2008年，第108页。

⑨ 杜正胜：《周代城邦》，台北：联经出版事业公司，1979年，第166页。

⑩ 史念海：《西周与春秋时期华族与非华族的杂居及其地理分布（上篇）》，《中国历史地理论丛》1990年第1期。

⑪ 许倬云：《西周史》，北京：生活·读书·新知三联书店，1993年，第67页。

实即《左传》成公元年所谓刘康公败绩于徐吾氏之'徐吾'"。①

三、茅戎

(一) 茅戎的族属

茅戎的族属，学界看法不一。除可归属蛮氏戎、余无戎之外，还有以下观点可供参考。

蒙文通认为："鄤子即茅戎。"② 徐杰舜认为："茅戎又称贸戎。"③ 舒大刚认为："茅戎即《书》之髳、《诗》之髦，乃西戎之后裔。"④ 何光岳认为："茅戎又作旄戎、牦戎、髳戎。"⑤ 李零认为："茅戎其实是草中之戎。"⑥

(二) 茅戎的活动范围

茅戎的活动范围是学界研究的重点，争议也比较大，有山西平陆、河南修武、河南济源、河南陈留等说。杨伯峻对此问题交代比较详细，很有参考价值。他认为："（茅戎所在）《清一统志》认为在今山西平陆县西南，但王夫之《稗疏》则谓今之平陆县为晋地，在黄河之边，是交通要道，不应为华戎所杂处之地，且离成周远，周不易攻伐。此茅戎所在当即隐十一年传之攒茅，在今河南修武县。除此二说外，尚有据《水经·河水注》'历轵关西，迳苗亭'，以茅戎在今济源县西者。平陆之茅津离洛阳二百五十里，修武离洛阳二百十里，唯苗亭离洛阳最近，仅八九十里，且为周邑，或是此处。至《路史·国名纪·罗苹注》谓茅戎在陈留，不知陈留于春秋为郑之留邑，且距洛阳三百六十里，既难以得罪周王，东周亦难以越郑伐之。其不可信显然。"⑦

---

① 王玉哲：《中华远古史》，上海：上海人民出版社，2000年，第444页。
② 蒙文通：《周秦少数民族研究》，上海：龙门联合书局，1958年，第94页。
③ 徐杰舜：《汉民族发展史》，成都：四川民族出版社，1992年，第69页。
④ 舒大刚：《春秋少数民族分布研究》，台北：文津出版社，1994年，第187页。
⑤ 何光岳：《源流史》，南昌：江西教育出版社，1997年，第661页。
⑥ 李零：北京大学"出土文献与中国古代文明研究协同创新中心"金文与青铜器研讨班第一期讲座"两周金文中的姓族"，北京，2015年6月25日。
⑦ 杨伯峻：《春秋左传注》，北京：中华书局，1981年，第783页。

第九节　邽戎、冀戎、翟戎、獂（獂、豲、貆）戎

邽戎、冀戎、翟戎、獂戎，这是学界的传统叫法，美籍学者朱学渊有不同的看法，他认为："传统学术总将族名'邽冀''狄獂''伊洛'拆为'狄''獂''邽''冀''伊''洛'六字。但它们总是双字联用，因此我以为它们和'义渠''大荔''蛮氏''陆浑'一样，都是不可分割的双字族名。"①

黄烈认为："邽、冀、獂之戎都是因地命名，并没有族属区别的含义……邽、冀、獂之戎王为氐王的可能性比较大……以上诸戎不一定全部是氐人，同时也不可能包括全部狄族，但作为氐族探源似乎是值得注意的一环。"② 王宗维认为："我们就可以把翟（狄）、獂、邽、冀之戎和后来的氐族联系起来。"③

一、邽戎

（一）邽戎名称、族属

何光岳认为："邽戎，又称街戎。"④ "邽戎发源于甘肃上邽（天水市），乃炎帝之少女娃氏之后。到帝舜时，其后裔有一支西迁，成为邽戎的首领，邽戎由姜姓首领转为妠姓首领。"⑤ 杨东晨认为："舜帝时，圭人的一支西迁于今甘肃上邽，后融合入戎族，称邽戎。"⑥

（二）邽戎的活动范围

一般认为在甘肃天水，例如何光岳认为："邽戎在今天水县西南部山之

① ［美］朱学渊：《新版中国北方诸族的源流》，上海：华东师范大学出版社，2010年，第225页。

② 黄烈：《中国古代民族史研究》，北京：人民出版社，1987年，第127页。

③ 王宗维：《西戎八国考述》，《西北历史研究》1986年号，西安：三秦出版社，1987年。

④ 何光岳：《〈山海经〉所载戎族的来源和分布》，《〈山海经〉与中华文化》，武汉：湖北人民出版社，1999年，第185页。

⑤ 何光岳：《桂人、邽戎的来源和迁徙》，《长沙水电师院学报》1989年第1期。

⑥ 杨东晨：《甘肃地区古氐族部落和文化考述》，《天水师范学院学报》2000年第4期。

北。"① 翁独健主编的《中国民族关系史纲要》认为:"邦戎冀戎,在今甘肃天水,甘谷一带。"② 杨建新认为:"邦戎的活动地区大约在今甘肃天水。"③ 舒大刚有不同见解,他认为:"邦戎、冀戎俱在今甘肃境内渭水上流。"④

(三)邦戎的去向

舒大刚认为:"秦于邦戎故地置上邽县,将邦戎人民从渭水上游迁于渭水下游今渭南境内,建邑下邽。邦戎迁此,渐次融于秦人之中。"⑤ 何光岳认为:"春秋时,被秦国所灭。邦戎还有一支,曾东迁于黄河中下游,约于周代时又南迁于湘南、粤北和桂北一带,形成了桂人部落,最后融入于骆越和扬越。"⑥

二、冀戎

(一)冀戎的名称、族属

由于史籍交代稀少,学界研究者稀少,何光岳认为:"冀字即是巫师带着青铜面具跳着舞蹈举行傩祭鬼神,以保护全氏族部落人民的平安和幸福。"⑦ "冀戎,乃帝尧子丹朱的一支后裔,建立冀国,一部分游牧者,称冀戎。"⑧

(二)冀戎的活动范围

学界意见相对统一,大都认为在甘肃甘谷,例如舒大刚认为:"冀戎,盖即今甘肃甘谷肥城附近渭水岸边。"⑨ 何光岳认为:"冀戎分布于今甘肃甘谷县南。"⑩ 杨建新认为:"冀戎的活动地区在今甘肃的甘谷县。"⑪

① 何光岳:《炎黄源流史》,南昌:江西教育出版社,1992年,第185页。
② 翁独健:《中国民族关系史纲要》,北京:中国社会科学出版社,2001年,第70、71页。
③ 杨建新:《中国西北少数民族史》,北京:民族出版社,2003年,第24页。
④ 舒大刚:《春秋少数民族分布研究》,台北:文津出版社,1994年,第182页。
⑤ 舒大刚:《春秋少数民族分布研究》,台北:文津出版社,1994年,第183页。
⑥ 何光岳:《桂人、邦戎的来源和迁徙》,《长沙水电师院学报》1989年第1期。
⑦ 何光岳:《周源流史》,南昌:江西教育出版社,1997年,第255页。
⑧ 何光岳:《〈山海经〉所载戎族的来源和分布》,《〈山海经〉与中华文化》,武汉:湖北人民出版社,1999年,第186页。
⑨ 舒大刚:《春秋少数民族分布研究》,台北:文津出版社,1994年,第183页。
⑩ 何光岳:《〈山海经〉所载戎族的来源和分布》,《〈山海经〉与中华文化》,武汉:湖北人民出版社,1999年,第186页。
⑪ 杨建新:《中国西北少数民族史》,北京:民族出版社,2003年,第24页。

三、翟戎

（一）翟戎的名称、族属

王宗维认为："狄即狄族。"① 何光岳认为："翟戎则含有北狄血统。"②
刘光华认为："翟戎，翟又作狄，属于北狄……西戎八国之族属非一，翟戎
为狄。"③ 安介生认为："翟同狄，是戎人的一支。"④ 丁琦认为："未能确明
其所自出。"⑤

（二）翟戎的活动范围

学界有不同的说法，如下所述。

第一种观点认为在甘肃临洮。史念海认为："翟戎在今甘肃临洮县。"⑥
钟侃、陈明猷所著《宁夏通史》认为："翟戎在今甘肃临洮。"⑦

第二种观点认为在甘肃陇西。童书业认为："翟戎，在今甘肃陇西县附
近。"⑧

第三种观点可归纳为以河流流域为基准，向四处扩散。王宗维认为：
"翟戎活动于洮河、大夏河及积石山一带。"⑨ 刘光华认为："翟戎，原活动
于今山西汾水流域。"⑩ 丘菊贤、杨东晨认为："翟戎故地，参照《后汉书·
西羌传》有渭首有狄（翟）一句可知当在今甘肃临洮、东乡县以东的洮河中
游、武山以西的渭河上游及天水市西北这一广阔地区。"⑪

① 王宗维：《西戎八国考述》，《西北历史研究》1986 年号，西安：三秦出版社，1987 年。
② 何光岳：《〈山海经〉所载戎族的来源和分布》，《〈山海经〉与中华文化》，武汉：湖北人民
出版社，1999 年，第 170 页。
③ 刘光华：《西北通史》第 1 卷，兰州：兰州大学出版社，2005 年，第 219、221 页。
④ 安介生：《历史民族地理》，济南：山东教育出版社，2007 年，第 82 页。
⑤ 丁琦：《西汉以前匈奴史迹考》，武汉大学历史系毕业论文，1945 年，第 33 页。
⑥ 史念海：《西周与春秋时期华族与非华族的杂居及其地理分布（下篇）》，《中国历史地理论
丛》1990 年第 2 期。
⑦ 钟侃、陈明猷：《宁夏通史（古代卷）》，银川：宁夏人民出版社，1993 年，第 22 页。
⑧ 童书业：《春秋史》，北京：中华书局，2006 年，第 129 页。
⑨ 王宗维：《西戎八国考述》，《西北历史研究》1986 年号，西安：三秦出版社，1987 年。
⑩ 刘光华：《西北通史》第 1 卷，兰州：兰州大学出版社，2005 年，第 219、221 页。
⑪ 丘菊贤、杨东晨：《西戎简论》，《西北民族学院学报（哲学社会科学版）》1989 年第 4 期。

（三）翟戎的去向

舒大刚认为："是知秦献公于前四世纪初叶既已将狄戎、貅戎击灭，其后貅戎复兴，故孝公于前四世纪中叶再次击戎，斩其貅王。自是之后，狄、貅不复见，是皆并于秦之版图了。"[①] 何光岳认为："翟戎，春秋后演变为翟族，又作狄族。"[②]

四、貅戎

（一）貅戎的族属

王宗维认为："貅为狄族隗姓（妘姓）的一支。"[③] 何光岳认为："貅戎，出于炎帝之后姜嫄的一支，姜姓。"[④] 刘光华认为："貅戎、绵诸属氐。"[⑤] 丁琦认为："未能确明其所自出。"[⑥]

（二）貅戎的活动范围

王宗维认为："貅戎居于渭水、漳水之间。"[⑦] 钟侃、陈明猷所著《宁夏通史》认为："貅戎在今甘肃陇西。"[⑧] 刘光华认为："貅戎居地在今陇西县东南。"[⑨]

（三）貅戎的去向

王宗维认为："西汉初年，设貅道，说明貅戎部落还活动于此。但到东汉，貅道仍在，不见貅戎部落的活动了，这里不断有羌人来往，说明貅戎或者汉化美化，或者向别处迁移了。貅是隗（妘）姓之祖。大概西汉时此支由

---

① 舒大刚：《春秋少数民族分布研究》，台北：文津出版社，1994年，第165页。

② 何光岳：《〈山海经〉所载戎族的来源和分布》，《〈山海经〉与中华文化》，武汉：湖北人民出版社，1999年，第186页。

③ 王宗维：《西戎八国考述》，《西北历史研究》1986年号，西安：三秦出版社，1987年。

④ 何光岳：《〈山海经〉所载戎族的来源和分布》，《〈山海经〉与中华文化》，武汉：湖北人民出版社，1999年，第186页。

⑤ 刘光华：《西北通史》第1卷，兰州：兰州大学出版社，2005年，第221页。

⑥ 丁琦：《西汉以前匈奴史迹考》，武汉大学历史系毕业论文，1945年，第33页。

⑦ 王宗维：《西戎八国考述》，《西北历史研究》1986年号，西安：三秦出版社，1987年。

⑧ 钟侃、陈明猷：《宁夏通史（古代卷）》，银川：宁夏人民出版社，1993年，第22页。

⑨ 刘光华：《西北通史》第1卷，兰州：兰州大学出版社，2005年，第219页。

獂道东迁，居于成纪，以隗（獂）为姓，是一方大族。"① 刘光华认为："獂戎后代，据考证即汉天水郡成纪县之隗姓者……獂戎是隗（姬）姓之祖。"②

第十节　乌氏戎、戎州己（巳）氏之戎

一、乌氏戎

（一）乌氏戎的族属

学界有争议，观点大致如下：

第一种说法认为与周人同族。例如日本学者小川琢治认为："可知道赤乌氏与周人为同族这传文底正确。"③

第二种说法认为是乌氏之裔。蒙文通认为："乌氏盖即《穆天子传》赤乌氏之裔。"④ 对于蒙文通的观点，赵俪生认为："这说法在很大程度上是可信的。"⑤

第三种说法认为属于羌类。龙显昭认为："则乌氏戎亦当属于羌类。"⑥

第四种说法认为族属不明。丁琦认为："未能确明其所自出。"⑦ 刘光华认为："乌氏、朐衍之戎族属不明。"⑧

（二）乌氏戎的活动范围

乌氏戎大致活动在甘宁交界地带，正如丘菊贤、杨东晨认为的那样："乌氏戎当时活动区域在今甘肃、宁夏边的南侧。"⑨ 其中又有在宁夏还是在甘肃的争论。梳理如下：

① 王宗维：《西戎八国考述》，《西北历史研究》1986 年号，西安：三秦出版社，1987 年。

② 刘光华：《西北通史》第 1 卷，兰州：兰州大学出版社，2005 年，第 219、220 页。

③ ［日］小川琢治：《中国古代民族底研究》，汪馥泉译，《微音月刊》1931 年第 1 卷第 5 期。

④ 蒙文通：《周秦少数民族研究》，上海：龙门联合书局，1958 年，第 105 页。

⑤ 赵俪生：《寄陇居论文集》，济南：齐鲁书社，1981 年，第 208 页。

⑥ 龙显昭：《汉代西域的族属及其与周秦"西戎"之关系》，《西南民族学院学报》1984 年第 1 期。

⑦ 丁琦：《西汉以前匈奴史迹考》，武汉大学历史系毕业论文，1945 年，第 33 页。

⑧ 刘光华：《西北通史》第 1 卷，兰州：兰州大学出版社，2005 年，第 221 页。

⑨ 丘菊贤、杨东晨：《西戎简论》，《西北民族学院学报（哲学社会科学版）》1989 年第 4 期。

第一种说法认为在甘肃平凉。例如蒙文通认为："乌氏在平凉西北。"① 史念海："乌氏之戎在今甘肃平凉县西北。"② 何光岳认为："乌氏戎分布于今甘肃平凉。"③

第二种说法认为在宁夏固原,例如王宗维认为："乌氏位置当在今固原东。秦惠文王所游北河距固原相去甚远,此乌氏疑非乌氏戎原居地,而是后来归附于秦,秦在六盘山东置县以统其部,乌氏戎原居地与后来的乌氏县并不在一处。"④ 刘光华认为："乌氏戎应与乌水有关,在今固原一带。"⑤

第三种说法认为甘肃平凉、宁夏固原都有,例如钟侃、陈明猷所著《宁夏通史》认为："乌氏戎在今甘肃平凉、宁夏固原一带。"⑥ 杨建新认为："乌氏戎,春秋战国时活动于今宁夏固原东的清水河以北至甘肃平凉西北。"⑦

(三) 乌氏戎的去向

第一种观点认为演变成乌孙。龙显昭认为："乌氏,又作焉氏。按乌孙一名,其对音中外学者俱不能明,可见乌孙之名固非译音。我认为,乌孙一名就是乌氏戎后裔之意。"⑧ 何光岳认为："乌氏戎后发展为乌孙国。"⑨

第二种观点认为被汉化。王宗维认为："史书再不见乌氏戎的活动,可能是一部分人汉化,另一部分人外迁了。"⑩ 杨建新认为："为秦吞并后,为秦地,置乌氏县,有乌氏旧城。"⑪

第三种观点,朱学渊认为："'义渠/乌氏'即'兀者''讹斥'。"⑫

---

① 蒙文通:《周秦少数民族研究》,上海:龙门联合书局,1958 年,第 105 页。

② 史念海:《西周与春秋时期华族与非华族的杂居及其地理分布 (下篇)》,《中国历史地理论丛》1990 年第 2 期。

③ 何光岳:《〈山海经〉所载戎族的来源和分布》,《〈山海经〉与中华文化》,武汉:湖北人民出版社,1999 年,第 186 页。

④ 王宗维:《西戎八国考述》,《西北历史研究》1986 年号,西安:三秦出版社,1987 年。

⑤ 刘光华:《西北通史》第 1 卷,兰州:兰州大学出版社,2005 年,第 221 页。

⑥ 钟侃、陈明猷:《宁夏通史 (古代卷)》,银川:宁夏人民出版社,1993 年,第 22 页。

⑦ 杨建新:《中国西北少数民族史》,北京:民族出版社,2003 年,第 25 页。

⑧ 龙显昭:《汉代西域的族属及其与周秦 "西戎" 之关系》,《西南民族学院学报》1984 年第 1 期。

⑨ 何光岳:《〈山海经〉所载戎族的来源和分布》,《〈山海经〉与中华文化》,武汉:湖北人民出版社,1999 年,第 186 页。

⑩ 王宗维:《西戎八国考述》,《西北历史研究》1986 年号,西安:三秦出版社,1987 年。

⑪ 杨建新:《中国西北少数民族史》,北京:民族出版社,2003 年,第 25 页。

⑫ [美] 朱学渊:《新版中国北方诸族的源流》,上海:华东师范大学出版社,2010 年,第 94 页。

（四）乌氏、戎王所指

《史记·货殖列传》载："乌氏倮畜牧，及众，斥卖，求奇缯物，间献遗戎王。戎王什倍其偿，与之畜，畜至用谷量马牛。"[①]《集解》韦昭曰："乌氏，县名，属安定。倮，名也。"《索隐》："乌氏，县名，氏音支，名倮。"《正义》："县，古城在泾州安定县东四十里。倮，名也。"[②]

对于此段史料中提及的"乌氏""戎王"，学界有不同的解读。如下：

第一种观点认为乌氏是乌氏戎，戎王是乌氏戎之君长。王宗维认为："此处的乌氏恐怕不是县名，而是族名，即乌氏戎。倮，人名，实以乌氏氏族为姓，名倮之人。从这段资料可知，秦始皇统一六国时，乌氏之戎还存在，族有戎王。该族人乌氏倮，从事畜牧，出卖后，求购奇物，贡献其王，王以畜赏赐，倮畜群越来越大，后至用谷量马牛。"[③] 吕思勉认为："此所谓戎王，盖即乌氏戎之君长也。"[④] 刘光华认为："《货殖列传》记秦有乌氏倮，此乌氏为族名，倮乃乌氏戎之名倮者。"[⑤] 舒大刚认为："（吕思勉）其说虽未必洽，但乌氏为西戎之一种，则无疑义。"[⑥]

第二种观点认为不可知。美国学者狄宇宙认为："这个戎王是谁，我们无从知晓，但是这个故事证实了在公元前 3 世纪，大量的商贸活动已经出现。"[⑦]

二、己氏戎

（一）己氏戎的族属

学界看法不一，现梳理如下（见表 4-16）：

---

① （西汉）司马迁：《史记》，北京：中华书局，1959 年，第 3260 页。
② （西汉）司马迁：《史记》，北京：中华书局，1959 年，第 3260 页。
③ 王宗维：《西戎八国考述》，《西北历史研究》1986 年号，西安：三秦出版社，1987 年。
④ 吕思勉：《吕思勉读史札记》，上海：上海古籍出版社，1982 年，第 404 页。
⑤ 刘光华：《西北通史》第 1 卷，兰州：兰州大学出版社，2005 年，第 221 页。
⑥ 舒大刚：《春秋少数民族分布研究》，台北：文津出版社，1994 年，第 173 页。
⑦ ［美］狄宇宙：《古代中国与其强邻——东亚历史上游牧力量的兴起》，贺严等译，北京：中国社会科学出版社，2010 年，第 162 页。

表 4-16：己氏戎族属表

类型	族属	代表人物	主要观点
族群关系	有仍氏后裔	杜正胜	这个戎州大概是古有仍氏的苗裔。①
	蛇族己姓	潘英	己氏戎显然便是蛇族己姓遗裔。②
	殷商后裔	丁山	知戎州实殷王子戈天苗裔；而己氏出于殷商。③
	昆吾氏后裔	赵世超	卫地的己氏，原本应为昆吾氏的后裔。④
	狄的后裔	赵铁寒	济西狄之遗裔，流散于东方，其一为卫庄公登城以望见戎州己氏之戎。⑤
	夏的亲族	何光岳	己这时可能与戎族相结合，故称为戎人姓。己也是夏的亲族，并有与戎人杂居的历史，合称为己戎也无不可。⑥
非族群关系	宗族奴隶	田昌五	戎州人指卫国境内之野人（家族或宗族中的农业奴隶多到超出其所容纳的限度，也要分离出去，于是形成了野人）……有人可能会说，这里的戎州人还参与立公子起，怎么会是奴隶呢？殊不知这是宗族奴隶的特点，他们凭借着自己的宗族也能参与国君的废立……戎州人是因为打乱了国野之别而受镇压的。⑦

（二）己氏戎的活动范围

学界意见相对统一，大都认为在山东曹县⑧。孟世杰认为："又有在山东之曹县与河南兰阳接壤者，春秋初见于经传，但曰戎无名号，即戎州己氏之戎也。"⑨ 李亚农认为："在山东之曹县与兰阳接壤的一支，叫做戎州己氏之戎。"⑩ 何光岳认为："己的所在地，在今山东曹县东南，这里与同族曹、楚相邻，西面又靠近祝融之墟。"⑪ 安介生认为："己氏之戎的早期居住地为戎州己氏邑，是戎人族系中向东迁徙最远的一支。其主要活动于今山东西南

---

① 杜正胜：《周代城邦》，台北：联经出版事业公司，1979 年，第 126 页。

② 潘英：《中国上古史新探》，台北：明文书局，1985 年，第 143 页。

③ 丁山：《甲骨文所见氏族及其制度》，北京：中华书局，1988 年，第 100 页。

④ 赵世超：《周代国野制度研究》，西安：陕西人民出版社，1991 年，第 55 页。

⑤ 赵铁寒：《春秋时期的戎狄地理分布及其源流》，《大陆杂志》1955 年第 11 卷第 2 期。

⑥ 何光岳：《楚源流史》，长沙：湖南人民出版社，1988 年，第 37 页。

⑦ 田昌五：《古代社会断代新论》，北京：人民出版社，1982 年，第 110—112 页。

⑧ 台湾学者潘英认为在濮阳，详见其书《中国上古史新探》第 143 页。

⑨ 孟世杰：《先秦文化史》，上海：上海书店，1929 年，第 243 页。

⑩ 李亚农：《西周与东周》，上海：上海人民出版社，1956 年，第 20 页。

⑪ 何光岳：《楚源流史》，长沙：湖南人民出版社，1988 年，第 37 页。

部曹县一带，与鲁国关系相当密切，鲁国国君与之多次结盟。"①

第十一节　大戎、小戎、条戎、奔戎、申戎、卢戎

一、大戎与小戎

（一）大戎的族属

一般认为其为姬姓，与周同祖，如杜预注："大戎，唐叔子孙别在戎狄者。"② 章炳麟认为："大戎，姬姓也。"③ 顾颉刚认为："知大戎为唐叔之后，与晋同祖，徒以远离大宗，同化于环居之夷裔，故名曰大戎。"④ 童书业认为："大戎，姬姓。"⑤ 赵俪生认为："骊戎、大戎皆姬姓。"⑥ 徐连城认为："大戎，春秋时族名。姬姓。与晋同祖。"⑦ 何光岳认为："大戎，姬姓，与晋同祖，系唐叔虞之后，封于贾国，贾又分为狐氏，狐氏北流入戎族中，而成为大戎狐氏。"⑧

马长寿则表示了不同意见。他认为："大戎与重耳所奔之狄皆为白狄，且其上层统治者皆系出同祖……狐氏在春秋时亦改姓为'姬'。这种'姬'姓和晋国统治阶级的'姬'姓显然是不同的。"⑨ 王玉哲认为："大戎亦称白狄。"⑩

（二）小戎的姓氏、族属

尹盛平认为："春秋时的小戎，被称为白狄，当是獫狁的后裔，即所谓

①　安介生：《历史民族地理》，济南：山东教育出版社，2007年，第85页。

②　（晋）杜预：《春秋经传集解》，上海：上海古籍出版社，1978年，第198页。

③　章炳麟：《訄书详注》，上海：上海古籍出版社，2000年，第269页。

④　顾颉刚：《史林杂识》，北京：中华书局，1963年，第56页。

⑤　童书业：《春秋史》，北京：中华书局，2006年，第129页。

⑥　赵俪生：《日知录导论》，成都：巴蜀书社，1992年，第181页。

⑦　《中国历史大辞典·先秦史卷》，上海：上海辞书出版社，1996年，第23页。

⑧　何光岳：《〈山海经〉所载戎族的来源和分布》，《〈山海经〉与中华文化》，武汉：湖北人民出版社，1999年，第185页。

⑨　马长寿：《北狄与匈奴》，桂林：广西师范大学出版社，2006年，第7、16页。

⑩　王玉哲：《中华民族早期源流》，天津：天津古籍出版社，2010年，第50页。

的白氏。"① 李学勤认为："小戎，周代族名。居今山西交城。春秋时与晋通婚，系北戎一部。"②

小戎姓氏方面，杜预注："小戎，允姓之戎。子，女也。"③ 章炳麟认为："小戎，子姓也。"④ 童书业认为："小戎，旧说允姓，恐非，似都与周、齐等国为同族。春秋时当居晋国的附近。"⑤

（三）大戎、小戎的活动范围

学界看法不一，认为在山西者较多。梳理如下：

第一种说法认为在山西。清江永认为："庄二十八年之大戎、小戎今考其地在太原之交城。"⑥ 杨伯峻认同江永之说，"大戎、小戎其地当在今山西省交城县。"⑦ 日本学者五井直宏认为："大戎在今山西省太原市西南60公里的交城县北40公里之古交镇附近。"⑧ 马长寿认为："大戎的原始居地有人说在太原东南的交城，这种说法，现在无法证明其正确与否，但有一点可信的，就是既然《晋语》说'狐氏出自唐叔'，则大戎的原始居地，只能在唐叔封地的晋国之内，而不能在晋国以外的其他列国之内。"⑨ 王玉哲认为："大戎狐姬之族，大概在山西中北部。"⑩ 李孟存、常金仓所著《晋国史纲要》认为："狐氏大戎，狐氏戎大约生活在今太原市西南的吕梁山中。"⑪ 田建文认为："'大戎也是北戎的一部分，春秋时期主要活动于吕梁山区。"⑫

第二种说法认为在陕西延安。夏剑丞认为："大戎为姬姓，唐叔后，与白狄俱在陕西延安府境。"⑬

---

① 尹盛平：《猃狁、鬼方的族属及其与周族的关系》，《人文杂志》1985年第1期。
② 《中国历史大辞典·先秦史卷》，上海：上海辞书出版社，1996年，第41页。
③ （晋）杜预：《春秋经传集解》，上海：上海古籍出版社，1978年，第198页。
④ 章炳麟：《訄书详注》，上海：上海古籍出版社，2000年，第269页。
⑤ 童书业：《春秋史》，北京：中华书局，2006年，第129页。
⑥ （清）江永：《春秋地理考实》，《皇清经解》卷252，[出版时间不详]。
⑦ 杨伯峻：《春秋左传注》，北京：中华书局，1981年，第65页。
⑧ ［日］五井直宏：《中国古代史论稿》，姜镇庆等译，北京：北京大学出版社，2001年，第219页。
⑨ 马长寿：《北狄与匈奴》，桂林：广西师范大学出版社，2006年，第16页。
⑩ 王玉哲：《中华民族早源源流》，天津：天津古籍出版社，2010年，第50页。
⑪ 李孟存、常金仓：《晋国史纲要》，太原：山西人民出版社，1988年，第251页。
⑫ 田建文：《"启以夏正，疆以戎索"的考古学考察》，《庆祝张忠培先生七十岁论文集》，北京：科学出版社，2004年，第330页。
⑬ 夏剑丞：《西戎续考》，《东方文化》1943年第2卷第1期。

二、条戎与奔戎

(一) 条戎的名称、族属

夏剑丞认为："条戎奔戎，亦未知何种。"① 杨宽认为："条戎以居于条而得名。古时条又称鸣条。"② 何光岳认为："条戎乃东夷族人的一支。"③

(二) 条戎、奔戎的活动范围

学界意见相对统一，多认为在中条山一带，如杨宽认为："条戎以居于条而得名。古时条又称鸣条，鸣条在今山西夏县西南中条山。奔戎当在条戎附近。"④ 何光岳认为："奔地约在今晋北一带，条戎在今山西中条山。"⑤ 侯毅认为："今山西绛县、夏县、平陆至永济有中条山，连绵数百里，当是条戎活动区域。奔戎与条戎同时被讨伐，说明两支戎人活动区域相毗邻，而关系也甚密切。"⑥ 田建文认为："条戎、奔戎，生活在绛县、平陆、夏县、永济间的中条山。"⑦ 陈温菊认为："条戎，活动于今山西绛县、夏县、平陆、永济间的中条山一带。"⑧

三、申戎与卢戎

(一) 申戎的族属、分布

关于申戎的族属、分布，学界也有不同看法。史念海认为："宣王所征称

① 夏剑丞：《西戎续考》，《东方文化》1943 年第 2 卷第 1 期。
② 杨宽：《西周史》，上海：上海人民出版社，1999 年，第 572 页。
③ 何光岳：《〈山海经〉所载戎族的来源和分布》，《〈山海经〉与中华文化》，武汉：湖北人民出版社，1999 年，第 190 页。
④ 杨宽：《西周史》，上海：上海人民出版社，1999 年，第 572 页。
⑤ 何光岳：《〈山海经〉所载戎族的来源和分布》，《〈山海经〉与中华文化》，武汉：湖北人民出版社，1999 年，第 178—190 页。
⑥ 侯毅：《山西通史（先秦卷）》，太原：山西人民出版社，2001 年，第 399 页。
⑦ 田建文：《"启以夏正，疆以戎索"的考古学考察》，《庆祝张忠培先生七十岁论文集》，北京：科学出版社，2004 年，第 330 页。
⑧ 陈温菊：《先秦三晋文化研究》，新北：花木兰文化出版社，2011 年，第 36 页。

为申戎，当是因其为姜氏之裔。"① 杨宽认为："申戎当是申人留于西方的一支，这是对东迁到南阳盆地的申国而言的。"② 何光岳认为："申戎，与申国同族，出于炎帝之裔，过着游牧生活，分布于山西汾水上游，后为晋所并。"③

（二）卢戎

1. 卢戎的族属

关于卢戎的族属，学界有不同的见解。陈槃认为："卢戎亦西南夷亦。"④ 何光岳认为："卢戎，系姜姓戎族，与齐、申、甫、谢、许、向、井、州、厉等国为同姓，原属四岳之裔。"⑤ 石宗仁认为："卢戎属于南方蛮族（或曰荆蛮）的组成部分，并非别的族类。史称三苗为南蛮，可知卢戎乃属三苗之裔，荆蛮族的支系。"⑥

2. 卢戎称呼为戎的原因

对此，学界有不同的表述。陈槃认为："卢戎即舜后妫姓之卢矣。卢国舜后而曰戎者，地为戎地，名为戎民故也。此如骊戎、大戎皆姬姓、旧族，而其地其民则戎，故并以戎目之矣。"⑦ 何光岳认为："卢戎与姜戎一样，性格强悍，文化落后，且长期过着游牧迁徙的生活。"⑧ 周宝宏认为："卢曾是助武王伐纣的西戎八国之一，故《左传》仍称之为'卢戎'。"⑨

3. 卢戎的去向

学界尚有分歧。何光岳认为："后被楚国灭亡。其遗民被迁到湖南平江，最后融合于华夏族中。卢戎还有一支，却沿着岷江支流沱江南下，到达今四川沪州。还有散布在嘉定（今乐山县）的，后来便称嘉戎。"⑩ 吴永章认为："卢戎为楚灭后，卢戎之名已不再见于史籍。但当地帝夷活动一直延续至隋代以前而未中断。三国时期的'柤中夷'，两晋、南北朝时期的"沮、漳

---

① 史念海：《西周与春秋时期华族与非华族的杂居及其地理分布（上篇）》，《中国历史地理论丛》1990年第1期。
② 杨宽：《西周史》，上海：上海人民出版社，1999年，第573页。
③ 何光岳：《〈山海经〉所载戎族的来源和分布》，《〈山海经〉与中华文化》，武汉：湖北人民出版社，1999年，第185页。
④ 陈槃：《春秋大事表列国爵姓及存灭表撰异》，上海：上海古籍出版社，2009年，第948页。
⑤ 何光岳：《卢戎考》，《民族研究》1982年第3期。
⑥ 石宗仁：《荆楚与支那》，北京：民族出版社，2008年，第209页。
⑦ 陈槃：《春秋大事表列国爵姓及存灭表撰异》，上海：上海古籍出版社，2009年，第949页。
⑧ 何光岳：《卢戎考》，《民族研究》1982年第3期。
⑨ 周宝宏：《近出西周金文集释》，天津：天津古籍出版社，2005年，第129页。
⑩ 何光岳：《卢戎考》，《民族研究》1982年第3期。

蛮"，当与卢戎存在源流因袭关系。"①

第十二节　翳徒之戎、西落之戎、始呼之戎、六济之戎

一、翳徒之戎

（一）翳徒之戎的族属

孙傅瑗认为："翳徒之戎，亦羌种也。"② 何光岳认为："翳徒之戎，翳徒戎为伯翳之后。"③

（二）翳徒之戎的活动范围

学界对此看法不一，笔者梳理如下：

第一种观点认为在山西。钱穆认为："王季伐余无、始呼、翳徒诸戎皆在晋。"④ 王玉哲认为："此说（钱穆）若确，则二戎（始呼、翳徒）也都在山西的东部。"⑤

第二种观点认为在山西、陕西之间。刘桓认为："山西、陕西之间的始乎之戎和翳徒之戎。"⑥

第三种观点认为是不断变化的，先在山西后迁辽西。何光岳认为："翳徒之戎，在古徒骇河上游沙河，在今太行山西侧山西昔阳县一带。翳徒戎后北迁昌黎为徒河，又迁辽西翳无闾山。"⑦

第四种观点，史念海认为："余无之戎、始呼之戎和翳徒之戎，这几种

① 吴永章：《中南民族关系史》，北京：民族出版社，1992 年，第 45 页。

② 孙傅瑗：《中国上古时代种族史》，《学风》1934 年第 4 卷第 2 期。

③ 何光岳：《〈山海经〉所载戎族的来源和分布》，《〈山海经〉与中华文化》，武汉：湖北人民出版社，1999 年，第 188 页。

④ 钱穆：《周初地理考》，《燕京学报》1931 年第 10 期。

⑤ 王玉哲：《中华远古史》，上海：上海人民出版社，2000 年，第 445 页。

⑥ 刘桓：《甲骨集史》，北京：中华书局，2008 年，第 109 页。

⑦ 何光岳：《〈山海经〉所载戎族的来源和分布》，《〈山海经〉与中华文化》，武汉：湖北人民出版社，1999 年，第 188 页。

戎人的确地皆无所考，但总不出周人的边陲之外。"①

二、西落之戎

（一）西落之戎的名称

学界对"落"字有不同的理解，梳理如下：

第一种观点认为"落"即"潞"。陈梦家认为："周王季所伐的西落鬼戎即西落的鬼方之戎，落即潞。"② 日本学者白川静认为："王季伐西落鬼戎，落为潞。"③

第二种观点认为"落"即"洛"。唐兰认为："'西落'，落当即洛，是鬼方原在今陕西省的洛河流域。"④ 王宗维认为："洛与落音同，西落即洛水以西。"⑤ 王玉哲认为："这个'西落'实即《左传》宣公十五年所说的晋侯'立黎侯而还，及洛'之'洛'，也就是《国语·郑语》所说的当成周者'北有卫、燕、翟、鲜虞、潞、洛、泉、徐、蒲'中之'洛'。"⑥ 张天恩认为："西落或是西洛之别，当指关中洛河而言。"⑦

第三种观点认为"落"即"部落""种落"。黄盛璋认为："西落即西方部落，匈奴为部落联盟，皆以部落计，故汉史常称多少落，此在汉世落表部落已为通用之词。"⑧《中国古代国家起源与形成研究》一书认为："'西落鬼戎'中的'西落'，当指殷西方的种落。"⑨

（二）西落之戎（西落鬼戎）的族属

学界看法不一，梳理如下：

第一种说法认为是鬼方，这也是学界的主流观点。王玉哲认为："所谓

---

① 史念海：《西周与春秋时期华族与非华族的杂居及其地理分布（上篇）》，《中国历史地理论丛》1990 年第 1 期。

② 陈梦家：《殷虚卜辞综述》，北京：中华书局，1988 年，第 293 页。

③ ［日］白川静：《西周史略》，袁林译，西安：三秦出版社，1992 年，第 16 页。

④ 唐兰：《西周青铜器铭文分代史征》，北京：中华书局，1986 年，第 183 页。

⑤ 王宗维：《西戎八国考述》，《西北历史研究》1986 年号，西安：三秦出版社，1987 年。

⑥ 王玉哲：《中华远古史》，上海：上海人民出版社，2000 年，第 444 页。

⑦ 张天恩：《关中商代文化研究》，北京：文物出版社，2004 年，第 338 页。

⑧ 黄盛璋：《"汉匈奴破酖虏房长"及其有关史实发覆》，《历史研究》1994 年第 2 期。

⑨ 沈长云、张渭莲：《中国古代国家起源与形成研究》，北京：人民出版社，2009 年，第 301 页。

'西落鬼戎'，实即'鬼方'。"① 王占奎认为："西落鬼戎即鬼方。"② 《中国古代国家起源与形成研究》一书认为："'鬼戎'即鬼方之戎，亦即隗姓诸戎。其包括种落甚多，上面提到燕京之戎、余无之戎、始呼之戎、翳徒之戎，大约都包含在其中。"③

第二种说法认为是羌。孙傅瑗认为："西落鬼戎，羌之别种也。"④

第三种说法认为是狄。日本学者白川静认为："王季伐西落鬼戎，落为潞，即后来潞安地区的赤狄族。"⑤

（三）西落之戎的活动范围

学界有不同的观点，梳理如下：

第一种观点认为在河南洛阳。王宗维认为："西落鬼戎不在周的西方，而在东方。洛与落音同，西落即洛水以西，鬼即商代鬼方南迁的一支居于洛西者。可见西落鬼戎所在，既不在山西潞城东北，也不在宁夏清水，就在河南洛阳西北，是周族东伐开道的第一步。"⑥

第二种观点认为在周的西陲。史念海认为："西落鬼戎当如其名称所示，其地固在周的西陲。"⑦

第三种观点认为在山西。缪文远认为："西落鬼戎，古族名，居于今山西西北部。"⑧ 王占奎认为："西落鬼戎即鬼方，在山西北部。"⑨ 王玉哲认为："我们说商周时期的鬼方地域在晋中南部，可以说信而有征了。"⑩

第四种观点认为在洛河流域。唐兰认为："'西落'，落当即洛，是鬼方原在今陕西省的洛河流域。"⑪

---

① 王玉哲：《中华远古史》，上海：上海人民出版社，2000 年，第 376 页。

② 王占奎：《晋地"姜戎氏"文化的线索》，《文物考古文集》，武汉：武汉大学出版社，1997年，第 201 页。

③ 沈长云、张渭莲：《中国古代国家起源与形成研究》，北京：人民出版社，2009 年，第 301 页。

④ 孙傅瑗：《中国上古时代种族史》，《学风》1934 年第 4 卷第 2 期。

⑤ ［日］白川静：《西周史略》，袁林译，西安：三秦出版社，1992 年，第 16 页。

⑥ 王宗维：《西戎八国考述》，《西北历史研究》1986 年号，西安：三秦出版社，1987 年。

⑦ 史念海：《西周与春秋时期华族与非华族的杂居及其地理分布（上篇）》，《中国历史地理论丛》1990 年第 1 期。

⑧ 《中国历史大辞典·先秦史卷》，上海：上海辞书出版社，1996 年，第 187 页。

⑨ 王占奎：《晋地"姜戎氏"文化的线索》，《文物考古文集》，武汉：武汉大学出版社，1997年，第 201 页。

⑩ 王玉哲：《中华远古史》，上海：上海人民出版社，2000 年，第 379 页。

⑪ 唐兰：《西周青铜器铭文分代史征》，北京：中华书局，1986 年，第 183－184 页。

（四）西落之戎的去向

许倬云认为："西落之戎即后世隗姓的潞，当今日潞城附近。春秋时赤狄之中，潞氏最强，潞氏曾夺黎氏地。晋国的兴起，败赤狄，灭潞子，实底定北方的重要战役。"[①]

三、始呼之戎与六济之戎

（一）始呼之戎的活动范围[②]

何光岳认为："始呼之戎，山西平遥县西北有北魏始昌郡，或即始终之戎分布之地。"[③]

（二）六济之戎

学界研究成果稀少。夏剑丞认为："六济之戎，此戎亦不知为何种。"[④]史念海认为："六济之戎未知确地所在，是难于和姜氏之戎、申戎相提并论的。"[⑤] 辛迪认为："六济亦应为地名，其地望无考。"[⑥]

第十三节 山戎、北戎、代戎、济西之戎

一、山戎

（一）山戎的族属

学界有很大争议，争论的焦点在于其是否为戎。梳理如下（见表 4-17）：

---

① 许倬云：《西周史》，北京：生活·读书·新知三联书店，1993 年，第 67 页。
② 翳徒之戎活动地域中已作出一定交代，为避免重复，翳徒之戎叙述过的，将不再重复。
③ 何光岳：《〈山海经〉所载戎族的来源和分布》，《〈山海经〉与中华文化》，武汉：湖北人民出版社，1999 年，第 188 页。
④ 夏剑丞：《西戎续考》，《东方文化》1943 年第 2 卷第 1 期。
⑤ 史念海：《西周与春秋时期华族与非华族的杂居及其地理分布（上篇）》，《中国历史地理论丛》1990 年第 1 期。
⑥ 辛迪：《两周戎狄考》，博士学位论文，北京大学，2006 年，第 32 页。

表 4-17：山戎族属表

类型	族属	代表人物	主要观点
戎	戎	邝士元	在春秋开始的时期，戎在内地杂居的有七个地区……第七是辽西地区，此区所居者名山戎，以今日河北省卢龙、迁安等县为中心，曾建立孤竹、令支等国。①
		杨建新	戎虽有活动于北方的记载（如山戎等）。②
		金景芳	北方有北戎、山戎、无终诸戎。③
		史念海	鲁国之北也有戎人，以其居于山地，故称为山戎。④
		张立柱	山戎人不是土著民族，而是夏商时期活动于西北地区的游牧民族西戎的支属，商晚周初逐渐东迁进入冀北地区。是在冀北发展起来的戎族。⑤
非戎	颛顼后裔	舒大刚	戎是西方之夷，山戎却是一个例外，它不属于西戎，甚至也不起源于北方。它出于颛顼后裔己姓昆吾之国，起源于我国的中部河南地区。⑥
	商的遗民	田广林	山戎则或许是携本族文化出赤峰口北上的商遗民，至老哈河、大凌河流域后，同当地居民同处杂糅而形成的一个强大的部落联盟。⑦
	狄	蒙文通	狄合北戎鄋瞒而为一，山戎自亦合于狄。⑧
		任乃强	齐桓所伐的山戎、晋人所伐的北戎，其实都是狄。⑨
		韩小忙	山戎、代戎等北戎则属狄系民族，而非戎族。⑩
		杨东晨	北方就早有以犬为图腾的北狄游牧部落，名山戎、荤粥、猃狁。⑪
		张立柱	山戎或北戎春秋时属北狄，他们和犬戎本来就是相通的民族群落。⑫

① 邝士元：《国史论衡：先秦至隋唐篇》，香港：波文书局，1979 年，第 18 页。

② 杨建新：《中国西北少数民族史》，银川：宁夏人民出版社，1988 年，第 11 页。

③ 金景芳：《中国奴隶社会史》，上海：上海人民出版社，1983 年，第 267 页。

④ 史念海：《西周与春秋时期华族与非华族的杂居及其地理分布（上篇）》，《中国历史地理论丛》1990 年第 1 期。

⑤ 张立柱：《关于冀北山戎的几个问题》，《文物春秋》2009 年第 1 期。

⑥ 舒大刚：《春秋少数民族分布研究》，台北：文津出版社，1994 年，第 86 页。

⑦ 田广林：《山戎初探》，《昭乌达蒙族师专学报》1986 年第 2 期。

⑧ 蒙文通：《赤狄白狄东侵考》，《禹贡》1937 年第 7 卷第 1—3 合期。

⑨ 任乃强：《任乃强民族研究文集》，北京：民族出版社，1990 年，第 394 页。

⑩ 韩小忙：《獯狁与戎考论》，《汉学研究》1996 年 14 卷 2 期。

⑪ 杨东晨：《论犬戎的族属与变迁》，《固原师专学报》1993 年第 3 期。

⑫ 张立柱：《古国寻踪：冀域方国、王国、诸侯国》，北京：文物出版社，2010 年，第 274 页。

（续表）

类型	族属	代表人物	主要观点
	蒙古	俾丘林	山戎，是公元前 2 世纪以前的一个蒙古族的名称。①
	匈奴	王子今	"山戎"似乎应当是中原人对于"匈奴"等富有攻击性的草原民族势力的早期形态的一种称谓代号。②
东胡③		宋文炳	山戎即当时的东胡族。④
		梁启超	胡以匈奴族之自称得名，因此凡塞北诸族，皆被以胡号。其在最初，与匈奴对峙者，惟古代之山戎，故命曰东胡。⑤
		田广林	事实上，山戎与东胡并不是同时并居于一地的两个部族，而是同一部族在不同时期居于同一地域……山戎和东胡都是鲜卑的族源，二者是同一族属。基于以上情况，可以肯定，东胡就是山戎的后裔。⑥
		俞伟超	至于山戎古人早就讲清楚了，就是东胡……所以把这种胡叫做戎，可能就是因为他们深入内地后和各支西戎比较接近，因而在名称上也发生了一定的相混。⑦
		周昆田	山戎与东胡同属一族。⑧
		唐嘉弘	北戎，山戎或无终，似与东胡关系密切，古人或以山戎为东胡鲜卑，并非羌无故实的无稽之谈。⑨
		刘韵叶	可知山戎为东胡的一支，可能因山居而得名。⑩
		田广金	山戎的称呼在前，后来因在胡（匈奴）之东，又称东胡。⑪

① ［俄］俾丘林：《古代中亚各族资料汇编》第 1 卷，《北方民族史与蒙古史译文集》，余大钧译，昆明：云南人民出版社，2003 年，第 312 页。

② 孙登海：《追寻远逝的民族——山戎文化探幽》，北京：北京师范大学出版社，2007 年，"序言"，第 1 页。

③ 反对此说的学者也较多，韩嘉谷《从军都山东周墓谈山戎、胡、东胡的考古学文化归属》、郑绍宗《山戎民族及其文化考》、苗威《山戎、东胡考辨》、陈慧《两周时期的北燕与山戎、东胡等族的关系》、李海荣《北方地区出土夏商周时期青铜器研究》、尤中《中华民族发展史》等均有论述，可参考。

④ 宋文炳：《中国民族史》，上海：中华书局，1935 年，第 85 页。

⑤ 梁启超：《饮冰室文集点校》，昆明：云南教育出版社，2001 年，第 3227 页。

⑥ 田广林：《山戎初探》，《昭乌达蒙族师专学报》1986 年第 2 期。

⑦ 俞伟超：《先秦两汉考古学论集》，北京：文物出版社，1985 年，第 182、183 页。

⑧ 周昆田：《中国边疆民族简史》，台北：台湾书店，1961 年，第 7 页。

⑨ 唐嘉弘：《中国古代民族研究》，西宁：青海人民出版社，1987 年，第 12 页。

⑩ 刘韵叶：《西周时期周王室与周边各族的关系》，《河南大学学报》1987 年第 4 期。

⑪ 田广金、郭素新：《北方文化与匈奴文明》，南京：凤凰出版社，2004 年，第 15 页。

（二）山戎的活动范围

山戎的活动范围，学界争议较大。梳理如下（见表4-18）：

表4-18：山戎活动范围表

活动范围	代表人物	主要观点
太行山脉	童书业	其居地在春秋时似近太行山脉。①
	渡边英幸	通过详细分析文献，有一件事是非常明了的，春秋初期的山戎与山东、河南的诸侯国有交往……太行山脉东南为根据地的可能性比较大。②
山东泰山	吕思勉	山戎实在泰山附近……山戎之在东而不在北矣……疑山戎占地颇广，次第为诸侯所并。至战国时，惟近燕者尚存。后人追述管子之事，不知其时之山戎，疆域与后来不同也，则以为在燕北而已矣。③
	史念海	可知山戎所居实在泰山的森林之间。是鲁国之北也有戎人，以其居于山地，故称为山戎。④
河北	晁福林	山戎地望当在今河北省北部地区，吕思勉先生谓山戎实在泰山附近这个说法，有可商之处。⑤
	邢义田	山戎在今河北东北境，非在山东。⑥
	邝士元	山戎，以今日河北省卢龙、迁安等县为中心。⑦
河北、辽宁	袁定基	山戎，古族名。分布于今河北东北部至辽宁一带。⑧
	郑绍宗	山戎民族大体是活跃在燕山以北到七老图山之间，即今滦河、潮白河、老哈河、西拉木伦河以南、大凌河以西这一广阔山地和丘陵地带。⑨
河北、山东	鲁惟一	山戎活跃在山东、河北，靠近燕和齐。⑩

① 童书业：《春秋史》，北京：中华书局，2006年，第129页。

② ［日］渡边英幸：《春秋时代における华夷秩序の研究》，博士学位论文，东北大学，2003年，第139页。

③ 吕思勉：《中国民族史》，上海：上海古籍出版社，2008年，第59、60页。

④ 史念海：《西周与春秋时期华族与非华族的杂居及其地理分布（上篇）》，《中国历史地理论丛》1990年第1期。

⑤ 晁福林：《春秋战国的社会变迁》，北京：商务印书馆，2011年，第332页。

⑥ 邢义田：《古代中国及欧亚文献、图像与考古资料中的'胡人'外貌》，《美术史研究集刊》2000年第9期。

⑦ 邝士元：《国史论衡：先秦至隋唐篇》，香港：波文书局，1979年，第18页。

⑧ 《中国历史大辞典·先秦史卷》，上海：上海辞书出版社，1996年，第31页。

⑨ 郑绍宗：《山戎民族及其文化考》，《环渤海考古国际学术讨论会论文集》，北京：知识出版社，1996年。

⑩ ［英］Michael Loewe、［美］Edward L. Shaugh, *Cambridge University History of Ancient China：from the Origins of Civilization to 221B.C*, London：Cambridge University Press, 1999, p.549.

（续表）

活动范围	代表人物	主要观点
内蒙古	俾丘林	山戎居住在今敖汉、奈曼、科尔沁诸爱马克所据之地。①
河北、内蒙古、东北	郭沫若	而从今河北东北部直到内蒙和东北地区的山戎和北戎，更是强盛一时，曾和齐、燕等国多次发生战争。②
燕以北	吉本道雅	山戎位于燕以北。③
西移而来	顾颉刚	《春秋》里有"山戎""北戎""茅戎"，这些戎也许是西边移过来的。但因没有得到证据。④

二、北戎

（一）北戎的族属

学界有很大争议，争论的焦点在于其是否为戎。梳理如下（见表 4-19）：

表 4-19：北戎族属表

类型	族属	代表人物	主要观点
戎	戎	江永	庄二十八年之大戎、小戎今考其地在太原之交城，成元年之茅戎在解州平陆，北戎盖此等戎耳。⑤
		杨伯峻	北戎疑即庄公二十八年之大戎、小戎（其地当在今山西省交城县），或成公元年之茅戎（当在今山西省平陆县），此数戎离郑不远，故能侵郑。⑥
		钱穆	盖北戎即姜氏之戎，以其在晋北，故曰北戎。⑦
		邝士元	在春秋开始的时期，戎在内地杂居的有七个地区……第二是豫北地区，以太行山麓为中心，伐邢、灭卫、南侵郑、东侵齐，其名曰北戎。⑧

① ［俄］俾丘林：《古代中亚各族资料汇编》第 1 卷，《北方民族史与蒙古史译文集》，余大钧译，昆明：云南人民出版社，2003 年，第 312 页。

② 郭沫若主编：《中国史稿》第 1 册，北京：人民出版社，1976 年，第 296 页。

③ ［日］吉本道雅：《〈史记·匈奴列传〉疏证—上古から冒顿单于まで》，《京都大学文学部研究纪要》45，2006 年。

④ 顾颉刚：《从古籍中探索我国的西部民族——羌族》，《社会科学战线》1980 年第 1 期。

⑤ （清）江永：《春秋地理考实》，《皇清经解》卷 252，［出版时间不详］。

⑥ 杨伯峻：《春秋左传注》，北京：中华书局，1981 年，第 65 页。

⑦ 钱穆：《西周戎祸考》，《禹贡》1934 年第 2 卷第 4 期、12 期。

⑧ 邝士元：《国史论衡：先秦至隋唐篇》，香港：波文书局，1979 年，第 18 页。

（续表）

类型	族属	代表人物	主要观点
		金景芳	北方有北戎、山戎、无终诸戎。①
		晁福林	北戎，盖为北部地区的戎族。②
		徐袛朋	北戎是其中势力较为强大的，这些民族是西北戎族的分支。③
非戎	狄	蒙文通	狄合北戎鄋瞒而为一。④
		童书业	北戎。这族也不知应属何种（或许即是狄的一支）。⑤
		任乃强	齐桓所伐的山戎、晋人所伐的北戎，其实都是狄。⑥
		俞伟超	讲到西戎这个名称的特定涵义时，还必须把古代北戎和山戎的问题交待清楚。这种戎与西戎之戎是不同的。《史记》等书中所说的北戎，是指白狄、赤狄和代戎而言。⑦
		韩小忙	山戎、代戎等北戎则属狄系民族，而非戎族。⑧
		陈温菊	北戎，属于北狄民族系统。⑨
	蒙古	俾丘林	北戎也蒙古族。⑩
	颛顼后裔	舒大刚	戎是西方之夷，山戎却是一个例外，它不属于西戎，甚至也不起源于北方。它出于颛顼后裔己姓昆吾之国，起源于我国的中部河南地区。⑪
	东胡	梁启超	东胡盖居于今京兆、直隶北部及奉天、热河间，其初以名通于中国，则曰北戎。⑫
	姞姓	李零	姞姓有密、鄂、偪、燕四国。可能是北戎的四支。⑬
待定	待定	裘锡圭	根据现存史料都难以断定。⑭

（二）北戎的活动范围

第一种观点认为在诸国之间。蒙文通认为："知北戎之居在晋、邢、郑、

① 金景芳：《中国奴隶社会史》，上海：上海人民出版社，1983年，第267页。

② 晁福林：《春秋战国的社会变迁》，北京：商务印书馆，2011年，第333页。

③ 徐袛朋：《西周时期的北方民族及其与周王室的关系》，《内蒙古社会科学》2002年第5期。

④ 蒙文通：《赤狄白狄东侵考》，《禹贡》1937年第7卷第1—3合期。

⑤ 童书业：《春秋史》，北京：中华书局，2006年，第129页。

⑥ 任乃强：《任乃强民族研究文集》，北京：民族出版社，1990年，第394页。

⑦ 俞伟超：《先秦两汉考古学论集》，北京：文物出版社，1985年，第182、183页。

⑧ 韩小忙：《玁狁与戎考论》，《汉学研究》1996年14卷2期。

⑨ 陈温菊：《先秦三晋文化研究》，新北：花木兰文化出版社，2011年，第35页。

⑩ ［俄］俾丘林：《古代中亚各族资料汇编》第1卷，《北方民族史与蒙古史译文集》，余大钧译，昆明：云南人民出版社，2003年，第313页。

⑪ 舒大刚认为山戎即北戎。详见《春秋少数民族分布研究》，台北：文津出版社，1994年，第86、88页。

⑫ 梁启超：《饮冰室文集点校》，昆明：云南教育出版社，2001年，第3225页。

⑬ 李零：北京大学"出土文献与中国古代文明研究协同创新中心"金文与青铜器研讨班第一期讲座"两周金文中的族姓"，北京，2015年6月25日。

⑭ 裘锡圭：《裘锡圭学术文化随笔》，北京：中国青年出版社，1999年，第68—71页。

齐之近地。"① 童书业认为:"其种人大约散居在今黄河下游北岸一带,居齐、晋、郑、邢诸国之间,所以常与诸国交战。"② 日本学者吉本道雅认为:"应该可以推定北戎居住地位于齐、郑之间。"③

第二种观点认为在山西。钱穆认为:"盖北戎即姜氏之戎,以其在晋北,故曰北戎。"④ 李学勤认为:"北戎,周代族名。居于今山西东及东南部,其在今交城的称大戎、小戎,在今平陆的称茅戎。"⑤ 李明等学者认为:"北戎,古族名,约分布在今山西太原一带。汾隰,在今山西洪洞以南、襄汾以北的汾水两岸地区。"⑥

第三种观点认为在河南北部、山西东南。晁福林认为:"从这个北戎与郑国的邻近情况看,似不可能远在冀北,而应当在今豫北或晋东南地区的某一支戎族。"⑦

第四种观点认为在河南北境,河北南境。陈槃认为:"盖在今河南省北境,或河北省南境。"⑧

三、山戎与北戎

学界对二者的关系并未形成统一认识,分歧较大。梳理如下(见表4-20):

表4-20:山戎与北戎关系表

族属	代表人物	主要观点
山戎乃北戎	杜预	山戎、北戎、无终三名,其实一也。⑨
	夏剑丞	北戎可证其为山戎,同为一族,余皆莫能详其为何戎。⑩
	杨伯峻	或曰北戎,或曰山戎,其实一也。⑪

① 蒙文通:《周秦少数民族研究》,上海:龙门联合书局,1958年,第68页。

② 童书业:《春秋史》,北京:中华书局,2006年,第129页。

③ [日]吉本道雅:《〈史记·匈奴列传〉疏证—上古从冒顿单于为止》,《京都大学文学部研究纪要》45,2006年。

④ 钱穆:《西周戎祸考》,《禹贡》1934年第2卷第4期、12期。

⑤ 《中国历史大辞典·先秦史卷》,上海:上海辞书出版社,1996年,第141页。

⑥ 李明等:《古本竹书纪年译注》,郑州:中州古籍出版社,1990年,第82页。

⑦ 晁福林:《春秋战国的社会变迁》,北京:商务印书馆,2011年,第333页。

⑧ 陈槃:《春秋大事表列国爵姓及存灭表撰异》,上海:上海古籍出版社,2009年,第946页。

⑨ (宋)乐史,王文楚等点校:《太平寰宇记》,北京:中华书局,2007年,第1415页。

⑩ 夏剑丞:《西戎考》,《东方文化》1942年第1卷第3期。

⑪ 杨伯峻:《春秋左传注》,北京:中华书局,1981年,第248页。

（续表）

族属	代表人物	主要观点
	舒大刚	山戎后来北迁，史又谓之北戎。①
	史党社	春秋时期所谓的山戎，极有可能就是"北戎"或其一支。②
	王子今	山戎是春秋战国时期燕齐人指称的北戎，大概是可以确定的。③
	张广志	山戎，一名北戎，即春秋时之无终，地在今天津蓟县一带。④
	罗贤佑	北戎，又称山戎，原在晋中，后迁至冀北无终山一带。⑤
	张立柱	他们（山戎）在西周后期、春秋时期被称为北戎。⑥
山戎非北戎	蒙文通	草中之戎即北戎也，杜预以北戎即山戎，其说盖误。⑦
	童书业	山戎。这一支不知应属何种，旧说以为即北戎，似不可信。⑧
	俞伟超	《史记》等书中所说的"北戎"，是指"白狄""赤狄"和"代戎"而言。至于"山戎"古人早就讲清楚了，就是"东胡"。⑨
	李绍明	北戎和山戎间关系密切，但也不是同一支戎。因为从活动时间上看，当公元前650年北戎被齐、许联军所败后，元气大伤，从此逐渐退出历史舞台。但此时在晋国的山戎势力正在发展，公元前569年无终之子嘉父有请和诸戎之举，则无终前后尚有长长的活动时间。北戎之衰，山戎之盛，几乎是同时进行的；其间既没有继承的关系，当然难以视为同戎人了。⑩
	陈槃	谓山戎即北戎，此盖误。⑪
	晁福林	位于北方地区的戎族在史载中或被称为北戎，前面提到的山戎即有被称为北戎之例。然而，北戎并非山戎的专用称谓。论者或谓此北戎即山戎，似不确。这个北戎，盖为北部地区的戎族，北为方位之词。从这个北戎与郑国的邻近情况看，似不可能远在冀北，而应当在今豫北或晋东南地区的某一支戎族。⑫
	吉本道雅	隐公九年侵占郑国的戎（北戎）不能把它看成山戎，山戎位于燕以北……应该可以推定北戎居住地位于齐、郑之间。⑬
待定	裘锡圭	根据现存史料都难以断定。⑭

① 舒大刚：《春秋少数民族分布研究》，台北：文津出版社，1994年，第88页。
② 史党社：《考古资料所见秦史中的少数民族及其文化》，《秦汉文化比较研究：秦汉兵马俑比较暨两汉文化研究论文集》，西安：三秦出版社，2002年，第542页。
③ 孙登海：《山戎文化探幽》，北京：北京师范大学出版社，2007年，"序言"，第1页。
④ 张广志：《西周史与西周文明》，上海：上海科学技术文献出版社，2007年，第242页。
⑤ 罗贤佑：《中国民族史纲要》，北京：中国社会科学出版社，2009年，第44页。
⑥ 张立柱：《关于冀北山戎的几个问题》，《文物春秋》2009年第1期。
⑦ 蒙文通：《周秦少数民族研究》，上海：龙门联合书局，1958年，第68、69页。
⑧ 童书业：《春秋史》，北京：中华书局，2006年，第129页。
⑨ 俞伟超：《先秦两汉考古学论集》，北京：文物出版社，1985年，第182、183页。
⑩ 李绍明：《李绍明民族学文选》，成都：成都出版社，1995年，第475页。
⑪ 陈槃：《春秋大事表列国爵姓及存灭表撰异》，上海：上海古籍出版社，2009年，第969页。
⑫ 晁福林：《春秋战国的社会变迁》，北京：商务印书馆，2011年，第333页。
⑬ ［日］吉本道雅：《〈史记·匈奴列传〉疏证—上古从冒顿单于为止》，《京都大学文学部研究纪要》45，2006年。
⑭ 裘锡圭：《裘锡圭学术文化随笔》，北京：中国青年出版社，1999年，第68—71页。

四、代戎

一般认为北戎即代戎，如蒙文通认为："北戎亡走云朔，代其自号，而北戎则中国名之。"[①] 马长寿认为："春秋以前，原来居住于晋国以北汾隰之间的北戎，便被晋兵打败，驱逐到太行山内了。这批北戎在公元前 715 年（鲁隐公九年）到 707 年（桓公六年）东出太行，南下侵郑，伐齐，终于被郑、齐、周三国联军所平。到公元前七世纪中叶，他们同赤狄一道分头攻击中原各国，及赤狄灭亡，他们逃到山西北部建立代国。"[②] 李范文认为："赵亦灭代戎，即北戎也。"[③] 袁定基认为："代戎，族名。即代戎。北戎的一支。"[④]

当然也有不同的看法。如，雷鹄宇认为："代戎为北戎与史实不合。代戎是一些白狄族从山陕北部东迁到达代地后经过他们相互之间以及他们与当地土著人群的融合，而整合形成的一个新的部族。"[⑤]

五、济西之戎

（一）济西之戎（济水之戎、鲁西之戎）的族属及分布

对于济西之戎的族属，学界主要有以下几种观点。

第一种观点认为是有娀。顾颉刚认为："知有仍又作有戎。有戎当即春秋时鲁西之戎……有戎盖又即有娀也。"[⑥]

第二种观点认为是狄。赵铁寒认为是狄，"济西地区之狄，即隐庄时济西之戎，自隐九年至庄二十六年，凡四十六年间，出没齐鲁曹宋之界，一侵鲁，一侵曹，一伐凡伯，三盟於鲁，齐鲁伐之者各一。庄二十六年以下，消息顿杳，迨文公十一年，始又见於经传。左氏曰'鄋瞒侵齐。遂伐我。公卜使叔孙得臣追之，败狄於咸，获长狄侨如。'……知鄋瞒即长狄也……鄋瞒所居在於济西，正庄公以前济西戎之所居，戎族未灭而名忽隐，若干年后，

① 蒙文通：《周秦少数民族研究》，上海：龙门联合书局，1958 年，第 69 页。
② 马长寿：《北狄与匈奴》，桂林：广西师范大学出版社，2006 年，第 9～10 页。
③ 李范文：《先秦羌戎融华考》，《宁夏社会科学》1992 年第 2 期。
④ 《中国历史大辞典·先秦史卷》，上海：上海辞书出版社，1996 年，第 152 页。
⑤ 雷鹄宇：《代戎族源考》，《西华师范大学学报》2012 年第 1 期。
⑥ 顾颉刚：《古史辨》第 7 册下，上海：上海古籍出版社，1982 年，第 326 页。

以鄋瞒长狄之名舆世再见。"①

第三种观点认为是北戎。日本学者吉本道雅认为："与鲁国、齐国、曹国为战的戎叫做济西之戎，它与北戎的活动时期相同，居住区域重合，北戎就是济西之戎的称呼。"②

第四种观点，《山东通史·先秦卷》认为："其早期历史已难详考。"③

济西之戎的分布，学界一般认为在山东曹县。④ 故不再详述。

（二）济西之戎的去向

第一种观点认为被鲁国所灭。《山东通史》认为："公元前 668 年，戎又侵犯鲁国。两年后鲁庄公率兵伐戎。大概此时戎被鲁国所灭。"⑤《鲁国史》一书认为："前 668 年，庄公又亲率大军对戎进行了一次讨伐。此后，鲁、戎之间便没有了关系。"⑥

第二种观点，赵铁寒认为："济西狄之遗裔，流散于东方，其一为卫庄公登城以望见戎州己氏之戎……其一《战国策·齐策五》所言，田单'攻狄，三月而不克'……自田单略其地，此狄遂同化于华族矣。"⑦

另外，郱伯御戎鼎铭文载："郱伯御戎乍滕姬宝鼎。子子孙孙永宝用。"⑧ 对于此"戎"，学界也有不同的意见。马承源主编的《商周青铜器铭文选》认为："御戎，郱伯之名。"⑨ 辛迪撰写的博士论文《两周戎狄考》认为："郱伯所御之戎，从时代和郱之地理来看，亦应是济水流域之戎。"⑩

———————

① 赵铁寒：《春秋时期的戎狄地理分布及其源流》，《大陆杂志》1955 年第 11 卷第 2 期。
② ［日］吉本道雅：《〈史记·匈奴列传〉疏证—上古から冒顿单于まで》，《京都大学文学部研究纪要》45，2006 年。
③ 李启谦主编：《山东通史（先秦卷）》，济南：山东人民出版社，1993 年，第 494 页。
④ 台湾学者潘英认为在山东菏泽，详见其书《中国上古史新探》第 143 页。
⑤ 李启谦主编：《山东通史（先秦卷）》，济南：山东人民出版社，1993 年，第 494 页。
⑥ 郭可煜：《鲁国史》，北京：人民出版社，1994 年，第 101 页。
⑦ 赵铁寒：《春秋时期的戎狄地理分布及其源流》，《大陆杂志》1955 年第 11 卷第 2 期。
⑧ 马承源：《商周青铜器铭文选》，北京：文物出版社，1990 年，第 340 页。
⑨ 马承源：《商周青铜器铭文选》，北京：文物出版社，1990 年，第 340 页。
⑩ 辛迪：《两周戎狄考》，博士学位论文，北京大学，2006 年，第 45 页。

第五章　戎族历史文化重要问题考辨

第一节　戎概念考辨

一、戎的扩大和缩小

(一) 戎所指的扩大

从甲骨卜辞来看，戎可以指示东、西的部族，势力较小，远不如羌。从金文资料来看，"戎"已经可以称呼东、西、南、北四方的部族。如班簋中的"痟戎"在东方，敔（戎）簋、敔（戎）方鼎中的"淮戎"在南方，善簋中的"驭戎"在北方，师同鼎中的"戎"在西方。从方向上看，戎概念已经扩大化。

文献资料中，"戎"或"戎狄"已经可以表示整个异族，如下所述。

《穆天子传·卷五》："季秋□，乃宿于㘰。毕人告戎，曰：'陵翟来侵。'天子使孟念如毕讨戎。"戎、狄通用，表示异族。

《左传》鲁闵公元年："狄人伐邢。管敬仲言于齐侯曰：'戎狄豺狼，不可厌也。诸夏亲昵，不可弃也。'"《左传》鲁僖公十五年："必报仇，宁事戎狄。"《左传》鲁成公二年："蛮夷戎狄，不式王命，淫湎毁常，王命伐之，则有献捷，王亲受而劳之，所以惩不敬，劝有功也。"《左传》鲁襄公四年："戎狄无亲而贪，不如伐之。"《左传》鲁襄公十一年："子教寡人和诸戎狄，以正诸华。"《左传》鲁昭公四年："周幽为大室之盟，戎狄叛之。"《左传》鲁哀公四年："司马起丰、析与狄戎，以临上雒。"戎、狄连用，表示异族。

《国语·周语》："夫三军之所寻，将蛮、夷、戎、狄之骄逸不虔，于是乎致武。"《国语·晋语一》："戎、夏交捽……诸夏从戎，非败而何？"《国语

·楚语上》："蛮、夷、戎、狄，其不宾也久矣。"《国语·晋语七》："子教寡人和诸戎、狄而正诸华。"《国语·齐语》："筑葵兹、晏、负夏、领釜丘，以御戎狄之地，所以禁暴于诸侯也；筑五鹿、中牟、盖与、牡丘，以卫诸夏之地，所以示权于中国也。"戎、狄连用，表示异族。

《荀子·正论篇》："故诸夏之国同服同仪，蛮、夷、戎、狄之国同服不同制。"① 戎，表示异族。

《战国策卷三·秦一》张仪曰："今夫蜀，西辟之国，而戎狄之长也，弊兵劳众不足以成名，得其地不足以为利。今三川、周室，天下之市朝也。而翁不争焉，顾争于戎狄，去王业远矣。"战国之时，戎概念扩大化，西南之异族也可称戎。

《后汉书·东夷列传》："凡蛮、夷、戎、狄总名四夷者，犹公、侯、伯、子、男皆号诸侯云。"戎作为异族的代称彻底定型。

结合甲骨文、金文资料与文献资料，可以发现戎概念不断扩大化的趋势，即戎从小部族成为异族统称的历史过程。笔者称之为"戎概念的扩大化进程"。

（二）戎所指的缩小

与"戎概念的扩大化"相反，"西戎"替代"戎"成为后来西部地区族群的统称。这似乎隐含着另一种趋势，即戎逐渐退居西部成为"西戎"的历史过程。笔者称之为"戎概念缩小化进程"。

《墨子·节葬》："昔者尧北教乎八狄……舜西教乎七戎……禹东教乎九夷。"② 戎与西连接起来。

《荀子·强国篇》："今秦南乃有沙羡与俱，是乃江南也，北与胡、貉为邻，西有巴、戎。"③ 战国之时，戎已被驱赶至秦西。

《礼记·王制》："中国戎夷五方之民，皆有性也，不可推移。东方曰夷，被发文身，有不火食者矣。南方曰蛮，雕题交趾，有不火食者矣。西方曰戎，被发衣皮。有不粒食者矣。北方曰狄，衣羽毛穴居，有不粒食者矣。中国、夷、蛮、戎、狄，皆有安居、和昧、宜服、利用、备器。五方之民，方语不通，嗜欲不同。达其志，通其欲，东方曰寄，南方曰象，西方曰狄鞮，

---

① 《荀子集解》，北京：中华书局，1988年，第329、330页。
② 《墨子校注》，北京：中华书局，1993年，第266、267页。
③ 《荀子集解》，北京：中华书局，1988年，第301页。

北方曰译。"[①] 五方之民格局定型,"西戎"成为西部民族的特指。

对比史料记载的早晚,可知"戎概念的缩小化进程"要晚于"戎概念的扩大化进程"。至于出现"戎概念缩小化"的原因,与春秋战国之时华夏诸国开疆拓土,戎人被迫西进不无关系。

二、诸戎的命名方法

顾栋高在《春秋大事表》中认为:"戎种最杂乱难稽,或三名而为一族,或一种而随地立名,随时易号至五六而为已。"[②] 戎族的命名比较复杂,现考辨之。

第一种,以地(山、河)命名,也即顾栋高所说的"随地立名",也是最常见的命名方法。具有代表性的有太原戎、燕京戎、瓜州之戎、陆浑戎、大荔戎、扬拒、泉皋、伊雒之戎、邽戎、冀戎、獂戎、条戎、卢戎、山戎等。当然,也可能存在着"以族名地"的可能性,骊戎是一个具有代表性的例子,学界有着骊戎得名于骊山(地),还是骊山(地)得名于骊戎的争论。再有就是乌氏戎,杨建新认为:"为秦吞并后,为秦地,置乌氏县,有乌氏旧城。"[③]

第二种,以音命名,如义渠戎。郑张尚芳认为:"比较藏文,义渠之义也可得而解了。按义古音 * ngal,相当于藏文 ngar 强大、威猛之意。渠古音 * ga〉gja,相富于藏文 rgja,意南大、汉族。"[④] 如胸衍戎,王宗维认为:"居延,实际上就是《山海经》中所说的'居繇',《史记》中的'胸衍'。胸衍的胸,《校刊记》作晌,又读句,所以,居、胸读音相同,都是译音。延与衍音同,繇又读为由,延、衍和由,古音相近,仅收声略异,衍又译为繇,后还原为延,所以,居延就是胸衍,又是居繇。"[⑤] 如阴戎,舒大刚认为:"允、阴,古音相同,允戎又称阴戎,允戎住地又称阴地。"[⑥] 如茅戎,

① (东汉)郑玄注、(北周)孔颖达疏:《礼记正义·王制》,北京:北京大学出版社,1999年,第398—399页。
② 顾栋高:《春秋大事表》,北京:中华书局,1993年,第2162页。
③ 杨建新:《中国西北少数民族史》,北京:民族出版社,2003年,第25页。
④ 郑张尚芳:《蛮夷戎狄语源考》,《扬州大学中国文化研究所集刊》,南京:江苏古籍出版社,1998年,第107页。
⑤ 王宗维:《西戎八国考述》,《西北历史研究》1986年号,西安:三秦出版社,1987年。
⑥ 舒大刚:《春秋少数民族分布研究》,台北:文津出版社,1994年,第122页。

舒大刚认为："茅戎即《书》之髳、《诗》之髦，乃西戎之后裔。"[1] 何光岳认为："茅戎又作旄戎、犛戎、髳戎。"[2]

第三种，以图腾命名。最具代表性的是犬戎，以图腾犬为本民族的名称。

第四种，以姓氏命名。具有代表性的有允姓之戎、姜戎、己氏戎等。

第五种，以关系相近命名。具有代表性的是翟戎，翟通狄，狄与戎关系相近，二字又多通用，故名之为翟戎。

第六种，以文化风俗命名。本为华夏，同化于戎，风俗大变，故名之为戎。美国学者 Shih-Tsai Chen 认为："在中国古代，华夏人与野蛮人的不平等主要原因是文化，而不是种族。在很多情况下，华夏人被当作野蛮人，野蛮人被当作华夏人。在'春秋'时期，楚、秦、吴通常被称为野蛮人，但在'春秋'晚期，依据《公羊传》的记载，一些华夏人也成为了'新'野蛮人。"[3] 如大戎，顾颉刚认为："知大戎为唐叔之后，与晋同祖，徒以远离大宗，同化于环居之夷裔，故名曰大戎。"[4] 如骊戎，吕思勉认为："则骊戎实周同姓之国。"[5] 顾颉刚认为："骊戎也是姬姓，可见其和大戎一样，是周的本家。"[6] 童书业认为："骊戎……似都与周、齐等国为同族。"[7] 如卢戎，陈槃认为："卢戎即舜后妫姓之卢矣。卢国舜后而曰戎者，地为戎地，名为戎民故也。此如骊戎、大戎皆姬姓、旧族，而其地其民则戎，故并以戎目之矣。"[8]

第七种，以方位命名。如北戎、西戎等。

第八种，以距离远近命名，远在异域者，可以称呼为"戎"。例如《列子·汤问》载"滨北海之北"有一国名为终北，此国之人"人性婉而从物，不竞不争。柔心而弱骨，不骄不忌"。[9] 依然被隰朋称之为"戎夷之国"，反映出在异域者，无论其人好坏、其国好战与否，可称之为戎。

①　舒大刚：《春秋少数民族分布研究》，台北：文津出版社，1994 年，第 187 页。

②　何光岳：《周源流史》，南昌：江西教育出版社，1997 年，第 661 页。

③　［美］Shih-Tsai Chen，The Equality of States in Ancient China，The American Journal of International Law，Vol. 35，1941，p. 650.

④　顾颉刚：《史林杂识》，北京：中华书局，1963 年，第 56 页。

⑤　吕思勉：《吕思勉读史札记》，上海：上海古籍出版社，1982 年，第 400 页。

⑥　顾颉刚：《从古籍中探索我国的西部民族——羌族》，《社会科学战线》1980 年第 1 期。

⑦　童书业：《春秋史》，北京：中华书局，2006 年，第 129 页。

⑧　陈槃：《春秋大事表列国爵姓及存灭表撰异》，上海：上海古籍出版社，2009 年，第 949 页。

⑨　《列子集释》，北京：中华书局，1985 年，第 163、164 页。

由于史料缺乏，还有一些无法判定，如翳徒之戎、始呼之戎、西落之戎、六济之戎、余无戎、蛮氏戎、绳戎、緜诸等。

三、戎贬义的演变

"戎"本无贬义，许多学者都曾考证过，例如傅斯年认为："蛮夷戎狄皆是国名，在初非有贱意。"① 顾颉刚从文化的多样性出发，认为："是则古代戎族文化固自有其粲然可观者在，岂得牢守春秋时人之成见，蔑视其人为颛蒙梼昧之流乎?"② 杨树达指出："西方又称西戎，戎虽不必为西方人之本字，亦善义，非恶义也。"③

"戎"成为贬义，有着一个历史变化的过程。

美国学者顾立雅认为蔑视非华夏人是建立在华夏强大的基础上的，而西周时期是不可能的。"这是很清楚，周实行一种明智的政策，致力于调解混合，只愿人们接受它的统治。他们刻意把不同文化背景的人焊接成为一个政治和文化的整体，如果强调差异是不明智的。相比与西周末期，西周早期很难有一个清晰的界限去区分'华夏'和'野蛮人'……蔑视非华夏人这是很难的，因为他们太强大了。如果我们看一下战争和入侵的记录，即使是零星的记载在青铜铭文上的，我们也会知道，未同化的民族是一个几乎不变，一个非常严重的威胁。担心的人们可能不喜欢或讨厌这些部族，但这是不容易的，去完全蔑视这些人的。"④ 即在西周，虽然讨厌戎，但没有蔑视戎的资本和能力，但并不明显。到春秋时，由于诸夏意识的兴起，戎彻底成为贬义词。

诸夏意识的兴起，一般认为兴起于春秋时期。台湾学者王仲孚认为："春秋诸夏意识的兴起，似始于齐桓公的创霸……诸夏意识似乎又是直接由戎狄蛮夷的刺激所引发起来的……春秋的诸夏意识，是在周室东迁之后，封建与宗法趋于瓦解、戎狄不断交侵等错综复杂的情势下，逐渐兴起的。诸夏

---

① 傅斯年：《民族与古代中国史》，石家庄：河北教育出版社，2002年，第183页。

② 顾颉刚：《九州之戎与戎禹》，《古史辨》第7册下，上海：上海古籍出版社，1982年，第138页。

③ 杨树达：《积微居字说》，《复旦学报》1947年第3期。

④ [美] Herrlee G. Creel, The Oringins of Statecraft in China: The Western Chou Empire, Chicago: The University of Chicago Press, 1970, p. 203—204.

意识，基本上是一种文化上的意识，但是也有宗法的亲亲精神包含其中。"① 诸夏意识兴起，文献中的记载的很多，如《国语·晋语七》载："子教寡人和诸戎、狄而正诸华。"②《国语·齐语》载："筑葵兹、晏、负夏、领釜丘，以御戎狄之地，所以禁暴于诸侯也；筑五鹿、中牟、盖与、牡丘，以卫诸夏之地，所以示权于中国也。"③

由于诸夏意识的兴起，"戎"开始成为贬义。如《左传》襄公四年载："戎，禽兽也，获戎失华，无乃不可乎？"④《国语·周语中》："蛮、夷、戎、狄之骄逸不虔，于是乎致武。"⑤《国语·周语中》："且唯戎、狄则有体荐。夫戎、狄，冒没轻儳，贪而不让。其血气不治，若禽兽焉。"⑥《国语·晋语七》载："戎、狄无亲而好得，不若伐之。"⑦

此外，还要看到"戎"在春秋时期成为贬义并非一蹴而就，也有着一个逐渐的过程。《左传》襄公十四年（公元前559年）载有戎子驹支的一段话，他说："昔秦人负恃其众，贪于土地，逐我诸戎……我诸戎除翦其荆棘，驱其狐狸豺狼，以为先君不侵不叛之臣……譬如捕鹿，晋人角之，诸戎掎之……我诸戎相继于时，以从执政，犹殽志也……我诸戎饮食衣服，不与华同，贽币不通，言语不达，何恶之能为？"⑧ 其中戎子驹支多次自称"诸戎"，可见在当时晋地，"戎"还未完全成为一个贬义词。

此外，日本学者王柯发现了春秋时代很多人的名字叫做"某戎"或"某夷"的现象，"在春秋时代，有许多的'中国'人以'蛮''夷''戎'等为字或为名。例如郑的太子叫'夷'，郑灵公的字是'子蛮'，齐侯的儿子叫'戎子'。由此可以看出，先秦时代的'中国'人并未将'蛮''夷''戎'等字看成是带有民族差别意识的表现……通过命名的事例可以断定，'戎''夷''狄'等，当时并没有民族歧视的意思。"⑨ 这也从另外一个侧面说明：即使在民族冲突剧烈的春秋时期"戎"还未完全"沦落"成为一个贬义词。

　　① 王仲孚：《试论春秋时代的诸夏意识》，《中央研究院第二届国际汉学会议论文集》历史与考古组，台北：中研院编印，1989年。
　　② 《国语》，上海：上海古籍出版社，1978年，第443页。
　　③ 《国语》，上海：上海古籍出版社，1978年，第247页。
　　④ 杨伯峻：《春秋左传注》，北京：中华书局，1981年，第936页。
　　⑤ 《国语》，上海：上海古籍出版社，1978年，第57页。
　　⑥ 《国语》，上海：上海古籍出版社，1978年，第62页。
　　⑦ 《国语》，上海：上海古籍出版社，1978年，第441页。
　　⑧ 杨伯峻：《春秋左传注》，北京：中华书局，1981年，第1006、1007页。
　　⑨ ［日］王柯：《民族与国家：中国多民族统一国家思想的系谱》，冯谊光译，北京：中国社会科学出版社，2001年，第32页。

"戎"定型为贬义词，则在两汉之时。如《后汉书·鲁恭传》载："夫戎狄者，四方之异气也。蹲夷踞肆，与鸟兽无别。若杂居中国，则错乱天气，污辱善人，是以圣王之制，羁縻不绝而已。"

对于"戎"成为贬义的原因。美国学者顾立雅认为："华夏人至少有两个原因去丑化和贬低非华夏人，一方面，他们中的许多人骚扰和掠夺华夏，这给了他们一个真正的委屈。另一方面，很明显，中国越来越多侵占这些人的土地，这是他们征服他们的很好的诡计。通过中伤他们，描绘他们不是人，华夏人可以证明他们行为的正当，避免任何良心的不安。"① 顾立雅的分析，正是春秋时期华夏与戎冲突的一个真实的反映。

综上所述，"戎"成为贬义，有一个漫长的历史过程，并非一蹴而就，也并非其本意，是春秋时期民族冲突引起的诸夏意识导致的。

第二节　西戎出现及发展考辨

一、西戎至少西周时期已经出现

清华简《系年》载："王与伯盘逐平王，平王走西申。幽王起师，围平王于西申，申人弗畀。缯人乃降西戎，以攻幽王，幽王及伯盘乃灭，周乃亡。"② 这是目前最早记载"西戎"的出土资料。《竹书纪年》商王太戊二十六年载有"西戎来宾，王使王孟聘西戎"一句，是目前最早记载"西戎"的文献资料。

一些学者认同《竹书纪年》记载的权威性，例如顾颉刚认为："西戎的名号应以《竹书纪年》所记的为最早。"③ 丘菊贤、杨东晨认为："西戎一词最早见诸文字记载是《竹书纪年》。"④

但也有一些学者表示了异议，王宗维的观点最具代表性。他认为："这部书成书的时间更晚，是战国时期魏国人写的大事记，前代部分是追述的。

---

① ［美］Herrlee G. Creel，*The Oringins of Statecraft in China：The Western Chou Empire*，Chicago：The University of Chicago Press，1970，p. 198.

② 李学勤主编：《清华大学藏战国竹简（贰）》，上海：中西书局，2011年，第138页。

③ 顾颉刚：《从古籍中探索我国的西部民族——羌族》，《社会科学战线》1980年第1期。

④ 丘菊贤、杨东晨：《西戎简论》，《西北民族学院学报》1989年第4期。

虽然其中有许多史实有根据，可以作为史料引证，但行文中夹有西周至春秋战国时期流行的词语，西戎即是一例。因此，我们更不能以此断定西戎一词商代已经采用。《竹书纪年》有殷王伐西落鬼戎、燕京之戎、余无之戎等记载，但这本书为战国时作品，也不能证明殷周之际有这么多以戎相称的民族。"①

由于争议的存在，对"西戎"何时出现，诸家说法不一，如下所述。

第一种观点认为西戎在五帝时就已经存在。杨东晨认为："从《史记·五帝本纪》的记载看，尧舜时，就有其名称了。内有'西戎、折枝、渠叟、氐、羌'之称。而这些族又可统称为西戎。从《战国策·魏策》'黄帝战于涿鹿之野，而西戎之兵不起'的记载看，西戎不仅在黄帝以前就已存在，而且西戎与炎帝族关系密切。"②

第二种观点认为在西周时出现。王宗维认为："西戎一词，西周时开始使用。西戎一词周初尚无此称，当然也无犬戎、畎戎之说。西周末年西戎一词已开始使用，接着出现犬戎，因为犬戎是西戎中最大部落之一。"③

第三种观点认为在春秋以后。刘义棠认为："戎之冠以方位，曰西戎，至早亦在春秋以后的事。"④

第四种观点认为在战国以后。唐嘉弘认为："所谓东夷、西戎、南蛮、北狄等概念，是在战国到西汉时逐渐形成的。"⑤

为考证"西戎"一词的出现时间，笔者对相关史籍进行了查找，做成"西戎一词出现频率表"，详情如下（见表5-1）：

表5-1：西戎一词出现频率表

序号	依据典籍	五帝	夏	商	西周	春秋	战国	合计
1	《尚书》	—	1	—	—	—	—	1
2	《逸周书》	—	—	—	—	—	—	—
3	《山海经》	—	—	—	—	—	—	—
4	《穆天子传》	—	—	—	—	—	—	—
5	《诗经》	—	—	—	1	—	—	1
6	《春秋》《左传》	—	—	—	—	1	—	1
7	《国语》	—	—	—	4	—	—	4

① 王宗维：《西戎八国考述》，《西北历史研究》1986年号，西安：三秦出版社，1987年。
② 杨东晨：《民族史论集》，香港：香港国际文化艺术出版社，1996年，第94—96页。
③ 王宗维：《西戎八国考述》，《西北历史研究》1986年号，西安：三秦出版社，1987年。
④ 刘义棠：《中国边疆民族史》，台北："中华书局"，1982年，第117页。
⑤ 唐嘉弘：《中国古代民族研究》，西宁：青海人民出版社，1987年，第3页。

（续表）

序号	依据典籍	五帝	夏	商	西周	春秋	战国	合计
8	《系年》	—	—	—	1	—	—	—
9	《竹书纪年》	—	—	2	8	—	—	10
10	《战国策》	—	—	—	—	1	—	1
11	《周礼》	—	—	—	—	—	—	—
12	《礼记》	—	—	—	1	—	—	1
13	《尔雅》	—	—	—	—	—	—	—
14	《韩非子》	—	—	1	—	—	—	1
15	《列子》	—	—	—	1	—	—	1
16	《管子》	—	—	—	—	1	—	1
17	《吕氏春秋》	—	—	—	—	1	—	1
18	《史记》	2	1	3	7	3	—	16
19	《汉书》	—	4	2	1	3	—	10
20	《后汉书》	—	—	2	—	1	—	3
合计		2	6	10	24	11	—	53

由表 5-1 所知，若依据《史记》所载，至少五帝之时，便有了"西戎"；若依据《尚书》《史记》《汉书》的记载，至少夏时，便有了"西戎"；若依据《竹书纪年》《韩非子》《史记》《汉书》《后汉书》的记载，至少商时便有了"西戎"；若依据《诗经》《国语》《系年》《竹书纪年》《礼记》《列子》《史记》《汉书》《后汉书》的记载，至少西周时便有了"西戎"；若依据《春秋》《左传》《战国策》《管子》《吕氏春秋》《史记》《汉书》《后汉书》的记载，至少春秋时便有了"西戎"。"西戎"一词出现问题，从而变成了史书可靠性以及成书时间的问题。

笔者以为，由于甲骨文中尚无"西戎"一词，把"西戎"出现限定在商及其以前，还不太严谨；若限定在春秋以后，将否定《尚书》《诗经》《国语》《系年》《竹书纪年》《礼记》《韩非子》《列子》《史记》《汉书》《后汉书》等史书，这无疑是不公允的。既然这么多史书都载西周之时有"西戎"，就不能一概归之为"追述"等原因造成的。

因此，至少西周时期已经出现"西戎"。

二、西戎所指的演变

"西戎"替代"戎"成为泛称有着一个历史的过程，在"西戎"替代"戎"之前，有统称意思的则为"诸戎"或"戎"。

"诸戎"作统称，如《国语·晋语七》载："五年，诸戎来请服，使魏庄子盟之，于是乎始复霸。"①《国语·吴语》载："不式诸戎、狄、楚、秦。"②《左传》襄公十四年载："昔秦人负恃其众，贪于土地，逐我诸戎。"③

"戎"作统称，《国语·齐语》载："通七国之鱼盐于东莱，使关市几而不征，以为诸侯利，诸侯称广焉。筑葵兹、晏、负夏、领釜丘，以御戎狄之地。"④《国语·晋语七》："公誉达于戎。"⑤《国语·郑语》："王室将卑，戎、狄必昌，不可逼也。"⑥

以下五段史料，或能反映出"西戎"成为泛称所经历的过程（见表5-2）。

表 5-2：西戎泛称演变表

史料来源	成书时间	内容	攻幽王所指	备注
《系年》	肃王之世可能性较大。⑦	王与伯盘逐平王，平王走西申。幽王起师，围平王于西申，申人弗畀。缯人乃降西戎，以攻幽王，幽王及伯盘乃灭，周乃亡。	西戎	
《国语》	战国时期⑧	太子出奔申，申人、鄫人召西戎以伐周，周于是乎亡……若伐申，而缯与西戎会以伐周，周不守矣！	西戎	
《史记》	西汉	申侯怒，与缯、西夷犬戎攻幽王……西戎犬戎与申侯伐周，杀幽王郦山下。	犬戎	实现转变，攻入宗周的成为犬戎，并在犬戎前加限定词汇"西夷""西戎"，表明犬戎成为"西夷""西戎"一支。

① 《国语》，上海：上海古籍出版社，1978年，第436页。
② 《国语》，上海：上海古籍出版社，1978年，第611页。
③ 杨伯峻：《春秋左传注》，北京：中华书局，1981年，第1006页。
④ 《国语》，上海：上海古籍出版社，1978年，第247页。
⑤ 《国语》，上海：上海古籍出版社，1978年，第436页。
⑥ 《国语》，上海：上海古籍出版社，1978年，第507页。
⑦ 陈伟：《清华大学藏竹书〈系年〉的文献学考察》，《史林》2013年第1期。
⑧ 何忠礼：《中国古代史史料学（增订本）》，上海：上海古籍出版社，2012年，第35页。

（续表）

史料来源	成书时间	内容	攻幽王所指	备注
《汉书》	东汉	时幽王暴虐，妄诛伐，不听谏，迷于褒姒，废其正后，废后之父申侯与犬戎共攻杀幽王……王废申后及太子宜臼，而立褒姒、伯服代之。废后之父申侯与缯西畎戎共攻杀幽王……申侯怒而与畎戎共攻杀幽王于丽山之下。	犬戎	初步定型，攻入宗周的是犬戎，限定词汇只剩下"西"。
今本《竹书纪年》	明嘉靖①	申人、鄫人及犬戎入宗周，弑王及郑桓公。犬戎杀王子伯服。执褒姒以归。	犬戎	已近定型，攻入宗周的是犬戎，无有任何限定词汇。

西戎和犬戎不能等同，对比史料，以《史记》为开端，攻灭周幽王之部族从"西戎"转变为"犬戎"。清人崔述认为："《晋语》《郑语》但称西戎，《史记》分为西夷犬戎二国而叠言之，亦非是……于《史记》所述者删而存之，惧诬也。"②崔述发现《史记》记载的差异，此贡献也。然而，《史记》记载变化的原因，却未探究，此其失也。笔者认为，五段史料说明"西戎"的内涵在不断扩大。在战国时的史料里，"西戎"还只是小部族，可以直接攻周幽王；到《史记》成书之时，由于"西戎"概念扩大，成为了整个西部民族的统称，故其不可能直接攻周。严谨的司马迁加入了限定词"西夷""西戎"。东汉之后，"西戎"统称概念定型，再加入限定词汇就显得多余。

此外，文献资料中的"西戎"也有地名的意思，即戎人居住的地区。《史记·秦本纪》载："其玄孙曰中潏，在西戎，保西垂。"《史记·司马相如列传》载："后稷创业于唐，公刘发迹于西戎。"

综上所述，西戎成为泛称进而代表整个戎族，有着一个历史过程，至少西周时期已经出现"西戎"。既不能因为"西戎"成为泛称较晚而否定"西戎"一词出现较早，也不能因为"西戎"一词出现较早而认为其很早就有了泛称的意思。

---

① 何忠礼：《中国古代史史料学（增订本）》，上海：上海古籍出版社，2012年，第31页。

② （清）崔述：《丰镐考信录》，上海：商务印书馆，1937年，第142页。

第三节 戎与华夏关系考辨

戎与华夏的区分标准，学界有不同的看法。这些观点，主要从文化、经济等角度进行区分，详见"戎族特称及称谓的研究"。此外，李亚农强调可以从服制入手进行区分。他认为"春秋战国时代的人已经给了我们一些区别民族异同的标准，其最主要的为'言语'与'服制'。不过要利用'言语'之不同来划分中国古代诸民族的界限，是十分困难的。由于古代诸民族，老早就同化在一大熔炉之中，他们的言语老早就消灭了。戎子驹支自谓诸戎言语衣服不与华同，但我们关于戎语，一无所知，根据言语的差别来证实春秋战国时代许许多多民族的异同，尚且没有可能性……因此，我们不得不放弃以言语为标准，而利用服制这个标准。古人对于服制的异同极端重视……改变服制，在古代被认为是民族的叛徒，是要遭受严厉的制裁的，所以古代的民族大都顽强地保存着他们自己的民族服装。"①

安介生并不认可"服制"作为标准，原因是："言语与服制的改变也无法影响民族属性，如赵武灵王倡行'胡服骑射'之后，赵国也没有被排除在华夏族国家之外。况且，先秦时期各正统华夏族国家也没有在言语与服制上取得一致。"并提出区分的标准有三条即"姓氏、道德法则和空间距离"，三者中重点强调了"空间距离"对民族识别的重要作用，认为"空间距离作为中国古代民族甄别的重要标志，是中国传统民族思想中的一大特征。"②

笔者认为戎与华夏的区别标准，不是单一的，而是包含有多重因素。

第一，从空间距离上，远在异域者，可以称呼为"戎"。例如《列子·汤问》载"滨北海之北"有一国名为终北，此国之人"人性婉而从物，不竞不争。柔心而弱骨，不骄不忌"。③依然被隰朋称之为"戎夷之国"，反映出在异域者，无论其人好坏、其国好战与否，可称之为戎。但也要看到那些杂居华夏，与华夏诸国为邻的部族也有很多称为"戎"，如《左传》鲁昭公十五年载："晋居深山，戎狄之与邻，而远于王室。王灵不及，拜戎不暇。"④

---

① 李亚农：《西周与东周》，上海：上海人民出版社，1956年，第7—8页。
② 安介生：《历史民族地理》，济南：山东教育出版社，2007年，第95—97页。
③ 《列子集释》，北京：中华书局，1985年，第163、164页。
④ 杨伯峻：《春秋左传注》，北京：中华书局，1981年，第1371页。

第二，从文化风俗上，确有因此而被称呼为"戎"的例子。本为华夏，同化于戎，风俗大变，故名之为戎，如大戎。顾颉刚认为："知大戎为唐叔之后，与晋同祖，徒以远离大宗，同化于环居之夷裔，故名曰大戎。"[①] 再如骊戎，吕思勉认为："则骊戎实周同姓之国。"[②] 顾颉刚认为："骊戎也是姬姓，可见其和大戎一样，是周的本家。"[③] 童书业认为："骊戎……似都与周、齐等国为同族。"[④]

但是，从文化风俗上判定是否为"戎"，并非普遍。因为先秦戎族组成复杂，如犬戎等诸多族群并非是因为文化风俗而被称呼为"戎"的。

第三，从姓氏上看，也有因为此原因被称为"戎"的，如允姓之戎、己氏戎等。但是姓氏会不断变化，各族之间也相互通婚，"姓氏之别往往停留在家族及血缘的层面上，以姓氏来划分民族的方法是不可靠的。"[⑤]

第四，从敌对关系来看，与华夏为敌的部族多被称为"戎"。辛迪细致考证认为："西周时期戎所包含的人群均是与周敌对的少数族。"[⑥] 美籍学者李峰说："戎这个字又具有更为广泛的含义。它并不局限于玁狁或者犬戎，而是同时可以指代西周国家边境之外的其他任何敌对势力组织。"[⑦]

对于这个问题，美国学者狄宇宙论述更为详细。他认为："在某种意义上来说，任何国家都可能被污称为戎狄。《战国策》说道：'秦与戎狄同俗，有虎狼之心，贪戾好利而无信，不识礼义德行。'指责一个国家或民族不道德或者缺乏德性甚或无人性，是一种对不审慎行为的政治斥责，这种斥责是被用于敌人的，而并没有考虑'少数族的'或'文化的'区别。在这种情况下，少数民族的差异就很少受到关注了，甚至在他们习惯于强调道德差异，当他们以不充足的理由把一个民族或者是国家排除在他们的成员之外时，也很少考虑各少数族间的差异。"[⑧]

但是，也要看到把敌对势力称呼为戎，应是特殊情况，并非普遍。即使

---

① 顾颉刚：《史林杂识》，北京：中华书局，1963 年，第 56 页。

② 吕思勉：《吕思勉读史札记》，上海：上海古籍出版社，1982 年，第 400 页。

③ 顾颉刚：《从古籍中探索我国的西部民族——羌族》，《社会科学战线》1980 年第 1 期。

④ 童书业：《春秋史》，北京：中华书局，2006 年，第 129 页。

⑤ 安介生：《历史民族地理》，济南：山东教育出版社，2007 年，第 96 页。

⑥ 辛迪：《两周戎狄考》，博士学位论文，北京大学，2006 年，第 32 页。

⑦ ［美］李峰：《西周的灭亡：中国早期国家的地理和政治危机》，徐峰译，上海：上海古籍出版社，2007 年，第 166 页。

⑧ ［美］狄宇宙：《古代中国与其强邻——东亚历史上游牧力量的兴起》，贺严等译，北京：中国社会科学出版社，2010 年，第 125 页。

戎族与中原诸夏结盟之时，仍然以"戎"相称，并未见被改或自改其称谓者。例如：鲁隐公二年，"公及戎盟于唐"；鲁桓公二年，"公及戎盟于唐"；鲁文公八年，"公子遂会洛戎盟于暴"。

第五，从族群体貌外形上看，"戎"确实与华夏有异。在文献方面，《淮南子》记载中西部地区，在体型、外貌、性格方面差距很大，"西方高土，川谷出焉，日月人焉，其人面末偻，修颈卬行，窍通于鼻，皮革属焉，白色主肺，勇敢不仁……中央四达，风气之所通，雨露之所会也。其人大面短颐，美须恶肥；窍通于口，肤肉属焉，黄色主胃；慧圣而好治。其地宜禾，多牛羊及六畜。"[①] 刘康德解析为："西方高山高原是河流发源和太阳月亮落下的地方。居住在那里的人脊背弯曲，脖子细长，走路昂着头；身体的各个孔窍与鼻相通，身上的皮肤也联通鼻腔，西方属白色主管肺；那里的人勇敢而不仁慈……中部地区四通八达，是风云流通、雨露汇聚的好地方。居住在那里的人脸大腮帮短，须髯美丽但过于肥胖；身体的各个孔窍与口腔相通，身上的发达肌肉与口的作用相关联；中土属黄色主管胃；那里的人聪明有才、无所不通且善于治理国事，那里的地方适宜种植五谷，并有很多牛羊及家畜。"[②]

在人类学方面，先秦时期西北地区人群的基本体质特征为："颅型偏长，高颅型和偏狭的颅型，中等偏狭的面宽，高而狭的面型，中等的面部扁平度，中眶型、狭鼻型和正颌型。这种体质特征与现代东亚蒙古人种中的华北类型显得颇为相似。"[③] 而先秦时期黄河中下游地区人群的基本体质特征为："偏长的中颅型以及高而偏狭的颅型，中等偏狭的面宽和中等的上面部扁平度，较低的眶型和明显的低面、阔鼻倾向。"[④] 由此可知，活动于西部的"戎"与活动于黄河中下游地区的"华夏"确有不同。

在人种学方面，宁夏彭堡于家庄墓地，被推定为西戎的文化遗存。[⑤] 通过头骨分析，韩康信把彭堡与其他地区的人种信息做了比较，如图 5-1 所示：

---

① 张双棣：《淮南子校释·卷四地形训》，北京：北京大学出版社，1997 年，第 467 页。
② 刘康德：《淮南子直解》，上海：复旦大学出版社，2001 年，第 194 页。
③ 朱泓：《人种成分相对稳定奠定多元一体化格局的人类学基础》，《中国社会科学报》2011 年 5 月 10 日。
④ 朱泓：《人种成分相对稳定奠定多元一体化格局的人类学基础》，《中国社会科学报》2011 年 5 月 10 日。
⑤ 宁夏文物考古研究所：《宁夏彭堡于家庄墓地》，《考古学报》1995 年第 1 期。

彭堡组与北亚、东北亚和东亚各组间的形态距离（d_{ik}）

	彭堡	蒙古	布里雅特	埃文克	爱斯基摩	楚克奇（沿海）	楚克奇（驯鹿）	华北	东北	朝鲜
彭堡		1.69	2.79	3.24	3.48	3.17	3.79	4.81	5.23	4.10
蒙古	1.69		1.84	2.52	3.39	3.04	3.51	4.96	5.56	4.10
布里雅特	2.79	1.84		3.62	4.63	3.97	4.42	6.36	6.99	5.22
埃文克	3.24	2.52	3.62		3.63	3.17	3.82	5.37	5.81	5.14
爱斯基摩	3.48	3.39	4.63	3.63		1.29	1.66	3.35	3.35	3.12
楚克奇（沿海）	3.17	3.04	3.97	3.17	1.29		1.22	4.17	4.17	3.81
楚克奇（驯鹿）	3.79	3.41	4.42	3.82	1.66	1.22		4.53	4.27	4.19
华北	4.81	4.96	6.36	5.37	3.35	4.17	4.53		1.82	1.80
东北	5.23	5.56	6.99	5.81	3.35	4.17	4.27	1.82		2.84
朝鲜	4.10	4.10	5.22	5.14	3.12	3.81	4.19	1.80	2.84	

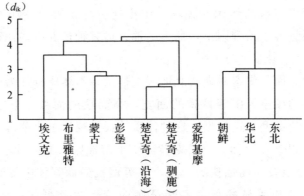

图 5-1：彭堡于家庄墓地种族对比分析图[1]

d_{ik}：代表比较两组间在欧几里得空间分布的距离，其数值越小，可能意味着两组之间有越接近的形态距离。[2]

可以看到，彭堡与华北、东北、朝鲜等地区所代表的东亚蒙古人种差异较大。由此，韩康信认为："蒙古、布里雅特、埃文克三组聚成一类，爱斯基摩和两个楚克奇组聚为另一类，华北、东北和朝鲜三组又另成一类。它们分别代表北亚、东北亚和东亚人种的聚类……彭堡古代居民在体质形态学上属于北亚蒙古人种支系，可能具有类似现代蒙古族的形态学类型。"[3] 即彭堡地

---

① 图表由范继义老师绘制、特示感谢。
② 韩康信：《宁夏彭堡于家庄墓地人骨种系特点之研究》，《考古学报》1995 年第 1 期。
③ 韩康信：《宁夏彭堡于家庄墓地人骨种系特点之研究》，《考古学报》1995 年第 1 期。

区的"戎"属于北亚蒙古人种，而华北地区的"华夏"则属于东亚蒙古人种。

还有学者认为戎人属于黑色人种。杨希枚认为："先秦时代中国西北边裔分布的西戎民族中的骊戎应即'黑戎'（the 'BlackBarbarians'），且极可能即与本文所论黑肤人有关的一种黑肤族群。总之，自先史时代迄于殷、周、东汉，中国境内既曾陆续不断地有黑肤人（且可能是非同一种黑肤人）存在的史实或迹象。"[①] 美国学者 W. M. 麦高文认为："其时居于中国以北，而且时来侵扰的'蛮族'中，有一支称为戎，又一支称为狄，还有一支，有时称为荤粥，有时称为獯狁。这些名称，显然出于一源……这一群人，一般相信便是后来建立大匈奴帝国的匈奴人之祖先……獯狁及其他后世匈奴人的祖先。我们虽然缺少明白的证据，但颇有理由可以相信，这些不时来侵掠中国边境的各种野蛮人群，是浅黑色而且圆头的。"[②]

综上所述，笔者认为戎与华夏的区别是一种复杂的情形。从人种上看，戎与华夏有一定的差异，二者不同。事实上，华夏诸国由于戎概念的扩大化以及自己利益的需要，把很多原不属于戎的部族归入为戎。随着历史的发展、民族的融合，华夏中的一些部族融入到戎中去，戎的一些部族融入到华夏中去。二者是你中有我，我中有你。秦的统一，进一步缩小了族群间的差距，使其成为秦国的子民。到汉朝时，华夏与戎形成新的族群"汉人"。那些远在西域的一些部族，成为汉人眼中新的戎族。

第四节　戎与狄关系考辨

戎狄关系，是先秦民族史中重要的一环。学界对此争论较多，尚待解决的疑惑也很多。梳理、剖析戎狄关系，对于先秦民族史的研究颇具学术价值。

一、戎、狄难辨的原因

关于戎狄关系的争论，影响较大的，主要有六种观点。

---

① 杨希枚：《先秦文化史论集》，北京：中国社会科学出版社，1995 年，第 985 页。
② ［美］麦高文：《中亚古国史》，章巽译，北京：中华书局，2004 年，第 108、111 页。

第一种说法认为戎狄同族。梁启超认为："春秋时之群狄，其种别有赤狄、白狄、长狄，有时亦谓之戎。"[①] 童书业认为："戎为兵戎之意，故狄可称戎，戎亦可称狄。"[②] 赵铁寒："狄即戎也。"[③] 冉光荣、李绍明所著《羌族史》认为："戎与狄也互通，两者亦多联用。"[④] 李隆献认为："戎狄不唯并非截然不可分，甚至是名殊而实同。"[⑤]

第二种说法认为戎狄不同族。岑仲勉认为："然观《春秋传》所记，狄显自为一落……戎、狄字糅混，其他书则然，非所论于《春秋传》之狄也……《春秋传》之狄，应是突厥族之一支。"[⑥] 杨建新认为："戎与狄是并见于史籍上的不同族，把戎与獯狁、狄混为一谈，是不妥当的。"[⑦] 赵世超在《周代国野制度研究》一书中认为："戎归戎，狄归狄，两者不容混淆。"[⑧] 韩小忙认为："《史记》将戎放在《匈奴列传》之中，与狄、獯狁、匈奴等一起叙述，将其混而为一。王国维作《鬼方昆夷獯狁考》进一步阐述了司马氏的论点，现在看来这一观点是不对的。"[⑨]

第三种说法认为戎狄不同族但近似。顾颉刚认为："至于戎之与狄虽似二族，但古人并没有这般严格的分别。"[⑩] 李海荣认为："从青铜器的角度可以说明北狄、西戎、东北夷的文化面貌是有区别的，另一方面，文献中又存在着有时戎狄共称或戎狄不分的现象。可能戎狄的文化传统有接近之处，文化面貌比较相似，有时都让史家不易分别了。北狄和西戎的文化面貌相似之处确实很多，所以史书中难免出现戎狄共称或戎狄不分的现象。"[⑪] 晁福林认为："上古时代的戎狄并无界限。"[⑫] "在春秋时期人们的印象里面，狄与戎没有严格区别，并且常常是戎狄连称。"[⑬]

① 梁启超：《饮冰室文集点校》，昆明：云南教育出版社，2001年，第3223页。
② 童书业：《童书业历史地理论集》，北京：中华书局，2008年，第451页。
③ 赵铁寒：《春秋时期的戎狄地理分布及其源流》，《大陆杂志》1955年第11卷第2期。
④ 冉光荣、李绍明、周锡银：《羌族史》，成都：四川民族出版社，1985年，第37页。
⑤ 李隆献：《四夷观念辨析》，《孔孟月刊》1984年第23卷第3期。
⑥ 岑仲勉：《两周文史论丛》，北京：中华书局，2004年，第154页。
⑦ 杨建新：《中国西北少数民族史》，银川：宁夏人民出版社，1988年，第4页。
⑧ 赵世超：《周代国野制度研究》，西安：陕西人民出版社，1991年，第49页。
⑨ 韩小忙：《獯狁与戎考论》，《汉学研究》1996年14卷2期。
⑩ 顾颉刚：《从古籍中探索我国的西部民族——羌族》，《社会科学战线》1980年第1期。
⑪ 李海荣：《北方地区出土夏商周时期青铜器研究》，北京：文物出版社，2003年，第109—110页。
⑫ 晁福林：《夏商西周的社会变迁》，北京：北京师范大学出版社，1996年，第63页。
⑬ 晁福林：《春秋战国的社会变迁》，北京：商务印书馆，2011年，第339页。

第四种说法认为戎包含狄。唐兰认为："狄是戎的一支。"① 林沄认为："（后代学者）多把戎和狄视为平列的两个民族群体。但从先秦文献推考，实际并非如此。由此可见，西周、春秋时人的观念中，狄实际是包括在戎之中，只是与其他戎有别而已。"②

第五种说法认为戎狄同源异流。张荫麟认为："为诸夏祸最烈的外族，是犬戎的同源异派，当时周人称为'狄'的。"③ 任乃强认为："戎族与狄族，是既有区别又互相联系的。因为二者都是羌族东迁居于华夏北方草原发展起来的民族；又同是与华族杂居以后被融合了的民族。"④ 王克林认为："戎和狄是同祖源，但在历史长河中发展而成不同种系或别种。"⑤ 田建文认为："'戎狄本是一家。戎是带武器的，而狄是距离较远部族，中原人随着时间不同，对其称号也就不同了，至少二者有很近的血缘关系。"⑥ 美国学者W. M. 麦高文认为："其时居于中国以北，而且时来侵扰的'蛮族'中，有一支称为戎，又一支称为狄……这些名称，显然出于一源。"⑦

第六种说法认为戎是狄的前身，二者是一前一后的关系。李斐然认为："北狄，其所以变戎为狄者，亦非无故。盖几千里之迁移，数百岁之变化，语音传讹，在所不免……造字者，去其好兵之戎，而为犬种之狄，弃其西方之号，加以北族之称。故曰，狄乃戎之嗣，北方西之徒。所谓'春秋隐桓之间，但有戎号，庄闵以后乃有狄后。'非庄闵以前无狄，亦非庄闵以后戎灭。先儒不察，妄别之两，不亦谬乎。"⑧

区分戎、狄很不容易，有着很多困难。王玉哲说过："在文献不足的古代，欲研究其人种，更是不可能的事。且古代种族又往往有以下二种情形，更给研究者以莫大的困难。第一：原先本为一族，风俗习惯当然都同，后因一部分徙居另一地域，一部分仍居留原地，此两部分之人，因居地不同，每部分皆受其居地环境之影响，此同一族之两部分之人，其风俗习惯渐生差异，于是后人视之为两个不同的种族。第二：其先本为两种不同之种族，其

① 唐兰：《用青铜器铭文来研究西周史》，《文物》1976年第6期。
② 林沄：《林沄学术文集二》，北京：科学出版社，2009年，第6页。
③ 张荫麟：《中国史纲》，南京：江苏文艺出版社，2008年，第22页。
④ 任乃强：《任乃强民族研究文集》，北京：民族出版社，1990年，第394页。
⑤ 王克林：《戎狄文化探索下》，《文物世界》2002年第4期。
⑥ 田建文：《"启以夏正，疆以戎索"的考古学考察》，《庆祝张忠培先生七十岁论文集》，北京：科学出版社，2004年，第331页。
⑦ ［美］麦高文：《中亚古国史》，章巽译，北京：中华书局，2004年，第108页。
⑧ 李斐然：《中国民族古代之迁徙考》，《新亚西亚》1936年第12卷第5期。

风俗习惯皆不相同。后因两族迁于一地，而同居之，由文化之交流，二族习俗，渐趋一致。至后或完全相同。后人视之为一个族，可是，实际上种族仍然是两个。"[①]

除王玉哲说的二点外，还要补充二点，一是"杂居"情况，二是"民族识别"。对于戎狄杂居的情形，很多学者已有研究。夏曾佑认为："考春秋时，戎狄与中国杂居，自古已然。"[②] 钱穆认为："旧说东夷、南蛮、西戎、北狄，各远居四裔，而诸夏在中原；此观念殊不可恃。当时盖为一种华、夷杂处的局面。"[③] 唐嘉弘认为："戎、狄因杂居关系，早已互相通婚，并和殷人先公先王通婚。戎狄作为共同体，早在夏商二代，黄河中下游地区已经有了他们的足迹。"[④] 史念海认为："知西周时期非华族固有居住于华族的周围者，也有居于中土而与华族杂居者。""民族识别"也是一个问题，由于各族迁徙流动性很大，族群界限并没有那么明晰。古人对于族群间的区别也并非准确，就出现了"凡蛮、夷、戎、狄总名四夷者，犹公、侯、伯、子、男皆号诸侯云"[⑤] 的情形。

由于这些困难的存在，典籍中戎狄多连用。台湾学者林天人研究认为："目前所获直接以戎或狄为名的甲骨不多，也未发现戎狄并称的甲骨卜辞，大概'戎狄'是商以后对分布在西北及北方异族的通称。"[⑥] 根据《史记》的记载，商周之际"戎狄"已开始结合在一起了。《史记·周本纪》载："不窋以失其官而奔戎狄之间。不窋卒，子鞠立。鞠卒，子公刘立。公刘虽在戎狄之间，复修后稷之业，务耕种，行地宜，自漆、沮度渭，取材用。"[⑦]《史记·匈奴列传》载："其后三百有余岁，戎狄攻大王亶父，亶父亡走岐下，而豳人悉从亶父而邑焉，作周。"[⑧] 春秋之时"戎狄"连用更为普遍，鲁闵公元年，"狄人伐邢。管敬仲言于齐侯曰：'戎狄豺狼，不可厌也。诸夏亲暱，不可弃也。'"鲁僖公十五年，"必报仇，宁事戎狄。"鲁成公二年，"蛮夷戎狄，不式王命，淫湎毁常，王命伐之，则有献捷，王亲受而劳之，所以

① 王玉哲：《从种族与地理环境之关系论到我国夷狄观念》，《经世日报》1946 年 10 月 4 日，《禹贡周刊》第 8 号。

② 夏曾佑：《中国古代史》，石家庄：河北教育出版社，2003 年，第 161 页。

③ 钱穆：《国史大纲》，北京：商务印书馆，1996 年，第 55 页。

④ 唐嘉弘：《中国古代民族研究》，西宁：青海人民出版社，1987 年，第 7 页。

⑤ （南朝宋）范晔：《后汉书》，北京：中华书局，1965 年，第 2810 页。

⑥ 林天人：《先秦三晋区域文化研究》，台北：台湾古籍出版有限公司，2003 年，第 188 页。

⑦ （西汉）司马迁：《史记》，北京：中华书局，1959 年，第 112 页。

⑧ （西汉）司马迁：《史记》，北京：中华书局，1959 年，第 282 页。

惩不敬，劝有功也。"

当然，还要看到戎与狄的关系是比较紧密的，这表现在以下几个方面。

第一，戎狄活动区域有交集。鲁昭公十五年，"晋居深山，戎狄之与邻。"

第二，戎狄均为步战。鲁隐公九年，"北戎侵郑，郑伯御之，患戎师，曰：'彼徒我车，惧其侵轶我也。'"鲁昭公元年，"晋中行穆子败无终及群狄于大原，崇卒也。将战，魏舒曰：'彼徒我车，所遇又厄，以什共车必克。困诸厄，又克。请皆卒，自我始。'"

第三，戎狄均嗜酒，不重祭祀。鲁文公十七年，"周甘歜败戎于邧垂，乘其饮酒也。"鲁僖公二十二年，"平王之东迁也，辛有适伊川，见被发而祭于野者，曰：'不及百年，此其戎乎！其礼先亡矣。'"鲁宣公十五年，"狄有五罪，俊才虽多，何补焉？不祀，一也。耆酒，二也。"

第四，居处不定，流动性强。"戎狄荐居，贵货易土，土可贾焉。"

第五，戎狄在华夏族中的形象均不好。鲁闵公元年，管敬仲言于齐侯，曰："戎狄豺狼，不可厌也。诸夏亲昵，不可弃也。"鲁襄公四年，"戎狄无亲而贪，不如伐之……戎，禽兽也，获戎失华，无乃不可乎？"

第六，家庭关系相似。《史记·商君列传》载："戎翟之教，父子无别，同室而居。今我更制其教，而为其男女之别，大筑冀阙，营如鲁卫矣。"①

在古文献中，戎、狄混用的情况，学界经常举出的例子主要有：

（1）古本《竹书纪年》载："武乙三十五年，周王季伐西落鬼戎，俘二十翟王。"②

（2）《左传》庄公二十八年记载："又娶二女于戎，大戎狐姬生重耳，小戎子生夷吾。"《左传》僖公五年记载："及难，公使寺人披伐蒲。重耳曰：'君父之命不校。'乃徇曰：'校者，吾仇也。'逾垣而走。披斩其袪。遂出奔翟。"《史记》："重耳逾垣，宦者逐斩其衣袪。重耳遂奔狄。狄，其母国也。"③

（3）《史记·匈奴列传》："西有绵诸、绲戎、翟、獂之戎。"④

戎与狄关系之紧密，以及外人对其特征分辨之难，从此可见一斑。

---

①　（西汉）司马迁：《史记》，北京：中华书局，1959年，第2234页。

②　方诗铭、王修龄：《古本竹书纪年辑证》，上海：上海古籍出版社，1981年，第33页。

③　（西汉）司马迁：《史记》，北京：中华书局，1959年，第1656页。

④　（西汉）司马迁：《史记》，北京：中华书局，1959年，第2883页。

二、戎、狄的主要区别

虽然区分戎狄很困难，但是戎与狄还是有区别的，表现在以下几个方面。

活动时间上，戎出现比狄早。在甲骨文中，"戎"字已经出现，有族群之意。"狄"字还未直接出现（卜辞中有"易"字，一些学者认为可能是"狄"字）。在文献典籍中，戎也比狄早，关于戎的较早记载有：《竹书纪年》载："武乙三十五年，周王季伐西落鬼戎。"[①]《尚书·禹贡》载："织皮昆仑、析支、渠搜，西戎即叙。"[②]《诗经·出车》载："赫赫南仲，薄伐西戎。"[③] 关于狄的较早记载有：《国语·郑语》周幽王八年（公元前774），"桓公为司徒，甚得周众与东土之人，问于史伯曰：'王室多故，余惧及焉，其何所可以逃死？'史伯对曰：'王室将卑，戎、狄必昌，不可偪也。当成周者……北有卫、燕、狄、鲜虞、潞、洛、泉、徐、蒲……是非王之支子母弟甥舅也，则皆蛮、荆、戎、狄之人也。'"[④]《春秋》鲁庄公三十二年（661），"狄伐邢。"[⑤] 很明显，"狄"比"戎"出现晚。

族群构成上，戎的分支及其称谓，比狄显然要多，也更复杂。见诸史书的戎有：犬戎、太原戎、绳戎、燕京戎、翳徒之戎、始呼之戎、西落之（鬼）戎、六济之戎、山戎、北戎、瓜州之戎、允姓之戎、姜戎、阴戎、陆浑戎、九州之戎、骊戎、大荔戎、扬拒、泉皋、伊雒之戎、茅戎、蛮氏戎、余无戎、义渠之戎、縣诸戎、胸衍戎、邽戎、冀戎、獂戎、乌氏戎、己（巳）氏之戎、小戎、大戎、条戎、奔戎、申戎、卢戎等。而见诸史书的狄，只有：长狄、赤狄、白狄等。

活动范围上，戎的活动范围比狄大。东方、南方、西方、北方全都有戎的分布。例如东方有痟戎、徐戎；南方有淮戎、戎蛮、卢戎；北方有北戎、山戎；西方有犬戎、瓜州戎；中部有扬拒、泉皋、伊洛之戎。狄的活动范围则局限于北部，杨建华曾考证狄的活动范围，"比较肯定地说：赤狄和长狄

---

① 方诗铭、王修龄：《古本竹书纪年辑证》，上海：上海古籍出版社，1981年，第33页。
② （清）孙星衍：《尚书今古文注疏》，北京：中华书局，1986年，第180页。
③ （清）王先谦：《诗三家义集疏》，北京：中华书局，1987年，第587—588页。
④ 《国语》，上海：上海古籍出版社，1978年，第507页。
⑤ 杨伯峻：《春秋左传注》，北京：中华书局，1981年，第251页。

分别在长治一带；白狄在陕西和山西的黄河两岸；鲜虞则在石家庄至保定一线。"①

"戎狄"连用和"戎狄"混用现象，是由于"戎狄"关系的紧密及其代表的泛称意义所导致的。因为史书中也经常出现"戎夷""戎蛮""蛮夷""夷狄"连用及混用现象，不能因此而忽视"狄""戎"之间的区别。

总之，先秦时期的"戎"与"狄"，是既有区别又联系紧密，各自独立发展的不同族群。

第五节　戎与羌、匈奴、胡关系考辨

一、戎与羌的关系

（一）各种说法

戎与羌的关系，学界争论较大，梳理如下：

1. 第一种说法

认为戎与羌同族，又可细分为两种情况。

（1）戎为羌族一支

翦伯赞认为："其实，所谓戎者，即东徙之羌。"② 郭沫若主编《中国史稿》认为："所谓西戎，主要指活动在陕甘青藏的一些分散的羌人部落或方国。"③ 饶宗颐认为："杜氏以氐羌分化为戎狄夷蛮，至有卓见。春秋以来戎、狄分布几乎遍布东西各地，杜预意谓四裔之戎狄皆氐羌之别种，其说极可注意。"④ 田继周认为："从总的方面看来，联系到过去和以后，周时的西戎，应是氐羌的系统。"⑤ 黄奋生认为："春秋以后，华夏族又称羌人为西戎或戎。"⑥ 任乃强认为："羌族从陇西向东北推进，被黄河分为内外两支。华

---

① 杨建华：《〈春秋〉与〈左传〉中所见的狄》，《史学集刊》1999年第2期。
② 翦伯赞：《先秦史》，北京：北京大学出版社，1990年，第316页。
③ 郭沫若主编：《中国史稿》第1册，北京：人民出版社，1976年，第301页。
④ 饶宗颐：《西南文化创世纪：殷代陇蜀部族地理与三星堆、金沙文化》，上海：上海古籍出版社，2010年，第34页。
⑤ 田继周：《先秦民族史》，成都：四川民族出版社，1988年，第406页。
⑥ 黄奋生：《藏族史略》，北京：民族出版社，1989年，第4页。

人呼居河内者为戎，居河外者为胡。"[1] 江应梁认为："西戎主要是指分布于西部的羌族。"[2] 陈连开认为："至于西戎，在西周到战国，主要是指氐羌系各部落。"[3] 黄光学认为："西戎主要指分布于西部的羌族。"[4] 舒振邦等所著《瀚海集》认为："羌即戎，戎即羌也。"[5] 刘宝才、梁涛认为："西戎是周人对周原以西各部落的称谓，商代则一般称为羌或氐羌。"[6] 郑张尚芳认为："古羌人从甘南南下的或称氐，进入内地学会农耕的一般都叫戎。"[7] 吕文郁认为："氐、羌等在先秦时代中原地区统称之为戎或西戎。"[8] 孙功达认为："戎族可能是羌族的一支，是较早接受中原文化的一支羌族，至殷商时期已经发展成为一个单独的民族。"[9] 美籍学者 Chang Chun-shu 认为："戎和狄是羌的一部分。"[10] 朱学渊认为："'西羌'，或谓'西戎'。"[11]

（2）羌为戎族一支

李斐然认为："氐羌盖西戎之别……盖当时一部之戎，息劳于陇氐之上，其业牧羊，故羌字从羊。夫西戎之俗，驰骋山谷，引弓射猎，擒禽兽，猎虫鱼。牧羊儒夫，彼所不齿，因斥羌为卑贱。"[12] 周昆田认为："西戎与氐羌的关系，究竟是何呢？大抵西戎为西方各族的泛称，氐羌则为该项民族的特称，前者为通名，后者为专名，前者为总名，后者为支系，兹分述之。"[13] 顾颉刚认为："羌与戎都是大名，戎是西方诸族的通称，为表示其地望则曰西戎。羌自是某一族的专名。"[14] 李绍明认为："氐和羌的先民皆系戎人的一支。"[15] 刘义棠认为："换言之，即西戎内涵氐、羌，而氐、羌却为西戎中之

① 任乃强：《任乃强民族研究文集》，北京：民族出版社，1990年，第387页。
② 江应梁：《中国民族史》，北京：民族出版社，1990年，第74页。
③ 王钟翰：《中国民族史》，北京：中国社会科学出版社，1994年，第125页。
④ 黄光学：《中国的民族识别》，北京：民族出版社，1995年，第58页。
⑤ 舒振邦、何天明、张贵等：《瀚海集》，呼和浩特：内蒙古人民出版社，1995年，第70页。
⑥ 刘宝才、梁涛：《周族与西戎》，《人文杂志》1997年第6期。
⑦ 郑张尚芳：《蛮夷戎狄语源考》，《扬州大学中国文化研究所集刊》，南京：江苏古籍出版社，1998年，第106页。
⑧ 吕文郁：《论尧舜禹时代的部族联合体》，《社会科学战线》1999年第5期。
⑨ 孙功达：《氐族研究》，兰州：甘肃人民出版社，2005年，第50页。
⑩ ［美］ChangChun-shu, *The rise of the Chinese Empire: Nation, State, and Imperialism in Early China*, Michigan: The University of Michigan Press, 2007, p.315.
⑪ ［美］朱学渊：《新版中国北方诸族的源流》，上海：华东师范大学出版社，2010年，第221页。
⑫ 李斐然：《中国民族古代之迁徙考》，《新亚西亚》1936年第12卷第5期。
⑬ 周昆田：《中国边疆民族简史》，台北：台湾书店，1961年，第144页。
⑭ 顾颉刚：《从古籍中探索我国的西部民族——羌族》，《社会科学战线》1980年第1期。
⑮ 李绍明：《论氐和羌、戎的关系》，《西南民族学院学报》1980年第4期。

一专称。如此，其关系至为明显。"① 冉光荣、李绍明所著《羌族史》认为："戎中有羌，也可说是他的主要成分，但羌不能概括全部的戎。"② 黄烈认为："戎人并不全指羌人，但其中无疑有很大一部分是羌人。"③ 李范文认为："羌族是西戎诸族中最大的一个民族……在商代，除了把西北的游牧民族称之为羌外，还把西北地区华夏族以外的各种氏族、部落泛指为戎。"④ 舒大刚认为："广义的戎概指西方各民族，其中至少包含戎、羌、氐三个民族系统；狭义的戎，系指来源于西北地区的戎族。"⑤ 于波认为："羌人是古代戎人中的一部分。"⑥ 杨东晨认为："羌是西戎民族集团中的重要一支，与戎很难区别。"⑦ 耿少将认为："戎是一种泛称，羌为戎中的一种，是对一个民族的确称。戎以氐羌为主，羌为戎的主体。"⑧ 蔡英杰、李永勃认为："戎主要用来指西北之羌人与狄人。"⑨

2. 第二种说法

认为戎与羌非同族。杨建新认为："戎与羌虽然都活动于西方，但他们也不是一个民族。"⑩ 王明珂认为："事实上，河湟羌族与戎在文化上、社会结构上、经济生态上有相当大的差别。河湟羌族直到西汉前期还与中国无甚关联，而诸戎则相当受华夏文化的影响。河湟羌族是游牧人群；戎相当依赖蓄养动物，但春秋时的戎人并非游牧人群。河湟羌族为了适应游牧生活，早已发展出由大小豪酋统治的分裂性社会结构；各个戎的群体，则统于单一的领袖。"⑪

3. 第三种说法

认为是同源异流。俞伟超认为："在一定的时间内，戎和羌是指一些族源相同或相近而后来已分化为不同部落的一些古代部落集团。"⑫ 尕藏才旦

①　刘义棠：《中国边疆民族史》，台北："中华书局"，1982 年，第 118 页。

②　冉光荣、李绍明、周锡银：《羌族史》，成都：四川民族出版社，1985 年，第 37 页。

③　黄烈：《中国古代民族史研究》，北京：人民出版社，1987 年，第 63 页。

④　李范文：《先秦羌戎融华考》，《宁夏社会科学》1992 年第 2 期。

⑤　舒大刚：《春秋少数民族分布研究》，台北：文津出版社，1994 年，第 104 页。

⑥　于波：《古代民族史》，开封：河南大学出版社，2005 年，第 5 页。

⑦　杨东晨：《陇右地区西戎民族集团的诸族考辨－兼论传说时代和三代时期陇右民族格局的形成》，《天水师范学院学报》2006 年第 6 期。

⑧　耿少将：《羌族通史》，上海：上海人民出版社，2010 年，第 39 页。

⑨　蔡英杰、李永勃：《戎狄考辨》，《云南师范大学学报》2011 年第 1 期。

⑩　杨建新：《中国西北少数民族史》，银川：宁夏人民出版社，1988 年，第 5 页。

⑪　王明珂：《华夏边缘：历史记忆与族群认同》，台北：允晨文化有限公司，1997 年，第 233、234 页。

⑫　俞伟超：《先秦两汉考古学论集》，北京：文物出版社，1985 年，第 181 页。

认为："戎和羌实际指的是一个种族，是同源异流。"①

4. 第四种说法

认为要区别对待，具体情况具体分析。王宗维认为："大荔、义渠、昆夷、乌氏、朐衍等戎，除个别人外，基本与西羌无关，没有融合于西羌。有的名号一直保存到西汉后期。我们既不能因《匈奴列传》中列举了八戎，说八戎是匈奴；也不能因《西羌列传》中叙述了诸戎，又统统说成是西羌的族源。对待这种问题要根据史料具体分析，区别对待，不能一概而论。"②

（二）笔者看法

对于戎、羌关系，笔者认为要从不同的角度去观察，如下所述。

首先，从源头上看，二者虽都出现，但势力不同。甲骨文中已有"羌方"，是很明确的一个方国部落，势力比较大，而甲骨文中的"戎"是一个小部落，势力不及羌方。

西周之时，史书中有关戎的记载比较多，有关"羌"的记载却很罕见，"只有成书于战国时期的典籍，才有零星的记载。"③ 这种奇怪的情况，很有可能说明一个历史事实：羌与戎在名号上，可以互替。《后汉书》把戎收入《西羌传》可为佐证，在西周、春秋时期，羌名逐渐为戎名所取代。秦汉之后，羌名又逐渐取代戎名。

其次，从戎概念扩大化的角度看，二者存在包含关系。"戎"有着概念不断扩大化的历史进程。伴随着戎概念的扩大化，"羌"也被纳入到"戎"的范畴中去，正如《说文解字》所言："羌，西戎牧羊人也。"④

再次，从历史的角度看，二者差异很大，羌不是典型的"戎"。王明珂认为："事实上，河湟羌族与戎在文化上、社会结构上、经济生态上有相当大的差别。"⑤ 王宗维认为："大荔、义渠、昆夷、乌氏、朐衍等戎，除个别人外，基本与西羌无关，没有融合于西羌。有的名号一直保存到西汉后期。"⑥

最后，从戎组成分散的角度看，二者实有交叉。典型代表便是"姜戎"

---

① 尕藏才旦：《古戎族与今藏族族源考略》，《甘肃民族研究》2003 年第 4 期。
② 王宗维：《西戎八国考述》，《西北历史研究》1986 年号，西安：三秦出版社，1987 年。
③ 耿少将：《羌族通史》，上海：上海人民出版社，2010 年，第 35 页。
④ 《说文解字注》，上海：上海古籍出版社，1981 年，第 146 页。
⑤ 王明珂：《华夏边缘：历史记忆与族群认同》，台北：允晨文化有限公司，1997 年，第 233、234 页。
⑥ 王宗维：《西戎八国考述》，《西北历史研究》1986 年号，西安：三秦出版社，1987 年。

"羌戎"。

所以，对于羌、戎关系，需要具体情况具体分析。

二、戎与匈奴的关系

（一）各种说法

关于戎与匈奴关系，学界有不同的说法，大致有以下四种。

第一种说法认为二者同族，一前一后。王国维认为："入春秋后，则始谓之戎，继号曰狄。战国以降，又称之曰胡、曰匈奴。"[①] 梁启超认为："其商、周以来居西徼，久为边患者，则谓之戎。实则皆与后此所谓匈奴者同族也。"[②] 李斐然认为："穷思匈奴者，戎狄之转音也，盖戎、匈叠韵。"[③] 齐思和认为："匈奴是古代著名的游牧民族，长期活动在我国北方草原上。他们没有自己的文字，但中国自有文字起载以来，匈奴即以不同的名称出现在中国的文献中。殷、周时代称他们为鬼方，春秋时称他们为戎、狄。"[④] 林干认为："（匈奴）其祖源应包括戎、狄在内的所有原先活动于大漠南北的各族。"[⑤] 日本学者吉本道雅认为："在《秦始皇本纪》编撰的阶段，匈奴已经替代了戎……'使蒙恬渡河取高阙、阳山、北假中，筑亭障以逐戎人。'中的'戎人'便是指匈奴。"[⑥] 美国学者 W. M. 麦高文认为："其时居于中国以北，而且时来侵扰的'蛮族'中，有一支称为戎，又一支称为狄……这一群人，一般相信便是后来建立大匈奴帝国的匈奴人之祖先。"[⑦] Denis Sinor 认为："匈奴在远古时代有不同的名称，如戎、狄等。"[⑧]

第二种说法认为二者非同族。杨建新认为："（戎）与北方的獯鬻，即以后的匈奴，是根本不同的两个民族。"[⑨] 林沄认为："先秦文献中的戎、狄，

---

① 王国维：《观堂集林》，北京：中华书局，1959 年，第 583 页。

② 梁启超：《饮冰室文集点校》，昆明：云南教育出版社，2001 年，第 3224 页。

③ 李斐然：《中国民族古代之迁徙考》，《新亚西亚》1936 年第 12 卷第 5 期。

④ 齐思和：《中国史探研》，北京：中华书局，1981 年，第 271 页。

⑤ 林干：《匈奴史》，呼和浩特：内蒙古人民出版社，2007 年，第 2 页。

⑥ ［日］吉本道雅：《〈史记·匈奴列传〉疏证—上古从冒顿单于止》，《京都大学文学部研究纪要》45，2006 年。

⑦ ［美］麦高文：《中亚古国史》，章巽译，北京：中华书局，2004 年，第 108 页。

⑧ ［美］Denis Sinor, *The Cambridge History of Early Inner Asia*, london：Cambridge University Press, 2008, p. 118.

⑨ 杨建新：《中国西北少数民族史》，银川：宁夏人民出版社，1988 年，第 14 页。

和战国才活跃在北方长城地带的东胡、匈奴并非同一族群。"① 唐晓峰认为："把戎狄与匈奴看成是一脉相承的北方游牧民族的观念是古人的误解。根据考古材料，戎狄与后来的匈奴不仅社会类型不同，在族源上也不能简单地归为同类。"②

第三种说法认为匈奴包含戎。林剑鸣认为："匈奴是我国古代被称为'狄''戎''胡'等许多氏族、部落经过同化、融合而形成的部落联盟。"③《北方文化与匈奴文明》一书认为："甘肃东部和宁夏南部的原西戎人，这时也加入了匈奴联合体。从此，史书上把战国以前的山戎、西戎和北狄均冠以'匈奴'的称号。"④ 美国学者拉铁摩尔认为："匈奴也是部落的名字，指鄂尔多斯以北的各部。根据记载的次序，很明显，他们中至少有一部分原是秦国北部边疆前游牧时期的戎、狄。"⑤

第四种观点，美国学者顾立雅认为："戎狄中的一些可能是游牧的匈奴的祖先，在汉及其以后的时代里，给中国造成了很大的麻烦。然而，必须指出，他们至少在文化上，与匈奴人的喜好显然不同。他们坚定团结的时候还没有这样的武器——是使游牧部族民几乎无敌的：骑兵。虽然华夏和非华夏的邻国有马比较早，然而直到公元前四世纪的华夏及邻区，骑兵，似乎一直默默无闻。"⑥

（二）笔者看法

对于它们的关系，笔者认为应从以下五点去观察。

第一，从时间上看，戎出现的比匈奴要早，匈奴是战国发展起来的部族。"匈奴于公元前四世纪渐露头角，至前三世纪终于登上了历史舞台的。"⑦ 而戎出现的历史要远远早于匈奴，甲骨文、金文中的戎便是最好的证明。

---

① 林沄：《中国北方长城地带游牧文化带的形成过程》，《燕京学报》新 14 期，北京：北京大学出版社，2003 年，第 96 页。

② 唐晓峰：《先秦时期晋陕北部的戎狄与古代北方的三元人文地理结构》，《地理研究》2003 年第 5 期。

③ 林剑鸣：《秦汉史》，上海：上海人民出版社，2003 年，第 68、69 页。

④ 田广金、郭素新：《北方文化与匈奴文明》，南京：凤凰出版社，2004 年，第 441 页。

⑤ ［美］拉铁摩尔：《中国的亚洲内陆边疆》，唐晓峰译，南京：江苏人民出版社，2008 年，第 309、310 页。

⑥ ［美］Herrlee G. Creel，*The Oringins of Statecraft in China：The Western Chou Empire*，Chicago：The University of Chicago Press，1970，p.199.

⑦ 林干：《匈奴史》，呼和浩特：内蒙古人民出版社，2007 年，第 2 页。

第二，从活动地域看，二者虽有一定重合，但并不完全一致。战国时的匈奴主要活跃在北部，赵国在防御匈奴中起着主要作用。而戎则北部、西部均有分布。

第三，从考古材料看，二者有差别。唐晓峰认为："把戎狄与匈奴看成是一脉相承的北方游牧民族的观念是古人的误解。根据考古材料，戎狄与后来的匈奴不仅社会类型不同，在族源上也不能简单地归为同类。"[①]

第四，从戎概念扩大化的角度看，匈奴可以称呼为戎。例如《逸周书·王会解》载："匈戎狡犬。狡犬者，巨身，四尺果。"[②]

第五，从戎的融合看，一部分戎族融入到匈奴中去。例如，胸衍戎便成为匈奴一部。何光岳认为："胸衍又作呼衍或呼延。当秦汉初年匈奴强大时，呼衍戎已并入匈奴国，其贵族任左，右日逐王，世为辅相，又称呼衍王。"[③]

所以笔者认为，戎与匈奴的关系既有区别又相互联系。

三、戎与胡的关系

（一）学界看法

戎与胡的关系，学界有不同的看法，梳理如下：

第一种说法认为是同源异流。任乃强认为："羌族从陇西向东北推进，被黄河分为内外两支。华人呼居河内者为戎，居河外者为胡。"[④]

第二种说法认为戎、胡相同。王国维认为："入春秋后，则始谓之戎，继号曰狄。战国以降，又称之曰胡、曰匈奴。"[⑤] 唐兰认为："戎又称胡，合称为戎胡。"[⑥] 陈槃认为："西戎，或称戎，或作戎夷，或作胡。"[⑦]

第三种说法认为戎、胡不同。俞伟超认为："西戎和羌是指和胡人完全不同的另外一些部落。"[⑧] 林沄认为："先秦文献中的戎、狄，和战国才活跃

① 唐晓峰：《先秦时期晋陕北部的戎狄与古代北方的三元人文地理结构》，《地理研究》2003年第5期。

② 黄怀信：《逸周书校补注译》，西安：三秦出版社，2006年，第329页。

③ 何光岳：《炎黄源流史》，南昌：江西教育出版社，1992年，第188、189页。

④ 任乃强：《任乃强民族研究文集》，北京：民族出版社，1990年，第387页。

⑤ 王国维：《观堂集林》，北京：中华书局，1959年，第583页。

⑥ 唐兰：《用青铜器铭文来研究西周史》，《文物》1976年第6期。

⑦ 陈槃：《不见于春秋大事表之春秋方国稿》，上海：上海古籍出版社，2009年，第114页。

⑧ 俞伟超：《先秦两汉考古学论集》，北京：文物出版社，1985年，第181页。

在北方长城地带的东胡、匈奴并非同一族群。"[①] "把众多的戎狄和诸胡混为一谈，是一个重大的历史误会，从武装力量的构成来看。戎狄和胡也是不同的。从人种上说战国以前的戎狄就是后来的胡的前身也是难以成立的。"[②] 杨建华认为："当时人是把戎、代和胡并列，说明三者各自是独立的。"[③] 美国学者狄宇宙认为："'胡'是对骑马的弓箭手的个通称之词，他们这些人是以畜牧为其主要的经济活动的。因此，胡是不同于戎和狄的一个'人类学类型'。"[④]

第四种说法，代表人物为俄国学者俾丘林。他认为："古代中国历史将戎、胡的字眼加给住在北中国的部落时，都指的是蒙古人；而当将这些名称赋予西中国的部族时，戎字指青海唐兀惕人，胡字指突厥和波斯系部落。"[⑤]

（二）笔者看法

精确的区别二者殊为不易，正如许倬云所言："究竟胡人名称何来？其原意为何？至今未能有定论。一般惯例，判定族群，是以遗传体质、语言系统为重要指针。然而，欧亚草原上的游牧民众，由于经常长程贸易相通，部落经常分合重组，血统与语言一定都不断混杂，以致将原来可能各有来历的族群，混合为难以界定的人群。"[⑥] 对于二者的关系，笔者认为应从以下五个方面去观察。

第一，从时间上看，二者出现时间不同，胡出现的时间晚于戎。日本学者吉本道雅甚至认为胡是西汉以后的称谓："把北族统称为胡是前汉以后的事，并且林胡也是前汉以后的事。"[⑦]

第二，从内涵上看，二者的指示内容不同，戎指示内容比较大。"胡字

---

① 林沄：《中国北方长城地带游牧文化带的形成过程》，《燕京学报》新 14 期，北京：北京大学出版社，2003 年，第 96 页。

② 林沄：《林沄学术文集二》，北京：科学出版社，2009 年，第 3—5 页。

③ 杨建华：《中国北方东周时期两种文化遗存辨析——兼论戎狄与胡的关系》，《考古学报》2009 年第 2 期。

④ ［美］狄宇宙：《古代中国与其强邻——东亚历史上游牧力量的兴起》，贺严等译，北京：中国社会科学出版社，2010 年，第 159 页。

⑤ ［俄］俾丘林：《古代中亚各族资料汇编》第 1 卷，《北方民族史与蒙古史译文集》，余大钧译，昆明：云南人民出版社，2003 年，第 313 页。

⑥ 许倬云：《我者与他者：中国历史上的内外分际》，北京：生活·读书·新知三联书店，2010 年，第 28 页。

⑦ ［日］吉本道雅：《〈史记·匈奴列传〉疏证—上古从冒顿单于までで》，《京都大学文学部研究纪要》45，2006 年。

在战国时指涉的对象主要有东胡、林胡及中山国。"①

第三，从事实的角度看，二者差异很大。林沄认为："把众多的戎狄和诸胡混为一谈，是一个重大的历史误会，从武装力量的构成来看。戎狄和胡也是不同的。从人种上说战国以前的戎狄就是后来的胡的前身也是难以成立的。"②

第四，从考古材料看，二者也有差别。陈健文认为："从图像来看，先秦时期的戎狄基本上以蒙古人种为主，特别是与通古斯人外型类似的种型。而在汉代，胡人的种族形象却多以具高加索种特征居多。"③

第五，从汉朝人的印象来看，二者也有重合。"在汉初，当时人即已将原先之西戎目为胡人。"④

综上所述，笔者认为戎与胡的关系，要分时段来看。战国时期，二者是有区别的，不能等同。在汉朝时，则区别很小，趋于一致。

第六节　戎迁徙考辨

根据史书记载，戎人大的迁徙主要有三次，如下所述。

第一次迁徙，在周穆王（公元前 976—前 922）时期。《竹书纪年》穆王十七年记载："秋八月，迁戎于太原。"《后汉书·西羌传》载："穆王时，戎狄不贡，王乃西征犬戎，获其五王，又得四白鹿，四白狼，王遂迁戎于太原。"迁徙到太原的戎，被称为"太原戎"，一般认为太原戎即犬戎，例如顾颉刚认为："犬戎本在西方，穆王把他们东迁到太原，从此太原成了他们的根据地。犬戎迁到太原以后，就称作'太原之戎'。"⑤ 段连勤认为："太原之戎，按即犬戎。"⑥ 杨宽认为："（犬戎）这时正居住于太原一带，即是太原之戎。"⑦ 太原所在，学界争论较大，尚无定论。

这一次迁徙是被迫的，但在客观上促进了戎的发展壮大，提高了其在政

① 陈健文：《先秦至两汉胡人意象的形成与变迁》，博士学位论文，台湾师范大学，2005 年。
② 林沄：《林沄学术文集二》，北京：科学出版社，2009 年，第 3—5 页。
③ 陈健文：《先秦至两汉胡人意象的形成与变迁》，博士学位论文，台湾师范大学，2005 年。
④ 陈健文：《先秦至两汉胡人意象的形成与变迁》，博士学位论文，台湾师范大学，2005 年。
⑤ 顾颉刚：《从古籍中探索我国的西部民族——羌族》，《社会科学战线》1980 年第 1 期。
⑥ 段连勤：《犬戎历史始末述》，《民族研究》1989 年第 5 期。
⑦ 杨宽：《西周史》，上海：上海人民出版社，1999 年，第 569 页。

治斗争中的作用。"宣王既亡南国之师，乃料民于太原。"此外，"太原"所在距周较近，有利于戎与华夏间的交流，进一步加强了戎与华夏的联系。

第二次迁徙，在西周末，是随着西周灭亡，平王东迁而发生的。《史记·秦本纪》载："戎无道，侵夺我岐、丰之地，秦能攻逐戎，即有其地。"周之岐、丰之地曾被戎占据。《史记·匈奴列传》载："申侯怒而与犬戎共攻杀周幽王于骊山之下，遂取周之焦获，而居于泾渭之间，侵暴中国。秦襄公救周，于是周平王去酆鄗而东徙洛邑。当是之时，秦襄公伐戎至岐，始列为诸侯。"戎居泾渭之间，对华夏的震慑力不言而喻。此次戎的迁徙，深入到中原腹地，《后汉书·西羌传》载："平王之末，周遂陵迟，戎逼诸夏，自陇山以东，及乎伊、洛，往往有戎。"杨建新因此认为："伊洛之戎，很可能就是这次迁徙去的。"[1]晋国也被戎包围环绕，《国语·晋语二》载："戎、狄之民实环之。"

这一次的迁徙，是戎主动的，是周王室政治斗争的结果，造成的影响也比较大。第一，使得西周灭亡，开启了春秋战国时代。第二，使得秦国崛起，走向历史舞台。第三，使得戎与华夏的斗争更加激烈，促进了诸夏意识的兴起。第四，戎杂居华夏，进一步促进了民族融合。

第三次迁徙，是晋惠公（公元前650—前637）时期。《左传》鲁僖公二十二年（公元前638）载："秋，秦、晋迁陆浑之戎于伊川。"鲁昭公九年（公元前533）载："允姓之奸，居于瓜州，伯父惠公归自秦，而诱以来，使逼我诸姬，入我郊甸，则戎焉取之。"迁徙之后，这些戎进一步分化组合，被称为姜戎、陆浑之戎、阴戎等。

关于这次迁戎的原因，学界争论较大，上文已有论述。笔者认为这次迁徙是秦、晋、戎三者合力的结果。

第一，对秦而言，陆浑之戎的迁徙，留下大块的土地，符合秦国"益国"方针，对秦有利。正如《左传》所载："昔秦人负恃其众，贪于土地，逐我诸戎。"

第二，对晋而言，迁徙而来的戎唯有依靠晋国方能立足，由此必能为晋所用，成为晋国图霸的重要依靠力量。正如《左传·襄公十四年》所载戎人"为先君不侵不叛之臣，至于今不贰……有殽之师。晋御其上，戎亢其下，秦师不复，我诸戎实然。"戎人在城濮之战中也发挥过重要作用，《清华简·

---

① 杨建新：《中国西北少数民族史》，银川：宁夏人民出版社，1988年，第16页。

系年》载："文公率秦、齐、宋及群戎之师以败楚师于城濮。"① 晋国正是看到了戎人迁徙而来的利益，才会如此的主动，这也印证了《左传·昭公九年》所记载："允姓之奸，居于瓜州，伯父惠公归自秦，而诱以来。"②中"诱"字所隐含的意思。此外，常倩认为："当时国内民众稀少的晋国为了在最短的时间内开垦土地，求得国富民强，招徕周边异族为其役使是必然之举。"③ 亦指出了晋国的功利目的。

第三，对戎而言，摆脱了对秦的恐惧，避免了被秦国消灭的命运。秦与戎的关系，战争为主流。秦人之先本居东方，西迁便是为了抵御戎人。《清华简·系年》载："周武王既克殷，乃设三监于殷。武王陟，商邑兴反，杀三监而立彔子耿。成王屎伐商邑，杀彔子耿，飞廉东逃于商盖氏，成王伐商盖，杀飞廉，西迁商盖之民于朱圉，以御奴虘之戎，是秦之先，世作周𡧛。"④ 秦之立国，也是因伐戎之功，《史记·秦本纪》载："襄公以兵送周平王。平王封襄公为诸侯，赐之岐以西之地。曰：'戎无道，侵夺我岐、丰之地，秦能攻逐戎，即有其地。'与誓，封爵之。襄公于是始国，与诸侯通使聘享之礼。"⑤ 这也奠定了秦对戎以攻杀消灭为主的政策。《史记·秦本纪》所载"秦戎关系"便是以战争为主，其文如下：

> 秦仲为大夫，诛西戎。
> 周宣王乃召庄公昆弟五人，与兵七千人，使伐西戎，破之。
> 襄公伐戎而至岐。
> 文公以兵伐戎，戎败走。
> 宁公十二年，伐荡氏，取之。
> 武公元年，伐彭戏氏。
> 武公十年，伐邽、冀戎，初县之。
> 秦用由余谋伐戎王，益国十二，开地千里。

所以，戎之在秦并非乐土，随时有可能被秦国攻伐或消灭。避开秦国，对戎人而言，也是非常有利的。对秦国，戎人是一种复杂的心态，既恐惧又有仇恨。《左传》襄公十四年载："秦师不复，我诸戎实然。"

① 李学勤主编：《清华大学藏战国竹简（贰）》，上海：中西书局，2011 年，第 153 页。
② 杨伯峻：《春秋左传注》，北京：中华书局，1981 年，第 1309 页。
③ 常倩：《商周至魏晋南北朝羌人问题研究》，博士学位论文，华东师范大学，2011 年，第 31 页。
④ 李学勤主编：《清华大学藏战国竹简（贰）》，上海：中西书局，2011 年，第 141 页。
⑤ （西汉）司马迁：《史记》，北京：中华书局，1959 年，第 178、179 页。

所以，这一次的迁徙是秦、晋、戎三者合力造成的。其影响主要有以下四个方面。一是秦国获得了戎人占据的土地，为称霸西戎打下了条件。二是晋国得到了戎人的支持，戎人成为晋国可靠的辅助力量，为晋国称霸华夏创造了条件。三是戎人生活多样化，有了农耕定居生活。《左传》鲁襄公十四年，"昔秦人负恃其众，贪于土地，逐我诸戎。惠公蠲其大德，谓我诸戎，是四岳之裔胄也，毋是翦弃。赐我南鄙之田，狐狸所居，豺狼所嗥。我诸戎除翦其荆棘，驱其狐狸豺狼，以为先君不侵不叛之臣，至于今不贰。"四是戎人进一步深入华夏腹地，加剧了民族矛盾。《左传·昭公九年》载："允姓之奸，居于瓜州，伯父惠公归自秦，而诱以来，使逼我诸姬，入我郊甸，则戎焉取之。"

这三次的迁徙，使得戎杂居华夏。分布范围进一步扩大，形成了多个分布区，使得它们的生活具有多样性。其实，除这三次大的迁徙外，还有许多次小的迁徙，如山戎东徙、骊戎东徙，蒙文通在《周秦少数民族研究》[①]中对此叙述较为详细。犬戎的迁徙，段连勤在《犬戎历史始末述》[②]中论述较为详细。周武王时期的迁徙，张国硕在《先秦人口流动民族迁徙与民族认同研究》[③]中论述较为详细。因此，本文不再赘述。

戎人迁徙，除去政治、军事原因外，越来越多的学者认为气候的因素也不能忽略。蒙文通认为："西周末造，一夷夏迁徙之会也。而迁徙之故，殆源于干旱，实以于时气候之突变。"[④]陈连开认为："突变性气候条件是造成北方和西北游牧民族内迁的客观原因。"[⑤]《中国史前考古学导论》一书认为："西周初年，发生了历史时期的第一次寒冷期……位于西北更为干冷地区的游牧民族在环境的压力下，开始不断地向东南迁徙，戎狄屡次寇周，与西周发生冲突和战争，最后导致平王东迁……也造成了春秋战国时期第一次民族文化大融合。"[⑥]辛迪认为："不论从文献记载还是考古与古遗址的发现，均反映了从商末直到西周末年气候恶化的情况，而气候骤然变冷变干，必将对古代人群的生产生活产生巨大影响。对于改造自然能力十分受限制的

① 蒙文通：《周秦少数民族研究》，上海：龙门联合书局，1958年。
② 段连勤：《犬戎历史始末述》，《民族研究》1989年第5期。
③ 张国硕：《先秦人口流动民族迁徙与民族认同研究》，郑州：大象出版社，2011年，第171—172页。
④ 蒙文通：《周秦少数民族研究》，上海：龙门联合书局，1958年，第1页。
⑤ 王钟翰：《中国民族史》，北京：中国社会科学出版社，1994年，第86页。
⑥ 张宏彦编著：《中国史前考古学导论》，北京：高等教育出版社，2003年，第37页。

先秦少数族群，恐怕迁徙于更适宜生存的环境是他们最好也最无可奈何的选择。"① 罗琨认为："北方民族的南下与气候及环境变化密切相关。"② 张国硕认为："西周时期的干冷气候，也迫使我国北方和西北方向的民族南下东移，鬼戎、玁狁、犬戎等纷纷侵入中原地区。"③

综上所述，由于政治、军事、气候等因素的影响，戎族也在不断迁徙。戎族迁徙的影响很大，一方面导致了民族间的冲突加剧，一方面又促进了民族间的融合，促进了大一统时代的到来。

第七节　戎饮食考辨

一、"不与华同"的戎族饮食

（一）不粒食

《左传》襄公十四年载戎子驹支曰："我诸戎饮食衣服，不与华同，贽币不通，言语不达，何恶之能为？"④ 饮食"不与华同"，反映出此类戎族独有的饮食习俗，具体表现便是"不粒食"。《礼记·王制》载文曰："中国戎夷五方之民，皆有性也，不可推移……西方曰戎，被发衣皮，有不粒食者矣。""不粒食"郑玄注曰："地气寒，少五谷。"⑤《辞海》解释"粒食"为"以谷物为食。"⑥ 正是这样，"不粒食"便是"不以谷物为食"。

① 辛迪：《两周戎狄考》，博士学位论文，北京大学，2006 年，第 164 页。
② 罗琨：《商代战争与军制》，北京：中国社会科学出版社，2010 年，第 208 页。
③ 张国硕：《先秦人口流动民族迁徙与民族认同研究》，郑州：大象出版社，2011 年，第 174 页。
④ 杨伯峻：《春秋左传注》，北京：中华书局，1981 年，第 1007 页。
⑤ （东汉）郑玄注、（北周）孔颖达疏：《礼记正义·王制》，北京：北京大学出版社，1999 年，第 398－399 页。
⑥ 《辞海》，上海：上海辞书出版社，1979 年，第 4429 页。

（二）肉类制品

此类戎人不以谷物为主食，其饮食结构是以肉食为主。[①] 考古材料可以证明，"从鄂尔多斯至甘、宁地区的墓葬，出土铜（铁）刀的数量很多，作为食肉辅助工具的大量出土，说明这个时期狄和西戎人的饮食结构以肉食为主。"[②] 至于肉食来源，主要是牛、马、羊、狗、驴等。

《穆天子传·卷四》载："天子至于雷首，犬戎胡觞天子于雷首之阿，乃献食马四六。"[③] 《韩非子·十过》载文曰："戎王许诺。见其女乐而说之，设酒张饮，日以听乐，终岁不迁，牛马半死。由余归，因谏戎王，戎王弗听，由余遂去之秦。秦穆公迎而拜之上卿，问其兵势与其地形；既以得之，举兵而伐之，兼国十二，开地千里。"[④] 这些材料反映出戎族养有牛、马的事实。

戎人养羊也是有记载的。《说文解字》言："羌，西戎牧羊人也。"[⑤] 师同鼎铭文曰："𤞷𤊽其井，师同从，折首执讯，孚车马五乘，大车廿，羊百，卌用𤔲王羞于龟；孚戎金胄卅，戎鼎廿，铺五十，𨎵廿，用铸兹𤼈鼎，子子孙孙其永宝用。"[⑥] 铭文反映，作为动物的"羊"随军行动，只能充为食物。

《逸周书·王会解》载文曰："匈戎狡犬。狡犬者，巨身，四尺果。"[⑦]《晏子春秋》载晏子曰："婴闻与君异。今夫胡貉戎狄之蓄狗也，多者十有余，寡者五六，然不相害伤。"[⑧] 这反映出戎族养狗的事实。《北方文化与匈奴文明》一书认为："山戎民族盛行养狗，也反映了他们经济生活的特点。从各墓中殉葬狗的数量不等的情况看，对狗的占有量也反映了贫富的差别。"[⑨]《中国文化通史》一书认为："汉代之前人们养狗是以食肉为主，这

---

① 对于此问题，笔者曾请教王子今教授（中国人民大学），他认为"不与华同"主要是戎以肉食为主，此外，陈伟教授（武汉大学）认为在肉制品的加工制作方面，华、戎也是不同的。在此，对两位先生提供的帮助致谢。

② 田广金、郭素新：《北方文化与匈奴文明》，南京：凤凰出版社，2004年，第392、393页。

③ 《穆天子传》，长沙：岳麓书社，1992年，第226页。

④ 《韩非子集解》，北京：中华书局，1998年，第70、71、72页。

⑤ 《说文解字注》，上海：上海古籍出版社，1981年，第146页。

⑥ 李学勤：《师同鼎试探》，《文物》1983年第6期。

⑦ 黄怀信等：《逸周书汇校集注》，上海：上海古籍出版社，1995年，第947页。

⑧ 《晏子春秋集释》，北京：中华书局，1962年，第96页。

⑨ 田广金、郭素新：《北方文化与匈奴文明》，南京：凤凰出版社，2004年，第391、392页。

与后来人们养狗的目的是不同的。"①

陕西黄陵县寨头河战国墓，被认定是戎人墓葬，"墓内随葬常见牛头、羊头和马头"，②另外，山戎墓葬中也以"狗、羊、牛、马为大宗"。③

戎人是否有骡（驴），以前没有受到重视。1985 年，山西发现了两座殷商晚期墓葬，出土的铜器中多带有 形族徽，张颔认为是骡，并认为："驴和骡本北狄或西戎所有，可能在春秋战国之际传入燕、赵等国，逐渐进入内地。"④

至于有没有猪，廖杨认为是有的，"据研究，马家窑文化的居民是戎羌族系的祖先……同时也饲养猪、狗、羊等家畜。"⑤

（三）乳酪

先秦时期的戎族，有无饮用奶酪，还缺乏文献记载，考古材料也比较缺乏。"由吃本金（畜肉）转为吃利息（奶酪），因而使得人们完全依赖牲畜过活成为可能，在中国考古学上至今少有发现。主要的原因是，我们对由乳制酪的方法、过程所知其少。"⑥

虽然不知道戎族有无饮用奶酪，但可以肯定它们已经使用乳制品。如《穆天子传·卷四》载："（巨蒐之人）因具牛羊之湩以洗天子之足。"⑦《说文解字》载："湩，乳汁也。从水。重声。多贡切。"⑧此外，匈奴是饮用奶酪的，如《史记·匈奴列传》载文曰："得汉食物皆去之，以示不如湩酪之便美也。"《集解》："湩，乳汁也。"⑨由于戎与匈奴有着千丝万缕的关联，

① 郑师渠主编：《中国文化通史（先秦卷）》，北京：北京师范大学出版社，2009 年，第 413 页。

② 陕西省考古研究院：《2011 年陕西省考古研究院考古发掘新收获》，《考古与文物》2012 年第 2 期。

③ 北京市文物研究所：《北京延庆军都山东周山戎部落墓地发掘纪略》，《文物》1989 年第 8 期。

④ 张颔：《"嬴箎"探解》，《文物》1986 年第 11 期。

⑤ 廖杨：《中国西北古代少数民族宗法文化研究》，桂林：广西师范大学出版社，2005 年，第 53 页。

⑥ 罗丰：《中国北方乳制品制作与消费之历史——一个考古学与民族学的考察》，《中国饮食文化》2008 年第 2 期。

⑦ 《穆天子传》，长沙：岳麓书社，1992 年，第 226 页。

⑧ 《说文解字注》，上海：上海古籍出版社，1981 年，第 565 页。

⑨ （西汉）司马迁：《史记》，北京：中华书局，1959 年，第 2899 页。

笔者认为：奶酪是戎族饮食"不与华同"的组成部分。①

二、"与华同"的戎族饮食

（一）粒食

"不粒食"只反映出部分戎族的饮食习俗，因为戎人的经济形态是一种复合经济，有种植业的分布。在戎族的考古材料中，也有谷物存在，"（从戎民族）出土的随葬品中，农业生产工具，斧、锛等器物有较多的出土，特别是铁制生产工具的出现，证明农业生产有了一定水平的发展。"②"据研究，马家窑文化的居民是戎羌族系的祖先，他们以经营原始的旱地农业为主，种植粟和黍。"③齐家文化被认为属于戎族文化，而在属于齐家文化的喇家遗址，④也发现了大量的粟和黍。

正如《中华文明史》一书所说的那样"在饮食方面，西方戎族中有的以农业为主，黍是他们的主要粮食作物。"⑤

（二）酒

与华夏族一样，酒在戎族生活中也占据重要的位置。"嗜酒"也是其民族特色，文献中有记载戎人喝酒的典故。

喝酒示好：

《穆天子传·卷一》载："天子北征于犬戎，犬戎□胡觞天子于当水之阳，天子乃乐，□赐七萃之士战。"⑥《穆天子传·卷四》载："孟冬壬戌，天子至于雷首，犬戎胡觞天子于雷首之阿，乃献食马四六。"⑦

---

① 罗丰认为："在饮食方面，华夏与诸戎最大的不同在于后者对牲畜乳汁的利用。"（《中国北方乳制品制作与消费之历史——一个考古学与民族学的考察》，《中国饮食文化》2008年第2期）笔者不认同此说，一是先秦乳酪的考古资料发现稀少，看不出普遍性；二是先秦文献对乳酪记载不多，看不出重要性；三是先秦戎族分布比较广、杂，是否全能掌握乳酪制作工艺，尚缺乏证据，看不出利用性。

② 马建军、杨明：《从考古资料看古代戎族的社会发展状况》，《西北史地》1995年第2期。

③ 廖杨：《中国西北古代少数民族宗法文化研究》，桂林：广西师范大学出版社，2005年，第53页。

④ 喇家遗址位于青海民和县东南部的官厅镇喇家村，是一处齐家文化聚落址，绝对年代在公元前2300年至公元前1900年之间。（《科技考古》第3辑，北京：科学出版社，2011年，第15页。）

⑤ 王祖武等编：《中华文明史（先秦卷）》，石家庄：河北教育出版社，1992年，第689页。

⑥ 《穆天子传》，长沙：岳麓书社，1992年，第203页。

⑦ 《穆天子传》，长沙：岳麓书社，1992年，第226页。

喝酒误事：

《左传》鲁文公十七年，"周甘歜败戎于垂，乘其饮酒也。"《韩非子·十过》载："戎王许诺。见其女乐而说之，设酒张饮。"《吕氏春秋·壅塞》载："戎主醉而卧於樽下，卒生缚而擒之。"《吕氏春秋·不苟》载："戎王喜，迷惑大乱，饮酒昼夜不休。"

《左传》宣公十五年，"狄有五罪，俊才虽多，何补焉？不祀，一也。耆酒，二也。"由于戎与狄的关系是比较紧密的，此条材料，也可看做对戎人生活的反映。

（三）盐

《周礼》载："王之膳羞，共饴盐。"郑玄注："饴盐，盐以恬者，今戎盐有焉。"[①] 关于"戎盐"，《本草纲目》载"西番所食者，故号戎盐、羌盐。"[②] 陈振中所著的《先秦手工业史》一书认为：西戎出产形盐、饴盐，这两种盐统称为戎盐，其中，形盐特供爵位高的宾客。[③] 吉成名所著的《中国古代食盐产地分布和变迁研究》一书认为："戎盐，产自西部少数民族地区的盐。"[④]

（四）葵

北魏贾思勰《齐民要术》载："桓公……北伐山戎，出冬葵……布之天下。"[⑤] 对于"葵"，曾纵野认为："葵是我国古代相当长的时期内最重要的蔬菜，《素问》中所说的五菜——当时最重要的五种蔬菜——即以葵为首。"[⑥]

（五）葱[⑦]

《管子·戒》载："北伐山戎，出冬葱与戎叔。"[⑧] 对于"葱"，曾纵野认

---

① （东汉）郑玄注、（北周）贾公彦疏：《周礼注疏》，北京：北京大学出版社，1999 年，第143 页。

② （明）李时珍：《本草纲目》第 1 册，哈尔滨：北方文艺出版社，2007 年，第 233、234 页。

③ 陈振中：《先秦手工业史》，福州：福建人民出版社，2008 年，第 758 页。

④ 吉成名：《中国古代食盐产地分布和变迁研究》，北京：中国书籍出版社，2013 年，第 17 页。

⑤ （后魏）贾思勰著、缪启愉校释：《齐民要术校释》，北京：中国农业出版社，1998 年，第 767 页。

⑥ 曾纵野：《中国饮馔史》第 1 卷，北京：中国商业出版社，1988 年，第 139 页。

⑦ 葵与葱的关系，学界有着争论，详见《管子集校》（北京：科学出版社，1956 年，第 438 页），本文为行文方便，二者分开叙述。

⑧ 《管子校注》，北京：中华书局，2004 年，第 514 页。

为："先秦文献以葱为菜蔬……葱可作菜吃，但主要是作为辛香料用。"①

（六）豆

《逸周书·王会解》载有"山戎菽"，《管子·戒》载有"北伐山戎，出冬葱与戎叔"。对于"戎菽""戎叔"，李长年认为："戎菽应是大豆……大豆虽是谷类作物之一，但不是当时统治阶级或贵族的主要食粮……但大豆对一般人民而言，则是主要的食粮。"② 周自强主编的《中国经济通史》认为："戎菽是东北少数族山戎所培育出的一个大豆品种，春秋初期传入中原地区而广泛种植。"③

综上，由于戎族构成复杂，分布广阔，经济又属于复合性，狩猎、游牧、种植业均有分布。本文所列举的乃是其饮食生活的一部分，有理由相信，戎族的饮食结构是多姿多彩的，而非单一的。

第八节　戎服饰考辨

一、"不与华同"的戎族服饰

（一）被发、辫发、衣皮

《左传》襄公十四年载戎子驹支："我诸戎饮食衣服，不与华同，贽币不通，言语不达，何恶之能为？"④ 衣服"不与华同"，反映出戎族独有的习俗，具体表现便是"衣皮"。《礼记·王制》载文曰："中国戎夷五方之民，皆有性也，不可推移……西方曰戎，被发衣皮，有不粒食者矣。""衣皮"郑玄注曰："无丝麻，惟食禽兽，故衣皮。"⑤

《吕氏春秋·知接》载："戎人见暴布者而问之曰：'何以为之莽莽也？'

---

① 曾纵野：《中国饮馔史》第 1 卷，北京：中国商业出版社，1988 年，第 144 页。
② 李长年：《中国文献上的大豆栽培和利用》，《农业遗产研究集刊》，北京：中华书局，1958 年，第 78－80 页。
③ 周自强主编：《中国经济通史》，北京：光明日报出版社，2000 年，第 1492 页。
④ 杨伯峻：《春秋左传注》，北京：中华书局，1981 年，第 1007 页。
⑤ （东汉）郑玄注、（北周）孔颖达疏：《礼记正义·王制》，北京：北京大学出版社，1999 年，第 398－400 页。

指麻而示之。怒曰：'孰之壤壤也，可以为之莽莽也？'"①虽有贬低戎人智力低下不识布匹之嫌，但也反映出戎、夏双方在衣料上的差异。这个差异，便是"衣皮"。

被发，《左传》僖公二十二年载文曰："平王之东迁也，辛有适伊川，见被发而祭于野者，曰：'不及百年，此其戎乎！其礼先亡矣。'"②《论语·宪问篇》载子曰："管仲相桓公，霸诸侯，一匡天下，民到于今受其赐。微管仲，吾其被发左衽矣。"③这些材料，反映出戎族发型特征——"被发"，与华夏不同。

辫发，朱浒："西周时期青铜器上的人物图像具有明显不同于华夏族的特点，如披发、纹身、椎结、辫发等特点……甘肃竹园沟 13 号墓地出土一件人头銎内铜钺，其额前有直线型刘海，脑后留出一条发辫，此种发辫同妇好墓中编号 372 的玉人标本接近，但要更长。上述三例均为甘肃地区出土，鉴于这些青铜器的出土地位于远离中原的西部边陲，其墓主接触西部少数民族的可能性较大，这些披发、辫发的风俗很可能表现西周时期之戎狄或羌族之形象。"④

（二）左衽

《论语·宪问篇》载子曰："微管仲，吾其被发左衽矣。"⑤由此可看出"左衽"是华夏族与异族服饰的一个巨大的差异。刘仲华认为："一般来说，右衽、蓄发、结扎、带冠是华夏族的重要特征，而左衽、剪发、被发、无冠是夷狄的重要特征。"⑥美国学者顾立雅认为："孔子暗示一个野蛮人的特点是左衽而不是右衽。"⑦日本学者高木智见认为："东方的夷和西方的戎是披发（被发）……'被发左衽'一词，指的就是异民族的习俗。"⑧

① 《吕氏春秋新校释》，上海：上海古籍出版社，2002 年，第 978 页。
② 杨伯峻：《春秋左传注》，北京：中华书局，1981 年，第 393—394 页。
③ 《论语译注》，北京：中华书局，1981 年，第 170 页。
④ 朱浒：《汉画像胡人图像研究》，博士学位论文，上海大学，2012 年，第 21、22 页。
⑤ 《论语译注》，北京：中华书局，1981 年，第 170 页。
⑥ 刘仲华：《春秋战国时期民族识别的实质》，《西北民族学院学报》1997 年第 3 期。
⑦ ［美］Herrlee G. Creel, *The Oringins of Statecraft in China：The Western Chou Empire*, Chicago：The University of Chicago Press，1970，p. 199—228.
⑧ ［日］高木智见：《先秦社会与思想：试论中国文化的核心》，何晓毅译，上海：上海古籍出版社，2011 年，第 51 页。

（三）胡服

商周之时，华夏族的服饰是上衣下裳，西周后期则是流行"深衣"，[①]其特点是"上衣和下裳连为一体，无论男女皆可穿用"。[②]《礼记·深衣》有具体表述："古者深衣，盖有制度，以应规矩绳权衡。短毋见肤，长毋被土，续衽钩边，要缝半下。袼之高下，可以运肘。袂之长短，反诎之及肘。带，下毋厌髀，上毋厌胁，当无骨者。"[③]

戎族等外族衣物，统称为胡服，与华夏"深衣"不同。关于胡服的特点，晁福林的观点具有代表性，他认为："胡服的特点是短衣、长裤、束带，并且使用带钩，有短靴和皮弁。这种服装是适应北方少数民族长期游牧需要的，其所穿用的裤子要比中原地区的下裳方便得多。穿着这种服装，便于游牧射猎，也便于行军打仗。"[④]

（四）装饰品

考古材料中，"戴覆面饰是山戎人流行的特殊习俗。"至于戴覆面饰的原因，推测是"今内蒙古东部的锡林郭勒草原和大兴安岭以东的呼伦贝尔草原，那里水草茂盛，每逢夏天雨季，草地的蚊子长得又大又多，如果没有覆面之类装备，那是无法外出的。试想，山戎民族长年生活在山林之间，夏天雨季炎热潮湿，亦肯定会有大量蚊虫，覆面类保护用具的出现，正反映了山戎人活动地区的生态环境。"此外，"山戎人不论男女老幼，颈下和胸前多佩戴项链。这些项链多由各种质料的珠饰串联而成，珠子中间有穿孔，用多股麻线串联。有黑、白色石珠，绿松石珠和各种颜色的玛瑙珠项链，还有铜项链和包金铜贝项链。黑、白石珠项链，一般由数百粒组成，多的则由 2000多粒组成……山戎人也有一定数量的腰带饰。"[⑤]

由于中山国受戎狄影响较大，中山国的出土材料也可以参考。"（中山国）从春秋至战国早期，所出土装饰品以金、铜为主要质料，种类主要有金

---

① 宋镇豪认为深衣商代已有，"战国至西汉广为流行的所谓深衣，商代都已出现……只是未横列入贵人服式之列，当然也不能用于重要的祭礼场合，比起冠式的讲究大逊一截（《夏商社会生活史》，北京：中国社会科学出版社，1994 年，第 383、384 页）。

② 参考晁福林《先秦民俗史》（上海：上海人民出版社，2001 年，第 32 页），有所改动。

③ 《礼记正义》，北京：北京大学出版社，1999 年，第 1561、1562 页。

④ 晁福林：《先秦民俗史》，上海：上海人民出版社，2001 年，第 33 页。

⑤ 田广金、郭素新：《北方文化与匈奴文明》，南京：凤凰出版社，2004 年，第 394、395、400 页。

耳环、包金铜牌饰，玉石串珠项饰，还有铜短剑、铜削刀等一系列北方民族特点的实用性较强的装饰品。平民与贵族的装饰品在质料和种类上都相差无几。装饰风格与戎狄等北方民族具有很强的相似性……中山国带钩的形制和佩戴方式，与山戎等北方民族的习俗有一定的相似性。"①

二、"与华同"的戎族服饰

（一）右衽

对于左衽，不得不思考一些问题，所有异族都是左衽吗？由于我们对非华夏族内部的分异"不得而知"，② 这些问题，只有借助于考古材料。邢义田通过核对考古资料认为："戎狄为'被发左衽'的可靠物证，在中原及附近地区发现的相当有限。孔子的话只是举戎狄服饰的一二特征而言。戎狄的服饰样式应非全然披发，也不仅是左衽，应远比孔子所说的复杂。孔子以'被发左衽'描述戎狄，并非毫无根据，只是实际的情况应远为复杂。孔子所说的'被发左衽'应该只是戎狄在装束上的部分特征，并不表示当时的戎狄都是如此，或仅作如此装扮。"③

对于外族左衽的原因，必须结合当时的社会背景去分析。首先，要去分析华夏族为何右衽。《礼记·丧大记》载文曰："小敛大敛，祭服不倒，皆左衽，结绞不纽。"郑注曰："左衽，衽乡左，反生时也。"孔疏曰："衽，衣襟也。生乡右，左手解抽带便也。死则襟乡左，示不复解也。"④ 由此，明白华夏族右衽是为了方便之故，因为是习惯了右手解衣带。外族当然也有可能为"方便"故，而选择"右衽"。

此外，戎族杂居华夏，服饰也在逐渐的"华夏化"。戎族服饰右衽，也是合理推测。所以，戎族并非全都左衽。

（二）皮衣

华夏族与戎族一样，也穿皮衣，且往往有专门的工匠，制作精美，只是

---

① 何艳杰：《中山国社会生活研究》，北京：中国社会科学出版社，2009 年，第 96、112 页。
② 安介生：《历史民族地理》，济南：山东教育出版社，2007 年，第 95 页。
③ 邢义田：《古代中国及欧亚文献、图像与考古资料中的"胡人"外貌》，《美术史研究集刊》2000 年第 9 期。
④ 《礼记正义》，北京：北京大学出版社，1999 年，第 1266 页。

限于上层贵族。"为了御寒，夏商周时期社会上依然存在穿着皮衣——即裘
——的习俗……当时的裘衣，由于其珍贵，所以穿的时候很爱惜，多在裘外
加上一件外衣以保护裘衣的毛色。这件保护皮毛的外衣称为裼衣……周代贵
族对于裘和裼衣十分重视，常以之作为等级身分的标识。"①

（三）装饰品

戎族的装饰品和华夏族也有类似的，考古材料可以证明，"佩戴耳环的
习俗，山戎族最为流行。"②

综上，由于戎族分布广泛，杂居华夏，他们应对的气候环境、地理环境
不同，再加上民族间的交流融合，我们有理由相信，戎族的服饰是与华夏有
差异的，是多元的而非单一的。

第九节　戎社会文明程度考辨

长期以来，学界传统观点认为：戎族的社会文明十分落后。

例如，童书业云："东戎、西戎、狄、巴等都是华夏族的近亲，并非真
正的异族，不过因其文化落后，以至风俗语言等都和华夏的人有不同罢
了。"③ 杨伯峻等认为："戎，文化落后部落或民族。"④ 台湾学者陈槃说：
"春秋时代，东西南北四边，更有不少文化落后民族，这类民族，称为蛮、
戎、狄。"⑤ 田广林研究山戎的专文指出："戎，是我国古代华夏部族对一些
落后部族的泛称。"⑥ 宋杰认为："（戎）文明程度较低，多数处在原始氏族
制向奴隶制社会的过渡阶段，对于华夏文明的先进内容，远未普遍吸收。与
中原的农耕民族相比，戎狄没有较为完备的国家政治组织和法令制度。"⑦

我们不禁要去思考，一个与华夏抗衡数百年的族群，果真如此的文明低

---

① 晃福林：《先秦民俗史》，上海：上海人民出版社，2001年，第28、29页。
② 田广金、郭素新：《北方文化与匈奴文明》，南京：凤凰出版社，2004年，第394、395、400页。
③ 童书业：《春秋史》，北京：中华书局，2006年，第130页。
④ 杨伯峻、徐提：《春秋左传词典》，北京：中华书局，1985年，第260页。
⑤ 陈槃：《旧学旧史说丛》，上海：上海古籍出版社，2010年，第309页。
⑥ 田广林：《山戎初探》，《昭乌达蒙族师专学报》1986年第2期。
⑦ 宋杰：《先秦战略地理研究》，北京：首都师范大学出版社，1999年，第59页。

下？对于这个问题，值得搜集资料予以细心求证。

一、先秦戎族文明状态考察

根据相关的传世文献和出土材料，下面我们逐步分析考察先秦戎族的文明发展状况。

（一）经济上，先秦戎族有农业种植。经济形态是一种复合经济，并非单一游牧，且使用货币

学界有一种说法，认为戎族乃游牧社会，经济形态落后。钱穆认为："惟其为游牧的社会，故无上述城郭、宫室诸文物，而饮食、衣服种种与诸夏异，而成其为蛮夷戎狄。"[①] 笔者认为这是不符合实际的。《史记·匈奴列传》记载戎族的情形是"各分散居溪谷，自有君长，往往而聚者百有余戎，然莫能相一"。[②] 既然戎族"分散居溪谷"，其生活必然要与当地的环境相适应，而绝不可能整齐划一。以戎人饲养的动物为例，不仅有游牧者常用的狗、羊、马，也有种植者常有的牛和猪，[③] 复合经济体现得很明显。

传世文献方面，《左传》襄公十四年云："昔秦人负恃其众，贪于土地，逐我诸戎。惠公蠲其大德，谓我诸戎，是四岳之裔胄也，毋是翦弃。赐我南鄙之田，狐狸所居，豺狼所嗥。我诸戎除翦其荆棘，驱其狐狸豺狼，以为先君不侵不叛之臣，至于今不贰。"[④] 有学者认为这就是戎人存在种植业的证据，如台湾学者潘英认为："是姜戎也营农耕，但其耕种方法可能还很幼稚，尚处于游牧阶段，或者说仍从事于半耕半牧生涯，居处还不能十分固定。"[⑤] 杨建新认为："如果这支戎族原来就无农耕的技艺，陡然间迁至内地，使之经营农业，是不可能使他们长期居住下去，并成晋国重要膀臂的。"[⑥] 笔者认为这种观点是有道理的。

此外，《管子·戎》载："北伐山戎，出冬葱与戎叔。"[⑦] 周自强主编的

① 钱穆：《国史大纲》，北京：商务印书馆，1996 年，第 57 页。
② （西汉）司马迁：《史记》，北京：中华书局，1959 年，第 2883 页。
③ 北京市文物研究所：《北京延庆军都山东周山戎部落墓地发掘纪略》，《文物》1989 年第 8 期；廖杨：《中国西北古代少数民族宗法文化研究》，桂林：广西师范大学出版社，2005 年，第 53 页。
④ 杨伯峻：《春秋左传注》，北京：中华书局，1981 年，第 1006 页。
⑤ 潘英：《中国上古史新探》，台北：明文书局，1985 年，第 138 页。
⑥ 杨建新：《中国西北少数民族史》，银川：宁夏人民出版社，1988 年，第 11 页。
⑦ 《管子校注》，北京：中华书局，2004 年，第 514 页。

《中国经济通史》认为："戎菽是东北少数族山戎所培育出的一个大豆品种，春秋初期传入中原地区而广泛种植。"① 由此可看出戎人的农作物品种是比较丰富的，甚至还可以弥补中原的不足。

戎族与华夏族一样，酒在生活中也占据重要的位置，嗜酒也是其民族特色。反映戎人喝酒的事例也比较多，如《穆天子传·卷一》载："天子北征于犬戎，犬戎□胡觞天子于当水之阳，天子乃乐，□赐七萃之士戗。"②《穆天子传·卷四》载："孟冬壬戌，天子至于雷首，犬戎胡觞天子于雷首之阿，乃献食马四六。"③ 由于戎人嗜酒，也有因此误事的情况发生，如《左传》文公十七年记："周甘歜败戎于垂，乘其饮酒也。"④《韩非子·十过》载："戎王许诺。见其女乐而说之，设酒张饮。"⑤《吕氏春秋·不苟》载："戎王喜，迷惑大乱，饮酒昼夜不休。"⑥《左传》宣公十五年曾有过专门的表述："狄有五罪，俊才虽多，何补焉？不祀，一也。耆酒，二也。"由于戎与狄的关系比较紧密⑦，此条材料，也可作为考察戎人嗜酒的旁证。可以推测，如此嗜酒的民族，应有自己的酿酒工艺以及酿酒原料——粮食。并且，也只有农业发展到一定程度，才能保证有充足的粮食去酿酒。

从考古资料来看，戎人也是有自己的农业种植的。有学者考证"（从戎民族）出土的随葬品中，农业生产工具，斧、锛等器物有较多的出土，特别是铁制生产工具的出现，证明农业生产有了一定水平的发展。"⑧ 齐家文化被认为属于戎族文化，而属于齐家文化的喇家遗址，⑨ 发现了大量的粟和黍。"中华文明探源工程"农业研究课题组认为："根据出土绝对数量的统计结果，喇家遗址的齐家文化时期的农业生产属于典型的古代中国北方旱作农业，即以种植粟和黍为主的农业生产特点，但可能也包含有一定成分的家畜饲养业。"⑩ 严文明在《史前考古论集》中亦认为："马家窑文化的居民当是

① 周自强主编：《中国经济通史》，北京：光明日报出版社，2000 年，第 1492 页。
② 《穆天子传》，长沙：岳麓书社，1992 年，第 203 页。
③ 《穆天子传》，长沙：岳麓书社，1992 年，第 226 页。
④ 杨伯峻：《春秋左传注》，北京：中华书局，1981 年，第 627 页。
⑤ 《韩非子集解》，北京：中华书局，1998 年，第 72 页。
⑥ 《吕氏春秋新校释》，上海：上海古籍出版社，2002 年，第 1593 页。
⑦ 姚磊：《先秦戎、狄关系考辨》，《贵州文史丛刊》2013 年第 3 期。
⑧ 马建军、杨明：《从考古资料看古代戎族的社会发展状况》，《西北史地》1995 年第 2 期。
⑨ 喇家遗址位于青海民和县东南部的官厅镇喇家村，是一处齐家文化聚落址，绝对年代在公元前 2300 年至公元前 1900 年之间。（《科技考古》第 3 辑，北京：科学出版社，2011 年，第 15 页。）
⑩ 中国社会科学院考古研究所科技考古中心：《科技考古》第 3 辑，北京：科学出版社，2011 年，第 15 页。

戎、羌族系的祖先……马家窑文化的居民以经营原始的旱地农业为主，种植粟和黍。"①

戎族是使用刀币的，而且其使用时代早于华夏诸国，并非落后的以物易物。陈隆文在《春秋战国货币地理研究》一书中认为："春秋战国时期，最早流通使用的刀币是由太行山西的戎狄族在接受晋南汾涑流域的农耕货币文化——布币的影响后而铸造并投入使用的。"并且中原诸国向戎狄学习了刀币的铸造，"属于农耕民族铸造、流通的齐刀、燕刀和赵刀均晚于戎狄游牧民族的尖首刀，因此，农耕民族诸国存在着仿铸游牧族类尖首刀的可能……齐人向戎狄学习了戎狄游牧民族自太行山东带来的先进的经济交换形式——货币，在仿照戎狄尖首刀币的基本形状的前提下，在齐地铸造流通了具有齐地独特风格的齐国货币。"②

综上可见，戎族的经济形态是多种多样的，亦农亦牧，农牧兼营，且使用货币，并非落后原始的游牧社会。

（二）政治上，先秦戎族有着等级差别，已经进入阶级社会，建立了国家与军队

戎族有"戎王"，《史记·秦本纪》载："秦用由余谋伐戎王，益国十二，开地千里，遂霸西戎。"③《史记·货殖列传》载："乌氏倮畜牧，及众，斥卖，求奇缯物，间献遗戎王。戎王什倍其偿，与之畜，畜至用谷量马牛。"④

据史籍载，"戎王"权力是比较大的，如《韩非子·十过》载："戎王许诺。见其女乐而说之，设酒张饮，日以听乐，终岁不迁，牛马半死。"⑤ 这则记载可反映出，没有"戎王"下达的迁徙命令，即使"牛马半死"，部众也不敢迁徙。《史记·秦本纪》记载有"秦用由余谋伐戎王，益国十二，开地千里，遂霸西戎"，其中"益国十二"只是一个泛指，其中肯定有不少戎国。这也反映出很多戎族成立了自己的国家。在戎国之中，业已出现官职，蛮氏戎便有"五大夫"的职位。⑥

考古资料也证明戎人进入了阶级社会，有等级制度且成立了国家。马建军综合考察戎族墓葬特点后认为："随葬器物的数量和质量，生动地展示了

①　严文明：《史前考古论集》，北京：科学出版社，1998 年，第 174 页。
②　陈隆文：《春秋战国货币地理研究》，北京：人民出版社，2006 年，第 4、276、280 页。
③　（西汉）司马迁：《史记》，北京：中华书局，1959 年，第 194 页。
④　（西汉）司马迁：《史记》，北京：中华书局，1959 年，第 3260 页。
⑤　《韩非子集解》，北京：中华书局，1998 年，第 72 页。
⑥　杨伯峻：《春秋左传注》，北京：中华书局，1981 年，第 1627、1628 页。

戎族社会内部已经发生了深刻的变化，分化形成了不同等级拥有财富不等的贫富阶层，出现了明显的贫富差异，说明了当时的戎族社会绝非'上含谆德以遇其下，下怀忠心以事其上，一国之政犹一身之治，不治所以治'的平等的部落社会，而是不平等的'阶层社会'。"① 玉皇庙墓地是山戎墓地，已经反映出阶级分化。靳枫毅考证认为："透过玉皇庙墓地的殉牲制度，使我们清楚地看到玉皇庙墓地及其所代表的玉皇庙文化的社会性质，是一个私有制特征非常明显，贫富两极分化非常悬殊，阶级对立非常突出，并有一整套森严的殉牲制度、埋葬制度和财产分配制度的、以军事奴隶主阶级掌握统治权力的野蛮的奴隶制社会。"② 此外，戎生编钟的器主为"戎生"。马承源认为："知戎生之戎，也是国名……从地理看，西周时期的戎国，正好在淮夷的西北方……周人允许效忠的戎人在此立国，是有其重要意义的。戎的皇祖是**畗**公，皇考是**卲**公，至戎生为第三代。"③ 戎生编钟一般认为是春秋初期器物，亦即至迟春秋初期戎人便有国家建立。

戎人的军队，被称为"戎师"。如《左传》隐公九年记："北戎侵郑，郑伯御之，患戎师，曰：'彼徒我车，惧其侵轶我也。'"④《左传》桓公六年记："郑大子忽帅师救齐。六月，大败戎师。获其二帅大良、少良，甲首三百，以献于齐。"⑤ 由此我们可以看到，"戎师"是有自己特色（步兵）且是成建制（二帅、甲首）的。

综上可见，戎族是有等级、有国家、有军队的，并非处于低级、落后、野蛮的原始社会。

（三）文化上，先秦戎族文化水平并不低，有自己的艺术表达形式，有自己的礼、乐制度，并非文化落后之族

《左传》襄公十四年记载，戎子驹支由于受到范宣子的不公平待遇曾"赋《青蝇》而退。"⑥《青蝇》诗"痛斥谗人的害人乱国，劝谏统治者不要听信谗言"。⑦ 戎子驹支引用《青蝇》去反驳范宣子，只是强调范宣子是听

---

① 马建军、杨明：《从考古资料看古代戎族的社会发展状况》，《西北史地》1995 年第 2 期。
② 靳枫毅：《军都山玉皇庙墓地殉牲制度研究》，《北京文物与考古》第 6 辑，北京：民族出版社，2004 年。
③ 马承源：《中国青铜器研究》，上海：上海古籍出版社，2002 年，第 337、338 页。
④ 杨伯峻：《春秋左传注》，北京：中华书局，1981 年，第 65 页。
⑤ 杨伯峻：《春秋左传注》，北京：中华书局，1981 年，第 113 页。
⑥ 杨伯峻：《春秋左传注》，北京：中华书局，1981 年，第 1007 页。
⑦ 高亨：《诗经今注》，上海：上海古籍出版社，1980 年，第 342 页。

信谗言，实则是给了对方一个台阶，避免了双方的尴尬，可谓是有理有据，有礼有节，极富政治艺术。丁琦赞叹道："断章比义，何其确切也！即目之为中国诗翁，文学家，何不可乎！"[①]

横水倗伯墓被认为是戎狄墓葬，[②] 墓主文化就比较高，使用文字。"横水倗伯夫妇墓的发掘及展现，为西周中期一个夷狄部族华夏化作了具体的见证，与华夏民族通婚、学习华夏礼制、使用汉字、与朝廷往来，都使得被蛮夷视之的'非我族类'，迅速脱去夷狄的外衣，顺利融入华夏民族的大熔炉中。"[③]

戎人使用文字与否，以前是说不清的。王国维曾道："又本无文字，或虽有而不与中国同。"[④] 近来的考古证明：戎是有文字使用的。如𬥺字青铜器铭文的发现，乃戎族使用文字的重要证据。此外，鬼戎的前身鬼方是拥有文字的。"鬼方文化中所见文字资料不多，青铜器铭文有'天''卯''缗''并''子'等。李家崖古城址出土陶文有'且'（祖）'鬼'等字。"[⑤] 吕智荣认为这种文字是从商周学到的。[⑥]

特别值得关注的是：先秦时期的戎族也有自己的艺术表达形式——岩画。戎族创造的岩画，广泛地分布于我国西部地区，最具代表性的有宁夏的贺兰山岩画、大麦地岩画以及青海的野牛沟、天棚岩画等。对发现于宁夏地区的岩画，盖山林认为："闪烁着先后在这块土地上采集、狩猎、畜牧的羌、戎、胡、狄等北方少数民族文明之光。"[⑦] 邵学海在《先秦艺术史》一书中指出："已知中国岩画的分布，主要在陆疆与海疆或比较偏远的地区。按照先秦夷夏之别的观念，这些地区均属化外，即蛮夷戎狄的居所。过去被中原诸国认为野蛮的地区，今天发现了大量岩画，为我们重新认识'化外'民族，解析中国文化多元结构，了解中国艺术整体面貌，提供了重要材料。"[⑧]

文献记载，蛮夷戎狄这四夷是有"礼"的，甚至可以"以夷变夏"。如《左传》僖公二十七年载文曰："杞桓公来朝。用夷礼，故曰子。公卑杞，杞

---

① 丁琦：《西汉以前匈奴史迹考》，武汉大学历史系毕业论文，1945年，第57页。
② 谢尧亭：《晋南地区西周墓葬研究》，博士学位论文，吉林大学，2010年，第129页。
③ 陈昭容：《从青铜器铭文看两周夷狄华夏的融合》，《古文字与古代史（第二辑）》，台北："中研院历史语言研究所"，2009年12月。
④ 王国维：《观堂集林·鬼方昆夷玁狁考》，北京：中华书局，1959年，第583页。
⑤ 尚志儒：《鬼方文化浅论》，《夏商文明研究》，郑州：中州古籍出版社，1995年。
⑥ 吕智荣：《陕西清涧李家崖古城址陶文考释》，《文博》1987年第3期。
⑦ 盖山林：《中国岩画》，广州：广东旅游出版社，2004年，第48页。
⑧ 邵学海：《先秦艺术史》，济南：山东画报出版社，2010年，第48页。

不共也。"① 杞乃夏氏后裔，属于华夏，但是其采用夷礼。晋杜预认为杞是"迫于东夷"之故，"杞，先代之后，而迫于东夷，风俗杂坏，言语衣服有时而夷。"② 对于"迫"，张懋镕认为是"迫不得已"。③ 笔者认为张说不可信，如果是"迫不得已"用了"夷礼"，那么"杞桓公来朝"之时便不受"东夷"逼迫，为何还要采用"夷礼"？以至于引得鲁国不满还引发战争，"秋，入杞，责无礼也。"④ 不是又添新"迫"吗？张说自不可从。《说文解字》中讲："迫，近也。从辵白声。"⑤ 所以，《左传》中的杞"迫于东夷"是指靠近东夷，受东夷影响，耳濡目染之故，而采用"夷礼"。

"杞用夷礼"，值得思考。第一，外族有礼，并非不存在，只是与华夏有异；第二，"夷礼"有强大的影响力，可以"以夷变夏"，给了鲁国充足的理由去讨伐杞国；第三，孟子所言"吾闻用夏变夷者，未闻变于夷者也"⑥ 与事实不符，有夸大之嫌。

此外，《左传》昭公十七年载孔子曰："吾闻之，'天子失官，学在四夷'，犹信也。"⑦《后汉书·东夷列传》载文曰："所谓中国失礼，求之四夷者也。"⑧ 这些都说明，外族是有礼存在的。刘仲华认为："礼作为一个社会生活运作的准则，存在于任何一个民族中。但是不同的民族和国家，礼制的具体内容以及发展程度不可能完全相同。因此，说华夏有礼乐制度，而夷狄没有，是不正确的。"⑨ 对照先秦史料，刘说是比较符合实际的。

再者，文献记载四夷都是各有其"乐"的。《周礼·春官·鞮鞻氏》载文曰："鞮鞻氏掌四夷之乐与其声歌。"郑玄注曰："四夷之乐，东方曰《韎》，南方曰《任》，西方曰《株离》，北方曰《禁》。"⑩《公羊传》昭公二十五年载文曰："以舞《大夏》"，汉何休注曰："舞四夷之乐，大德广及之也。东夷之乐曰株离，南夷之乐曰任，西夷之乐曰禁，北夷之乐曰昧。"⑪

综上可见，先秦戎族使用文字，有自己的艺术和礼乐制度，并非"无

---

① 杨伯峻：《春秋左传注》，北京：中华书局，1981年，第443页。
② （晋）杜预：《春秋经传集解》，上海：上海古籍出版社，1978年，第364页。
③ 张懋镕：《古文字与青铜器论集》，北京：科学出版社，2002年，第27页。
④ 杨伯峻：《春秋左传注》，北京：中华书局，1981年，第444页。
⑤ 《说文解字注》，上海：上海古籍出版社，1981年，第74页。
⑥ 《孟子正义》，北京：中华书局，1987年，第393页。
⑦ 杨伯峻：《春秋左传注》，北京：中华书局，1981年，第1389页。
⑧ （南朝宋）范晔：《后汉书》，北京：中华书局，1965年，第2810页。
⑨ 刘仲华：《春秋战国时期民族识别的实质》，《西北民族学院学报》1997年第3期。
⑩ 《周礼注疏》，北京：北京大学出版社，1999年，第632—633页。
⑪ 《春秋公羊传注疏》，北京：北京大学出版社，1999年，第524页。

礼”族群。李学勤曾对玁狁文明有过评价，认为：“玁狁虽系戎人，并不仅仅是游牧骑射，而是具有较高文化的少数民族。”[①] 其实，玁狁只是诸多戎部族的一个缩影，其他戎部落亦有自己独特的文化，展现不同的文明形态。

（四）技术水平上，先秦戎族居住区靠近矿区，掌握了青铜冶炼技术，手工业并不落后，甚至在某些方面领先华夏

戎族靠近矿区，万全文认为：“几个大的红铜产区则分布在中原的周围，其采冶者是当时的所谓蛮夷戎狄。”[②] 正是由于得地利之优势，戎族冶炼青铜器有自己的特色且水平较高。《列子·汤问》曾载：“周穆王大征西戎，西戎献锟铻之剑，火浣之布。其剑长尺有咫，练钢赤刃，用之切玉如切泥焉。火浣之布，浣之必投于火；布则火色，垢则布色；出火而振之，皓然疑乎雪。”[③] 西戎所献的“锟铻之剑”与“火浣之布”无疑是西戎拥有较高青铜冶炼技术的反映。

金文资料方面，师同鼎铭文曾记载器主师同缴获戎人的战利品，包括“车马五乘”“戎金冑卅”“戎鼎廿”“铺五十”“鐱廿”等。缴获了这么多的青铜器，说明了一个事实：青铜器在戎族生活中已相当普遍。另外，多友鼎铭文记载俘获戎族战车一百二十七辆以上，说明了戎族具有大规模车战能力，同时也说明戎族会制造青铜器武器，因为大规模的军事行动，战车等军需品依赖进口交换得到的可能性是非常小的。先秦时期，军需品往往属于禁止贸易的物品。鄂君启节铭文就曾记载，楚国明确规定鄂君启的商队“毋载金、革、黾、箭”。[④]

考古材料证明，戎族不仅会制造青铜器，还广泛使用铁器，并掌握了镀锡技术。1984 年陕西周原考古队发表《扶风刘家姜戎墓葬发掘简报》，认为：“刘家姜戎墓葬出土铜管、铜铃、铜泡形饰等，说明当时已进入青铜时代……墓葬年代要早于西周。”[⑤] 山西原平刘庄塔岗梁东周墓，被认定为属于戎狄族的墓葬。墓葬中出土了包金铁柄剑，引起了学界重视，当时的发掘报告认为：“这次刘庄出土包金铁柄剑，说明春秋时期戎狄族已有较大范围的铁器使用。这在当时铸铁的使用上是处于领先水平。这一发现，对我们研

① 李学勤：《古文字学初阶》，北京：中华书局，2013 年，第 50 页。
② 万全文：《长江中游先秦考古学文化》，武汉：湖北教育出版社，2006 年，第 58 页。
③ 《列子集释》，北京：中华书局，1985 年，第 189、190 页。
④ 陈伟：《〈鄂君启节〉与楚国的免税问题》，《江汉考古》1989 年第 3 期。
⑤ 陕西周原考古队：《扶风刘家姜戎墓葬发掘简报》，《文物》1984 年第 7 期。

究戎狄文化会产生一定影响。"[①] 有学者考证认为："从毛庆沟发现的表面镀锡饰牌看，表面有一层银白色光泽，外表的美观程度不亚于银制品。表面镀锡饰牌与不镀锡饰牌相比，前者不易生锈，后者多腐蚀严重。表面镀锡铜制品的大量出现，反映了北方民族青铜器制作技术的重大成就，也是狄和西戎文化的重大贡献。"[②]

由于北方族群掌握着先进的青铜锻造技术，商王朝甚至也要向他们学习。朱凤瀚考证认为："武丁时期商人与来自商王国西方、北方的北方族群之频繁的战争，使商人获得各类北方式青铜器，从而得以吸取北方式青铜器的有益成分，改进自己的器具。"[③]

此外，通过考古与文献资料相结合的方法，岑仲勉推定了各种新石器文化的主人，认定"青铜兼有彩陶是周族及戎族的文化，后期戎族之特点在于铜器属斯开提式"。[④] 蔡锋所著《中国手工业经济通史》一书认为："岩盐产于西北少数民族地区，古代又将此地区称为'戎狄'之邦，故称此地所出岩盐为戎盐。其开采历史悠久，在先秦时期即已生产。"[⑤] 这些均反映出戎族有着较高的手工业技术。

综上可见，戎族有矿产、有手工业，掌握青铜冶炼技术，广泛使用青铜器、铁器，且有自己的特色，技术水平并不落后。

（五）居住环境上，先秦戎族有城市，有定居生活，并非单一的逐水草而居

戎之一支为蛮氏戎，亦称戎蛮或戎蛮子。《左传》哀公四年载文曰："士蔑乃致九州之戎。将裂田以与蛮子而城之，且将为之卜。蛮子听卜，遂执之，与其五大夫，以畀楚师于三户。司马致邑，立宗焉，以诱其遗民，而尽俘以归。"[⑥] 由此我们看到，晋士蔑为了抓捕戎蛮子，诈之裂田以与蛮子，蛮氏戎之定居无疑矣！

---

① 忻州地区文物管理处：《山西原平刘庄塔岗梁东周墓第二次清理简报》，《文物季刊》1998年第1期。

② 田广金、郭素新：《北方文化与匈奴文明》，南京：凤凰出版社，2004年，第408、409页。

③ 朱凤瀚：《由殷墟出土北方式青铜器看商人与北方族群的联系》，《考古学报》2013年第1期。

④ 岑仲勉：《两周文史论丛》，北京：中华书局，2004年，第500页。

⑤ 蔡锋：《中国手工业经济通史（先秦秦汉卷）》，福州：福建人民出版社，2005年，第518页。

⑥ 杨伯峻：《春秋左传注》，北京：中华书局，1981年，第1627、1628页。

《后汉书·西羌传》记载："是时义渠、大荔最强，筑城数十，皆自称王"①，"秦伐义渠，取徒泾二十五城。"② 《吕氏春秋·慎小》载："卫庄公立，欲逐石圃。登台以望，见戎州。"③ 左思所作《三都赋序》载："见'在其版屋'，则知秦野西戎之宅。"④ 史料中的"筑城数十""徒泾二十五城""戎州""版屋"都反映戎族筑城、筑屋，有着定居生活。

海外学者对此也有关注，英国学者鲁惟一认为："现今的考古发现却证实了这些族群（北方的非中国族群）已经有城市以及相对固定的居所，他们甚至还精通一些大概并非源自中国的冶金术。"⑤ 日本学者宫崎市定认为："所谓'戎'的这个民族，好像是居住在城郭都市里，并且保持着高度的文明。但是这种文明与中国迥异。"⑥

表 5-3：戎族文明评价表

	文字	城市	青铜器	农业	货币	国家	礼乐	艺术
戎	√	√	√	√	√	√	√	√

由表 5-3 可知，戎族有文字、有城市、有手工业、有农业、有货币、有礼乐、有艺术，且已经进入阶级社会，成立了国家和军队，符合古代文明社会的标准。总之，戎族社会的文明程度并不低。戎族文明是有独特风格和民族特色，与华夏文明不同的另一种文明形态。

二、戎族文明低下说之反思

为何戎族给学者留下了不开化，文明落后的印象呢？这个原因值得思考，笔者认为其原因如下：

(一) 古人重"道"而轻"器"，从根本上否定了外族文明

中国文化向来重视"道"而忽视"器"。如果外族没有与华夏共同的"道"，即使"器物"再先进，也会被华夏看低。《论语·八佾篇》载："子

---

① 范晔：《后汉书·西羌传》，北京：中华书局，1965 年，第 2873 页。
② 范晔：《后汉书·西羌传》，北京：中华书局，1965 年，第 2874 页。
③ 《吕氏春秋新校释》，上海：上海古籍出版社，2002 年，第 1689 页。
④ （梁）萧统编：《文选》1，上海：上海古籍出版社，1986 年，第 173 页。
⑤ ［英］鲁惟一：《中国的统一观念：从早期帝国中观察》，《当代西方汉学研究集萃·上古史卷》，上海：上海古籍出版社，2012 年，第 331 页。
⑥ ［日］宫崎市定：《中国史》，邱添生译，台北：华世出版社，1980 年，第 120 页。

曰：夷狄之有君，不如诸夏之亡也。"即"文化落后国家虽然有个君主，还不如中国没有君主"。[1] 这种思想意识，从根本上否定了外族的所有政治、经济、文化发展成果。

（二）政治上的敌对，导致民族情感上存在隔膜

由于华夏与外族经常对立，为了政治目的，对异族故意加以恶化。为了伐狄救邢，管仲便认为："戎狄豺狼，不可厌也。诸夏亲昵，不可弃也。"[2] 为了说明华夏一体的重要性，魏绛便认为："戎，禽兽也。获戎、失华，无乃不可乎！"[3] 为了说明伐戎的合理性，单襄公便认为："蛮夷戎狄，不式王命，淫湎毁常。"[4] 而华夏诸侯对王命的种种"不式""不敬"则被淡化。

（三）古人对外族了解不多，从而对戎族文明存有偏见

整体而言，华夏诸国对戎族了解并不深入。秦穆公曾说道："中国以诗书礼乐法度为政，然尚时乱，今戎夷无此，何以为治，不亦难乎？'"[5] 秦国本靠近戎族聚居区，然其国君对戎族政治构架的了解并不多，说明华夏诸国对于外族文明的认知是多么的欠缺。

《左传》宣公十五年载文曰："伯宗曰：'必伐之。狄有五罪，俊才虽多，何补焉？不祀，一也。耆酒，二也。'"[6] 这二点之罪实乃戎狄之风俗。只因对异族风俗不接受，便可直接定罪。这样的例子很多，如民族情趣不同，子游便说道："有直情而径行者，戎狄之道也。礼道则不然。"[7] 如戎人被发而祭，祭祀风俗与华夏不同，辛有便认为："其礼先亡矣。"[8] 如戎族社会的宗法制度并没有华夏那样严密，晋悼公便认定："戎狄无亲而贪。"[9] 若本族之人顺从了外族之"俗"，也需要讨伐，责其改正，如《左传》僖公二十七年载文曰："（春）杞桓公来朝。用夷礼，故曰子。公卑杞，杞不共也……秋，

---

① 杨伯峻：《论语译注》，北京：中华书局，2006年，第26页。
② 杨伯峻：《春秋左传注》，北京：中华书局，1981年，第256页。
③ 杨伯峻：《春秋左传注》，北京：中华书局，1981年，第936页。
④ 杨伯峻：《春秋左传注》，北京：中华书局，1981年，第809页。
⑤ （西汉）司马迁：《史记》，北京：中华书局，1959年，第192、193页。
⑥ 杨伯峻：《春秋左传注》，北京：中华书局，1981年，第762页。
⑦ 《礼记正义》，北京：北京大学出版社，1999年，第283页。
⑧ 杨伯峻：《春秋左传注》，北京：中华书局，1981年，第393、394页。
⑨ 杨伯峻：《春秋左传注》，北京：中华书局，1981年，第936页。

入杞，责无礼也。"①

（四）周族为巩固统治，欲凸显自身优越性，显示与戎有别，有意无意中塑造了戎族落后的形象

经学者考证，周族"在克商之前基本上还没有青铜，还没有使用文字，其整个文化落后于商族"。②为何文化落后的周族，掌权后会贬低戎族？这要分析周、戎的关系。

在族源上，戎与周是有关联的。杨宽认为："周亦西戎……周本亦羌戎之族。"③岑仲勉认为："得谓周人与西戎同一种族。"④日本学者佐竹靖彦认为："近期的研究表明，周、秦两王朝属于戎狄系的游牧民族。"⑤在实际活动中，周与戎也是有过交集的，周甚至被"戎化"。如《史记·周本纪》载："我先王不窋用失其官，而自窜于戎狄之间。"⑥在戎狄之间时，周人曾放弃自己的生活方式，过上了戎狄的生活，"夏道衰，而公刘失其稷官，变于西戎，邑于豳。"⑦这才有了后来"复修后稷之业，务耕种，行地宜，自漆、沮度渭，取材用"⑧的事迹。

正是由于戎、周关系的紧密，周族为了强调自己统治的正统性，刻意把自己与戎进行分割，强调自己的文明，戎族的落后。这种观点，被越来越多的学者认可。如，加拿大学者蒲立本认为："周朝的先民更可能是这些'野蛮人'（戎），而非直接出自夏民族的'中国'一系……（周）在被征服之前一定经历过华化的过程……为周创造了必要基础，使周能够取代商而获得扩展中国文化的宗主地位。也正因为这种文化融合的关系，周失去与那些保留自己的风俗和语言的戎族人的同一性，并且进而反对戎人。"⑨

此外，话语权的问题，也不容忽视。目前所见史书均为华夏诸国史官所

---

① 杨伯峻：《春秋左传注》，北京：中华书局，1981年，第443、444页。

② 王玉哲：《中华远古史》，上海：上海人民出版社，2000年，第474页。孟世凯也认为周人无文字，详见《商周文化比较研究》（《西周文明论集》，北京：朝华出版社，2003年，第58页）一文。

③ 杨宽：《中国上古史导论》，《古史辨》第7册上，上海：上海古籍出版社，1982年，第95、148页。

④ 岑仲勉：《两周文史论丛》，北京：中华书局，2004年，第40页。

⑤ ［日］佐竹靖彦：《佐竹靖彦史学论集》，北京：中华书局，2006年，第17页。

⑥ （西汉）司马迁：《史记》，北京：中华书局，1959年，第135页。

⑦ （西汉）司马迁：《史记》，北京：中华书局，1959年，第2881页。

⑧ （西汉）司马迁：《史记》，北京：中华书局，1959年，第112页。

⑨ ［加拿大］蒲立本：《上古时代的华夏人和邻族》，《中国文化语言学引论（修订版）》，游汝杰译，上海：上海辞书出版社，2003年，第280、324页。

书写，也即是戎、夏之间的历史话语权始终为华夏所掌握。关于戎人社会真实情形的记载，受华夏史官影响较大。

笔者认为，正是由于这些原因，戎族形象、文明程度被人为地恶化或者淡化。这对于戎族而言，是不合理，也是不公平的。

三、戎、夏文明的动态交流

戎（夷）、夏之间的文明，是一种动态的过程，是互相学习、互动交流的过程，而非单方面的输入或输出。

如上文所述，周曾被"戎化"。此外，周之太伯、仲雍也曾被"蛮化"。《史记·吴太伯世家》载文曰："太王欲立季历以及昌，于是太伯、仲雍二人乃奔荆蛮，文身断发，示不可用，以避季历。"[1]"文身断发"一语，按照当时民族区分标准，周之太伯、仲雍明显被"蛮化"了。

传世文献中保留有晋人被"戎化"的记载。如《左传》定公四年载文曰："分唐叔以大路，密须之鼓，阙巩，沽洗，怀姓九宗，职官五正。命以《唐诰》，而封于夏虚，启以夏政，疆以戎索。"[2]许倬云认为："所谓'疆以戎索'一语，殆为晋国有戎化倾向的原因……晋国数百年对戎狄文化的交流，使晋国文化中呈现相当的戎狄特色。"[3] 另外，唐叔子孙亦曾被"戎化"，如，"大戎，唐叔子孙别在戎狄者。"[4]《国语·晋语四》载文曰："文公在狄十二年，狐偃曰：'日，吾来此也，非以狄为荣，可以成事也。'"韦昭注："荣，乐也。"[5] 狐偃说此话，颇有教训晋文公不要"乐不思晋"的味道，从一个侧面反映出作为贵族的晋文公，很好地适应了异族的生活，亦即被"戎化"。

秦也曾被"戎化"。秦、戎关系紧密，蒙文通甚至认为："秦即犬戎之一支。"[6] 秦之立国，也是依赖吞并西戎之地。《史记·秦本纪》载："襄公以兵送周平王。平王封襄公为诸侯，赐之岐以西之地。曰：'戎无道，侵夺我岐、丰之地，秦能攻逐戎，即有其地。'与誓，封爵之。襄公于是始国，与

① （西汉）司马迁：《史记》，北京：中华书局，1959年，第1445页。
② 杨伯峻：《春秋左传注》，北京：中华书局，1981年，第1539页。
③ 许倬云：《西周史》，北京：生活·读书·新知三联书店，1993年，第130、131页。
④ （晋）杜预：《春秋经传集解》，上海：上海古籍出版社，1978年，第198页。
⑤ 《国语》，上海：上海古籍出版社，1978年，第22页。
⑥ 蒙文通：《周秦少数民族研究》，上海：龙门联合书局，1958年，第24页。

诸侯通使聘享之礼。"① 并吞西戎部族后，秦国国内风俗发生变化。《史记·商君列传》："始秦戎翟之教，父子无别，同室而居。"② 《史记·秦本纪》载："天下卑秦，丑莫大焉。"③ "卑秦"的原因固然是多方面的，秦风俗的"戎化"必是重要因素。

赵亦曾被"戎化"，且是主动进行的，如赵武灵王所推行的"胡服骑射"，便是一个典型的例子。

上述例证皆可说明，孟子所言："吾闻用夏变夷者，未闻变于夷者也。"④ 与事实不符。这亦说明，"戎化""华夏化"并非单向的，夷可变夏，夏亦可变夷。

需要强调的是，在先秦时期，"戎化"不能说是走向"落后"，"华夏化"也不能说是迈入"文明"。因为：

一是当时的"落后""文明"，很难有一个统一的标准，也难以区别，只能说是生活方式的不同，文化有差异。

二是华夏族文明也有着缺点与不足，需要吸收外族文明。春秋初期，华夏诸国便存在着"并后、匹嫡、两政、耦国"⑤ 的乱象。秦穆公亦感叹道："中国以诗书礼乐法度为政，然尚时乱。"此外，华夏族上层生活腐朽奢靡，如《孟子》载王曰："寡人有疾，寡人好货。""寡人有疾，寡人好色。"⑥ 华夏诸国向外族学习的例子也较多，如《左传》昭公十七年载孔子曰："吾闻之，'天子失官，学在四夷'，犹信也。"

三是华夏诸国吞并外族后，并未发生大规模骚乱或叛变，民族融合在平稳中进行。这个现象说明"戎化""华夏化"同时存在，各民族能够互相认同，戎（夷）、夏都在学习对方。正是这种互相学习与交流，使得民族融合比较文明与和谐。

总之，戎（夷）、夏之间，文化有差异，文明无高低，双方不断交流融合，共同创造了我国早期文明。

① （西汉）司马迁：《史记》，北京：中华书局，1959 年，第 178、179 页。
② （西汉）司马迁：《史记》，北京：中华书局，1959 年，第 2234 页。
③ （西汉）司马迁：《史记》，北京：中华书局，1959 年，第 202 页。
④ 《孟子正义》，北京：中华书局，1987 年，第 393 页。
⑤ 杨伯峻：《春秋左传注》，北京：中华书局，1981 年，第 154 页。
⑥ 《孟子正义》，北京：中华书局，1987 年，第 137、139 页。

第十节　周穆王伐犬戎考辨

周穆王征伐犬戎，在西周历史上具有重要的影响，然而史籍记载不一，从而导致史实不清。笔者尝试在学界已有成果的基础上抛去误判等主观因素，力图展现周穆王伐犬戎之历史真实。

一、征伐缘由

关于周穆王征伐犬戎的缘由，随时间推移，学界有不同的解读。20 世纪 50 年代，蒙文通认为："犬戎犹未叛周，乃穆王耀兵。"[①] 可归纳为"穆王耀兵说"；到了 70 年代，郭沫若主编的《中国史稿》认为："到周穆王时候，犬戎势力强大，阻碍了周朝和西北许多方国部落的来往。周穆王西征犬戎，'获其五王'，并把一批犬戎部落迁到太原。"[②] 可归纳为"阻碍交往说"；到了 80 年代，黎邦正主编的《中国古代史》认为："穆王时，他们的势力日益增强，成为周人的严重威胁。"[③] 可归纳为"威胁统治说"；到了 90 年代，周伟洲认为："关于犬戎，周穆王因其不贡，进行讨伐。"[④] 可归纳为"犬戎不贡说"；进入新世纪后，王玉哲认为："《左传》称：穆王欲肆其心周行天下，将必皆有车辙马迹（《左传》昭公十二年）。故有北征犬戎。"[⑤] 可归纳为"穆王周行说"。诸说共存，颇令人困惑，不仅史家解读不同，史籍记载亦有巨大差别。也给这段历史增添了神秘色彩，值得我们研究探讨。

关于周穆王征伐犬戎的缘由，较早的记载出现于《国语·周语上》《史记·周本纪》《后汉书·西羌传》等史籍中，然而差异较大。《国语·周语上》载：

穆王将征犬戎，祭公谋父谏曰：不可。先王耀德不观兵……夫先王之制：邦内甸服，邦外侯服，侯、卫宾服，蛮、夷要服，戎、狄荒服。甸服者

---

① 蒙文通：《周秦少数民族研究》，上海：龙门联合书局，1958 年，第 20 页。
② 郭沫若主编：《中国史稿》第一册，北京：人民出版社，1976 年，第 233 页。
③ 黎邦正：《中国古代史》上册，重庆：西南师范大学出版社，1989 年，第 86 页。
④ 周伟洲：《陕西通史·民族卷》，西安：陕西师范大学出版社，1997 年，第 30 页。
⑤ 王玉哲：《中华远古史》，上海：上海人民出版社，2000 年，第 721 页。

祭，侯服者祀，宾服者享，要服者贡，荒服者王。日祭、月祀、时享、岁贡、终王，先王之训也……今自大毕、伯士之终也，犬戎氏以其职来王，天子曰：'予必以不享征之，且观之兵。'其无乃废先王之训而王几顿乎！吾闻夫犬戎树惇，帅旧德而守终纯固，其有以御我矣！王不听，遂征之，得四白狼，四白鹿以归。自是荒服者不至。①

按《国语·周语》所载，犬戎属于"荒服"，本应尽"终王"的义务。周穆王却令其尽"侯、卫宾服"也就是"享"的义务，破坏了"先王之训"的传统。且周穆王存有"观之兵"的目的，由此引起了北伐犬戎，亦错在周穆王。《史记·周本纪》所载与《周语》同，故不再赘述。

《后汉书·西羌传》则与《国语·周语上》《史记·周本纪》不同，其载："至穆王时，戎狄不贡，王乃西征犬戎，获其五王，又得四白鹿，四白狼，王遂迁戎于太原。"② 按，《西羌传》给出了讨伐的原因是"戎狄不贡"，也即戎狄不履行"贡"的义务在先，所以周穆王才行征讨。

综合比较史料发现，穆王征讨犬戎的缘由在《国语》与《后汉书》中有不同的说法。《国语·周语上》与《史记·周本纪》认为犬戎履行了荒服终王的义务——"犬戎氏以其职来王"，征伐犬戎的原因在于周穆王"废先王之训"，且有"观兵"的企图，即征伐缘由是周穆王。《后汉书·西羌传》则认为"戎狄不贡"是主因，也即征伐缘由是犬戎不尽义务。至于出现差异的原因，或与范晔著《后汉书·西羌传》时大量引用古本《竹书纪年》有关。③

梳理史籍，笔者认为《后汉书》与《国语》的说法均不妥。首先，《后汉书·西羌传》所载"戎狄不贡"失实，按照《国语·周语上》与《史记·周本纪》的记载"要服者贡"，而"要服"的对象是"蛮夷"，也即上贡的应是"蛮夷"而非"犬戎"。所谓的"戎狄不贡"并不符合事实，只是讨伐犬戎的借口而已。④ 此外，《国语·周语上》与《史记·周本纪》所谓的"先王耀德不观兵""废先王之训"也站不住脚，因为周之先王，亦是通过征伐

① 《国语》，上海：上海古籍出版社，1978年，第4、8页。
② （南朝宋）范晔：《后汉书》，北京：中华书局，1965年，第2871页。
③ 范晔《后汉书·西羌传》大量引用古本《竹书纪年》已被王国维等学者指出。近年这方面的文章可参看［韩］琴载元：《从"西戎杀秦仲"条看古本〈竹书纪年〉的版本问题——以〈史记·秦本纪〉与〈后汉书·西羌传〉比较为例》，《湖南科技学院学报》2014年第1期。
④ 《西羌传》也隐含了一个意思：犬戎应尽与"蛮夷"一样的义务。《国语·周语上》与《史记·周本纪》中的周穆王是要犬戎尽"侯、卫宾服"也就是"享"的义务，而到《西羌传》则降低了一个档次：犬戎应尽"蛮夷要服"也就是"贡"的义务。《西羌传》看似降低了戎狄的义务，实际上，所尽义务依然高于戎狄"荒服"。只不过是换了一个征伐的名目而已。

戎族来巩固统治。如古本《竹书纪年》载："武乙三十五年，周王季伐西落鬼戎，俘二十翟王。"周文王亦曾讨伐犬戎来巩固统治，《史记·周本纪》载："明年，伐犬戎。"[①] 管仲称："昔吾先王昭王、穆王，世法文、武远绩以成名。"[②] 由此看来穆王之征讨是效法季历、文王、武王。所以，不能以"戎狄不贡"来看待穆王征讨犬戎，也不能以"先王耀德不观兵""废先王之训"看之。

为何周之先王可以讨伐戎族，周穆王讨伐戎族就受到劝谏呢？《史记·周本纪》载："穆王即位，春秋已五十矣。王道衰微。"由此观之，祭公谋父劝谏周穆王的背景是"王道衰微"，也就是国力不济。周穆王费心讨伐犬戎，也正是为了扭转这种衰微局面，重振王道，振兴王室。两人的差异在于重振王道的方法，祭公谋父主张用"德"，而周穆王主张用"兵"。[③]

由此反观学界各说，均有不妥。穆王时期，犬戎是否阻碍交往，并不见于史籍，"阻碍交往说"不可信。犬戎不贡亦如前文所考，不符合事实。犬戎如若威胁到周王室统治，何来祭公谋父劝谏周穆王征伐？"威胁统治说"亦不可信。"穆王耀兵说"并未切中实质，亦不可归为根源。考《左传》昭公十二年之记载，"昔穆王欲肆其心，周行天下，将皆必有车辙马迹焉。祭公谋父作《祈招》之诗以止王心，王是以获没于祗宫。"[④] 从中亦未见穆王因"周行"而讨伐犬戎。之所以借此作为穆王征伐犬戎缘由，在于把周穆王周行天下与讨伐犬戎的目的合二为一，均认为是"欲肆其心"。其实这是不符合历史事实的。晁福林考证认为："较早的材料表明，穆王并不只是为了饱览风光而远涉巡游的，其主要目的在于对诸方国部落的征服。"[⑤] 由此"穆王周行说"亦不可信。

结合历史背景思之，把周穆王伐犬戎的缘由归于"王道衰微"，是说得通的。穆王意图通过效法周之先王讨伐犬戎，来重振王道，振兴王室，从而改变"王道衰微"的局面。

---

① （西汉）司马迁：《史记》，北京：中华书局，1959 年，第 118 页。
② 《国语》，上海：上海古籍出版社，1978 年，第 223 页。
③ 周穆王用"兵"的原因，似乎也有年龄比较大的缘故（《史记》记载："穆王即位，春秋已五十矣"），修德过程比较缓慢，而用兵则比较快。
④ 杨伯峻：《春秋左传注》，北京：中华书局，1981 年，第 1341 页。
⑤ 晁福林：《夏商西周的社会变迁》，北京：中国人民大学出版社，2010 年，第 127 页。

二、征伐次数

关于周穆王征伐犬戎的次数，史籍记载存在差异。今本《竹书纪年》记载有两次征讨，第一次是"十二年，毛公班、井公利、逢公固帅师从王伐犬戎。冬十月，王北巡狩，遂征犬戎。"[①] 第二次是"（十七年）秋八月，迁戎于太原。王北征，行流沙千里，积羽千里。征犬戎、取其五王以东。"[②] 古本《竹书纪年》记载仅有一次征讨，在穆王十三年之前，有征犬戎之记载，云："征犬戎取其五王以东。"[③]

由于今本《竹书纪年》的可靠性受到学界怀疑，周穆王征讨犬戎的次数，便有了问题。比较今本与古本，可以发现"取其五王以东"为今本古本所共有的内容，只要确定"毛公班、井公利、逢公固帅师从王伐犬戎"是否存在，即可确定征伐犬戎到底是两次还是一次。

首先，从战果来看，史书有不同记载。《国语》与《史记》载穆王征伐犬戎"得四白狼，四白鹿以归。"《竹书纪年》《后汉书·西羌传》载穆王"获其五王""遂迁戎于太原"。战果所获有多、异等特点，显然不是一次征伐所获，屈万里认为："这样看来，穆王征犬戎，当不止一次。"[④]

其次，从史料来看，今本《竹书纪年》十二年征伐犬戎的记载可以得到《穆天子传》的佐证，《穆天子传》云："天子北征于犬戎，犬戎□胡觞天子于当水之阳……又乃命井利、梁固聿将六师……命毛班、逢固先至于周。"其中井利、毛班、逢固这些人物与今本《竹书纪年》毛公班、井公利、逢公固是一致的。另外，今本《竹书纪年》所载的毛公班、井公利，与清华简《祭公之顾命》所载井利、毛班，也是一致的。

最后，从官制来看，今本《竹书纪年》所列毛公班、井公利、逢公固应有所依据，不是空穴来风。杨善群认为："今本《竹书纪年》记：'十二年，毛公班、井公利、逢公固帅师从王伐犬戎。冬十月，王北巡狩，遂征犬戎。'这条记载，当有所根据。毛公等三公应该是穆王所任命的辅助卿士。"[⑤]

今本《竹书纪年》虽有真伪之争，然亦有史料价值，不应将书中所记一

---

① 王国维：《今本竹书纪年疏证》，沈阳：辽宁教育出版社，1997年，第88页。
② 王国维：《今本竹书纪年疏证》，沈阳：辽宁教育出版社，1997年，第89页。
③ （清）朱右曾：《汲冢纪年存真》，台北：新华书局，1949年，第75页。
④ 屈万里：《西周史事概述》，《中央研究院历史语言研究所集刊》1971年第42本第4分。
⑤ 杨善群：《西周公卿职位考》，《中华文史论丛》1989年第2期。

切皆视为伪。正如美国学者夏含夷认为的那样：“不能忽视《竹书纪年》中的证词，甚至包括（或者说尤其是）‘今本’《竹书纪年》中的那些证词。”①

综上，今本《竹书纪年》所记周穆王征伐犬戎的次数是可信的，古本《竹书纪年》存在遗漏的可能。

三、征伐方向

周穆王征伐犬戎，史籍有着西征和北征两种截然不同的记载。

《穆天子传·卷一》载：“癸未，雨雪，天子猎于并山之西阿，于是得绝钘山之隊，北循虖沱之阳。乙酉，天子北升于□。天子北征于犬戎，犬戎□胡觞天子于当水之阳，天子乃乐，□赐七萃之士战。庚寅，北风雨雪。天子以寒之故，命王属休。甲午，天子西征，乃绝隃之关隥。”② 按，《穆天子传》所载，周穆王是北征犬戎。

《后汉书·西羌传》载：“至穆王时，戎狄不贡，王乃西征犬戎，获其五王，又得四白鹿，四白狼，王遂迁戎于太原。”按，《西羌传》所载，周穆王是西征犬戎。

这种分歧，也出现于古本《竹书纪年》的整理中，如下所述。

王国维《古本竹书纪年辑校》：“（西征犬戎，）取其五王以东，（王遂迁戎于太原。）”③ 按，属王国维据《后汉书·西羌传》补入。王国维认为：“考《西羌传》前后文皆用《纪年》，此亦当隐括《纪年》语。”④

范祥雍《古本竹书纪年辑校订补》：“（西征犬戎，）取其五王以东，（王遂迁戎于太原。）”⑤ 按，与王国维同。

方诗铭《古本竹书纪年辑证》：“［天子北征于犬戎］。《纪年》又曰：取其五王以东。”⑥ 按，属方诗铭据《穆天子传》补入。此外，今本《竹书纪年》亦载有：“王北巡狩，遂征犬戎……王北征，行流沙千里，积羽千里。征犬戎、取其五王以东。”

对比分析，“西征犬戎”的史料来源是《后汉书·西羌传》，而《后汉书·

---

① ［美］夏含夷：《孔子之前：中国经典诞生的研究》，黄圣松等译，台北：万卷楼图书股份有限公司，2013 年，第 96 页。
② 《穆天子传》，长沙：岳麓书社，1992 年，第 203 页。
③ 王国维：《古本竹书纪年辑校》，沈阳：辽宁教育出版社，1997 年，第 13 页。
④ 王国维：《古本竹书纪年辑校》，沈阳：辽宁教育出版社，1997 年，第 13 页。
⑤ 范祥雍：《古本竹书纪年辑校订补》，上海：上海人民出版社，1962 年，第 27 页。
⑥ 方诗铭：《古本竹书纪年辑证》，上海：上海古籍出版社，1981 年，第 46 页。

西羌传》之史料来源又被王国维归于古本《竹书纪年》。"北征犬戎"的史料来源是《穆天子传》以及今本《竹书纪年》。除去《穆天子传》、今本《竹书纪年》《后汉书·西羌传》外，《左传》《国语》《史记》等史书均未载穆王征伐方位，即穆王征伐方位仅见于《竹书纪年》与《穆天子传》，而此两书又同出于汲郡战国魏墓，由此可知战国时期便出现了征伐方位的不同记载。

对于北征与西征，学界也有不同的看法。王玉哲认可《穆天子传》的史料价值，从而也认可穆王北征犬戎，并考证出犬戎所在位置在"今山西北部雁门代县一带"。[①] 这个方位其实已在周之东北，与《后汉书·西羌传》所载西征更是截然相反。赵化成则认可《后汉书·西羌传》，他说："犬戎在宗周之西北……当以穆王西征犬戎为是。但以宗周位置而论，欲西必先北，穆王征犬戎也可能先北而后西，故有殊载。"[②] 陈槃认为《竹书纪年》有错简，并依据《穆天子传》，对《竹书纪年》周穆王伐犬戎事进行了重新梳理，曰："穆王于北征犬戎后、乃绝隃之关隥转而西征。取其五王，盖西征之事。而迁戎于太原、则北征犬戎时事也。"[③] 也即把北征、西征融为一体，周穆王先北征后西征，北征、西征属于一次征伐活动中的两个战役阶段。

笔者认为，学界各说虽各有其理，然而却缺乏对犬戎特殊性的分析。犬戎处于迁徙流动中，居地变化较大，散居各地。正如沈长云所言："文献记载犬戎的居地非止一处，有指其在太原者，有指其在骊山之下者，亦有指其在渭汭即渭水入注黄河之处者，甚或如《穆天子传》言其在滹沱河以北，今桑干河上游（古称雷水）一带。其实，这各个地方的犬戎，只是犬戎的不同分支。"[④] 所以，犬戎政治核心所在，并不十分清晰，极有可能处于流动之中。由此，笔者猜测，征伐戎族实难有准确方向可寻。

核查史料发现，周之先王征伐戎族，果无方位可言。古本《竹书纪年》载："武乙三十五年，周王季伐西落鬼戎，俘二十翟王……太丁二年，周人伐燕京之戎，周师大败……太丁四年，周人伐余无之戎，克之……太丁七年，周人伐始呼之戎，克之……太丁十一年，周人伐翳徒之戎，捷其三大夫。"此外，《史记·周本纪》载周文王"明年，伐犬戎"，亦无征伐方向。

---

① 王玉哲：《古史集林》，北京：中华书局，2002年，第397页。

② 赵化成：《甘肃东部秦和羌戎文化的考古学探索》，《考古类型学的理论与实践》，北京：文物出版社，1989年，第171页。

③ 陈槃：《春秋大事表列国爵姓及存灭表撰异》，上海：上海古籍出版社，2009年，第998页。

④ 沈长云：《先秦史》，北京：人民出版社，2006年，第159页。

由此种种应证了上述猜测。这也可能是《国语》《史记》等史书缺乏穆王征伐方位的原因。从这个角度看，《穆天子传》《竹书纪年》所给出的穆王征伐方位，本身就值得怀疑。

综上，笔者认为《穆天子传》所载之北征，《后汉书·西羌传》所引古本《竹书纪年》之西征，均有可能是战国史官推测得出。至于战国史官为何这样推测？因为犬戎的流动性，使得北方、西方都有犬戎分布，正如童书业认为的那样"犬戎，似亦羌种。西周时居周室王畿的西北。"[①] 战国史官从文辞简雅的角度，简省西北，或曰西征或曰北征，其实一也，均概言西北。然其虽有所依，却不一定便是事实。因为周穆王是从宗周出兵，还是成周出兵，并不明确。不明出发地，便断言征伐方向，岂不谬矣？从目前史料看，还无法断言穆王征伐方向。笔者认为：不妨以存疑态度对之。

四、征伐效果

周穆王征伐犬戎的效果，史籍记载不一。然而学界却否定者居多，如张以仁认为："穆王则犬戎以非礼，暴兵露师，伤威毁信，故荒服者不至。"[②] 白寿彝主编《中国通史》认为："征伐结果'自是荒服者不至'，说明战果很小，又损害了周王室的声威。"[③] 日本学者吉本道雅甚至认为："穆王拒绝了祭公谋父的谏言，远征犬戎，这被认为是周王朝衰退的起点。"[④] 对此，值得探寻发微，求其真实。

唱衰者虽多，然而却与史籍记载存有差异。从史料来看，唱衰者有之，中立者有之，歌功者亦有之。

唱衰者的代表是《国语》与《史记》。《国语·周语上》载："穆王将征犬戎，祭公谋父谏曰：'不可……其有以御我矣！'王不听，遂征之，得四白狼，四白鹿以归。自是荒服者不至。"[⑤] 按，《周语》所载周穆王获得了"四白鹿""四白狼"的战果，战役目标并未实现，反而更糟，以致"荒服者不至"。《史记·周本纪》所载与《周语》相同，笔者不再详述。

---

① 童书业：《春秋史》，北京：中华书局，2006年，第129页。

② 张以仁：《国语集证卷一》上，《国立中央研究院历史语言研究所集刊》1972年第1期。

③ 白寿彝总主编，徐喜辰、斯维至、杨钊主编：《中国通史》第3卷《上古时代》，上海：上海人民出版社，1994年，第343页。

④ 吉本道雅：《左傳と西周史》，《中国古代史论丛》四集，立命馆东洋史学会，2007年，第3页。

⑤ 《国语》，上海：上海古籍出版社，1978年，第1—8页。

中立者的代表是《纪年》。古本《竹书纪年》载："征犬戎取其五王以东。"①

今本《竹书纪年》载："十二年，毛公班、井公利、逢公固帅师从王伐犬戎。冬十月，王北巡狩，遂征犬戎……（十七年）秋八月，迁戎于太原。王北征，行流沙千里，积羽千里。征犬戎、取其五王以东。"②《纪年》只交待战果，并未做褒贬评判，可归为中立叙述。此外，在周穆王征伐犬戎之前，今本新增"迁戎于太原"一事，王国维认为此条史料是今本《竹书纪年》摘抄的《后汉书·西羌传》。但仔细比较，二者是不同的，今本《竹书纪年》是在征伐前"迁戎于太原"，《后汉书·西羌传》则是在征伐后"迁戎于太原"，由此王氏之说亦应存疑。

歌功者的代表是《后汉书》与《穆天子传》。《后汉书·西羌传》载："至穆王时，戎狄不贡，王乃西征犬戎，获其五王，又得四白鹿，四白狼，王遂迁戎于太原。夷王衰弱，荒服不朝，乃命虢公率六师伐太原之戎，至于俞泉，获马千匹。"③按，《后汉书·西羌传》融汇了各家之说，"五王"来源于古本《竹书纪年》、今本《竹书纪年》，"四白鹿""四白狼"来源于《国语》《史记》，"迁戎于太原"则又与今本《竹书纪年》相似。总之，《后汉书》对穆王讨伐犬戎之事，在起因、结果上予以了全面肯定。《穆天子传·卷一》载："癸未，雨雪，天子猎于并山之西阿，于是得绝钘山之隥，北循虖沱之阳。乙酉，天子北升于□。天子北征于犬戎，犬戎□胡觞天子于当水之阳，天子乃乐，□赐七萃之士战。"④ 按，《穆天子传》所载周穆王征伐犬戎是在和睦融洽的氛围中结束，不见有所获。王范之认为："穆王达犬戎地区时，便即受到犬戎的欢迎。在当水的北面犬戎似乎曾经摆设过一回盛大的酒宴。"⑤ 也即从《穆天子传》中可以得知，周穆王北伐犬戎是以和平的方式结束的，属于"和戎"性质。这也与后来周穆王再次遇到犬戎，受到犬戎部族欢迎是一致的，《穆天子传·卷四》载："孟冬壬戌，天子至于雷首，犬戎胡觞天子于雷首之阿，乃献食马四六。"⑥

如何看待唱衰者、中立者、歌功者？周穆王征伐犬戎的效果到底如何？

①　（清）朱右曾：《汲冢纪年存真》，台北：新华书局，1949年，第75页。
②　王国维：《今本竹书纪年疏证》，沈阳：辽宁教育出版社，1997年，第89页。
③　（南朝宋）范晔：《后汉书》，北京：中华书局，1965年，第2871页。
④　《穆天子传》，长沙：岳麓书社，1992年，第203页。
⑤　王范之：《〈穆天子传〉与所记古代地名和部族》，《文史哲》1963年第6期。
⑥　《穆天子传》，长沙：岳麓书社，1992年，第226页。

若想探求周穆王征伐的真实效果，无疑要具体分析各家记载的真实性。

首先分析《国语》与《史记》所所载的"自是荒服者不至"。笔者认为此史料不可信。史墙盘是共王时期器物，其铭文载周共王时"方𤔲亡不𢽠见"，意思是"远方的方国部落无不前来侍见"。[①] 据此可以推测，共王时期"荒服者仍至"。今本《竹书纪年》载周孝王时期仍有"西戎来献马。"[②]《后汉书·西羌传》载"夷王衰弱，荒服不朝"，也即"荒服者不至"发生在周夷王时。以上种种史料皆可证明：《国语》《史记》所载穆王时"荒服者不至"是不符合历史事实的，即他们所持"唱衰者"的根基被动摇了。

《史记》之所以否定周穆王的征伐效果，可能是遗漏掉周穆王第二次伐犬戎的战果，亦可能与司马迁对西周兴衰的历史阶段定位有关。《史记·周本纪》云："昭王之时，王道微缺……穆王即位，春秋已五十矣。王道衰微……懿王之时，王室遂衰，诗人作刺。"司马迁所言穆王时期"王道衰微"，如若"荒服者不至"则更应证了"王道衰微"的观点。然而司马迁在此则误判史实，"王道衰微"与"荒服者不至"不能简单的画等号。

《穆天子传》所载的和睦融洽的"和戎"场面与古本《竹书纪年》所载的"取其五王以东"以及《后汉书·西羌传》（今本《竹书纪年》）所载的"迁戎于太原"是截然相反的。"取其五王以东"以及"迁戎于太原"体现的是暴力、强制，而《穆天子传》则体现的是和睦、怀柔。联系到穆王伐犬戎有两次，《穆天子传》所载的和睦场面或是第一次伐犬戎之时，与此次征伐所获相对应的是《国语》《史记》所载的"得四白狼，四白鹿以归"。因为"白狼""白鹿"在当时被看做祥瑞。董作宾认为："白如霜雪的色泽，象征一种纯洁高雅的精神，所以白色之物品，成为祥瑞。武王渡孟津得白鱼，穆王征犬戎得白狼白鹿，诸侯盟会而刑白马，大概皆有所取意。"[③] 由此"天子乃乐，□赐七萃之士战"，出现了周穆王与犬戎和睦融洽的局面。但若从实际利益看，白狼白鹿确实起不到太大作用。或由此，《国语》《史记》"唱衰"穆王。

古本《竹书纪年》所载的"取其五王以东"以及《后汉书·西羌传》所载的"迁戎于太原"应是第二次征伐所获战果。此战成果丰富，亦奠定了周穆王的"武功"威名。管仲称："昔吾先王昭王、穆王，世法文、武远绩以

---

① 李学勤：《论史墙盘及其意义》，《考古学报》1978 年第 2 期。

② 王国维：《今本竹书纪年疏证》，沈阳：辽宁教育出版社，1997 年，第 91 页。

③ 董作宾：《董作宾先生全集》甲编，台北：艺文印书馆，1977 年，第 563 页。

成名。"此句无疑是管仲在赞扬周穆王效法周文王、周武王,以"武功"成名。史墙盘铭文曰:"祗覭穆王,井帅宇誨,𥁞龏天子。"意思是"穆王能遵循先王的伟大谋略,使继位的恭王得到安宁"。[①] 由此可知,周穆王征伐犬戎后确实起到了"重振王道,振兴王室"的作用,伐犬戎的效果是好的。

综上,《国语》《史记》所载周穆王伐犬戎之史实应是第一次征伐犬戎。此战"得四白狼,四白鹿以归",虽得祥瑞,然而却并未获得较好的实际利益。古本《竹书纪年》、今本《竹书纪年》和《后汉书·西羌传》所记"取其五王以东""迁戎于太原"是第二次征伐犬戎的成果。此次征讨效果明显,确实起到了重振王道,振兴王室的作用。总之,周穆王征伐效果应具体分析,不能笼统叙述。把周室衰亡归于周穆王伐犬戎之说,亦有失公允。

五、结语

周穆王征伐犬戎本因是"王道衰微",《国语》《史记》《后汉书》等史籍有误判之嫌。周穆王征伐犬戎有两次,今本《竹书纪年》记载本可相信,不应拘泥伪书之嫌弃而不用。周穆王征伐犬戎方向不明,《穆天子传》《后汉书·西羌传》皆为推测之语,应报之以存疑态度。周穆王征伐犬戎的效果,《国语》《史记》存在遗漏,应多重考证,不应草率定论。

由此,也可以梳理周穆王伐犬戎的过程。周穆王即位时"王道衰微",为了重振王道,振兴王室,周穆王决意仿效周之先王讨伐犬戎。由于在重振王道的方法上,祭公谋父与周穆王存有差异。在讨伐前,祭公谋父进行了劝谏,他主张用"德"而非"兵",然而周穆王并未听从。为此,周穆王进行了两次征讨。第一次是"毛公班、井公利、逢公固帅师从王伐犬戎",这次战役效果并不是很显著,"得四白狼,四白鹿以归"。第二次是"王北征,行流沙千里,积羽千里。征犬戎、取其五王以东",此次征伐所获较大,亦得到史墙盘等青铜铭文的印证,起到了"重振王道,振兴王室"的作用。周穆王征伐效果应具体分析,不应一味"唱衰"。

---

① 裘锡圭:《史墙盘铭解释》,《文物》1978 年第 3 期。

附 录

表一 甲骨文戎字字义考释表

编号	学者	字 义	有无族群之义
1	陈梦家①	戎, 于卜辞又为助动词戎伐之戎, 又为民族名。	有
2	王玉哲②	戎字虽然已见于卜辞, 但其义并没有种族的意思。	无
3	赵铁寒③	商人卜辞之戎, 其义如何, 则不得而知。	不明
4	齐文心④	戎字在甲骨卜辞中至少有三种不同的用法, 一位族名, 二为征伐、来犯, 三为暴动。	有
5	潘英⑤	卜辞虽已有夷、戎和狄三字, 但无"蛮"字。其中"戎"字是指兵器, "狄"是一位贞人的名字, 只有一个"夷"字是指方国。	无
6	王宗维⑥	戎字见于甲骨文, 说明商代已有。但作为族名所指, 目前还搞不清楚。戎字甲骨文从戈, 带武力之意。	不明
7	唐嘉弘⑦	戎字在甲骨文和金文中, 为人执戈形, 或省人字, 成戈盾合体, 甲、金文中, 戎字多有军旅、兵、车之意, 有时候戎字也作专名使用, 如"伐戎", "见戎"。	有
8	连邵名⑧	卜辞中戎可以指少数民族。	有
9	徐中舒⑨	戎的意思有国族名, 疑为兵器, 疑为侵伐之意、疑指兵事, 引申之而有灾祸之意。	有
10	陈连开⑩	殷墟卜辞已出现"戎"字, 是否作族称, 还要进一步研究。	不明

---

① 陈梦家:《古文字中之商周祭祀》,《燕京学报》1936 年第 19 期。
② 王玉哲:《论先秦的戎狄及其与华夏的关系》,《南开大学学报》1955 年第 1 期。
③ 赵铁寒:《春秋时期的戎狄地理分布及其源流》,《大陆杂志》1955 年第 11 卷第 2 期。
④ 齐文心:《殷代的奴隶监狱和奴隶暴动——兼甲骨文"圉""戎"二字用法的分析》,《中国史研究》1979 年创刊号。
⑤ 潘英:《中国上古史新探》, 台北: 明文书局, 1985 年, 第 143 页。
⑥ 王宗维:《西戎八国考述》,《西北历史研究》1986 年号, 西安: 三秦出版社, 1987 年。
⑦ 唐嘉弘:《中国古代民族研究》, 西宁: 青海人民出版社, 1987 年, 第 6 页。
⑧ 连邵名:《甲骨文字考释》,《考古与文物》1988 年第 4 期。
⑨ 徐中舒:《甲骨文字典》, 成都: 四川辞书出版社, 1989 年, 第 1359、1360 页。
⑩ 王钟翰:《中国民族史》, 北京: 中国社会科学出版社, 1994 年, 第 121 页。

（续表）

编号	学者	字　义	有无族群之义
11	何光岳①	戎字最早出现于商代甲骨文中，是作为兵甲武装战士的称谓的。	无
12	张岂之等②	殷代甲骨文和西周金文中作为族称的戎字，所指很不确定。	不明
13	范毓周③	卜辞中似无将"戎"用为"兵器"者。徐氏所谓"疑为兵器"之说，当臆断耳。戎字在甲骨文中原为人持干、戈从事兵戎之事的会意字，亦可省简为干、戈相加的简体。其义有兵事、征伐、侵扰、作乱诸义，亦作方国或部族名，卜辞中戎字用的最多的是用为方国或部族名。	有
14	杨逢彬④	戎是106个国族之一。	有
15	刘兴隆⑤	戎有卜辞国族名，命令，拔除之意。	有
16	辛迪⑥	戎，从卜辞辞例来看，主要有两类含义。一为戎兵之义，其作为动词则为伐。作为名词有广义的兵事之义，戎与车马连称，指战争的装备，另一类含义即为方国之名。在甲骨文中，即使有可读为戎、狄的字，也并非有族类含义，商人似乎还没有称其他族群为戎、狄的观念。	无
17	安介生⑦	"戎"字本义为武器，本非部族之名，但卜辞及金文中出现了"东戎"及东国戎等名号，显然已开始发生转化。	有
18	陈年福⑧	戎，是四项义位的多义词，兵器→戎士；→战争，发动战事；→征伐之意。	无
19	刘开田⑨	戎，会意字。从戈从中，后世讹以为从甲从戈。戈是古代的武器，盾是防护衣。所以戎本义是兵器的总称，引申为军队、战争等义。《说文》："戎，兵也。从戈，从甲"此为引申义，本义当为武士。	无
20	马如森⑩	戎，疑有武器之意，与作战有关。	无
21	孟世凯⑪	戎，乃氏族（或方国）名。	有
22	罗琨⑫	在殷墟卜辞中，有作为国族名的"戎"，只是尚难确定其地望。	有

　　① 何光岳：《〈山海经〉所载戎族的来源和分布》，《〈山海经〉与中华文化》，武汉：湖北人民出版社，1999年，第171页。
　　② 张岂之主编，刘宝才、钱逊、周苏平编：《中国历史（先秦卷）》，北京：高等教育出版社，2001年，第239页。
　　③ 范毓周：《甲骨文戎字通释》，《纪念殷墟甲骨文发现一百周年国际学术研讨会论文集》，北京：社会科学文献出版社，2003年。
　　④ 杨逢彬：《殷墟甲骨刻辞词类研究》，广州：花城出版社，2003年，第187页。
　　⑤ 刘兴隆：《新编甲骨文字典》，北京：国际文化出版公司，2005年，第673、851页。
　　⑥ 辛迪：《两周戎狄考》，博士学位论文，北京大学，2006年，第20页。
　　⑦ 安介生：《历史民族地理》，济南：山东教育出版社，2007年，第75页。
　　⑧ 陈年福：《甲骨文词义论稿》，上海：上海古籍出版社，2007年，第165页。
　　⑨ 刘开田：《甲骨文形义集释》，武汉：武汉出版社，2007年，第284页。
　　⑩ 马如森：《殷墟甲骨文实用字典》，上海：上海大学出版社，2008年，第283页。
　　⑪ 孟世凯：《甲骨学辞典》，上海：上海人民出版社，2009年，第226页。
　　⑫ 罗琨：《商代战争与军制》，北京：中国社会科学出版社，2010年，第49页。

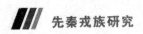

表二　先秦戎族考古文化一览表

文化名称	辛店文化	寺洼文化	四坝文化	卡约文化	马家窑文化①	齐家文化②	沙井文化	碾子坡文化	玉皇庙文化③	夏家店上层文化	红山文化④	杨郎文化	刘家文化
发现地点	临洮辛店村	临洮寺洼山	山丹四坝滩	湟中卡约村	临洮马家窑	广河齐家坪	民勤沙井村	长武碾子坡	延庆玉皇庙	赤峰夏家店	赤峰红山	固原杨郎乡	扶风刘家村
主要分布	黄河上游及其支流洮河、大夏河的中下游西部的干水、泾水流域均有发现。	兰州市以东的甘肃省境，陕西省西和渭水的河西走廊地区。	甘肃永昌以西的河西地区。	青海东部，即甘肃、青海文界地区的黄河上游沿岸及其支流湟水流域。	黄河上游地区，即甘肃、青海境内的黄河、洮河及渭水上游地区。	分布中心是渭河上游，洮河中下游与湟水中下游地区。	河西走廊的永登、天祝、武威、古浪、永昌、民勤、张掖等地。	泾水上游流域，东界泾河，西到甘肃、武威、南到岐山近岐山。	冀北山地，包括军都山、燕山、山南同有不少盆地。	西辽河流域，北达西拉木伦河、老哈河，南到大小凌河以北，东抵教来河、孟克河及河上游。	在西拉木伦河、老哈河、大小凌河分布最为密集。	宁夏中南部，及其赋邻的甘肃东南部，尤以宁夏固原和甘肃庆阳地区最为密集。	天水以东，共风以西的渭水流域，其中以宝鸡一带最为集中。⑤
年代范围	公元前1400—公元前1000	公元前900—公元前600	公元前1900—公元前1500⑥	公元前900—公元前600	公元前3300—公元前2650	公元前2183—公元前1630	公元前800—公元前600	公元前1200—公元前1100⑦	公元前800—公元前400	公元前1100—公元前900⑧	距今5500年	公元前700—公元前300	商朝的五百余年⑨

① 马家窑文化主要参考引用段小强：《马家窑文化》，北京：文物出版社，2011年。

② 齐家文化主要参考引用杨锡璋、商玮主编：《中国考古学（夏商卷）》，北京：中国社会科学出版社，2003年，第535—558页；525—528页。

③ 玉皇庙文化、碾子坡文化、杨郎文化主要参考参考引用杨锡璋、殷玮璋主编：《中国考古学（两周卷）》，北京：中国社会科学出版社，2004年，第524—530页；541—547页。

④ 红山文化主要参考引用张星德：《红山文化研究》，北京：中国社会科学出版社，2005年。

⑤ 杨锡璋、商玮主编：《中国考古学（夏商卷）》，北京：中国社会科学出版社，2003年，第528页。

⑥ 杨锡璋、商玮主编：《中国考古学（夏商卷）》，北京：中国社会科学出版社，2003年，第561页。

⑦ 胡谦盈：《南邠碾子坡先周文化遗存的性质分析》，《考古》2005年第6期。

⑧ 张长寿、殷玮璋主编：《中国考古学（两周卷）》，北京：中国社会科学出版社，2004年，第515页。

⑨ 刘军社：《郑家坡文化与刘家文化的分期及其性质》，《考古学报》1994年第1期。

（续表）

文化名称	辛店文化	寺洼文化	四坝文化	卡约文化	马家窑文化	齐家文化	沙井文化	碟子坡文化	玉皇庙文化	夏家店上层文化	红山文化	杨郎文化	刘家文化
主要遗址	张家嘴、姬家川、莲花台等。	寺洼山、九站沟等。	四坝滩、东灰山、干骨崖、火烧沟等。	上孙家、莫家寨、潘家拉等。	林家、地巴坪、马家窑、马家湾等。	齐家坪、娘娘台、大何庄和秦魏家等。	三角城、蛤蟆墩、榆树沟、西岗和柴湾岗等。	断泾、蔡家河、园子坪、庙庄等。	玉皇庙、军都山、西梁、北辛堡等。	克什克腾旗龙头山、翁牛特旗大泡子、巴林右旗大板南山等。①	满德图、沙他拉、水泉、蜘蛛山等。	马庄墓地、于家庄墓地等。	刘家、石咀头、高家村等。②
文化特征	陶器以夹砂红褐陶或橙黄陶为主，表面有特磨光，并施一层白色或紫红色陶衣。纹饰有粗绳纹，附加堆纹，彩绘以红彩为主，近似一对羊角的双勾纹和大形的犬纹和鹿形纹是该文化的重要标志。	陶器有夹砂陶和泥质陶两种，以夹砂陶为主。夹砂陶器的内掺入大量粗砂料或碎陶末。石器比较有富，制作粗糙，打磨简单。一对似羊角的双耳罐是有代表性的器物。	夹砂红褐陶和彩陶，以彩陶为主，多夹砂。器面具有特征性的彩绘，是四坝文化的特征之一。石器比较有富，制作打磨简单。双大耳罐、粗短罐和四耳罐等。	夹砂红褐陶与红褐陶为主，以划纹和手制，附加堆纹和彩绘，曲折纹，三角纹等几何形纹，与变形的器形简朴足是代表性的器形足是圜底器，双足的双大耳罐、双大耳罐等。	彩陶特别发达，多为橙黄黑彩，主要是碗、盆、瓶、罐，磨制石器，有三角纹或回纹，被称为我国最早的青铜刀。③	形成陶器群，石器装饰有绳纹、篮纹绘或彩，有陶以红彩；红铜制作的小件铜器，如锥、刀、斧等；有绿松石、坠饰等装饰品；玉琮与玉器。	夹砂红褐陶，手制，上半部红色多施一层衣，彩绘，彩陶衣，纹，弦纹，划纹，锥刺纹和彩绘，以绳纹为常见，正；陶器以平底器和圆底器为主，三足器较少。	陶器最多，陶质分泥质，夹砂两种，泥质陶以灰色最多，还有少量夹砂褐色陶也不纯正；陶器以绳纹纹饰为多见；石质器最有，锤式为常见，铜器。	夹砂红褐或红褐陶和泥质灰陶，质地较低，手制，素面，火候较火候最具特短剑最，装饰品，色，的种类也很多，主要有带扣，带饰，各种动物纹牌饰等。	夹砂陶，陶质粗松，火候较低，呈红、褐色。手制，青铜器多为工具，武器及容器，较少。	夹砂灰褐陶，要呈灰褐色，多，胎质地薄，质地坚硬，大的特点是，打制石器和磨制石器的细石器共存；玉器独树一帜。	陶器很不发达，为数不多，夹砂陶，砂褐陶，早期出现了铁器，但仍以青铜器为主，色。晚期铁器渗透到社会生活的各个方面。	陶器 分泥，夹砂两种，夹砂灰多，少陶居多灰褐色或灰褐色。器表面流行装饰竖列绳纹。① 青铜器比较少，均出于墓葬，主要有兵器，还可见到工具及装饰品。⑤

① 张长寿、殷玮璋主编：《中国考古学（两周卷）》，北京：中国社会科学出版社，2004年，第515页。
② 杨锡璋、高炜主编：《中国考古学（夏商卷）》，北京：中国社会科学出版社，2003年，第528页。
③ 潘伟：《新疆哈密地区史前时期铜器及其与邻近地区文化之进程》，北京：知识产权出版社，2006年，第14页。
④ 李水城：《东风西渐：中国西北史前文化研究》，北京：文物出版社，2009年，第155页。
⑤ 张天恩：《关中商代文化研究》，北京：文物出版社，2004年，第295页。

（续表）

文化名称	辛店文化	寺洼文化	四坝文化	卡约文化	马家窑文化	齐家文化	沙井文化	碾子坡文化	玉皇庙文化	夏家店上层文化	红山文化	杨郎文化	刘家文化
墓葬遗址	长方形土坑竖穴墓、洞室墓；弹式单人仰身直肢葬、屈肢葬和二次葬，侧身俯身葬和二次葬等。	长方形土坑竖穴墓；大多单人仰身直肢葬，二次葬和合葬，有合葬和二次火烧的。	地域差别，太东山多为大型单人仰身直肢葬和长方椭圆形土坑竖穴墓，仰身直肢葬为主，也有合葬和二次扰乱的；火烧沟资富和等级的差别明显，有人殉或人祭。	长方形土坑竖穴墓；单人仰身直肢葬和长方形洞室竖穴墓，仰身直肢葬、俯身葬，二次葬和二次扰乱葬，下身骨架保存完整，上身骨架很凌乱，称为乱扰葬。有殉人殉牲。	多为半地穴竖穴土坑墓，竖穴石棺墓等；木棺呈梯形；单人葬为主，仰身直肢葬，俯身葬，侧身屈肢葬及二次葬；随葬品多有陶器、石器、骨器和铜器。	以仰身直肢葬、单人葬为主，并发现一批保存较好的成年男女合葬墓。当时存在夫妻合葬的习俗，有人殉。	偏洞墓，土坑竖穴墓。单竖井式或双竖井洞式墓，仰身直肢葬，口含绿松石。戴耳饰的习俗较盛行，身有较高的青铜装饰品或耳环；有人殉和人祭。	墓葬只发现小型墓一种；主要为土坑竖穴墓，个别为偏洞室墓，葬具多为单椁木棺。动物殉葬。	墓葬形制为长方形竖穴土坑墓；单人葬，仰身直肢，木棺，木椁；墓内普遍殉马、牛、狗的头，的头为主，也见有羊、狗、猪的头，普遍殉殉是该文化的一个显著特点，发现有仰身、俯身葬。	长方形土坑竖穴，石棺、石椁墓、土坑墓；坑葬和房址；随葬铜器；以青铜器为主；也有极少数异性合葬墓，葬式有仰身、俯身葬。	土坑竖穴墓和石棺墓、随葬陶器、玉器；葬为主，般为仰身屈肢葬，而少数合葬墓，侧采用屈肢的堆骨的二次葬方式。	竖穴土墓；和土洞墓两类；以竖穴墓居多，竖穴墓呈长方形，墓内普遍殉马、牛、羊和踣肢主，也见有殉者羊颌骨。	小型墓、竖穴墓道的偏洞室墓；土坑竖穴墓；随葬品基本为陶器；以仰身竖直肢为主，个别行屈肢葬，下肢骨较有曲有级；墓主头向朝东北。
聚落遗址	聚落遗址多位于河谷两岸台地上；有长方形的半地穴式建筑，周围都有储藏物品的窖穴。	九站遗址发现有地面式房屋、圆形袋状窖底（灰坑）、状窖穴及石板垒砌的窖和槽状设施。	当时已掌握并使用了简易筑式结构的房屋建筑。	洞房系用木棚排列式立柱，帐棚式结构的房屋建筑。其居住方式区别于农牧式的天幕式帐房之类似。	多为半地穴式建筑，也有在平地上起建的，其房址的设计与地穴式建房屋最为普遍。	规模大小不同；有房子、窖穴、陶窖等；墓葬数量较少；房址以方形半地穴式建筑，灰面为主的建筑群。	三角城遗址；房屋均为地面、地穴三类；面建筑或椭圆形，圆形等；门向东或东南，房址白内有灶，有以火塘和地穴中。	有地穴、半地穴、地面建筑，呈地穴式建筑以地穴式建筑为流行。	遗存均为墓葬，迄今未发现与定居生活有关的居址遗迹。	半地穴式住，地面建筑房址；村落多分布在临河两岸的高地上。	村落的周围有壕沟；长方形土坑半地穴式的建筑结构；石砌建筑水平高。	至今尚未发现居住遗址。	现居住遗址。

---

① 杨锡璋、高炜主编：《中国考古学（夏商卷）》，北京：中国社会科学出版社，2003年，第528页。
② 李水城：《东风西渐》，北京：文物出版社，2009年，第155页。
③ 韩建业：《中国西北先秦时期的自然环境与文化发展》，北京：文物出版社，2008年，第278页。
④ 李水城：《东风西渐：中国西北史前文化之进程》，北京：文物出版社，2009年，第88页。
⑤ 高东陆、许淑珍：《青海湟源莫布拉卡约文化遗址发掘简报》，《考古》1990年第11期。

（续表）

文化名称	辛店文化	寺洼文化	四坝文化	卡约文化	马家窑文化	齐家文化	沙井文化	碾子坡文化	玉皇庙文化	夏家店上层文化	红山文化	杨郎文化	刘家文化
经济形态	农牧业为主，牧营农兼营；兼营狩猎；有冶铜业。①	畜牧为主，牧营农兼营；手工业有陶器、石器，铜器制造等。①	农业占有一定的地位，种植小麦、粟；随葬猪、狗、牛、马、羊等家畜；畜牧业占重要地位。	农牧业，粮食主要是粟；家畜有牛、羊、马、狗等，牛、羊家畜的数量最多。	旱作农业，种植粟和黍；饲养猪、狗、牛、马、鸡；手工业有石器、木作、纺织、制陶、冶铜业等。	原始农业，主要是粟；饲养羊、猪、牛、马、狗；制陶业、纺织业、玉石制造业、制铜业。	畜牧业为主，有农业生产、经济作物，拥有冶炼金属的实力；有石存在商品贸易活动。②	经济结构是农、牧业并举。③	主要从事畜牧和游猎生活，驯养家猪，部分居民开始过着定居或半定居的生活。	过着定居生活，从事一定的农业生产并兼营狩猎；发现马、牛、猪、羊等家畜。④	铸铜业兴起；有制陶业；玉石制造业；农业生产占有着重要的地位。	从事畜牧业；过着半定居的游牧生活。	农业经济。⑤

① 陈炳应、卢冬：《古代民族》，兰州：敦煌文艺出版社，2004年，第27页。
② 李水城：《中国西渐：中国史前文化之进程》，北京：文物出版社，2009年，第150页。
③ 胡谦盈：《南邠碾子坡文化遗存的性质分析》，《考古》2005年第6期。
④ 张长寿、殷玮璋主编：《中国考古学（两周卷）》，北京：中国社会科学出版社，2004年，第521页。
⑤ 韩建业：《中国西北地区先秦时期的自然环境与文化发展》，北京：文物出版社，2008年，第280页。

表三　戎族墓葬信息一览表（不完全统计）

墓葬名称	墓葬形制	典型器物	时代	族属
陕西扶风刘家村墓①	土圹竖穴墓、偏洞室墓；多为仰身直肢葬，屈肢葬和侧身直肢葬各一例。	生活用具（分裆鬲、单耳罐、双耳罐）、装饰品（双联小铜泡、骨珠、贝、蛤蜊）。	一期墓葬的年代当与齐家文化比较接近，与二里头文化晚期相当；二、三、四、五期的时代为商代前期至周人迁岐；六期的年代当为西周文武之际。	姜戎
河北滦平梨树沟门墓地②	长方形竖穴土坑墓；仰身直肢葬。	殉牲牛狗马，陶器、兵器、青铜器、生产工具、生活用品，其中装饰品种类繁多，有铜泡、铜铃、铜耳环、牌饰、骨珠、玛瑙珠、石珠等。	上限可能至西周初或两周之际，下限不会晚于春秋战国之际。	山戎
北京延庆玉皇庙墓	竖穴土坑墓、竖穴土坑掏洞墓、浅穴土坑墓；仰身直肢、俯身直肢、侧身屈肢、仰身屈肢、二次葬。	殉牲马牛羊狗猪，陶器、金器、青铜器、石制品、玛瑙、服饰铜扣铜环、串珠等。	可划分为春秋早中晚三期	山戎
陕西宝鸡益门村二号墓③	长方形土圹竖穴墓。	大量金器、铁器，兵器（金柄铁剑）、装饰品（金串珠）、马具等，铜、玉、石及料器（原始玻璃）等。	春秋晚期的偏早阶段	—
陕西凤翔上郭店墓④	长方形土圹竖穴墓。	金、铜、玉、石器，金首铜刀、铜带钩、骨串饰、料珠串饰等⑤。	春秋晚期	—

　　① 陕西周原考古队：《扶风刘家姜戎墓葬发掘简报》，《文物》1984年第7期。
　　② 滦平县博物馆：《河北省滦平县梨树沟门山戎墓地清理简报》，《考古与文物》1995年第5期。
　　③ 宝鸡市考古工作队：《宝鸡市益门村二号春秋墓发掘简报》，《文物》1993年第10期。
　　④ 田亚岐：《东周时期关中秦墓所见"戎狄"文化因素探讨》，《文博》2003年3期。
　　⑤ 凤翔县博物馆：《陕西凤翔县上郭店村出土的春秋时期文物》，《考古与文物》2005年第1期。

（续表）

墓葬名称	墓葬形制	典型器物	时代	族属
山西原平刘庄墓①	长方形土坑竖穴墓；仰身直肢；夫妇异穴合葬；石椁。	镞头、盖弓帽、车马器、铜泡、铜铃、兵器（戈、矛、包金铁柄剑等）、玉饰、玛瑙、贝币等。	春秋晚期	—
宁夏固原县彭堡于家庄墓	竖穴土坑墓与洞室墓；单人仰身直肢葬、儿童合葬。	殉牲牛马羊、陶器（双耳罐、单耳罐）、铜器（剑戈矛刀）、骨器（带扣、节约、兽头饰、骨针、串珠）、绿松石串饰、玛瑙串珠、料珠等。	春秋晚期至战国早期	—
宁夏固原杨郎墓②	竖穴土坑墓和竖穴墓道土洞墓；单人仰身直肢葬。	殉牲羊马牛，车马器，铜（铜柄铁剑）、铁（剑、矛、刀）、金、银、骨、陶（双耳罐、单耳罐）、石（玛瑙）、带饰、坠饰和佩饰等。	早期相当于春秋末至战国早期；晚期属于战国晚期。	义渠戎③
陕西黄陵县寨头河墓④	竖穴土坑墓；仰身直肢葬、屈肢葬、二次葬、解体葬。	铲足鬲、大口罐、豆、牛羊马头、车马器、陶、铜、骨、铁、玉、贝、料珠和石器等。	战国中晚期	姜戎⑤、义渠戎⑥
甘肃张家川马家塬墓⑦	竖穴土坑台阶式墓道洞室墓。	铲足鬲、单耳罐、车马、金银锡等青铜器、玛瑙等装饰品、金银带饰等。	战国晚期	邦戎、绵诸戎⑧

---

① 忻州地区文物管理处：《山西原平刘庄塔岗梁东周墓第二次清理简报》，《文物季刊》1998年第1期。

② 宁夏文物考古研究所、宁夏固原博物馆：《宁夏固原杨郎青铜文化墓地》，《考古学报》1993年第1期。

③ 路国权：《"戎狄之旅"学术考察感想》，《戎狄之旅——内蒙、陕北、宁夏、陇东考古考察笔谈》，《考古与文物》2012年第1期。

④ 陕西省考古研究院：《2011年陕西省考古研究院考古发掘新收获》，《考古与文物》2012年第2期。

⑤ 陕西省考古研究院：《陕西黄陵县寨头河战国戎人墓地》，《中国文物报》2012年1月9日。

⑥ 梁云：《铲足鬲与东周时期西戎文化》，《戎狄之旅——内蒙、陕北、宁夏、陇东考古考察笔谈》，《考古与文物》2012年第1期。

⑦ 甘肃省文物考古研究所：《2006年度甘肃张家川回族自治县马家塬战国墓地发掘简报》，《文物》2008年第9期。

⑧ 赵吴成：《甘肃马家塬战国墓马车的复原——兼谈族属问题》，《文物》2010年第6期。

（续表）

墓葬名称	墓葬形制	典型器物	时代	族属
甘肃秦安王洼墓①	竖穴偏洞室墓；仰身屈肢葬。	铲足鬲、车马、银铜铁等青铜器、金银带饰等。	战国	—
甘肃清水刘坪墓②	土坑墓	生产工具、铜器、金器、车马器、铜牌饰物、金饰片等。	不早于春秋晚期，下限不晚于战国晚期。	绵诸戎

表四　金文所见戎一览表

器物	断代	出土地	铭文摘录	戎所指	备注
臣谏簋	西周早中期	河北	邢侯搏戎	北戎	河北有戎
班簋	西周早中期	—	东国痟戎	徐戎	东方有戎
戎簋戎方鼎	周穆王	陕西	戎伐𢆶，戎率有司、师氏奔追𦥑戎于淢林，搏戎𢿐；虎臣御淮戎	淮夷	"戎"、"夷"界限并不严格，东方之族群亦可称之。
䈠簋	周穆王	—	驭戎大出于楷䈠搏戎。	北戎	—
师同鼎	西周中晚期	陕西	寽（孚）戎金：合（盒）卅，戎鼎廿，铺（釜）五十，剑廿	獫狁	盒、釜，戎人的青铜食器；"戎鼎"，戎人特有的一种鼎。
不其簋	西周晚期	山东	戎大同永追女，女及戎大敦；戎大同从追汝，汝及戎大敦搏。	獫狁	—
多友鼎	西周晚期	陕西	戎伐筍，衣孚（俘），多友西追。	獫狁	车战，大量青铜器，应掌握冶炼技术。
柞伯鼎	西周晚期	—	辛酉搏戎	淮夷	—
应侯见工鼎	西周晚期	—	我□令戡伐南夷丰，我多俘戎。	南夷丰	戎、夷界限并不严格，戎、夷可以互换。
逨鼎	西周晚期	陕西	汝不𢦔戎，汝𡩡长父，以追博戎。	獫狁	—
晋侯铜人	西周晚期	—	淮夷伐格，晋侯薄戎。	淮夷	"戎"、"夷"界限并不严格，东方之"夷"亦可称为"戎"。
戎生编钟	春秋初期	—	戎生曰：休台皇祖宪公，桓桓翼翼，启厥明心，广经其猷，臧称穆天子肃灵，用建于兹外土，聿司蛮戎，用龢不庭方。	戎国的君长；母亲是戎。	—

---

① 甘肃省文物考古研究所：《甘肃秦安王洼战国墓地 2009 年发掘简报》，《文物》2012 年第 8 期。
② 李晓青、南宝生：《甘肃清水县刘坪近年发现的北方系青铜器及金饰片》，《文物》2003 年第 7 期。

（续表）

器物	断代	出土地	铭文摘录	戎所指	备注
屒敖簋	齐桓公时期	—	戎献金于子牙父百车	扬、拒、泉、皋、伊、洛之戎	—
䣄□钟	春秋晚期	河南	隹䣄□屈栾晋人救戎于楚竞。	戎蛮子	—
救秦戎钟	春秋晚期	湖北	秦王卑命竞平王之定救秦戎。	秦地之戎	—

表五　《竹书纪年》所见戎一览表

序号	时间	今本①（古本②）	有关文献记载	戎所指	备注
1	尧十六年	渠搜氏来宾	《尚书·禹贡》："织皮、昆仑、析枝、渠搜，西戎即叙。"	渠搜	朝贡
2	尧七十六年	司空伐曹魏之戎，克之。	《吕氏春秋·召类篇》："禹攻曹魏、屈骜、有扈，以行其教。"	曹魏	战争
3	夏晚期，帝癸六年	歧踵戎来宾	《吕氏春秋·当染篇》："桀染于羊辛、歧踵戎。"	存疑，按《当染篇》解为一人名。	朝贡
4	商前期，大戊二十六年	西戎来宾，王使王孟聘西戎。	《海外西经》注："殷帝大戊使王孟采药，从西王母。"	西戎	朝贡与聘问
5	商前期，阳甲三年	西征丹山戎	《大荒北经》注引《竹书》曰："和甲西征，得一丹山。"	丹山	战争
6	商后期，祖甲十二年	征西戎。冬，王返自西戎。		西戎	战争
7	商后期，祖甲十三年	祖甲十三年，西戎来宾。		西戎	朝贡
8	商后期，武乙三十五年	周公季历伐西落鬼戎。（武乙三十五年，周王季伐西落鬼戎，俘二十翟王。）	《后汉书·西羌传》："及武乙暴虐，犬戎寇边，周古公逾梁山而避于岐下。及子季历，遂伐西落鬼戎。"	西落鬼戎	战争
9	商后期，文丁二年	周公季历伐燕京之戎，败绩。（太丁二年，周人伐燕京之戎，周师大败。）	《后汉书·西羌传》："太丁之时，季历复伐燕京之戎，戎人大败周师！"	燕京之戎	战争

① 采用王国维：《今本竹书纪年疏证》，沈阳：辽宁教育出版社，1997 年。
② 采用方诗铭等：《古本竹书纪年辑证》，上海：上海古籍出版社，1981 年。

（续表）

序号	时间	今本（古本）	有关文献记载	戎所指	备注
10	商后期，文丁四年	周公季历伐余无之戎，克之，命为牧师。（太丁四年，周人伐余无之戎，克之。周王季命为殷牧师。）	《后汉书·西羌传》："后二年，周人克余无之戎，于是太丁命季历为牧师。"	余无之戎	战争
11	商后期，文丁七年	周公季历伐始呼之戎，克之。（太丁七年，周人伐始呼之戎，克之。）	《后汉书·西羌传》："自是之后，更伐始呼、翳徒之戎，皆克之。"	始呼之戎	战争
12	商后期，文丁十一年	周公季历伐翳徒之戎，获其三大夫，来献捷。（太丁十一年，周人伐翳徒之戎，捷其三大夫。）	《后汉书·西羌传》："自是之后，更伐始呼、翳徒之戎，皆克之。"	翳徒之戎	战争
13	西周，成王十三年	王师会齐侯、鲁侯伐戎		不明，疑为徐戎	战争
14	西周，成王三十年	离戎来宾	《逸周书·史记解》："昔者林氏召离戎之君而朝之，至而不礼，留而不亲，离戎逃而去。林氏伐之，天下叛林氏。"	疑为骊戎	朝贡
15	西周，穆王八年	北唐来宾，献一骊马，是生騄耳。（北唐之君来见，以一骊马是生绿耳。）	《逸周书·王会》："北唐以闾。"孔晁注："北唐，戎之在西北者。"	北唐	朝贡
16	西周，穆王十二年	毛公班、井公利、逢公固帅师从王伐犬戎。冬十月，王北巡狩，遂征犬戎。	《穆天子传》："天子北征于犬戎……又乃命井利、梁固率将六师……命毛班、逢固先至于周。"	犬戎（第一次出现）	战争
17	西周，穆王十三年	祭公帅师从王西征，次于阳纡。秋七月，西戎来宾徐戎侵洛冬十月，造父御王，入于宗周。	《后汉书·东夷传》："徐夷僭号，乃率九夷以伐宗周，西至河上。"《史记·秦本纪》："造父以善御幸于周缪王，得赤骥、温骊、骅骝、騄耳之驷，西巡狩，乐而忘归。徐偃王作乱，造父为缪王御，长驱归周，一日千里以救乱。"	西戎、徐戎	朝贡与战争

（续表）

序号	时间	今本（古本）	有关文献记载	戎所指	备注
18	西周，穆王十四年	王帅楚子伐徐戎，克之。	《后汉书·东夷传》："穆王后得骥騄之乘，乃使造父御以告楚，令伐徐，一日而至。于是楚文王大举兵而灭之。"	徐戎	战争
19	西周，穆王十七年	秋八月，迁戎于太原。王北征，行流沙千里，积羽千里。征犬戎、取其五王以东。（〈天子北征于犬戎〉。取其五王以东。）	《后汉书·西羌传》："王乃西征犬戎。获其五王，遂迁戎于太原。"	犬戎	战争
20	西周，懿王七年	西戎侵镐		西戎	战争
21	西周，懿王二十一年	虢公帅师北伐犬戎，败逋。		犬戎	战争
22	西周，孝王元年	命申侯伐西戎	《史记·秦本纪》："申侯之女为大骆妻，生子成，为适。申侯乃言孝王曰：'昔我先骊山之女为戎胥轩妻，生中潏，以亲故归周，保西垂，西垂以其故和睦。今我复与大骆妻，生适子成。申、骆重婚，西戎皆服，所以为王。'"	西戎	战争
23	西周，孝王五年	西戎来献马。		西戎	朝贡
24	西周，夷王七年	虢公帅师伐太原之戎，至于俞泉，获马千匹。（夷王衰弱，荒服不朝，乃命虢公率六师，伐太原之戎，至于俞泉，获马千匹。）	《后汉书·西羌传》："夷王衰弱，荒服不朝，乃命虢公率六师伐太原之戎，至于俞泉，获马千匹。"	太原戎	战争
25	西周，厉王十一年	西戎入于犬丘。（厉王无道，戎狄寇掠，乃入犬丘，杀秦仲之族。王命伐戎，不克。）	《史记·秦本纪》："周厉王无道，诸侯或叛之，西戎反王室，灭大骆犬丘之族。"	西戎	战争
26	西周，厉王十四年	玁狁侵宗周西鄙		玁狁	战争
27	西周，宣王三年（公元前825）	王命大夫仲伐西戎。（及宣王立，四年，使秦仲伐戎，为戎所杀。王乃召秦仲子庄公，与兵七千人，伐戎破之，由是少却。）	《史记·秦本纪》："周宣王即位，乃以秦仲为大夫，诛西戎。"《后汉书·西羌传》："及宣王立四年，使秦仲伐戎。"	西戎	战争

（续表）

序号	时间	今本（古本）	有关文献记载	戎所指	备注
28	西周，宣王五年（公元前 823）	夏六月，尹吉甫帅师伐玁狁，至于太原。	《诗·小雅》："六月栖栖，戎车既饬。"又："文武吉甫，万邦为宪。"又："薄伐玁狁，至于太原。"	玁狁	战争
29	西周，宣王六年（公元前 822）	王帅师伐徐戎，皇父、休父从王伐徐戎，次于淮。西戎杀秦仲。	《诗·大雅》："王奋厥武。""王命卿士，南仲太祖，太师皇父。整我六师，以修我戎。""王谓尹氏，命程伯休父。左右陈行，戒我师旅。率彼淮浦，省此徐土。"《史记·秦本纪》："宣王乃以秦仲为大夫，诛西戎，西戎杀秦仲。"《十二诸侯年表》秦仲尽宣王六年。	徐戎与西戎	战争
30	西周，宣王三十三年（公元前 795）	王师伐太原之戎，不克。（后二十七年，王遣兵伐太原戎，不克。）	《后汉书·西羌传》："宣王立四年，使秦仲伐戎。后二十七年，王遣兵伐太原戎，不克。"	太原戎	战争
31	西周，宣王三十八年（公元前 790）	王师及晋穆侯伐条戎、奔戎，王师败逋。（后五年，王伐条戎、奔戎，王师败绩。）	《后汉书·西羌传》："王遣兵伐太原戎，后五年，王伐条戎、奔戎，王师败绩。"《左·桓二年传》："晋穆侯之夫人姜氏，以条之役生太子。"	条戎、奔戎	战争
32	西周，宣王三十九年（公元前 789）	王师伐姜戎，战于千亩，王师败逋。	《周语》："宣王三十九年，战于千亩，王师败绩于姜氏之戎。"	姜戎	战争
33	西周，宣王四十年（公元前 788）	料民于太原。戎人灭姜邑。晋人败北戎于汾隰。（后二年，晋人败北戎于汾隰，戎人灭姜侯之邑。）	《周语》："宣王既丧南国之师，乃料民于太原。"《后汉书·西羌传》："后二年，晋人败北戎于汾隰，戎人灭姜侯之邑。"	第一个戎不明；第二个戎是北戎	战争
34	西周，宣王四十一年（公元前 787）	（明年，王征申戎，破之。）	《后汉书·西羌传》："明年，王征申戎，破之。"	申	战争
35	西周，幽王四年（公元前 778）	秦人伐西戎	《史记·秦本纪》："庄公生子三人，其长男世父。世父曰：'戎杀我大父仲，我非杀戎王，则不敢入邑。'遂将击戎，让其弟襄公。"	西戎	战争

（续表）

序号	时间	今本（古本）	有关文献记载	戎所指	备注
36	西周，幽王六年（公元前776）	王命伯士帅师伐六济之戎，王师败逋。（后十年，幽王命伯士伐六济之戎，军败，伯士死焉。）	《后汉书·西羌传》："王破申戎，后十年，幽王命伯士伐六济之戎，军败，伯士死焉。"	六济之戎	战争
37	西周，幽王六年（公元前776）	西戎灭盖	《后汉书·西羌传》："其年，戎围犬丘，虏秦襄公之兄伯父。"此云"灭盖"，乃"犬丘"二字讹合为"盖"字耳。①	西戎	战争
38	西周，幽王九年（公元前773）	申侯聘西戎及鄫	《郑语》："申、缯、西戎方疆。"	西戎	聘问
39	西周，幽王十一年（公元前771）	春正月，日晕。申人、鄫人及犬戎入宗周，弒王及郑桓公。犬戎杀王子伯服。执褒姒以归。	《史记·周本纪》"申侯与缯、西夷、犬戎攻幽王，遂杀幽王骊山下。"《郑世家》："犬戎杀幽王于骊山下，并杀桓公。"《左传·昭二十六年》疏引《纪年》："伯盘与幽王俱死于戏。"《史记·周本纪》："虏褒姒而去。"	犬戎	战争
40	东周，平王五年（公元前766）	秦襄公帅师伐戎，卒于师。	《史记·十二诸侯年表》平王五年，秦襄公伐戎，至岐而死。	不明，疑为犬戎。	战争
41	东周，平王十八年（公元前753）	秦文公大败戎师于岐，来归岐东之田。	《史记·秦本纪》："十六年，文公以兵伐戎，戎败走，于是文公遂收周余民有之，地至岐，岐以东献之周。"	不明，疑为犬戎。	战争
42	东周，桓王十三年（公元前707）	戎人逆芮伯万于郊。（〈晋武公〉九年，戎人逆芮伯万于郏。）	《水经·河水注》引《纪年》："晋武公九年，戎人逆芮伯万于郊。"《路史·国名纪》引"郊"作"郏"。	不明	拥立

---

① 王国维：《今本竹书纪年疏证》下卷，沈阳：辽宁教育出版社，1997年，第99页。

表六 《春秋》《左传》《公羊传》《谷梁传》所见戎一览表

序号	时间	事件	原因	结果	备注
1	鲁隐公二年（公元前721年）	春，公会戎（山东曹县西北）于潜（山东济宁市西南①，一说鲁国之西南②）。③	公会戎于潜，修惠公之好也。	戎请盟，公辞。	会见
2	鲁隐公二年（公元前721年）	秋八月庚辰，公及戎盟于唐（一说山东曹县、一说山东鱼台县④）。	戎请盟	秋，盟于唐，复修戎好也。	盟会
3	鲁隐公七年（公元前716年）	戎伐凡伯于楚丘（山东曹县东南三十里、成武县西南）以归。	初，戎朝于周，发币于公卿，凡伯弗宾。	凡伯被戎拘⑤	战争，戎人实力较大。
4	鲁隐公九年（公元前714年）	秋，北戎（一说在山西交城或平陆⑥，一说在今河北省地方⑦）侵郑，郑伯御之。⑧	不明	（戎）尽殪。戎师大奔。十一月甲寅，郑人大败戎师。	战争
5	鲁桓公二年（公元前710年）	公及戎盟于唐。	修旧好也	公及戎盟于唐⑨	盟会
6	鲁桓公六年（公元前706年）	夏，北戎⑩伐齐。	不明	郑大子忽帅师救齐。六月，大败戎师，获其二帅大良、少良，甲首三百，以献于齐。	战争

① 杨伯峻：《春秋左传注》，北京：中华书局，1981年，第20页。

② 李宗侗：《春秋左传今注今译》，台北：商务印书馆，1971年，第11页。

③ 《谷梁传》认为："会戎，危公也。"承载认为："在自己的国土上与戎会见，并不是如《谷梁》所理解的那样，经文是在讥刺隐公的轻易出行。"（《春秋谷梁传译注》，上海古籍出版社，2004年，第11页）。

④ 杨伯峻：《春秋左传注》，北京：中华书局，1981年，第21页。

⑤ 《公羊传》认为："凡伯者何？天子之大夫也。此聘也，其言伐之何？执之也。执之则其言伐之何？大之也。曷为大之？不与夷狄之执中国也。其地何？大之也。"《谷梁传》认为："凡伯者，何也？天子之大夫也。国而曰伐，此一人而曰伐，何也？大天子之命也。戎者，卫也；戎卫者，为其伐天子之使，贬而戎之也。楚丘，卫之邑也。以归，犹愈乎执也。"

⑥ 杨伯峻：《春秋左传注》，北京：中华书局，1981年，第65页。

⑦ 李宗侗：《春秋左传今注今译》，台北：商务印书馆，1971年，第45页。

⑧ 北戎侵郑，郑伯御之。患戎师，曰："彼徒我车，惧其侵轶我也。"公子突曰："使勇而无刚者尝寇，而速去之。君为三覆以待之。戎轻而不整，贪而无亲，胜不相让，败不相救。先者见获必务进，进而遇覆必速奔，后者不救，则无继矣。乃可以逞。"从之。戎人之前遇覆者奔。祝聃逐之。衷戎师，前后击之，尽殪。戎师大奔。十一月甲寅，郑人大败戎师。

⑨ 《谷梁传》认为："桓无会而其致，何也？远之也。"

⑩ 杨伯峻引《史记》认为，此北戎为山戎。

（续表）

序号	时间	事件	原因	结果	备注
7	鲁桓公十三年（公元前699年）	罗与卢戎（今湖北省南漳县，南蛮国，妫姓，①）两军之。	春，楚屈瑕伐罗。	大败楚军。莫敖缢于荒谷	战争
8	鲁庄公十八年（公元前676年）	夏，公追戎于济西，不言其来，讳之也。	戎攻鲁	不明②	战争
9	鲁庄公二十年（公元前674年）	冬，齐人伐戎。	不明	不明	战争
10	公元前6＊＊年③	晋献公娶于贾，无子。烝于齐姜，生秦穆夫人及大子申生。又娶二女于戎④，大戎狐姬生重耳，小戎子生夷吾。			联姻
11	鲁庄公二十二年（公元前672年）	晋伐骊戎⑤。	不明	晋伐骊戎，骊戎男女以骊姬。归生奚齐，其娣生卓子。	战争
12	鲁庄公二十四年（公元前670年）	二十有四年春王三月，葬曹庄公。冬，戎侵曹。	拥立新君	曹羁出奔陈。赤归于曹。⑥	战争
13	鲁庄公二十六年（公元前668年）	春，公伐戎。夏，公至自伐戎。			战争

①　杨伯峻：《春秋左传注》，北京：中华书局，1981年，第137页。

②　《谷梁传》认为："其不言戎之伐我，何也？以公之追之，不使戎迩于我也。于济西者，大之也。何大焉？为公之追之也。"《公羊传》认为："此未有言伐者，其言追何？大其为中国追也。此未有伐中国者，则其言为中国追何？大其至而豫御之也。其言于济西何？大之也。"

③　时间存疑，在晋伐骊戎之前。

④　童书业《春秋左传研究》认为此二女为姬姓唐叔之后，并认为姬姓之族出现在戎地的原因是"盖姬族支裔入居戎区，为其君长耳。"（童书业：《春秋左传研究》，北京：中华书局，2006年，第226页。）

⑤　《左传》此事记载于庄公二十八年，《史记·晋世家》曰"五年，伐骊戎，得骊姬"，晋献公五年为公元前672年（鲁庄公二十二年）。骊戎所在也有争议，《国语》韦昭注：骊戎，西戎之别在骊山者也。其君男爵，姬姓。秦曰骊邑，汉高帝徙丰民于骊邑，更曰新丰，在京兆也。（徐元诰：《国语集解》，北京：中华书局，2002年，第249页。）《左传》旧注认为其在陕西省临潼县。（杨伯峻：《春秋左传注》，北京：中华书局，1981年，第239页。）顾颉刚认为骊戎之国当在今山西南部，山西省析城、王屋两山之间。（顾颉刚：《史林杂识》，北京：中华书局，1963年，第54、55页。）

⑥　《公羊传》认为："曹羁者何？曹大夫也。曹无大夫，此何以书？贤也。何贤乎曹羁？戎将侵曹，曹羁谏曰：'戎众以无义，君请勿自敌也。'曹伯曰：'不可。'三谏，不从，遂去之，故君子以为得君臣之义也。"该记录不见于《左传》《谷梁传》。杜预《春秋经传集解》认为"羁盖曹世子也"，杨伯峻从之。

（续表）

序号	时间	事件	原因	结果	备注
14	鲁庄公三十年（公元前 664 年）	冬，齐人伐山戎①。	冬，遇于鲁济，谋山戎也，以其病燕故也。以其病燕故也。②	齐桓公救燕，遂伐山戎，至于孤竹而还。③	战争
15	鲁庄公三十一年（公元前 663 年）	六月，齐侯来献戎捷。	齐桓公伐山戎胜利而归	夏六月，齐侯来献戎捷，非礼也。凡诸侯有四夷之功，则献于王，王以警于夷。中国则否。诸侯不相遗俘。④	献捷
16	鲁闵公元年（公元前 661 年）	管敬仲言于齐侯曰："戎狄豺狼，不可厌也。诸夏亲暱，不可弃也。宴安鸩毒，不可怀也。《诗》云：'岂不怀归，畏此简书。'简书，同恶相恤之谓也。请救邢以从简书。"	狄人伐邢	齐人救邢	论述
17	鲁闵公二年（公元前 660 年）	二年春，虢公败犬戎于渭汭。			战争
18	鲁僖公二年（公元前 658 年）	虢公败戎于桑田。⑤			战争
19	鲁僖公九年（公元前 651 年）	宰孔先归，遇晋侯曰："可无会也。齐侯不务德而勤远略，故北伐山戎，南伐楚，西为此会也。东略之不知，西则否矣。其在乱乎。君务靖乱，无勤于行。"晋侯乃还。			论述

① 杨伯峻认为山戎、北戎其实是同一个族群，"或曰北戎，或曰山戎，其实一也"（杨伯峻：《春秋左传注》，北京：中华书局，1981 年，第 248 页。）笔者不赞同此说。

② 《谷梁传》认为："齐人者，齐侯也，其曰人，何也？爱齐侯乎！山戎也，其爱之何也？桓内无因国，外无从诸侯，而越千里之险，北伐山戎，危之也，则非之乎，善之也。何善乎尔？燕，周之分子也；贡职不至，山戎为之伐矣……桓外无诸侯之变，内无国事，越千里之险，北伐山戎，为燕辟地。"《公羊传》认为："齐人者，齐侯也，其曰人，何也？爱齐侯乎！山戎也，其爱之何也？桓内无因国，外无从诸侯，而越千里之险，北伐山戎，危之也，则非之乎，善之也。何善乎尔？燕，周之分子也；贡职不至，山戎为之伐矣。"

③ 《史记·齐太公世家》，北京：中华书局，1959 年，第 1488 页。

④ 《公羊传》认为："齐，大国也，曷为亲来献戎捷？威我也。其威我奈何？旗获而过我也。"《谷梁传》认为："齐侯来献捷者，内齐侯也。不言使，内与同，不言使也。献戎捷，军得曰捷，戎菽也。"

⑤ 顾栋高认为此戎为犬戎，见顾栋高：《春秋大事表》，北京：中华书局，1993 年，第 2165 页。

（续表）

序号	时间	事件	原因	结果	备注
20	鲁僖公十年 （公元前 650 年）	夏，齐侯、许男伐北戎。			战争
21	鲁僖公十一年 （公元前 649 年）	夏，扬、拒、泉、皋、伊、洛之戎同伐京师，入王城，焚东门。	王子带召之也	秦、晋、伐戎以救周。秋，晋侯平戎于王。	战争
22	鲁僖公十二年 （公元前 648 年）	王以戎难故，讨王子带。秋，王子带奔齐。冬，齐侯使管夷吾平戎于王，使隰朋平戎于晋。			调停
23	鲁僖公十三年 （公元前 647 年）	秋，为戎难故，诸侯戍周，齐仲孙湫致之。			防御
24	鲁僖公十五年 （公元前 645 年）	十月，晋阴饴甥会秦伯，盟于王城。秦伯曰："晋国和乎?"对曰："不和。小人耻失其君而悼丧其亲，不惮征缮以立圉也，曰：'必报仇，宁事戎狄。'			论述
25	鲁僖公十六年 （公元前 644 年）	王以戎难告于齐，齐征诸侯而戍周。			论述
26	鲁僖公二十二年 （公元前 638 年）	初，平王之东迁也，辛有适伊川，见被发而祭于野者，曰："不及百年，此其戎乎! 其礼先亡矣。"秋，秦、晋迁陆浑之戎①于伊川。	允姓之奸，居于瓜州，伯父惠公归自秦，而诱以来，使逼我诸姬，入我郊甸，则戎焉取之。②	迁陆浑之戎于伊川③	迁徙

① 杨伯峻认为陆浑之戎盖其本名，本居于瓜州（旧说在甘肃敦煌，顾颉刚《史林杂识》认为在秦岭高峰之南北两坡）。（杨伯峻：《春秋左传注》，北京：中华书局，1981 年，第 394 页。）陆浑之戎后发展演变为阴戎。对于阴戎的来历，顾颉刚认为："想见秦、晋迁戎，盖即沿秦岭而东行者。其所居地，于太白、终南为阴，于崤山、熊耳亦为阴，故谓之'阴戎'耳。"（顾颉刚：《史林杂识》，北京：中华书局，1963 年，第 53 页）。

② 见于《春秋左传注》鲁昭公九年。

③ 伊川，杨伯峻认为在今河南省嵩县及伊川县境内。（杨伯峻：《春秋左传注》，北京：中华书局，1981 年，第 393 页。）

（续表）

序号	时间	事件	原因	结果	备注
27	鲁僖公三十三年（公元前627年）	夏四月辛巳，晋人及姜戎败秦师于殽。①	秦穆公袭郑	秦人大败	战争
28	鲁文公三年（公元前624年）	秦伯伐晋，济河焚舟，取王官，及郊。晋人不出，遂自茅津济，封殽尸而还。遂霸西戎，用孟明也。			论述
29	鲁文公八年（公元前619年）	公子遂会洛戎盟于暴	秋，晋人以扈之盟来讨。冬，襄仲会晋赵孟，盟于衡雍，报扈之盟也，遂会伊洛之戎。		会见
30	鲁文公十六年（公元前611年）	秋，戎②伐楚	楚大饥	戎伐其西南，至于阜山，师于大林。又伐其东南，至于阳丘，以侵訾枝。	战争
31	鲁文公十七年（公元前610年）	秋，周甘歜败戎于垂。	不明	周甘歜败戎于垂，乘其饮酒也。	战争
32	鲁宣公三年（公元前606年）	春，楚子伐陆浑之戎。	不明	遂至于洛，观兵于周疆。定王使王孙满劳楚子。楚子问鼎之大小轻重焉。	战争
33	鲁成公元年（公元前590年）	秋，王师败绩于茅戎。③	元年春，晋侯使瑕嘉平戎于王，单襄公如晋拜成。刘康公徼戎，将遂伐之。叔服曰："背盟而欺大国，此必败。背盟，不祥；欺大国，不义；神人弗助，将何以胜？"不听，遂伐茅戎。三月癸未，败绩于徐吾氏。	秋，王人来告败。	战争

① 《公羊传》认为："其言及姜戎何？姜戎微也，称人亦微者也。何言乎姜戎之微？先轸也，或曰襄公亲之。襄公亲之，则其称人何？贬。曷为贬？君在乎殡而用师危，不得葬也。诈战不日，此何以日？尽也。"

② 戎，陆浑戎也。杜预注，戎，山夷也，杜预的说法是不对的。详见《西晋杜预"戎，山夷也"质疑》（《内江师范学院学报》2013年第3期）一文。

③ 《公羊传》认为："秋，王师败绩于贸戎。孰败之？盖晋败之，或曰贸戎败之。然则曷为不言晋败之？王者无敌，莫敢当也。"《谷梁传》认为："秋，王师败绩于贸戎。不言战，莫之敢敌也。为尊者讳，敌不讳败；为亲者讳，败不讳敌。尊尊亲亲之义也。然则孰败之？晋也。"

（续表）

序号	时间	事件	原因	结果	备注
34	鲁成公二年（公元前 589 年）	晋侯使巩朔献齐捷于周		王弗见，使单襄公辞焉，曰："蛮夷戎狄，不式王命，淫湎毁常，王命伐之，则有献捷，王亲受而劳之，所以惩不敬，劝有功也。兄弟甥舅，侵败王略，王命伐之，告事而已，不献其功，所以敬亲昵，禁淫慝也。"	论述
35	鲁成公六年（公元前 585 年）	三月，晋伯宗、夏阳说，卫孙良夫、宁相，郑人，伊、洛之戎，陆浑蛮氏侵宋，以其辞会也。	以其辞会也	师于针，卫人不保。说欲袭卫，曰："虽不可入，多俘而归，有罪不及死。"伯宗曰："不可。卫唯信晋，故师在其郊而不设备。若袭之，是弃信也。虽多卫俘，而晋无信，何以求诸侯？"乃止，师还，卫人登陴。	战争
36	鲁襄公四年（公元前 569 年）	无终子嘉父使孟乐如晋，因魏庄子纳虎豹之皮，以请和诸戎。		晋侯曰："戎狄无亲而贪，不如伐之。"魏绛曰："诸侯新服，陈新来和，将观于我，我德则睦，否则携贰。劳师于戎，而楚伐陈，必弗能救，是弃陈也，诸华必叛。戎，禽兽也，获戎失华，无乃不可乎？公曰："然则莫如和戎乎？"对曰："和戎有五利焉：戎狄荐居，贵货易土，土可贾焉，一也。边鄙不耸，民狎其野，稼人成功，二也。戎狄事晋，四邻振动，诸侯威怀，三也。以德绥戎，师徒不勤，甲兵不顿，四也。鉴于后羿，而用德度，远至迩安，五也。君其图之！"公说，使魏绛盟诸戎，修民事，田以时。	论述

序号	时间	事件	原因	结果	备注
37	鲁襄公五年 （公元前 568 年）	王使王叔陈生愬戎于晋，晋人执之。士匄如京师，言王叔之贰于戎也。			诉讼
38	鲁襄公十一年 （公元前 562 年）	晋侯以乐之半赐魏绛	曰："子教寡人和诸戎狄，以正诸华。八年之中，九合诸侯，如乐之和，无所不谐。请与子乐之。"	辞曰："夫和戎狄，国之福也！八年之中，九合诸侯，诸侯无慝，君之灵也，二三子之劳也，臣何力之有焉？抑臣愿君安其乐而思其终也！《诗》曰：'乐只君子，殿天子之邦。乐只君子，福禄攸同。便蕃左右，亦是帅从。'夫乐以安德，义以处之，礼以行之，信以守之，仁以厉之，而后可以殿邦国，同福禄，来远人，所谓乐也。《书》曰：'居安思危。'思则有备，有备无患，敢以此规。"公曰："子之教，敢不承命。抑微子，寡人无以待戎，不能济河。夫赏，国之典也，藏在盟府，不可废也，子其受之！"魏绛于是乎始有金石之乐，礼也。	论述
39	鲁襄公十四年 （公元前 559 年）	将执戎子驹支	范宣子亲数诸朝，曰："来！姜戎氏！将执戎子驹支，范宣子亲数诸朝，曰：'来！姜戎氏！昔秦人迫逐乃祖吾离于瓜州，乃祖吾离被苫盖、蒙荆棘以来归我先君，我先君惠公有不腆之田，与女剖分而食之。今诸侯之事我寡君不如昔者，盖言语漏泄，则职女之由。诘朝之事，尔无与焉。与，将执女。'"	对曰："昔秦人负恃其众，贪于土地，逐我诸戎。惠公蠲其大德，谓我诸戎，是四岳之裔胄也，毋是翦弃。赐我南鄙之田，狐狸所居，豺狼所嗥。我诸戎除翦其荆棘，驱其狐狸豺狼，以为先君不侵不叛之臣，至于今不贰。昔文公与秦伐郑，秦人窃与郑盟，而舍戍焉，于是乎有殽之师。晋御其	论述

（续表）

序号	时间	事件	原因	结果	备注
				上，戎亢其下，秦师不复，我诸戎实然。譬如捕鹿，晋人角之，诸戎掎之，与晋踣之，戎何以不免？自是以来，晋之百役，与我诸戎相继于时，以从执政，犹殽志也。岂敢离遏？今官之师旅，无乃实有所阙，以携诸侯，而罪我诸戎！我诸戎饮食衣服，不与华同，贽币不通，言语不达，何恶之能为？不与于会，亦无瞢焉！"赋《青蝇》而退。宣子辞焉，使即事于会，成恺悌也。于是，子叔齐子为季武子介以会，自是晋人轻鲁币，而益敬其使。	
40	鲁昭公四年（公元前 538 年）	周幽为大室之盟，戎狄叛之。			追忆
41	鲁昭公九年（公元前 533 年）	周甘人与晋阎嘉争阎田。晋梁丙、张趯率阴戎伐颍。	周甘人与晋阎嘉争阎田	王使詹桓伯辞于晋曰："先王居檮杌于四裔，以御螭魅，故允姓之奸，居于瓜州，伯父惠公归自秦，而诱以来，使逼我诸姬，入我郊甸，则戎①焉取之。戎有中国，谁之咎也？后稷封殖天下，今戎制之，不亦难乎？伯父图之。我在伯父，犹衣服之有冠冕，木水之有本原，民人之有谋主也。伯父若裂冠毁冕，拔本塞原，专弃谋主，虽戎狄其何有余一人？"王有姻丧，使赵成如周吊，且致阎田与襚，反颍俘。王亦使宾滑执甘大夫襄以说于晋，晋人礼而归之。	战争

---

①　日本学者平势隆郎认为此处讨论的"戎"是陆浑戎。详见 ［日］平势隆郎：《从城市国家到中华：殷周 春秋 战国》，周洁译，桂林：广西师范大学出版社，2014 年，第 120 页。

（续表）

序号	时间	事件	原因	结果	备注
42	鲁昭公十五年（公元前527年）	晋居深山，戎狄之与邻，而远于王室。王灵不及，拜戎不暇，其何以献器？……唐叔受之以处参虚，匡有戎狄。			论述
43	鲁昭公十六年（公元前526年）	十有六年春，楚子诱戎蛮子杀之。①	楚子闻蛮氏之乱也，与蛮子之无质也，使然丹诱戎蛮子嘉杀之，遂取蛮氏。既而复立其子焉，礼也。	楚子闻蛮氏之乱也，与蛮子之无质也，使然丹诱戎蛮子嘉杀之，遂取蛮氏。既而复立其子焉，礼也。	战争
44	鲁昭公十七年（公元前525年）	八月，晋荀吴帅师灭陆浑之戎。②	九月丁卯，晋荀吴帅师涉自棘津，使祭史先用牲于洛。陆浑人弗知，师从之。庚午，遂灭陆浑，数之以其贰于楚也。陆浑子奔楚，其众奔甘鹿。	九月丁卯，晋荀吴帅师涉自棘津，使祭史先用牲于洛。陆浑人弗知，师从之。庚午，遂灭陆浑，数之以其贰于楚也。陆浑子奔楚，其众奔甘鹿。	战争
45	鲁昭公二十二年（公元前520年）	冬十月丁巳，晋籍谈、荀跞帅九州之戎及焦、瑕、温、原之师，以纳王于王城。			战争
46	鲁哀公四年（公元前491年）	晋人执戎蛮子赤归于楚③	单浮余围蛮氏，蛮氏溃。蛮子赤奔晋阴地。司马起丰、析与狄戎，以临上雒。	士蔑请诸赵孟。赵孟曰："晋国未宁，安能恶于楚，必速与之。"士蔑乃致九州之戎。将裂田以与蛮子而城之，且将为之卜。蛮子听卜，遂执之，与其五大夫，以畀楚师于三户。司马致邑，立宗焉，以诱其遗民，而尽俘以归。	战争

———————

① 《公羊传》认为："楚子何以不名？夷狄相诱，君子不疾也。曷为不疾？若不疾，乃疾之也。"

② 《公羊传》认为："八月，晋荀吴帅师灭贲浑戎。"

③ 《公羊传》认为："晋人执戎曼子赤归于楚。赤者何？戎曼子之名也。其言归于楚何？子北宫子曰：'辟伯晋而京师楚也。'"

（续表）

序号	时间	事件	原因	结果	备注
47	鲁哀公十七年（公元前478年）	公入于戎州己氏	初，公登城以望，见戎州。问之，以告。公曰："我姬姓也，何戎之有焉？"翦之。公使匠久。公欲逐石圃，未及而难作。辛巳，石圃因匠氏攻公，公阖门而请，弗许。逾于北方而队，折股。戎州人攻之，大子疾、公子青逾从公，戎州人杀之。初，公自城上见己氏之妻发美，使髡之，以为吕姜髢。既入焉，而示之璧，曰："活我，吾与女璧。"己氏曰："杀女，璧其焉往？"	遂杀之而取其璧。卫人复公孙般师而立之。十二月，齐人伐卫，卫人请平。立公子起，执般师以归，舍诸潞。	复仇

表七　《国语》所见戎一览表

序号	出处	时间	原　文	戎所指	备注
1	周语上	西周，穆王十二年	穆王将征犬戎，祭公谋父谏曰："不可……其有以御我矣！"王不听，遂征之，得四白狼，四白鹿以归。自是荒服者不至。	犬戎	战争
2	周语上	西周，宣王三十九年	王不听。三十九年，战于千亩，王师败绩于姜氏之戎。	姜氏之戎	战争
3	周语中	春秋，周襄王十七年	王至自郑，以阳樊赐晋文公。阳人不服，晋侯围之。仓葛呼曰："夫三军之所寻，将蛮、夷、戎、狄之骄逸不虔，于是乎致武。"	泛称	论述
4	周语中	春秋，周定王十四年	晋侯使随会聘于周，定王享之肴烝，原公相礼。范子私于原公，曰："吾闻王室之礼无毁折，今此何礼也？"王见其语，召原公而问之，原公以告。王召士季，曰："且唯戎、狄则有体荐。夫戎、狄，冒没轻儳，贪而不让。其血气不治，若禽兽焉。其适来班贡，不俟馨香嘉味，故坐诸门外，而使舌人体委与之。女今我王室之一二兄弟，以时相见，将和协典礼，以示民训则，无亦择其柔嘉，选其馨香，洁其酒醴，品其百笾，修其簠簋，奉其牺象，出其樽彝，陈其鼎俎，净其巾幂，敬其袚除，体解节折而共饮食之。于是乎有折俎加豆，酬币宴货，以示容合好，胡有孑然其郊戎、狄也？"	泛称	论述

（续表）

序号	出处	时间	原　文	戎所指	备注
5	齐语	春秋，齐桓公时期	即位数年，东南多有淫乱者，莱、莒、徐夷、吴、越，一战帅服三十一国。遂南征伐楚，济汝，逾方城，望汶山，使贡丝于周而反。荆州诸侯莫敢不来服。遂北伐山戎，刜令支、斩孤竹而南归。海滨诸侯莫敢不来服。	山戎	论述
6	齐语	春秋，齐桓公时期	通七国之鱼盐于东莱，使关市几而不征，以为诸侯利，诸侯称广焉。筑葵兹、晏、负夏、领釜丘，以御戎狄之地，所以禁暴于诸侯也；筑五鹿、中牟、盖与、牡丘，以卫诸夏之地，所以示权于中国也。	泛称	论述
7	晋语一	春秋，晋献公五年	献公卜伐骊戎，史苏占之，曰：'胜而不吉。'公曰：'何谓也？'对曰：'遇兆，挟以衔骨，齿牙为猾，戎、夏交捽。交捽，是交胜也，臣故云。且惧有口，携民，国移心焉。'公曰：'何口之有！口在寡人，寡人弗受，谁敢兴之？'对曰：'苟可以携，其入也必甘受，逞而不知，胡可壅也？'公弗听，遂伐骊戎，克之。获骊姬以归，有宠，立以为夫人。	（1）骊戎 （2）泛称	论述
8	晋语一	春秋，晋献公五年	饮酒出，史苏告大夫曰："有男戎必有女戎。若晋以男戎胜戎，而戎亦必以女戎胜晋，其若之何！'里克曰：'何如？'史苏曰：'周幽王伐有褒，褒人以褒姒女焉，褒姒有宠，生伯服，于是乎与虢石甫比，逐太子宜臼而立伯服。太子出奔申。申人、鄫人召西戎以伐周。周于是乎亡。今晋寡德而安俘女，又增其宠，虽当三季之王，不亦可乎？……诸夏从戎，非败而何？从政者不可以不戒，亡无日矣！"	（1）兵 （2）西戎① （3）泛称	论述
9	晋语二	春秋，晋献公二十六年	宰孔谓其御曰：'晋侯将死矣！景霍以为城，而汾、河、涑、浍以为渠，戎、狄之民实环之。汪是土也，苟违其违，谁能惧之！今晋侯不量齐德之丰否，不度诸侯之势，释其闭修，而轻于行道，失其心矣。君子失心，鲜不夭昏。'是岁也，献公卒。	泛称	论述

———————

① 《国语》载："申人、鄫人召西戎以伐周。"《竹书纪年》幽王十一年却载："申人、鄫人及犬戎入宗周，弑王及郑桓公。犬戎杀王子伯服。执褒姒以归。"可知，西戎在春秋战国之际是可与犬戎通用的。

（续表）

序号	出处	时间	原　文	戎所指	备注
10	晋语四	春秋，晋文公二、三年	冬，襄王避昭叔之难，居于郑地氾。使来告难，亦使告于秦。子犯曰：'民亲而未知义也，君盍纳王以教之义。若不纳，秦将纳之，则失周矣，何以求诸侯？不能修身而又不能宗人，人将焉依？继文之业，定武之功，启土安疆，于此乎在矣！君其务之。'公说，乃行赂于草中之戎与丽土之狄，以启东道。	草中之戎，蒙文通认为是北戎①；丽土之狄，顾颉刚认为即是骊戎②。	行贿
11	晋语七	春秋，晋悼公五年	公誉达于戎。五年，诸戎来请服，使魏庄子盟之，于是乎始复霸。	泛称	盟会
12	晋语七	春秋，晋悼公五年	五年，无终子嘉父使孟乐因魏庄子纳虎豹之皮以和诸戎。公曰：'戎、狄无亲而好得，不若伐之。'魏绛曰：'劳师于戎，而失诸华，虽有功，犹得兽而失人也，安用之？且夫戎、狄荐处，贵货而易土。予之货而获其土，其利一也；边鄙耕农不儆？其利二也；戎、狄事晋，四邻莫不震动，其利三也。君其图之！'公说，故使魏绛抚诸戎，于是乎遂伯。	泛称	论述
13	晋语七	春秋，晋悼公十二年（公元前561）③	十二年，公锡魏绛女乐一八、歌锺一肆，曰：'子教寡人和诸戎、狄而正诸华，于今八年，七合诸侯，寡人无不得志，请与子共乐之。'魏绛辞曰：'夫和戎、狄，君之幸也。八年之中，七合诸侯，君之灵也。二三子之劳也，臣焉得之？'公曰：'微子，寡人无以待戎，无以济河，二三子何劳焉！子其受之。'君子曰：'能志善也。'	泛称	论述
14	晋语八	春秋，大约为公元前599—公元前568间	叔向见韩宣子，宣子忧贫，叔向贺之，宣子曰：'吾有卿之名，而无其实，无以从二三子，吾是以忧，子贺我何故？'对曰：'昔栾武子无一卒之田，其宫不备其宗器，宣其德行，顺其宪则，使越于诸侯，诸侯亲之，戎、狄怀之，以正晋国，行刑不疚，以免于难。	泛称	论述

①　蒙文通：《周秦少数民族研究》，上海：龙门联合书局，1958年，第68、69页。

②　顾颉刚认为："草中之戎与丽土之狄所在的确实地点虽不可得而详，但说以启东道，则必在晋都的东面可知。草中之戎与丽土之狄所居地必在析城、王屋一带。丽土之狄即是骊戎。古人字体或繁或简，本无定式。"（顾颉刚：《从古籍中探索我国的西部民族——羌族》，《社会科学战线》1980年第1期。）

③　《左传》记载此事为鲁襄公十一年（公元前562年）。

（续表）

序号	出处	时间	原　文	戎所指	备注
15	郑语	西周，周幽王八年	桓公为司徒，甚得周众与东土之人，问于史伯曰：'王室多故，余惧及焉，其何所可以逃死？'史伯对曰：'王室将卑，戎、狄必昌，不可偪也。当成周者，南有荆、蛮、申、吕、应、邓、陈、蔡、随、唐；北有卫、燕、狄、鲜虞、潞、洛、泉、徐、蒲；西有虞、虢、晋、隗、霍、杨、魏、芮；东有齐、鲁、曹、宋、滕、薛、邹、莒；是非王之支子母弟甥舅也，则皆蛮、荆、戎、狄之人也。非亲则顽，不可入也。其济、洛、河、颍之间乎！	泛称	论述
16	郑语	西周，周幽王八年	申、缯、西戎方彊，王室方骚，将以纵欲，不亦难乎？王欲杀太子以成伯服，必求之申，申人弗畀，必伐之。若伐申，而缯与西戎会以伐周，周不守矣！缯于西戎方将德申，申、吕方彊，其隩爱太子亦必可知也，王师若在，其救之亦必然矣。王心怒矣，虢公从矣，凡周存亡，不三稔矣！	西戎	论述
17	楚语上	春秋，楚庄王，大约公元前631—前591年间	庄王使士亹傅太子箴，辞曰：'臣不才，无能益焉。'曰：'赖子之善善之也。'对曰：'夫善在太子，太子欲善，善人将至；若不欲善，善则不用。故尧有丹朱，舜有商均，启有五观，汤有太甲，文王有管、蔡。是五王者，皆有元德也，而有奸子。夫岂不欲其善，不能故也。若民烦，可教训。蛮、夷、戎、狄，其不宾也久矣，中国所不能用也。'王卒使傅之。	泛称	论述
18	吴语	春秋，吴王夫差十四年	吴王亲对之曰："天子有命，周室卑约，贡献莫入，上帝鬼神而不可以告。无姬姓之振也，徒遽来告。孤日夜相继，匍匐就君，君今非王室不平安是忧，亿负晋众庶，不式诸戎、狄、楚、秦。"	泛称	论述

表八　诸子典籍所见戎一览表

序号	出处	成书时代	原　文	戎指	备注
1	《晏子春秋》	战国中期以后、末期之前①	晏子曰："婴闻与君异。今夫胡貉戎狄之蓄狗也，多者十有余，寡者五六，然不相害伤。"	泛称	戎人养狗
2	《韩非子·十过》	战国末期	昔者桀为有戎之会而有缗叛之，纣为黎丘之蒐而戎、狄叛之，由无礼也。	泛称	

① 陈涛译注：《晏子春秋》，北京：中华书局，2007年，前言，第4页。

（续表）

序号	出处	成书时代	原　　文	戎指	备注
3	《韩非子·十过》	战国末期	昔者，戎王使由余聘于秦……由余出，公乃召内史廖而告之曰："寡人闻邻国有圣人，敌国之忧也。今由余圣人也，寡人患之，吾将奈何？"内史廖曰："臣闻戎王之居、僻陋而道远，未闻中国之声，君其遗之女乐以乱其政，而后为由余请期，以疏其谏，彼君臣有间而后可图也。"君曰："诺。"乃使史廖以女乐二八遗戎王，因为由余请期，戎王许诺。见其女乐而说之，设酒张饮，日以听乐，终岁不迁，牛马半死。由余归，因谏戎王，戎王弗听，由余遂去之秦。秦穆公迎而拜之上卿，问其兵势与其地形；既已得之，举兵而伐之，兼国十二，开地千里。	义渠或緜诸	戎人所处偏僻；爱好喝酒，迁徙生活；畜养牛马。
4	《韩非子·五蠹》	战国末期	古者文王处丰、镐之间，地方百里，行仁义而怀西戎，遂王天下。	西戎	
5	《荀子·强国篇》	汉刘向整理而成	今秦南乃有沙羡与俱，是乃江南也，北与胡、貉为邻，西有巴、戎，东在楚者乃界于齐。	泛指	在秦之西依然有戎
6	《荀子·正论篇》	—	故诸夏之国同服同仪，蛮、夷、戎、狄之国同服不同制。封内甸服，封外侯服，侯卫宾服，蛮夷要服，戎狄荒服。甸服者祭，侯服者祀，宾服者享，要服者贡，荒服者终王。日祭、月祀、时享、岁贡、终王，夫是之谓视形执而制械用，称远近而等贡献；是王者之制也。	泛称	四夷同服不同制；蛮夷要服，戎狄荒服；可见对戎狄的控制力较弱。
7	《列子·仲尼》	《列子》成书时间有战国说、秦汉说、魏晋说等观点，现魏晋说占主流。	龙叔曰："吾乡誉不以为荣，国毁不以为辱；得而不喜，失而弗忧；视生如死；视富如贫；视人如豕；视吾如人。处吾之家，如逆旅之舍；观吾之乡，如戎蛮之国。"	泛称	
8	《列子·汤问》	—	禹之治水土也，迷而失途，谬之一国。滨北海之北，不知距齐州几千万里，其国名曰终北，不知际畔之所齐限。无风雨霜露，不生鸟兽、虫鱼、草木之类……人性婉而从物，不竞不争。柔心而弱骨，不骄不忌；长幼侪居，不君不臣；男女杂游，不媒不聘；缘水而居，不耕不稼。土气温适，不织不衣，百年而死，不夭不病。其民孳阜亡数，有喜乐，亡衰老哀苦。其俗好声，相携而迭谣，终日不辍音……管仲勉齐桓公因游辽口，俱之其国。几克举，隰朋谏曰："君舍齐国之广，人民之众，山川之观，殖物之阜，礼义之盛，章服之美；妖靡盈庭，忠良满朝。肆咤则徒卒百万，视撝则诸侯从命，亦奚羡美于彼而弃齐国之社稷，从戎夷之国乎？此仲父之耄，奈何从之？"	泛称	此处戎之概念已经很大了，凡是外邦，无论其好坏或侵略好战，均可称之为戎。

399

（续表）

序号	出处	成书时代	原　　文	戎指	备注
9	《列子·汤问》	—	秦之西有仪渠之国者，其亲戚死。聚柴积而焚之。燻则烟上，谓之登遐，然后成为孝子。此上以为政，下以为俗。而未足为异也。	义渠	丧葬习俗
10	《列子·汤问》	—	周穆王大征西戎，西戎献锟铻之剑，火浣之布。其剑长尺有咫，练钢赤刃，用之切玉如切泥焉。火浣之布，浣之必投于火；布则火色，垢则布色；出火而振之，皓然疑乎雪。皇子以为无此物，传之者妄。萧叔曰："皇子果于自信，果于诬理哉！"	西戎	实为征伐犬戎，西戎在此替代了犬戎，与《国语》同。此外，也显示出犬戎手工业技术的发达。
11	《列子·杨朱》	—	昔人有美戎菽，甘枲茎芹萍子者，对乡豪称之。乡豪取而尝之，蜇于口，惨于腹，众哂而怨之，其人大惭。	豆的一种	戎菽原为山戎所产，有大豆、蚕豆、胡豆不同的解释。由此观之，此项种植已经扩展，且为下层民众所食。知《管子·戒》所载"北伐山戎，出冬葱与戎叔，布之天下"不假。
12	《墨子·节葬》	战国时期①	昔者尧北教乎八狄，道死，葬蛩山之阴。衣衾三领，穀木之棺，葛以缄之，既氾而后哭，满埳无封。已葬，而牛马乘之。舜西教乎七戎②，道死，葬南己之市。衣衾三领，穀木之棺，葛以缄之。已葬，而市人乘之。禹东教乎九夷，道死，葬会稽之山。衣衾三领，桐棺三寸，葛以缄之，绞之不合，通之不坎，土地之深，下毋及泉，上毋通臭。既葬，收馀壤其上，垄若参耕之亩，则止矣。	泛指	此记载属于追忆性质，可靠性很受怀疑，因为《史记·五帝本纪》载："（舜）践帝位三十九年，南巡狩，崩於苍梧之野。葬於江南九疑，是为零陵。"③也即是舜死于"南巡狩"而非"西教乎七戎"。

① 朱凤瀚、徐勇：《先秦史研究概要》，天津：天津教育出版社，1996年，第50页。

② 《北堂书钞》、《太平御览》作犬戎（《墨子校注》，北京：中华书局，1993年，第283页）。

③ （西汉）司马迁：《史记》，北京：中华书局，1959年，第44页。

（续表）

序号	出处	成书时代	原　　文	戎指	备注
13	《管子·大匡》	孔子时代以前①	桓公乃北伐令支，下凫之山，斩孤竹，遇山戎。	山戎	遇，作"过"或"遏"。②郭沫若认为："过"或"遇"均当是"遏"字之误，"遏"谓抑制之也。③
14	《管子·小匡》	汉以后④	北伐山戎，制泠支，斩孤竹，而九夷始听。海滨诸侯，莫不来服。西征，攘白狄之地，遂至于西河。方舟投柎，乘桴济河，至于石沈，县车束马，逾大行。与卑耳之貉，拘秦夏。西服流沙西虞，而秦戎始从。故兵一出而大功十二。故东夷、西戎、南蛮、北狄、中国诸侯，莫不宾服……余乘车之会三，兵车之会六，九合诸侯，一匡天下。北至于孤竹、山戎……筑蔡、鄢陵、培夏、灵父丘，以卫⑤戎狄之地，所以禁暴于诸侯也。筑五鹿、中牟、邺、盖与、社丘，以卫诸夏之地，所以示劝于中国也。	山戎；秦戎；西戎	秦戎，秦地之戎。
15	《管子·戒》	战国时期⑥	北伐山戎，出冬葱与戎叔，布之天下。	山戎	山戎物产冬葱、戎叔⑦。戎叔即戎菽，冬葱，林圃认为是寒葱。⑧
16	《管子·封禅》	战国时期⑨	寡人北伐山戎，过孤竹。	山戎	
17	《吕氏春秋·当染》	战国末期	夏桀染於干辛、岐踵戎。	人名	

---

①　牛力达：《〈管子〉成书年代之我见》，《中国经济问题》1982年第3期。
②　《管子校注》，北京：中华书局，2004年，第367页。
③　《管子集校》，北京：科学出版社，1956年，第289页。
④　牛力达：《〈管子〉成书年代之我见》，《中国经济问题》1982年第3期。
⑤　安井衡云"卫"字不可通，应作"御"，黎翔凤认为"卫"有戍守之意，安井误解。（《管子校注》，北京：中华书局，2004年，第443页。）
⑥　朱凤瀚、徐勇：《先秦史研究概要》，天津：天津教育出版社，1996年，第53页。
⑦　周自强主编的《中国经济通史》认为："戎菽是东北少数族山戎所培育出的一个大豆品种，春秋初期传入中原地区而广泛种植。"（北京：光明日报出版社，2000年，第1492页。）
⑧　《管子集校》，北京：科学出版社，1956年，第438页。
⑨　朱凤瀚、徐勇：《先秦史研究概要》，天津：天津教育出版社，1996年，第53页。

（续表）

序号	出处	成书时代	原　　文	戎指	备注
18	《吕氏春秋·用众》	战国末期	戎人生乎戎、长乎戎而戎言，不知其所受之；楚人生乎楚、长乎楚而楚言，不知其所受之。今使楚人长乎戎，戎人长乎楚，则楚人戎言，戎人楚言矣。	泛称	在战国，人们对戎人的语言称为"戎言"，对其来源已是不可知，"不知其所受之"
19	《吕氏春秋·义赏》	战国末期	奸伪贼乱贪戾之道兴，久兴而不息，民之雠之若性，戎、夷、胡、貉、巴、越之民是以。虽有厚赏严罚弗能禁……秦胜於戎，而败乎殽；楚胜於诸夏，而败乎柏举。	泛称	具有贬义
20	《吕氏春秋·不广》	战国末期	文公听之，遂与草中之戎、骊土之翟，定天子于成周。	详见《国语》所见戎研究	《国语·晋语四》载："乃行赂于草中之戎与丽土之狄，以启东道。"没有说与草中之戎、丽土之狄合作"定天子于成周。"
21	《吕氏春秋·知接》	战国末期	戎人见暴布者而问之曰："何以为之莽莽也？"指麻而示之。怒曰："孰之壤壤也，可以为之莽莽也！"故亡国非无智士也，非无贤者也，其主无由接故也。	所指不明	具有贬义，强调戎人智力不及，不识麻布，间接说明戎人衣物与华夏不同，推测以皮毛为主。
22	《吕氏春秋·疑似》	战国末期	周宅酆、镐，近戎人。与诸侯约：为高葆祷於王路，置鼓其上，远近相闻。即戎寇至，传鼓相告，诸侯之兵皆至，救天子。戎寇当至，幽王击鼓，诸侯之兵皆至，褒姒大说，喜之。幽王欲褒姒之笑也，因数击鼓，诸侯之兵数至而无寇。至於后戎寇真至，幽王击鼓，诸侯兵不至，幽王之身乃死於丽山之下，为天下笑。	泛称	透露出戎人的主要分布位置在今天的陕西省；戎人来侵，则击鼓以闻，说明当时建立了一套对戎人的预警体系，《史记》所载是烽火以闻①。

① 《史记》"烽火说"受到越来越多的怀疑，钱穆认为："史公言幽王宠褒姒，褒姒不好笑，幽王举烽，诸侯悉至，至而无寇，褒姒乃大笑；幽王为之数举烽。及犬戎之，举烽，诸侯救不至，遂杀幽王。此委巷小人之谈。诸侯兵不能见烽同至，至而闻无寇，亦必休兵信宿而去，此有何可笑？举烽传警，乃汉人备匈奴事耳。骊山之役，由幽王举兵讨申，更不需举烽。史公对此番事变，大段不甚了了也。"（《国史大纲》，北京：商务印书馆，1996 年，第 48 页）近人又从简帛中证明了太史公所言错误，如《清华大学推翻〈史记〉部分记载'周幽王烽火戏诸侯'只是'小说家言'》（《黑龙江晨报》2012 年 1 月 16 日）。

（续表）

序号	出处	成书时代	原　　文	戎指	备注
23	《吕氏春秋·求人》	战国末期	北至人正之国，夏海之穷，衡山之上，犬戎之国，夸父之野，禹强之所，积水、积石之山。	犬戎	大禹之时，犬戎已经存在，不在西而在北。
24	《吕氏春秋·壅塞》	战国末期	秦缪公时，戎强大。秦缪公遗之女乐二八与良宰焉。戎主大喜，以其故数饮食，日夜不休。左右有言秦寇之至者，因扞弓而射之。秦寇果至，戎主醉而卧於樽下，卒生缚而擒之。未擒则不可知，已擒则又不知。虽善说者，犹若此何哉？	义渠或縣诸	爱好喝酒
25	《吕氏春秋·不苟》	战国末期	秦缪公见戎由余，说而欲留之，由余不肯。缪公以告蹇叔。蹇叔曰："君以告内史廖。"内史廖对曰："戎人不达於五音与五味，君不若遗之。"缪公以女乐二八人与良宰遗之。戎王喜，迷惑大乱，饮酒昼夜不休。由余骤谏而不听，因怒而归缪公也。蹇叔非不能为内史廖之所为也，其义不行也。缪公能令人臣时立其正，故雪殽之耻，而西至河雍也……今缪公乡之矣。其霸西戎，岂不宜哉？	义渠或縣诸；西戎	戎人社会确与华夏有所差距"不达於五音与五味"
26	《吕氏春秋·慎小》	战国末期	卫庄公立，欲逐石圃。登台以望，见戎州，而问之曰："是何为者也？"侍者曰："戎州也。"庄公曰："我姬姓也，戎人安敢居国？"使夺之宅，残其州。晋人适攻卫，戎州人因与石圃杀庄公，立公子起。	所指不明	戎州，乃戎人居住的城邑，说明戎人并非完全游牧，有一些部落是定居生活的，种植业应有分布。

表九　先秦戎族大事年表

1. 尧十六年，渠搜氏来宾。

2. 尧七十六年，司空伐曹魏之戎，克之。

3. 商太戊二十六年，西戎来宾，王使王孟聘西戎。

4. 商阳甲三年，西征丹山戎。

5. 武丁时期，天妪命说伐失仲。失仲是生子，生二戊豕。失仲卜曰："我其杀之，""我其已，勿杀。"勿杀是吉。失仲违卜，乃杀一豕。说于围伐失仲，一豕乃旋保以逝，妪践，邑人皆从。一豕随仲之自行，是为赦俘之戎。

6. 商祖甲十二年，征西戎。冬，王返自西戎。

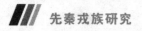
7. 商祖甲十三年，祖甲十三年，西戎来宾。

8. 商武乙三十五年，周公季历伐西落鬼戎。

9. 商文丁二年，周公季历伐燕京之戎，败绩。

10. 商文丁四年，周公季历伐余无之戎，克之，命为牧师。

11. 商文丁七年，周公季历伐始呼之戎，克之。

12. 商文丁十一年，周公季历伐翳徒之戎，获其三大夫，来献捷。

13. 周成王十三年，王师会齐侯、鲁侯伐戎。

14. 周成王三十年，离戎来宾。

15. 周成王时，成王伐商盖，杀飞廉，西迁商盖之民于朱圉，以御奴虘之戎，是秦之先，世作周厄。

16. 周穆王八年，北唐来宾，献一骊马，是生騄耳。

17. 周穆王十二年，毛公班、井公利、逢公固帅师从王伐犬戎。冬十月，王北巡狩，遂征犬戎。

18. 周穆王十三年，秋七月，西戎来宾徐戎侵洛。

19. 周穆王十四年，王帅楚子伐徐戎，克之。

20. 周穆王十七年，秋八月，迁戎于太原。王北征，行流沙千里，积羽千里。征犬戎、取其五王以东。

21. 周懿王七年，西戎侵镐。

22. 周懿王二十一年，虢公帅师北伐犬戎，败逋。

23. 周孝王元年，命申侯伐西戎。

24. 周孝王五年，西戎来献马。

25. 周夷王七年，虢公帅师伐太原之戎，至于俞泉，获马千匹。

26. 周厉王十一年，西戎入于犬丘。

27. 周厉王十四年，玁狁侵宗周西鄙。

28. 周宣王三年（公元前825），王命大夫仲伐西戎。

29. 周宣王五年（公元前823），夏六月，尹吉甫帅师伐玁狁，至于太原。

30. 周宣王六年（公元前822），王帅师伐徐戎，皇父、休父从王伐徐戎，次于淮。西戎杀秦仲。

31. 周宣王乃召庄公昆弟五人，与兵七千人，使伐西戎，破之。

32. 周宣王三十三年（公元前795），王师伐太原之戎，不克。

33. 周宣王三十八年（公元前790），王师及晋穆侯伐条戎、奔戎，王师败逋。

34. 周宣王三十九年（公元前789），王师伐姜戎，战于千亩，王师败逋。

35. 周宣王四十年（公元前788），料民于太原。戎人灭姜邑。晋人败北戎于汾隰。

36. 周宣王四十一年（公元前787），王征申戎，破之。

37. 周幽王四年（公元前778），秦人伐西戎。

38. 周幽王六年（公元前776），王命伯士帅师伐六济之戎，王师败逋。

39. 周幽王六年（公元前776），西戎灭盖。

40. 周幽王九年（公元前773），申侯聘西戎及鄫。

（续表）

41. 周幽王十一年（公元前 771），王与伯盘逐平王，平王走西申。幽王起师，围平王于西申，申人弗畀。缯人乃降西戎，以攻幽王，幽王及伯盘乃灭，周乃亡。

42. 周幽王时，周幽为大室之盟，戎狄叛之。

43. 公元前 766 年，秦襄公帅师伐戎，卒于师。

44. 公元前 753 年，秦文公大败戎师于岐，来归岐东之田。

45. 公元前 721 年，公（鲁隐公）会戎于潜，修惠公之好也。

46. 公元前 721 年，秋八月庚辰，公（鲁隐公）及戎盟于唐。

47. 公元前 716 年，戎伐凡伯于楚丘以归。

48. 公元前 714 年，秋，北戎侵郑，郑伯御之。

49. 公元前 710 年，公（鲁桓公）及戎盟于唐。

50. 公元前 707 年，戎人逆芮伯万于郊。

51. 公元前 706 年，夏，北戎伐齐。

52. 公元前 699 年，春，楚屈瑕伐罗，罗与卢戎两军之。大败之。莫敖缢于荒谷，群帅囚于冶父以听刑。

53. 公元前 676 年，夏，鲁庄公追戎①于济西，不言其来，讳之也。

54. 公元前 674 年，冬，齐人伐戎。

55. 公元前 6＊＊年②，晋献公娶于贾，无子。烝于齐姜，生秦穆夫人及大子申生。又娶二女于戎，大戎狐姬生重耳，小戎子生夷吾。

56. 公元前 672 年，晋伐骊戎。

57. 公元前 670 年，冬，戎侵曹。

58. 公元前 668 年，春，公（鲁庄公）伐戎。夏，公至自伐戎。

59. 公元前 664 年，冬，齐人伐山戎。

60. 公元前 663 年，六月，齐侯（齐桓公）来献戎捷。

61. 公元前 660 年，春，虢公败犬戎于渭汭。

62. 公元前 658 年，虢公败戎于桑田。③

63. 公元前 650 年，夏，齐侯、许男伐北戎。

64. 公元前 649 年，夏，扬、拒、泉、皋、伊、洛之戎同伐京师，入王城，焚东门。秦、晋、伐戎以救周。秋，晋侯（晋惠公）平戎于王。

65. 公元前 648 年，王（周襄王）以戎难故，讨王子带。秋，王子带奔齐。冬，齐侯使管夷吾平戎于王，使隰朋平戎于晋。

66. 公元前 638 年，秋，秦、晋迁陆浑之戎于伊川。

67. 公元前 635—公元前 634 年，公（晋文公）说，乃行略于草中之戎与丽土之狄，以启东道。

---

①　日本学者吉本道雅认为此戎为北戎。见吉本道雅：《〈史记·匈奴列伝〉疏证——上古から冒頓単于まで》，《京都大学文学部研究纪要》45，2006 年。

②　时间存疑，在晋伐骊戎之前。

③　顾栋高认为此戎为犬戎，见顾栋高：《春秋大事表》，北京：中华书局，1993 年，第 2165 页。

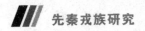

68. 公元前632—公元前631年，楚成王率诸侯以围宋伐齐，成谷，居鉏。晋文公思齐及宋之德，乃及秦师围曹及五鹿，伐卫以脱齐之戍及宋之围。楚王舍围归，居方城。令尹子玉遂率郑、卫、陈、蔡及群蛮夷之师以交文公，文公率秦、齐、宋及群戎之师以败楚师于城濮，遂朝周襄王于衡雍，献楚俘馘，盟诸侯于践土。

69. 公元前627年，夏四月辛巳，晋人及姜戎败秦师于殽。

70. 公元前624年，秦伯（秦穆公）伐晋，济河焚舟，取王官，及郊。晋人不出，遂自茅津济，封殽尸而还。遂霸西戎，用孟明也。

71. 公元前619年，公子遂会洛戎盟于暴。

72. 公元前611年，秋，戎伐楚。

73. 公元前610年，秋，周甘歜败戎于垂。

74. 公元前606年，春，楚子（楚庄王）伐陆浑之戎。

75. 公元前590年，秋，王师败绩于茅戎。

76. 公元前585年，三月，晋伯宗、夏阳说，卫孙良夫、宁相，郑人，伊、洛之戎，陆浑蛮氏侵宋，以其辞会也。

77. 公元前569年，无终子嘉父使孟乐如晋，因魏庄子纳虎豹之皮，以请和诸戎。

78. 公元前568年，王（周灵王）使王叔陈生愬戎于晋，晋人执之。

79. 公元前559年，将执戎子驹支。对曰："昔秦人负恃其众，贪于土地，逐我诸戎。惠公蠲其大德，谓我诸戎，是四岳之裔胄也，毋是翦弃。赐我南鄙之田，狐狸所居，豺狼所嗥。我诸戎除翦其荆棘，驱其狐狸豺狼，以为先君不侵不叛之臣，至于今不贰。昔文公与秦伐郑，秦人窃与郑盟而舍戍焉，于是乎有殽之师。晋御其上，戎亢其下，秦师不复，我诸戎实然。譬如捕鹿，晋人角之，诸戎掎之，与晋踣之，戎何以不免？自是以来，晋之百役，与我诸戎相继于时，以从执政，犹殽志也。岂敢离遏？今官之师旅，无乃实有所阙，以携诸侯，而罪我诸戎！我诸戎饮食衣服，不与华同，贽币不通，言语不达，何恶之能为？不与于会，亦无瞢焉！"赋《青蝇》而退。宣子辞焉，使即事于会，成恺悌也。

80. 公元前533年，周甘人与晋阎嘉争阎田。晋梁丙、张趯率阴戎伐颍。

81. 公元前526年，十有六年春，楚子（楚平王）诱戎蛮子杀之。

82. 公元前525年，八月，晋荀吴帅师灭陆浑之戎。

83. 公元前520年，冬十月丁巳，晋籍谈、荀跞帅九州之戎及焦、瑕、温、原之师，以纳王于王城。

84. 公元前491年，晋人执戎蛮子赤归于楚。

85. 公元前478年，公（鲁哀公）入于戎州己氏。

86. 公元前444年，秦国（厉共公）伐义渠，虏其王。

87. 公元前430年，义渠来伐（秦躁公），至渭南。

88. 公元前327年，秦国（惠文王）在义渠设县。

89. 公元前316年，司马错伐蜀，灭之。

90. 公元前315年，秦国（惠文王）伐取义渠二十五城。

91. 公元前310年，秦国（武王）伐义渠、丹、犁。

92. 秦昭王时（公元前306—公元前265年间），宣太后诈而杀义渠戎王于甘泉，遂起兵伐灭义渠。

图一　殷商时期戎分布图

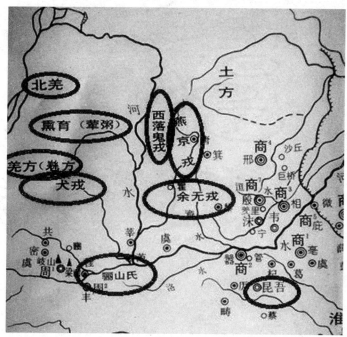

图 1[①]

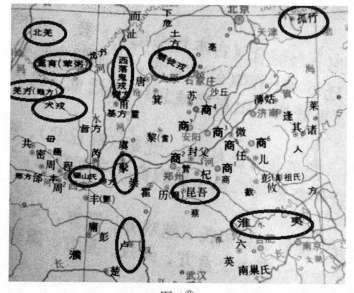

图 2[②]

---

①　白寿彝：《中国通史·上古时代》，上海：上海人民出版社，2004 年，附图。

②　谭其骧：《简明中国历史地图集》，北京：中国地图出版社，1991 年，第 7—8 页。

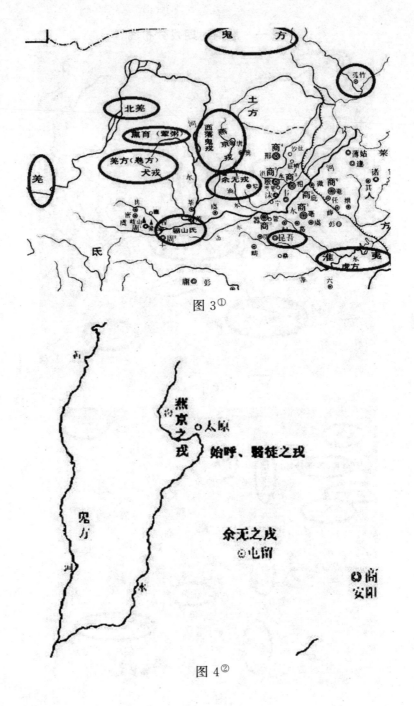

图 3[①]

图 4[②]

———————————

① 胡厚宣、胡振宇：《殷商史》，上海：上海人民出版社，2003 年，附图。

② 辛迪：《两周戎狄考》，博士学位论文，北京大学，2006 年，第 19 页。

图二　西周时期戎分布图

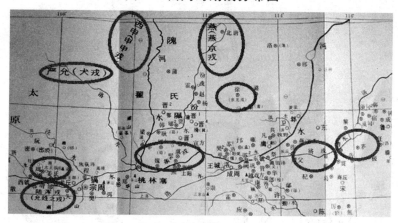

图 5[①]

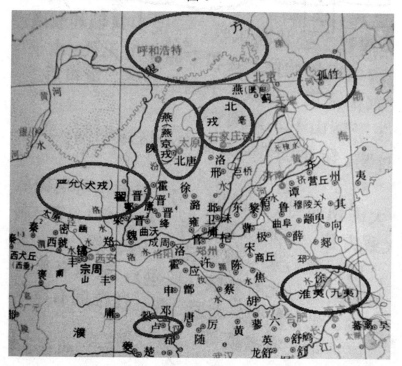

图 6[②]

①　白寿彝：《中国通史·上古时代》，上海：上海人民出版社，2004年，附图。
②　谭其骧：《简明中国历史地图集》，北京：中国地图出版社，1991年，第9—10页。

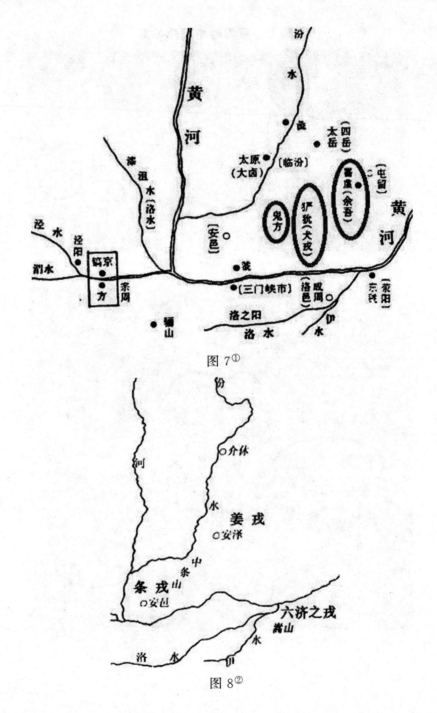

图 7①

图 8②

① 王玉哲：《中华远古史》，上海：上海人民出版社，2000年，第474页。
② 辛迪：《两周戎狄考》，博士学位论文，北京大学，2006年，第32页。

图三　春秋时期戎分布图

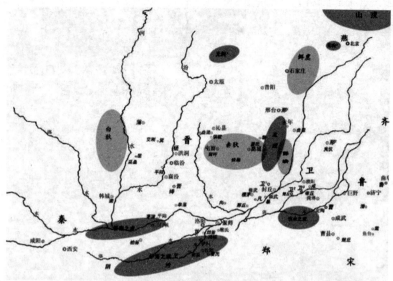

图 9[1]

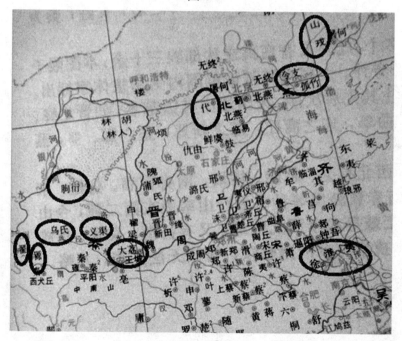

图 10[2]

① 辛迪：《两周戎狄考》，博士学位论文，北京大学，2006 年，第 170 页。
② 谭其骧：《简明中国历史地图集》，北京：中国地图出版社，1991 年，第 11—12 页。

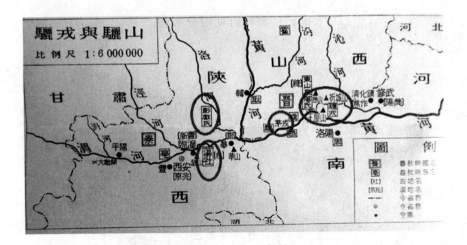

图 11[①]

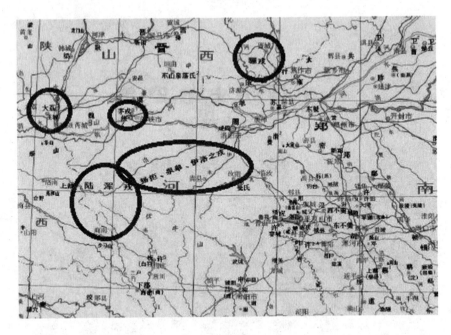

图 12[②]

①　顾颉刚：《史林杂识》，北京：中华书局，1963年，附图4。
②　谭其骧：《中国历史地图集》北京：中国地图出版社，1982年，第29—30页。

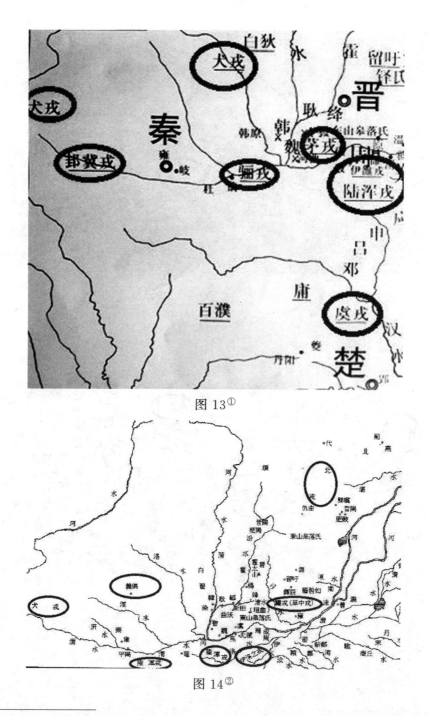

图 13①

图 14②

①　白寿彝：《中国通史·上古时代》，上海：上海人民出版社，2004 年，附图。

②　林天人：《先秦三晋区域文化研究》，台北：台湾古籍出版有限公司，2003 年，附图－西周至春秋时期戎分布。

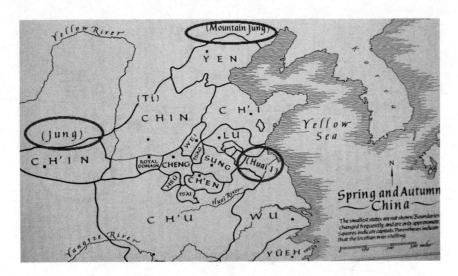

图 15①

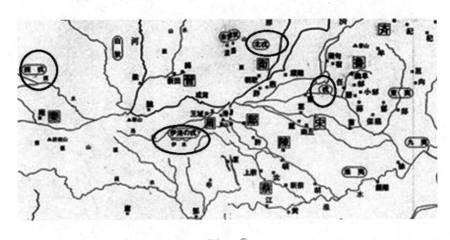

图 16②

① ［美］Herrlee G. Creel，*The Oringins of Statecraft in China：The Western Chou Empire*，Chicago：The University of Chicago Press，1970，p. 204－205.

② ［日］渡边英幸：《古代"中华"观念の形成》，东京：岩波书店，2010年，第 ix 页。

图四　战国时期戎分布图

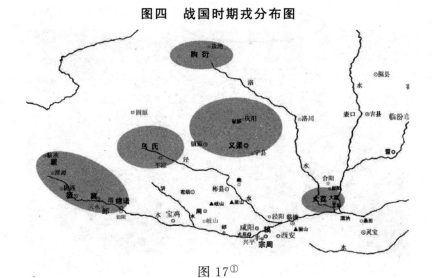

图 17[1]

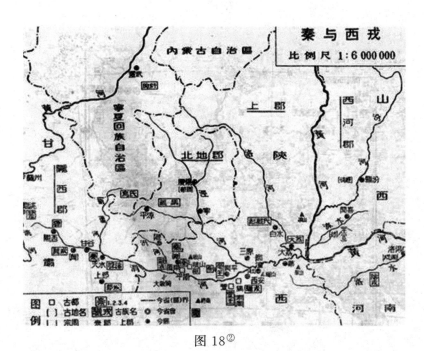

图 18[2]

①　辛迪：《两周戎狄考》，博士学位论文，北京大学，2006 年，第 71 页。
②　顾颉刚：《史林杂识》，北京：中华书局，1963 年，附图 5。

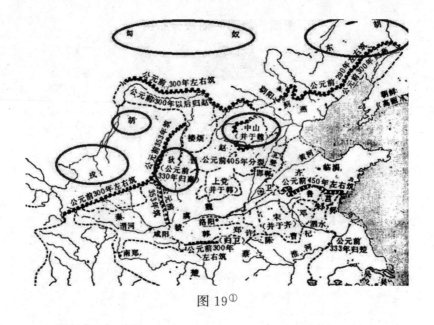

图 19①

图 20②

———————

① 公元前3世纪初各诸侯国边界略图，［英］李约瑟：《中国科学技术史》，王铃协助，袁翰青、王冰、于佳译，北京：科学出版社；上海：上海古籍出版社，1990年，第92页。
② 翦伯赞：《先秦史》，北京：北京大学出版社，1990年，第334页。

参考文献

一、著作

1. 安介生：《历史民族地理》，济南：山东教育出版社，2007 年。

C

2. 陈梦家：《殷虚卜辞综述》，北京：中华书局，1988 年。

3. 陈梦家：《西周铜器断代》，北京：中华书局，2004 年。

4. 陈振中、罗运环、陈伟：《中国经济通史》第 1 卷，长沙：湖南人民出版社，2002 年。

5. 陈振中：《先秦手工业史》，福州：福建人民出版社，2008 年。

6. 陈绍棣：《中国风俗通史（两周卷）》，上海：上海文艺出版社，2003 年。

7. 陈隆文：《春秋战国货币地理研究》，北京：人民出版社，2006 年。

8. 陈剑：《甲骨金文考释论集》，北京：线装书局，2007 年。

9. 陈槃：《春秋大事表列国爵姓及存灭表撰异》，上海：上海古籍出版社，2009 年。

10. 陈槃：《不见于春秋大事表之春秋方国稿》，上海：上海古籍出版社，2009 年。

11. 陈槃：《旧学旧史说丛》，上海：上海古籍出版社，2010 年。

12. 陈青荣、赵缊：《海岱古族古国吉金文集》，济南：齐鲁书社，2010 年。

13. 岑仲勉：《两周文史论丛》，北京：中华书局，2004 年。

14. 晁福林：《夏商西周的社会变迁》，北京：北京师范大学出版社，

1996 年。

15. 晁福林：《先秦民俗史》，上海：上海人民出版社，2001 年。

16. 晁福林：《先秦社会思想研究》，北京：商务印书馆，2007 年。

17. 晁福林：《夏商西周社会史》，北京：北京师范大学出版社，2010 年。

18. 晁福林：《春秋战国的社会变迁》，北京：商务印书馆，2011 年。

D

19. 丁山：《中国古代宗教与神话考》，上海：龙门联合书局，1961 年。

20. 丁山：《甲骨文所见氏族及其制度》，北京：中华书局，1988 年。

21. 丁山：《商周史料考证》，北京：中华书局，1988 年。

22. 丁山：《古代神话与民族》，北京：商务印书馆，2005 年。

23. 董作宾：《董作宾先生全集》，台北：艺文印书馆，1977 年。

24. 丁骕：《夏商史研究》，台北：艺文印书馆，1993 年。

25. 杜正胜：《周代城邦》，台北：联经出版事业公司，1979 年。

F

26. 费孝通主编：《中华民族多元一体格局》，北京：中央民族大学出版社，1999 年。

27. 傅斯年：《民族与古代中国史》，石家庄：河北教育出版社，2002 年。

G

28. 郭沫若等：《管子集校》，北京：科学出版社，1956 年。

29. 郭沫若主编：《中国史稿》第 1 册，北京：人民出版社，1976 年。

30. 郭沫若：《郭沫若全集》，北京：人民出版社，1982 年。

31. 顾颉刚：《史林杂识》，北京：中华书局，1963 年。

32. 顾颉刚：《古史辨》第 7 册下，上海：上海古籍出版社，1982 年。

33. 顾颉刚、史念海：《中国疆域沿革史》，北京：商务印书馆，1999 年。

34. 顾颉刚、刘起钎：《尚书校释译论》第 2 册，北京：中华书局，2005 年。

35. 葛剑雄：《中国移民史》，福州：福建人民出版社，1997 年。

36. 管东贵：《从宗法封建制到皇帝郡县制的演变：以血缘解纽为脉络》，北京：中华书局，2010 年。

H

37. 胡厚宣：《甲骨学商史论丛初集》，成都：齐鲁大学国学研究所，1944 年。

38. 胡厚宣、胡振宇：《殷商史》，上海：上海人民出版社，2003 年。

39. 侯外庐：《中国古代社会史》，上海：生活·读书·新知联合发行所，1949 年。

40. 侯外庐：《中国古代社会史论》，石家庄：河北教育出版社，2000 年。

41. 侯毅：《山西通史（先秦卷）》，太原：山西人民出版社，2001 年。

42. 黄烈：《中国古代民族史研究》，北京：人民出版社，1987 年。

43. 黄锡全：《先秦货币研究》，北京：中华书局，2001 年。

44. 何光岳：《氐羌源流史》，南昌：江西教育出版社，2000 年。

45. 何景成：《商周青铜器族氏铭文研究》，济南：齐鲁书社，2009 年。

46. 韩江苏、江林昌：《〈殷本纪〉订补与商史人物徵》，北京：中国社会科学出版社，2010 年。

J

47. 金景芳：《中国奴隶社会史》，上海：上海人民出版社，1983 年。

48. 翦伯赞：《先秦史》，北京：北京大学出版社，1990 年。

49. 江应梁：《中国民族史》，北京：民族出版社，1990 年。

L

50. 林惠祥：《中国民族史》，上海：上海书店，1936 年。

51. 林剑鸣：《秦史稿》，上海：上海人民出版社，1981 年。

52. 林剑鸣：《秦汉史》，上海：上海人民出版社，2003 年。

53. 林干：《匈奴史》，呼和浩特：内蒙古人民出版社，2007 年。

54. 林沄：《林沄学术文集》，北京：科学出版社，2009 年。

55. 吕思勉：《先秦史》，上海：上海古籍出版社，1982 年。

56. 吕思勉：《中国民族史》，上海：上海古籍出版社，2008 年。

57. 罗琨：《商代战争与军制》，北京：中国社会科学出版社，2010 年。

58. 李亚农：《西周与东周》，上海：上海人民出版社，1956 年。

59. 李剑农：《先秦两汉经济史稿》，北京：生活·读书·新知三联书店，1957 年。

60. 李学勤：《殷代地理简论》，北京：科学出版社，1959 年。

61. 李学勤：《新出青铜器研究》，北京：文物出版社，1990 年。

62. 李学勤、彭裕商：《殷墟甲骨分期研究》，上海：上海古籍出版社，1996 年。

63. 李学勤：《中国古代文明研究》，上海：华东师范大学出版社，2004 年。

64. 李学勤：《东周与秦代文明》，上海：上海人民出版社，2007 年。

65. 李启谦：《山东通史（先秦卷）》，济南：山东人民出版社，1993 年。

66. 李海荣：《北方地区出土夏商周时期青铜器研究》，北京：文物出版社，2003 年。

67. 李吉和：《先秦至隋唐时期西北少数民族迁徙研究》，北京：民族出版社，2003 年。

68. 李吉和：《中国西北少数民族通史（先秦卷）》，北京：民族出版社，2009 年。

69. 李雪山：《商代分封制度研究》，北京：中国社会科学出版社，2004 年。

70. 李仲立：《先秦历史文化探微》，兰州：甘肃人民出版社，2006 年。

71. 李清凌、钱国权：《中国西北政治史》，北京：人民出版社，2009 年。

72. 刘光华：《西北通史》，兰州：兰州大学出版社，2005 年。

73. 刘光华：《秦汉西北史地丛稿》，兰州：甘肃文化出版社，2007 年。

M

74. 孟世杰：《先秦文化史》，上海：上海书店，1929 年。

75. 蒙文通：《周秦少数民族研究》，上海：龙门联合书局，1958 年。

76. 马非百：《秦集史》，北京：中华书局，1982 年。

77. 马长寿：《氐与羌》，上海：上海人民出版社，1984 年。

78. 马长寿：《北狄与匈奴》，桂林：广西师范大学出版社，2006 年。

79. 马承源：《中国青铜器研究》，上海：上海古籍出版社，2002 年。

P

80. 潘英：《中国上古史新探》，台北：明文书局，1985 年。

81. 彭裕商：《殷墟甲骨断代》，北京：中国社会科学出版社，1994 年。

Q

82. 齐思和：《中国史探研》，北京：中华书局，1981 年。

83. 齐文心、王贵民：《商西周文化志》，上海：上海人民出版社，1998 年。

84. 屈万里：《先秦文史资料考辨》，台北：联经出版事业公司，1983 年。

85. 裘锡圭：《裘锡圭学术文集》，上海：复旦大学出版社，2012 年。

86. 钱穆：《古史地理论丛》，台北：东大图书有限公司，1982 年。

87. 钱穆：《中国文化史导论》，北京：商务印书馆，1994 年。

R

88. 任邱、王桐龄：《中国民族史》，北京：北平文化学社，1934 年。

89. 任乃强：《任乃强民族研究文集》，北京：民族出版社，1990 年。

90. 任乃强：《任乃强藏学文集》，北京：中国藏学出版社，2009 年。

91. 冉光荣、李绍明、周锡银：《羌族史》，成都：四川民族出版社，

1985 年。

92. 饶宗颐：《饶宗颐二十世纪学术文集》，北京：中国人民大学出版社，2009 年。

S

93. 宋文炳：《中国民族史》，上海：中华书局，1935 年。

94. 宋镇豪：《夏商社会生活史》，北京：中国社会科学出版社，1994 年。

95. 宋镇豪：《中国风俗通史（夏商卷）》，上海：上海文艺出版社，2001 年。

96. 宋杰：《先秦战略地理研究》，北京：首都师范大学出版社，1999 年。

97. 宋玲平：《晋系墓葬制度研究》，北京：科学出版社，2007 年。

98. 孙淼：《夏商史稿》，北京：文物出版社，1987 年。

99. 孙亚冰、林欢：《商代地理与方国》，北京：中国社会科学出版社，2010 年。

100. 史念海：《河山集》，北京：人民出版社，1988 年。

101. 舒大刚：《春秋少数民族分布研究》，台北：文津出版社，1994 年。

102. 沈长云：《先秦史》，北京：人民出版社，2006 年。

103. 沈从文：《中国古代服饰研究》，上海：上海书店出版社，2005 年。

T

104. 童书业：《童书业历史地理论集》，北京：中华书局，2008 年。

105. 唐兰：《西周青铜器铭文分代史征》，北京：中华书局，1986 年。

106. 唐嘉弘：《中国古代民族研究》，西宁：青海人民出版社，1987 年。

107. 田昌五、臧知非：《周秦社会结构研究》，西安：西北大学出版社，1996 年。

108. 田继周：《先秦民族史》，成都：四川民族出版社，1988 年。

109. 田广金、郭素新：《北方文化与匈奴文明》，南京：凤凰出版社，2004 年。

W

110. 王国维：《观堂集林》，北京：中华书局，1959 年。

111. 王辉：《高山鼓乘集》，北京：中华书局，2008 年。

112. 王钟翰：《中国民族史》，北京：中国社会科学出版社，1994 年。

113. 王迅：《东夷文化与淮夷文化研究》，北京：北京大学出版社，1994 年。

114. 王明珂：《华夏边缘：历史记忆与族群认同》，台北：允晨文化有限公司，1997 年。

115. 王明珂：《羌在汉藏之间：一个华夏边缘的历史人类学研究》，台北：联经出版事业股份有限公司，2003 年。

116. 王明珂：《英雄祖先与弟兄民族：根基历史的文本与情境》，北京：中华书局，2009 年。

117. 王玉哲：《中华远古史》，上海：上海人民出版社，2000 年。

118. 王玉哲：《古史集林》，北京：中华书局，2002 年。

119. 王玉哲：《中华民族早期源流》，天津：天津古籍出版社，2010 年。

120. 王宗维：《中国西北少数民族史论集》，西安：三秦出版社，2009 年。

121. 王宇信、徐义华：《商代国家与社会》，北京：中国社会科学出版社，2011 年。

122. 翁独健：《中国民族关系史纲要》，北京：中国社会科学出版社，2001 年。

123. 武沐：《匈奴史研究》，北京：民族出版社，2005 年。

X

124. 许倬云：《西周史》，北京：生活·读书·新知三联书店，1993 年。

125. 徐旭生：《中国古史的传说时代（增订本）》，北京：文物出版社，1985 年。

126. 徐杰舜：《中国民族史新编》，南宁：广西教育出版社，1989 年。

127. 徐卫民：《秦汉历史地理研究》，西安：三秦出版社，2005 年。

128. 徐中舒：《先秦史论稿》，成都：巴蜀书社出版社，1992 年。

129. 徐中舒：《徐中舒先秦史讲义》，天津：天津古籍出版社，2008 年。

130. 邢义田：《秦汉史论稿》，台北：东大图书公司，1987 年。

131. 夏鼐：《中国文明的起源》，北京：文物出版社，1985 年。

132. 夏曾佑：《中国古代史》，石家庄：河北教育出版社，2003 年。

Y

133. 杨建新：《中国西北少数民族史》，银川：宁夏人民出版社，1988 年。

134. 杨建华：《春秋战国时期中国北方文化带的形成》，北京：文物出版社，2004 年。

135. 杨向奎：《宗周社会与礼乐文明》，北京：人民出版社，1992 年。

136. 杨希枚：《先秦文化史论集》，北京：中国社会科学出版社，1995 年。

137. 杨东晨：《民族史论集》，香港：香港国际文化艺术出版社，1996 年。

138. 杨宽：《西周史》，上海：上海人民出版社，1999 年。

139. 杨国勇：《山西上古史新探》，北京：中国社会科学出版社，2002 年。

140. 杨于萱：《武丁早期方国研究》，台北：花木兰文化出版社，2010 年。

141. 杨济襄：《秦汉以前"四方"观念的演变及发展研究》，新北：花木兰文化出版社，2011 年。

142. 袁祖亮：《中国人口通史（先秦卷）》，北京：人民出版社，2007 年。

143. 严文明：《史前考古论集》，北京：科学出版社，1998 年。

144. 严文明：《中华文明史》，北京：北京大学出版社，2006 年。

145. 严志斌：《商代青铜器铭文研究》，上海：上海古籍出版社，2013 年。

146. 俞伟超：《先秦两汉考古学论集》，北京：文物出版社，1985 年。

147. 俞伟超：《古史的考古学探索》，北京：文物出版社，2002 年。

148. 余太山：《塞种史研究》，北京：中国社会科学出版社，1992 年。

149. 余太山：《古族新考》，北京：中华书局，2000 年。

150. 尤中：《中华民族发展史》，昆明：晨光出版社，2007 年。

Z

151. 庄学本：《羌戎考察记》，上海：上海良友图书印刷公司，1937 年。

152. 周昆田：《中国边疆民族简史》，台北：台湾书店，1961 年。

153. 周伟洲：《陕西通史（民族卷）》，西安：陕西师范大学出版社，1997 年。

154. 周书灿：《中国早期四土经营与民族融合》，合肥：合肥工业大学出版社，2011 年。

155. 朱岐祥：《甲骨文研究》，台北：里仁书局，1998 年。

156. 朱凤瀚：《商周家族形态研究（增订本）》，天津：天津古籍出版社，2004 年。

157. 朱凤瀚、张荣明：《西周诸王年代研究》，贵阳：贵州人民出版社，1998 年。

158. 朱凤瀚：《新出金文与西周历史》，上海：上海古籍出版社，2011 年。

159. 邹衡：《夏商周考古学论文集》，北京：文物出版社，1980 年。

160. 赵光贤：《周代社会辨析》，北京：人民出版社，1980 年。

161. 赵俪生：《寄陇居论文集》，济南：齐鲁书社，1981 年。

162. 赵俪生：《日知录导论》，成都：巴蜀书社，1992 年。

163. 赵俪生：《学海暮骋》，北京：新华出版社，1992 年。

164. 赵平安：《金文释读与文明探索》，上海：上海古籍出版社，2011 年。

165. 钟侃、陈明猷：《宁夏通史（古代卷）》，银川：宁夏人民出版社，1993 年。

166. 钟伦纳：《华夏历史的重构》，香港：三联书店有限公司，2011 年。

167. 郑杰祥：《商代地理概论》，郑州：中州古籍出版社，1994 年。

168. 张懋镕：《古文字与青铜器论集》，北京：科学出版社，2002 年。

169. 张长寿：《商周考古论集》，北京：文物出版社，2007 年。

170. 张国硕：《文明起源与夏商周文明研究》，北京：线装书局，2006 年。

171. 张国硕：《先秦人口流动民族迁徙与民族认同研究》，郑州：大象出版社，2011 年。

172. 张政烺：《甲骨金文与商周史研究》，北京：中华书局，2012 年。

173. 张政烺：《古史讲义》，北京：中华书局，2012 年。

174. 祝中熹：《甘肃通史（先秦卷）》，兰州：甘肃人民出版社，2009 年。

二、学位论文

C

1. 陈探戈：《春秋战国时期的秦戎关系研究》，硕士学位论文，西北大学，2011 年。

2. 陈健文：《先秦至两汉胡人意象的形成与变迁》，博士学位论文，台湾师范大学，2005 年。

3. 曹艳芳：《山东出土商代青铜器研究》，博士学位论文，山东大学，2006 年。

4. 常情：《商周至魏晋南北朝羌人问题研究》，博士学位论文，华东师范大学，2011 年。

D

5. 丁琦：《西汉以前匈奴史迹考》，武汉大学历史系毕业论文，1945 年。

6. 邓后生：《秦国与西戎民族关系研究》，硕士学位论文，兰州大学，2011 年。

F

7. 方稚松：《殷墟甲骨文五种记事刻辞研究》，博士学位论文，首都师范大学，2007 年。

J

8. 蒋超年：《甘青地区青铜时代考古学文化及族属研究》，硕士学位论文，东北师范大学，2011年。

9. 贾雯鹤：《〈山海经〉专名研究》，博士学位论文，四川大学，2004年。

10. 贾腊江：《秦早期青铜器科技考古学研究》，博士学位论文，西北大学，2010年。

11. 焦培民：《先秦人口研究》，博士学位论文，郑州大学，2007年。

H

12. 胡长春：《新出殷周青铜器铭文研究》，博士学位论文，安徽大学，2004年。

13. 何景成：《商周青铜器族氏铭文研究》，博士学位论文，吉林大学，2005年。

K

14. 康宁：《〈左传〉中反映的民族精神》，硕士学位论文，西北师范大学，2007年。

L

15. 林瑞能：《甲骨刻辞与上博楚竹书通假字比较研究》，硕士学位论文，国立东华大学，2009年。

16. 李凯：《周代淮夷相关问题研究》，硕士学位论文，北京师范大学，2007年。

17. 李媛：《马家塬战国墓地文化性质及其与秦文化关系探讨》，硕士学位论文，西北大学，2009年。

18. 李宗焜：《殷墟甲骨文字表》，博士学位论文，北京大学，1995年。

19. 李雪山：《商代封国方国及其制度研究》，博士学位论文，郑州大学，2001年。

20. 李忠林：《商周兵制考论》，博士学位论文，南京大学，2007年。

21. 李岩：《周代服饰制度研究》，博士学位论文，吉林大学，2010年。

22. 雒有仓：《商周青铜器族徽文字综合研究》，博士学位论文，陕西师范大学，2007年。

P

23. 潘庆梅：《晋国与戎狄关系研究》，硕士学位论文，中国社会科学院，2008年。

S

24. 沈琳：《秦国与戎狄关系研究》，硕士学位论文，河北师范大学，2011 年。

25. 史党社：《秦关北望——秦与"戎狄"文化的关系研究》，博士学位论文，复旦大学，2008 年。

T

26. 田成方：《东周时期楚国宗族研究》，博士学位论文，武汉大学，2011 年。

W

27. 吴东黎：《春秋时期诸夏戎狄冲突与融合之原因初论》，硕士学位论文，吉林大学，2005 年。

28. 王连龙：《〈逸周书〉源流及其所见经济问题研究》，博士学位论文，吉林大学，2005 年。

29. 武振玉：《两周金文词类研究（虚词篇）》，博士学位论文，吉林大学，2006 年。

X

30. 辛迪：《两周戎狄考》，博士学位论文，北京大学，2006 年。

31. 谢尧亭：《晋南地区西周墓葬研究》，博士学位论文，吉林大学，2010 年。

Y

32. 姚志豪：《商金文族氏徽号研究》，硕士学位论文，逢甲大学，2002 年。

33. 杨浥新：《春秋时期诸夏与戎狄关系》，硕士学位论文，四川大学，2006 年。

34. 闫丽环：《春秋时期周王室与诸侯国关系研究》，硕士学位论文，河南大学，2006 年。

35. 游逸飞：《四方、天下、郡国——周秦汉天下观的变革与发展》，硕士学位论文，台湾大学，2009 年。

36. 易华：《游牧与农耕民族关系研究》，博士学位论文，中国社会科学院，2000 年。

37. 严志斌：《商代青铜器铭文研究》，博士学位论文，中国社会科学院，2006 年。

Z

38. 郑梅玲：《论春秋时期民族的迁徙转化》，硕士学位论文，山西大学，2003 年。

39. 张戈：《匈奴社会内部中原人之研究》，硕士学位论文，南开大学，2004 年。

40. 张礼艳：《丰镐地区西周墓葬研究》，博士学位论文，吉林大学，2009 年。

41. 张其贤：《中国概念与华夷之辨的历史探讨》，博士学位论文，台湾大学，2009 年。

42. 曾文芳：《先秦民族思想与民族政策》，博士学位论文，陕西师范大学，2007 年。

43. 朱浒：《汉画像胡人图像研究》，博士学位论文，上海大学，2012 年。

三、国外资料

1. ［美］*ChangChun-shu*（张春树），*The rise of the Chinese Empire：Nation，State，and Imperialism in Early China*，*Michigan：The University of Michigan Press*，2007.

2. ［美］*Di Cosmo，Nicola*（狄宇宙），"*Ancient Inner Asian Nomads：Their Economic Basis and Its Significance in Chinese History*，" *The Journal of Asian Studies*，*Vol.* 53，1994.

3. ［美］*Di Cosmo，Nicola*（狄宇宙），*Ancient China and its Enemies*，*London：Cambridge University Press*，2002.

4. ［美］*Denis Sinor*（丹尼斯·塞诺），*The Cambridge History of Early Inner Asia*，*london：Cambridge University Press*，2008.

5. ［美］*Edward L. Shaughnessy*（夏含夷），*Sources of Western Zhou History：Inscribed Bronze Vessels，California：University of California Press*，1991.

6. ［美］*Herrlee G. Creel*（顾立雅），*The Oringins of Statecraft in China：The Western Chou Empire*，*Chicago：The University of Chicago Press*，1970.

7. ［美］*Mark Edward Lewis*（鲁威仪），*Sanctioned violence in early China*，*New York：State University of New York Press*，1990.

8. ［美］*Mark Edward Lewis*（鲁威仪），*The Construction of Space in early China*，*New York*：*State University of New York Press*，2006.

9. ［美］*Roswell S. Britton*（白瑞华），"*Chinese Interstate Inter course Beore 700B. C*," *The American Journal of International Law*，*Vol.* 29，1935.

10. ［美］*Shih-Tsai Chen*（陈世材），"*The Equality of States in Ancient China*," *The American Journal of International Law*，*Vol.* 35，1941.

11. ［美］*Terry F Kleeman*（祁泰履），"*Mountain Deities in China*：*The Domestication of the Mountain God and the Subjugation of the Margins*," *Journal of the American Oriental Society*，*Vol.* 114，*No.* 2. 1994.

12. ［美］*Victoria Tin-bor Hui*（许田波），*War and State Formation in Ancient China and Early Modern Europe*，*London*：*Cambridge University Press*，2005.

13. ［日］白鸟库吉：《周代の戎狄に就いて》，《东洋学报》1924 年第 14 卷第 2 号。

14. ［日］白川静：《金文通释》，东京：白鹤美术馆，1969 年。

15. ［日］白川静：《殷文札记》，东京：平凡社，2006 年。

16. ［日］渡边英幸：《春秋時代における華夷秩序の研究》，博士学位论文，东北大学，2003 年。

17. ［日］渡边英幸：《古代"中華"観念の形成》，东京：岩波书店，2010 年。

18. ［日］后藤均平：《春秋時代の周と戎》，《中国古代史研究》1960 年 12 月。

19. ［日］吉本道雅：《周室东迁考》，《东洋学报》71 卷 3—4 号，1990 年 3 月。

20. ［日］吉本道雅：《中国先秦史の研究》，京都：京都大学学术出版会，2005 年。

21. ［日］吉本道雅：《〈史记·匈奴列传〉疏证——上古から冒頓単于まで》，《京都大学文学部研究纪要》45，2006 年。

22. ［日］吉本道雅：《夏殷史と诸夏》，《中国古代史论丛》三集，立命馆东洋史学会，2006 年。

23. ［日］吉本道雅：《左傳と西周史》，《中国古代史论丛》四集，立命馆东洋史学会，2007 年

24. ［日］吉本道雅：《中国古代における華夷思想の成立》，《中国东亚

外交交流史研究》，京都：京都大学学术出版会，2007 年。

25．［日］吉本道雅：《中国先秦时代の貊》，《京都大学文学部研究纪要》47，2008 年。

26．［日］铃木俊：《中国史》，东京：山川出版社，1972 年。

27．［日］平势隆郎：《中国古代正统的系谱》，《第 1 回中国史学国际会议研究报告集：中国の历史世界——统合のシステムと 多元的发展》，东京：东京都立大学出版会，2002 年。

28．［日］平势隆郎：《〈春秋〉と 〈左伝〉》，东京：中央公论新社，2003 年。

29．［日］松田典子：《关于春秋时代的盟约主持国——以《春秋左氏传》的记述为中心》，《中国文学研究》第 18 号，1992 年 12 月。

30．［日］小川琢治：《北支那先秦蕃族考》，《内藤博士还暦祝贺支那学论丛》，弘文堂书房刊，1926 年。

31．［英］*Endymion Wilkinson*（魏根深），*Chinese History：A New Manual，Harvard：Harvard University Asia Center*，2013.

32．［英］*Michael Loewe*（鲁惟一）、 （美）*Edward L. Shaughnessy*（夏含夷），*Cambridge University History of Ancient China：from The Origins of Civilization to 221B. C，London：Cambridge University Press*，1999.

后　记

一

戎族和我们观念中的民族或族群不同。它的起源是多元的，而非唯一的。它的族类是复杂的，而非简单的。它的分布是四散的，而非成片的。甚至某族本为华夏，因政治、文化、迁徙等原因，亦有可能成为戎族。我们可以说，它的概念是散开的而非封闭的。它可以融汇杂糅很多其他属性，以至于我们想探求其概念而不得。窃以为，先秦戎族给人以"多元多区"的印象。"多元"不仅是指起源、族类多元，更是其属性多元；"多区"不仅是指其活动区域众多，亦是其形成的社会文化众多。

戎族是先秦史研究中不可回避的一个问题，然而却是一个不太能说得清的问题。一方面是学界争论不休，另一方面是想求戎族全貌，也殊为不易。

第一，对出土材料与传世文献相结合的要求。

限于各个方面的原因，出土材料和传世文献的结合是有一定难度的。若只限于从传世文献出发进行研究，便会停留于对传世文献的解读上，导致戎族研究缺乏有效的"实物支撑"，自然容易形成争论。

以戎族经济形态为例，《左传》襄公四年魏绛曰："戎狄荐居，贵货易土。"[①] 钱穆认为："可见其时戎狄尚是游牧。"[②] 林沄认为："荐居原意当指常常变动居地，故接言易土。但徙居和游牧并无必然联系。荐居只能说明戎狄还没有发展起大规模的固定耕地，并不能证明他们是游牧人。"[③] 李亚农认为："已经定居下来……但土地不是私有的，甚至于不是固定分配的。要

---

① 杨伯峻：《春秋左传注》，北京：中华书局，1981年，第939页。
② 钱穆：《国史大纲》，北京：商务印书馆，1996年，第62页。
③ 林沄：《林沄学术文集二》，北京：科学出版社，2009年，第4—5页。

是固定分配的土地，每一家族都必须赖此土地以生存，所分得的土地就是他们的命根子，绝不可能有'贵货而易土'的现象。"① 李剑农认为："然此亦仅言戎狄不知重视土地，可由晋国货取之，非私人之土地买卖也。"② 田建文认为："《左传·襄公四年》魏绛语'戎狄荐居'，'荐'即草席，在草席上休息或居住，再进一步联想就是在草席搭盖的棚子里居住也与'室屋'有云泥之别。"③ 如果单从文献出发，五种说法并立，让人颇感无所适从。若结合考古资料，就能从五种观点中，判断出钱穆观点的片面性。

再以戎与西周的战争为例。金文资料中，多是戎主动攻周；而文献资料中，多是周主动攻戎。若是只依据一种史料，极易得到不切实际的结论。出现这种情况的原因，一是金文资料记载的多是戎族小规模的骚扰，从而不易被史家载入史册。二是文献资料有一定的隐讳性，故意漏掉一些戎人的侵袭，如《左传》载："公追戎于济西，不言其来，讳之也。"④ 由于这两点的存在，出现了出土资料与文献资料冲突的情形。这就启示我们，在研究过程中，一定要把出土资料和文献资料相结合，切莫只是依据其中一种材料。

第二，对史料搜集与鉴别的要求。

既要进行广博的搜集，又要去粗取精，去伪存真。戎族自身没有留下文献记载，这让我们总有史料缺乏之感，自然要进行广博的搜集。这种搜集自然又是越多越好，越广越好。然而，亦要看到我们研究所依靠的主要是"华夏史学家"们流传下来的文献史料。由于受民族立场等因素的影响，这些史料对戎族是有偏见的，如《左传》襄公四年载："戎，禽兽也，获戎失华，无乃不可乎?"⑤ 《后汉书·鲁恭传》载："夫戎狄者，四方之异气也。蹲夷踞肆，与鸟兽无别。若杂居中国，则错乱天气，污辱善人，是以圣王之制，羁縻不绝而已。"⑥

此外，流传下来的文献史料，有些还是靠不住的。甚至同一个文献，史料也会互相矛盾，需要细心观察鉴别。例如《史记·齐世家》记载："二十

---

① 李亚农：《西周与东周》，上海：上海人民出版社，1956年，第80页。

② 李剑农：《先秦两汉经济史稿》，北京：生活·读书·新知三联书店，1957年，第93、94页。

③ 田建文：《"启以夏正，疆以戎索"的考古学考察》，《庆祝张忠培先生七十岁论文集》，北京：科学出版社，2004年，第332页。

④ 杨伯峻：《春秋左传注》，北京：中华书局，1981年，第208页。

⑤ 杨伯峻：《春秋左传注》，北京：中华书局，1981年，第936页。

⑥ （南朝宋）范晔：《后汉书》，北京：中华书局，1965年，第876页。

五年（公元前 706），北戎伐齐。"① 而《史记·十二诸侯年表》却记载成："二十五（公元前 706），山戎伐我。"②《史记·匈奴列传》记载成："是后六十有五年（公元前 706），而山戎越燕而伐齐，齐厘公与战于齐郊。"③

第三，对各家学说判别的要求。

学界对戎族的争论，已经使戎族研究进入"著述很多，定论不多，仁者见仁，各成一说"的奇特格局中，史家聚讼亦呈上升态势。经不完全统计，关于陆浑戎内迁，学界有四种说法；戎与匈奴关系，学界有四种说法；戎与羌的关系，学界有四种说法；戎人语种，学界有五种说法；戎的分布区域，学界有六种说法；犬戎族属，学界有七种说法；义渠戎族属，学界有七种说法；戎的概念甚至有十几种说法。面对学界观点的纷扰，亦要求我们对各家学说有一定的判别。

此外，对考古学、民族学、人类学、训诂学、音韵学的要求更是不言自明。由此，重实证、戒空谈、多角度、全方位、综合运用各学科知识，是进行戎族研究的积极有效的措施。

二

2011 年，我师从雷紫翰老师攻读先秦秦汉史专业。入师门后，雷老师对我关爱有加。引导我写论文，做课题，并制定了一系列的阅读训练计划。那一段时间，感觉自己的收获是很大的。我很庆幸，为学过程中，有这么一个负责、认真的老师督促我、鼓励我。每每想起，心中便泛起对雷老师的感念之情！

衷心感谢铁爱花老师、李忠林老师、吴景山老师、屈直敏老师、乔健老师给予的帮助。感谢何红玉老师为本书提出了很多修改意见。此外，武汉大学的陈伟老师、李天虹老师、宋华强老师、何有祖老师、鲁家亮老师，已经退休的刘光华老师，都无私地给我的毕业论文提供思路和帮助，使我开拓了视野，受益匪浅！

衷心感谢学友的帮助与支持。我的毕业论文，诸位学友给予了巨大的帮助。难以忘记郭炳瑞、康丽的执着较真，田成浩的一针见血，林臻辽的三句

---

① （西汉）司马迁：《史记》，北京：中华书局，1959 年，第 1483 页。
② （西汉）司马迁：《史记》，北京：中华书局，1959 年，第 558 页。
③ （西汉）司马迁：《史记》，北京：中华书局，1959 年，第 2881 页。

话问死，王淑颖的句读标点，李博文的逻辑分析，唐祉星的温文尔雅，唐强的引文核对，等等。无私的师兄师姐，如门淑芬、包春玉、张桂桂、陈曦，北京大学的杨博、郭晨晖等都对论文提出过修改意见。正是他们的帮助，才使得我的论文避免了一些错误，受益良多！

衷心感谢诸多朋友的帮助与理解。记得吴恒为我翻译日文资料时，对一些专业术语的纠结和无奈。记得王蕾为我翻译日文资料时，坐在冰凉的石凳上抵御着严寒。记得王欣瑜为我翻译英文资料时，熬夜和加班……在写作论文时，诸多好友给予了理解与支持。室友门中国、薛燕伟，古代史班的同学邵念轩、李小博、马斌、戴磊、谢爽、靳伟燕、葛海婷、杜鹏娇，博士同学谢坤、何强、谢盛、肖鹏、雷海龙、袁劲等都曾给予过帮助。种种想来，颇为感动！

衷心感谢自己的家人。正是他们的宽容和呵护，才使我得以安心学习。没有他们的支持，我是难以开心、快乐地走向学术道路！

衷心感谢哈师大的李淑娟老师、隋丽娟老师、栾继生老师、杨超老师、苏继红老师，特别感谢北京人文在线的范继义老师为本书出版所付出的努力！

本书的内容，很多观点并不成熟，许多地方仍有深化的必要。另外，受时间以及学识所限，书中错误自是很多。衷心希望得到大家的批评与指正。邮箱为：xqrzyj@126.com

姚 磊

2015 年夏于珞珈山